DA RESTRIÇÃO DA CONCORRÊNCIA
NA COMUNIDADE EUROPEIA:
A FRANQUIA DE DISTRIBUIÇÃO

MIGUEL MARIA TAVARES FESTAS GORJÃO-HENRIQUES DA CUNHA

DA RESTRIÇÃO DA CONCORRÊNCIA NA COMUNIDADE EUROPEIA: A FRANQUIA DE DISTRIBUIÇÃO

LIVRARIA ALMEDINA
COIMBRA – 1998

TÍTULO:	DA RESTRIÇÃO DA CONCORRÊNCIA NA COMUNIDADE EUROPEIA: A FRANQUIA DE DISTRIBUIÇÃO
AUTOR:	MIGUEL MARIA TAVARES FESTAS GORJÃO-HENRIQUES DA CUNHA
EDITOR:	LIVRARIA ALMEDINA – COIMBRA
DISTRIBUIDORES:	LIVRARIA ALMEDINA ARCO DE ALMEDINA, 15 TELEF. (039) 851900 FAX. (039) 851901 3 000 COIMBRA – PORTUGAL Livrarialmedina@mail.telepac.pt LIVRARIA ALMEDINA – PORTO R. DE CEUTA, 79 TELEF. (02) 2059773/2059783 FAX. (02) 2026510 4050 PORTO – PORTUGAL EDIÇÕES GLOBO, LDA. R.S. FILIPE NERY, 37-A (AO RATO) TELEF. (01) 3857619 1250 LISBOA – PORTUGAL
EXECUÇÃO GRÁFICA:	G.C. – GRÁFICA DE COIMBRA, LDA. JULHO, 1998
DEPÓSITO LEGAL:	125896/98
	Toda a reprodução desta obra, por fotocópia ou outro qualquer processo, sem prévia autorização escrita do Editor, é ilícita e passível de procedimento judicial contra o infractor.

À Mãe

*À memória de meu Pai,
saiba eu honrá-la*

APRESENTAÇÃO

O trabalho que aqui se publica corresponde no essencial à dissertação que, sob o título «Da restrição da concorrência na Comunidade Europeia: a franquia de distribuição e o número 1 do artigo 85.º», apresentei com vista ao Mestrado em Integração Europeia pela Faculdade de Direito da Universidade de Coimbra, e que foi apreciada em provas públicas no dia 22 de Dezembro de 1997, por um júri presidido pelo Senhor Professor Doutor Manuel Carlos Lopes Porto e constituído ainda pelos Senhores Professores Doutores Eduardo Manuel Hintze da Paz Ferreira e João Calvão da Silva.

Não sendo tradicional fazê-lo, não queria deixar referir algumas das pessoas que contribuiram para que este trabalho pudesse surgir. Começando pelo próprio júri, cujas justas críticas e sugestões aqui agradeço, não podendo esquecer o estímulo e a confiança permanentes que o Senhor Professor Doutor Manuel Porto sempre me dispensou.

Gostaria ainda de aproveitar para recordar aqui, em especial, a inapagável memória do Senhor Professor Doutor Vasco da Gama Lobo Xavier, cuja clareza e grandeza intelectuais e humanas me levaram a adquirir gosto pela matéria mercantil. E a também indelével presença do Senhor Professor Doutor Rui Manuel Gens de Moura Ramos, a quem quero agradecer triplamente: pelo estímulo que a constante responsabilidade de ser seu assistente implicou; pela simpatia e disponibilidade sempre reveladas; e, finalmente, por me ter proporcionado as condições para uma estada no Tribunal de Justiça que, na parte final da minha investigação, teve para mim uma extrema importância.

Mas esta apresentação não ficaria completa sem o devido agradecimento a todas as outras pessoas que, de uma forma ou de outra, tão importantes foram para que este trabalho pudesse aparecer. Começando pelos alunos, cuja presença constante e exigente me faz conhecer os meus limites e enfrentar as minhas dúvidas.

E quanto aos muitos outros, não podendo lembrar todos, agradeço à Biblioteca da Faculdade de Direito, nas pessoas das Senhoras Dr[as] Ana Maria Osório e Maria do Carmo Ferreira Dias; mas também à Dulce, à

Clementina e à Antonieta (perdoem-me a familiaridade), que, em Coimbra ou no Luxemburgo, conviveram com as minhas idiossincrasias.

Uma palavra especial vai ainda para o Bernardo Almeida Azevedo, o Alexandre Soveral Martins, a Teresa Ramos (a Gi), a Filipa e o Nuno Castello Branco, que me ajudou na hercúlea tarefa de rever o texto da dissertação, no final da sua preparação.

A última palavra de agradecimento vai para as pessoas que permitiram que a este trabalho seja dada publicidade: os Srs. Joaquim Machado e Eng° Carlos Pinto, da Livraria Almedina, e o Sr. Gândara, na Gráfica de Coimbra, onde se trabalha com um sorriso nos lábios e Deus no horizonte.

Dirijo-me, finalmente, aos leitores, vítimas voluntárias (ou não) deste trabalho. Justamente para realçar três aspectos. Primeiro, o facto de, na sua essência, este trabalho ser o mesmo que já era em Novembro de 1996, depositado na Faculdade para ser objecto de apreciação pelo júri designado. Ao seu conteúdo apenas me permiti fazer correcções formais, actualizações normativas e alterações substanciais mínimas, tendo aditado duas concretas decisões do Conselho da Concorrência, bem como um índice de jurisprudência comunitária.

Segundo, a fragmentariedade do material bibliográfico citado. A extensão abarcada pela investigação a isso impeliu, obrigando à selecção do material, mesmo entre as fontes que se revelaram disponíveis. Em muitos casos, contudo, tratou-se de uma opção consciente ditada pelo andar inexorável dos dias e pelas obrigações acessórias (verdadeiras *ancillary restraints*) ao trabalho que condicionaram a sua eficácia.

Finalmente, que a actualidade das referências a normas do Tratado de Roma tenderá a perder-se rapidamente. É que, quando o Tratado de Amesterdão entrar em vigor, haverá uma profunda alteração formal nos tratados de Roma e de Maastricht, mutação que devastará a precisão e correcção das referências aqui incluídas a artigos destes tratados. Basta referir, a título indicativo, que o artigo 85.° do Tratado de Roma passará a ser o artigo 81.°, o artigo 177.° será o artigo 234.° e o artigo 189.° tornar-se-á o artigo 249.°. Mais uma vez se confirmará a assimilação que o Prof. Jean-Paul Jacqué faz(ia), na Academia de Direito Europeu, entre o direito comunitário e o cinema...

Coimbra, 27 de Julho de 1998

Miguel Gorjão-Henriques

INTRODUÇÃO

> Há-de tomar o pregador uma só matéria; há-de defini--la, para que se conheça; há-de dividi-la, para que se distinga; há-de prová-la com a Escritura; há-de declará-la com a razão; há-de confirmá-la com o exemplo; há-de amplificá-la com as causas, com os efeitos, com as circunstâncias, com as conveniências que se hão-de seguir, com os inconvenientes que se devem evitar; há--de responder às dúvidas, há-de satisfazer as dificuldades; há-de impugnar e refutar com toda a força da eloquência os argumentos contrários; e depois disto há--de colher, há-de apertar, há-de concluir, há-de persuadir, há-de acabar; Isto é sermão (...); não quero dizer que o sermão não haja de ter variedade de discursos; mas esses hão-de nascer todos da mesma matéria e continuar e acabar nela»
>
> (P.ᵉ ANTÓNIO VIEIRA, *Sermão da Sexagésima Pregado na Capela Real em 1655*, in *Sermões*, Tomo I, Lisboa, 1679, pp. 47-50)

O objecto desta dissertação é um estudo sobre o contrato de franquia[1] e o seu impacto na disciplina comunitária da concorrência. Mas,

---

[1] Ou *franchising*. Consideramos ser oportuno esclarecer, desde já, o «problema» do descritor terminológico identificativo desta figura contratual. Contudo, esta prioridade lógica não implica uma qualquer correlativa consideração de superioridade das questões terminológicas face às questões que diríamos de regime. No entanto, uma coisa é certa. O nome que internacionalmente identifica a figura da franquia (*franchising* ou *franchise*, o que cremos ser uma sua dimensão ou compreensão mais estática, até no aspecto filológico da expressão) fornece pistas interessantes para a compreensão da sua natureza e alcance. Assim, a prática internacional consagrou as designações de *franchise* ou *franchising*, às quais corresponde, consequentemente, a designação das partes por *franchisor* e *franchisee*.

Só que isto não determina forçosamente o modo como a nossa ordem e prática jurídicas se devem referir a este contrato. A questão suscitada é, tão só, a de saber se será

como resulta do seu próprio título, não se trata de estudar todas as modalidades deste contrato comunitariamente relevantes.

E isto porque, por um lado, no que à franquia respeita, é duvidoso aceitar que o direito comunitário tenha sequer circunscrito o que se pode

curial proceder-se à nacionalização destas expressões, traduzindo-as para a língua portuguesa e, deste modo, realizando objectivos de correcção linguística e de revelação do sentido desta complexa figura jurídica. Aliás, semelhante tarefa (de transposição terminológica) foi também empreendida em outros ordenamentos jurídicos, para referir esta realidade contratual e as partes no contrato – outras palavras utilizadas, nos diferentes ordenamentos jurídicos, para referir esta realidade contratual e as partes no contrato são, em Espanha, *franquicia, franquiciador* e *franquiciado*; na Alemanha, *franchisevertrag, franchisegeber* e *franchisenehmer*; em França, *franchisage (franchise), franchiseur* e *franchisé*; e em Itália, *franchising, affiliante* e *affiliato*. Não há neste aspecto solução *fácil* e *impoluta*. Se se optar pela manutenção da designação com que o contrato foi *crismado* na prática negocial internacional – *franchising* –, cometeremos dois *pecados* fundamentais. Um primeiro, que já vimos, de ordem formal-linguística que, confessamos, é o que neste momento menos nos preocupa.

Já o outro não nos é tão indiferente. Como iremos já ver, para nós este contrato traduz uma realidade jurídica *precisa*, com um conteúdo *próprio*, que lhe confere dignidade dogmática e permite beneficiar, no particular domínio de que curamos, de um regime jurídico específico. Ora, a designação do contrato como *franchising*, sendo a que respeita o carácter internacionalístico do contrato, reenvia talvez (ainda que subliminarmente) para uma concepção ampla da figura, como a que ainda hoje existe na doutrina e prática norte-americanas, que não cremos correcta, pelo menos no plano europeu.

Mas, por outro lado, a expressão portuguesa que a norma comunitária adoptou para designar o contrato também não é isenta de *mácula*. Pelo menos enquanto induz em confusão com outras realidades com *peso* jurídico. Com efeito, esta palavra tem ainda outros significados jurídicos precisos. Assim nos domínios dos seguros, dos correios e aduaneiro. Neste último domínio, salienta Michel AIME (pp. 1-2), tratar-se de uma isenção de pagamento dos direitos e/ou taxas devidos por uma mercadoria, pelo simples facto de transpor uma fronteira aduaneira. É normalmente concedida por uma autoridade administrativa local territorialmente competente. Abrange, no espaço comunitário, bens utilizados (transportados) com fins não comerciais, encontrando a sua disciplina sobretudo no Regulamento (CEE) nº 918/83, do Conselho de 28.3.83 (JOCE, nº L 105, de 23-5), mas não só.

Face ao que ficou dito, julgamos aceitável a adopção, entre nós, de soluções similares àquelas adoptadas pela doutrina de outros países, como Espanha e Itália. Não nos repugna a manutenção da designação *franchising*. Já o mesmo não nos parece de afirmar quanto às expressões *franchisor* e *franchisee*. Relativamente a estas, julgamos ser conveniente (se não mesmo necessária) a sua tradução para as palavras portuguesas já consagradas: franqueador e franqueado. A doutrina utiliza também as expressões "franquiador" e "franquiado", embora nas consultas a dicionários de língua portuguesa, as palavras apareçam como fungíveis, significando o mesmo. Foi esta a opção de parte da doutrina nacional, como PINTO FERREIRA («Os acordos de franquia...», série *Cadernos DGCeP*, nº 6, Junho 1989, pp. 7-8, *apud* ANA RIBEIRO, pp. 17-18, e nota 4: «Franqueador

entender por «franquia». O tipo contratual da franquia comercial tem significados e regimes diversos consoante o local de onde é observado e os objectivos com que é regulado. No sistema jurídico norte-americano, onde a fisionomia moderna do contrato encontrou a sua origem, o *franchising* abrange toda uma série de negócios jurídico-comerciais a que o direito comunitário reserva um tratamento jurídico diferenciado[2].

---

seria o sujeito do acto de franquiar, estampilhar, selar»). Outras expressões já foram utilizadas, como *licenciador, concedente* e *licenciado* (mas também 'franquia'), empregues por OLIVEIRA ASCENSÃO (pp. 304 e segs. e 322). Por sua vez, PIZARRO/CALIXTO (pág. 96) recomendam a utilização das expressões *franchisador* e *franchisado* (assim FERRAZ DE CARVALHO, pág. 7, embora não a recomendasse: «que palavra, meu Deus!»). Rui VALADA (pág. 12) parece aceitar todas as expressões, «desde que se coloque zelo suficiente na explanação dos termos utilizados», mas preferindo *franchisador, franchisado* e *franchising*. Também na tradução portuguesa do acórdão do TJCE, *Pronuptia*, de 28.1.1986 (citado *infra* nota 14), foram utilizadas as expressões *contratos de licenciamento, licenciante* e *licenciada*. Já na decisão da Comissão de 17.12.1986 (*Pronuptia* – citada na nota 21), o contrato é identificado indiferentemente como contrato de *licença* ou de *concessão*. Sobre a crítica à pertinência destas expressões, ISABEL ALEXANDRE (pág. 323) refere a confundibilidade que estes termos induziriam entre o contrato de franquia e a licença de exploração de um direito de propriedade industrial. Como adverte esta última Autora, esta opção, embora já seguida na doutrina portuguesa, tem o inconveniente de impedir «alcançar o objectivo da uniformização ou evidência das relações entre uns e outros».

Propomos pois que se utilizem indiscriminadamente as expressões *franquia* e *franchising*, quando nos referirmos ao contrato, embora também reconheçamos o incisivo avanço que a expressão *franquia* sofreu com a sua adopção no Regulamento (CEE) nº 4087/88 da Comissão, de 30.11.1988 (JOCE, nº L 359, de 28.12.88, pp. 46), relativo à aplicação do nº 3 do artigo 85º do Tratado a certas categorias de acordos de franquia (alterado pelo Acto de adesão da Áustria, Finlândia e Suécia à UE, o qual aditou um artigo 8º-A).

[2] Assim começa aliás o estudo que PETERS/SCHNEIDER dedicam ao contrato (pp. 155 e segs.): «não há uma definição exacta do contrato de franquia – cada autor, lei (onde as há) ou tribunal o define à sua maneira. A situação é ilustrada pelo Relatório do *US Ad Hoc Committee on Franchising*: "the term 'franchise', as used in the business world, has been applied so indiscriminately, and to such diverse business arrangements, as to defy any consistent definition. At one extreme it is a simple grant from one party to another to sell the granting party's goods. At the other extreme, a franchise relationship is a comprehensive business arrangement in which the franchisor licenses his trade name and trademark; imparts, in confidence, his know-how, and on a continuing basis, provides guidance and details concerning the precise manner in which the franchisee must operate his establishment"» (1969, CCH Trade Reg Supp Dec 15, pág. 5, in Austin J. STICKELLS, *Federal Control of Business*, Antitrust Laws, Rochester/San Francisco, 1972, pág. 237, nota 1; estas Autoras podiam igualmente ter encontrado este excerto em PARDOLESI, *I contrattti di distribuzione*, pág. 184, n. 262).

A franquia comercial era aliás, até há bem pouco tempo, absolutamente desconhecida dos ordenamentos jurídicos nacionais, e não apenas no espaço da Comunidade Europeia. Mesmo nos países onde se considerava haver uma regulamentação legal do contrato – sobretudo os países da *common law*, a partir de meados dos anos 70 – o que havia era um conjunto de normas que se preocupavam sobretudo com a fase pré-contratual destes contratos, em ordem a lograr uma protecção adequada ao franqueado, considerado – e cremos que com razão – a parte mais *débil* na relação contratual.

E não só. Tais normas, em muitos casos, não eram exclusivas deste contrato. Aplicavam-se a toda uma série de combinações negociais, exigindo mesmo para a sua aplicação a existência nesses contratos de conteúdos que não são elementos *essenciais* para a conformação de um contrato de *franchising*, na modalidade de compreensão comunitária mais desenvolvida.

Posto isto, não é necessário aceitar ficar de *mãos a abanar*. É que o contrato tem sido objecto, nomeadamente nos Estados europeus pertencentes à Comunidade Europeia (CE)[3], de atenção por parte dos agentes económicos (intervenção que é relevante) e jurídicos. Nesta última vertente, assumem importância decisiva as várias intervenções que as instâncias comunitárias têm efectuado, especialmente porque orientadas para a sua vertente concorrencial[4].

Em especial, colocou-se o problema de saber como tratar este negócio jurídico entre empresas, como avaliá-lo face ao conceito-chave de *concorrência*[5] (e afirmação da sua *restrição*), considerado com justeza

---

[3] Com o Tratado da União Europeia, assinado na cidade holandesa de Maastricht, em 7 de Fevereiro de 1992, e vigente desde 1 de Novembro de 1993, a CEE passou a designar-se apenas como CE (Comunidade Europeia), reflexo das profundas alterações por este tratado prenunciadas. Daí que, de ora em diante, sempre utilizemos a designação CE.

[4] Para uma descrição das intervenções que os órgãos comunitários promoveram e realizaram, entre 1980 e 1988, *vg.* GALLEGO SANCHEZ, pp. 126-127.

[5] Sabendo-se que, ainda antes do acórdão *Pronuptia*, já a Comissão havia expressado a sua convicção de que este contrato não podia gozar de qualquer excepção face às regras da concorrência (nota de informações comunitárias, nº 199, Maio 1985, pág. 11, *apud* BESSIS, pág. 46). Aliás, muito antes, já havia a percepção da possível contrariedade entre esta figura e o direito comunitário. Em 1973, numa edição espanhola de um livro de uma associação belga (COMITÉ BELGA DE LA DISTRIBUCIÓN, pág. 85), declarava-se que o primeiro obstáculo à implantação do *franchising* na Europa era o artigo 85º da então CEE, embora houvesse já a percepção da diferença entre o *franchising* e a concessão exclusiva (pág. 86). Em 1985, igualmente nesse sentido se pronunciava Stanley CROSSICK (pp. 294).

«um dos trechos mais difíceis de qualquer direito *antitrust*»[6], sobretudo quando se confrontam perspectivas e objectivos diferentes. É o caso da CE, onde se cruzam as concepções da Comissão, dos tribunais (comunitários e nacionais) e das autoridades nacionais em matéria de concorrência[7].

A centralização das *rédeas* da condução da política comunitária de concorrência nas *mãos* da Comissão, por força da sua específica missão e de uma *devolução* feita pelo Conselho, ao elaborar e aprovar o regulamento nº 17/62[8], levou a que esta, fundada na sua *qualidade* de *guardiã* dos tratados e responsável primeira pelo controlo do respeito das empresas pelo artigo 85º – em certos casos mesmo, como autoridade exclusiva[9] –, assumisse uma atitude *zelótica*, considerando *restrição de concorrência* toda e qualquer restrição da liberdade concorrencial dos agentes económicos, interpretação do artigo 85º que se destina a impedir qualquer margem de diversidade na sua aplicação.

E esta concepção, assente num modelo de compreensão da teleologia do sistema, desde cedo se viu confrontada com outro modelo alternativo,

---

[6] ALESSI, pág. 26.

[7] Em Portugal, o Conselho da Concorrência.

[8] Regulamento nº 17, de 6.2.1962 (Primeiro regulamento de execução dos artigos 85º e 86º do Tratado) – JOCE, nº 13, de 21.2.1962, pp. 204 (EE 08, fascículo 1, p. 22). A sua última redacção resulta do Acto de Adesão da Áustria, Finlândia e Suécia à UE, publicada no DR de 27.12.1994, 4º supl., pág. 482). Estas adesões implicaram a introdução de um nº 6 para o artigo 25º do regulamento.

Curiosamente, os Actos de Adesão ratificados por Portugal nesta data incluem a adesão da Noruega à UE, facto que na realidade não veio a acontecer. Em consequência, houve necessidade de adaptar os tratados a esta auto-exclusão norueguesa. O próprio tratado de adesão destes Estados previa a hipótese, no nº 2 do seu artigo 2º, atribuindo ao Conselho da União competência para decidir das adaptações que se tornasse indispensável introduzir no Tratado. Deste modo, em 1 de Janeiro de 1995, este órgão emitiu a decisão 95/1/CE, Euratom, CECA, que adapta, com eficácia imediata (artigo 55º da decisão – JOCE, pág. 13 – e pág. 221), os instrumentos de adesão de novos Estados-membros à UE (JOCE, nº L 1, de 1.1.1995).

A importância deste regulamento é enorme, no espaço comunitário, a ponto de já ter sido comparado (ironicamente) com a "caixa de Pandora", a "Arca da Aliança" ou a "Arca de Noé" (*vide* o recente Relatório sobre 'Enforcement of Community competition rules', da Câmara dos Lordes do Reino Unido), citado por EHLERMANN («Community competition law procedures», pág. 9), tendo mesmo, aquando da sua adopção, sido afirmado que com ele se colocou «pela primeira vez de pé um direito europeu real» (DERINGER, in *RMC*, 1962, pp. 83, *apud* BERNINI, *Profili di diritto delle Comunità Europee*, pág. 367). Sobre as discussões que rodearam a sua implementação, SNIJDERS, pp. 63-65.

[9] Assim na aplicação da isenção prevista no nº 3 do artigo 85º CE – *vide* ainda o artigo 9º, nº 1, do regulamento 17.

assente num reconhecimento do papel da Comissão, mas distinguindo claramente entre o n⁰ˢ 1 e 3 do artigo 85° CE, cada qual definindo um domínio próprio de licitude e conformação a cada um dos órgãos chamados a apreciar os comportamentos das empresas à luz da norma comunitária.

Deste modo, o Tribunal de Justiça (e mais tarde, também o Tribunal de Primeira Instância)[10], convocado, pelos tribunais nacionais e pelas empresas prejudicadas pelas decisões tomadas pela Comissão, a assegurar o respeito pelas normas do tratado, no exercício das suas competências, assumiu neste particular uma importante tarefa de circunscrição dos domínios da ilicitude comunitária de certas coligações, formulando princípios, regras e modelos de interpretação e realização dos objectivos e do efeito útil desejado pela ordem jurídica comunitária[11], e deste modo contribuindo para a *construção* de uma série de contratos, com realce para os que operam no domínio específico da distribuição comercial.

E se em acórdãos proferidos num passado menos recente, o Tribunal mostrou pouca flexibilidade na apreciação dos efeitos que sobre a concorrência podiam ter certos contratos, como no acórdão *Consten-Grundig*[12], por muitos olhado como o verdadeiro «evangelho» (cfr. KORAH)[13], o certo é que, quando confrontado com um contrato de franquia, no processo *Pronuptia*[14], o Tribunal acabou por consolidar uma fundamental evolução no sentido da sua jurisprudência, que, embora não implicando a postergação do sentido das decisões iniciais[15], impõe uma necessária recon-

---

[10] E também os próprios órgãos jurisdicionais e administrativos nacionais.

[11] Em sentido crítico sobre a intromissão do Tribunal de Justiça no domínio das concepções económicas, PLIAKOS, *Os direitos de defesa e o direito comunitário da concorrência*, pp. 200-201. No entanto, tal é-lhe expressamente permitido, por força das competências que para ele decorrem da natureza da ordem jurídica instituída pelos tratados comunitários e pela própria indeterminação da redacção das normas de base proibitivas previstas no tratado, aliás escassamente concretizadas pela Comissão ou pelo Conselho. Como veremos, o próprio Tribunal desde cedo desenvolveu critérios de preenchimento do artigo 85°, n° 1 CE, em termos tais que se pode mesmo arguir hoje uma superação total das concepções da Comissão.

[12] Acórdão de 13.7.1966, *Établissements Consten SARL e Grundig Verkaufs GmbH c. Comissão*, procs. apensos 56 e 58/64, Rec., 1966, pp. 429-506.

[13] Com ironia – vide KORAH, *Cases and materials on EC competition law*, pág. v.

[14] Acórdão *Pronuptia de Paris GmbH c. Pronuptia de Paris Irmgard Schillgalis*, de 28.1.1986, proc. 161/84, Col., 1986, pp. 353 e segs.

[15] Para GINER PARREÑO (pág. 367), o Tribunal terá feito um juízo de «quero mas não posso», ou seja, de evolução, mas de uma evolução que, no seu entender, ainda não lhe permitia pôr em causa as soluções que, desde 1966, havia afirmado, *maxime* no acórdão *Consten-Grundig*.

formação do entendimento dominante sobre o que se deva entender por restrição de concorrência no espaço comunitário.

Vedada que lhe está a utilização do nº 3 deste artigo, as instâncias jurisdicionais comunitárias tendem a encaminhar-se para soluções restritivas da aplicação do artigo 85º, nº 1 CE. Ora, a este propósito, impõe-se compreender o exacto sentido das intervenções dos tribunais comunitários. Por um lado, para saber se é possível a utilização pelo TJCE de métodos originários de outros sistemas jurídicos (*maxime*, do norte-americano), como o da *rule of reason*; ou se a prática do TJCE criou uma regra de conteúdo especificamente comunitário; ou, finalmente, se nenhuma flexibilização é possível. Questão de alcance geral no que toca à interpretação das normas comunitárias da concorrência, mas que *cobra* especial sentido quando encarada a partir do contrato de franquia, em cuja apreciação muitos consideram ter-se assistido à primeira aplicação jurisprudencial comunitária da *rule of reason*[16].

Estamos aqui perante uma questão que também é de *qualificação*, qual seja a de saber quais os critérios utilizados e utilizáveis para determinar se uma dada previsão contratual cai ou não no âmbito das normas do artigo 85º do tratado CE, explorando as especificidades do tratamento comunitário desta figura, quando confrontado com o regime jurídico que pela mesma organização é dado a outras figuras da vida negocial internacional.

Mas que, por outro lado, coloca igualmente um outro problema. Se o TJCE, após algumas hesitações, havia considerado, no acórdão *Consten-Grundig*, que o âmbito de aplicação do artigo 85º abrangia tanto os acordos horizontais como os acordos verticais, isto é, tanto os acordos concluídos entre sujeitos actuando no mesmo estádio do processo económico como aqueles celebrados entre sujeitos e empresas actuando em estádios diversos do processo económico[17], tal encontrava alguma refrac-

---

[16] Cfr GOEBEL, «Case Law», *cit.*, pp. 688 e segs. Mas o tratamento dado à franquia terá ainda outras implicações, segundo parte da doutrina, que, deparando-se com a resposta bem mais favorável dada pelo Tribunal, tratou de sustentar a fundamental identidade entre os pressupostos da franquia e das outras formas de distribuição, para exigir uma reconformação total de toda a doutrina comunitária relativa ao tratamento dos acordos de distribuição comercial – *vide* DEMARET («Selective distribution and EEC law», *cit.*, pp. 151 e 180-183) ou ROBERTI, p. 408-409.

[17] É esta a distinção tradicional que se faz entre acordos horizontais e acordos verticais. No entanto, ao longo do nosso trabalho, vamos sustentar que, visto a partir da categoria normalmente identificada como sendo a dos «contratos de distribuição» e, mais

ção na prática decisória da Comissão, verdadeiro e privilegiado instrumento de política de concorrência, que sempre se mostrou avessa ou cautelosa em relação ao tratamento da integração vertical contratual[18].

---

concretamente, no que toca ao contrato de franquia comunitária, a horizontalidade ou verticalidade é aferida por um critério diverso, ressaltando sobretudo da circunstância de, independentemente do estádio económico em que as empresas se situem, saber se as partes são ou não concorrentes (actuais ou potenciais) entre si, no momento da conclusão do acordo, num entendimento que tem também a sua origem no espaço jurídico-doutrinal norte-americano, mas que já encontra cultores próprios na CE, como, no que respeita ao nosso contrato, KORAH (citada mais adiante) ou o especialmente enfático GINER PARREÑO (pp. 87-89).

[18] O conceito de integração entre empresas nem sempre quer referir-se aos vínculos contratuais que entre elas se constituem, com preservação da sua independência. Sobretudo na linguagem económica, a expressão *integração vertical* pretende referir-se à fusão, constituição de sociedades comuns ou de grupos de sociedades ou, mais genericamente, a toda a integração que se realiza através da «propriedade única» (assim, PARDOLESI, «Regole antimonopolistiche del trattato CEE», *cit.*, pág. 82, nota 2; cfr. igualmente SCHAPIRA, pp. 118-119). Trata-se de uma «realidade industrial banal», dado que ao produtor se colocam duas alternativas: «fazer» ou «fazer fazer» (NGUYEN, pp. 150-151). Ou seja, entre os meios de «organização de relações verticais entre empresas», o produtor pode optar pela integração ou por «meios contratuais» (SEKKAT, pp. 23-24). Escolha que este Autor ilustra assim: «Pode controlar-se a influência de um estádio de produção sobre um outro directamente, através de integração, ou indirectamente, através de restrições verticais. (...) Quando o produtor não pode recorrer à integração, por razões jurídicas ou económicas, procurará reproduzir as vantagens por meio de restrições (*contraintes*). (...) As restrições verticais constituem o conjunto dos mecanismos contratuais que regem as relações entre os fornecedores e os clientes» (pp. 65-66), entre estas se incluindo a imposição de preço de revenda (que os americanos designam por *resale price maintenance*), a exclusividade territorial, os *tying arrangements*, a compra exclusiva, os *royalties* e, claro, o *franchising*. Igualmente UTTON (pp. 211-212 e 237) opera esta distinção. A integração vertical dá-se quando a actuação nos diversos estádios do processo económico é levada a cabo por uma empresa, através de relações marcadas pela hierarquização e reduzindo as transacções realizadas no mercado (porque são essencialmente internas), enquanto as "restrições verticais", pelo contrário, não afectam as transacções externas (no mercado), nem aumentam as internas (dentro da organização). Referindo-se expressamente à integração vertical, em 1964, distinguindo-a implicitamente da distribuição independente, KAPLAN (pp. 200-201). É também entre a «hierarquia» e o «contrato» que se alinha ainda uma outra corrente, de análise dos custos de transacção, cujos expoentes são COASE (pp. 7-9) e WILLIAMSON (*v.g.*, por todos, NGUYEN, pp. 159-165), e que tem na base a ideia de que toda a organização empresarial visa dividir internamente o trabalho e coordenar comportamentos e diminuir os custos de transacção.

Entre os juristas não é muito frequente encontrar estas distinções, nos seus exactos termos – contudo, pode surgir. É o que se passa, por exemplo, com NOGUEIRA SERENS (*A*

Mas o certo é que, sob influência das teorias económicas da chamada «Escola de Chicago», assistiu-se desde o início dos anos 70 à defesa de um regime mais favorável para os acordos verticais, considerados como susceptíveis de produzir efeitos positivos sobre a concorrência (na crismada *interbrand competition*)[19], com reflexo em algumas ordens jurí-

tutela das marcas e a (liberdade de) concorrência, pág. 151), quando, a propósito dos conflitos entre os industriais e os empresários (distribuidores), afirma que «– essa dispensa [pelos industriais] de empresários (económica e juridicamente) independentes supõe, evidentemente, que o industrial possa optar por um processo de integração vertical». Também TOURNEAU (pág. 49), escrevendo sobre os motivos da não-renovação do contrato, diz que o franqueador pode desejar «integrar completamente a empresa distribuidora, a fim de fazer uma filial ou uma simples sucursal». Ideia que pode também encontrar-se em ADAMS/PRICHARD JONES (pp. 4 e 11), ao referirem-se à indistinção aos olhos do público entre as duas formas; em PATRUCCO (pág. 109) ou em CASA/CASABÓ (pp. 17 e 110), que distinguem entre comércio *independente* (liberdade de gestão, políticas próprias, sinais distintivos próprios), *integrado* (estabelecimentos comerciais com sucursais, em que todos pertencem à mesma empresa ou sociedade) e *cooperativo* (cadeias voluntárias) ou *associado* (grupo de comerciantes que, sem serem de todo independentes, nem totalmente integrados, apresentam algum tipo de conexão entre eles, com diversa intensidade). Contudo, a linguagem jurídica prefere a divisão classificatória entre *distribuição directa* e distribuição *indirecta* («sistemas contratuais», na expressão de PARDOLESI, *cit.*).

[19] Esta expressão, também de origem anglo-saxónica, é hoje igualmente corrente no discurso jurídico-concorrencial, mesmo em línguas tradicionalmente puristas, como o francês (*vide*, por todos, a versão francesa dos acórdãos *Pronuptia* e *Metro I*, na Colectânea de Jurisprudência do Tribunal de Justiça, acs. 28.1.86 e de 25.10.77, respectivamente), logrando mesmo utilização entre nós, não só na doutrina como na jurisprudência do CONSELHO DA CONCORRÊNCIA (assim, decisão de 12.3.86, *Associação Nacional de Farmácias, PHAR e Vichy*, cons. 22, in *Relatório de actividade de 1986*, pág. 18). O que revela a dificuldade em encontrar uma expressão portuguesa que reproduza as virtualidades exactas normalmente associadas a estas expressões (*interbrand* e *intrabrand*). Frequentemente, utilizam-se a expressões concorrência 'entre marcas' (*interbrand*) e 'no interior da marca' (*intrabrand*), que parecem ainda assim preferíveis relativamente às expressões 'concorrência entre produtos' ou 'dentro do mesmo produto', por razões de construção, mas sobretudo substancialmente, porquanto a diferenciação dos produtos e a identificação do produto são factores determinantes e essenciais de uma realidade dentro da qual operarão aqueles dois conceitos: é o produto que define (contribui para definir) o mercado relevante, noção fundamental no direito da concorrência, mesmo comunitário. Mas nem aquelas primeiras expressões são um espelho fiel da realidade que designam, antes sendo tomadas, por exemplo no domínio da distribuição ou mesmo da franquia, como sinónimas de 'concorrência no interior do sistema ou rede de distribuição' (*intrabrand*) ou 'concorrência entre produtos e serviços de uma mesma rede com outros produtos e serviços' (*interbrand*) que pertencem, eventualmente, a 'redes', 'circuitos' ou 'sistemas' diferentes. Em rigor, a marca pode não ser a mesma, mas ainda assim a eventual restrição ser *intrabrand*. No entanto, o Conselho da Concorrência, naquela decisão, fala em 'produtos

dicas nacionais, como na Alemanha, por exemplo[20], onde os acordos horizontais estão sujeitos a um regime jurídico-concorrencial mais severo do que o aplicável aos acordos verticais. Este ponto só pode, no entanto, ser considerado se se tiverem presentes as soluções que sobre a interpretação do artigo 85º puderem ser atingidas.

Visão que a Comissão não pôde deixar de acatar, de algum modo, no que à franquia respeita, num sentido condicionante das suas futuras apreciações sobre o tratamento comunitário deste contrato[21] entre empresas[22], num favor à integração contratual vertical que antes não reconhecia[23]. Mas o certo é que, por outro lado, ao regular o contrato, o direito comunitário não estabeleceu uma sua disciplina completa, que abarcasse todos os problemas jurídicos concretos que a sua fisiologia (e sobretudo a patologia) pode suscitar. Nem na sua intervenção inicial, no famoso acórdão *Pronuptia*; nem nas várias decisões pela Comissão proferidas

---

da mesma marca' e de 'produtos de marcas diferentes', em que o elemento distintivo assenta na marca, aceitando a necessária identidade – indiferenciação – entre os produtos ou, noutro passo, para se referir à concorrência *interbrand*, em 'concorrência entre variantes diferenciadas do mesmo bem' – cfr. ainda *infra*, notas 399 e 400.

[20] Também em França, BOUTARD-LABARDE/CANIVET afirmam, peremptoriamente, que «Présentée dans les rapports du Conseil de la Concurrence, la règle de raison à la française s' apparente plutôt à un bilan concurrentiel» (pp. 48 e segs.).

[21] Decisões *Yves Rocher* e *Pronuptia*, de 17.12.86 (respectivamente, JOCE, nº L 8, de 10.1.87, pp. 49 e segs.; e JOCE, nº L 13, de 15.1.87, pp. 39 e segs.); *Computerland*, de 13.7.87 (JOCE, nº L 222, de 10.8.87, pp. 12 e segs.); *Service Master*, de 14.11.88 (JOCE, nº L 332, de 3.12.88, pp. 38 e segs.); e, finalmente, *Charles Jourdan*, de 2.12.88 (JOCE, nº L 35, de 7.2.89, pp. 31 e segs.). Qualquer referência a estas decisões envolverá, daqui em diante, apenas a indicação do respectivo nome e página ou considerando.

[22] Pese embora a fundamental *unidade de imagem* que resulta do contrato, em termos tais que, aos olhos do observador exterior (e mesmo do jurista), não surge um contrato entre empresas, mas uma integração total entre um produtor/fornecedor e um distribuidor/prestador de serviços. No entanto, e ao contrário da percepção inicial, o certo é que a franquia surge nos «antípodas da integração por fusão e absorção» das empresas distribuidoras, que se conservam independentes, jurídica e economicamente – GUYÉNOT, pp. 285-286.

[23] Daí que, mesmo aqueles com quem teremos de discordar, não deixem de afirmar que «a apreciação dos acordos de franquia no direito comunitário (...) marca certamente uma evolução no que toca ao tratamento dos acordos verticais» (COCKBORNE, pp. 218-219), embora divisem aí uma linha de progressão coerente com a política comunitária anterior relativa às várias formas de distribuição, num juízo que a sua própria descrição atraiçoa (pp. 219-223), mas a que não poderá deixar de acrescer a constatação da diversidade básica entre a afirmação jurídico-política da Comissão, no regulamento de isenção, e o sentido da jurisprudência do Tribunal de Justiça, no acórdão *Pronuptia*.

sobre a compatibilidade de acordos-tipo de franquia com o artigo 85º do tratado CE; nem, por último, com a elaboração do regulamento de isenção categorial nº 4087/88[24], foram encontradas respostas para todos os problemas. Por várias razões. Desde logo, porque nenhuma disposição normativa resolve por si só todas as questões, antes necessitando bastas vezes de ser interpretada, integrada e, porque não?, criticada.

Mas não apenas por isto. Há sobretudo que considerar a específica natureza da Comunidade[25] Europeia, como factor condicionante do próprio alcance das suas previsões jurídicas.

Ao intervir sobre o contrato, no domínio da política comunitária da concorrência, a CE parece ter recuperado a asserção expressa no relatório inicial da Comissão, sobre política de concorrência, em 1972, nos termos do qual «a concorrência é o melhor estimulante da actividade económica, permitindo melhorar continuamente a eficiência das empresas, condição *sine qua non* para um crescimento contínuo das condições e qualidade de vida»[26].

Mas mesmo que aceitássemos que a CE, ao elaborar o regulamento nº 4087/88, tipificou juridicamente o contrato, transcendendo esta *mera* consideração concorrencial e parcelar, o que desde já afirmamos ser no mínimo *discutível*, ainda assim não deixaríamos de ter um objecto problemático. É que o regulamento da franquia, tal como é conhecido, ostensivamente afirma não ter por objecto todas as modalidades que este contrato pode revestir. Como a sua própria fonte normativa indica, trata-se apenas de declarar que contratos com um certo conteúdo beneficiam de uma presunção genérica e prévia *iuris tantum* de conformidade com as normas comunitárias de concorrência.

Só que tal significa (pode significar) apenas que certos contratos – os que tenham *relevância* comunitária – não são *a priori* ilícitos, à luz do

---

[24] Regulamento (CEE) nº 4087/88 da Comissão, de 30.11.1988, já citado.

[25] Sobre o sentido tradicional de expressão «comunidade» e «comunitarismo», de que ressalta a originalidade que representa a sua utilização no espaço político europeu, *v.g.* Jorge DIAS, pp. 649-651.

[26] O que não invalida que se reconheça que o regime da concorrência nem sempre logra realizar os propósitos genéricos que se arroga atingir. Como bem notam LAUSSEL/ /MONTET (pág. 59), é curioso que a maior parte das despesas que as famílias realizam digam respeito a produtos e serviços isentos ou apenas parcialmente sujeitos às regras gerais da concorrência: comida (na CE, a agricultura é protegida pela PAC), transportes (sector especial, onde a intervenção regulatória dos Estados ainda é elevada), energia e telecomunicações.

direito comunitário. Mas nem a definição de um *círculo de permissão* fornece uma resposta unívoca e inequívoca. Como depois procurarei demonstrar, ao definir a licitude de certos conteúdos contratuais, o direito comunitário não o faz sempre ao mesmo título, havendo que distinguir entre as cláusulas que beneficiam da isenção do n° 3 do artigo 85° e aquelas que se considerou não violarem o n° 1 do mesmo artigo, sendo por isso apenas passíveis de controlo sancionatório ao nível nacional.

Todas as questões acima referidas não esgotam, ainda assim, o nódulo problemático por nós analisado. Há ainda que discernir a exacta relevância que a jurisprudência comunitária e o regulamento de isenção categorial podem ter no plano jurídico-normativo, obrigando-nos a penetrar nas relações de coexistência entre as normas comunitárias e as normas nacionais da concorrência. A compatibilidade entre os dois sistemas, há muito reconhecida pelo Tribunal de Justiça[27], permite soluções porventura algo paradoxais. Proibindo nacionalmente contratos que não «convocam» a aplicação das normas comunitárias, mas, por outro lado, aceitando como lícitos contratos de conteúdo idêntico, mas economicamente mais importantes, em cumprimento das exigências de uniformidade e plena eficácia do direito comunitário. E não só.

Importa portanto encontrar meios, no meu entender, de conferir segurança e certeza jurídicas aos agentes económicos, permitindo ainda soluções adequadas de *não-discriminação* entre uns e outros dos contratos, sem prejuízo da autonomia de concepção e de acção de cada um dos ordenamentos jurídicos.

Com efeito, o direito comunitário, ao tratar da figura negocial da franquia, fê-lo apenas por causa das suas implicações na manutenção de um certo grau de concorrência no mercado único. Ocupou-se primeiro através de actuações não normativas do Tribunal de Justiça e da Comissão. Para a generalidade da doutrina, foi até a decisão daquele tribunal, no processo que haveria de ficar conhecido como *Pronuptia*, que marcou a *recepção* no espaço comunitário – por muitos reclamada – das soluções que desde cedo os tribunais federais norte-americanos reservavam aos acordos verticais entre empresas[28].

---

[27] Acórdão do TJCE, *Walt Wilhelm e Outros c. Bundeskartellamt* (*Walt Wilhelm*), de 13.2.1969, proc. 14/68, Rec., 1969, pp. 1-30.

[28] Assim ROBERTI, p. 408: «A sentença *Pronuptia* representa um importante, ainda que tardio, reconhecimento para quem há muito sustenta a necessidade de reconsideração da prática de aplicação do artigo 85° em relação às relações verticais».

Mas não se ficou por aqui a conformação do contrato pelos órgãos comunitários. Num momento seguinte, a Comissão apreciou a compatibilidade de vários acordos-tipo de franquia com o direito comunitário, em decisões que se constituiriam como pressuposto necessário da elaboração do regulamento 4087/88, relativo a certas modalidades do contrato de franquia (ou *franchising*), mas onde a Comissão procurou desvalorizar e tornear o sentido da pronúncia do Tribunal de Justiça[29].

Regulamento de isenção categorial aquele que, para além de definir claramente os seus domínios espacial, temporal e material de aplicação, contribuindo para a tipificação desta modalidade negocial, marcou ainda uma mutação fundamental na doutrina das instâncias comunitárias responsáveis pela concorrência, ao admitir como legítimas certas restrições da concorrência que antes eram postuladas como ilícitas.

Do mesmo passo, a definição do domínio de aplicação material do regulamento, nos termos em que foi feita, levanta ainda problemas quanto à determinação do regime jurídico dos contratos desqualificados por falta de preenchimento dos elementos do tipo regulamentar[30].

No que a este ponto respeita, veremos que as soluções a encontrar são diversificadas. Num caso, porém, as instâncias comunitárias subtraem ao regime comunitário da franquia certos acordos, mesmo que preencham materialmente todas as notas típicas da figura negocial que também tentaremos descrever. Pensamos na hipótese daqueles contratos que, sendo estruturalmente de franquia, estão sujeitos ao regime de uma regulamentação diferente: os relativos a produtos e serviços abrangidos pelo regulamento 1475/95, de 28 de Junho de 1995[31].

De qualquer forma, naquele primeiro regulamento, a Comissão identifica como «acordo de franquia»[32] o acordo concluído entre duas empre-

---

[29] Como escreveu e sublinhou o já referido BESSIS (pág. 48), «*a Comissão das Comunidades Europeias considerou que o artigo 85º, 1 do Tratado de Roma se aplicava a priori ao contrato de franquia e que era necessário notificar-lhe os acordos*».

[30] V. KORAH, *An introductory guide*, cit., pág. 116, refere os cuidados que as empresas devem ter na elaboração dos seus contratos. Com efeito, a inclusão de certas cláusulas pode impedir que um concreto contrato seja abrangido por uma isenção categorial, bem como ocasionar a *curiosidade* da Comissão.

[31] Regulamento (CE) nº 1475/95, de 28.6.1995, relativo à aplicação do nº 3 do artigo 85º do Tratado CE a certas categorias de acordos de distribuição e de serviço de pós-venda de veículos automóveis (JOCE, nº L 145, de 29.6.1995).

[32] Para efeitos da aplicação do regulamento – artigo 1º, número 3, alínea a).

sas (franqueadora e franqueada), pelo qual a primeira cede à segunda o direito de explorar, para revenda de produtos ou prestação de serviços a utilizadores finais, direitos de propriedade intelectual ou industrial e saber-fazer, mediante uma contrapartida financeira.

Para compreender este contrato, no entanto, importa, já que ele encontra a sua fonte normativa, essencialmente, nas normas de concorrência, entender como é que a *concorrência* se vê *convocada* a ocupar-se dele. Tarefa que impõe que se comece pela consideração das noções económica e jurídica de *concorrência*, enquanto pressuposto para a compreensão do tratamento jurídico-comunitário do específico contrato.

Pelo que, sem prescindir de uma necessária compreensão dos limites imanentes colocados à intervenção comunitária pela sua própria fonte genética – o tratado CE –, começarei por revelar os *caminhos* que a concorrência *trilhou* para chegar ao estádio actual, embora sempre tendo os olhos fitos na experiência comunitária. Sem preocupação alguma de desenvolver uma qualquer teoria geral do direito da concorrência, perfeitamente desproporcionada para o modesto e delimitado objectivo desta minha investigação.

Neste momento, importa apenas que fique assente a radical *duplicidade* dos ordenamentos jurídicos em sistemas de livre mercado. Se parece ter havido, nas formas legislativas e jurisprudenciais de considerar a fundamental contradição entre autonomia privada e autonomia concorrencial, uma opção a favor desta última dimensão, tal escolha não se afirma sempre e em todos os momentos de forma clara.

Se as normas jurídicas de defesa da concorrência, nomeadamente as comunitárias, visam garantir a realização daquilo a que chamaremos a concorrência *praticável* ou *efectiva*, muitas vezes o certo é que as vemos tutelar a não-concorrência, *ratificando* esquemas contratuais ofensivos do valor da concorrência ou mesmo do tradicional conceito abstracto de liberdade de iniciativa económica das empresas. Determinar em que termos tal tem sido feito e procurar entender juridicamente as opções efectivadas, eis parte da tarefa que aqui é proposta.

Finalmente, não pode deixar de se referir uma nota. Reflectindo a consciência de que o domínio temático onde pretendemos intervir é particularmente atreito a pré-compreensões *ideológicas* e a concepções sistémicas e sociais, como o demonstra toda a evolução do pensamento económico, levando a que o rigor que se propugna ver transcrito nas normas tenda a ser inversamente proporcional ao grau de confiança que se atribua ao funcionamento do mercado[33]. Não é possível pois uma perspectiva individual *neutra*, no sentido estrito da palavra, nem mesmo uma análise que se "reduza" a uma juridicidade puramente tecnicizada (não há direito despido da referência a valores, ideias e interesses). Não é por isso igual defender que o direito da concorrência visa realizar a eficiência económica, a protecção da economia interna, a limitação do poder económico das empresas ou a defesa dos interesses de certas classes de pessoas ou tipos de estruturas[34]. E isso não será nunca esquecido nem subalternizado, na certeza de que não será igualmente objecto de um qualquer «*intolerantismo*».

---

[33] Factor a que, no espaço comunitário, corresponde outra tensão, também ela *ideológica*, relativa aos modelos de menor ou maior integração e, no plano institucional, de maior ou menor centralização da política de concorrência nas mãos da Comissão. Salientando a generalidade e implicações sócio-políticas das normas de concorrência, *vide* SANTA MARIA, pp. 311-312.

[34] Qualquer destas visões foi, no decurso da história das normas da concorrência, em algum momento ou circunstância, defendida como objectivo primordial a realizar.

PARTE I

DA COMUNITARIZAÇÃO DA CONCORRÊNCIA
E SUA RESTRIÇÃO

SECÇÃO I
EVOLUÇÃO HISTÓRICA DA CONCORRÊNCIA

CAPÍTULO ÚNICO
CONCORRÊNCIA E LIBERDADE

> «Alles ist im Wettbewerb erlaubt, was nicht durch Sondergesetze untersagt ist»
>
> (*Reichsgericht*, 1880, apud NOGUEIRA SERENS, A *«vulgarização» da marca na directiva 89/104/CEE, de 21 de Dezembro de 1988* (Id Est, no nosso direito futuro), pág. 151)

I. Perspectiva Histórica

Nas modernas sociedades *capitalistas*, em que o sistema económico se funda numa ideia de *liberdade de iniciativa económica* e de *mercado*[35], como é o caso dos Estados-membros da CE[36], a preocupação pela tutela da *concorrência* assume um papel importante e até decisivo. Valores como

---

[35] Com isto desconsideraremos a questão sobre a natureza «ontológica» do mercado. Como salientam a generalidade dos Autores (por todos, DOERN/WILKS, «Introduction», pág. 1), «nem a concorrência nem os mercados são inevitáveis ou naturais. Os mercados têm de ser criados através de processos de mudança social e de regulação pública».

[36] Quanto a Portugal, *vide*, entre outros, os artigos 42º, 46º, 61º, 62º, 80º c), 82º, 86º e 87º, 99º a) e b), 100º e, no que a este particular respeita, sobretudo 81º, e), da Constituição.

os da liberdade económica e da autonomia privada, traduzida nos modernos *códigos* como poder jurisgénico dos homens[37], de auto-regulamentação dos seus interesses, chocam-se com valores de protecção da concorrência, porquanto, embora fossem compatibilizáveis numa concepção ideal de mercados em concorrência perfeita, entrechocam-se e colidem no dia-a-dia da vida económica nacional e internacional, procurando cada um conduzir à eliminação do outro como valor decisivo.

Mas a solução nem sempre pode passar por uma mera escolha *alternativa*, uma qualquer escolha entre o preto e branco, de opção ou recusa radical de e por um dos princípios ou modelos.

Por um lado, a hipostasiação da tutela do valor da autonomia privada (liberdade contratual) conduz muitas vezes à cartelização e eliminação da rivalidade comercial, ou à destruição do competidor económico. Mas, por outro, a protecção do valor da concorrência pode conduzir à eliminação do valor oposto, também ele sagrado nas sociedades modernas em que vivemos: o valor da autonomia privada.

Daí que, pelo menos desde o triunfo do moderno modelo de sociedade, ainda marcado pela dimensão social do Estado, tenha existido sempre, em maior ou menor grau, uma preocupação de *sintonizar* estes dois princípios, através do estabelecimento, ao lado deste valor ou princípio de autonomia privada (sobretudo na sua veste de liberdade contratual), de um conjunto de políticas e acções estaduais dirigidas à prevenção de certos tipos de restrições à concorrência por parte das empresas e à promoção da concorrência entre estas, i. e., de uma *política de concorrência*[38].

---

[37] ORLANDO DE CARVALHO, *Teoria Geral do Direito Civil*, cit., pág. 16.

[38] B. DOERN, pág. 7. Isto para os que defendem, claro está, que o simples funcionamento do mercado pode conduzir (ou conduzirá mesmo, forçosamente) a situações disfuncionais, circunstância em que por certo não se encontram os defensores da «teoria económica da política» (*public choice theory*), para os quais a ideia de que as leis de concorrência são necessárias para evitar o encerramento de mercados, o aumento dos preços e a promoção da inovação se resumem a *preconceitos* – assim, expressamente, SHUGHART II, pág. 9 –, sobretudo porque fundam a sua perspectiva numa pura lógica de interesses dominantes (burocráticos), estranha a qualquer elaboração intelectual (MAJONE, pág. 3).

Outros, mesmo aceitando as premissas essenciais da doutrina do *public interest*, isto é, a motivação das autoridades de concorrência pelos ideais, entre outros, de interesse público e protecção dos consumidores, questionam sobre se estas instâncias deverão intervir sempre que haja uma disfunção no mercado, ou apenas quando a conduta anti-concorrencial não puder ser corrigida pelo próprio mercado ou, pelo menos, demore mais a auto-correcção do que a intervenção das entidades de tutela da concorrência – sobre este ponto, que não trataremos, por todos, UTTON, pp. 27 e segs.

Nem sempre as coisas se passaram assim[39]. Nem sempre esta dialéctica existiu em termos tão claros como existe hoje. Como nota GARRIGUES[40], «é curioso observar que o florescimento do direito mercantil nas cidades europeias coincide com a falta de liberdade profissional». Até ao século XVII, o comércio não era livre, mas corporativo, e eram as instituições corporativas, municipais e estaduais que regulavam o acesso e o exercício da actividade comercial. No fundo, todo o mercado, que depois a idade moderna revolucionaria, estava cartelizado e até, em muitos domínios, monopolizado.

O valor da *concorrência* não era protegido em si mesmo, porque a concorrência não era livre. Só acediam à profissão aqueles que recebessem a *sanctio* das instituições, e só o eram se e na medida em que a sua presença não perturbasse o funcionamento do *mercado*. Por outro lado, como também resulta claramente da circunscrição do acesso ao comércio, também o valor da *autonomia contratual* não tinha ainda uma dignidade especial, no sentido moderno do termo.

Sempre ligado ao comércio havia, pois, uma ideia de *privilégio*[41]. Por pertencer à corporação, por ser autorizado pelo príncipe[42], por desenvolver uma actividade a que o sujeito normal não podia aceder.

---

[39] Como salienta a generalidade da doutrina, e procuraremos descrever, «a presunção em favor da concorrência é relativamente recente» – assim, por todos, DOERN/WILKS, «Introduction», pág. 1.

[40] Pág. 143.

[41] Como vamos ver, a doutrina dominante considera que a ideia de *privilégio* constitui a ideia-mestra que gerou a figura contratual cujas significações jusconcorrenciais vamos tratar. Encontram mesmo apoio etimológico – sobre o assunto, *v.g. infra* Parte II, Cap. II, nota 539.

O que para nós, contudo, se evidencia, é o facto de, naqueles tempos mais antigos, tal ideia de privilégio não valer apenas para este nosso contrato, que, na nossa opinião, aliás, nem sequer tinha sido minimamente utilizado – e muito menos *construído*. À ideia de privilégio ligava-se *toda* a actividade comercial. Não era uma ideia singular para uma figura económica e jurídica também singular. A nota do privilégio, como era entendida naquelas épocas, tinha um sentido bem distinto do sentido moderno a que se pode ligar a franquia. Não se trata de negar que a franquia possa beneficiar dessa ideia de *privilégio*, que aliás se encontra na sua raiz etimológica. Se o faz, não é contudo com o mesmo sentido nem com o mesmo alcance, porque o quadro de referências é totalmente diverso.

Para levantar apenas a *ponta* deste pequeno *véu*, será suficiente dizer que a justificação originária para a ideia de privilégio na concepção da figura da franquia radica certamente mais na consideração da exclusividade da titularidade pessoal dos direitos e conhecimentos sobre os quais este contrato vai incidir, colocando-os na inter-comunicação empresarial. Constituindo assim um privilégio poder beneficiar desses direi-

Nas sociedades fechadas da idade média e do princípio do renascimento, a situação começou paulatinamente a mudar. Por várias razões, como, por exemplo, a pressão causada sobre os comerciantes já existentes por todas as pessoas que queriam aceder a uma actividade cujos horizontes se haviam alargado extraordinariamente, sobretudo com os novos mercados descobertos pelos navegadores genoveses, portugueses e espanhóis e com a abertura das rotas marítimas internacionais aos Estados

---

tos e desse saber-fazer, para reproduzir, através de uma actividade autónoma, a *fórmula comercial do franqueador*.

[42] GARRIGUES exemplifica (pág. 144) com os grandes mercadores, que, como os Fugger ou os Médici, se coligavam entre si, com os príncipes ou com o Papa, para assegurar o domínio dos mercados e excluir os concorrentes. Exemplo disso foi o cartel do cobre que em 1498 os Fugger concluíram com outros negociantes de Veneza, visando impedir a venda do cobre abaixo de certo preço (LEWINSOHN, pp. 26-27).

E se nem todos os monopólios eram lícitos, quem determinava essa licitude eram as próprias autoridades que se ligavam aos banqueiros e mercadores, razão pela qual os monopólios eram normalmente julgados lícitos, porque constituíam uma *publica necessitas*, justificada por certo pelas necessidades de financiamento sentidas pelos titulares do poder temporal e espiritual. O cartel acima referido, por exemplo, tendo sido violado pelos FUGGER, através de uma empresa do grupo, foi considerado lícito, por não ser contra a *salus publica*, de acordo com a lei promulgada por Zénon, Imperador Romano do Oriente, mais de mil antes (REINHARDT, *Jakob Fugger, des Reiche aus Augsburg*, Berlim, pp. 100 ss, *apud* LEWINSOHN, pp. 28). Encontram-se na doutrina outros casos antigos de processos, ligados com cartéis, embora de pequena importância, como o caso de Gloucester, decidido em 1410 pelo *Court of Common Pleas* (BAUMOL/BLINDER, pág. 477).

E esta ligação estendeu-se ainda pelos tempos da consolidação das monarquias absolutas, em que, nas palavras de GARRIGUES, «os príncipes foram os maiores advogados dos monopólios». Reflexos disto podemos encontrá-los, entre nós, no Portugal quatrocentista e pioneiro, na exploração da costa africana, concedida por D. Afonso V, *«o Africano»*, a Fernão Gomes, no ano do casamento dos «reis católicos», em 1469, após a morte do infante D. Henrique (o rei haveria de, mais tarde, conceder os direitos a seu filho, futuro D. João II). O que provou igualmente, parece-nos, a maior eficácia da actuação dos agentes privados, mesmo em monopólio, sobre as autoridades estatais (centrais ou reais, para não entrarmos aqui noutra série de problemas) – assim BORK, «Legislative intent and the policy of the Sherman Act», pp. 12 (*v.g.* ainda GEROSKI, pp. 168 e 176). Com efeito, em apenas 5 anos de contrato, os marinheiros de Fernão Gomes alargaram as descobertas na costa africana tanto como o haviam feito os marinheiros do infante D. Henrique, mas em 30 anos – expressamente recordando estes factos históricos, nomeadamente considerando aquele contrato como «um acordo completamente diferente de qualquer outro anterior (...) entre soberano e vassalo», *vide* um estrangeiro, BOORSTIN (pág. 162) e LÚCIO DE AZEVEDO, que fala ainda na abertura desse comércio a privados, e na liberalização do comércio oriental, decretada em 1570 por D. Sebastião (pp. 94-95 e 149-151).

não-hispânicos (na sequência do triunfo da doutrina do *mare liberum* de Grotius e após a derrota da invencível armada, em 1588), mas também devido à influência das concepções de Lutero[43].

Por outro lado, e embora timidamente, as próprias instituições reais começaram a interessar-se pela exploração directa das riquezas dos novos mundos e das novas rotas comerciais. O comércio vai-se estatizando, passando o Estado a vigiar e controlar minuciosamente a actividade mercantil[44].

Ainda assim, durante este período a actividade comercial continua a ser sobretudo profissional e autónoma, corporativa, em que o Estado surge autoritário e centralizador[45], protegendo o comércio, fiscalizando-o e vigiando-o.

Só com a queda do *Ancien Regime*[46] se iniciou a mutação fundamental[47], através da lei francesa de 2 de Março de 1791[48], que declarou a

---

[43] Assim se justifica a adopção de várias leis contra os monopólios, como na Dieta imperial de Carlos V, pela lei de 1512, que recomenda que se actue «contra numerosas grandes sociedades e diversas pessoas que se combinam para reunir nas suas mãos toda a espécie de mercadorias... e para lhes impor um preço de acordo com o seu arbítrio»; em França, através do decreto real de 1539, dirigido contra as uniões de negociantes de cereais; ou em Inglaterra, mais tarde, com a elaboração do *Statute Monopolies* de 1624 (no tempo de Jaime I – 25.5.1624), que equipara as convenções de revenda exclusiva a monopólios proibidos, por serem causa do aumento do custo de vida, enquanto mantinham reduzida a oferta, para fabricante e distribuidor poderem beneficiar da escassez – ADAMS/PRICHARD JONES (pág. 36) e GUYÉNOT (pág. 278).

[44] GARRIGUES, *ob. e loc. cits*. É o tempo da criação das grandes companhias, de que nos fala LEWINSOHN, e que aquele autor parece seguir de perto. Entre elas destacam-se a East India Company inglesa, a «Vereenigde Oost-Indische Compagnie» holandesa, criada por Oldenbarnevelt e a francesa Compagnie française des Indes Orientales, criada em 1664 por COLBERT.

[45] Em França, são famosas duas grandes Ordonnances de Luís XIV: a Ordonnance de Março de 1673 sobre o comércio terrestre (conhecido por «Code Savary»), e a Ordonnance de Agosto de 1681, sobre a actividade marítima.

[46] Perdoe-se-nos a divagação, mas tal faz-nos lembrar os processos de abertura política à democracia e aos valores do mercado a que assistimos a Leste, a partir de meados dos anos 80 deste século, ou, de alguma forma, no Portugal dos anos 70. A mais pequena *abertura* de regimes totalitários provoca o esvaziamento total da fórmula, porque não é mais possível conseguir a *regressão* ao estádio anterior.

[47] Antes destas leis, existiram ainda experiências liberalizantes, como a de *Law* no domínio monetário. Além disso, a influência liberal dos fisiocratas e de TURGOT presidiu à tentativa de, sem sucesso, suprimir as corporações, em 1776.

[48] Decreto *Allarde*, de 2-17 de Março de 1791 (reafirmado em França através da lei Royer, de 27.12.73) – JUGLART/IPPOLITO, pp. 416-417. Este movimento, iniciado de

liberdade de todas as pessoas exercerem o comércio, realizando qualquer negócio e exercendo qualquer profissão, arte ou ofício. Passou a faltar um *passo*. A abolição das corporações[49], a qual chegou em Junho do mesmo ano, com a famosa lei de *Le Chapelier*, de 17 de Junho.

O valor da *liberdade* traduziu-se na *objectivação* da própria matéria mercantil e na elevação da liberdade de contratual à categoria de *dogma*, expresso no anexim «laissez faire, laissez passer»[50]. Tudo é permitido. A liberdade comercial tem como corolário a liberdade de concorrência[51].

---

forma irremediável pelo ideário da Revolução Francesa, teve efeitos em toda a Europa. Nem sempre pacificamente. Em Espanha, a liberdade de exercício do comércio foi decretada em 8 de Julho de 1813, mas houve um movimento *regressivo* logo em 1815 (até à lei de 6 de Dezembro de 1836), que, preservando os grémios, impôs contudo obrigações que visavam, em *teoria*, garantir pelo menos um valor de não-discriminação no acesso à indústria – sobre a situação espanhola, GARRIGUES, pág. 145. No entanto, já em 1731 a Alemanha havia suprimido a autonomia das corporações, através da *Reichsgewerbegesetz*, tal como havia acontecido em Inglaterra, durante o reinado da rainha Isabel I, apesar de só em 1814 ter sido aqui completada a tarefa de abolição do sistema corporativo e a sequente legalização da liberdade industrial – LEWINSOHN, pág. 34 –, tarefa que na Alemanha, pela afirmação com carácter geral da liberdade de comércio, se veio a completar apenas em 1869, com a promulgação do *Gewerbeordnung für das Deutsche Reich* (sobre a sua inutilização jurisprudencial, NOGUEIRA SERENS, *A tutela das marcas e a (liberdade) de concorrência*, pág. 81). Na Prússia, a liberdade de concorrência chegou pelo édito de 2.11.1810 (ORLANDO DE CARVALHO, *Critério e estrutura do estabelecimento comercial, cit.*, pág. 23, nota 14).

[49] A Portugal, a abolição das corporações só chegaria mais tarde, através do Decreto de 7 de Maio de 1834.

[50] Os únicos limites são os que resultam, em primeiro lugar, dos *regulamentos de polícia*, ditados por razões de interesse geral, que limitam a liberdade comercial por razões de higiene e saúde pública, ordem e segurança públicas. Mais do que isso, o acesso a certos sectores continua a depender de autorizações administrativas. Em segundo lugar, dos domínios que continuam sob monopólio estatal, por razões fiscais, de segurança ou de prestação de serviço público. E, finalmente, são interditos certos comércios, que se considera violarem valores fundamentais para o *ethos* comunitário.

Sobre a objectivação do direito comercial, muito foi já escrito. Saliente-se, por todos, embora afirmando que esta objectivação não foi um produto ideológico, mas um «efeito da própria evolução capitalista», ORLANDO DE CARVALHO, *Critério e estrutura do estabelecimento comercial, cit.*, pág. 110, nota 56, e, sobretudo, pp. 120 ss., nota 64. Em sentido crítico da pretensão libertadora que os diplomas *Allarde* e *Le Chapelier* representariam, NOGUEIRA SERENS, *A tutela das marcas e a (liberdade) de concorrência*, pp. 22-24.

[51] JUGLART/IPPOLITO (pp. 417 e segs.) referem ter o Conseil d'État, em 6.3.1914 (caso *Syndicat de la Boucherie*), invocado pela primeira vez a lei de 1791 para declarar que o seu conteúdo implica, não apenas a liberdade de exercer uma actividade comercial,

Estamos no domínio do individualismo e do capitalismo radicais de oitocentos[52], de que DICKENS nos deixou descrições tão impressivas.

Só que esta liberdade continha em si o *germen* da sua própria destruição. A maior liberdade, ao contrário do que se queria crer, não conduzia forçosamente à hipostasiação do valor da concorrência. Os agentes económicos, empresas[53] e comerciantes, nas condições dos mercados, não agiam autónoma e independentemente. Sentem que alcançarão resultados melhores se se conluiarem, se se combinarem para eliminar ou pelo menos manter a concorrência limitada, inofensiva.

Por isso, maior liberdade não significou maior concorrência, mas muitas vezes o contrário. São os «paradoxos da liberdade» (GARRIGUES)[54],

---

mas ainda de a exercer num sistema de livre concorrência. Nesta altura, como bem salienta NOGUEIRA SERENS («A proibição da publicidade enganosa», *cit.*, pág. 65), «esse primeiro período de capitalismo industrial incontestavelmente de liberdade de concorrência (...) é ainda o tempo (...) em que não é pensável que a concorrência, sendo *livre*, pudesse ser *desleal*, como pensável não era que os empresários, sendo muitos e todos muito pequenos, decidissem coligar-se com vista à fixação dos preços, à repartição dos mercados, à fixação de regras sobre o funcionamento das respectivas empresas, etc., etc.».

[52] «A concepção do comerciante (...) é a concepção primitiva e idílica de um homem de trabalho que opera para o seu bem e o da comunidade, em regime de liberdade e de concorrência», «como se a economia de competição fosse uma economia de perfeita solidão» (MOSSA e ORLANDO DE CARVALHO, *Critério e estrutura do estabelecimento comercial*, *cit.*, pág. 26, nota 18).

[53] Não pretendemos ser neste ponto especialmente precisos. A própria terminologia, ambivalente, corresponde à da lei portuguesa de defesa da concorrência, aprovada pelo DL 371/93, de 29 de Outubro, que revogou o anterior regime, constante do DL 422/83, de 3 de Dezembro. Sobre o ponto, com uma referência ao direito comparado, COUTINHO DE ABREU, «L' européanisation du concept d' enterprise», pp. 12-13.

[54] A acrescentar à lista já grande dos paradoxos – por exemplo, os autores socialistas do final do século passado, falavam numa «concorrência *self-annihilating*» em que a «concorrência destrói a concorrência» (*v.g.* NOGUEIRA SERENS, *A tutela das marcas e a (liberdade) de concorrência*, nota 12), tese aliás presente nas posições de HADLEY ou LIEFMANN, ainda no final do séc. XIX, ou, mais tarde, KOMIYA (*v.g.* SCHERER, pp. 20-21 e 27); nos estudos que se produziram, como o de REYNOLDS (pp. 736: em que há uma redução da estrutura dos preços abaixo de certo nível); ou os de FELLNER (1949), STIGLER (1964) ou SCHUMPETER (1950), sobre os oligopólios; ou ainda presentes na tendência à anarquia (GOLDMAN, 1963-64) e na «'razão calculadora' da economia de concorrência» de que falava incidentalmente ORLANDO DE CARVALHO (Palavras de abertura no seminário sobre *A União Europeia*, que em 1992 teve lugar na Faculdade de Direito de Coimbra). No *9º relatório sobre a política da concorrência* (1980, pp. 10), a Comissão europeia escrevia que «é um facto que a concorrência transporta consigo as sementes da sua própria destruição», enquanto no 1º relatório do CONSELHO DA CONCORRÊNCIA português

que despertaram os juristas para a necessidade de impedir que a liberdade contratual e de comércio conduzisse à exclusão da própria liberdade[55] e à *cartelização* face aos concorrentes[56].

(*Relatório de actividade dos anos de 1984 e 1985*, pág. 8), podia mesmo ler-se que «garantir a concorrência é favorecer a selecção e, por conseguinte, convidar à monopolização; monopolizar é anular a concorrência». Do que resultam duas antinómicas orientações. Para uns, no sentido que seguimos no texto, justificando uma lógica de intervenção estatal correctiva, a concorrência ruinosa derivava da cartelização. Já para outros, como eram porventura os casos de HADLEY, LIEFMANN ou KOMIYA, a solução contra o carácter ruinoso da concorrência residia na própria cartelização e na acentuação da liberdade contratual (*v.g.*, por ex., o teorema de Bertrand).

[55] Como diz ORLANDO DE CARVALHO, «ao optimismo rousseauniano dos começos substituiu-se, pouco a pouco, uma realidade diferente, que à concorrência sadia e activamente estimulante opôs a guerra da concorrência sem freio (...), como à quimera de uma livre iniciativa propiciadora do comércio individual – personalizadora ou humanizadora (*hoc sensu*) – opôs a rede complexa dos consórcios e dos *trusts*, com grave risco da pequena e média indústria. (...) e assim, ao acento privatístico da problemática dos negócios, sucedeu a preocupação concorrencialística dos fins do último século e primeiros anos do actual» (*Critério e estrutura do estabelecimento comercial, cit.*, pág. 45).

[56] Na Alemanha, a liberdade contratual tinha um valor absoluto, tendo mesmo o *Supremo Tribunal Alemão* declarado, em 1890, que «the freedom of contracting applied also to cartel agreements» (MÖSCHEL, *Recht der Wettbewerbsbeschränkungen*, Köln, 1983, pág. 18, *apud* KATZENBACH, pág. 189), talvez porque se aceitasse como certo que a autonomia contratual supunha a igualdade económica dos contratantes (UM). Segundo os números recordados por SCHERER (pág. 23), os cartéis passaram de 8 (em 1875) para 395 (em 1905), em resultado também de um favor que a doutrina, sob a autoridade de LIEFMANN ou SCHMOLLER, lhes reservava (SCHERER, pp. 24-25). Em França, por seu turno, a *Cour de Cassation* declarava, em 18.3.1886, que «La liberté de faire le commerce (...) ne peut être restreinte par des conventions particulières que si ces conventions n'implique pas une interdiction générale et absolue, c'est-à-dire illimité tout à la fois quant au temps et quant au lieu» (*apud* NOGUEIRA SERENS, *A tutela das marcas e a (liberdade) de concorrência*, nota 215). Como este mesmo autor salienta («A proibição da publicidade enganosa...», *cit.*, pág. 66), a própria doutrina do tempo «*abençoava* os cartéis por considerar que, através deles, se 'introduzia ordem no caos', adaptando-se a produção às necessidades» (o itálico não é nosso): essas organizações eram apresentadas «não já como perversidades do sistema de concorrência, mas sim como uma indispensável resposta aos malefícios desse mesmo sistema» (*idem, A «vulgarização» da marca na directiva 89/104/CEE, cit.*, pp. 152 e segs., e *A tutela das marcas e a (liberdade) de concorrência*, nota 7, citando, entre outros, YANCHOUL – que escreveu em 1895 – e MARNOCO E SOUZA, *O capitalismo moderno*, Coimbra, 1907). No mesmo sentido, favorável às *ententes*, ia o relatório de BENNI, LAMMERS, MARLO e MEYER para a Sociedade das Nações, de 1930 (*in Review of the economic aspects of several international industrial agreements*, Publications de la SDN, E 614, Gèneve, 1930, *apud* LEWINSOHN, pp. 20-21).

O problema da concorrência vem assim ocupar um lugar fundamental no quadro das preocupações dos juristas dos países mais industrializados, onde a liberdade de concorrência nem sempre significava uma luta leal entre agentes económicos[57].

---

[57] Como dizem ADAMS/PRICHARD JONES (pág. 36), as normas de concorrência não visam apenas atacar as distorções ao mercado, constituindo também uma resposta para aquilo que, em cada tempo, se considera uma prática negocial justa e leal (*fair and just*).

Apesar desta referência à *lealdade* da concorrência, não é objecto desta dissertação aquilo que convencionalmente se designa por *concorrência desleal*. Trata-se de um instituto paralelo mas com objectivos diferentes, se não mesmo antinómicos (NOGUEIRA SERENS, *A tutela das marcas e a (liberdade) de concorrência*, pág. 20, nota 57), não tendo como objectivo proteger o sistema económico baseado na ideia de mercado, mas apenas os «agentes económicos contra actuações dos seus concorrentes contrárias à sua deontologia profissional» (ROBALO CORDEIRO, pág. 87, nota 17), não proteger a liberdade mas a lealdade da concorrência (OLIVEIRA ASCENSÃO, pág. 48) ou os «interesses profissionais dominantes» (NOGUEIRA SERENS, *cit.*, pp. 58 e segs., especialmente pág. 70), abrangendo os actos ou omissões que, não sendo conformes com os princípios da honestidade e boa-fé comerciais, «sejam susceptíveis de causar prejuízo à empresa de um concorrente, pela usurpação total ou parcial da sua clientela» – assim FERRARA JUNIOR, citado por FERRER CORREIA e A. CARLOS SANTOS, pág. 356. Já segundo CARLOS OLAVO («Propriedade Industrial», *cit.*, pág. 14), trata-se de actos que se circunscrevem no âmbito da liberdade de concorrência, mas que constituem um «abuso desta liberdade». Assim também R. ÚRIA (pp. 130-131), para quem a concorrência desleal deixou a sua matriz profissional para se assumir como modelo social, aplicável a todo o abuso da liberdade de iniciativa económica no mercado.

Expressamente quanto à boa-fé, o artigo 5º da lei espanhola de 10.1.1991 – lei 3//1991, publicada no BOE, de 11.1 – e, quanto ao padrão de *honestidade*, a Convenção da União de Paris, após a revisão de 1925 – artigo 10º *bis* – e, no plano do direito interno, os Códigos da Propriedade Industrial de 1940 – artigo 212º – e de 1995 – artigo 260º do DL 16/95, de 24.1. A lei alemã de 1909, por seu turno, apela para a ideia de bons costumes.

No entanto, na sua origem, a tutela da concorrência desleal dirigia-se menos à protecção de qualquer «moral comercial» ou de quaisquer critérios de «correcção profissional», mas mais à protecção da propriedade da empresa e dos direitos exclusivos do empresário sobre os elementos imateriais desta [assim, FONT GÁLAN, *Constitucion Economica*, apud LUÍS BIGOTTE CHORÃO, pág. 717, nota 16; NOGUEIRA SERENS, *A tutela das marcas e a (liberdade) de concorrência*, pág. 97; JUGLART/IPPOLITO, pág. 440; e, sobretudo, ORLANDO DE CARVALHO, *Critério e estrutura do estabelecimento comercial*, *cit.*, pp. 49 ss (nota 34), 73 ss (nota 44), 81 ss. (nota 48)].

Quanto aos destinatários da protecção normativa, nenhum dos institutos visa exclusivamente a protecção dos interesses dos consumidores, ao contrário do que muitas vezes é defendido, mas, no caso da concorrência desleal, sobretudo a protecção de um certo modelo corporativo de actuação. Remetemos uma vez mais para o artigo de NOGUEIRA SERENS aqui já abundantemente referido («A proibição da publicidade enganosa», *cit.*,

A desigualdade económica entre os vários sujeitos falseava à partida toda a vida comercial. Tudo valia para prevalecer sobre o concorrente, ou sobre o consumidor. Os fins justificavam os meios, e nem por isso os fins eram sempre lícitos.

---

pp. 63 segs), ou para a dissertação (*A tutela das marcas e a (liberdade) de concorrência*, nota 204, pág. 42), onde expressamente sublinha o facto de «a deslealização da concorrência não supor a defesa da liberdade de concorrência».

Interessante é, a este propósito, notar a relação que historicamente intercedia entre a legitimação da restrição da concorrência e a deslealização de condutas no mercado, como forma de reforçar a abdicação pela concorrência – assim, quanto a certas formas de publicidade, NOGUEIRA SERENS, «A proibição da publicidade enganosa», *cit.*, pp. 68-70.

Esta interligação genética entre as normas de concorrência desleal e as normas de defesa da concorrência podia também entrever-se no exemplo sobre o qual laborou o Prof. J.G. PINTO COELHO (pp. 79 segs): «tratava-se simplesmente da violação por parte de certo comerciante menos escrupuloso, *B*, do exclusivo de venda em determinado país concedido a outro comerciante, *A*, pelo fabricante estrangeiro de certos motores de renome, identificados pela marca *M*. O comerciante *B* conseguiu, graças à conivência de um cúmplice estrangeiro e *utilizando um certificado de origem falso*, introduzir no país do exclusivo certo número de motores da marca referida, que o fabricante tinha exportado para outro mercado». Saber se os exclusivos de venda são compatíveis com o modelo de mercado que se quer na CE ou se as relações de exclusividade podem ir ao ponto de impedir as chamadas importações paralelas, serão potenciais pontos de relevância jurídico-comunitária. Mas analisar os meios utilizados por *B*, escapa patentemente ao domínio comunitário. Não se tratava pois aí de um problema de concorrência desleal, pelo menos no que à violação do exclusivo e à realização de importações paralelas respeitava. Problema de concorrência desleal só existe quanto aos processos utilizados por *B*. Se ele se limitasse a importar para o território exclusivo de *A* os tais motores, que tivesse adquirido numa zona não abrangida pelo exclusivo de *A*, nenhum problema de lealdade de concorrência se colocaria, mas as normas de defesa da concorrência já poderiam ser chamadas a intervir.

Problemas de fronteiras existem também na intersecção interna aos diversos sistemas jurídicos. Por exemplo, a lei espanhola contra a concorrência desleal (lei 3/1991) expressamente afirma visar, com a proibição dos actos de concorrência desleal, «a protecção da concorrência no interesse de todos os que participam no mercado» (artigo 1º), nela incluindo a proibição do abuso de dependência económica (artigo 16º, nº 2), a prática de condições discriminatórias (artigo 16º, nº 1) e a venda com prejuízo, embora em certas condições (artigo 17º). Mais geralmente ainda, afirma no artigo 15º ser desleal prevalecer-se no mercado de uma vantagem competitiva significativa adquirida em violação das leis, ou até a simples infracção de normas jurídicas que tenham por objecto a regulação da actividade concorrencial... Por outro lado, a lei de defesa da concorrência (lei 16/1989, de 17.7) prevê, no seu artigo 7º, que os actos de concorrência desleal podem ser apreciados pelo Tribunal de Defensa de la Competencia, se restringirem a livre concorrência e afectarem o interesse público. O mesmo sucede noutros sistemas jurídicos, como na

Parte I – Da Comunitarização da Concorrência e sua Restrição 35

A livre concorrência – *rectius*, a liberdade contratual e de iniciativa económica – conduzia à não-concorrência, ressuscitando a «praga secular dos monopólios»[58] (ainda que imperfeitos, quer dizer, ainda que sujeitos a concorrência por parte de terceiros: *outsiders* ou *free riders*). A liberdade contratual geraria normalmente a não-liberdade e a vinculação, prevalecendo até legislativamente sobre a liberdade concorrencial.

Daí que se haja sentido a necessidade de intervir. Isto nos países europeus e, ainda mais agudamente, nos EUA, onde a ausência dos antecedentes históricos permitiu o desenvolvimento de fortes complexos comerciais privados[59]. Foi contra estas concentrações monopolísticas que

---

Bulgária e na Coreia do Sul. Em França, pelo contrário, o Conselho da Concorrência recusa pronunciar-se sobre problemas de concorrência desleal.

Além de outras diferenças, que a doutrina salienta, realce ainda para a diferente *natureza* das infracções a umas ou outras normas. Enquanto as normas sobre concorrência desleal têm natureza penal, as normas de concorrência, no sentido do texto, têm natureza *contra-ordenacional*, ou seja, a sua violação não dá lugar a uma *pena* (ainda que de multa), mas apenas a uma *coima*, por se tratarem de condutas eticamente indiferentes em si mesmas. Só o *ilícito* que prevêem e sancionam é que é axiologicamente negativo, só aí ganhando um desvalor ético-social – FIGUEIREDO DIAS, pp. 327-328. Como expressamente afirma o regulamento CEE nº 17/62 e a doutrina (por todos, por incluir os critérios da «*medida da sanção*», vide HAWK, *United States, common market, cit.*, pp. 20-20.1).

Do que ficou dito resulta claramente que, na nossa opinião, a disciplina da concorrência desleal não se confunde com os domínios da disciplina comunitária da concorrência. Obviamente, consideramos que certos comportamentos tutelados pelas normas comunitárias podem fazer apelo a uma ideia de deslealdade de actuações (por ex., a recusa de venda), mas tal não implica que esteja em jogo a mesma realidade substancial. Razão pela qual não podemos aceitar como subsistentes os argumentos expendidos por BIGOTTE CHORÃO (nota 66). E ainda que as normas dos artigos 85º e seguintes do tratado CE consagrassem um regime comunitário da concorrência desleal, tal não prejudicaria a manutenção intocada das normações nacionais. Mesmo nos domínios exactamente coincidentes (jurisprudência *Walt Wilhelm*), mas por maioria de razão, também nos domínios de intervenção das legislações nacionais que extravazassem das próprias competências comunitárias (como é o caso da repressão criminal da concorrência desleal).

Há países que têm legislação especial sobre a concorrência desleal (Alemanha, Áustria, México, Japão, Suíça, Espanha, Bélgica, etc.), ainda que como capítulo da lei geral de defesa da concorrência (Eslovénia), enquanto outros aplicam simplesmente as regras gerais de responsabilidade civil (Canadá, França, e países de influência anglo--saxónica) – para referências de direito comparado, BRAULT, pp. 50-54.

[58] GARRIGUES, pp. 147.

[59] Embora não queiramos notar, parece-nos comum o enquadramento em que surgiram as leis sobre a concorrência, o que demonstra que, também por esta perspectiva, estão correctos todos aqueles que afirmam que problemas de concorrência só se podem colocar onde existir concorrência. Elas encontraram *espaço* para medrar sobretudo quando

surgiram as normas de defesa da concorrência, também conhecidas por normas *antitrust*[60].

O legislador, ainda no século passado, apercebendo-se do conflito que a iniciativa económica privada travava com a liberdade de concorrência, cedo tomou posição. Contra a liberdade contratual, e a favor da liberdade de concorrência

Se havia que proteger os concorrentes da sua própria acção, então a luta teria de ser encetada, antes de mais, contra os *trusts,* os acordos secretos entre as empresas que operavam no mercado[61].

---

os Estados soltaram (ou não possuíam) as rédeas da condução da vida económica dos seus países. Assim, surgiram primeiramente naqueles Estados em que a autoridade política central não era tão forte, como os EUA e o Canadá. No espaço europeu (e no Japão), só mesmo depois da II ª Guerra Mundial se assistiu a um movimento legiferante idêntico e generalizado, em muitos casos sob a influência das experiências integracionistas (como a da actual CE), mas sempre quando os países assumem verdadeiramente uma vocação liberal, aberta aos valores e funcionamento do mercado. Como expressivamente disse o juiz Lee LOEVINGER, as normas de concorrência são «um fenómeno do mundo ocidental».

Também em Portugal o mesmo se passa. Embora tenhamos tido prefigurações de um sistema de normas de concorrência, com a lei de 18.3.1936 (Lei de controlo das coligações económicas), o DL 44016, a Lei 1/72 e ainda com o artigo 26º do acordo entre Portugal e as Comunidades Europeias de 1972, só com com a aprovação do DL 422/83, de 3 de Dezembro, Portugal passou a dispor de uma legislação especial de concorrência. Antes tinha sido criada a Direcção Geral de Concorrência e Preços (DGCeP), pelo DL 293/82, de 27.7, hoje transformada em Direcção-Geral do Comércio e da Concorrência, pelo DL n.º 222/96, de 25 de Novembro. Só quando a economia nacional se começou a encaminhar para uma ideia liberal de mercado, buscando uma aproximação gradual aos níveis comunitários, é que o legislador sentiu necessidade de elaborar tais normas, igualmente também na expectativa da adesão às Comunidades Europeias, que então estava em negociação. Cremos que terá sido mesmo essa a principal motivação, pelo menos quanto a certo tipo de condutas previstas nessas leis, porquanto a nossa sobrevivência no espaço competitivo da CEE passa(va) pela manutenção de um certo nível dimensional para as explorações económicas.

[60] Cfr. NOGUEIRA SERENS, *A «vulgarização» da marca na directiva 89/104/CEE, cit.,* pág. 109.

[61] Inspirando-se no instituto do direito inglês, o primeiro grande *trust* concorrencial foi o da *Standard Oil,* em 1882, passando a expressão *trust* a designar uma «forma jurídica de união entre empresas», em que as empresas entregam as acções a um *Board of Trustees,* que as gerem, recebendo em troca certificados, representando, em suma, «um grande grupo de empresas, ligadas financeiramente entre elas e submetidas a uma mesma direcção» – LEWINSOHN, pp. 12.

Os *trusts* e os cartéis são apenas duas das expressões utilizadas para referir as coligações entre empresas, não significando no entanto uma única realidade. Outras designações são utilizadas. BORK («Legislative intent and the policy of the Sherman Act», pág. 21) fala em *loose combinations*, enquanto, entre nós, NOGUEIRA SERENS (*A tutela das marcas e a (liberdade) de concorrência*, pp. 6 e 9 e segs.) considera que as várias figuras – syndicaten, Kartelle, Unternehmeverbände, combinations, trusts e pools – se incluem na categoria mais ampla dos *sindicatos industriais*.

Também para LEWINSOHN, *trust* e *cartel* não são duas expressões de uma mesma realidade. Enquanto o primeiro tem por objectivo ideal a perda de independência económica por parte do concorrente, o *cartel* traduz um acordo entre rivais visando entravar a livre concorrência. Por sua vez, dada essa nota de dependência económica, o *trust* caracteriza-se pela dimensão do grupo económico, pela ligação financeira ou administrativa entre as partes e pela sua tendência à expansão, não sendo portanto uma figura com intenções ou resultados necessariamente monopolistas ou anti-concorrenciais (pelo menos, considera, maiores do que os obtidos pela organização através de filiais – pp. 13 ss.). Intermédia é a figura da *union d' intérets*, existente sobretudo até 1914, em que duas empresas independentes quanto a tudo o resto, se «entendem para reunir lucros ou reparti--los segundo regras fixas, ou para garantir reciprocamente os dividendos» (pág. 15). Mas se idealmente se distinguem, na prática o cartel conduz também a um perda acentuada da independência económica das empresas participantes e até dos *outsiders*. Como expressivamente afirma LEWINSOHN, o cartel «desenvolve-se como um cancro, envolve tudo o que encontra no seu caminho como um pólipo, como um 'polvo'» (pág. 19). A mesma exacta diferenciação já encontrávamos anteriormente, por exemplo no relatório de MELLO BARRETO, deputado e delegado português à 2ª Sessão Plenária da Conferência Internacional do Comércio, que decorreu em Paris, em Abril de 1916 (pág. 23), ao considerar que «o *kartell*, que não é como o *trust*, a absorpção de toda uma série de emprêzas pela emprêza mais forte, mas sim uma concentração federativa que deixa subsistir as emprêsas individuais, foi uma das causas mais poderosas do desenvolvimento da exportação germânica», ou em BORK («Legislative intent and the policy of the Sherman Act», pág. 22, nota 38). Assinalando ao *trust* aquela configuração, mas distinguindo-o do cartel por este visar «um monopólio a médio prazo», CHULIÁ VICENT/BELTRÁN ALANDETE, pp. 101 e 103-104).

Não é exactamente esta a forma como encaramos a realidade dos *trusts* e cartéis anti-concorrenciais. Para nós, interessando-nos apenas uma parte das múltiplas realidades que estas figuras recobrem, estas realidades podem entrever-se como sinónimas, desde logo porque, embora envolvam elementos mais próximos do que se definiria então como *cartel*, envolvem também elementos característicos de um *trust*, mormente quanto ao número de empresas participantes, às relações entre estas e à subordinação a uma fórmula comercial comum.

Tem por isso algum interesse o entendimento genérico que os próprios actores acabaram por dar à expressão *trust*. Para o congressista LITTLEFIELD, em 1903, colocado perante a inexistência na sua proposta de emenda de uma noção de *trust*, declarava sarcasticamente que «"qualquer pessoa", reflectindo inteligentemente sobre o problema "understands a trust to be, in substance, either a person or a corporation, or a combination of persons or corporations, that attempts to monopolise the market for the purpose of

A primeira legislação que surgiu nesse trilho foi a lei canadiana de 1889[62]. Mas papel especial foi desempenhado pela lei federal norte-americana de 2 de Julho de 1890 (*Sherman Act*)[63], o qual constitui a verda-

---

being able to unduly and improperly increase the price to the public of some article of commerce, of common consumption"» (THORELLI, pág. 545). E, do outro lado da trincheira, S.C.T. DODD, advogado da *Standard Oil*, para quem a palavra abrange «qualquer acto, acordo, ou combinação de pessoas ou de capital considerado como feito ou formado com a intenção, o poder ou a tendência de monopolizar negócios, restringir o comércio competitivo ou nele interferir, ou fixar, influenciar ou aumentar o preço das mercadorias» (John MOODY, *The truth about trusts*, Moody Publishing Co., 1904, pp. XIII-XIV, *apud* KAPLAN, pág. 21, nota 8). Sobre este abastardamento da palavra *trust*, usada até com o sentido de *holding*, NOGUEIRA SERENS, *A tutela das marcas e a (liberdade) de concorrência*, pp. 10-11.

[62] 'Act for the prevention and suppression of combinations formed in restraint of trade', revisto por um *enactment* de 19 de Junho de 1986. Embora tenha precedido cronologicamente a legislação norte-americana, só depois da II.ª Guerra Mundial o governo federal pôde assumir esta tarefa como competência própria. Só neste momento se considerou caber a política de concorrência na 'trade and commerce clause' e, portanto, submetida ao poder regulamentar do governo federal. Até aí, toda a matéria relativa ao *civil law* (*property and civil rights*) cabia às províncias, só sendo competência federal a matéria criminal (tendo as poucas tentativas legislativas entretanto ensaiadas, em 1919 e 1935 – o *Combines and Fair Prices Act*, e o *Board of Commerce Act* –, sido consideradas para lá da competência federal). O que marcou decisivamente sentido das apreciações judicativo-concretas do supremo órgão jurisdicional canadiano.

Uma das diferenças substanciais reside no grau de convicção probatória que o julgador devia realizar em ordem a condenar uma determinada conduta. Como o critério era o criminal, não havia o recurso ao «balanço de probabilidades» característico do *civil law*, só podendo haver decisão punitiva se a ofensa fosse provada «para lá de qualquer dúvida razoável», parâmetro que interpretativamente significava que «as provas deviam ser 'inconsistent with any other rational conclusion...' (*Hodge's case*, citado também por WAVERMAN, pp. 73 e segs.).

[63] O *Sherman Act*, assinado pelo Presidente HARRISON, estabelece, no seu § 1, que «*every contract, combination* in the form of trust or otherwise, *or conspiracy, in restraint of trade or commerce* among the several States, or with foreign nations, *is declared to be illegal*. Every person who shall make any contract or engage in any combination or conspiracy declared to be illegal shall be deemed guilty of a felony, and, on conviction thereof, shall be punished by fine...», e no § 2 que «Every person who shall monopolize, or attempt to monopolize, or combine or conspire with any other person or persons, to monopolize...».

Este diploma não conheceu grande sucesso, nos seus primeiros anos, só progressivamente tendo conquistado adeptos entre os economistas, sobretudo a partir do surgimento da «Escola de Chicago» – MCCHESNEY, pp. 27-28. Nos primeiros treze anos da sua aplicação, só foram abertos 9 processos, muitos dos quais conduziram a soluções surpreendentes, que foram desde a absolvição de uma acusação de monopólio de uma empresa,

Parte I – Da Comunitarização da Concorrência e sua Restrição 39

deira fonte inspiradora de todos os ordenamentos jurídicos que assumiram também a preocupação pela defesa do valor da concorrência.

Diferente era, entretanto, o desenho da situação no continente europeu, onde, sob a influência das luzes da revolução francesa, subsistia a

---

a *American Sugar Refining Company*, que detinha 98 % do mercado da produção do açúcar, por exercer não uma actividade comercial, mas industrial, à passagem de grandes companhias à forma de *holding*, escapando as sociedades unitariamente controladas à aplicação do *Sherman Act* – sobre o ponto GARRIGUES (pp. 147-149). Sobre os problemas e soluções interpretativas face ao *Sherman Act*, *vide* o que diremos *infra*.

A partir de 1903 a situação alterou-se. Nessa data, o Congresso, sob o impulso de T. ROOSEVELT (que só era no entanto contrário às combinações que visassem a exploração de monopólios e não às que fossem «resultados de causas naturais no mundo de negócios», não partilhando por isso a *famosa* preocupação de ADAM SMITH), criou o *Bureau of Corporations* – com a missão de investigar a actuação das principais firmas actuando no espaço internacional e interestadual –, atribuíu uma verba de meio milhão de dólares para a implementação do *Sherman Act* e alterou o *Interstate Commerce Act*. Os relatórios apresentados pelo *Bureau* sobre a *American Tobacco Company* e a *Standard Oil Company* são considerados a principal base concreta para os processos que contra estas empresas vieram a ser dirigidos (sobre estes pontos, KAPLAN, pp. 22-24 e, claro, THORELLI, pp. 551-554).

As circunstâncias que conduziram à norma federal norte-americana são de algum modo conhecidas. Entre elas, os Autores costumam salientar a inadaptação da *common law* para lidar com o importante fenómeno emergente: a *corporation*. Este aumento do poder da indústria, potenciado ainda pelas possibilidades oferecidas por algumas legislações estaduais (como a de New Jersey – 1889), provocou a reacção dos agricultores, que se reuniram no 'Granger Movement', queixando-se dos cartéis feitos entre a indústria e os caminhos de ferro, em seu prejuízo. Embora tenha diminuído a revolta deste grupo, após a aprovação do *Interstate Commerce Act*, de 1887, o mesmo não se passou ao nível da «opinião pública», pelo menos relativamente ao *trust* – TIM FRAZER, pág. 173-174 – pelo que, em 1888, tanto os republicanos como os democratas pugnavam pela introdução de normas *antitrust* (KAPLAN, pág. 18), como forma de limitar o poder dos grandes grupos industriais nascentes (THIEFFRY, «L' appréhension des systèmes de distribution», *cit.*, pág. 663). Para uma impressiva descrição dos cartéis que se fizeram no domínio dos caminhos-de-ferro, nos EUA, CHANDLER JR, pp. 137 e segs. No entanto, nem assim é pacífica a ideia de que terão sido considerações de limitação do poder económico, de defesa de valores de pura liberdade económica, de protecção do pequeno comércio ou mesmo de populismo e descontentamento agrário as que estão na base do sistema instituído com o *Sherman Act* – neste sentido, BORK, «Legislative intent and the policy of the Sherman Act», pp. 10 e segs., e, quanto aos últimos pontos, pág. 44, nota 106 (cfr. no entanto, SCHERER, pp. 18-19; ou ELZINGA, referido por FRAZER, pág. 2). Sobre as origens e interpretação histórica deste diploma, ainda o mesmo BORK (*cit.*, pp. 13 e segs.) e THORELLI (pp. 108-221 e 225-232).

Após o *Sherman Act*, o sistema jurídico norte-americano foi sendo reforçado por uma série de leis, que focam aspectos essenciais para uma política de concorrência. Pensemos, entre outros, no *Clayton Act* e no *Federal Trade Commission Act* (*FTC Act*),

embriaguez causada pelo levantamento de todos os obstáculos ao exercício da actividade económica e pela *dogmatização* da liberdade contratual, provocando o desinteresse pela concorrência, pela protecção da concorrência em si mesma. Havia liberdade para tudo. Para a liberdade e até para a negação da liberdade, pelo regresso ao monopólio (agora privado). Nestes tempos, à autonomia privada tudo era permitido. Daí que os vários códigos que surgiram tenham, todos eles, acentuado essa dimensão de liberdade[64]. E que nenhum tenha recebido no seu corpo normas que

---

de 1914, no *Webb-Pomerene Act*, de 1918 (e o *Export Trading Company Act*, de 1982), no *Robinson Patman Act*, de 1936, e no *Celler-Kefauver Anti-Merger Act*, de 29.12.1950. No entanto, embora o *Clayton Act* considere proibidas certas práticas restritivas, como os *tying arrangements*, a distribuição exclusiva, os preços discriminatórios e a aquisição de empresas concorrentes, tal proibição só era efectiva se os seus «effects may be to substantially lessen competition or tend to create a monopoly» (UTTON, pág. 46).

Hoje em dia, não só todos os Estados dos EUA, à excepção do Vermont, possuem leis *antitrust*, como os respectivos procuradores-gerais estão autorizados a interpor acções por violação das normas *antitrust* federais, *parens patriae* ou em nome dos seus cidadãos consumidores – HAWK/VELTROP (pág. 324, nota 101) e J. W. BURNS (pág. 637, notas 174 e 176).

[64] Assim, os vários códigos civis consagravam expressamente a liberdade contratual – artigo 672º do código civil português de 1867 e 405º do código civil de 1966; artigo 1255º do código civil espanhol; e o artigo 1322º do codice civile italiano de 1942.

O Código civil português de 1867 (de Seabra), é certo, previa também expressamente a liberdade de iniciativa económica privada, no seu artigo 567º, e nos chamados direitos originários – artigos 359º e ss. Entre estes direitos inalienáveis contavam-se, nomeadamente, os direitos de liberdade (arts. 359º, 2º, e 361º) e de associação, que atribuíam ao homem a faculdade de praticar livremente quaisquer actos (art. 364º) e «de pôr em commum os meios ou esforços individuaes» (art. 365º). Ora, o que sucedia, como bem nota NOGUEIRA SERENS (*Direito da concorrência e acordos de compra exclusiva, cit.*, pág. 14), é que tais direitos só podiam ser limitados por lei formal e expressa, o mesmo acontecendo com a liberdade de comércio e indústria (embora em termos não tão exigentes). Logo, tais direitos permitiam uma utilização da liberdade contratual mesmo para fins de negação da própria liberdade. E se assim não era realmente, tal não sucedia por não poder haver uma limitação *contratual* de tais direitos, mas por já então tais condutas caírem sob o império da lei criminal, *maxime* o código penal de 1852, no seu artigo 276º, inspirado (mas não o copiando – vide o § seguinte) no código napoleónico de 1810, nos termos do qual se estatuía que «qualquer pessoa, que usando de algum meio fraudulento conseguir alterar os preços que resultariam da natural e livre concorrência nas mercadorias, géneros, fundos ou quaesquer outras cousas que forem objecto de commercio, será punida com multa, conforme a sua renda, de um a tres annos», solução que se estende, nos termos do seu § único, «logo que haja começo de execução», aos casos em que tal conduta for cometida em «coligação».

Curiosamente, no direito francês – e só nos apercebemos disso ao ler a dissertação de NOGUEIRA SERENS (*A tutela das marcas e a (liberdade) de concorrência*, pp. 37) –, o

tutelassem a concorrência como valor *a se*, limitando as práticas negociais restritivas e os abusos resultantes da acção das empresas[65]. As reacções só se fizeram sentir posteriormente, sobretudo no plano criminal, como foi o caso do código penal português de 1852[66].

Do mesmo passo, a *cartelização* prosseguia, tendo na Alemanha atingido grandes dimensões, o que provocou o aparecimento do diploma «contra o abuso das posições de poder económico»[67].

---

código penal de 1810 sancionava criminalmente as restrições de concorrência, mas só se aplicava aos acordos horizontais, isto é, aos acordos concluídos entre «les principaux détenteurs d' une même marchandise ou denrée», ou seja, em relação com sujeitos concorrentes entre si, coisa que os operadores em estádios diversos do processo económico não seriam. Neste particular, ao que nos parece, o artigo 276° do nosso código de 1852 permite porventura conclusão diversa.

[65] Havia, é certo, meios gerais de tutela, como o instituto do abuso do direito, mas tratava-se seguramente de meios não vocacionados para a correcta resolução dos problemas e interesses específicos colocados pela concorrência, além de serem de actuação prática muito difícil. O que não implica um total desinteresse por uma qualquer tutela da concorrência. Assim aconteceu em Itália, onde, embora uma lei de concorrência só tenha surgido em 1990 (lei 287), já em 15.3.1907, o Tribunal de San Remo julgava ilícito um cartel vertical fixando os preços mínimos de venda de carne, na afirmação de um princípio de ordem pública que PARDOLESI supõe patente mesmo para os que não são «maghi delle pandette»: o da liberdade concorrencial no interesse dos consumidores («Gli aspetti giuridici di una politica di concorrenza», pág. 559).

[66] Aliás, em Portugal, a situação foi algo diferente. A lei penal surgiu em 1852, antes do código civil, e desde logo o favor à concorrência ficou estabelecido, sendo depois jurisprudencialmente afirmado em várias espécies jurisprudenciais, como as referidas em NOGUEIRA SERENS, *Direito da concorrência e acordos de compra exclusiva, cit.*, pp. 16-18, já do século XX (acs. da Relação do Porto de 12.7.1904 e de 11.4.1905; e do STJ, de 2.11.1904, 8.11.1904, 15.11.1905, e de 19.10.1943).

Mas, do ponto de vista jurídico-legal, o século XX, nomeadamente após o triunfo da revolução de 28 de Maio de 1926, assistiu a uma certa indecisão normativa, que levou a que nem a lei de 1936 nem a de 1972 tivessem sido regulamentadas e, deste modo, entrado em vigor. Objectivamente, as opções político-sociais passavam pelo «desmerecimento das opções antimonopolistas» (NOGUEIRA SERENS, *cit.*, pág. 19; quanto à Itália, PARDOLESI, «Gli aspetti giuridici di una politica di concorrenza», pág. 563).

[67] De 2.11.1923, num fenómeno que se estendia aos países que viriam a constituir o «Eixo». A lei alemã limitava-se a impor a forma escrita aos acordos entre empresas e a permitir ao Ministro da Economia pedir ao *Kartellgericht* a anulação dos acordos prejudiciais para a economia e o bem-estar geral (cfr. GARRIGUES, pág. 150). Este diploma viria a ser mais tarde substituído. Em 1945 e 1947, por diplomas elaborados pelas potências vencedoras da guerra de 1939-45, para descartelizar certas indústrias – ORLANDO DE CARVALHO, *Critério e estrutura do estabelecimento comercial, cit.*, pág. 212, nota 25 –, e pela lei de 27 de Junho de 1957 (*Gesetz gegen Wettbewerbsbeschränkungen*), que,

Com a II ª Guerra Mundial, enfim, a Europa começou a receber as influências que sopravam da América do Norte e a compreender a necessidade (que também presidiu à criação das Comunidades Europeias) de impedir as práticas colusivas que pusessem em causa a concorrência e facilitassem a concentração empresarial[68].

Tais propósitos não assumem no entanto a mesma intencionalidade nem correspondem a uma visão unívoca do sentido, valências e objectivos prosseguidos nos diversos espaços jurídicos pelas normas de concorrência. Não houve uma simples *recepção* do modelo norte-americano essencialmente expresso no *Sherman Act*. Como veremos, enquanto o sistema federal norte-americano se preocupa idealmente com uma defesa da concorrência, hoje por hoje ainda expressa no axioma de uma *eficiência económica*[69] maximizadora do bem-estar dos consumidores (*consumer welfare*)[70], no espaço jurídico europeu, ao invés, a preocupação pela con-

---

surgindo como resultado de uma luta travada entre os membros da «Escola de Friburgo» (EUCKEN, BÖHM, ERHARD) e a corrente oposta, mais permissiva (LIEFMANN), afectou decisivamente, num processo de influência recíproca, o sentido das normas de concorrência do Tratado de Roma institutivo da CEE (sobre esta disputa de modelos, SCHERER, pp 29-30). COUTINHO DE ABREU («L' européanisation du concept d'enterprise», pp. 13-14), citando doutrina alemã e partindo da anterioridade e profundidade dos trabalhos preparatórios da lei alemã, acentua, deste modo, a contribuição alemã para a *construção* do conceito de *empresa* no direito comunitário da concorrência. Em sentido paralelo, salientando a influência decisiva que para a génese do decreto espanhol de 23 de Outubro de 1962 teve o tratado de Roma, GARRIGUES, pág. 157 – v.g. *infra*, a nota 300.

[68] Nos termos da declaração SCHUMAN, de 9 de Maio de 1950, o objectivo imediato que presidiu à proposta de unificação entre os Estados europeus foi o de colocar certas indústrias de base sob o controlo de uma autoridade comum, visando tornar a guerra entre a França e a Alemanha, «não somente impensável, mas materialmente impossível...». A par, tal iniciativa impedia ainda a criação de «um cartel internacional tendente à repartição e à exploração dos mercados internacionais mediante práticas restritivas e a manutenção de lucros elevados». Esta importante declaração desencadeou, de facto, o processo que culminou, logo no ano seguinte, na assinatura do Tratado de Paris, de 18.4.1951, institutivo da Comunidade Europeia do Carvão e do Aço (CECA), a primeira das 3 Comunidades Europeias. Também esta convenção internacional continha um regime jurídico para a concorrência, embora apenas válido para os sectores atribuídos à competência da CECA.

[69] Sobretudo sob a influência da *Escola de Chicago*, de que ainda falaremos. O que não é contudo indiscutido. Sobre o ponto, que ainda retomaremos, *v.g.* em sentido crítico, assinalando cinco objectivos às normas de concorrência norte-americanas, WILS, pág. 28.

[70] Assim BORK, «Legislative intent and the policy of the Sherman Act», pág. 7: «A minha conclusão [quanto à intenção do legislador histórico do Sherman Act], retirada dos

corrência não é assim absolutizada, antes sendo temperada ou mesmo postergada por específicas exigências de consideração pelas pequenas e médias empresas (PME) ou pelos próprios agentes da concorrência (nem sempre estando numa posição de igualdade real com os seus co-contratantes), pelo que as regras jurídicas estabelecidas, nem sempre uniformes ou harmonizadas, partem de perspectivas tendencialmente menos rígidas, regulando a concorrência com vista à garantia simultânea de níveis mínimos de competição e de satisfação dos interesses gerais da colectividade[71].

---

registos do Congresso, é que o Congresso queria que os tribunais implementassem (quer dizer, que tomassem em atenção na decisão dos casos) apenas aquilo que hoje se chama *consumer welfare* (...)», implicando que estes distingam entre «agreements or activities that increase wealth through efficiency and those that decrease it through restriction of output». Refira-se, no entanto, que, no ano anterior, noutro trabalho, este mesmo Autor havia incidentalmente sustentado que faltava «uma orientação efectiva quer da linguagem da lei quer da sua história legislativa...» e que «such talk of legislative intent is more than usually foolish» (BORK, «The rule of reason and the per se concept», *cit.*, pp. 782-783), fazendo tal conclusão ressaltar do que considera ser a «main tradition» de aplicação jurisprudencial do diploma (pp. 834 e 375). Também POSNER, outro dos grandes nomes da «Escola de Chicago», achava que poucos ensinamentos se podiam retirar do elemento histórico (pág. 3).

[71] É a essencial doutrina do *public interest*, segundo a qual os sistemas jurídicos de protecção da concorrência têm sobretudo em vista a promoção e sustentação da concorrência, de acordo com uma ideia de interesse público.
Esta doutrina foi ultimamente posta em causa por uma corrente radical (a referida 'teoria económica da política'), cujas «propostas pirotécnicas» (DOERN, pág. 12) atacam o sentido e pertinência da manutenção de legislações de defesa da concorrência, defendendo que, no modelo tradicional do *public interest*, a aplicação do direito da concorrência é principalmente moldada por interesses privados e não pelo interesse público e, mais concretamente até, pelas motivações individuais de certos agentes económicos ou dos próprios aplicadores das normas de concorrência. Daí decorre que, segundo esta corrente, muitas vezes as leis de concorrência actuam contra o interesse dos consumidores, interferindo na afectação eficiente dos recursos que o mercado realiza – assim, SHUGHART, William F., II/TOLLISON, Robert D., «The positive economics of antitrust policy: a survey article», *International Review of Law and Economics*, 5, 1985, pp. 39-57, citado *apud* MCCHESNEY/SHUGHART, pág. 1. Noutras situações, LONG, SCHRAMM e TOLLISON, «The economic determinants...», *cit.*, pág. 105, concluíram que a principal determinante da actividade das autoridades de concorrência é, não a perda de bem-estar (*welfare losses*), mas a dimensão da indústria, medida pelo seu volume de vendas. Sobre esta corrente, entre nós, MANUEL PORTO (*Lições de teoria da integração, cit.*, pp. 159 e segs.) e, numa perspectiva crítica partindo de 'Chicago', POSNER (pp. 18-19).
De qualquer modo, o que diremos não impede o reconhecimento essencial da pluri--funcionalização das normas de concorrência à realização de outros objectivos, como a protecção das pequenas e médias empresas, das empresas nacionais ou da competitivi-

O nosso ponto de partida centrar-se-á nas normas nacionais e comunitárias de *defesa*[72] da concorrência constantes do tratado CE, ponto de referência central e exclusivo, sobretudo quando se atente na ausência de uma harmonização mundial das regras de concorrência, apesar dos correntes esforços de uma progressiva articulação[73], que conhecem várias manifestações, todas partilhando um substracto comum, em que se funda a quase totalidade do mundo moderno (mesmo envolvendo países que não acolhem formalmente estruturas capitalistas de organização político-económica), ou seja, a liberdade de comércio e a «globalização da economia», factores que a divisão internacional do trabalho e a «aldeia global» tornam irreversíveis. Um desses caminhos é o de estabelecimento de pontes normativas e institucionais inter-sistemáticas (entre sistemas reguladores), de que será exemplo o acordo entre as Comunidades Europeias e o Governo dos EUA relativo à aplicação dos respectivos direitos da concorrência[74] ou mesmo o acordo-quadro de cooperação entre as Comunidades Europeias e o Mercosul[75]. Outra via passa pelo diálogo doutrinal que veremos ser possível estabelecer entre os vários ordenamentos plurilegis-

---

dade (propósito em si mesmo não totalmente estranho a considerações de eficiência). A isto acresce a natureza essencialmente nacional das políticas comercial e industrial, e a consequente tentação de utilizar as normas de concorrência (que, sendo mais integradas, não são todavia mundializadas, ou sequer em geral regionalmente integradas, normativamente) – sobre o ponto, BUIGUES/JACQUEMIN/SAPIR, pp. XII.

[72] «Defesa», entre aspas, porque, como se tornará facilmente apreensível, a concorrência nem sempre é defendida pelas normas de concorrência. Em certos casos, estas defendem mesmo a não-concorrência, são um instrumento favorável à coligação empresarial e mesmo à sua concentração. O que não é, digamo-lo também, necessariamente negativo. Queremos é que fique claro ser enganoso pretender que as normas de concorrência visam exclusivamente proteger o valor *concorrência*. Como bem nota NOGUEIRA SERENS, *Direito da concorrência e acordos de compra exclusiva, cit.*, nota 12, muitas das decisões das autoridades de concorrência (sendo que se referia apenas às decisões da Comissão Europeia) são a favor da «não-concorrência» (pensando na hipótese do 85º, nº 3 CE). O mesmo se passa no plano jurídico nacional, com o instituto jurídico do balanço económico, previsto no artigo 5º do DL 371/93.

[73] Para uma panorâmica dos esforços bilaterais, multilaterais e regionais, bem das zonas de conflito entre as políticas de concorrência, BOURGEOIS, «Regras multilaterais da concorrência: ainda uma busca do Santo Graal?», pp. 75 e segs. Sobre a (extra-)territorialidade no direito da concorrência, *vide* ainda o que escreveremos, tomando a CE como referente primacial e único, *infra* na nota 340.

[74] 95/145/CE, CECA, JOCE, nº L 95, de 27.4.95, pp. 45 e segs.

[75] *V.g.* MOURÃO, pp. 518 e segs.

lativos – sobretudo quando representando um certo nível de integração (federal ou não) –, o que consideramos ser o que se poderá passar entre o direito federal americano da concorrência e as normas comunitárias (*vide* a compreensão mútua dos respectivos domínios substantivos, mas também, por ex., o artigo III do já citado acordo com os EUA). Terceiro, os trabalhos que, no âmbito do GATT têm sido realizados, em prol da liberalização do comércio mundial. E, finalmente, pela elaboração e desenvolvimento de complexos normativos regionais de harmonização concorrencial, de que as Comunidades são paradigma máximo[76], mas de que também o Mercosul (arts. 1º e 4º do Tratado de Assunção) e o acordo sobre o EEE já constituem manifestações[77].

De todo o modo, faremos anteceder a análise das normas comunitárias de dois momentos que reputámos imprescindíveis: o entendimento económico sobre o que seja a «concorrência» e, subsequentemente, a consideração do modo como o direito norte-americano do Sherman Act trata a concorrência e a sua restrição por via de acordos entre empresas, condição necessária para compreender, quer a especificidade do sistema comunitário, quer a aproximação e assimilação entre os regimes que cada um tradicionalmente assumiu.

---

[76] CELLI JÚNIOR, pág. 107.
[77] Embora indo mais longe este segundo, dada a sua conexão estrita com o plano comunitário.

II. A Noção (Económica) de Concorrência[78]

«Economists have long admired perfect competition as a thing of beauty, like one of the funerary masks of the ancient Egyptian king Tutankhamen (and just as rare!)»

(BAUMOL/ BLINDER/ GUNTHER/ HICKS, *Economics (Principles and Policies)*, 1994, pág. 598)

1. Referência ao Modelo de Concorrência Perfeita e à sua Crítica

Até aos primeiros decénios do século XX, a doutrina dos economistas clássicos e neoclássicos considerava a teoria dos mercados e dos preços sob o ponto de vista da concorrência perfeita, dela dependendo a máxima eficiência económica, com benefício dos consumidores e do mercado, visto que os produtores, não podendo concorrer através do pre-

---

[78] Não sendo esta dissertação, minimamente, uma dissertação em economia, nem sequer em ciências jurídico-económicas, não aprofundei o estudo nem as referências a estas matérias. Apesar de não ser um domínio em que esteja perfeitamente à vontade, teria pelo menos desenvolvido um esforço maior, se considerasse ser necessário um estudo arqueográfico dos modelos tradicionais de concorrência, apesar de reconhecer a justeza que então teria a censura de Apeles: *ne sutor ultra crepidam*. As doutrinas económicas são aqui utilizadas prescindindo das demonstrações, enunciando abstractamente os seus resultados. Além disso, embora creia ser essencial que toda a política comunitária da concorrência não prescinda de considerações económicas, o que se me afigura fundamental realizar é, como procurarei demonstrar mais adiante, a salvaguarda da estrutura concorrencial do mercado comum e este próprio, enquanto mercado interno. Daí que procure sobretudo categorias facilmente transponíveis para o domínio jurídico e que permitam a formulação de regras gerais seguras e relativamente simples de aplicar, optando essencialmente por dois propostos modelos: o derivado da prática jurisprudencial americana; e aquele outro extraído da doutrina e jurisprudência comunitárias. Por último, a desconsideração dos dados económicos repousa ainda numa *desconfiança* nos resultados da análise económica (*v.g.* PARDOLESI, «Gli aspetti giuridici di una politica di concorrenza», pág. 567: «la riflessione scientifica è, grazie al cielo!, percorsa da un'inquietudine che la rende scettica anche di fronte ai contributi più definitivi», ou MANUEL PORTO, *Lições de teoria da integração, cit.*, pág. 32, nota 24), sobretudo quando somos introduzidos no inescapável campo fértil das concepções ideológicas, das teorias dos jogos, na relatividade dos estudos económicos segundo os modelos de equilíbrio geral ou parcial («o equilíbrio parcial produz falsas verdades, ao passo que o equilíbrio geral, mentiras sinceras»: RENATO FLORES JR, pág. 53) ou nos 10 mandamentos de PHLIPS (pág. 24): «1. Thou shalt have no other gods before competition; 2. Thou shalt exaggerate the level of

ço, só podiam concorrer mediante a redução dos custos de produção[79]. Esta doutrina, que na base do seu carácter irreversível cobrava sentido enquanto modelo não só económico como político[80], inutilizava a necessidade de intervenção reguladora estadual, visto que concebia um mercado plenamente auto-suficiente[81], transmutando-se em modelo descritivo de uma sociedade ideal.

A existência de concorrência constituía uma condição prévia para uma bem sucedida economia de mercado[82]. Tal como concebida, a concorrência era um meio de *selecção* dos mais fortes, *rectius*, dos mais *eficientes*, assegurando o nível máximo de satisfação das necessidades e de aplicação dos recursos (menores custos e, consequentemente, menores preços)[83] e conduzindo aos preços mais baixos[84].

No entanto, a realização deste modelo, consubstanciando um mercado de *concorrência pura e perfeita,* supunha o preenchimento cumu-

---

demand; 3. Thou shalt exaggerate demand shocks; 4. Thou shalt exaggerate the inelasticity of demand; 5. Thou shalt exaggerate the level of costs; 6. Thou shalt under-report cost shocks; 7. Thou shalt exaggerate asymmetries between firms; 8. Thou shalt exaggerate asymmetries between markets; 9. Thou shalt exaggerate costs of information; 10. Thou shalt otherwise tell the truth».

[79] RAYMOND BARRE, pág. 247. Nos EUA, em 1907, John Bates CLARK (*Essentials of economic theory*, MacMillan, 1907, pp. 533-534) acentuava deste modo as virtudes da concorrência: «a competição é a garantia de todo esse progresso. Ocasiona uma corrida de melhoramento na qual cada rival ansioso luta com os demais para ver quem é capaz de obter o melhor resultado do dia de trabalho. Ela coloca o produtor onde ele deve estar: empreendendo ou tendo de abandonar a corrida. Ele tem de inventar máquinas e processos ou adoptá-los à medida que os outros os descubram. Tem de organizar, explorar mercados e estudar as necessidades dos consumidores. Tem de manter-se a par de uma procissão que se movimenta rapidamente, caso queira continuar a ser um produtor por muito tempo» (*apud* KAPLAN, pág. 56).

[80] ALBERTO XAVIER, pág. 90.

[81] Daí que, sendo proposto nos quadros capitalistas, vários Autores consideraram ser este modelo o objectivo de um Estado socialista – assim LANGE e BARONE, *cits. apud* RAYMOND BARRE, *op. e loc. cits..* Em sentido diverso eram as opiniões de SCHMOLLER, em 1905 (SCHERER, pág. 25).

[82] Utilizamos aqui num contexto bem mais englobante a conhecida asserção de HAY, nos termos da qual «a precondition for a successful market economy is the existence of an effective competition policy» (D. HAY, «The assessment: competition policy», in *Oxford Review of Economic Policy*, 9/2 (verão 1993), pp.1-26, *apud* DOERN, pág. 11).

[83] ALBERTO XAVIER, pág. 89.

[84] Recorde-se que segundo o modelo liberal de ADAM SMITH, o preço em livre concorrência é o mais baixo que se pode aceitar, por contraposição ao preço de monopólio, que seria o mais alto possível.

lativo[85] de várias condições[86], o que, uma vez verificado ser impossível, conduziu a economia industrial à afirmação alarmista de que «o mercado falhou»[87].

Em primeiro lugar, porque o mercado tinha de ser *atomizado* – quer dizer, existir tanto do lado da procura como da oferta um tal número de empresas que nenhuma delas tivesse, só por si, influência nas decisões produtivas e de preço de qualquer outra das empresas –, quando hoje é assente ser a actividade industrial (e comercial) desenvolvida por um número limitado de empresas[88].

Em segundo lugar, o produto tinha de ser homogéneo, ou seja, idêntico do ponto de vista do comprador, que não teria razões para preferir um a outro, quando é certo desempenharem as *marcas* e a *publicidade* uma *diferenciação* entre produtos em si mesmos iguais, funcionando como colectores de clientela[89].

---

[85] No estudo clássico a que procedeu em 1940, CLARK procura demonstrar que o falhanço de apenas uma das condições de que depende a realização de uma concorrência perfeita inutiliza a virtualidade explicativa de todo o modelo, pois a presença das restantes condições pode ser até prejudicial à concorrência, implicando um resultado satisfatório («workably satisfactory result» – pág. 242) a necessidade de busca de *imperfeições* nos restantes pressupostos. Assim, por exemplo, se a uma redução do número de produtores continuar a corresponder um grau pleno de informação, pode chegar-se a uma situação de «oligopólio». Se apenas não existir perfeita mobilidade dos factores de produção, mantendo-se as restantes condições, a redução da procura pode conduzir a uma concorrência demasiado forte e, consequentemente, a uma «indústria doente».

[86] Para um elenco sintetizado destas condições, BAUMOL/BLINDER/GUNTHER/HICKS, pág. 581.

[87] Não sendo nosso propósito entrar por outras vias de análise, não podemos deixar de salientar que o sentimento da insuficiência do mercado como regulador económico e social conduzido por uma *mão invisível* construída segundo a imagem de ADAM SMITH foi coevo do surgimento dos modelos político-sociais do *welfare state* (Estado social) em que o Estado intervém como agente essencial para realizar os objectivos e concepções dominantes na comunidade e, no domínio específico da concorrência, como garante da subordinação do funcionamento do mercado aos superiores desígnios da teleologia, axiologia, e ideologia políticas dominantes. Para uma enumeração de causas do falhanço dos mercados, BAUMOL/BLINDER/GUNTHER/HICKS, pp. 681 e 692-694.

[88] Como bem nota CLARK (pág. 241), se o modelo da concorrência «perfeita», soçobrou, tal deveu-se a razões diferentes de uma qualquer «inescapável tendência para a colusão».

[89] AREÁN LALÍN, *El cambio de forma de la marca. Contribución al estudio de la marca derivada*, Santiago de Compostela, 1985, pág. 18, apud GINER PARREÑO, pág. 57, nota 11. A indiferenciação de produtos é hoje muito reduzida, porque os produtos são hoje identificados por *marcas*, que os contra-distinguem entre si, mesmo quando tenham

Parte I – Da Comunitarização da Concorrência e sua Restrição   49

Em terceiro lugar, não podiam existir no mercado quaisquer barreiras à entrada de novas empresas ou à circulação dos comprado-

---

idêntica composição, preço ou qualidades, capacidade distintiva que induziu até, cremo--lo, a um certo desfavor da tutela comunitária da marca, em certas espécies jurisprudenciais (anteriores a 1977), depois revistas pelo próprio Tribunal, nomeadamente em 1990 (v.g. SOUSA E SILVA, *Direito comunitário e propriedade industrial, cit.*, pp. 144 e 153-161).
   Aliás, de entre as várias e heterogéneas funções desempenhadas pela marca, contam-se as de «*indicadora de origem* ou *proveniência* dos produtos», de «*garantia* de *qualidade*» e «*publicitária* ou *sugestiva*».
   A primeira função da marca, a sua função originária e juridicamente decisiva, é pois a *distintiva*, através da qual identifica os produtos, não apenas quanto ao seu género, distinguindo-os de outros produtos e serviços, mas também quanto à sua *proveniência*. Proveniência esta que liga geneticamente o produto à empresa (*Herkunftsfunktion*), procurando evitar que o produto/serviço de uma empresa se confunda com o produto/serviço de outra empresa (assim a própria Comissão, na decisão *Nicholas frères e Vitapro*, de 30.7.64, pág. 2289). Ou seja, identifica a *fonte produtiva* (AUTERI, *Territorialità...*, apud FRANCESCHELLI, «Il marchio dei creatori del gusto e della moda», pág. 783, nota 6), «o produto enquanto provindo de certa fonte» (FRANCESCHELLI, *op. e pág. cits.*). A essência da tutela jurídica da marca é a «protecção contra riscos de confusão (...) essencialmente sobre a *origem* desses produtos ou serviços» (o sublinhado é nosso) (NOGUEIRA SERENS, *A «vulgarização» da marca na directiva 89/104/CEE, cit.*, pág. 9 e, quanto aos efeitos da sua *vulgarização – rectius*, da perda de capacidade distintiva, pp. 90-92), perspectiva que, historicamente, foi mesmo utilizada para excluir a possibilidade de licenciamento das marcas (House of Lords, *Bowden Wire Ltd's Trade Marks, Re Bowden Wire Co Ltd v. Bowden Brake Co Ltd.*, 1914, 31, RPC, 385, HL, in ADAMS/PRICHARD JONES, pp. 13-14).
   É certo, no entanto, que a moderna realidade económica criou ainda outros problemas, como as licenças de marca e todas as formas de distribuição, num processo de desmaterialização que culmina na tutela das chamadas *marcas célebres*, cuja difusão, prestígio e alta qualidade, as faz ter um valor próprio (*status symbol*) que rompe com o tradicional princípio da *especialidade*, e lhes permite pretender gozar de uma tutela alargada (quando não absoluta) que prescinde da *afinidade* entre os produtos que a marca individualiza, afinidade que constituía um limite essencial da sua eficácia. Abandonando, por obsoleta (assim, expressamente, NOGUEIRA SERENS, *A «vulgarização» da marca na directiva 89/104/CEE, cit.*, pág. 139), a definição do *círculo de proibição* por referência à «afinidade» ou «semelhança» dos produtos, «condicionado pela natureza intrínseca dos produtos, pela destinação do produto a uma mesma clientela, à satisfação das mesmas necessidades» (FRANCESCHELLI, pág. 782), esta ruptura faz-se também com o próprio princípio da especialidade, assumindo as marcas como referência a uma imaterializada e subjectivada empresa.
   Na sua função *sugestiva* (a *Werbekraft*), por seu lado, a marca realiza, *só por si*, uma função de publicidade, referindo dois critérios auto-valorativos: o seu valor intrínseco e a qualidade dos produtos (NOGUEIRA SERENS, «A proibição da publicidade enganosa», *cit.*, pág. 76). Estreitamente conexa a esta é o advento da disciplina jurídica da *publicidade*. Através da sua função sugestiva, a marca publicita-se a si própria, e não

res[90], quando é certo que estas (*entry barriers*) realmente existem, quer por via da acção estadual, quer por acção dos concorrentes, constituindo mesmo um dos principais móbeis das políticas de concorrência[91].

---

apenas enquanto objecto de publicidade (*v.g.* GINER PARREÑO, pp. 140-151). O que também é (STANLAKE, pág. 313). Só que aquela função opera independentemente da sujeição às regras da publicidade. Mas esta função das marcas, como ensina NOGUEIRA SERENS, nem sempre tem um efeito determinante nas escolhas do utilizador, tendo normalmente uma função de orientação, o que, traduz alguma *insuficiência funcional* das marcas, nesta vertente, que vem a ser complementada pelo recurso à publicidade, que volta «assim a ser encarada como *meio da concorrência*» (*op. cit.*, pág. 79; *vide* também, sobre esta função e os seus limites, A «*vulgarização*» *da marca na directiva 89/104/CEE, cit.*, pp. 99-100).

Aquela imaterialização e desespecialização conducente ao carácter absoluto da tutela da marca conhece no entanto limites, mesmo *de iure condendo*. A marca não pode reduzir-se a um sinal negociável acima e independentemente de qualquer actividade económica produtiva, transformando-se numa «fábrica de 'licenças' de fabricação» e de «*redevances* por produto» (FRANCESCHELLI, pág. 787). A marca é essencialmente um *colector de clientela* para uma empresa, grupo de empresas (em sentido amplo), ou para determinados produtos ou serviços. E perderia o sentido se se desligasse da referência distintiva à *fonte produtiva*. Só que esta matéria, que extrapola claramente do objecto da nossa pesquisa, levar-nos-ia ainda para o campo de um moderno contrato que a vida económica criou, e que tem conhecido um desenvolvimento notável: o *merchandising*. O *merchandising* é um contrato que tem mesmo por objecto o aproveitamento económico de uma marca (das virtualidades *sugestivas* da marca) para a produção e comercialização, por pessoa diferente do titular do direito sobre a marca, de produtos completamente diferentes daqueles que a marca simbolizava – sobre esta figura, que nem sempre parece ter tido este significado (PATRUCCO, pp. 135-136), *vide* FRANCESCHELLI (pág. 788, nota 8), ADAMS/PRICHARD JONES (pp. 15-16), AUTERI (pp. 510-544) e NOGUEIRA SERENS, A «*vulgarização*» *da marca na directiva 89/104/CEE, cit.*, pp. 103-104, nota 54 e, de modo especial, sobre todo o tema desta nota, pp. 7-8, nota 1, e 120 e segs, nota 89.

[90] STANLAKE, pág. 286.

[91] O conceito de «barreiras à entrada» é atribuído a BAIN (*Barriers to New Competition*, Harvard University Press, Cambridge, Mass, 1956), que as define como «as vantagens que detêm as empresas de um determinado sector, sobre qualquer empresa que queira entrar no mercado. Essas vantagens manifestam-se na sua capacidade de vender a baixo do preço concorrencial, sem provocar a entrada de novas empresas na indústria» (tradução livre). – *v.g.* NGUYEN (pág. 315) e LYONS, pp. 26-64. Já para POSNER, há dois significados habitualmente ligados a este conceito. Um primeiro, literal, engloba «tudo o que quem entra no mercado tem de superar para ocupar aí uma posição (*foothold in the market*), como os custos de capitais exigidos para a entrada no mercado numa escala eficiente». Mas também pode significar o que STIGLER conceptualizou: ««uma condição que impõe a quem entra no mercado custos de produção mais elevados a longo prazo do que aqueles suportados por quem já está no mercado» (pág. 59). A doutrina distingue também entre as barreiras à entrada (restrições legais; patentes; controlo de uma

E, em quarto lugar, o mercado deveria ser completa e perfeitamente transparente, princípio de acordo com o qual cada participante no mercado tem «conhecimento completo de todos os factores significativos do mercado»[92].

específica mercadoria – *scarce input*) e as vantagens ao nível dos custos, como a superioridade tecnológica e as economias de escala – BAUMOL/BLINDER/GUNTHER/HICKS, pp. 635-636 –, a que poderíamos aditar, embora com relevância diversa na CE, os custos de transportes e as tarifas aduaneiras, ou mesmo as práticas restritivas (STANLAKE, pp. 302--303) e a publicidade (LYONS, pp. 49-50 e 63; contra, sem razão, POSNER, pp. 92-93) – *cfr.* MANUEL PORTO, *Lições de teoria da integração, cit.*, pp. 99-113.

[92] Citando Louis BRANDEIS, em 1914, «Sunlight is said to be the best of disinfectants;/ Electric light the most efficient policeman» (SCHERER, pág. 93). A preocupação pela transparência *transparece* de forma especial e acrescida em algumas legislações de defesa da concorrência. Desde logo naquelas que impõem o registo de certos acordos, como é o caso da lei inglesa – o *Restrictive Trade Practices Act* de 1976 (RTPA) –, perante o *Office Fair Trading* (OFT), sob pena de nulidade dos acordos, ou da própria CE, onde, por força do estabelecido nos artigos 4º e 5º do Regulamento nº 17/62, os acordos que violem o nº 1 do artigo 85º devem ser notificados à Comissão, sob pena de, designadamente, não poderem beneficiar da decisão de isenção prevista no nº 3 do mesmo artigo 85º.

A mais recente lei dinamarquesa de defesa da concorrência (*Danish Competition Act*, lei 370, de 7.6.89, que entrou em vigor em 1.1.1990) era, a este propósito (como noutros), paradigmática. Fundava-se exactamente no princípio da *transparência*, no pressuposto de que mais transparência implicaria mais competição e mais eficiência, reduzindo-se assim o papel interventor das autoridades, as quais passariam a ter uma função que incidia sobretudo na feitura de relatórios que tornassem transparente o mercado, procedendo à informação de todas as empresas. Só que, como aceitou o *Competition Appeal Court* (apesar de confirmar uma decisão do *Competition board*), este princípio coloca as empresas dinamarquesas em desvantagem face à concorrência externa (*ECLR*, 1991, 4, pp. R – 130-131). Mas também é significativa por outras razões. Primeiro, por «respeitar o direito fundamental de celebrar acordos» (sic, in *19º Relatório da Política da Concorrência*, pág. 114) e se basear, por exemplo, num princípio de controlo dos abusos.

Outras autoridades têm reagido de forma diferente em relação a condutas afectando a transparência dos mercados. A FTC, por exemplo, ainda recentemente acusava produtores concorrentes por divulgarem unilateralmente informações relativas às ofertas, na crença de que a divulgação prévia de informações sensíveis para a concorrência entre entidades envolvidas num processo de concentração só facilita a coordenação das actividades das empresas se a operação de concentração não se realizar – HAWK/VELTROP, pp. 308-309.

A informação não é nunca completa. Modernamente procuram-se meios de aumentar a quantidade de informação partilhada, respeitando a pequena empresa e a necessidade de economias de escalas e cartelização. O meio hoje utilizado é o da organização comercial em *rede*, como sucede na maior parte (se não totalidade) dos casos de franquia, que tem como funções essenciais a melhoria da «comunicação entre os parceiros», permitindo

Finalmente, a existência de uma perfeita mobilidade de factores de produção, entre cada indústria.

A existência destes pressupostos é claramente infirmada pela realidade jurídica moderna e pelas correntes económicas dominantes[93]. A atomização e indiferenciação dos mercados não se concretiza. A tendência, dentro dos modelos de concorrência propostos pelos vários sistemas jurídicos, e nas economias abertas do final do século XX, vai mesmo para *topoii* como a *diferenciação* e a *cartelização,* fenómenos coevos[94] e decisivos na moderna arquitectura e fisiologia da concorrência, e que, na nossa opinião, são notas do modelo moderno de concorrência. Fica a faltar apenas o elemento pessoal, que a crítica de HAYEK[95] e PERROUX

---

desta forma o aumento do «potencial de variedade e variabilidade», assim tornando rápida e eficaz a *inter-acção* entre os diversos pólos. Sobre o ponto, RULLANI, pp. 29 ss.

O papel da informação na construção do mercado concorrencial e na modelação da atitude do agente económico que opera no mercado é cada vez mais salientado pela generalidade da doutrina. A informação condiciona as alternativas do empresário, assim como condiciona a escolha das pessoas jurídicas ou físicas que com ele dialogam. O mercado não é apenas o local de «articulação e coordenação *empírica* da miríade de acções individuais determinadas» pelos «*conhecimentos menores*», enquanto conhecimentos – não científicos – dos agentes acerca das circunstâncias particulares do tempo e do lugar (HAYEK).

[93] Para uma descrição particularmente feliz do modelo da concorrência perfeita, SHUGHART II (pp. 16-17), embora tente depois afirmar que este modelo é ainda visado pelas modernas correntes económicas que com a concorrência se preocupam, pressuposto que não compartilhamos. FASQUELLE (pág. 51) acentua esta ideia ao referir-se ao facto da *Escola de Chicago* ter vigorosamente posto em causa o modelo de concorrência pura e perfeita (embora nem sempre o discurso de POSNER pareça convincente). Também NICHOLAS GREEN (pág. 246), ao descrever o modelo de concorrência praticável diz: «these limited objectives do not aim to achieve perfect competition in markets», o mesmo sucedendo, já referindo-se ao direito comunitário (ao acórdão *Metro I – vide infra*), com ROUX/VOILLEMOT, pág. 47. Entre nós, referindo-se ao modelo comunitário, LOPES RODRIGUES, pp. 236-237.

[94] Como refere NOGUEIRA SERENS, «A proibição da publicidade enganosa», *cit.*, pág. 78, «a generalização da tutela das marcas é coeva da cartelização da indústria. Vale isto por dizer que o uso das marcas por banda dos industriais, para assim *diferenciarem* os respectivos produtos, ocorre precisamente no momento em que a *concorrência de preço* (...) passa a ser objecto de severas restrições». Especialmente nos domínios em que o preço e a qualidade dos produtos são idênticos, a marca passou a ser o elemento *diferenciador* que dirige o utilizador para a escolha do produto a comprar.

[95] HAYEK constrói um modelo em que o mercado concorrencial surge como ordem *espontânea*, como *catalaxia*, «aquela espécie particular de ordem espontânea produzida pelo mercado», «desprovida de toda a dominação e servidão, isto é, de toda a relação

evidenciou, e a doutrina moderna tratou de aprofundar. A actuação do empresário, seja na perspectiva da escolha entre as várias alternativas que se apresentam, seja na aceitação de que ele é também gerador de novas alternativas para as empresas.

2. O modelo da concorrência praticável (*workable competition*)[96]

A superação do modelo clássico de concorrência passa por, partindo da realidade económica, procurar uma noção realmente operativa[97]. A ta-

---

hierárquica» (*A. cit, Droit, législation et liberté*, vol. 11, *Le mirage de la justice sociale*, 1980, *apud* RAGIP EGE, pág. 1007 e 1021) a que os agentes chegam através da «selecção cultural» operada na aprendizagem (processo de *trials-errors*) da utilização de regras de conduta não finalistas, mas gerais e abstractas. Para uma visão crítica do modelo proposto por HAYEK, *vide* FARJAT, pp. 39-44.

[96] Entre os muitos Autores que se dedicaram a este *modelo* de concorrência, refiram-se, só em 1949-50, MASON (*American Economic Review*, 1949, pág. 712; e «The current status of the monopoly problem in the United States», *HLR*, vol. 62, 1949, pp. 1265), J. K. GALBRAITH (*American Capitalism*, Houghton Mifflin, 1962), Joe S. BAIN («Workable competition in oligopoly», *AER*, vol. 40, 1950, pp. 35-47) ou MARKHAM («An alternative approach to the concept of workable competition», *AER*, vol. 40, 1950).

[97] A busca de uma noção adequada e congruente de «concorrência» é tarefa irrealizada mesmo em ordenamentos jurídicos com grande tradição normativa, como é o caso canadiano. Como afirma WAVERMAN (pág. 75), só em 1986 a lei canadiana deu uma tal noção, ao aditar uma *section* (1.1.) ao preâmbulo. Até aí não se sabia se o objectivo das normas era promover a concorrência entre os produtores nacionais ou entre todos os produtores. Nem se a função de maximização do bem-estar visava o maior benefício (mais-valia) para os consumidores, para os produtores ou para ambos. Outros ainda, numa perspective mais epistemológica e ontológica, definem concorrência como «processo de descoberta» individual da liberdade do homem (HAYEK).

A generalidade da doutrina jurídica que se debruça sobre o conceito de *concorrência* salienta a impossibilidade de se obter um conceito único (STURM, pág. 196), incorrendo mesmo em afirmações circulares e imprecisas, como SCHAPIRA (pp. 46-47), para quem o próprio TJCE não arriscou uma definição, antes se limitando a fornecer «ideias directrizes», que andam à volta da «procura dos critérios que tornam a concorrência *praticável e efectiva*». Sobre o ponto, nos EUA, KAPLAN (pp. 55-57), e, no espaço comunitário, por exemplo, R. KOCH, pp. 52 e 107. Para uma visão ética, a partir de uma analogia com a ética desportiva, SHIONOYA, pp. 5-19. Na CE, não deixam de existir espécies em que se declara que a concorrência se traduz na «liberdade de cada operador económico determinar de maneira autónoma a política que intenciona seguir, abrangendo a escolha dos destinatários das suas ofertas e vendas» (acórdão *Suiker Unie*, de 16.12.75, pp. 1663, cons. 173), definição tão oca como inútil, que tanto dá para defender a carte-

refa pertence sobretudo aos economistas. Para nós, partindo do enunciado das características desta moderna noção operativa, importa apenas identificá-la, para, depois, avaliar da aptidão das soluções jurídicas concretas para realizar do modo mais pleno possível os fins da concorrência.

As modernas concepções de concorrência começam por surgir motivadas pela crítica dos paradigmas da concorrência perfeita e/ou pura, erigidos em utopia irrealizável[98]. Designadamente, pelo reconhecimento das insuficiências do modelo clássico, capaz de conduzir a um grau ainda maior de imperfeição concorrencial[99].

O seu centro, como veremos, é a tentativa de explicar satisfatoriamente as condições reais da concorrência, entendida como *rivalidade económica*. Primeiro, aceitando, com CHAMBERLIN, que concorrência e monopólio não constituem fórmulas alternativas mas complementares[100].

---

lização como a sua radical negação, a não ser que se negue ao «operador económico» qualquer ideia de responsabilidade ou imputabilidade. Entre nós, merece referência a noção dada por LOPES RODRIGUES, em 1990, que a define tanto numa acepção universal como referida à economia política, como um «processo permanente e multidimensional» «de obter e assegurar a posse do valor» (primeira acepção) ou de «gerar vantagens comparativas e da as ir perpetuando, quase sempre, pela sua renovação/inovação em ordem ao melhor usufruto possível dos factores escassos e/ou úteis» (pág. 222), sendo que, para nós, a relevância jurídica da sua garantia e sanção dependerá, em grande medida, da fiscalização sobre se a tal manutenção de «vantagens comparativas» é feita como «quase sempre» o Autor descreve (ou, ainda que não o seja, não prejudique a integração dos mercados), o que, se dá algum critério, não se mostra totalmente apta para ser utilizada no nosso domínio. Outros, em vez da visão do «processo», acentuam sobretudo a dimensão de escolha (para os consumidores) que a concorrência supõe, concepção que imporá, no limite, a impossibilidade de existência de apenas uma empresa no mercado. Por nós, se achamos que a noção de concorrência está em causa, também sabemos que a sua descoberta, em geral, cabe à ciência económica, cumprindo-nos apenas discernir o que, para um fim específico, se deverá entender por concorrência, numa apreensão sobretudo jurídica e parcelar (para várias noções doutrinais, *v.g.* o último Autor citado, pp. 252 e segs.).

[98] Segundo DOERN (pág. 12-13), nenhum economista espera encontrar ou impor um mercado que apresente todos os traços da «concorrência perfeita. Os mercados são (...) inevitavelmente imperfeitos».

[99] Sobre a noção de *concorrência imperfeita* e suas modalidades, lemos sobretudo SAMUELSON/NORDHAUS (pp. 190 e segs., e 394-396) e LOPES RODRIGUES (pp. 239-241), que se louva nos trabalhos de ROBINSON, MARSHAL e MEADE.

[100] *Théorie de la concurrence monopoliste*, 1933, *apud* RAYMOND BARRE, pp. 290 segs. Embora não em termos exactamente concordantes. Aquele Autor afirma que a maior parte das situações económicas são misturas de concorrência e de monopólio, mas nega a existência de situações de monopólio puro, ao adoptar uma noção restritíssima de

Inclusivamente, no modelo elaborado por BAUMOL, um mercado constituído por apenas uma ou por um número reduzido de empresas pode funcionar de modo eficiente, na medida em que inexistam ou sejam reduzidas as barreiras à entrada e saída de firmas concorrentes no mercado. Daí a sua 'contestabilidade' (*contestable markets*)[101].

---

monopólio, segundo a qual só haveria monopólio se abrangesse a oferta de todos os bens económicos (pág. 250). Na fórmula que utilizam BAUMOL/BLINDER/GUNTHER/HICKS (pp. 659-660), a diferença entre este mercado e o da concorrência perfeita residirá na *heterogeneidade* dos produtos, sendo que o pressuposto de uma informação perfeita nos parece ser o de mais difícil verificação.

A teoria da concorrência monopolística é ainda hoje utilizada, pela doutrina económica, para estudar o comportamento dos agentes face à integração dos mercados, pela eliminação das barreiras ao comércio inter-estadual. O interesse de estudos como o de ANDERSON (pp. 12 ss), é o de demonstrar que [segundo o modelo de Cournot-Nash] a presunção de que a dimensão da firma aumenta com o aumento da dimensão do mercado (de que as dimensões de ambas estão relacionadas) só é válida para os produtos homogéneos, não ocorrendo da mesma forma quando se tratem de produtos diferenciados, como é por antonomásia o caso dos produtos ou serviços distribuídos por via do *franchising*. Ou seja, que a «fusão» dos mercados produtores de produtos diferenciados segundo um modelo de concorrência monopolística pode permitir que seja maior o número de empresas, porque assume relevo significativo a indagação das funções da procura dos produtos diferenciados. Do que decorre também não ser necessária a conclusão segundo a qual a integração dos mercados conduz à saída de empresas do mercado. Poderíamos dizer que a integração dos mercados (a liberalização dos mercados) provoca economicamente um resultado de soma positiva (assim, CATINAT/JACQUEMIN, 2130-2133), e não apenas de soma-zero (vendo nós aqui um raciocínio de algum modo semelhante ao que acentua que, «num mercado interno [com] situações de monopólio, oligopólio ou concorrência monopolista, a abertura de fronteiras é um factor que leva à concorrência» MANUEL PORTO, *Lições de teoria da integração, cit.*, pág. 157). Recordando há pouco a noção de concorrência monopolística, leia-se TEIXEIRA RIBEIRO, pág. 127: «a oferta pertence a muitas pequenas empresas, mas já não existe homogeneidade dos bens, encontrando-se diferenciados os produtos».

[101] Na medida em que tal potencialidade de entrada de concorrentes no mercado conduz as empresas que aí operam a manter (a longo prazo) os preços a níveis próximos dos competitivos (custo marginal), segundo um modelo de concorrência perfeita – BAUMOL/BLINDER/GUNTHER/HICKS (pp. 674-675) e, ainda antes, W.J. BAUMOL/J. C. PANZAR/R. D. WILLIG, «Contestable Markets and the Theory of Industry Structure», New York, Harcourt, Brace, Jovanovitch, 1988, *apud* DOERN, pág. 10. No modelo de mercado contestável, verifica-se portanto a presença de três elementos. A inexistência de barreiras à entrada que permitam a entrada e saída do mercado antes mesmo das empresas aí actuantes terem oportunidade de ajustarem os preços (e sem perdas de dinheiro); a igualdade quanto à tecnologia de produção; e a existência de uma informação completa e disponível para todos os operadores no mercado (*vide* OCDE, *Glossaire d' économie industrielle et*

Mas, em segundo lugar, constatando também o carácter *multiforme* da concorrência. Como afirma RAYMOND BARRE[102], a concorrência não se efectua apenas através do preço, mas por todo um conjunto de factores, especialmente importantes na própria posição no mercado que resulta do contrato de franquia, como a política de vendas, a escolha dos métodos de produção e das matérias-primas, a própria imagem pública da empresa, a consideração do poder electivo do comprador (e as formas da atracção deste), etc., etc.

A irrealizabilidade do modelo clássico da concorrência perfeita e a incapacidade de configurar um modelo unívoco e incontestável de mercado concorrencial conduziu a doutrina a *construir* um *modelo-quadro* de concorrência efectiva ou praticável que, partindo das insuficiências do modelo da concorrência pura/perfeita, principia pela essencial refutação da compreensão clássica da concorrência pura/perfeita[103]. Na formulação

---

de droit de la concurrence, pp. 27-29). Sobre esta teoria, *vide* UTTON (pp. 122-130) ou NGUYEN (pp. 9-10 e 306 e segs.), que salientam como pressuposto a facilidade de reprodução dos custos das empresas operantes no mercado por parte das empresas que aí entrarão e a ausência de custos de saída (ou pelo menos a sua recuperação).

Claro que, tal como acontece com o modelo da concorrência perfeita, também o modelo dos mercados contestáveis, repousando sobre uma completude da informação, é mais ideal do que real. Mas marca já uma significativa mutação em relação àquele primeiro modelo, falando-se já em «contestabilidade praticável» (*workable contestable*).

[102] Pág. 250. CLARK (pág. 243) refere depender a concorrência de um nú-mero surpreendente de condições, tantas que o número de combinações matematicamente possíveis ascende a centenas de milhares. Entre os factores condicionantes dos preços destaca dez: o carácter estandardizado ou não do produto; o número e dimensão (*size-distribution*) dos produtores; o método de fixação dos preços: *quoted* ou *supply-governed prices*; o método de venda; o tipo e meios de informação no mercado; a distribuição geográfica da produção e do consumo; o controlo da distribuição sobre a produção; a relação entre a variação dos custos e a dimensão da fábrica ou empresa; a influência da flutuação das vendas sobre os custos; e a flexibilidade da capacidade produtiva.

A doutrina afirma ainda, consoante as suas específicas intencionalidades investigatórias, a importância de múltiplos outros factores, como por exemplo a origem do produto, quando estuda o impacto da «aprovação nacionalística» dos produtos – sobre este factor, NEVEN e Outros (pp. 1-11) salientam que os estudos de *marketing* de BILKEY, NES e de PAPADOPOULOS, indiciam resultados algo diferentes dos que resultam da teoria tradicional do comportamento do consumidor (*consumer behavior*) que, na formulação de ARROW e DEBREU, identifica como elementos determinantes as características do produto, o local, data e país em que é distribuído.

[103] DOERN, pág. 10. Esta consideração não impede que muitos dos economistas considerem subsistente o modelo da concorrência perfeita. O modelo clássico de concorrência passou a servir de ponto de partida e critério de referência para a análise das

de CLARK, um tal modelo supõe a presença de dois elementos fundamentais. Em primeiro lugar, uma rivalidade suficientemente intensa entre um número adequado de agentes económicos, que atraia os consumidores e evite uma situação de monopólio. E, em segundo lugar, uma aceitação de um certo nível de restrição dos níveis de concorrência, admitindo mesmo a redução do número de empresas a operar no mercado em causa, potenciando a formação de oligopólios, de molde a evitar a concorrência ruinosa e a permitir o progresso tecnológico e a obtenção pelos produtores de determinados níveis de eficiência[104].

Trata-se de um modelo dinâmico[105] de concorrência, em que o importante não é tanto saber qual o número de firmas em concorrência, mas se está preservada «a ameaça de uma concorrência potencial»[106]. Não

---

condições competitivas do mercado – CLARK, pág. 241. No entanto, foi este «saudosismo histórico» que CLARK pôs em causa, ao defender a preferência pela procura de «conceitos das mais desejáveis formas de concorrência, seleccionados de entre aqueles que são *praticamente* possíveis, e nos limites das condições inescapáveis» (pág. 242 – o itálico é nosso).

A sua visão crítica, no entanto, não visava apenas os modelos clássicos de «concorrência perfeita» e de concorrência «pura», mas também já os modelos de «concorrência imperfeita», porque a «imperfect competition may be too strong as well as too weak; and that workable competition needs to avoid both extremes» (*op. cit.*, pág. 243), desde logo por aquele modelo poder potenciar a concentração (RENATO FLÔRES JR, pág. 55).

[104] Erhard KANTZENBACH, *Die Funkiontsfähigkeit des Wettbewerbs*, Göttingen, Vandenhoek, 1966. Sobre as críticas que as propostas de KANTZENBACH sofreram, quer por não produzirem resultados conclusivos, quer por dificuldades de preenchimento do modelo, STURM, pág. 197.

[105] A ideia de uma concorrência dinâmica não nos parece estranha à ideia de concorrência praticável, pois a concepção que sempre está no nosso espírito assenta na ideia de *processo*, antes de mais individual, embora limitado e, por vezes, orientado ou corrigido pelas instâncias reguladoras estranhas ao mercado.

[106] Qualquer que seja a concepção da concorrência, construtivista ou finalista, condição ou instrumento político-económico, sempre se entende, com HAYEK, que nos mercados abertos em que se compete, o que sobretudo importa é assegurar, num grau mínimo essencial, a *possibilidade* de concorrência, mais do que a sua *efectividade*. O que se concretiza, nas sociedades em que vivemos, marcadas geneticamente pelo princípio da economia de mercado livre, pela procura da eliminação das restrições e barreiras (legais ou de outro tipo) de acesso ao mercado e, correlativamente, no impulso à actuação livre dos agentes económicos.

No domínio comunitário da concorrência é hoje patente este objectivo de salvaguarda da *potencialidade* da concorrência. No acórdão de 15.7.1970, *ACF Chemiefarma* (pág. 701, cons. 156), o TJCE considerou que, apesar de um grupo de empresas não estar, na altura, em condições de fabricar um dado produto, não impede que seja

importa afirmar a igualdade entre todas as firmas[107], nem impedir que alguma ou algumas ocupem uma posição dominante no mercado[108].

Por outro lado, é também um modelo não funcionalizado a um objectivo unívoco, dependendo a determinação da teleologia e valoração imanente a cada modelo concreto de uma tarefa suplementar de clarificação[109].

Foi a esta concepção básica de concorrência que o Tribunal de Justiça acabou por aderir de modo formal, ao declarar, no acórdão *Metro I*[110], que «a concorrência não falseada visada pelos artigos 3 e 85 do tratado implica a existência no mercado de uma concorrência eficaz (*workable competition*), quer dizer, da dose de concorrência necessária para que sejam respeitadas a exigências fundamentais e atingidos os objectivos do tratado e, em particular, a formação de um mercado único que funcione em condições análogas às de um mercado interno»[111] e que «a natureza

---

considerada restritiva da concorrência a proibição de o fabricar. Também a Comissão tem seguido esta posição, em actos vinculativos (*Rockwell/Iveco*, JOCE, n° L 224, de 17.8.83, pág. 20) como em comunicações (Comunicação da Comissão relativa aos regulamentos (CEE) n° 1983/83 e n° 1984/84, publicada no JOCE, n° C 101/2, de 13.4.1984 – *Comunicação 84/C 101/02*, de 13.4.84). No domínio da franquia de produção, KORAH tem entendido que a existência, no momento do acordo, de potencialidade de concorrência entre franqueador e franqueado é condição de submissão do contrato às regras jurídicas gerais da concorrência e exclusão do regime regulamentar *v.g. infra*, pp. 281 e segs.

[107] Como inclusivamente ensina CLARK (pág. 250), mesmo «certas formas e graus de discriminação têm um lugar no esquema» da *workable competition*.

[108] Neste ponto, os normativos de defesa da concorrência preocupam-se apenas com o facto dessas empresas utilizarem essa posição dominante para impedir ou falsear essa concorrência efectiva ou praticável. É este o sentido de várias normas, como é o caso do artigo 86° CE e do artigo 3° do DL 371/93, de 29 de Outubro.

[109] Assim a OCDE (*Trade and competition policies*, cit., pág. 21), embora este estudo seja preparado por NICOLAÏDES, que veremos ser um defensor da ideia de que a política da concorrência visa realizar a tripla eficiência: produtiva, alocativa e distributiva (e mais adiante nos referiremos à valência – relativa – destes objectivos, numa perspectiva comunitária).

[110] Acórdão do TJCE, *Metro SB-Großmärkte GmbH & Co. KG c. Comissão*, de 25.10.77, cons. 20, pp. 670-671. A ideia de uma «concorrência suficiente» era a preocupação da lei francesa de 19(10?).7.77, relativa ao controlo das concentrações, embora também ela pudesse ceder perante outro tipo de juízos económico-sociais (BONASSIES, «Les fondements du droit communautaire de la concurrence», cit., pág. 56).

[111] A ideia de uma concorrência eficaz havia sido já expressa pelo Tribunal de Justiça muito antes de 1977. FRANCESCHELLI/PLAISANT/LASSIER (pág. 51) referem que a ideia terá já transpirado do acórdão do TJCE, *Comptoirs de vente du charbon de la Ruhr*,

e intensidade da concorrência pode variar em função dos produtos ou serviços em causa e da estrutura sectorial dos mercados económicos em causa».

Deste modo, o Tribunal de Justiça claramente vincou uma opção de fundo, formulando uma declaração de política de concorrência, ao afirmar a *dependência* que a interpretação do *artigo 85°* (e também do seu n° 1) sofre relativamente à realização dos objectivos do tratado e, concretamente, do grau de concorrência que se deve assegurar nesse mercado único[112], no que constituirá uma fronteira relativamente à *revelação* de outros eventuais objectivos para a política comunitária da concorrência relativa às

---

de 18.5.62 (pp. 211-213), sobretudo pela referência a uma concorrência imperfeita, já que o termo concorrência praticável não é utilizado. No entanto, tal sucede já com o acórdão *Consten-Grundig*, de 13.7.1966 (pp. 429-506), onde se pode ler que «a situação (...) permite praticar preços subtraídos a uma concorrência eficaz». Só que o modelo de concorrência eficaz que aí se podia vislumbrar era um pouco o «albergue espanhol» que alguns pretendem ver no modelo de CLARK (note-se ainda que, num discurso do responsável da Comissão pela concorrência, em 1965 – GROEBEN, *cit.* – a referência à concorrência praticável ou funcional, como objectivo comunitário, aparecia pelo menos 7 vezes). Sintomático de que a nova orientação do Tribunal reflecte uma mudança essencial de paradigma (talvez não totalmente conseguida, é certo) é, no entanto, o facto de o Tribunal não haver seguido as propostas do advogado-geral, mais próximas das concepções restritivas da jurisprudência americana, de que será expressão o acórdão *US v. Arnold Schwinn and Co*, 388 US 365, de 1967.

Também o CONSELHO DA CONCORRÊNCIA português tem assinalado ser este o modelo de concorrência que visa prosseguir, falando também em concorrência «possível» e «viável» – assim o declarava no seu 1° relatório de actividades (*v.g. Relatório de actividade dos anos de 1984 e de 1985*, pp. 19, 20 e 8): «o intuito do diploma é manifestamente o da defesa e manutenção de uma concorrência efectiva no mercado nacional, pressupondo que o bom funcionamento desse mercado contribui para acautelar um conjunto de interesses tais como a protecção do consumidor, a garantia de liberdade de acesso ao mercado, o desenvolvimento económico e social e a competitividade dos agentes económicos face à economia internacional. Não está em causa a defesa de uma excessiva atomização» – embora ambiguamente identificasse os objectivos político-económicos das leis de defesa da concorrência com as «virtudes teóricas da concorrência perfeita: afectação socialmente óptima dos recursos produtivos; estímulo à inovação técnica e organizacional; minimização dos custos de produção e distribuição dos bens; erradicação dos lucros supranormais; [e] reversão para o consumidor dos frutos do progresso tecnológico» (*idem*, «Parecer n° 6/84», pág. 19).

[112] KAPTEYN/VAN THEMAAT, pág. 501. Embora não se ligasse a pormenores relativos à repartição inter-institucional de competências, esta orientação está implícita também nas palavras de BONASSIES («Les fondements du droit communautaire de la concurrence», *cit.*, pp. 65-67), ao deparar-se com a divergência entre as atitudes do TJCE e da Comissão.

coligações de empresas, que parecem assim – na nossa opinião – claramente remetidos para o domínio exclusivo do n° 3, subordinado então à realização de objectivos de cariz igual ou diferente[113], e permitindo quer a submissão do n° 1 a uma pura lógica de defesa da concorrência[114] – elevada, como veremos, a pilar irremissível da construção europeia – quer, finalmente, a retirada de alguns comportamentos e restrições do conceito de restrição da concorrência relevante para efeitos da proibição desse artigo[115].

Como escreveu em 1986 BOUTARD-LABARDE, com inteira pertinência, na sequência do acórdão *Pronuptia*, «baseado no artigo 85°, § 1, o raciocínio é necessariamente diferente [do método do balanço económico em que se baseava o n° 3]. Não se pode mais tratar de pesquisar a existência de compensações económicas, mas de se questionar a própria existência de uma restrição, no sentido do artigo 85°, § 1. (...) Começa a tomar-se consciência acerca da existência de um novo critério: a concorrência juridicamente protegida pelo artigo 85°, § 1»[116].

---

[113] «Considerando que (...) as competências outorgadas à Comissão pelo artigo 85°, n° 3, demonstram que as necessidades de manutenção de uma concorrência eficaz podem ser conciliadas com a salvaguarda de objectivos de diferente natureza...» (cons. 21, pp. 1905-1906), posteriormente reafirmado no acórdão *FEDETAB* (*Heintz van Landewyck sàrl e Outros c. Comissão*, de 29.10.80, pp. 3241, cons. 176) – cfr. SNYDER, pág. 151.

[114] LAURENT, pág. 34: «A decisão que pronuncia a incompatibilidade de uma coligação com o mercado comum é sustancialmente diferente da decisão pela qual a Comissão atribui ou recusa uma isenção individual. Os dois actos jurídicos relevam, sem dúvida, da política de concorrência. Mas a primeira contribui para a protecção jurídica da concorrência eficaz, na qual participam igualmente os órgãos jurisdicionais nacionais. A segunda tende a melhorar o funcionamento do Mercado comum, baseando-se em apreciações económicas complexas». Trata-se, neste último caso, das decisões sobre a isenção prevista no n° 3. Parece ser também esta a interpretação dada por FERRARI BRAVO/MILANESI, pág. 336. Em sentido diverso, entre nós, ROBALO CORDEIRO (pp. 90-91).

[115] Assim o entendia, já em 1987, HORNSBY, pág. 83.

[116] BOUTARD-LABARDE, «Note», pp. 310-311. Daí que, mais do que nunca, haja que abandonar ideias como as de que o conceito de concorrência é «auto-explicativo» – BORBA CASELLA, *A Comunidade Europeia e seu ordenamento jurídico*, pág. 424. De algum modo reconhecendo uma distinção entre os n°s 1 e 3 do artigo 85°, embora discordemos em grande medida de muitas das suas asserções e conclusões, WILS, pág. 45.

De todo o modo, haveria que, depois, entrar na análise dos «modelos normativos da economia industrial», para, no quadro deste modelo de concorrência praticável, não perfeita, definir critérios de decisão face ao mercado e à consecução dos objectivos comunitários, seja uma concepção positiva e de crença no seu funcionamento (por exem-

Para prosseguirmos neste caminho, imposto pelo modelo económico de concorrência que hoje parece prevalecente na CE[117], impõe-se-nos perceber o sentido e os limites a que a *constituição* comunitária condiciona a regulação e realização deste propósito concorrencial, tarefa que faremos anteceder – interlocutoriamente – de uma apreciação de direito comparado, incidente sobre a lei norte-americana, verdadeira fonte e laboratório de concepções que no próprio direito comunitário se defrontam e exprimem.

---

plo, as concepções da «Escola de Chicago»), seja uma visão desconfiada e restritiva, reguladora (por exemplo, assente no paradigma estrutura/comportamento/performance, típica das concepções da «Escola de Harvard»), recorrendo ainda aos modelos analíticos da «nova economia industrial», que aplicam, por exemplo, «teoremas do folclore». Da nossa opção já demos conta, embora não deixemos de reconhecer que, na análise da política comunitária da concorrência, a segunda via desempenha um papel fundamental, embora decrescente, facto de que será exemplo, tanto o regime da franquia adoptado pelo Tribunal, como as *limitações práticas* que a pressão dos mercados vêm há muito provocando na Comissão – sobre estes modelos, *ex professo*, NGUYEN, pp. 4 e segs.

[117] E que também aparecia formulado pela Comissão, logo no *1º Relatório sobre a política da concorrência*, de 1972, pp. 17: «O objectivo das suas intervenções [das autoridades comunitárias em matéria de concorrência] deve ser reintegrar os sectores (...) num sistema de concorrência praticável e eficaz».

Secção II
O Sherman Act de 1890

Capítulo Único
O Modelo Norte-Americano e a Restrição (de Concorrência) no § 1 do Sherman Act

> «A lei do Congresso não há-de ser elaborada visando a desintegração universal da sociedade em simples homens, cada um em guerra com tudo o resto, ou mesmo à prevenção de todas as possíveis combinações para um fim comum. [O Sherman Act] não pretende que todos os negócios cessem».
>
> (Votos de vencido dos juízes do *Supreme Court* dos EUA, White e Wendell Holmes, no caso *Northern Securities* – 1904)

I. Considerações Gerais

Até aqui enunciámos, o mais sinteticamente possível, os termos da compreensão económica da concorrência. Vimos que a ideia de uma concorrência atomisticamente considerada e perfeita é irrealizável, que os *factores* da concorrência são também *fautores* do monopólio, que as normas de concorrência podem igualmente visar a concorrência e a não-concorrência. Considerámos também, embora apenas perfunctoriamente, que foi este modelo dinâmico o que encontrou acolhimento no espaço comunitário, nas Comunidades Europeias, que assumiram a tutela da concorrência como instrumento de realização dos seus objectivos mais fundamentais. Neste momento, vamos explorar a primeira destas considerações, procurando discernir o que nos EUA se entendeu por salvaguarda da concorrência, em especial no domínio genérico dos contratos de distribuição, em que geralmente se inclui o nosso pretexto discursivo e compreensivo: o contrato de franquia ou *franchising*[118].

Não é difícil apercebermo-nos das causas do surgimento da regulamentação federal aplicável às *restrições da concorrência* (*restraint of trade or commerce*), nos EUA. Na concepção liberal típica do século XIX, a livre iniciativa económica – vimo-lo já –, erigida em valor fundamental da comunidade politicamente organizada, conduziu, numa primeira fase, a um desinteresse do direito pela protecção da concorrência, entregando a *sorte* do mercado e dos agentes nele operantes ao seu livre *jogo*, com prejuízo da própria liberdade de concorrência. Cedo, no entanto, se percebeu que o mercado não podia ser deixado a si mesmo e à «mão invisível», sob pena de irremediável prejuízo para o próprio modelo económico. Mas a introdução de normas de tutela de concorrência nem sempre teve igual sentido e objectivos, não visando necessariamente superar uma concepção liberal do funcionamento do mercado[119].

Em certos ordenamentos jurídicos, como o canadiano e o norte--americano, a concorrência passou a ser vista como *condição* inescapável

---

[118] O nosso desiderato não é o de desencadear uma investigação de direito comparado, que adulteraria e prejudicaria irremediavelmente os objectivos que visamos atingir. Mas, de todo o modo, julgámos imprescindível tomar em atenção a evolução e as concepções ao longo dos tempos dominantes no espaço jurídico-concorrencial dos EUA. Por duas razões fundamentais. Primeiro, pela sua anterioridade cronológica (que já referimos) e similitude formal com as normas comunitárias, em especial as dos artigos 85º e 86º CE. Depois, porque, em larga medida, o direito comunitário parece hoje bem mais aberto aos ventos que sopram de oeste, num processo de assimilação que, se não conduziu à perda de identidade da conformação comunitária dos objectivos concorrenciais, pelo menos tem cada vez mais apelado a construções e resultados provindos daquele grande país. Quer dizer, não o fazemos por uma pura questão de método, de ganhar distância e elevação em relação ao sistema comunitário, mas por motivos bem mais modestos (cfr. CARBONNIER, *Sociologie Juridique*, PUF, Paris, 1994, pp. 20-21, *apud* GOULENE, pág. 309, nota 8).

[119] Como diz SCHERER (*Industrial Market structure and economic perfomance*, 2ª ed., Boston, Houghton Mifflin, 1980, pág. 491), a política *antitrust* é «uma das mais poderosas armas que o governo pode usar nos seus esforços para harmonizar os objectivos lucrativos das empresas privadas com o interesse público». Referindo-se à Alemanha, R. STURM (pág. 198) assinala como objectivos da política de concorrência imposta pelo modelo de concorrência dinâmica que o *Bundeskartellamt* propugna, a 'intervenção' tendente à realização do 'Estado mínimo', com a privatização das empresas e serviços públicos, das infra-estruturas e a desregulação dos mercados – assim também, de modo expresso, IMMENGA, pág. 422.

para a realização dos objectivos do sistema, dependendo a licitude dos acordos exclusivamente do seu objectivo ou efeito pro-competitivo[120].

Mas esta concepção nem sempre é a dominante. Idealmente, outros sistemas há que reconhecem e propugnam poderem os *institutos* jurídicos de defesa da concorrência servir e estar *ordenados* para a *não concorrência* e que, por conseguinte, a concorrência pode não ser um *fim* em si mesma, mas apenas um *instrumento* para a consecução de outros fins e objectivos[121].

---

[120] R. JOLIET (*The rule of reason in antitrust law, cit*, pág. 7), a propósito do Sherman Act, afirma que a premissa em que este assenta é a de que «competition is (...) always the summum bonnum». No mesmo ano, em Coimbra, ORLANDO DE CARVALHO dizia ser o *Sherman Act* «a 'magna carta' da liberdade económica americana» (*Critério e estrutura do estabelecimento comercial, cit.*, pág. 60, nota 40 – expressão que, curiosamente, o próprio *Supreme Court* utilizaria em 1972, no acórdão *US v. Topco* – 405 US 596, ou 92 S Ct. 1126, pág. 1134, 1972, pp. 609-610 – *v.g.* FRAZER, pág. 3). Para ALBERTO XAVIER (pág. 90), a doutrina clássica não se caracterizava por encarar a estrutura concorrencial como um meio de realização do interesse fundamental do consumidor, porquanto o modelo em que assentava é apresentado como único possível. Só este sistema realizaria os objectivos de igualdade de oportunidades na sociedade, só ele garantiria «um sistema equilibrado de desconcentração de poderes», sem constrições entre os diversos agentes económicos, sejam eles o Estado ou os particulares (sobre isto, contudo, *infra*). A concorrência não era protegida em si mesma, num sentido finalístico, mas, ainda aqui, num sentido instrumental. A generalidade da doutrina, nacional e estrangeira, quando refere o sentido e valor jurídico que a concorrência assume nas concepções clássicas da concorrência, assinala a protecção da concorrência como um *fim em si mesma*, só que tal não é absolutamente correcto. Sendo protegida sem *vacilações*, ela é concebida como condição *única* de realização de objectivos que a transcendem, sociais e políticos e, claro, económicos, de protecção do exercício da «liberdade individual de acção» no «processo de mercado» [VAN DAMME, *La politique de concurrence dans la CEE*, Kortrijk, Bruxelles, Namur, Cours, 1977 (1979), pág. 53, *apud* ROBALO CORDEIRO, pág. 88]. Como afirmava impressivamente o presidente ROOSEVELT, em 1938, «a liberdade de uma democracia não está segura se o povo tolera o crescimento do poder privado a ponto de este se tornar mais forte que o próprio Estado democrático».

O que fica dito não implica, contudo, uma total unanimidade de posições, mesmo no que toca ao sentido fundamental do sistema americano (onde há total unanimidade?), pois mesmo aí é possível encontrar quem declare (juiz HOLMES, no caso *Northern Securities* – 193 US, pp. 403) que «the act says nothing about competition», numa posição orgulhosamente só e obviamente demitida.

[121] A terminologia *concorrência-condição* e *concorrência-instrumento* é correntemente atribuída a BONASSIES («Les fondements du droit communautaire de la concurrence», *cit.*, pp. 51 e 55), gozando de grande prestígio entre a doutrina, sobretudo enquanto preocupada em categorizar sistemas, para daí derivar diversas consequências ao nível normativo, institucional e jurisdicional. Que a concorrência não era um fim em si mesmo,

Ou seja, modelos há que concebem a concorrência como um *instrumento* para obter certos objectivos não uniformizados e não forçosamente pro-concorrenciais. O bem jurídico *concorrência* não tem aí um valor absoluto ou forçoso, antes sendo utilizado para realizar diversos objectivos de política económica e social. Nestes sistemas jurídicos, o direito da concorrência é encarado como um instituto jurídico «plástico» maleável e moldável a todo o tipo (ou quase) de considerações.

É esta a perspectiva imputada geralmente, quer a todas as modernas legislações de defesa da concorrência quer, mais especificamente ainda, à concepção de concorrência emergente da consideração integrada do conjunto das normas comunitárias e, em particular, do artigo 85° do tratado CE, que essencialmente rege os cartéis no espaço comunitário[122]. Não cuidaremos de analisar aprofundada e comparativamente as diversas manifestações concretas, até porque os vários países e a CE conheceram ao longo do tempo diversas evoluções, justificadas ou não por considerações meramente económicas, mas também políticas, sociais, etc.

Contudo, numa generalização possível, o que poderá dizer-se, neste momento, é que nestes sistemas, a concorrência, não sendo sacralizada e elevada pelos ordenamentos jurídicos à condição de elemento *sine qua non* com valor absoluto na fisiologia social, é pois utilizável para realizar objectivos de índole diversa, económica, social e mesmo política, embora se revele fundamental que a concorrência exista e seja apta a desempenhar as funções e realizar os objectivos que presidem à sua tutela jurídica. Esses objectivos é que são variados e nem sempre compatíveis. Entre os

---

na CEE, era já afirmado em 1965 por GROEBEN, pág. 411. No entanto, para nós, um tal sistema classificatório, para lá de ser de duvidosa aceitabilidade face à variedade da jurisprudência norte-americana, só vale em termos gerais, e nunca referido exclusivamente a uma comparação entre o n° 1 do artigo 85° CE e o artigo 1° do SA, cuja similitude substancial aqui sustentaremos. Por outro lado, mesmo em relação ao n° 3 do artigo 85° CE e, em geral, ao direito comunitário no seu todo, a questão é duvidosa, pois não só é claro o artigo, ao impor a «não eliminação da concorrência» como critério de isenção – embora BONASSIES (*cit.*, pág. 58) veja neste requisito uma manifestação do limite à maleabilidade da concorrência na Comunidade –, como o Tratado da União Europeia claramente contraditou aquilo em que este Autor se louvava para afirmar a sua teoria da concorrência-meio (pág. 65: «c'est bien ce text [o artigo 2°] qui est la clé de la théorie de la concurrence-moyen»), inserindo expressamente nas disposições que definem os objectivos da CE o princípio básico da «livre concorrência» (*vide* a actual redacção do artigo 2° CE e *infra* a Secção III, onde tocaremos este ponto).

[122] Neste sentido, entre nós, o já citado acórdão da Relação de Lisboa, de 6.3.1990 (*CJ*, 1990, II, pp. 112-115). *Vide* também o que diremos ainda no Capítulo I da Secção III.

muitos critérios que têm justificado intervenções *macro-concorrenciais* encontram-se puros critérios de eficiência económica[123] ou de divisão internacional do trabalho[124], ideias de bem-estar económico (*welfare economics*), a protecção de consumidores ou de certo tipo de actividades comerciais e industriais[125], uma noção de interesse geral (público), a protecção de determinadas empresas (as PME, mas não só), a realização de uma ideia de mercado ou, mais vagamente, a «lealdade na concorrência» (§ 5 do preâmbulo CE)[126].

Do próprio percurso seguido parece claro que as modernas legislações europeias, se não aceitam postergar a subsistência de uma *referência* concorrencial, ainda assumem o afastamento de uma concepção rígida de defesa da concorrência *a se* e a aproximação a uma essência sua *instrumental*, num processo de influências recíprocas a que o direito comunitário não pode considerar-se alheio. Mas a primeira visão não só não deixou de fazer o seu caminho – nomeadamente no campo das concepções clássicas, em que a concorrência é *sacralizada* e concebida como um fim em si mesma, objectivo este que às normas *antitrust* cumpre realizar – como não parece poder ser facilmente posta em causa (e hoje mais do que nunca). Para se entender plenamente o sentido e limites do número 1 do artigo 85º CE, não pode prescindir-se de atentar na concepção expressa pelo § 1 do *SA* norte-americano.

---

[123] A eficiência económica, nos dias de hoje, não pode desconhecer múltiplos fenómenos de interpenetração. Como afirma com razão Korah, *An introductory guide*, *cit.*, pág. 8. Também Pappalardo – «La réglementation de la concurrence», *cit.*, pág. 342 – salienta que «o objectivo geral das legislações *antitrust*, a saber a maximização da eficiência económica, se desdobra, no caso do direito comunitário, num objectivo político-social, a unificação dos mercados, em vista do qual este direito encontra a sua aplicação».

[124] Pais Antunes defende que o regime de concorrência deve ser analisado no contexto global dos objectivos definidos pelo Tratado, sendo que identifica o objectivo económico fundamental da Comunidade com a promoção «do bem-estar comum graças a uma *divisão do trabalho mais racional* entre os Estados-membros» (o sublinhado é do Autor) – *Lições de direito comunitário da concorrência*, pág. 3.

[125] Pense-se na protecção das empresas comunitárias face à concorrência externa. Em 1970, no seu *memorandum sobre a política industrial da Comunidade* (Bruxelas, 1970), a Comissão considerava que o reforço da posição concorrencial da indústria europeia supunha um crescimento da dimensão das empresas europeias, o que, se reduzia a concorrência no espaço comunitário, seria compensado pelo crescimento da concorrência à escala mundial – M. Waelbroeck, «Règles de concurrence et concentrations», pág. 177. Trata-se aí de um claro raciocínio de *balanço concorrencial*.

[126] Propugnando esta solução para os EUA, J. W. Burns, pp. 597 e segs.

A protecção do valor concorrência, em sistemas como o norte-americano, é tão importante que justifica uma consideração largamente limitativa da relevância positiva do moderno princípio da autonomia privada, que neste domínio passa a significar que a liberdade de contratar e de modelar o conteúdo dos programas contratuais acaba onde começa a limitação da concorrência. Mas não, é certo, qualquer limitação: apenas aquela que seja irrazoável, ou seja, que prejudique mais a concorrência do que aquilo em que a beneficia.

Vamos então proceder à análise do modo como o sistema jurídico federal norte-americano afere da licitude (ou não) dos acordos entre empresas, do ponto de vista das eventuais ofensas à concorrência. Trata-se de uma análise explicável imediatamente pela influência genética do diploma americano no sistema jurídico comunitário[127], mas que cobrará um sentido ainda mais efectivo no que aos acordos verticais e, em especial, de *franchising*, respeitará, quer porque as atitudes dos tribunais americanos e da doutrina tendem agora a alargar-se ao espaço comunitário; quer porque muitas das cláusulas incluídas em contratos de franquia foram objecto de uma profunda análise e de posições claras (de afirmação ou negação) pela jurisprudência norte-americana; quer, finalmente, por-

---

[127] Com isto não queremos desconsiderar outras influências, por exemplo alemãs. Mas o certo é que parece haver boas razões para considerar como paradigma referencial (pelo menos historicamente) a legislação norte-americana. Desde logo pela sua anterioridade cronológica. Mas não só. Vimos, no capítulo anterior, que a Europa vivia num ambiente jurídico e económico diverso, assim como diversas eram as concepções dominantes. O relativo favor que à não-concorrência era conferido, *maxime* pela aceitação da existência de cartéis, expressava-se ainda nos objectivos que as normas entretanto criadas visavam realizar (para uma referência às leis que se criaram nos anos 30, SCHERER, pág. 28). Assim, neste ambiente, em que o valor prevalecente era o da liberdade contratual, o sistema jurídico alemão adoptou uma lei que não seguia o princípio da proibição mas o do abuso, com a lei de 2.11.1923 (*vide* nota 67). É certo que a situação altera-se com o final da II.ª guerra mundial. Mas tal significa, antes de mais, a *recepção* do modelo americano, baseado num princípio de proibição. Resultado é a adopção, em diversos países, de legislações da concorrência. Assim, em 1948 foi publicada em Inglaterra o *Monopolies and Restrictive Practices Act*, já várias vezes substituído, enquanto internacionalmente sobre ela se pronunciava o artigo 46º da Carta de Havana ou uma proposta de Convenção, realizada sob os auspícios da ONU, em 1953 (SCHERER, pp. 38-39). Em 1951 surgiu o tratado CECA. Em 1953, a Noruega e a Suécia adoptaram as suas legislações, no que foram seguidas pela Dinamarca (1955), os Países Baixos (1956) – para um elenco completo, *vide* ORLANDO DE CARVALHO, *Critério e estrutura do estabelecimento comercial, cit.*, pág. 289, nota 106. O debate que antecedeu a *Gesetz gegen Wettbewerbsbeschränkungen* de 1957 é bem o exemplo dessa *luta* entre modelos.

que o próprio direito comunitário pode beneficiar desta experiência, em especial quando se considere que o próprio Tribunal de Justiça considera como jurisprudência constante a análise concreta dos acordos, atendendo ao seu contexto e conteúdo concretos.

II. O Artigo 1º do *Sherman Act*

1. Da Rigidez Inicial à *Rule of Reason* (Regra do Razoável)

Nas regulamentações jurídicas canadiana e norte-americana do final do século passado, a licitude dos coligações depende apenas do seu objectivo ou efeito pro-competitivo[128], não se aceitando como possível que os *institutos* jurídicos de defesa da concorrência pudessem estar *ordenados* à defesa da *não concorrência*. Aquela era juridicamente concebida como um fim em si mesma, no pressuposto de que o bem geral não podia realizar-se senão pela defesa intransigente do valor da concorrência[129].

Na sua intenção original, o direito norte-americano tem uma «fé absoluta nos valores da concorrência»[130] expressa no *Sherman Act* (SA) já referido – na sequência da forte aversão aos *trusts* [131] que se corporizou na

---

[128] Assim R. JOLIET (*The rule of reason in antitrust law*, cit., pág. 7), recorde-se, afirmava que a premissa em que assenta o *Sherman Act* é a de que «competition is (...) always the summum bonnum». Quanto ao Canadá, WAVERMAN (pág. 78) explica que «as leis canadianas afirmam que os acordos conspirativos [*conspirational agreements*] (qualquer pessoa que 'conspires, combines, *agrees* or arranges') são ilegais se conduzirem a uma 'diminuição *indevida* concorrência' [*undue* lessening of competition]» (fórmula semelhante à utilizada pelo *Trade Practices Act* Australiano, de 1974, art. 45º). Numa apreciação vista desde a Europa, KOVAR, «Le droit communautaire de la concurrence et la "règle de raison"», pág. 240: «La "règle de raison" procède d'une idée fondamentale du droit antitrust américain qui veut que seule la concorrence est économiquement efficace».

[129] Questão diferente é a de saber se as normas de concorrência são eficazes, por serem a única forma de igualizar as partes no mercado, em benefício dos interesses dignos de tutela.

[130] Assim o traduzia THORELLI, em 1954: «Congress believed in competition. It believed, moreover, that competition was the normal way of life in business. Competition was *the* "life of trade"» (pág. 226).

[131] Aos cartéis, diremos, considerando o objecto do artigo 1º SA e da nossa própria dissertação. Por isso e pelo que ficou dito no Capítulo I, também a nós parece que a concepção original, visada pelo legislador histórico, não era por certo uma ideia racionalizada de eficiência económica, até porque, como os próprios Autores norte-americanos reconhecem, o diploma não resultou de nenhuma pressão dos *economistas*, que,

América oitocentista – e nos vários planos da intervenção *jurídica* e *judicativa*, quer pela condenação normativo-abstracta das coligações anti-concorrenciais, quer na elucidativa primeira abordagem que a *casuística* fazia ao sentido interpretativo das normas anti-restritivas da concorrência, negando qualquer flexibilização apreciativa que validasse certas coligações enquanto veículos de realização de objectivos extra-concorrenciais[132].

---

aliás, ainda mal haviam ganho a sua dignidade e autonomia científicas, mas de um genuíno desejo, instalado na opinião pública, de controlar e limitar o poder económico que poderia resultar de tais coligações. Saber se tal era, na visão do legislador americano, funcionalizado à maximização do bem-estar dos consumidores, ou um fim em si mesmo, é questão que não importa muito. Para uma argumentação, face ao *Sherman Act*, no sentido da repressão da cartelização apenas quando contrária ao *consumer welfare*, BORK («Legislative intent and the policy of the Sherman Act», pp. 7-48, e, especialmente, pp. 31-35). Para uma circunscrição dos objectivos de todo o direito da concorrência ao controlo do poder económico, *vide* OSTI (pág 7: «il diritto della concorrenza è volto al controlo del potere economico»), não sem alguma pertinência, embora não enquanto se divise aí um objectivo único. Nas obras humanas, aliás, raramente há uma verdade única. O que não se pode é, em consequência, postular-se um arreigamento às concepções históricas dos diplomas como o norte-americano, para o entender, interpretar e aplicar. Não só pela desconfiança com que sempre se tem de olhar o elemento histórico da interpretação, mas também porque aquela asserção, se era correcta no início, passa a ser amplamente contestada, a partir de meados do século XX (por todos, MAJONE, pág. 12).

[132] É habitual citar-se, a este propósito, uma famosa frase proferida, em 1945, pelo juiz HAND, no caso *Alcoa* (*US v. Aluminum Co. of America*, 148 F. 2d 416 (2nd Cir.)), segundo a qual «o Congresso não absolveu os bons *trusts* e condenou os maus *trusts*; ele condenou-os a todos». Só que, em rigor, esta afirmação não exprime o sentido dominante na jurisprudência norte-americana, o que se revela de modo ostensivo se prosseguirmos na leitura da passagem: «Mais do que isso, ao fazê-lo, não foi apenas motivado por razões económicas. É possível que, devido a um efeito moral ou social indirecto, tenha preferido um sistema de pequenos produtores, em que o sucesso de cada um fique dependente da sua habilidade e carácter, a um sistema em que a grande maioria das pessoas tenha de aceitar a direcção de uns poucos. Pensamos que as decisões comprovaram, como já sugeríamos ser possível, serem estes os objectivos do [Sherman] Act» (tradução livre).

São múltiplas as referências que a esta concepção podemos encontrar na jurisprudência norte-americana. Assim, por todos, bastemo-nos com o famoso acórdão *Northern Pacific Railway Co.* (356 U.S.,1, 4, 1958), onde claramente se afirma que «o *Sherman Act* foi concebido para ser o fundamento da liberdade económica destinado a preservar a liberdade e lealdade da concorrência como regra do comércio. Assenta na premissa segundo a qual a interacção livre das forças concorrenciais no mercado permitirá a melhor distribuição das forças económicas, os mais baixos preços, a mais alta qualidade e o maior progresso material, ao mesmo tempo que gera um ambiente propiciador da preservação das nossas instituições democráticas, políticas e sociais. Mas mesmo quando essa

Para este modelo, a concorrência era um valor em si mesma, imprescindível para atingir os fins da comunidade politicamente organizada. Daí a recusa inicial de mecanismos normativos autorizantes de coligações ou de outros comportamentos anti-concorrenciais, pretextuando a realização de quaisquer outros desideratos política ou economicamente defensáveis. A concorrência não pode servir a não-concorrência. E, nesse sentido, o *Supreme Court*, no caso *US. V. Trans-missouri Freight Association*[133], começou por adoptar uma visão literalista do SA, recusando qualquer critério de razoabilidade que funcionasse como critério de aplicação da norma, até porque, no entendimento do juiz PECKHAM, uma tal interpretação subverteria o significado e objectivos da norma[134]. Como este reconhece, tal interpretação razoável não podia fazer-se, devido ao grau de incerteza que resultaria do preenchimento casuístico do critério da «restrição razoável»[135].

Passado aquele momento inicial de rejeição, no entanto, a jurisprudência do *Supreme Court* acaba por, logo em 1898, aceitar a necessidade de interpretar *razoavelmente* a norma proibitiva[136] – no caso *US v. Joint*

---

premissa seja discutível, a orientação (*policy*) inequivocamente formulada pelo *Act* é a da [defesa da] concorrência» (tradução livre).

O que ressalta, de todo o modo, de ambos estes excertos, é o facto de, em si mesmos, eles não serem específicos e unânimes na determinação do que se deva concretamente entender por *concorrência a proteger*.

[133] *United States v. Trans-missouri Freight Association*, 166 US 290, 312 (1897).

[134] Citando o estudo de JOLIET, *The rule of reason in antitrust law*, cit., pág. 25, «Peckham stressed that 'every' could not mean anything other than 'every'», a que acrescia a ideia de que «all contrats are included in such language, and no exception or limitation can be added» (166 US 290, 328 – citado por BORK, «The rule of reason and the per se concept», *cit.*, pág. 788).

[135] A interpretação literalista de PECKHAM tem a sua origem na reacção ao sentido do voto de vencido do juiz WHITE, que, no mesmo caso, defendia que a conduta restritiva devia ser considerada legítima, dada a razoabilidade dos preços dela resultantes face, por exemplo, aos objectivos sociais perseguidos pelo acordo – assim JOLIET, *The rule of reason in antitrust law*, cit., pág. 24. Em sentido contrário, atribuindo ao juiz PECKHAM, neste processo, a paternidade da *rule of reason* e recusando ver na sua concepção uma mera visão literalista do diploma, BORK, «The rule of reason and the per se concept», *cit.*, pp. 785 e segs.

[136] Daqui não se pode concluir que desde 1898 tenha desaparecido a interpretação literal do Sherman Act. Tal não corresponderia à verdade. Logo em 1904, no acórdão *Northern Securities* (193 US 331-332), o juiz HARLAN escrevia: «a lei não se limita a restringir os negócios ou o comércio interestadual ou internacional que sejam irrazoáveis por natureza, mas abrange todas as restrições directas impostas por qualquer combinação, conspiração ou monopólio a esse negócio ou comércio». Embora também aqui com os votos de vencido dos juízes WENDELL HOLMES e WHITE.

Traffic association[137] –, o que, como bem nota Kovar[138], conduziu a que só se interditassem algumas das práticas contrárias ao progresso económico, numa *redução* da interpretação *literalista* da norma.

De qualquer forma, nesse processo, que então se iniciava, há que salientar o papel especialmente relevante assumido pela jurisprudência, quer na determinação do sentido das proibições contidas no *Sherman Act* – na sequência da vontade expressa pelo legislador histórico, de ver o diploma interpretado com base na tradição da *common law*[139] —, quer, como Kovar faz notar, na determinação do sentido e alcance útil da regra da razoabilidade (*rule of reason*)[140]. E, para realizar esses objectivos, foram dois os caminhos essenciais seguidos pela jurisprudência norte-americana, tendo como substracto comum o facto de procurarem atenuar a «dureza do coração» da lei americana, num caminho que se prefigura essencial, na nossa opinião, não apenas para a compreensão do sentido das regras de defesa da concorrência nos EUA, mas ainda dos contactos e distâncias entre este ordenamento e a orientações dogmática e fáctica que as normas comunitárias parecem adoptar.

Vimos já que, num primeiro momento, a negação de uma interpretação razoável do § 1 do SA visou reagir contra uma visão da *rule of reason* que não só enfraqueceria o alcance da norma, como eliminaria a própria concepção do valor-concorrência como *summum bonum* a perseguir pelas normas e autoridades encarregues da sua aplicação[141].

Deste modo, claramente ficou definido por via de exclusão o campo de operatividade da *rule of reason*, que não poderia nem pode funcionar como fórmula de justificação *racional* de acordos ou convenções restri-

---

[137] *US. V. Joint Traffic Association*, 171, U.S., 505, 577.

[138] «Le droit communautaire de la concurrence», *cit.*, pág. 237.

[139] Juiz Taft, *Addyston Pipe & Steel Co.*,85 Fed. Rep. 271, 282 (6th Circ. 1898), citado em Frazer (pág. 120), Autor que faz uma clara enunciação dos termos da doutrina da «restraint of trade» (pp. 112-123). No mesmo sentido, em relação aos *trusts*, vide Bork, «The rule of reason and the per se concept», *cit.*, pp. 783-784, e «Legislative intent and the policy of the Sherman Act», pág. 38. Em sentido crítico do trabalho de Bork e afirmando a descontinuidade entre a *common law* e o *Sherman Act*, Posner, pág. 24.

[140] Sustentando de modo claro que a jurisprudência viria a afirmar estar a *rule of reason* em conformidade com o pensamento do senador John Sherman, Bork, «Legislative intent and the policy of the Sherman Act», pág. 47.

[141] Joliet, *The rule of reason in antitrust law*, *cit.*, pág. 24, afirma mesmo que a adopção da visão do juiz White no caso *Trans-missouri Freight Association*, em 1897, enfraqueceria muito o *Sherman Act*.

Parte I – Da Comunitarização da Concorrência e sua Restrição   73

tivas da concorrência, à luz de critérios de natureza económica ou até social[142]. O critério e fundamento é sempre o efeito do coligação sobre a concorrência, independentemente de quaisquer outras virtualidades instrumentais que possam advir da conduta[143].

Se há que aceitar ser este o quadro normativo de referência da norma, o certo é ter ela encontrado dois *aparentes* planos de concretização judicativa[144], num processo que parte da distinção entre restrições 'directas' e 'indirectas', para depois se ancorar em duas construções fundamentais: a das restrições ditas acessórias e, seguidamente, a do balanço concorrencial.

A primeira destas construções, denominando-se doutrina das *restrições incidentais* (*ancillary restraints*)[145], prevaleceu ao virar do séc. XIX para o XX. Buscando a sua fonte na *common law*, assenta na ideia segundo a qual as restrições de concorrência necessárias à realização de uma convenção em si mesma lícita[146] devem considerar-se razoáveis. Só que

---

[142] Ou até de valorações não económicas, como pretende certa doutrina norte-americana actual – J. W. BURNS, pp. 597 e segs. Por outro lado, nem sempre as soluções dadas no âmbito da *rule of reason* correspondem, de modo necessário, ao reconhecimento de uma natureza eficientista das apreciações nelas contidas. Assim, repare-se que o próprio BORK, depois de em 1965 ter dito que o acórdão *Board Trade of Chicago* tinha, dada a sua largueza de fundamentos, uma «accordion-like career» («The rule of reason and the per se concept», *cit.*, pág. 782), afirma-o, em 1966, como um exemplo em que os valores fundantes não eram apenas os do *consumer welfare* («Legislative intent and the policy of the Sherman Act», pág. 8, nota 3).

[143] Daí que não possamos aceitar a interpretação que certa doutrina europeia dava à *rule of reason*, defendendo que ela constituía não apenas uma atenuação do rigor da legislação *antitrust*, mas também o questionar da eficácia e oportunidade de uma lei de concorrência (assim expressamente, GARRIGUES, pág. 153). Nada de mais errado, como veremos já de seguida.

[144] Apesar das especificidades próprias de cada um dos supostos métodos, a ideia que fica é a de que há uma fundamental continuidade e complementaridade entre todos eles, pelo que é mesmo possível divisar as concepções de TAFT e WHITE como desenvolvimentos de uma mesma essencial concepção (e englobando mesmo certas asserções de PECKHAM), no que concordamos com BORK, «The rule of reason and the per se concept», *cit.*, pp. 804-805.

[145] Que a doutrina rapidamente começou a designar como *restrições acessórias*, fórmula que invadiu mesmo o direito comunitário – *v.g.* a *Comunicação 93/C 43/02* (*Comunicação sobre as Empresas Comuns*, ponto 65 e segs – JOCE, nº C 43, de 16.2.93, pp. 2). Sobre a sua adequação, em geral e no domínio da franquia comunitária, *vide infra* a Parte III.

[146] Assim NOGUEIRA SERENS, *A tutela das marcas e a (liberdade) de concorrência*, pág. 18.

esta concepção, se parece permitir validar coligações com conteúdos anti-concorrenciais, supõe uma prévia avaliação positiva do esquema negocial, de que dependerá a licitude das restrições de concorrência necessárias para a plena realização do «objectivo principal do contrato»[147]. Estas restrições não afectam a essência da coligação, que em si mesma permanece pro-concorrencial, porque são apenas colaterais[148].

O que revela uma *ponte* em direcção à segunda via, que se traduz no método do «*balanço concorrencial*», ou seja, na análise contabilística dos efeitos concorrenciais e anti-concorrenciais de uma dada convenção, como critério de valoração sobre a sua licitude[149]. Embora seja apontado como sendo uma manifestação da primeira doutrina[150], cremos que o caso *Whitwall v. Continental Tobacco Co.*[151], de 1903, já aponta para esta segunda compreensão, ao dizer que o contrato não viola o § 1 do SA se tem como «main purpose and chieff efect to poster the trade and increase the business» e apenas «incidental e indirectamente restringe a concorrên-

---

[147] Juiz TAFT, *U.S. v. Addyston Pipe & Steel Co.* (85 Fed. 217: 6th Cir. 1898), *apud* KOVAR, «Le droit communautaire de la concurrence et la 'règle de raison'», pág. 238 ou KORAH, *An introductory guide, cit.*, pág. 148.

[148] Teriam de ser «subordinadas e colaterais a uma transacção legítima e necessárias para tornar efectiva essa transacção», como afirmava BORK («The rule of reason and the per se concept», *cit.*, pp. 797-798), que as aproxima das concepções de PECKHAM (pp. 799-800). UTTON (pág. 154) parece referir-se a esta concepção de *rule of reason*: «However, where it is incidental and subsidiary to an agreement which seems to be conducive to a more competitive market, the court has been prepared to apply a modified 'rule of reason' approach», embora a impute ao acórdão *Board Trade of Chicago*. Note-se que foi uma errada incompreensão da natureza deste método e da «acessoriedade» nele implicada que, em nosso entender, leva a que RUIZ PERIS (pp. 61) afaste expressamente deste método o acórdão *Pronuptia*.

[149] Teste de legalidade definitivamente consagrado no caso *Board of Trade of Chicago v. US*, de 1918 (246 US 231), sob a pena do juiz BRANDEIS. A ele nos referiremos ainda, na parte final deste nosso trabalho. Contudo, uma ideia ressaltava claramente dele, merecendo a nossa atenção. Tomemos as palavras que THORELLI (pág. 222) utilizaria mais de trinta anos depois: «a lei diz que "todo" o contrato restringindo o comércio inter-estadual é ilegal. Se "restrição do comércio" for tomada como sinónimo de "restrição da liberdade de comércio" ou "concorrência", concluímos que, num sentido literal, todo o contrato comercial (*business contract*) restringe o comércio. É óbvio, contudo, que o Sherman Act não visava impedir toda a actividade económica negocial (*economic intercourse*)». Neste sentido ia também o juiz WHITE, no caso *Trans-Missouri Freight Association* (in BORK, «The rule of reason and the per se concept», *cit.*, pág. 791).

[150] KOVAR, «La règle de raison et le droit communautaire de la concurrence», pág. 238.

[151] *Whitwall v. Continental Tobacco Co.*,125 F. 459 - 8th Circ., de 1903.

cia»[152], porque não só a restrição não é acessória, no sentido descrito por JOLIET[153], como também a licitude do acordo depende sobretudo do seu objecto e conteúdo ser pro-competitivo. No entanto, é em 1911 que o *Supreme Court* «anuncia» formalmente esta segunda formulação da regra da razoabilidade, nos casos *Standard Oil of New Jersey v. United States*[154] e *United States v. American Tobacco*[155]).

Como resulta da posição expressa pelo juiz WHITE, um tal balanço dependia antes de mais de avaliar se os acordos [1] conduziam à fixação dos preços, prejudicando o público; [2] permitiam às empresas limitar a produção; ou [3] punham em perigo a qualidade dos produtos[156]. Limites que permitiram à *rule of reason* beneficiar sobretudo as restrições (ou tipos contratuais[157]) verticais não ligadas aos preços (*non-price vertical*

---

[152] A origem desta distinção entre coligações que visam directamente restringir ou eliminar a concorrência e aquelas que, não o visando, têm um tal efeito secundário, incidental e indirecto, foi surgindo ainda em 1898, nos processos *Anderson v. US* (171 US 604) e *Hopkins v. US* (171 US 578) – BORK, «The rule of reason and the per se concept», *cit.*, pp. 795-796.

[153] «La licence de marque», *cit.*, 1984, pp. 11-12: «Le terme «accessoire» paraît impliquer qu'à défaut de la restriction, la transaction manquerait son but».

[154] No acórdão proferido neste caso *Standard Oil of New Jersey v. US* (221 US 1), o *Supreme Court* apelava para uma «regra ou princípio de interpretação que» – dada a formulação genérica do artigo 1º do SA –, «é a *rule of reason* já conhecida da *common law*».

[155] 221, U.S., 106, 179. No entanto, segundo esta regra, com origem na tradicional doutrina da *restraint of trade*, consagrada na prática anterior dos tribunais do sistema da *Common Law*, «toda a restrição da concorrência se presume má para a lei» (Lord MAC-CLESFIELD), só podendo uma tal presunção ser afastada se determinadas condições se considerarem preenchidas, *maxime* se for uma restrição voluntária, limitada no espaço e no tempo e que tenha uma contrapartida (*consideration*). Outros critérios utilizados assentam ainda uma tal razoabilidade numa relação de custos-benefícios (CARABIBER) e na necessidade da restrição para a protecção dos interesses legítimos das partes. Como nota FASQUELLE (pág. 33), a *rule of reason* que a aplicação do *Sherman Act* desencadeou representa uma mutação fundamental face à doutrina tradicional de *restraint of trade*. É que agora não há qualquer presunção de nocividade do acordo, a partir da constatação da sua existência. É necessário submetê-lo ao balanço concorrencial e demonstrar a sua contrariedade com o interesse público expressa na restrição injustificada da concorrência ou na sua própria natureza, efeitos e objectivos – sobre a ligação entre o conceito de *restraint of trade* (tomando as expressões *trade or commerce* como sinónimas) do § 1 do SA e a tradicional doutrina da *common law*, THORELLI, pp. 222-223 e 228-229.

[156] 221 US 1, 52, citado por BORK, «The rule of reason and the per se concept», *cit.*, pág. 802.

[157] Os acordos relativos a direitos de propriedade industrial ou os acordos de licença de patente, por exemplo.

restraints)[158], quer assumissem a forma de cláusulas de exclusividade territorial, de exclusividade de aprovisionamento ou de prestação de serviços conexos.

Finalmente, exigências pragmáticas decorrentes da generalização da análise das implicações concorrenciais segundo a *rule of reason*, conduziram ainda ao surgimento e desenvolvimento de um método simplificado da *rule of reason*: o *quick look*, em que o juiz se limita a verificar a existência de concorrência *interbrand* e a inexistência de um poder sobre o mercado[159]-[160].

---

[158] Assim aconteceu no caso *White Motor Co v. US*, 372 US 253, de 1963, onde, perante um acordo que estabelecia um sistema de repartição de clientelas e de fixação de zonas geográficas de actuação, o *Supreme Court* – louvando-se da jurisprudência *Standard Oil*, de 1911 – não só recusou afirmar aprioristicamente a sua ilicitude, como acabou admitindo a validade das restrições verticais, em virtude dos seus possíveis efeitos concorrenciais positivos.

Isto apesar de, em 1967, o *Supreme Court* ter expresso uma posição radicalmente diferente, sob a pena do juiz FORTAS, ao considerar um sistema de repartição territorial e de clientela presuntivamente ilegal (de *per se*), se o concessionário assumisse riscos na aquisição e distribuição dos produtos distribuídos. Sendo independentes, não poderia a sociedade *Schwinn* impor condições aos seus concessionários (*US v. Arnold Schwinn and Co.*, já referido). Este acórdão, no entanto, traduziu apenas um *desvio* no longo caminho que esta instância jurisprudencial percorreu – sobre este acórdão, por todos, FASQUELLE (pág. 64, nota 205) e Ruiz PERIS (pág. 41).

Sobre os resultados económicos contraditórios resultantes da consideração destas restrições a partir dos seus reflexos na concorrência *interbrand* e *intrabrand*, e a consequente justificação para a utilização aqui do método da *rule of reason*, J. W. BURNS, pág. 604, nota 39.

[159] Embora algo contraditória no tempo, devido à revalorização da necessidade de análises profundas dos efeitos concorrenciais das condutas, como pressuposto de afirmação da sua licitude ou ilicitude, no actual panorama norte-americano, para a corrente que os economistas radicais da *public choice* designam por «Escola de Harvard», mas que há muito se desenvolve, sob a inspiração de Joe BAIN (sobre alguns dos pressupostos desta «Escola», PARDOLESI, «Gli aspetti giuridici di una politica di concorrenza», pág. 567), defendendo a aplicação mais vigorosa das normas de concorrência; ou para a própria administração CLINTON (McCHESNEY/SHUGHART II, 1995).

[160] Criticamente, J. W. BURNS, pág. 650. No acórdão *Valley Liquor Inc v. Renfield Importers Ltd*, o Tribunal do 7th Circuit (108 S Ct. 488, 1987) esclarecia que o desencadear da *rule of reason* (e da consequente análise das restrições *intrabrand*) só se daria se não se tratasse de uma coligação com pouca importância, que tivesse «sufficient market power to control prices». No entanto, a jurisprudência americana tende a dar relevo não tanto ao peso numérico da empresa no mercado (meramente estatístico: a *quota* de mercado), mas ao poder sobre o mercado, que é ou pode ser coisa bem diferente (dir-se-á que uma empresa tem poder sobre o mercado quando «consegue condicionar a procura de

Parte I – Da Comunitarização da Concorrência e sua Restrição

De qualquer forma, seja qual for a concepção da *rule of reason*, o que à primeira vista prevalece é a ideia de que a análise sobre a razoabilidade das restrições deve ter apenas em atenção o impacto concorrencial da restrição, e não quaisquer outros factores[161]. Trata-se, no fundo, de conceber restritamente o método do balanço concorrencial, desconsiderando outras dimensões do acordo – que estão já presentes nas concepções continentais europeias que contêm o chamado «balanço económico» –

---

modo a garantir uma afectação permanente do consumo ao "output" da empresa» – LOPES RODRIGUES, pág. 231 –, por exemplo, através do controlo dos preços). FASQUELLE (pág. 73, nota 248) não se apercebe imediatamente da diferença, pois cita o acórdão *Valley Liquor* como referindo-se a uma *quota*, quando este expressamente se refere (no excerto citado) ao «poder sobre o mercado suficiente para controlar os preços» (*vide* também os outros acórdãos por este autor citados, já na segunda acepção, *cit.*, pág. 74, notas 250 e 251). Desenvolvendo a mesma ideia, HAWK/VELTROP (pág. 304), e, na perspectiva da consideração da dinâmica dos mercados, UTTON, pp. 28 e 38.

Segundo o índice Lerner, o *market power* resulta essencialmente da combinação de três factores: a elasticidade dos preços da procura; a quota de mercado da empresa dominante; e a elasticidade da oferta das empresas não-coligadas (elasticity of supply for fringe firms) – limitamo-nos a transcrever UTTON, pág. 81. Sobre o *market power*, consulte-se ainda HAWK, «La revólution...», *cit.*, pp. 22 e 24.

[161] Num conhecido acórdão – *National Society of Professional Engineers N.S.P.E. v. V.S.*, 435 U.S. 677, 1978 –, o tribunal afirmou mesmo que o método da *rule of reason* não visava tutelar os interesses de consumidores ou utilizadores, numa concepção restritiva que sofre claramente a crítica dos que se baseiam em pressupostos eficientistas, *maxime* os *chicaguianos*, para quem o seu modelo apenas se justifica enquanto realize, em último termo, os interesses dos consumidores. De todo o modo, parece que o Tribunal não foi coerente, pois também aí produziu afirmações facilmente justificáveis à luz das concepções de eficiência, declarando que o Sherman Act «exprime o juízo do legislador segundo o qual a livre concorrência produzirá não só preços mais baixos mas também melhores mercadorias e serviços», afirmando a concorrência como «o melhor método de repartição dos recursos num mercado livre» e que «todos os elementos de um contrato (...) e não só o custo imediato, são favoravelmente afectados pela liberdade de escolher entre ofertas alternativas» (in BONASSIES, «Les fondements du droit communautaire de la concurrence», *cit.*, pp. 54-55). Por outro lado, também estes sustentam que a protecção da pequena empresa, não sendo sinónima ou decorrente da protecção dos consumidores, pode ser complementar (*v.g.* BORK, «Legislative intent and the policy of the Sherman Act», pp. 40-42). Para POSNER, inclusivamente, o interesse da pequena empresa é mesmo a inexistência de uma política de concorrência. Em sentido crítico sobre o conteúdo da *rule* que aparentemente se extrai do acórdão aqui referido, HAWK, *United States, common market, cit.*, pág. 12, nota 36. De todo o modo, não poderá deixar de ver-se na *rule of reason*, seja qual for o seu conteúdo, uma figura não compatível com a doutrina formulada no nº 3 do artigo 85º do tratado CE. Em sentido contrário (quanto a este último aspecto), SCHERER, pág. 35.

e limitando o método da *rule of reason* à sua função de determinar o saldo líquido concorrencial de uma dada convenção[162].

E se, à primeira vista, tal concepção parece afastar de modo irremissível a concepção comunitária do modelo norte-americano, por aquela ter na sua base objectivos de integração que este já não tem, ou por prever um balanço económico que este não admite, veremos que a realidade pode não marcar as distâncias de um modo assim tão vincado. Em especial no que toca ao entendimento do n° 1 do artigo 85°, pois o que se revelará crucial é, no nosso entender, saber se esta norma – e o pressuposto de restrição da concorrência nela contido – deverá ser analisada por referência a um objectivo de defesa da concorrência, supondo a prévia definição do que se deva entender por *concorrência*, o que apenas se descobrirá quando *analiticamente* nos introduzirmos no domínio comunitário.

Vejamos, no entanto, e desde já, quais os sentidos que a jurisprudência e doutrina norte-americanas extraem das normas de concorrência e dos seus métodos interpretativos, especialmente pela reconsideração da compreensão de concorrência, noção maleável cuja existência os tribunais e a doutrina resumiram em duas notas essenciais (ou até numa): eficiência económica (produtiva e distributiva) e estrutura concorrencial (entre marcas[163]), para depois podermos ajuizar da justeza da sua pertinência no plano comunitário.

2. A Doutrina da *Per Se Prohibition*

É certo, contudo (e façamos aqui um parêntese), que a consagração da necessidade de interpretar razoavelmente o conteúdo proibitivo das normas não deixou de conhecer limites, impostos pela compreensão geneticamente proibitiva[164] do *Sherman Act*. O *Supreme Court*, embora tenha

---

[162] Nos últimos anos, tem-se acentuado, nos EUA, a compreensão segundo a qual é insuficiente uma análise superficial do mercado, que se limite a deduzir os efeitos anti--concorrenciais da simples estrutura do mercado, para afirmar a existência de uma conduta colusiva proibida, sendo necessária uma análise do sector em causa que demonstre a presença de um poder sobre o mercado – assim HAWK/ VELTROP, pág. 300. Também no sentido da crítica a versões simplificadas da *rule of reason*, J. W. BURNS, pág. 651.

[163] *Rectius*, entre produtos diferentes, mas substituíveis, isto é, susceptíveis de satisfazer as mesmas necessidades.

[164] Daí que seja possível encontrar, entre os economistas, quem veja a *rule of reason* como uma excepção à regra geral da proibição *per se* – UTTON, pp. 152-153.

Parte I – Da Comunitarização da Concorrência e sua Restrição

aceite a *rule of reason*, não a aceitou ilimitada e irrestritamente. Motivado por razões de clareza, segurança jurídica e celeridade, *rectius*, por razões de *public policy* relativamente a certo tipo de condutas, esta instância formulou o princípio da proibição *per se* de certas condutas[165].

Pleonasticamente estabelecendo que certas condutas[166], como os acordos de fixação de preços[167] e as práticas discriminatórias (*boy-*

---

[165] Outra motivação expressa é a consciência da inabilidade dos tribunais para realizarem apreciações económicas complexas, como resultava do acórdão *U.S. v. Topco* (pp. 609-610, apud WILS, pág. 25, nota 28), o que nem por isso ilibará uma tal posição de um juízo crítico, sendo, embora, repetido o argumento, para vincar a imprestabilidade da ideia de eficiência como ideia-motriz e rectora das normas de concorrência (*infra*).

[166] Outras condutas foram objecto, aqui e ali, de condenações aprioristicas, dando uma certa verdade à qualificação da doutrina dos tribunais como representando um «zigzag course of development» (BORK, «The rule of reason and the per se concept», *cit.*, pág. 777). Por isso, centraremos a atenção naquelas que, de modo mais constante, foram consideradas como proibidas de *per se*. Por exemplo, as licenças de patente eram proibidas, se favorecessem a celebração de *tying agreements*. Concepção que culminou na lista que o Departamento de Justiça elaborou no início dos anos 70 (*The Nine No-No's of licensing*) que o advento da Escola de Chicago fez abjurar – cfr. a doutrina em sentido crítico, citada por VENIT, «In the wake of *Windsurfing*», *cit.*, pág. 518, n. 4. Segundo esta doutrina, as licenças de patente estabeleciam normalmente entre o detentor da patente e o licenciado uma coligação vertical, análoga a um contrato de distribuição (assim FASQUELLE, pp. 68-69, e a doutrina aí citada, nota 222).

[167] No caso *United States v. Socony-Vacuum Oil Co. Inc.*, 310 U.S. 150 (1940), onde a conduta foi dita proibida, ainda que as partes não tivessem capacidade de influenciar os preços ou a coligação não fosse bem sucedida: «na medida em que aumentaram, reduziram ou estabilizaram os preços, estariam interferindo com o livre jogo das forças do mercado».

JOLIET, *The rule of reason in antitrust law*, *cit.*, pp. 45 segs., apela para uma precisão conceitual, quanto ao sentido da regra aqui formulado, considerando não se formular neste acórdão uma regra estrita de proibição *per se* das condutas descritas. O sentido da regra, aí, é apenas o de considerar proibidos comportamentos em relação aos quais não foi preciso, ou necessário, demonstrar o seu efeito no mercado concorrencial, bastando o seu *propósito* anti-concorrencial para afirmar a sua ilicitude. Ora, para este Autor, só se pode considerar estar perante uma verdadeira proibição de *per se* se a ilicitude do comportamento for declarada sem consideração do seu *efeito* ou *propósito* anti-concorrencial (pág. 53). No entanto, parece *flutuar* entre uma e outra posição, porquanto, mais à frente, a pp. 64, afirma expressamente que, na sua opinião, «o conceito foi concebido para evitar inquéritos extensos sobre o *efeito* anti-concorrencial efectivo das práticas em questão» (tradução livre), o que, na nossa opinião, deverá significar que formulou uma convicção sobre o sentido interpretativo adequado da regra, mais restrito do que aquele que é possível extrair das espécies concretas discutidas no *Supreme Court*.

A posição do juiz DOUGLAS, neste caso, é bastante elucidativa quanto à consideração negativa dos acordos de fixação de preços. Para lá do que reproduzimos, que revela uma radical atitude contra a manipulação coligada dos preços, mesmo quando vise ou efectivamente os reduza ou estabilize (o que constitui aliás um objectivo da própria CE), na famosa nota 59, ele escreveu: «a conspiracy to fix prices violate the § 1 of the Act though it is not established that the conspirators had not the means available for accomplishment of their objective, and though the conspiracy embraced but a part of the commerce in the commodity» (*vide* ainda, sobre a fixação de preços máximos, FASQUELLE, pág. 80). No entanto, quanto aos preços máximos, a ilicitude *per se* não foi proclamada de forma pacífica e unânime, sendo bem disso exemplo o caso *Kiefer-Stewart Co. c. Joseph E. Seagram Sons, Inc.* (340 US 211, de 1951), onde o Supremo Tribunal contrariou a solução dada pelo Court of Appeals, que havia considerado que um acordo de fixação de preços máximos não restringia a concorrência (cfr. TORLEY DUWEL, pág. 401).

Afirmando também a proibição *per se* de acordos de manutenção de preços *(resale price maintenance)*, sempre em sentido crítico, MCCHESNEY (pág. 28), em termos próximos dos expostos em UTTON (pág. 238-244); e HAWK/VELTROP (pág. 311), embora reconheçam as limitações que resultam da jurisprudência *Business Electronics Corp. V. Sharp Electronics Corp* (485 US 717, 1988, a que nos referiremos adiante), *Holabird Sports Discounters v. Tennis Tutor Inc* (1993-1, Trade Cas., CCH § 70, 214, 4 [th] Cir. 1993), *Capital Ford Truck Sales Inc. V. Ford Motor Co.* (819 F. Suppl. 155, N.D. Ga. 1993); e J. W. BURNS (pág. 615, nota 81), entre outros. O acórdão-chave foi o proferido em 1911 no caso *Dr. Miles Medical Co. c. John D. Park & Sons* (220 US 373) – em que o juiz considerou que um acordo vertical de fixação de preços produziria efeito análogo ao de um acordo horizontal entre revendedores (BORK, «The rule of reason and the per se concept», *cit.*, pp. 778 e 810) –, embora a doutrina (por ex., UTTON, pág. 250 e segs.) refira a tolerância que a legislação, na sequência do Miller-Tydings Act (1937, 50 Stat., 673, 693) e do McGuire Act (1952) tinha em relação a esta prática. Recorde-se que o primeiro destes diplomas havia isentado da proibição do § 1 do SA os acordos de *resale price maintenance* que fossem permitidos pelas leis estaduais, desde que reunidos dois pressupostos. Primeiro, que existisse no mercado uma concorrência *interbrand*. E, em segundo lugar, apenas desde que as partes no acordo não fosse concorrentes entre si, ou seja, desde que o acordo fosse vertical. Ainda assim, estas disposições foram suprimidas em 1975 (89 Stat., 801).

A proibição estrita dos acordos de preços assenta ainda num postulado que nem sempre se pode dizer verificado: o de que a fixação de preços conduz sempre (ou tende a isso) a preços de monopólio e respectivos lucros, o que, como bem se compreende, nem sempre acontecerá. Pense-se apenas nas hipóteses de o acordo visar apenas impedir uma concorrrência auto-aniquilante ou permitir o desenvolvimento de outras formas de concorrência, também elas exigindo investimentos e aplicação de capitais. A identidade de preços pode ainda resultar de comportamentos paralelos ou da homogeneidade da estrutura de custos (PARDOLESI, «Regole antimonopolistiche del trattato CEE», *cit.*, pág. 83 e 86, nota 20), não consubstanciando uma coligação. Daí que, mesmo nestas hipóteses, se deva dar uma *chance* a mecanismos flexibilizadores, embora talvez não com a abertura demonstrada pela 'Escola de Chicago'.

cotts)[168] são «*conclusively presumed* to be unreasonable and therefore illegal», sem e independentemente de qualquer sujeição ao método do «balanço concorrencial», devido ao seu «*pernicious effect* and lack of any redeeming virtue»[169] e, mais importante (grave) ainda, independentemente do seu *objectivo*[170] ou *efeito* anti-concorrencial.

Não se tratava aqui, na nossa opinião, de um outro método complementar de apreciação da ilicitude duma convenção à luz do § 1 do SA[171], mas de uma doutrina que, mais por razões pragmáticas do que de correcção jurídica, limitava o alcance da *rule of reason*[172].

---

[168] No caso *Klor's Inc. V. Broadway-Hale Stores, Inc.*, 359 U.S. 207, 211 (1959). Neste sentido, JOLIET, *The rule of reason in antitrust law, cit.*, pág. 52. Se consagrou uma regra de proibição *per se*, inútil será dizer que tal regra funciona mesmo que se demonstrasse (como neste caso aconteceu) que subsistia uma forte concorrência *inter* e *intra-brand*. Sobre a transformação da solução aplicável às práticas discriminatórias (designadamente, de recusa de venda) numa aplicação da regra *quasi-per se*, J.P. BAUER, «*Per se illegality of concerted refusals to deal: a rule pipe for reexamination*», *Columbia Law Review*, 79, 1979, pp. 685 e segs.

Para uma explicação sobre as origens e motivações dos boicotes, como mecanismo de luta contra a concorrência, NOGUEIRA SERENS, *A tutela das marcas e a (liberdade) de concorrência*, pág. 19, nota 56. A solução básica norte-americana (proibição *per se*) é igualmente extensível a outros países, como a Austrália (TPA, arts. 45º e 45ºB).

[169] Acórdão *Northern Pacific Railway*, cit., 356 U.S.,1, 5, 1958, embora, como veremos, talvez não se deva na espécie concreta ver uma aplicação desta doutrina, tal como acontecia no *caso Trenton Potteries (U.S. v. Trenton Potteries Co.*, 273 U.S. 392 (1927)) – assim JOLIET, *The rule of reason in antitrust law, cit.*, pág. 56 e, sobretudo, pág. 65 («*Per se* rules, except for boycott, are only different degrees of the Rule of Reason») e *infra*.

[170] Assim JOLIET, *The rule of reason in antitrust law, cit.*, pág. 53.

[171] Neste sentido, KOVAR, «Le droit communautaire de la concurence et la 'règle de raison'», pág. 239.

[172] Citando o *Supreme Court*, no acórdão *Catalano Inc. v. Target Sales Inc.*, 446, U.S., 643, 1980, *apud* KOVAR, «Le droit communautaire de la concurence et la "règle de raison"», pág. 240, «certain agreements (...) are conclusively presumed illegal without further examination *under the rule of reason* generally applied in Sherman Act case».

A conclusão segundo a qual a probição *per se* é apenas uma derivação da *rule of reason* é expressamente afirmada pela doutrina, de JOLIET a WILS (pág. 26). JOLIET (*The rule of reason in antitrust law, cit.*, pp. 55-56), utiliza-a para determinadas categorias de acordos, os chamados «*tying arrangements*» – grosso modo, os acordos pelos quais uma pessoa concorda vender a outrem um produto (o 'tying product') na condição do adquirente comprar outro produto (o 'tied product') –, embora o Autor pareça utilizar para negar esta qualificação considerações de alcance porventura estranho à própria ideia de *rule of reason*, ao considerar que a licitude destes acordos pode ser «a única forma de evitar que um fabricante seja 'degolado'. São concebíveis respeitáveis justificações

Partindo desta última, a doutrina da *per se prohibition* simplesmente dispensa a avaliação concreta dos efeitos da conduta sobre o «jogo da

comerciais». Ao contrário, na base da posição dos tribunais contrária a esta figura está a constatação de que ela «pode pode destruir o acesso ao mercado por parte dos fornecedores concorrentes» (acórdão *US vs. Loew' s Inc*, de 1962).

De qualquer forma, exclui esta hipótese das de aplicação da regra da *per se prohibition*, porque, para determinar a ilicitude dos acordos, é necessário demonstrar a existência de «um substancial efeito adverso na concorrência», o que, de qualquer modo, significa a formulação ainda mais restritiva da regra da que parece resultar de certas espécies jurisprudenciais norte-americanas, como no caso *White Motor Co. v. U.S.* (372 U.S., 253, 263 (1963)), em que o *Supreme Court* afirma que a formulação de uma proibição de *per si* depende da verificação de que a natureza de um dado comportamento tem «such a pernicious effect on competition and lack...any redeeming virtue».

Os *tying arrangements* (tal como os acordos de distribuição exclusiva, a discriminação de preços e a aquisição de empresas concorrentes) haviam sido expressamente proibidos pelo *Clayton Act*, de 1914 (UTTON, pág. 46 e 254), e os fundamentos da sua proibição jurisprudencial foram definidos nos acórdãos *Northern Pacific Railways Co vs. US* (356 US 1, 1958, p. 5) e *Standard Oil of California vs. US* («*Standard Stations*», 337, US, 1949, 293): o poder económico da empresa que impõe a compra do 'tied product' e a utilização desse poder nesse objectivo.

Em sentido contrário, incluindo-os, erradamente, na categoria da *per se prohibition*, ADAMS/PRICHARD JONES (pág. 37), e a jurisprudência aí citada, apesar de expressamente referirem que estes acordos podem ser justificados em quatro situações: 1) necessários para controlo da qualidade/protecção do valor e prestígio da marca; 2) necessidades de novo negócio; 3) como meio de assegurar fornecimentos de equipamentos iniciais e fornecedores; 4) não ser possível utilizar meios menos restritivos. Mais à frente, expressamente citam o acórdão *New Jersey v. Lawn King*, de 1980, onde o *Supremo Tribunal* deste Estado declarou que as obrigações de compra deveriam ser analisadas à luz da *rule of reason*, embora desqualificando-as enquanto *tying arrangements*.

No acórdão *Jefferson Parish Hospital District N° 2 c. Hyde* (466 US 2, 1984), o tribunal definiu as condições de aplicação de uma regra de proibição *per se* a este tipo de acordos: a diferenciação dos produtos (que torne os seus mercados distintos); o poder por parte do vendedor para impor a «venda ligada» no mercado do produto «ligado»; finalmente, a restrição substancial do comércio operada pelo acordo – UTTON, pág. 256. Por outro lado, a doutrina tende a considerar que tais requisitos colocam o acento tónico na redução da concorrência *interbrand*, ou seja, da concorrência com outros produtos ou serviços que satisfaçam as mesmas necessidades – J. W. BURNS, pág. 611, nota 65 e, quanto ao ponto anterior, pág. 615, nota 81, § 2. O primeiro requisito parece faltar na generalidade das obrigações de aquisição de certos produtos na franquia, segundo alguma jurisprudência norte-americana (acórdão *Principe c. McDonald's Corp*, 1980-2, 63, 556, 4th Circ., *apud* Ruiz PERIS, pág. 48).

Na sequência do acórdão *Hyde*, o Departamento de Justiça elaborou os *Vertical Restraints Guidelines* (US Department of Justice, Antitrust Division, Washington, 1985), que estabelecem um índice de poder sobre o mercado indutor de uma proibição radical

Parte I – Da Comunitarização da Concorrência e sua Restrição 83

concorrência»[173], estabelecendo uma *presunção*[174] de irrazoabilidade, justamente criticada por, para além de ignorar as circunstâncias do caso concreto em homenagem a um suposto resultado «so often wholly fruitless when undertaken», partir de uma concepção metodologicamente ultrapassada segundo a qual *in claris non fit interpretatio*, cindindo aplicação e interpretação do direito, do mesmo passo que nega o carácter conformador da intervenção judicativa[175].

Concepção, aliás, com manifestações comunitárias, de que poderá ser exemplo a *famosa* «teoria do acto claro», formulada pelo *Conseil*

---

das restrições verticais. No entanto, sejam-nos permitidas três observações. Em primeiro, o facto de estas directrizes se basearem sobretudo num índice (semelhante ao índice Herfindahl) não só complexo como assente num elemento que hoje se considera como não-decisivo – a quota de mercado. Em segundo lugar, o facto de não serem vinculativas para os tribunais (THIEFFRY, «L' appréhension des systèmes de distribution», *cit.*, pág. 666). Finalmente, estas orientações foram já revogadas, em 1993 (*vide* HAWK/VELTROP, pág. 312 e o mesmo HAWK, «La revólution...», *cit.*, pág. 29).

Sintomático da não-inclusão dos *tying arrangements* na categoria dos acordos proibidos *per se* é o caso *Eastman Kodak Co v Ima e Technical Services, Inc* (112 S. Ct. 2072, 1992). Sobre a interpretação deste acórdão, HAY – «Is the glass half-empty or half-full?: reflections on the kodak case», *Antitrust Law Journal*, 62, 1993, pp. 177 e segs. –, J. W. BURNS (pág. 638) e GINER PARREÑO (pp. 188-204).

Também afirmando que a regra da proibição *per se* traduz um «aspecto» da *rule of reason* – FASQUELLE, pág. 75.

[173] Por isso não pertencem à categoria, nem os *tying agreements* nem os acordos de repartição de mercados, na medida em que, em ambas as hipóteses, a determinação da sua (i)licitude depende da análise dos seus efeitos no mercado em causa.

[174] Tal presunção tende a ser absoluta, quer dizer, a não admitir prova em contrário. Assim, quem se *queixar* de uma prática ou acordo que seja considerado como abrangido pela regra da *per se prohibition* tem apenas de provar a existência da prática ou da coligação, dada a presunção estabelecida a seu favor de que a conduta restringe a concorrência – assim expressamente, DUNFEE/GIBSON, *Antitrust and Trade Regulation*, Nova Iorque, ed. J. Wiley, 2ª ed., 1985, pág. 56. Neste sentido milita a própria argumentação do Juiz DOUGLAS, no caso *Socony*, ao afirmar que «no showing of so-called competitive abuses or evils which those agreements were designed to eliminate or alleviate may be interposed as a defense» (*in* FASQUELLE, pág. 77, nota 263.).

[175] As críticas são até, por vezes, mais abrangentes. Assim, RAHL considerava, logo em 1959 («Per se rules and boycotts under the Sherman Act: some reflections on the Klor's case», 45 *Virginia Law Review*, 1168), que «a boycott rule which is not geared to a cogent efect on competition (...) is completely unmageneable». JOLIET (*The rule of reason in antitrust law*, *cit.*, pág. 53) junta-se à interrogação de CHADWELL (citado aí), sobre se o *Supreme Court* não terá ido longe de mais, transpondo mesmo as fronteiras da política anti-concorrencial». *Vide* ainda OPPENHEIM («Federal Antitrust Legislation: Guideposts to Revised National Antitrust Policy», *MLR*, 50, 1952, pág. 1161), que afirmava

d'État francês e aceite pelo TJCE em 1982, no acórdão *Cilfit*[176]. Não admira pois que a doutrina e a própria jurisprudência, nomeadamente a partir do caso *Sylvania* [177], em 1977, sob o impulso da «Escola de Chicago»[178], tenham sentido a necessidade de combater esta doutrina, *reafirmando* a valência do princípio da *interpretação razoável*.

III. A *Escola de Chicago* e a Consideração das Restrições Verticais

Na redução do âmbito da regra da proibição *per se* e na revalorização da *rule of reason*, com a consequente negação de modelos de aplicação mecânica da norma, desempenhou pois um especial papel o modelo de concepção da concorrência desenvolvido nos anos 70 pela «Escola de Chicago»[179].

---

que «a blind devotion to *per se* violations created a formulary system of mechanical rules of law», ou SCHWENK, «Die Rule of Reason und die Per Se Regel im amerikanischen Antitrustsrecht», *WuW*, 1957, pág. 337, *apud* FASQUELLE, pág. 76, nota 259.

[176] Consoante o sentido e a perspectiva que sobre o acórdão se tenha. Sobre o sentido útil da jurisprudência 'Cilfit' (acórdão de 6.10.82, pp. 3415 e segs.), *infra* Parte III. No domínio específico da concorrência, parece-nos que o Tribunal de Justiça já havia formulado uma tal teoria. Por exemplo, no acórdão *Haecht II* (de 6.2.73, pág. 23, cons. 12), ao afirmar que «incumbe ao juiz decidir, sob reserva da eventual aplicação do artigo 177°, se deve suspender a instância (...), a menos que verifique, ou que o acordo não tem efeitos sensíveis sobre o jogo da concorrência nem sobre as trocas comerciais entre os Estados-membros, ou que a incompatibilidade do acordo com o artigo 85° *não oferece qualquer dúvida*» (jurisprudência reafirmada, quanto à aplicação de uma isenção categorial, no acórdão de 3.2.76, *Fonderies Roubaix*, pp. 111 e segs.).

[177] *Continental T.V. v. G.T.E. Sylvania*, 433 U.S., 54, 1977, em que o *Supreme Court* confirmou o acórdão proferido pelo 9th Circuit Court (53 F. 2d 980, de 1976).

[178] Assim também FASQUELLE, pág. 76.

[179] Assente nos trabalhos de economistas e juristas como STIGLER, DEMSETZ, BROZEN, BORK, POSNER ou até EASTERBROOK. As doutrinas por estes construídas foram sendo progressivamente recebidas pelas entidades responsáveis pela aplicação das normas federais da concorrência, sob o impulso de BAXTER e MILLER – nomeados em 1981 para a chefia da *Antitrust Division* e para a presidência da FTC, respectivamente –, ou dos próprios BORK e POSNER, que se tornaram juízes federais. Para uma breve mas incisiva explanação da doutrina defendida por esta corrente, J. W. BURNS – pp. 607-609 – ou M. WAELBROECK – «Vertical agreements: is the Commission right not to follow the current U.S. policy?», pp. 46-47.

Para os juristas desta «Escola», que se baseia inegavelmente num individualismo metodológico[180], deverá haver um *regresso ao mercado* (como parte da *nova leitura* (*new learning*)) e a noção central e justificativa[181] do direito da concorrência é a de eficácia económica (*economic efficiency*), que conduzirá à maximização da posição dos consumidores[182]. O mercado é cada vez menos o mercado em concorrência pura e perfeita, aceitando-se como concorrencial mesmo quando composto por um número reduzido de agentes económicos[183].

---

[180] Esta «corrente repousa no postulado do comportamento racional do homem na sociedade, ao qual a regra jurídica impõe, para a realização dos seus objectivos, constrangimentos e custos», sendo que terá de ser a regra de direito a definir o resultado final a obter e a adaptação da racionalidade individual ao interesse geral (OPPETIT, pág. 24).

[181] Para POSNER (pág. 4), é a ineficiência dos preços de monopólio e a eficiência económica enquanto importante valor social que «establishes a *prima facie* case for having an antitrust law», sustentando que, em consequência da aplicação da teoria dos preços, a eficiência devia ser elevada a objectivo único do direito da concorrência.

[182] Assim o exclamava, em 1954, THORELLI: «There can be no doubt that the Congress felt that the ultimate beneficiary in this whole process was the consumer, enjoying a continuous increase in production and commodity quality at progressively lower prices», à luz da qual se beneficiaria imediatamente os próprios pequenos empresários, pelo menos enquanto comparados com os *trusts* gigantescos da época. E assim o repetiram os arautos de Chicago (centrando ali o seu juízo), como BORK que, se em 1978 afirmava (*apud* DANET, pág. 7) que «o direito *antitrust* encontra a sua legitimidade apenas na submissão estrita a uma teoria micro-económica centrada na noção de eficácia», já antes havia declarado ser seu objectivo final a «optimização do bem-estar ou da satisfação do consumidor» (BORK, «Legislative intent and the policy of the Sherman Act», 1966, pág. 7), o que implicava antes de mais a superação da ideia de que todas as coligações são prejudiciais para o mercado e para a subsistência dos níveis desejados de concorrência. Neste mesmo sentido ia a crítica que esta corrente fazia às concepções anteriores, de subestimar «sistematicamente o grau de eficiência natural do mercado» (FASQUELLE, pág. 51).

[183] FASQUELLE, pág. 51. Neste sentido os estudos de STIGLER, KINDHAL, BROZEN e DEMSETZ acabam por se revelar favoráveis às concentrações. E não só. Para os partidários desta concepção, as situações monopolísticas, mesmo existindo, serão sempre transitórias, não perdurando a longo prazo. Um pouco neste sentido era a teoria dos «mercados contestáveis» (BAUMOL). Não há *barreiras naturais* à entrada nos mercados, apenas barreiras *legais*, criadas pelos Estados (*v.g.* KIRZNER, *Competition and Entrepeneurship*, 1973, Univ. of Chicago Press, Chicago, representante da 'escola Austríaca', que no entanto propugnava a regulação para garantia da qualidade dos produtos, in OCDE, *Trade and competition policies*, cit., pág. 24). Por isso, se não existirem barreiras à entrada num dado mercado, a própria política de concorrência não se devia preocupar com o domínio do mercado por qualquer empresa – UTTON, pág. 40. Sobre as correntes que, partindo da «Escola de Chicago», a criticam, *v.g.* OPPETIT, pág. 23.

O paradigma é agora o da eficiência económica, visando a «repartição óptima dos recursos e dos factores de produção»[184] e englobando no seu cerne os custos de informação e de transacção, que são agora claramente considerados como fazendo parte integrante do processo produtivo.

E como o mercado não permite garantir a afectação óptima destes recursos, devido sobretudo à existência dos *free riders* [185], que se aproveitam das actividades de promoção levadas a cabo por algum (alguns) do(s) agente(s) económico(s) para vender os seus produtos ou prestar os serviços – obtidos com custo inferior, porque não dispenderam somas avultadas na promoção e divulgação dos produtos – a preço inferior[186], a radical ilicitude das práticas coligadas induzirá uma lógica de sub-desenvolvimento que operará em prejuízo dos produtores e consumidores. Os primeiros porque poderão vender menos e os segundos porque terão menos informação ao seu dispor para realizar as melhores escolhas.

---

[184] Esta eficiência implica como objectivo a realização simultânea, como nos diz FASQUELLE (pág. 50), da *allocative efficiency* e da *productive* ou *technical efficiency*, ou seja, da «repartição óptima dos recursos e dos factores de produção» (assim também NICOLAIDES, pág. 9, e OCDE, *Trade and competition policies, cit.*, pág. 21). Sobre estas modalidades de eficiência, a que junta a *innovative eficiency*, ou seja, a capacidade das empresas para desenvolverem e introduzirem no mercado novos produtos e métodos de produção, UTTON, pág. 278.

Sobre a necessidade de uma política de concorrência que analise cada caso em si mesmo, para realizar a eficiência económica, através da determinação das ineficiências, diminuições de bem-estar (*vide* o triângulo Harberger, que mede o 'deadweight loss' e a ineficiência-X) ou dos efeitos negativos das economias de escala, resultantes dos cartéis, do monopólio e das concentrações – VAN MOURIK, pp. 3-4 e 6-7 – considerando sobretudo elementos relacionados com a estrutura dos mercados, e menos aqueles relativos à conduta das partes e terceiros, OCDE, *Trade and competition policies, cit.* pág. 22.

[185] *Passageiros clandestinos*, em França, na expressão de LEPAGE («L' École de Chicago et la concurrence», *Revue de la concurrence, des prix et de la consommation*, 1981, nº 14, pág. 4, *apud* FASQUELLE, pág. 53, nota 164).

[186] Ainda que vendam ao mesmo preço, a sua margem de lucro será maior. O próprio Supremo Tribunal norte-americano, no acórdão *Sylvania*, refere a protecção face aos *free riders*, salientando que as restrições verticais podem ser usadas «in order to induce competent and aggressive retailers to make the kind of investment of capital and labour that is often required in the distribution of products unknown to the consumer. (...) The availability and quality of such services affect manufacturer's goodwill and the competitiveness of his product. Because of market imperfections such as the so-called «free rider» effect, these services might not be provided by retailers in a purely competitive situation» (433 US, 55).

Foi neste quadro que o próprio mercado criou mecanismos de protecção face aos *free riders*[187]– como as *redes de distribuição* – que visam racionalizar e harmonizar a informação que chega aos consumidores e ainda seleccionar e proteger os distribuidores. Tais redes constituem factores de concorrência e de promoção da eficiência económica, e não da sua restrição[188].

Com efeito, segundo estas concepções assinalam, os fabricantes e/ /ou fornecedores e detentores de patentes ou até marcas não têm normalmente interesse em proteger os seus distribuidores de toda e qualquer pressão concorrencial, porque esta os induzirá a investir mais na promoção dos produtos e a satisfazer o interesse dos consumidores, aumen-

---

[187] Tal não significa que o argumento dos «passageiros clandestinos» não sirva para justificar economicamente outro tipo de comportamentos restritivos, como a fixação de preços de revenda por parte dos fabricantes – os *resale price maintenance* (assim TELSER, «Why should manufacturers want fair trade?», *Journal of Law and Economics*, 3, 1960, pp. 86-105) – que, de acordo com os economistas de Chicago deviam assim também ser sujeitos ao balanço concorrencial ou, como UTTON prefere (pp. 239; e ainda pág. 252), ao balanço de bem-estar (*net welfare*) das várias classes de agentes económicos (fabricantes, distribuidores e consumidores). Sobre o ponto, J. W. BURNS, pp. 607-608, nota 53.

[188] BORK (*The antitrust paradox: a Policy at War with Itself*, Basic Book Inc., 1978, 1978, pág. 297, *apud*, por exemplo, FASQUELLE, pág. 54, nota 167; ou WAELBROECK, «Vertical agreements», *cit.*, pág. 46) afirma que «Basic economic theory tells us that the manufacturer who proposes such restraints cannot intend to restrict output and must...intend to create efficiency» (*v.g.* POSNER, pp. 147 e segs). Além disso, têm efeitos positivos, ao facilitarem a adopção de uma política de qualidade uniforme e a redução dos custos de administração (KLEIN & SAFT, «The law and economics of franchise tying contracts», *JLE*, 1985, 28, ág. 345, *apud* FASQUELLE, pág. 88, nota 333).

Deste modo, as jurisdições americanas acabaram por estabelecer a favor das restrições verticais uma presunção simples de legalidade (MEEHAN & LARNER, «A proposed rule of reason for vertical restraints of competition», *Antitrust Bulletin*, 1981, 26, pp. 195), mesmo naquelas relativas aos preços (acórdão do *Supreme Court, Business Electronics Corp v. Sharp Electronics Corp.*, 108, S Ct., 1988, 725, 1515, onde era ao demandante que incumbia provar que as razões da *Sharp* para o excluir da rede – vender abaixo do preço dos restantes membros – não eram justificáveis à luz do balanço concorrencial – *apud* FASQUELLE, pp 72-73 e 79; e J. W. BURNS, pp. 610-611 e 613, nota 72 –, cabendo ao demandante demonstrar ainda a inaplicabilidade do argumento do *free rider* e o carácter desproporcionado da restrição – *vide* PARDOLESI, «Regole antimonopolistiche del trattato CEE», *cit.*, p. 87, e *infra*, nas notas seguintes).

De qualquer forma, no direito norte-americano, é dominante o entendimento de que as restrições verticais, sendo merecedoras de uma presunção de legalidade, não são objecto de uma presunção de legalidade *per se* – no entanto, neste sentido, ainda por cima quanto à CE, GINER PARREÑO, pág. 60 –, embora tal tenha chegado a ser proposto (para uma crítica, PATHAK, pág. 18).

tando o volume de vendas e as retribuições[189]. Por outro lado, os distribuidores talvez não investissem se não fossem de algum modo protegidos da concorrência por parte de produtos substitutos com a mesma proveniência.

Deste modo, por promoverem os investimentos, tais restrições à liberdade de acção dos distribuidores ou à própria concorrência pelo preço, na medida em que se revelem eficientes, deverão ser protegidas[190].

---

[189] A tese de que a selecção distributiva promove a repartição mais eficiente dos recursos, com vantagem para os consumidores, é apoiada no espaço europeu por PARDOLESI, ainda nos anos 70 (*I contratti di distribuzione*, pág. 66, nota 120). E até antes desta obra. No ano anterior, este mesmo Autor salienta que, melhor do que através de um qualquer Tribunal de Justiça e do que uma análise estática do mercado, há comportamentos que se justificam e corrigem pelo simples funcionamento do mercado. Com efeito, se existirem várias redes de distribuição do mesmo produto, e se a concorrência pelos serviços não tiver o efeito desejado na orientação da procura, serão os próprios produtores que volverão de novo à concorrência pelo preço, se a elasticidade da procura for neste aspecto maior («Regole antimonopolistiche del trattato CEE», cit., p. 88). Também KORAH se mostra favorável, logo em 1987, escrevendo, a propósito das condições de retirada da isenção categorial estabelecidas no projecto de regulamento da franquia, nomeadamente o efeito cumulativo de redes paralelas de franquia criadas pelos concorrentes: «se cada um dos fornecedores concedeu territórios exclusivos para a franquia de determinado produto, isso mostra que a venda desse produto implica serviços que não seriam de outra forma valiosos para qualquer franqueado. O interesse dos franqueadores é o mesmo dos consumidores. Ambos beneficiam se os preços forem menores ou se os serviços necessários forem prestados. Apesar disso, a Comissão pode estar preocupada com os distribuidores que assim se vêem impedidos de entrar num determinado mercado. Mesmo assim, pensa-se que o custo em ineficiência seria demasiado elevado, se a isenção fosse retirada após a efectivação dos investimentos feitos a contar com a isenção, a não ser se existirem barreiras substanciais à entrada em ambos os níveis do comércio – distribuidor e franqueador» (afirmação esta última que marca a definitiva contradição com a doutrina do Tribunal até 1986) – «Franchising and the draft group exemption», pág. 140. A propósito da ideia (radical) de que a melhor política para a pequena empresa é a *não-política*, POSNER escrevia, em 1976 (pág. 20), que «[i]f franchise termination is made difficult in order to protect small dealers, the costs of franchising will be higher, and there will be less franchising, which will hurt the very class of small businessmen intended to be benefitted», o que, não justificando uma não-política, não deixa de descrever uma parte da realidade, de que todos conhecemos manifestações concretas.

[190] Se de verdadeiras restrições verticais se tratarem. Porque se tais restrições forem utilizadas para facilitar as coligações horizontais entre produtores ou impostas por cartéis de distribuidores, não deverão ser permitidas, havendo consenso mesmo para os mais radicais *chicaguianos* (FASQUELLE, pp. 55-56 e 69-70 e 73; WAELBROECK, «Vertical agreements», cit., pág. 12, citando ainda CHARD).

Esta atitude estende-se, em geral, a todas as restrições verticais, sobretudo quando não são ligadas aos preços[191]-[192], como os 'acordos ligados' (*tying arrangements*). Estes, se tinham uma ilicitude *per se* afirmada mas duvidosa na essência, vêem acentuar essa sua insubmissão ao mecanismo da interdição apriorística, cuja pertinência (ou os signos dela)[193] é abertamente contestada – havendo quem proponha mesmo o seu tratamento exclusivamente segundo os critérios da *rule of reason* – ou pelo

---

[191] No acórdão *New York v. Anheuser Busch, Inc* (811 F. Supp 848, EDNY 1993), o tribunal concluiu pela legalidade de um mecanismo de protecção territorial absoluta num «contrato de cerveja» de venda por grosso, na medida em que o produtor não tinha poder de mercado, enquanto permitia investimentos e assegurar a qualidade do produto (Hawk/Veltrop, pp. 312-313). No discurso de Bork, a afirmação de uma tal licitude *per se* pode encontrar-se em 1966 – «The rule of reason and the per se concept», *cit.*, pág. 397 e 405.

[192] Mas também nas restrições ligadas aos preços, aos acordos de fixação de preços, sejam eles mínimos ou máximos, é possível divisar estes *novos ventos*. Easterbrook («Restrictive Dealing is a way to Compete», *Regulation*, 1984, pág. 23, *apud* Fasquelle, pág. 77, nota 265), por exemplo, propugna o tratamento das restrições ligadas aos preços (dos *Resale Price Maintenance*) de modo semelhante ao que é dado à generalidade das restrições verticais, superando a condenação genérica de tais condutas pela regra *per se*, designadamente por combaterem os 'passageiros clandestinos'. No que encontrou algum eco na atitude das autoridades norte-americanas (Fasquelle, *passim*), por exemplo no caso *Atlantic Richfield Co. v. USA Petroleum Co.* (495 US 328, 1990), afirmando a pro-concorrencialidade de acordos de fixação de preços de revenda máximos (Hawk/Veltrop, pág. 312, nota 55), ou, na doutrina económica, tanto na doutrina mais antiga, na teoria dos *pre-sales* (*point of sale*) *services* – cuja primeira formulação é atribuída a Silock («Some problemas of price maintenance», *Economic Journal*, 48, 1938, pp. 42) –, retomada mais tarde pelos economistas de Chicago (*vide* Telser, *in* Pardolesi, «Gli aspetti giuridici di una politica di concorrenza», pp. 572-573), como na ideia de que a política de preços uniforme pode ser um instrumento de defesa da «imagem de marca» (Bock/Specht, *Verbraucherspolitik*, Köln, Oplanden, 1958, pp. 176). Em sentido contrário, salientando o seu efeito prejudicial para a concorrência, os consumidores, para a própria eficiência económica dos distribuidores (R. Pitofsky, «Why Dr. Miles was Right», *Regulation*, 1984, pp. 27-30) ou mesmo para o fornecedor/fabricante (Lugli, *Economia della distribuzione commerciale*, 1976, pp. 272-273). Vide ainda supra nota 167.

[193] Como vimos, é possível mesmo ver no regime destes contratos um domínio de aplicação da *rule of reason*. No entanto, a generalidade da doutrina fala aqui de uma regra de proibição *per se* modificada. Se não constituem manifestações de uma proibição *per se* em sentido próprio, não falta quem considere aquilo que Joliet viu como indiciando um juízo segundo a *rule of reason* como os critérios de uma *quase regra per se* (ou regra *per se* modificada) – assim Fasquelle (pp. 83 e segs.), e bibliografia aí citada. A razão disso está no facto de que também aqui não há defesa possível (nem sequer a defesa da imagem de marca): basta provar o acordo e os requisitos suplementares assinalados.

menos defendida apenas nos casos em que o poder sobre o mercado da empresa produtora do produto principal for muito elevado (há quem fale em cifras de 50%; e 15 a 20% para o produto *ligado*)[194].

Se assim é em geral, mais se acentua o fenómeno quando encarado do ponto de vista da franquia[195]. Também aqui os contratos *ligados* de aprovisionamento são objecto de um juízo não-negativo, porque são considerados necessários para o franqueador preservar a identidade da rede, que é considerada como um todo unitário. O mesmo se diga de cláusulas que impedem o franqueado de vender outros produtos no estabelecimento, ou que os obrigam a abastecer-se no franqueador ou em terceiro por este designado de peças acessórias e sobressalentes, «quando não existam produtos de substituição de qualidade equivalente»[196].

Finalmente, também uma tolerância especial é dada às novas empresas, para que se possam estabelecer no mercado e deste modo reforçar a concorrência[197].

Por outro lado, uma tal perspectiva das restrições verticais – a sua geral aceitação, beneficiando de uma presunção de legalidade, ainda que sujeitas ao balanço concorrencial – dá um novo sentido à diferenciação entre restrições dentro da rede (*intrabrand*) e restrições com efeitos sobre os produtos e serviços concorrentes, *rectius*, de outras marcas (*interbrand*). Se as restrições verticais restringem ou mesmo eliminam a concorrência entre produtos da mesma marca (*intrabrand competition*), o certo é que elas têm efeitos positivos enquanto reforçam a concorrência entre as empresas que distribuem produtos ou prestam serviços da mesma natureza mas de marcas diferentes (*interbrand competition*)[198].

---

[194] Acórdão *Jefferson Parish v. Hyde* (citado na nota 172), segundo o qual a regra *per se* só é adequada quando for provável que uma empresa seja capaz de forçar a outra – FASQUELLE, pág. 86.

[195] Com uma importante nota. É que a franquia é uma noção ampla, pelo que o que se disser a seu propósito é extensível à generalidade dos acordos de distribuição, com o efeito de *cascata* que tal produz.

[196] FASQUELLE, pág. 88.

[197] FASQUELLE, *ob e loc cits.*

[198] Isso mesmo foi acentuado no acórdão *Sylvania*, onde o *Supreme Court* dos Estados Unidos, apoiando-se nos trabalhos de POSNER, PRESTON, BORK e SAMUELSON, confirmou as «virtudes redentoras» das restrições verticais, pelas quais se promove a concorrência entre marcas e se permite a obtenção de níveis de eficiência na distribuição dos produtos («Vertical restrictions promote interbrand competition by allowing the manufacturer to achieve certain efficiencies in the distribution of his products. These redeeming virtues are implicit in every decision sustaining vertical restrictions under the rule of reason») –

As restrições internas da concorrência deixam assim de relevar para uma análise da licitude ou não das restrições à concorrência. E se uma tal afirmação não é indiscutível nos próprios tribunais americanos[199], o certo é que a manutenção ou o não prejuízo desrazoável da concorrência *entre marcas* tende a volver-se em critério único de (in)validação das restrições verticais de concorrência operadas pelas redes[200].

---

cfr. PARDOLESI, *I contratti di distribuzione*, pág. 70, 124 – ou, como também aí afirmou: «[I]nterbrand competition (...) is the primary concern of antitrust law» (52, nº 19).

Sobre aquele balanço entre a intensidade das restrições *intrabrand* e o efeito benéfico *interbrand* dessas mesmas restrições, face ao acórdão *Schwinn*, THIEFFRY, «L' appréhension des systèmes de distribution», *cit.*, pp. 679-680.

[199] No caso *Valley Liquors*, já citado, o tribunal afirmava ainda que «only if the plaintiffs can alege (...) must we proceed to the first step in the rule of reason analysis, which is the balance the effects the vertical restraints has on intrabrands competition». E, note-se, esta é a interpretação menos favorável à evolução que discernimos no texto, porquanto o que em rigor o tribunal aqui afirma é que pressuposto da passagem ao segundo passo da análise segundo a *rule of reason* é a existência de restrições *intrabrand*. Ou seja, o papel que se reconhece à existência de restrições *internas* é apenas o de servirem de fronteira a partir da qual se analisarão as restrições verticais. Em sentido crítico do abandono da consideração dos efeitos da restrição no interior da própria rede, CARSTENSEN/DAHLSON («Vertical restraints in beer distribution: a study of the business justifications for and legal analysis of restricting competition», *Wisconsin Law Review*, 1, 1986, pp. 41-42) defendem que tais restrições devem ser combatidas, porque induzem políticas de preços altos quando os consumidores estejam fidelizados à marca.

[200] Era este o sentido fundamental que se podia extrair dos *Vertical Restraints Guidelines*, de 1985. Como também refere J. W. BURNS (pág. 599), «os tribunais analisam todas as restrições verticais perguntando: será que esta actividade prejudica a concorrência entre marcas? Se não, não há razão para restringi-la, porque a concorrência no mercado (*interbrand*) actuará inevitavelmente *as a check* sobre o fornecedor, que ao proteger os seus interesses também protegerá os do consumidor» (em sentido crítico desta perspectiva, idem, pág. 630 e segs.). No sentido do texto, para lá de BORK («The rule of reason and the per se concept», *cit.*, pág. 473), LIEBERER («Intrabrand 'Cartels' under GTE Sylvania», *UCLA Law Review*, 30, 1, 1982, pp. 18-19), para quem o único efeito económico de uma restrição vertical reside no mercado *inter*brand, tornando desnecessário o balanço dos efeitos na concorrência dentro da marca e com as outras marcas. Uma tal concepção está subjacente por exemplo no caso *Eiberger v. Sony Corp. of America* (622 F. 2d 1068, 2nd Circuit 1980), onde o estabelecimento de uma zona exclusiva foi objecto de um balanço concorrencial negativo, sobretudo porque, mais ainda do que a afectação da concorrência *intrabrand* (seu único propósito), em nada reforçava a concorrência entre a rede *Sony* e as outras redes, não aumentando a capacidade da *Sony* vender os seus produtos de forma eficaz.

No domínio normativo, é de salientar o projecto de lei apresentado ao Congresso dos EUA pelo congressista ROGERS, visando isentar da proibição das normas *antitrust*

Finalmente, assiste-se paralelamente a uma suavização do regime das restrições horizontais, às quais se aplicará um método de etapas sucessivas, em que só serão ilegais as restrições *inherently suspects* (*naked restrictions*), como a repartição dos mercados ou a fixação de preços[201], para as quais não haja uma justificação comercial legítima. Em todos os restantes casos, serão sujeitas à *rule of reason*.

IV. Conclusão

A atitude global do ordenamento jurídico americano, de recusa acrítica das restrições de concorrência, ou melhor (já estávamos *presos* aos *preconceitos* discursivos), de recusa de definição apriorística do que sejam restrições de concorrência, deve considerar-se positiva; assim como deve igualmente valorar-se com agrado esta reabilitação do mercado que, recomeçada com a consagração da *rule of reason* e reforçada pelo triunfo das ideias da «Escola de Chicago», não vê os agentes económicos apenas como sujeitos que visam satisfazer interesses corporativos ou egoísticos, sem qualquer reflexo positivo sobre o mercado e nos consumidores.

Mas, por outro lado, apesar das suas concepções e *nuances*, o certo é que o sistema não se desprendeu da matriz radical que vê na concorrência o *Alfa* e o *Omega* do sistema jurídico federal norte-americano de defesa da concorrência, permitindo definir com clareza uma linha consequente ao nível da avaliação da actuação dos agentes económicos no mercado. Assim, ou o comportamento restringe a concorrência – ou seja, não conduz à *eficiência económica*[202] – de molde a violar a norma geral,

---

«reasonable territorial arrangements *where there are products of like grade and quality in free and open competition with those of the franchisor*» (o itálico é nosso).

[201] Cfr. FASQUELLE, pág. 91. Note-se a similitude com os actuais domínios preferenciais de intervenção da Comissão europeia, em matéria de concorrência: os «acordos (...) relativos à fixação secreta de preços e à repartição de mercados são as restrições de concorrência mais graves que a Comissão tem de tratar» (*Projecto de Comunicação da Comissão sobre a não aplicação ou redução de coimas nos processos relativos a acordos, decisões...*, JOCE, nº C 341, de 19.12.95, pág. 13).

[202] Sobre a ambiguidade económica e *judiciária* da noção de eficácia económica, como objectivo das normas de concorrência, WILS, pp. 29-30. Outros Autores, como TRIMARCHI, desenvolvendo uma ideia já em tempos expressa na jurisprudência norte-americana, questionam a capacidade dos próprios tribunais para realizarem cálculos de eficiência económica (pp. 563-582) e a adequação de uma definição das políticas económicas em redor da ideia de eficiência económica, propondo que os critérios dominantes sejam os da

Parte I – Da Comunitarização da Concorrência e sua Restrição 93

não se aproveitando juridicamente[203], ou contém restrições razoáveis ao jogo da concorrência, sendo aceitável para o sistema normativo – tornando inoperativa a proibição –, mas então tal deve-se ao facto de o *saldo líquido* ser positivo para a concorrência[204].

---

igualdade e justiça. No entanto, diga-se desde já que a sua crítica não parece atingir-nos, não apenas porque não ousa aplicá-la no domínio da concorrência entre empresas, via coligações, como também dado tratar-se de uma proposta de modelo geral. Por outro lado, nada prova que a adopção de um critério *eficientista* reduz a justiça do sistema ou prejudica a distribuição dos benefícios da concorrência. Ainda sobre a lição crítica de uma pura absolutização do objectivo de eficiência económica nos Estados Unidos, J. W. BURNS, pp. 597, nota 1, 599, nota 12, 601, entre outras (e a amplíssima doutrina aí citada).

[203] Do sistema norte-americano podemos retirar esta ilação. Mesmo de acordo com as convicções dominantes na jurisprudência norte-americana, a interpretação da *rule of reason* segue sempre esta lógica. Se se considera que o comportamento anti-concorrencial viola o § 1 do *SA*, seja por o balanço concorrencial ser desfavorável ao acordo ou prática em causa, seja por ter por objecto ou efeito restrições de *per si* presuntivamente proibidas, o acordo não produzirá efeitos e as partes não poderão obter, nomeadamente da FTC, autorizações para prosseguir o objecto contratual.

A FTC foi criada para aplicar as normas substantivas de concorrência, sendo estruturada como agência administrativa, tendo jurisdição exclusiva no domínio dos acordos e práticas concertadas (partilha competências com a *Antitrust division*, em matéria de fusões – *mergers*), nos termos do artigo 5º do *FTC Act*, que proíbe «unfair methods of competition in or affecting commerce, and unfair or deceptive acts or practices in or affecting commerce», expressão que, segundo FRAZER (pp. 183-185), «abrange qualquer actividade contrária a alguma das leis *antitrust*, ou ao seu espírito ou objectivo». No entanto, a competência da FTC, que se estende também à protecção do consumidor e da publicidade enganosa (frequentemente associada à protecção do consumidor: cfr. NOGUEIRA SERENS, *A tutela das marcas e a (liberdade) de concorrência*, pp. 54 ss.), só tem jurisdição em matéria civil, não abrangendo o *Sherman Act*, que criminaliza as condutas, o que leva a que, formalmente, a FTC não possa intentar acções por violação do *SA*, que caberão à *Antitrust Division*, pelo menos – repita-se – formalmente (sobre o ponto, UTTON, pág. 46). Sobre o tema e a repartição de competências entre a FTC e o Departamento de Justiça, THIEFFRY, «L' appréhension des systèmes de distribution», *cit.*, pp. 685 e segs., e sobretudo, o que diremos *infra*.

[204] ZELEK, STERN e DUNFEE («A Rule of Reason Decision Model after Sylvania», in DUNFEE & GIBSON, *Antitrust and Trade Regulation: Cases and Materials*, New York, Ed. J. Wiley, 2ª ed., 1985, pp. 117-119) elaboraram um modelo de aplicação do método do balanço concorrencial, com 5 etapas: 1ª, a identificação do acordo; 2ª, a verificação da existência de uma ilegalidade *per se* (acordos horizontais e acordos sobre preços); 3º, o impacto sobre a concorrência *intrabrand*; 4º, a verificação sobre a existência de restrições presumidas como ilegais (casos em que normalmente a aplicação do *balanço* conduzirá à ilicitude do acordo, não se justificando por isso desperdiçar meios nessa análise); 5º a concorrência *interbrand*. Como parece claro do seu simples enunciado, trata-se de um método que não nos convence. Interessante, no entanto, é a verificação da concorrência

Quando o ponto de vista adoptado é este, então as normas jurídicas exprimem uma aversão automática e absoluta a todos os comportamentos ofensivos da concorrência, constituindo-se como sistema de *proibição*. É o caso do *Sherman Act*, como vimos, em que se estabelece a interdição de certas condutas. Mas não só daquele diploma pioneiro. Também os sistemas europeus continentais, do ponto de vista formal, embora possuam *válvulas de escape* a nível legal que configuram soluções diferenciadas, têm na base da pirâmide, pelo menos no que respeita a certos comportamentos, um princípio (de *proibição*) análogo, embora de sentido diverso e nem sempre extensivamente interpretado.

Já questão diversa é a de saber se as soluções propugnadas pela jurisprudência e doutrina norte-americanas[205] deverão considerar-se ainda assim válidas para o espaço comunitário, mormente no que toca à interpretação do nº 1 do artigo 85º CE. A nossa resposta, neste momento, pode apenas conter dois pontos: o primeiro para afirmar que, em tese geral, julgamos que assim deveria ser, apesar das especificidades que a integração europeia exige e das (justas) críticas que às próprias doutrinas de Chicago se podem fazer, mormente (mas não apenas) enquanto presumem a pro-concorrencialidade de toda uma série de acordos, nomeadamente os verticais. No entanto, não parece curial fazer aqui um juízo crítico, despido de toda a *ganga* comunitária que o assunto requer, sob pena de se estar meramente a afirmar opções individuais e extra-sistemáticas, o que não é nesta sede o nosso objectivo. Por outro lado, sustentaremos, na parte final desta dissertação, que na CE, o Tribunal optou por caminhos não exactamente coincidentes, embora não se possa excluir nem menosprezar a influência das concepções norte-americanas, tendo mesmo, no domínio da franquia, ido mais longe do que foram as próprias pronúncias norte-americanas, ao sustentar a licitude apriorística de certa modalidade deste contrato entre empresas.

---

intrabrand como critério validante do acordo. Segundo o modelo, sempre que o acordo não restrinja a concorrência dentro da rede (marca,...), deve ser considerado positivo o respectivo balanço, só na hipótese contrária se prosseguindo na análise.

[205] A que SAMUELSON/NORDHAUS (pág. 408) parecem aderir, ao terminar um texto afirmando a partilha da orientação eficientista do direito da concorrência.

Secção III
Fragmentariedade e Concorrência
(no nº 1 do artigo 85º CE)

> «A política de concorrência não significa o desencadear de uma luta desenfreada de todos contra todos, mas a fixação e realização de normas jurídicas, a fim de tornar possível e de preservar uma concorrência praticável e de proteger as empresas contra a concorrência desleal. Só essa concorrência, aumentando a prosperidade e a liberdade, tem os efeitos benéficos que fundam o sucesso económico, social e político da economia de mercado. Ela faz igualmente parte integrante da política económica geral, de que é indissociável»
>
> (Hans von der Groeben, membro da Comissão e presidente do Grupo Concorrência, em discurso proferido em 16.6.65, perante o PE)[206]

Capítulo I
Concorrência e CE: Objectivos e Modelo Organizacional

I. Integração e Atribuição na CE

Não é difícil descobrir as razões da *fragmentariedade*[207] do tratamento jurídico de qualquer figura contratual da vida civil ou comercial, a nível comunitário (e também da franquia). Elas decorrem, em primeiro lugar, do facto da disciplina comunitária do contrato dever ser o reflexo

---

[206] «La politique de concurrence, partie intégrante de la politique économique dans le Marché commun», pág. 400.

[207] Ou especialidade. Talvez este termo seja até mais apto para apreender a natureza da intervenção jurídica das instituições comunitárias no que a este contrato respeita.

do exercício das atribuições[208] conferidas num dado momento pelos Estados-membros à Comunidade Europeia[209]. É certo que esta, enquanto organização internacional de integração[210], dotada da qualidade de sujeito

---

[208] Utilizamos aqui a expressão com o sentido que dela retirámos nas lições de ROGÉRIO SOARES, resultando serem as «atribuições» o conjunto de interesses fundamentais (públicos) que uma dada pessoa colectiva pública prosseguirá, ou seja, o seu próprio «centro de referência». (v.g. também, por todos, em língua portuguesa, FREITAS DO AMARAL, *Curso*, pp. 606-609, e ESTEVES DE OLIVEIRA, pp. 216, 225 e 237). Por sua vez, reservaremos o termo «competência» para definir o «conjunto de poderes que se afectam a uma repartição organizatória», isto é, a um *órgão*, que se assume assim como «figura organizatória dotada de uma competência». Na CE, a situação levar-nos-á a fazer uma distinção. É que nem todos os seus órgãos têm a mesma importância. Enquanto uns contribuem para formar e exprimir a vontade do ente – os que tradicionalmente se qualificam como «instituições» comunitárias e que como tal vêm referidos no artigo 4º, nº 1 do tratado CE (BORBA CASELLA fala em «órgãos de carácter institucional», *Comunidade Européia e seu ordenamento jurídico*, pág. 113) –, outros funcionam como órgãos complementares ou auxiliares da actividade dos primeiros, em especial daqueles que desempenham funções de direcção: entre estes destacam-se os Comités das Regiões (art. 198º-A e segs.) e Económico e Social (arts. 193º e segs.) e o Banco Europeu de Investimentos (art. 198º-D e segs.). Sobre a impropriedade do termo «instituições», utilizado em geral pela doutrina e na própria legislação portuguesa, FAUSTO DE QUADROS, *Direito das Comunidades Europeias e Direito Internacional Público*, pág. 12, nota 3.

[209] E não à União Europeia. A UE, instituída pelo Tratado da União Europeia, se não é já «um objectivo longínquo e utópico» – CANELAS DE CASTRO, pág. 517, citando entre outros FROWEIN, «Die Vertragliche Grundlage der Europaïschen Polistischen Zusammenarbeit (EPZ) in der Einheitlichen Europaïsche Akte», in *Liber Pescatore*, Baden-Baden, 1987, p. 261; e P. PESCATORE, «EG Beittrit Oesterreichs: Voraussetzungen Folgen, Alternativen», in *Economy*, Viena, 1989, p. 69 (conferir ainda, já depois de Maastricht, Alain LAMASSOURE, pág. V) –, mas algo de concreto, porque instituída com o Tratado da União Europeia (artigo A), não tem ainda personalidade jurídica internacional – assim por todos, o insuspeito J-V. LOUIS (*A ordem jurídica comunitária*, pág. 92), apesar de alguns autores o parecerem esquecer, como PLIAKOS, «La nature juridique de l' Union européenne», pp. 211-213 – nem se pode dizer que tenha já completado a «metamorfose dos Estados-nações» (MARIA JOÃO RODRIGUES: pág. 18) numa União Política integrada, sendo uma figura *sui generis* (JORGE MIRANDA, pág. 50).

[210] Organizações internacionais regionais abertas de tipo especializado e de integração económica (BOULOUIS, pp. 43 e segs) ou organizações interestaduais não soberanas (MOTA DE CAMPOS, *Direito comunitário*, vol. II, pp. 521-535). Não queremos com isto entrar na discussão sobre a natureza das Comunidades Europeias. Apenas queremos salientar que, tendo a sua origem em tratados internacionais, fontes de direito internacional público, não gozam de um poder geral de auto-determinação constituinte, porque, se a alteração dos tratados é realizada pelos Estados-membros no respeito pelo processo previsto nos tratados (artigo N do TUE), exige a unanimidade das vontades nacionais e o cumprimento das exigências de aprovação e ratificação dos instrumentos de direito inter-

nacional público colocadas pelas ordens constitucionais internas. Daí que também os Estados tenham (ainda) uma importância decisiva na constituição e formação da *vontade* dos órgãos fundamentais das Comunidades e, por conseguinte, das próprias Comunidades. Já o que parece evidente são os indícios e manifestações de perda da centralidade do papel dos Estados, conducentes à progressiva mutação da natureza da *criatura* comunitária. Daí não pode decerto decorrer a afirmação da CE actual como organização internacional de cooperação, intergovernamental. Sobre a qualificação das Comunidades (e do direito por elas criado) como Direito de Integração, GONÇALVES PEREIRA/FAUSTO DE QUADROS, pp. 51 e 422 e segs.

Recordemos apenas que, segundo REUTER, organizações internacionais são «grupos de Estados susceptíveis de manifestar de uma maneira permanente uma vontade juridicamente distinta da dos seus membros» – citado por MOURA RAMOS, «As Comunidades Europeias», pág. 10. Para outras visões, descritivas, por todos, ALBINO SOARES, pp. 373 ss. Utilizando uma lógica semântica que alguns parecem postular, uma organização internacional (OI) assenta em dois elementos: o ser *organização* e, simultaneamente, *internacional*. *Organização*, supondo uma ideia de *permanência* ou estabilidade. Permanência que implicará ainda a sua *autonomia* em relação aos seus membros, ainda que só exprimisse a vontade unanimitária de todos os seus membros. A vontade que exprime é a sua vontade própria, e não a do mero somatório dos seus Estados-membros. Ela tem *órgãos próprios* (vide as *instituições* da CE – art. 4º do Tratado CE), que formam a sua vontade, como o Conselho da União, que ainda que tenha uma dupla natureza, adopta deliberações que não são deliberações do conjunto de Estados que o compõem, mas do órgão das Comunidades a que pertence. E que, além disso, adopta actos normativos que não são necessariamente convenções ou tratados internacionais – por exemplo, os actos unilaterais previstos no artigo 189º CE – e que se exprimem, por vezes até por modos diferentes da unanimidade (é o caso da Comunidades – *vide*, por todos, o artigo 148º CE).

No plano jurídico, a distinção entre os actos da organização internacional e dos Estados é clara. Relembremos que a Organização Internacional tem a sua capacidade marcada pelo *princípio da especialidade*. Só pode agir no quadro das atribuições que para ela foi marcado pelo seu tratado instituitivo (art. E TUE e 4º-1, § 2 CE). Neste sentido, o próprio TJCE, no recente *Parecer 2/94*, de 28.3.96, considerou que «resulta do artigo 3º-B do Tratado (...) que a Comunidade só dispõe de competências atribuídas» (cons. 23), pelo que qualquer alargamento das competências comunitárias só pode processar-se por via de revisão dos tratados, por parte dos Estados-membros (*vide* a nota seguinte).

Mas tem ainda de ser *Internacional*. Este elemento significa que a sua fonte genética reside num instrumento de direito internacional público – Tratado de Paris, de Roma, de Maastricht.... É este *um* dos elementos que nos permite qualificar a CE como uma organização internacional e não como um Estado federal. Desde logo, porque estes últimos são criados por uma constituição, e não por um tratado internacional (havendo excepções). Que as Comunidades têm a sua origem em instrumentos de direito internacional público, parece indiscutível – assim, entre nós, MOURA RAMOS, «As comunidades europeias», pág. 24; FAUSTO DE QUADROS, *Direito das Comunidades Europeias, cit.,*

de direito internacional[211], não perdeu ainda, até hoje, a natureza de uma

pp. 23-24. Em sentido claramente contrário, PLIAKOS, «La nature juridique de l'Union Européenne», pp. 187 e segs.

Do mesmo modo, o facto dos Estados limitarem as suas competências por via internacional, atribuindo às Comunidades domínios exclusivos de competência, não é em si decisivo para uma mutação de natureza destas. Afinal, o *jus tractum* é *uma* das manifestações da soberania dos Estados – TPJI, caso *Wimbledon*, 1923 – e, ainda que se possa falar em partilha de soberania (ou soberania divisível: cfr. PESCATORE, *The law of integration*, pág. 30), o que é certo é que as Comunidades – e, concretamente, a CE – não são soberanas. Defendendo que o acórdão *Wimbledon* não permite explicar o modelo de integração comunitário (o que no fundo não contestamos), J.V. LOUIS, *A ordem jurídica comunitária*, pp. 14-15. Defendendo a inadequação do actual n° 6 do artigo 7° da Constituição portuguesa, por não falar em *delegação* ou *transferência* de poderes de soberania às Comunidades, GONÇALVES PEREIRA/FAUSTO DE QUADROS, pp. 146-147.

O processo de *constitucionalização* dos tratados e da consequente total autonomização das Comunidades Europeias em relação ao direito internacional público e aos Estados – como seus sujeitos privilegiados – é ensaiada já por diversos Autores e órgãos, por vezes mesmo com argumentações interessantes, mas que aqui por opção nos absteremos de comentar – refiram-se, entre muitos outros, desde HALLSTEIN, no *Primeiro Relatório Geral das Comunidades*, de 1967 («o facto do tratado de Roma se haver imposto como acto constitucional e representar o primeiro elemento da Constituição da Europa»), passando pelo TJCE, no parecer 1/91 (JOCE, n° C 110, de 29.4.1992) e toda a doutrina que daí partiu (só nos *CDE*, 1993, n° 1-2: J.L. CRUZ VILAÇA/N. PIÇARRA, pp. 3-37, e J. AUVRET-FINCK, pp. 38 e segs.); J-P. JACQUÉ, pp. 250 segs.; J-V.LOUIS, *op. cit.*, pp. 11, 68, 91 e 100, e «Les institutions dans le projet de constitution de l'Union Européen», pp. 41-66 (especialmente a pp. 42, onde afirma que o TUE, de Maastricht, definitivamente *matou* a concepção funcionalista da construção europeia, por se ter entrado no núcleo da soberania); PETERSMANN, pp. 1123 e segs. (treaty constitution, "living constitution"); LUCAS PIRES, «A União europeia: um poder próprio ou delegado», pp. 149 e segs., ou, mais explicitamente ainda, em «Introdução», pp. 5 e segs.; CANNIZZARO, pp. 1171 e segs.; os artigos, entre outros, de J. L. CRUZ VILAÇA, F. HERMAN e G. HOWE (in *Does Europe need a Constitution?*, CRUZ VILAÇA E OUTROS, Philip Morris Institute); M. HILF (pp. 23-27); DUVERGER («Le pouvoir constituant dans l' Union Européenne», pp. 35-39 – embora não compartilhemos o radicalismo da sua intervenção); e, neste excurso, finalmente, CHURCH/PHINNEMORE, pp. 3-8.

Em sentidos diversos, consultem-se ainda, entre muitos outros, MOURA RAMOS – «Maastricht e os direitos do cidadão europeu», pp. 95-96 e 128 –, PITTA E CUNHA – «A união monetária e suas implicações», pp. 46 e 56 e segs. –, GEOFFREY HOWE – pp. 29--38 – e STREIT/MUSSLER, pp. 110-111. Para uma descrição sucinta e clara do processo de ratificação do TUE, Yves PETIT, pp. 914-919.

[211] Artigo 210° do Tratado CE e, quanto ao Tratado CEEA, o artigo 184°. Seguimos neste ponto a interpretação sistemática que MANIN (pp. 1299 segs.) faz daquele artigo, ao considerar que a personalidade jurídica da Comunidade (então ainda CEE) se funda de modo complementar nos artigos 210° (personalidade jurídica internacional) e 211° (per-

associação entre Estados (*Staatenverbund*)[212], assente na vontade dos Estados-membros que a compõem. Por conseguinte, a sua capacidade jurídica encontra-se ainda marcada pelo *princípio da especialidade de fim*[213], dispondo apenas de *competências por atribuição* (*Prinzip der begrenzten*

---

sonalidade jurídica de direito interno) do tratado CE, sob pena de não ser possível um sentido útil para esta última disposição. Mas, mesmo que tais disposições expressas não existissem, ainda assim uma tal conclusão resultaria das normas que atribuem à CE capacidade jurídica para concluir acordos internacionais. Além disso, esta disposição foi ainda considerada essencial pelo TJCE para determinar a capacidade jurídica da então CEE, designadamente nos acórdãos *Comissão c. Conselho (AETR)*, de 31.3.1971 – pp. 263 – e *Kramer*, de 14.7.1976 – pp. 1279. Para maiores desenvolvimentos, KAPTEYN/VAN THEMAAT não deixam de referir estarem as Comunidades sempre dependentes, nas suas relações com terceiros Estados, do reconhecimento por parte destes da sua personalidade jurídica, pois os tratados são, para eles, *res inter alios actae* (pp. 57--61). Na doutrina portuguesa, por todos, MOTA DE CAMPOS, *Direito comunitário*, vol. I, pp. 585-589.

[212] Sobre o ponto, o acórdão de 12 de Outubro de 1993 do *Bundesverfassungsgericht*, 2ª secção (2 BVR 2134792, 2 BVR 2159792) – trad. portuguesa de M. BRITO CORREIA, em *Direito e Justiça*, Vol. VII, tomo 2, 194, pág. 286 –, o que foi visto como uma confirmação da jurisprudência *Solange* (D. HANF, «Le jugement de la Cour Constitutionelle fédérale allemande», *RTDE*, 30, 3, 1994, pág. 417) e da impressão de que o *Bundesverfassungsgericht* «pretende assumir o papel de preceptor da Europa» (Helmut STEINBERGER, in *Süddeutsche Zeitung*, 22-23 de Janeiro de 1994, pág. 6). Assim também, entre nós, recentemente, PITTA E CUNHA, «Constitution of the European Union – Comments», pág. 63. Interessante é a perspectiva de que, em Itália, ORSELLO faz eco – pp. 93--97 e 101 (*vide* ainda 127) –, radicando a Comunidade no direito internacional, apresentando a sua ordem jurídica como um *novum genus* (a expressão é do Autor) no interior do ordenamento internacional e, sobretudo, revelando as dificuldades decorrentes da pretensão de qualificar a experiência comunitária nos tradicionais quadros monista ou dualista. Sobre o tema, leia-se ainda o clássico de PESCATORE, *The law of integration*.

[213] Tal como no direito interno, também no direito internacional público há diversos sujeitos de direito, dotados de capacidade jurídica. Se, numa acepção simplista, podemos dizer que, no direito interno, sujeitos de direito são todos os entes susceptíveis de serem titulares de direitos e obrigações, de serem titulares de relações jurídicas – MOTA PINTO, *Teoria geral, cit.*, pág. 191 –, as coisas passam-se de maneira idêntica na sociedade internacional. Aqui, é sujeito de direito internacional quem for «susceptível de ser titular de direitos e obrigações resultantes directa e imediatamente de uma norma de direito internacional» – GONÇALVES PEREIRA/FAUSTO DE QUADROS, pág. 299.

Mas as analogias com o direito interno não acabam aqui. Também na sociedade internacional as pessoas não têm todas a mesma capacidade jurídica. Por exemplo, num parecer do TIJ (Tribunal Internacional de Justiça), este órgão jurisdicional das N.U. reconheceu que a própria ONU tem a sua capacidade jurídica marcada, na ordem jurídica internacional, por um princípio que podemos considerar semelhante ao princípio da espe-

Einzelermächtigung)[214], só agindo onde e quando os tratados lhes permitem agir. Ora, os tratados – ou mais especificamente, o tratado institutivo da Comunidade Europeia (CE) – não atribuem aos órgãos comunitários

---

cialidade do fim que marca a capacidade jurídica das pessoas colectivas face ao direito interno português (art. 160º do Cód. Civ.).

Isto só não é assim quanto a um específico sujeito de direito internacional público: o Estado soberano, sobretudo pela sua veste soberana. Com algumas similitudes, na ordem jurídica internacional, só encontramos as Organizações Internacionais para-universais, por não necessitarem de reconhecimento – TIJ, citado, *v.g.* em GONÇALVES PEREIRA/ /FAUSTO DE QUADROS, pp. 323-324.

Para uma síntese brevíssima sobre o princípio da especialidade e suas consequências, ao nível comunitário, BOULOUIS, pág. 126.

[214] Entre muitos, citem-se apenas, por serem enfáticos, GUAL (pág. 39), CONSTANTINESCO («Article 3 B – Commentaire», pp. 107-109), NUNO RUIZ («Relações entre o direito nacional e o direito comunitário da concorrência», pág. 357 e, recentemente, «O princípio da subsidiariedade», *cit.*, pág. 129); e, sobretudo, JOLIET (*Le droit institutionnel des Communautés Européennes*, *cit.*, pp. 169-182), que também não esquece terem as Comunidades, *maxime* a CE, mecanismos (nomeadamente normativos) que lhes permitem uma actuação não restritiva deste princípio. Entre estes meios salientamos o artigo 235º CE, o princípio das *competências implícitas*, a utilização de princípios gerais de direito ou o papel do costume.

Embora não queiramos, de modo algum, entrar na discussão sobre estas questões, em grande medida afastadas do nosso tema, não evitaremos abordar a relação entre aqueles dois primeiros meios, tantas vezes confundidos. O artigo 235º é um fundamento jurídico específico e subsidiário, não uma mera concretização da doutrina das competências implícitas. Embora a sua utilização nem sempre tenha obedecido a critérios uniformes, supõe uma competência comunitária já atribuída. A diferença em relação às restantes bases jurídicas para a acção das instituições que constam dos tratados é a de que este artigo funciona como base residual, supletiva ou complementar, para as normas comunitárias de direito derivado que não encontram no tratado fundamento jurídico específico. O que não significa necessariamente que tal competência comunitária esteja *implícita*.

Este artigo conheceu várias fases, na sua aplicação. Até 1972, era raramente utilizado. Neste data, porém, recebeu um impulso notável, o que levou até a uma sua aplicação exagerada, sobretudo até ao AUE (Acto Único Europeu), ao ser utilizado para alargar a intervenção comunitária a domínios até então dela excluídos, como o ambiente e a política regional, para fundamentar a ajuda alimentar de emergência a Estados terceiros ou a criação de novas instituições. Como salienta WEILER (pág. 2445-2446), a utilização que dele se fazia não era certamente compatível com uma concepção estrita (então dominante) da doutrina das competências implícitas.

O problema do artigo 235º é também o da sua limitação. Após aquela fase de utilização extravagante, os próprios órgãos comunitários sentiram a necessidade de estabelecer limites à sua utilização (distinguindo-o de uma concepção ampla daquela doutrina), porque, como diz WEILER (*op. e loc. cits.*), «it would become virtually

nem os meios nem sobretudo os *fundamentos* jurídicos necessários para permitir que a Comissão ou o Conselho (órgão de decisão por excelência

impossible to an activity which could not be brought within the objectives of the treaty».

Estes limites encontram-se pela definição de critérios seguros que presidam à sua utilização. Não trataremos destes critérios, de forma exaustiva – sobre estes, em língua portuguesa, MOTA DE CAMPOS, *Direito Comunitário*, vol. II, pp. 36-44. As soluções limitativas, que o próprio TJCE já aplicou, encontram fundamento na determinação do sentido dos vários requisitos substanciais de actuação do artigo 235°. Em primeiro lugar, a limitação material «no funcionamento do mercado comum», mas também o facto de «não ter o tratado previsto os poderes de acção necessários».

O primeiro requisito material referido tem conduzido a doutrina ao entendimento de que o artigo só deve ser utilizado para a adopção de medidas normativas de cariz económico. Não se trata sequer de uma interpretação restritiva da condição. Pelo contrário. A consideração literalista podia conduzir à restrição da actuação do artigo aos domínios que incluíssem os objectivos de integração económica característicos de um mercado comum, quando hoje é já patente ser mais ambiciosa a meta económica da CE (*vide*, união económica e monetária).

O segundo requisito, por seu turno, distingue-o claramente do princípio das competências implícitas ('implied power'), segundo o qual uma organização internacional, para além das atribuições que expressamente resultam dos textos institutivos, tem ainda todas as competências necessárias ou convenientes à prossecução dos seus objectivos. Corresponde, no plano da ordem jurídica internacional, ao princípio da *especialidade do fim* característico das pessoas jurídicas em sentido estrito (pessoas colectivas) na ordem interna do Estado.

A recepção desta doutrina e a noção de competências implícitas tem sido objecto de discussão no espaço comunitário. Segundo HARTLEY (pp. 110-112), a concepção restrita desta doutrina assenta na ideia de que a «existência de um dado poder implica também a existência de qualquer outro poder que seja razoavelmente necessário para o exercício do primeiro» (IPSEN, BLECKMANN, L-J CONSTANTINESCO). Por seu lado, a concepção ampla liga a competência implícita à consecução de um «dado *objectivo* ou *função*» (KOVAR) e não já de um poder concretamente atribuído (NICOLAYSEN). Para aquele Autor, se o Tribunal de Justiça começou por adoptar a primeira modalidade, ele ter-se-á inclinado para uma concepção mais englobante. Além disso, a uma compreensão não-redutora se liga ainda a formulação dos artigos 100°, 235°, 2° e 3° do tratado CE.

Se HARTLEY aceitava o princípio das competências por atribuição, embora assinalando as suas limitações práticas, EMILIOU (pág. 305), já em 1996, sustentou a superação do princípio das competências atribuídas, pela afirmação do Tribunal de Justiça, no acórdão *AETR*, do princípio de competências implícitas, embora reconheça uma regressão da doutrina do Tribunal, nos últimos tempos (pág. 310). Igualmente contestando a afirmação comunitária deste princípio, *vide* PESCATORE, *The law of integration*, pp. 40.

A propósito da utilização destes mecanismos aquando da celebração do acordo sobre o EEE, *v.g.* o parecer 1/92 do Tribunal de Justiça, de 10.4.92 (pp. 1, cons. 39-40).

Sobre esta matéria, consulte-se VALLÉE (pp. 49 e segs.) e, entre nós, ANA GUERRA MARTINS. Na doutrina estrangeira, igualmente distinguindo entre o artigo 235° CE e a

no espaço comunitário) criem uma disciplina jurídica (tão) completa (quanto possível) para um qualquer contrato (*maxime*, para a franquia)[215].

Uma tal possibilidade de criação normativa reside no domínio da competência estadual, extravazando da competência comunitária[216]. Limitados à tarefa de realização dos objectivos que lhes foram cometidos pelos Estados-membros, os órgãos comunitários só podem regular e determinar o conteúdo e sentido de tais contratos *enquanto tal se mostrar necessário para realizar os objectivos comunitários definidos convencionalmente*. É o que sucede naqueles domínios em que a CE goza de uma competência exclusiva ou concorrente com a competência estadual, como é o caso da política de concorrência[217].

II. Fundamentos

Ao ser criada, a CE (então CEE), composta por Estados europeus que comungavam do mesmo património político e económico, assente na democracia política, no respeito pelos direitos civis e humanos e na livre iniciativa económica enformadora de uma economia de mercado, visava atingir os seus objectivos, constantes do preâmbulo e do artigo 2º do

---

doutrina das competências implícitas, KAPTEYN/VAN THEMAAT (pp. 117-119), para quem o artigo 235º supõe a inexistência de poderes de acção, enquanto a doutrina das competências implícitas supõe a existência desse poder de acção, servindo apenas para o complementar. Descrito assim, os institutos parecem adaptar-se bem ao critério do paralelismo entre a competência interna e a competência externa, formulado pelo Tribunal.

[215] O próprio TJCE sempre teve em consideração essa sua limitação. No acórdão *LTM/MBU*, de 30.6.1966, a propósito das consequências da aplicação da proibição do nº 1 do artigo 85º a um acordo de exclusividade, *maxime* quanto ao problema de saber em que medida a nulidade de certas cláusulas, *ex vi* do nº 2 deste artigo, podia implicar a nulidade total do acordo, o TJCE declarou expressamente que «todas as outras disposições contratuais não afectadas pela interdição, não relevando para a aplicação do tratado, escapam ao direito comunitário» (tradução livre).

[216] No entanto, *vide* o que diremos sobre o novo regulamento de isenção categorial dos acordos de distribuição automóvel, aprovado pelo Regulamento 1475/95.

[217] Na fórmula de J.V. LOUIS, a concorrência é um domínio em que «a competência comunitária e a competência nacional são autónomas e paralelas» – *A ordem jurídica comunitária*, pág. 26. Assim, logo em 1986, também o CONSELHO DA CONCORRÊNCIA português, *Relatório de actividade de 1986*, pp. 10 e 14.

Tratado de Roma[218], através da instauração do mercado comum (depois «Mercado Interno»)[219].

Não interessa aqui descrever o processo que conduziu os seis Estados originais da CEE a esta associação. Na génese estão sobretudo desejos de pacificação do espaço europeu[220], após as catástrofes humana e económica que representaram os conflitos mundiais da primeira metade do século XX. Mas não só. Também algum sentimento europeísta que, surgindo em tempos mais recuados, tinha já conhecido concretizações mesmo no plano comunitário, com a constituição da CECA, pelo tratado de Paris de 18 de Abril de 1951.

Como se sabe, esta última organização é apontada, a justo título, como sendo a organização comunitária mais tributária de conteúdos su-

---

[218] O artigo 2º expressamente prescreve que a Comunidade tem como objectivos, entre outros, «promover o desenvolvimento harmonioso e equilibrado das actividades económicas, (...) o aumento do nível e da qualidade de vida, a coesão económica e social e a solidariedade entre os Estados-membros».

[219] Sobre a noção de Mercado Comum, enquanto objectivo comunitário, se pronunciou o próprio TJCE, por exemplo no acórdão *Schul*, de 5.5.1982 (pp. 1431-32, cons. 33), no qual confirmou a sua concepção ampla, segundo a qual o «mercado comum» «comporta a eliminação de todos os entraves às trocas intra-comunitárias tendo em vista a fusão dos mercados nacionais num mercado único que funcione em condições tão próximas quanto possíveis das de um verdadeiro mercado interno». Esta noção pode hoje considerar-se ainda mais ampla, não apenas pela superação do «mercado comum» como objectivo final da construção europeia, no Acto Único Europeu – e sua *substituição* pela própria ideia de «Mercado Interno» (artigo 7º-A CE) –, mas também pelo alargamento dos objectivos económicos da CE à própria ideia de união económica e monetária. Entre nós existem algumas obras monográficas relativas ao AUE e ao mercado interno por este definitivamente despoletado – *vide* sobretudo MANUEL PORTO (*Do Acto Único à «nova fronteira» para a Europa*, em especial, sobre concorrência no sector especial dos transportes, pp. 56-57), LOPES RODRIGUES (*O Acto Único Europeu e a política de concorrência*) e até ALBUQUERQUE CALHEIROS («Sobre o conceito de mercado interno», cit., pp. 375-409, considerando a política de concorrência como englobável no tradicional conceito de *mercado comum* – pág. 387).

[220] Sobre o ponto, entre outros, EDGAR MORIN (pág. 109), FREITAS DO AMARAL (*Um voto a favor de Maastricht*, pág. 15): «a principal razão que esteve na origem das Comunidades (...) foi a de criar uma união tão forte e tão íntima entre os países europeus que nunca mais fosse possível haver uma guerra entre europeus»; e MONTESQUIEU (*De l'esprit des lois*, livre XX): «L'effet naturel du commerce est de porter à la paix. Deux nations qui négocient ensemble se rendent réciproquement dépendantes: si l'une à intérêt d'acheter, l'autre a intérêt de vendre: et toutes les unions sont fondées sur des besoins mutuels».

pranacionais. Facto comprovável em vários domínios, quer porque a intervenção estadual directa é mais reduzida, quer porque, correlativamente, os órgãos comunitários de composição não estadual são dotados de competências mais amplas[221], como acontece em matéria de concorrência, matéria que constitui competência exclusiva da Comunidade do Carvão e do Aço[222].

A estrutura e objectivos integrados que se podem ver reflectidos na CECA não se repetiram na CEE e na CEEA (vulgarmente conhecida por Euratom). Por razões simultaneamente *extrínsecas* e *intrínsecas* às próprias organizações que se decidiu criar. Em primeiro lugar, porque o ideário político federalista, que tinha conhecido um especial relevo após o Congresso da Haia em 1948, tinha entrado em regressão. Mas não só. Também porque o objecto da futura Comunidade Económica Europeia, pela sua amplitude, natureza e complexidade, requeria uma actividade normativa e executiva da organização de que os Estados-membros naturalmente não queriam abrir mão[223].

---

[221] Pense-se no caso da Alta Autoridade CECA. Este órgão, que na estrutura da CE correspondia à Comissão, detém, comparativamente a esta, um domínio material e formal de competências bem mais vasto do que aquele que é pelo Tratado de Roma reconhecido à Comissão CE. E esta diferença era ainda mais visível quando se tomava como critério comparativo o desenho originário da estrutura institucional das várias organizações comunitárias. No entanto, a magreza das competências atribuídas ao órgão de composição estadual não faz esquecer dois factores. Primeiro, no domínio da CECA, o Conselho continua a intervir em domínios especialmente sensíveis. Segundo, mesmo tendo este órgão uma componente estadual, não age enquanto conferência de representantes governamentais, mas na veste de órgão comunitário.

[222] Artigos 60° e seguintes do Tratado de Paris de 18.4.1951, publicado na versão portuguesa no DR, I série, n° 215, de 18 de Setembro de 1985, 2° suplemento, com a redacção que resulta da sequente aprovação do TUE e dos Actos de adesão da Suécia, Finlândia e Áustria.

[223] Como já em 1985 ensinava entre nós MOURA RAMOS («As comunidades europeias», pág. 24), «o escopo diferente da CECA e da CEE (...) fez com que os respectivos tratados viessem a ser documentos marcadamente distintos: o primeiro um tratado-regra ou normativo (...) que transforma os órgãos da CECA em instâncias dominantemente administrativas e sem poderes normativos particularmente latos; o segundo um tratado-quadro, onde era manifestamente impossível pretender prever a multiplicidade de questões que se viriam a pôr no devir da Organização, pelo que veio a caber aos órgãos de direcção a missão de prover à sua resolução» o que, implicando o reconhecimento a estes de mais amplos poderes normativos, conduziu a um diverso «sistema de partilha do poder de decisão nas duas organizações» (*v.g.* ainda REUTER, *Organisations Européennes,*

Parte I – Da Comunitarização da Concorrência e sua Restrição 105

Para realizar os desideratos que os seus fundadores se propunham, esta Comunidade aspirava à institucionalização de um Mercado Comum, o qual pressupunha mais do que o estabelecimento de uma zona de comércio livre (como acontecia na AECL[224]). Implicava ainda a realização de uma União Aduaneira[225] e da liberdade de circulação dos factores produtivos[226]: trabalhadores, mercadorias, serviços e capitais. A CEE tinha nessa altura uma essência económica[227], que se exprimia em todos os

---

2ª ed., Paris, 1970, p. 188, ou, mais recentemente, J.-V. LOUIS, *A ordem jurídica comunitária*, pág. 97).

Assim se exprimem os também cotados GOLDMAN/LYON-CAEN/VOGEL, pág. 341: «Mas o que foi possível em 1951 [CECA], num certo contexto político e para certos mercados, não o foi seguramente em 1957. Os Estados estavam mais reticentes em consentir em abandonos de soberania, para o conjunto dos bens e serviços».

[224] Associação Europeia do Comércio Livre (EFTA), criada pela Convenção de Estocolmo, em 1960, de que Portugal foi membro fundador. Na doutrina, aponta-se com frequência a *luta* que entre estes dois modelos se fez sentir, nos anos 50 e 60, salientando-se o triunfo do modelo comunitário, de que são expressões a conclusão de acordos de associação entre os países da AECL e as Comunidades Europeias, a progressiva adesão desses Estados às Comunidades e o (ainda) recente acordo relativo ao Espaço Económico Europeu, que foi construído para reger as relações entre dois grandes blocos, envolvendo inicialmente 17 Estados (os doze da CEE de então, mais os cinco da AECL – a Suíça veio a rejeitar em referendo a ratificação do acordo, e o Liechtenstein veio a aderir ao acordo, na sequência de negociações bilaterais com a Suíça, com a qual partilhava uma união aduaneira). Hoje, com a adesão de três dos Estados-membros da AECL às Comunidades, o acordo perdeu indiscutivelmente interesse, do ponto de vista comunitário, porque os Estados Partes não-comunitários não têm já grande significado económico: Noruega, mas sobretudo Islândia e Liechtenstein. Sobre os antecedentes do acordo EEE, por todos, NORBERG/HÖKBORG/JOHANSSON/ ELIANSSON/DEDICHEN, pp. 35 e segs.

[225] Artigos 3º, alínea a) e 12º e segs.

[226] Artigo 3º, alínea c). A concorrência era concebida essencialmente como instrumento de realização desta liberdade de circulação de factores produtivos – *Memorandum da Comissão da CEE sobre a concentração no Mercado Comum*, pág. 655.

[227] A experiência do pós-guerra 1939/45 marca o surgimento de novas formas de integração económica, como resposta ao jogo económico do comércio mundial. Como acentua P. DRUCKER (pág. 256), «the world is very rapidly changing its form of economic integration. We are moving toward a world economy that is integrated not by free trade or protectionism», mas por uma forma híbrida que designa por *reciprocidade*, significando uma «adversarial exchange». O modelo do mercado interno da CE, nesta perspectiva, corresponde a uma resposta a este fenómeno, provocando o aparecimento de novos blocos (*v.g.* a NAFTA, o Mercosul, o Pacto Andino, a COMESA, a SADC, a CEDEAO ou a CEEAC) e impondo na prática a ideia de reciprocidade (*vide*, por ex., art. 24º do regulamento (CEE) nº 4064/89 – JOCE, nº L 395, de 30/12/89, pp. 1). Esta nova ordem

domínios da intervenção comunitária, de que é exemplo o sector da livre circulação de pessoas. Mesmo aí, e apesar do alargamento que a jurisprudência comunitária foi operando, designadamente a partir de meados dos anos 80 (acórdão *Luisi e Carbone*[228]), o homem visado era sempre o homem enquanto factor de produção, o *homo economicus*[229]. E durante

---

económica internacional, ainda segundo DRUCKER (pág. 258), é transnacional, regionalmente integrada e «information intensive». Saber se os modelos de integração regional constituem retrocessos no esforço de liberalização multilateral do comércio mundial, é ponto que não nos ocupa (neste sentido, Jagdish BHAGWATTI, em artigo no *Financial Times*, de 31.5.95), mas ainda assim não parece ser esse o caso, constituindo prova disso mesmo o estabelecimento pela CE de relações preferenciais com outros blocos regionais, a ainda recente obtenção de acordos ao nível do GATT (*vide* a recente constituição da OMC) ou, como complemento ou alternativa a esta liberalização do comércio mundial, as (embrionárias) propostas de constituição de uma zona de comércio livre transatlântica (TAFTA), tendentes a reconformar as relações EUA-Europa entre si e em relação a terceiros, ou ainda de uma autoridade internacional de política da concorrência (SCHERER, pág. 92). Assim, não surpreende que se caracterizem os modelos modernos de integração económica como resultado de «uma "universalização organizada" em blocos flexíveis» (SOUSA FRANCO, pág. 120).

[228] Acórdão do TJCE de 31.1.1984, *Graziana Luisi e Giuseppe Carbone c. Ministero del Tesoro*, pág. 403, cons. 16.

[229] O TUE deve operar uma mutação fundamental na compreensão do sentido e limites da liberdade de circulação de pessoas. A superação da concepção económica da CE, com a criação da UE e a introdução de uma dimensão política na CE, nomeadamente pela consagração, nos artigos 8º e seguintes CE da cidadania comunitária, deve conduzir a que a livre circulação de pessoas deixe de depender de factores económicos. Os cidadãos nacionais de Estados-membros, nos termos do artigo 8º-A, devem gozar da liberdade de circulação sem sujeição a critérios económicos de qualquer tipo, sob pena de o articulado não ter sentido autónomo enquanto tal, constituindo-se como norma declarativa e vazia (era este o alcance que se podia extrair de O'KEEFFE: «Union citizenship», pp. 93-94). Já MOURA RAMOS («Maastricht e os direitos do cidadão europeu», pág. 118) chega a sugerir que a entrada em vigor do TUE implicará a caducidade das directivas comunitárias de 1990, que estabeleceram as condições da livre circulação de cidadãos nacionais de Estados-membros no espaço comunitário (sobre o ponto, *v.g.* a síntese recente de ELISABETE RAMOS, pp. 87-88). Tal poderia ter permitido que tivesse sido contestada a validade de tais directivas perante o TJCE, no prazo convencionalmente fixado para o efeito. Não tendo sido, fica reduzido o interesse da norma, embora possa ser ainda utilizada em dois planos alternativos, embora não cumulativos.

Em primeiro lugar, pela contestabilidade perante um órgão jurisdicional nacional de uma decisão nacional fundada no diploma (no nosso caso, o DL 60/93, de 3.3.1993) invocando a contrariedade do diploma com a norma do tratado comunitário, o que poderá conduzir à formulação pela instância jurisdicional nacional de uma questão prejudicial, que o TJCE apreciará. Colocam-se aqui especiais problemas. Primeiro, o de saber se a directiva, já tendo sido transposta, mantém a sua força normativa, i. e., se será possível ao tribunal comunitário apreciar a validade da directiva comunitária, e qual a consequência que daí derivará (em sentido positivo, MÉGRET e Outros, pág. 189). É que, neste caso, e é um segundo problema, o reenvio prejudicial tem como correlato o problema da validade ou não do diploma nacional. E é doutrina pacífica a que defende não ter o tribunal comunitário qualquer competência de sindicação da legalidade dos diplomas nacionais. O que o Tribunal de Justiça poderá fazer é revelar o sentido que deve ser dado pelo órgão jurisdicional nacional à norma comunitária. Sentido que o juiz nacional não deverá poder contrariar na resolução do caso concreto. Por imposição da norma de boa-fé do artigo 5º, e por força do princípio da prevalência na aplicação do direito comunitário.

O que coloca de claramente a segunda hipótese, que é a de induzir a Comissão a procurar obter a concordância dos Estados-membros quanto à revogação das legislações nacionais, tornadas incompatíveis com o tratado, sob a ameaça de interposição perante o Tribunal de Justiça de uma acção por incumprimento (artigos 169º-171º CE).

Ficamos ainda com quatro notas finais. A primeira para referir o facto de o Tribunal de Justiça, pelo seu acórdão de 7.7.92 (*PE/Conselho*) ter anulado, por violação de formalidade essencial, a directiva 90/366/CEE relativa à estadia de estudantes (mantida provisoriamente até substituição por outra directiva). A segunda para indicar que o problema do alcance e efeito directo da norma do artigo 8º-A já foi objecto de discussão contenciosa no Reino Unido, tendo o *High Court*, em decisão de 16.3.95 (*Regina v. Secretary of State of the Home Department, ex parte Vitale* e *Regina v. Secretary of State for the Home Department, ex parte Do Amaral*), sustentado que o artigo 8º-A não alargava o âmbito da liberdade prevista no artigo 48º, enquanto, antes, no caso *Regina v. Secretary of State of the Home Department, ex parte Adams*, de 29.7.94, o juiz KAY havia considerado que, se o artigo 8º-A não fosse meramente declaratório, «we have little doubt that it has direct effect». Em terceiro lugar, que a Comissão parece entender que o artigo não tem conteúdo autónomo nem efeito directo. Finalmente, que o próprio O'KEEFFE se questiona já sobre a propriedade da sua asserção anterior, ao referir a casuística britânica e ao colocar, em primeiro lugar, o problema do sentido útil da norma do artigo 8º-A, em «General course in european community law – the individual and european law», pp. 134-139, por referência a quatro ordens de razões. Primeiro, baseando-se no artigo B do TUE, que afirma pretender-se «reforçar a tutela dos direitos e interesses dos cidadãos dos Estados-membros», supondo um acréscimo qualitativo que outra interpretação do artigo 8º-A não comportaria. Em segundo, porque também no preâmbulo do TUE se afirma este carácter dinâmico da construção europeia, pelo que uma interpretação do artigo 8º-A que o veja apenas como referindo-se ao *acquis communautaire* estaria em contradição com essa *intenção*. Além de que, e é a terceira razão, o *acquis communautaire* (o acervo comunitário) não garantia a total liberdade de circulação, visando apenas os agentes económicos e excluindo os pobres e os beneficiários de segurança social, certos não-activos, desempregados. Por isso, atribuir-se à norma um sentido dinâmico poderia significar o reconhecimento da liberdade de circulação mesmo para estas categorias de pessoas. Finalmente, porque a base jurídica que o nº 2 do artigo 8º-A constitui, só cobra sentido se o nº 1 tiver um alcance autónomo, pois, de outra forma, seria também ele desnecessário e vazio, pois já antes existiam no tratado bases jurídicas em matéria de liberdade de circulação e residência. Questão diversa é a de saber se, ainda assim, estes novos direitos estarão dependentes de actos a adoptar pela CE ou pelos Estados-membros,

mais de três décadas, esta vertente económica constituíu o núcleo essencial da experiência da construção comunitária[230], a partir do qual se desenvolveram muitas outras vertentes que contribuem para «criar uma união cada vez mais estreita entre os povos da Europa».

Para realizar os objectivos gerais prescritos no próprio artigo 2º do tratado CE, logo no momento constitutivo da Comunidade se sentiu a necessidade de estabelecer regras que fossem aptas a garantir, não apenas a livre circulação das mercadorias no espaço europeu comunitário, mas também que neste mercado mais aberto e integrado a concorrência não fosse falseada[231].

Se o objectivo visado pelos *founding fathers* da CEE (actual CE) era o de constituir na Europa um espaço económico homogéneo em que fosse possível atingir um elevado nível de vida, um crescimento económico sustentado e a estabilidade dos preços para os cidadãos residentes nesse espaço e para os Estados-membros, tal objectivo não se bastava com a consagração das liberdades circulatórias de trabalhadores, mercadorias,

---

ou se a norma é em si mesma incondicional, não deixando uma margem de apreciação, podendo considerar-se como tendo efeito directo e sendo, consequentemente, susceptível de invocação por qualquer particular, perante uma jurisdição nacional. Embora o Autor não ouse propor uma interpretação definitiva, parece claro que tende para esta solução, embora também ele sobretudo incite à pronúncia do Tribunal de Justiça sobre o tema. Entre nós, Mª Luísa DUARTE (pp. 188-191) fala, a este respeito, de um «direito fundamental de cidadania» e de um efeito directo da norma, ainda que não total, numa extensão talvez da afirmação, pelo próprio TJCE, da livre circulação de trabalhadores prevista no artigo 48º C(E)E como «direito fundamental» (acórdão de 15.10.87, *Heylens*, pp. 4117, cons. 14).

[230] Recentemente, GOULENE classificava esta constatação como uma «banalidade» (pág. 340). No entanto, desde o seu início, embora tenha conhecido dois grandes impulsos, nos dois grandes momentos de revisão dos tratados (AUE e TUE), a CEE visava já objectivos sociais, expressos nos artigos 2º e 3º CEE – recordando-o expressamente, SANTA MARIA, pág. 313.

[231] O artigo 3º g) do Tratado CE (alínea f), na redacção original do tratado CEE) dispõe que, para atingir os objectivos referidos no artigo 2º, a acção da comunidade implica «o estabelecimento de um regime que garanta que a concorrência não seja falseada». O objectivo é menos a livre concorrência, tanto mais que a concorrência «não falseada» deve ser apreciada para os fins do artigo 2º, o qual atribui à construção europeia objectivos ambiciosos, de ordem não meramente económica, mas também social e política. Mais enfaticamente ainda, GAVALDA/PARLEANI, *Droit des affaires de l'Union Européenne*, pág. 183: «Les règles de libre concurrence doivent en effet être placées, et appliquées, dans les perspectives générales de la construction européenne», devendo ser interpretadas de maneira «finalista ou teleológica. Elas estão ao serviço dos grandes objectivos assinalados pelos redactores do tratado».

serviços e capitais. De que serviria suprimir todas as restrições normativas estaduais à livre circulação de mercadorias, como se estabelece nos artigos 9º e seguintes do Tratado de Roma, se resultados idênticos do ponto de vista da *protecção dos mercados* e tecidos produtivos e distributivos nacionais podiam ser atingidos por outras vias, como as coligações entre empresas, os abusos de posições dominantes num determinado mercado ou as ajudas estatais a empresas, que impediriam ou dificultariam o acesso de empresas provenientes de outros Estados-membros aos mercados nacionais[232], assim desrespeitando o princípio da lealdade comunitária expresso no artigo 5º do tratado de Roma?[233]

E se foram dois os grandes momentos de superação formal desta dimensão económica do direito comunitário originário[234] – nomeadamente o que ocorreu com o Acto Único Europeu, em 1986, ao lançar comunitariamente a noção de *mercado interno*, como espaço sem fronteiras internas em que circulam livremente mercadorias, *pessoas*, serviços e capi-

---

[232] Assim o conhecido acórdão *Consten-Grundig*, de 13.7.1966, ao dizer que, («[considerando] que o Tratado, cujo preâmbulo e texto visam suprimir as barreiras entre os Estados e que, em numerosas disposições, demonstra uma grande severidade em relação à sua reaparição, não podia permitir às empresas que recriassem essa situação; e o artigo 85º, § 1 responde a esse objectivo». Neste sentido, *vide* quer as conclusões do advogado-geral ROEMER no processo *Brasserie de Haecht c. Wilkin Janssen (Haecht I)*, de 21.11.1967, pág. 544; quer o *1º Relatório da Comissão sobre a política de concorrência*, 1972, 13. Sobre a utilização do preâmbulo como critério adjuvante da interpretação, refiram-se as indicações contidas em BORBA CASELLA, *Comunidade Européia e seu ordenamento jurídico*, pp. 71-72.

[233] Em 1977, o Tribunal de Justiça afirmou o princípio segundo o qual os Estados-membros têm a obrigação de respeitar o efeito útil do artigo 85º – acórdão de 16.11.77, *INNO c. ATAB* –, embora tenha reconhecido certos limites, no acórdão *Leclerc*, de 10.1.85 (pp. 31-32, cons 14 e segs.). No entanto, esta vinculação ao efeito útil do artigo 85º, impondo aos Estados a abstenção de tomada de quaisquer medidas que ponham em causa a realização dos objectivos visados com o artigo 85º, confirmado por exemplo no acórdão *Porto di Genova*, de 10.12.91, foi para alguns posto em causa pelos acórdãos de 17.11.93, em que terá adoptado «um critério formal, de tipo 'legalístico', que parece propender para o abandono da doutrina do efeito útil do direito comunitário» (BAY, pp. 637-650). Em sentido crítico do acórdão *Porto di Genova*, LYON-CAEN/LYON-CAEN, pp. 264-265.

[234] Como escrevia, em 1983, MOITINHO DE ALMEIDA («A ordem jurídica comunitária», pp. 15 e 27), «a CEE é, na sua base, uma união aduaneira», sendo o direito comunitário «dirigido a uma acção económica no tempo».

tais (art. 8º-A, § 2)[235]; e, em segundo lugar, o operado pela entrada em vigor do TUE, que introduz e/ou reforça nos textos comunitários as vertentes política, social, cultural e económica da integração europeia[236] –, o certo é que tal não invalida a persistência de um objectivo já inicial, qual seja o de estabelecer um espaço de liberdade económica em que as empresas e os agentes económicos possam actuar sem *constrangimentos* (*barreiras*) artificiais[237], sejam eles *normativos* ou de *facto*.

Daí a previsão, como parte da «espinha dorsal»[238] do próprio domínio comunitário, de adopção de medidas que, em todos os sectores económicos[239], garantam que a concorrência não seja falseada no mercado comum (artigo 3º g) CE).

Necessidade e propósito que não podem ser subestimados – hoje ainda menos – na apreciação do relevo e sentido das regras comunitárias em matéria de concorrência, na medida em que as acções previstas nos artigos 3º e 3º-A, tidas como indispensáveis para a realização dos objectivos

---

[235] Actual artigo 7º-A, na redacção do CE. Neste sentido, ALBUQUERQUE CALHEIROS, «Sobre o conceito de mercado interno», *cit.*, pp. 394-395, nota 69. Acentuando igualmente o papel da realização do mercado interno na diminuição dos factores de distorção da concorrência, NICOLAIDES (pág. 12).

[236] São múltiplas as concretizações reflectidas nas alterações aos tratados institutivos das várias Comunidades Europeias. Mas não só. O TUE, ao instituir a UE, definiu, para esta estrutura, conteúdos e objectivos que transcendem o plano comunitário, embora com importantes auto-constrangimentos, porque a União ainda não se considera com personalidade jurídica própria, porque a União tem um quadro institucional que praticamente coincide com o das Comunidades Europeias e, finalmente, porque os seus domínios próprios de intervenção são essencialmente domínios *cooperativos* (por oposição às Comunidades, que privilegiam a *integração*). No entanto, não se afigura correcto procurar os objectivos da CE nas disposições comuns do TUE, vendo o artigo 2º CE apenas como descrição do desenvolvimento social e económico propugnado no artigo B do TUE (cfr GUAL, pág. 22). É que esta última disposição é estranha ao modelo concretamente existente na CE, só se podendo entender – ela sim – como uma uma descrição geral dos propósitos da CE, enquanto parte fundante da própria União Europeia (artigo A: «A União funda-se nas Comunidades Europeias...»).

[237] LAURENT, pág. 7; Nuno RUIZ, «Relações entre o direito nacional e o direito comunitário da concorrência», pág. 324.

[238] Vg. BERNINI, *Profili di diritto della Comunità Europee*, pág. 317.

[239] Salvo nos sectores para os quais o tratado estabeleça um regime excepcional. Assim resulta da jurisprudência do Tribunal de Justiça, por exemplo nos acórdãos *Van Ameyde*, de 9.6.77, e *Asjes*, de 30.4.86, solução que outrossim é exigida pelo efeito directo da norma do tratado em causa, que não pode ser posto em causa pelo atraso da regulamentação comunitária ou nacional (*v.g.* no sector da livre circulação de pessoas e de prestação de serviços, nos anos 70, os acórdãos *Reyners*, *Van Binsbergen* e *Defrenne*).

comunitários previstos no artigo 2º, são, do ponto de vista da sua natureza jurídica, mais do que meras regras operatórias e instrumentais de carácter não necessário, como salientam aqueles que, em termos que não podem deixar de se considerar pertinentes, afirmam visar o texto do artigo 3º «erigir em princípios 'constitucionais' da ordem jurídica instituída pelo Tratado (...) toda uma série de regras indispensáveis para a realização dos grandes (e muito genéricos) objectivos referidos no artigo 2º»[240]. E cujo carácter aparece reforçado pela actual redacção do artigo 2º, ao transpor remissivamente para o próprio artigo as acções e políticas comuns previstas nos artigos 3º e 3º-A CE[241].

Entre estas há que destacar o relevo que tanto um como o outro destes artigos conferem à liberdade de concorrência e do mercado, erigida em verdadeiro «pilar da construção europeia»[242] pelo nº 1 do artigo 3º-A[243].

---

[240] CASEIRO ALVES, «Sobre os limites postos pela ordem jurídica comunitária às prerrogativas dos Estados-membros», cit., pp. 353. A afirmação do carácter «constitucional» das medidas previstas no artigo 3º corresponde não apenas à recusa da consideração da norma como «mero catálogo ou sumário de disposições 'operacionais' do Título III», mas também à sua afirmação, por um lado, como referente hermenêutico «des autres dispositions des Traités» que explica e legitima «a importância que, entre os métodos de interpretação dos Tratados, o Tribunal de Justiça atribui à interpretação sistemática e teleológica» e, por outro, como «instrumento de controlo da legalidade dos actos das instituições» – MERTENS DE WILMARS, in *Traité instituant la CEE - commentaire article par article*, pág. 41, sendo que aquele parece predominante (como já sustentava PESCATORE, *The law of integration*, pp. 88-90). O Tribunal da Relação de Lisboa, no seu acórdão de 6.3.1990 (*CJ*, 1990, II, pp. 112-115), expressamente afirmou a concorrência como «princípio fundamental do mercado comum».

[241] O artigo 2º afirma agora que «a Comunidade tem como missão, através da criação de um mercado comum (...) *e da aplicação das políticas e acções comuns a que se referem os artigos 3º e 3º-A*, promover, em toda a Comunidade, o desenvolvimento harmonioso e equilibrado das actividades económicas, um crescimento sustentável e não inflacionista que respeite o ambiente, (...) um elevado nível de emprego e de protecção social, o aumento do nível e da qualidade de vida, a coesão económica e social e a solidariedade entre os Estados-membros».

[242] PAPPALARDO, «La réglementation de la concurrence», cit., pág. 338; ponto A da *proposta de Resolução do PE sobre o XXIVº Relatório da Comissão sobre a política de concorrência* (de 20.12.95); GUAL (pág. 26 e pág. 39); ou, ainda antes da conclusão do processo de ratificação do TUE, BLANCO (pág. 23, nota 1); ou do próprio TUE, LOPES RODRIGUES (pág. 268).

[243] CHURCH/PHINNEMORE, pp. 137 e 144. Só escapam ao espírito livre concorrencial explícito a coesão económica e social, a pesquisa e o ambiente – assim, SALESSE, pág. 61.

A força normativa que deriva destas normas fundantes da CE resulta também claramente expressa na jurisprudência do Tribunal de Justiça, logo em 1973, no acórdão *Continental Can*, de 21.2.73, em especial nos considerandos 23 a 26.

Facto que é comprovável pela simples análise do tratado, não só pela leitura de normas gerais como as referidas, mas especificamente na análise das normas relativas à realização das várias das políticas aí previstas, as quais, sendo complementares (enquanto visam realizar os objectivos do tratado)[244], se devem sempre realizar no quadro e de acordo com os princípios (desde logo, políticos) da livre concorrência e do mercado aberto[245]. Assim acontece com as linhas fundamentais das políticas eco-

---

[244] Como já afirmou Karl VAN MIERT, comissário responsável pela concorrência, e resulta ainda do *21º relatório sobre a política da concorrência*, pp. 42-57. Também o Tribunal de Justiça aceita esta relação de complementaridade e o papel desempenhado neste quadro pela política de concorrência – acórdão de 22.10.86, *Metro II*, pág. 3090, cons. 65.

[245] Assim se resolvendo, em tese geral, o velho conflito entre os defensores de uma política industrial intervencionista e os adeptos de uma acentuação das vertentes liberal e concorrencial do mercado, de que fala Dominique PHILIPP, pp. 409. Segundo BOURGEOIS/ DEMARET (pág. 67), «a consideração conjunta dos artigos 3(g), 3(a), 102(a) e 130 implica o reconhecimento de que a política de concorrência goza de um estatuto mais elevado do que o das duas outras políticas [industrial e comercial]», podendo dizer-se, com EHLERMANN («Community competition law procedures», pág. 11), que «a política de concorrência ocupa um papel central na política industrial da Comunidade» – igualmente salientando o compromisso entre as duas correntes prevalecentes nos diversos Estados comunitários, CLOOS/REINESCH/VIGNES/WEYLAND, pp. 289-290. Em sentido diverso também há vozes com intenções diferentes. Assim, se MONTAGNON (pág. 100) realça um risco de subalternização da política de concorrência, em homenagem a outros objectivos, como o progresso tecnológico e o desenvolvimento regional, MONNIER (pág. 31) critica o modelo adoptado por ser «excessivamente redutor», oferecendo um modelo e com isso podendo prejudicar a progressão política da Europa.

Sobre as relações e efeitos recíprocos das políticas comercial e de concorrência, não necessariamente compatíveis, consulte-se MATHIS (pp. 93 e segs.), que salienta o facto da CE, nos seus acordos regionais mais recentes (quer com os países da Europa Central e Oriental, quer no acordo do EEE), ter introduzido disposições em matéria de concorrência (ao contrário do que sucede com o tratado NAFTA, de 12.8.92, artigo 1501º). O mesmo se passava aliás com os acordos anteriores concluídos com Estados-membros da AECL: artigo 23º do acordo com a Suécia, Finlândia e Noruega e artigo 26º do acordo com Portugal. Também o tratado constitutivo do Mercosul (artigo 4º do Tratado de Assunção, de 26.3.91) demonstra uma preocupação de harmonização das normas de concorrência.

A política industrial constitui uma inovação recente no plano comunitário, o que pode surpreender, se repararmos na presença, coeva do surgimento das Comunidades, de políticas comunitárias comercial e de concorrência. No entanto, só com o TUE foi *ex professo* incluída no tratado CE, tendo as primeiras orientações da COMISSÃO sido formu-

nómica (artigo 102°-A)[246], monetária (artigo 105°, n° 1), industrial (artigo

ladas pouco tempo antes, em 1990 (COM (90) 556 final, in *A política industrial comunitária para os anos 90*, em especial pp. 10-13), e reafirmadas na Comunicação de 1994 (COM (94) 319 final).

Por outro lado, algumas preocupações das normas básicas de referência da política industrial comunitária eram já consideradas no quadro da política de concorrência, no que aos artigos 85° e 86° respeita. O que mostra que a política de concorrência não assumiu a natureza liberal-individual e livre-cambista que a CEE parecia revestir, na medida em que são evidentes as contradições entre uma política industrial adequada e uma política de concorrência assente no postulado do liberalismo individual, exigindo uma acomodação deste último. Para uma compreensão, do ponto de vista económico, da articulação e desencontros entre estas, demonstrando, aliás, que muitas das notas das políticas comercial e industrial não só são contrárias a uma política liberalizadora da concorrência, como ressuscitam alguma regulação normativa, introduzindo novas barreiras à entrada no mercado comunitário, redutoras da eficiência e do propósito de total abertura dos mercados, o já citado GUAL (pp. 3-48 e, quanto ao uso disfuncional da política de concorrência como substituta da política industrial, pp. 37). Sobre a ambiguidade fundamental de política de concorrência em relação às empresas e a auto-consciencialização disso pela Comissão, *vide* LAURENT, pp. 5-6.

Não pretendemos, com o que fica afirmado, esquecer a própria letra dos segundos §§ dos n°s 1 e 3 do artigo 130° CE. Agora, o que para nós ficará estabelecido é o facto de a C(E)E desde cedo ter guiado a sua política de concorrência também em conformidade com os propósitos da *moderna* política industrial comunitária, favorecendo a cooperação e o desenvolvimento das pequenas e médias empresas, e caucionando certos níveis de restrição da concorrência quando em causa estivessem a investigação e o desenvolvimento tecnológicos ou quaisquer outros propósitos – como a competitividade externa das empresas comunitárias, expressa como objectivo no *memorandum* da Comissão de 1965 (por ex., *RTDE*, 1966, pp. 651 e segs.), sobre concentrações, onde HORNSBY está predisposto a ver a primeira manifestação da influência da política industrial sobre a política da concorrência: pág. 89, nota 37 –, embora sempre de acordo com certas concepções, por parte da Comissão, que adiante descreveremos. *V.g.* DE RUYT, pág. 206.

Parece-nos ser também este o sentido que BOURGEOIS/DEMARET (pp. 83 e 91-96) dão à correlação entre as várias políticas económicas comunitárias. Como escrevem, «o tratado CE reconhece o primado da política de concorrência sobre as outras políticas económicas da CE em geral, e sobre a política industrial, em particular. [No entanto, a]s implicações legais e práticas decorrentes desse *status* mais elevado conferido pelo tratado (...) depende do conteúdo dado às normas da concorrência da CE pelo tratado, pelo Tribunal de Justiça, pelo legislador comunitário e pela Comissão».

[246] Basta para tanto reproduzir o artigo, para confirmar o que se diz no texto e mesmo uma *certa* (para não dizer: radical) visão liberal e eficientista do princípio concorrencial: «Os Estados membros conduzirão as suas políticas económicas no sentido de contribuir para a realização dos objectivos da Comunidade, tais como se encontram definidos no artigo 2°, e no âmbito das orientações gerais a que se refere o n° 2 do artigo 103° [recomendação aprovada pelo Conselho por maioria qualificada]. Os Estados mem-

130º)[247] e comercial (artigo 110º)[248], pelo que estas políticas não podem concretizar-se através de instrumentos violadores das proibições estritas impostas pelas normas de concorrência[249], funcionando apenas nos limites

bros e a Comunidade actuarão de acordo com o princípio de uma economia de mercado aberto e de livre concorrência, favorecendo uma repartição eficaz dos recursos, e em conformidade com os princípios estabelecidos no artigo 3º-A» – parafraseando SALESSE (pág. 64), diremos que o tratado constitucionaliza mesmo a teoria económica.

[247] O artigo 130º, em especial no segundo § do nº 3, é especialmente significativo desta subordinação da política industrial em relação à política de concorrência (CELLI JR, pág. 106), em termos tais que levam BOURGEOIS/DEMARET (pp. 68-74) a considerar a eficácia directa do artigo, susceptível de ser invocado contra medidas de política industrial – adoptadas ao abrigo do artigo 130º – restritivas da concorrência, e SAINT-MARTIN (pp. 181 e 188 e segs.), num registo de intencionalidade claramente diversa (v.g. pág. 199), a declarar a passagem de uma «não-política industrial» para uma «anti-política industrial», privilegiando as ligações dos grupos económicos a actores externos.

Entre as medidas que se baseiam na protecção da indústria comunitária em relação ao exterior, destaca-se a regulamentação *anti-dumping*, onde se consagra poderem ser objecto de direitos *anti-dumping* os produtos cuja colocação em livre prática cause prejuízos, significando isto um prejuízo importante actual ou potencialmente criado à indústria comunitária, ou um atraso importante na criação desta indústria – artigos 1º e 3º do regulamento (CE) nº 384/96, de 22.12.95 (JOCE, nº L 56, de 6.3.96, pp. 1) e, quanto à definição de «indústria comunitária», artigo 4º do mesmo regulamento. Sobre a subordinação destas medidas ao *interesse comunitário*, considerando-se aqui a distorção do comércio provocada e *a necessidade de restabelecimento de uma concorrência efectiva*, o artigo 21º. Este ponto era já objecto da *fugaz* regulamentação anterior (regulamento 3283//94, JOCE, nº L 349, de 31.12.94, pp. 1), que vigorou durante pouco mais de um ano, inovando em relação à legislação anterior – sobre a normação anterior, *vide* BOURGEOIS//DEMARET (pp. 79-81).

[248] Pela sua redacção, o artigo 110º parece poder indicar que a política comercial, sendo essencialmente liberalizadora, deve hoje uma subordinação primária à política industrial, tal como formulada no artigo 130º – neste sentido, os mesmos BOURGEOIS/DEMARET, pp. 74-75. Sobre a articulação e possíveis conflitos entre as políticas comercial e de concorrência, vide os estudos da OCDE, de 1984 e 1994, sendo este último preparado por NICOLAÏDES, numa lógica de alocação de recursos e de compatibilização como meios de realização da eficiência económica, revelando zonas de conflito entre as políticas comercial e de concorrência apenas quando não se guiem por critérios de abertura de mercados (OCDE, *Trade and competition policies*, cit., quadro 3, pág. 40).

[249] Estes últimos autores vão mais longe, propugnando ainda como limite imposto pelas regras de concorrência a «não-eliminação da concorrência em relação a uma parte substancial do mercado comum», elevado assim a princípio geral de direito comunitário, extensível à execução das outras políticas (BOURGEOIS/DEMARET, pp. 84-85). Concepção que intenciona deixar o máximo de espaço para a execução das políticas comercial e industrial, embora possa vir a ter efeitos discriminatórios e negativos para uma estrutura efectiva da concorrência. No entanto, sendo importante, não é este o ponto que ora nos

da licitude jusconcorrencial, quer dizer, das situações que possam lograr *justificação* à luz das próprias normas de concorrência[250]. Mais do que antes, a existência de uma política de concorrência e das correspondentes normas de previsão e actuação cobra um especial sentido – mas também dificuldades –, pelo que não admira que se hou-

---

preocupa, porque ele levar-nos-ia a encarar a análise da justificação comunitária de comportamentos anti-concorrenciais, o que excede o nosso propósito essencial, que é – recorde-se – simplesmente o de determinar se e por que razão uma determinada figura – a franquia comercial – é ou deve ser considerada como não restritiva da concorrência, quer dizer, trata-se de procurar definir limiares mínimos de aplicação (e exclusão) das regras comunitárias relativas às coligações entre empresas. E como estes autores também sustentam (BOURGEOIS/DEMARET, pág. 113), as considerações relativas àquelas outras políticas apenas relevarão para efeitos do nº 3 do artigo 85º CE. O que não constituía uma solução indeclinável, havendo mesmo quem, a partir do acórdão *Metro I*, afirme que a manutenção de uma concorrência eficaz, objecto do nº 1 do artigo 85º, pode mesmo ir até este limite, ou seja, pode permitir níveis diferenciados de concorrência, desde que esta não se possa considerar eliminada, reservando-se, outrossim, aos objectivos de índole diversa, prosseguidos segundo o nº 3, pela Comissão, o mesmo limite inultrapassável – THIEFFRY, «L' appréhension des systèmes de distribution», *cit.*, pág. 713.

[250] A articulação entre as várias políticas e a influência de outras políticas sobre a política de concorrência é salientada há já algum tempo por alguma doutrina. Assim, em 1984, Jean-François VESTRYNGE («Current anti-trust policy issues in the EEC: some reflections on the second generation of competition policy», Fordham Corporate Law Institute, 1984, pág. 678) afirmava que a «política de concorrência não é gerida num vácuo (como um corpo jurídico que encontra a sua 'razão de ser' em si próprio), mas relacionada com as outras políticas previstas no tratado CEE e conduzidas pela Comissão», «como as políticas industrial ou agrícola, de investigação, de ambiente, de protecção dos consumidores, etc», tema aliás discutido em 1987 (onde se cita este autor) por HORNSBY (pp. 79 e segs.). Em Portugal, Nuno RUIZ anotava que, com a progressiva realização do mercado interno e, em geral, da integração económica, «a interpretação e a aplicação das regras comunitárias passou a depender, cada vez mais, de opções de política de concorrência influenciadas por conveniências de política económica, industrial e comercial», transformando-se assim em «instrumento de integração *positiva*» («Relações entre o direito nacional e o direito comunitário da concorrência», pp. 320-321, retomando os conceitos expostos entre nós em 1980 por PITTA E CUNHA, *O desafio da integração europeia*, Min. Finanças e do Plano (ed.), 1980). Por nós, tal não é totalmente explicativo de todas as atitudes da Comissão, como resulta da fundamentação que daremos a certas medidas *saneadoras* por esta adoptadas. Por integração *positiva* entende-se, na terminologia de TINBERGEN (*International economic integration*, 2ª ed., Amsterdam, 1954, pág. 76), «a criação de novas instituições e seus instrumentos ou a modificação dos instrumentos existentes», ao passo que integração *negativa* significa as «medidas de abolição de impedimentos à actuação apropriada de uma determinada área», numa lógica meramente repressiva que a integração positiva posterga (*apud* KAPTEYN/VAN THEMAAT, pág. 79, nota 55).

vessem mantido intocadas as redacções dos artigos 85° e seguintes do tratado de Roma[251], que proíbem actuações privadas e públicas susceptíveis de prejudicar a realização dos ambiciosos objectivos previamente delineados para a CE.

Pese embora a extensão, importância e complexidade da forma como o direito comunitário originário[252] trata o problema da concorrência entre empresas no espaço comunitário, a nós interessar-nos-ão apenas as regras aplicáveis às empresas, constantes dos artigos 85° a 90° e, de entre estas, especialmente a do artigo 85°, que estabelece o regime das coligações entre empresas que possam repercutir-se sobre o território comunitário, na medida em que foi esta a base escolhida de *jure condito* para regular os contratos de distribuição, entre os quais se inclui o contrato de franquia.

III. Quadro normativo-institucional de Regulação da Concorrência

Já vimos ser uma constante na «aventura»[253] comunitária o entendimento da *essencialidade* da manutenção de uma «concorrência» não falseada (actual artigo 3°, g) do tratado CE), como pressuposto para a realização dos objectivos gerais do tratado[254].

Vimos também que tal objectivo levou a que se previsse a proibição de todas as coligações entre empresas – entre as quais, as que resultam de contratos de franquia – que pudessem impedir a realização do mercado comum e, mais globalmente, dos propósitos gerais formulados no artigo 2° e levados a termo pelas políticas e acções comuns previstas no tratado CE.

Daí que, no espaço das várias Comunidades, hoje abarcado pela UE, a concorrência tenha conhecido desde o início uma importância não negligenciável. Logo com a constituição da Comunidade Europeia do Car-

---

[251] Tal como do Tratado institutivo da C.E.C.A., nos artigos 65° e segs.

[252] Direito que «por um lado, cria as organizações comunitárias e, por outro, visa presidir à actuação que elas concretamente irão desenvolver para alcançar as finalidades e os objectivos que lhe foram propostos» – MOURA RAMOS, «As Comunidades Europeias – enquadramento», *cit.*, pág. 71.

[253] Justus LIPSIUS, pp. 235 e segs.

[254] Como toda a legislação da concorrência, também a legislação comunitária sofre de um elevado grau de indeterminação, tanto na formulação como na aplicação – OLIVIERI, pág. 188.

vão e do Aço (CECA), com o Tratado de Paris de 1951, foram previstas normas convencionais para tutelar a concorrência.

Entre os objectivos que essa Comunidade se propunha, conta-se o de evitar a cartelização das indústrias europeias do carvão e aço, subordinando a produção destas importantes matérias a uma autoridade supranacional, a Comissão CECA (então designada «Alta-Autoridade»).

O tratamento da concorrência no âmbito CECA veio a revelar-se original, sobretudo quando comparado com os caminhos que as CEE e CEEA trilharam em 1957. Previstas nos artigos 60º e seguintes, as regras CECA substituíram quaisquer normas nacionais que nesse sector pudessem pré-existir ou vir a ser criadas. Abrangeram ainda e imediatamente domínios que no âmbito da CE só se viram formal e claramente comunitarizados no final dos anos 80[255]. Resumindo, estabeleceram uma competência exclusiva das autoridades comunitárias, que não deixava competência alguma para as legislações nacionais[256].

Diversamente, na então Comunidade Económica Europeia (hoje: CE) – nascida, como já vimos, com uma intencionalidade bem diversa –, à ambição nos objectivos correspondeu uma circunspecção estadual nos meios que a esta organização foram atribuídos. A CE constituiu-se segundo o modelo de um tratado-quadro, em que há uma definição dos parâmetros genéricos de acção, sendo a competência funcional atribuída aos órgãos comunitários, com especial predominância para o que tem uma componente estadual: o Conselho da União (art. 145º CE)[257].

Se o poder de decisão por excelência foi conferido ao Conselho, isso não significou que os restantes órgãos de direcção (*maxime* a Comissão) ficassem desprovidos de competências de acção e execução. A Comissão, constituída por comissários jurídica e funcionalmente independentes dos

---

[255] Referimo-nos às regras sobre concentrações, imediatamente previstas no artigo 66º CECA, e que no âmbito da CE, não constando do texto do tratado, só foram autonomizadas juridicamente com o Regulamento nº 4064/89. E às normas proibitivas de práticas desleais ou discriminatórias em matéria de preços (art. 60º).

[256] As razões para a diferença entre os vários modelos adoptados são, segundo a doutrina, várias. Razões políticas, derivadas do contexto em que a CECA surgiu, e da preparação e aparecimento de legislações de concorrência em países como a Alemanha (1957), a Bélgica (1960) e a Holanda (1956). Razões económicas, derivadas da diferente estrutura e características dos mercados CECA e CE (assim, FERREIRA ALVES, pág. 22-23).

[257] Como actualmente se auto-intitula o anterior Conselho das Comunidades – decisão do Conselho de 8.11.1993 relativa à denominação deste na sequência da entrada em vigor do TUE (93/591), JOCE, nº L 281, 16.11.1993, pág. 18.

seus países de origem (artigo 157º CE), é *construída* como a guardiã[258] dos tratados comunitários, com importantes competências de execução (sobretudo a partir do AUE), decisão e inspecção.

Este papel da Comissão é especialmente relevante no domínio da concorrência, embora ainda aqui se tenha optado por uma partilha *mitigada*[259] de competências entre os planos nacional e comunitário.

Com efeito, os tratados comunitários estabeleceram um regime de protecção da concorrência em que a Comissão ocupa um papel central (e mesmo exclusivo, no âmbito da CECA), no que toca à definição de uma política de concorrência. No domínio da CE, embora o tratado atribuísse ao Conselho a competência para elaborar os regulamentos e directivas conducentes à aplicação dos princípios enunciados nos artigos 85º e 86º (art. 87º CE), a Comissão é incumbida de velar, oficiosamente ou a pedido de um Estado-membro, «pela aplicação dos princípios enunciados nos artigos 85º e 86º» (art. 89º CE)[260].

---

[258] Artigo 155º CE. Das várias competências que no âmbito da CE são atribuídas à Comissão, é normalmente destacada a sua competência de fiscalização *política* do respeito do tratado pelos sujeitos de direito comunitário: instituições e órgãos comunitários, Estados-membros e pessoas singulares e colectivas. Daí que normalmente seja designada, consoante a perspectiva, como a «locomotiva», *guardiã* ou «cão-de-guarda» (P. H. TEITGEN, citado por VALLÉE, pág. 22 ou WHISH/SUFRIN, pág. 15) dos Tratados, referências caninas estas por certo influenciadas por uma visão intimidatória da Comissão, acoplada a uma menor eficácia de certos mecanismos de acção da instituição encarregada de «garantir o respeito na interpretação e aplicação dos Tratados» (art. 164º CE): o Tribunal de Justiça (TJCE).

[259] Como veremos, a Comissão é encarregue da elaboração e gestão de uma política comunitária da concorrência, nos termos dos artigos 85º e seguintes, quer em relação a comportamentos estaduais, quer relativamente a comportamentos de agentes económicos não-estaduais.

No entanto, numa fase inicial, «até à entrada em vigor das disposições adoptadas em execução do artigo 87º», o Tratado CE estabelecia uma competência transitória dos Estados, mesmo perante infracções com dimensão comunitária, e mesmo aplicando o nº 3 do artigo 85º, o que demonstra a efectividade imediata que se entendia dar às normas comunitárias de concorrência.

[260] O que revela logo uma substancial diferença entre a estrutura comunitária e a estrutura federal norte-americana em matéria de concorrência. A FTC é composta por membros nomeados politicamente pelo Presidente (4 comissários e um secretário-geral), sendo que só podem pertencer três ao mesmo partido. Não há comparação formal com o que acontece nas Comunidades Europeias. Sobre a FTC e a sua organização interna, FRAZER (pág. 184). A FTC encontra-se bem mais dependente do poder político – factor já salientado por POSNER, em 1969 («The Federal Trade Commission», *University of Chicago Law Review*, 37, pp. 54). Em sentido diametralmente oposto, salientando a

Parte I – Da Comunitarização da Concorrência e sua Restrição

E esta competência transitória rapidamente se consolidou, com a elaboração em 1962 do primeiro regulamento de execução dos artigos 85º e 86º CE, o famoso Regulamento nº 17[261], que confere à Comissão amplos poderes de execução da política de concorrência, afirmando a licitude, justificabilidade ou indesculpabilidade de certos comportamentos face a estes artigos 85º e 86º. Para mais, nos termos do artigo 9º, nº 1 do Regulamento nº 17/62, «a Comissão tem competência exclusiva para declarar inaplicável o disposto no nº 1 do artigo 85º, nos termos do nº3 do artigo 85º do Tratado»[262],

---

independência política da FTC e a dependência do Departamento de Justiça, THIEFFRY, «L' appréhension des systèmes de distribution», cit., pág. 686, e nota 141.

Na CE, embora a Comissão seja teoricamente independente, o certo é que depende politicamente do Parlamento Europeu e, para a sua renomeação, igualmente dos Estados, para lá de, devido a deter competências bem mais extensas, estar mais sujeita a actividades de grupos de pressão e à tentação de decisões de índole política, antes que puramente económica – v.g. HAWK, United States, common market, cit., pág. 13. Sobre a politização da Comissão, infra pág. 124.

Também na Alemanha o Bundeskartellamt se integra na organização administrativa do Estado, embora actue com independência, factor cuja falta por vezes se aponta à Comissão – NÖLKENSMEIER, pág. 82: «The institutional side of German competition policy is rather different from that of the European Community in so far as the Community does not have an independent body which decides on competition cases. (...) decisions on competition cases are taken within the framework or context of the other administrative proceedings of the Commission».

No âmbito do acordo sobre o EEE, a Comissão detém competências similares às que possui na CE, embora partilhadas com o Órgão de Fiscalização da EFTA (artigos 55º e 56º do acordo EEE), nos termos ainda de vários Protocolos ao acordo (designadamente, nºs 21 e 23) e da declaração comum relativa às regras de concorrência. Sobre o ponto, normativamente, consulte-se o anexo Formulário A/B ao regulamento CE nº 3385/94, de 21.12.94 (JOCE, nº L 377, de 31.12.94, pág. 33), que condensa os critérios de repartição de competências e, na doutrina, GLADSTONE (pág. 55).

[261] Regulamento nº 17, de 6.2.1962, já referido supra, na Introdução.

[262] Artigo 87º, §2, e regulamento 17/62, que possibilitou a elaboração do regulamento nº 19/65 (citados). Existem outros regulamentos de base definindo categorias de acordos capazes de igualmente beneficiar de isenções categoriais – assim os regulamentos (CEE) números 2821/71, de 20.12.71 (JOCE, nº L 285, de 29.12.71, pp. 46, relativo a acordos de especialização, investigação e desenvolvimento), 3976/87, de 14.12.87 (JOCE, nº L 374, p. 9, relativo a acordos em matéria de transportes aéreos internacionais entre aeroportos da Comunidade), 1534/91, de 31.5.91 (JOCE, nº L 143, de 7.6.91, pp. 1-3), e 479/92, de 25.2.92 (JOCE, nº L 55, de 29.2.92, relativo a acordos entre companhias de transportes marítimos regulares).

A atribuição de uma tal competência à Comissão não era solução indeclinável, mas era pelo tratado entendida como desejável. Daí a previsão do artigo 88º, estipulando

embora tal decisão de isenção fique dependente da prévia notificação de tais coligações (artigo 4º, nº 1 *in fine*)[263].

O modelo que neste regulamento se estabeleceu, centrando[264] numa autoridade comunitária – a Comissão – poderes de verificação, sanção e desculpabilização tais que permitem mesmo a sua qualificação como órgão

que as autoridades nacionais conservariam a possibilidade de aplicar o nº 3 do artigo 85º até «à data da entrada em vigor das disposições adoptadas em execução do artigo 87º», o que foi feito pelo *Bundeskartellamt* (KORAH, «The rise and fall», *cit.*, pág. 321), tendo mesmo os Países Baixos e a Bélgica adoptado leis de implementação dos artigos 85º a 90º CEE (*vide* DERINGER, pág. 33). De qualquer forma, a intenção de centralizar na Comissão a definição das condições de isenção de acordos eventualmente abrangidos pela interdição do nº 1 do artigo 85º resulta também evidente no artigo 23º do regulamento 17/62.

Defendendo a centralização e coordenação no seio da Comissão de todas as medidas a adoptar no âmbito das políticas industrial, comercial e de concorrência, dado o predomínio da última e a tomada em atenção das restantes, bem como a auto-iniciativa deste órgão – BOURGEOIS/DEMARET, pp. 111 e 113.

A aplicação do regime da concorrência (do artigo 85º) aos sectores bancário e dos seguros era discutida – *vide* por exemplo, respectivamente, os acórdãos do Tribunal de Justiça de 14.7.81, *Züchner*, e de 27.1.87, *Verband der Sachversicherer*, em especial pp. 449 e segs.

[263] Salvo nas hipóteses previstas no artigo 4º, nº 2. Vide ainda o artigo 6º, nº 2. A notificação não constitui uma obrigação para as empresas, mas um *ónus* jurídico, na exclusiva medida em que ela é apenas pressuposta para a concessão de uma isenção. Sobre os efeitos da notificação (ou da ausência dela), KAPTEYN/VAN THEMAAT (pp. 523-527), falam de um décimo primeiro andamento: «Thou shallt not be found out», como que a *impor* a notificação. Em geral, realçando a notificação, suas vantagens e os domínios em que não opera, HAWK (*United States, common market, cit.*, pp. 18-19) e SIRAGUSA, pp. 243 e segs.

Em Portugal, a notificação não é obrigatória, nem mesmo para efeitos de atribuição de uma justificação (artigo 5º do DL 371/93, de 29.10; e anterior artigo 15º do DL 422/83, 3.12), chegando mesmo o CONSELHO DA CONCORRÊNCIA a declarar que a outra solução incorreria numa «desnecessária burocratização», para além de conduzir a «situações absurdas» (*sic*) «tais como a impossibilidade de isenção de um comportamento apenas por não ter sido oportunamente comunicado» (*Relatório de actividades de 1984 e 1985*, pág. 9).

[264] A consciência crítica desta centralização encontrou expressão no plano dos tratados comunitários e conhece hoje um novo fôlego. Referimo-nos a uma ideia proposta pela Alemanha, nos anos iniciais da CEE (GÜNTHER, EVERLING, HOLDERBRAUM e SEDEMUND in HILF, *Die Organisationsstruktur der Europäischen Gemeinschaften*, 1982, pp. 147 e seg., *apud* EHLERMANN, «Reflections on a European Cartel Office», pp. 471 e segs.), de criação de uma autoridade comunitária exclusivamente responsável pela política da concorrência.

Nessa linha, o tratado de Bruxelas de 1965, vulgarmente conhecido por *tratado de fusão* (por ter instituído um Conselho e uma Comissão únicos para o conjunto das três

Comunidades), previa a instalação no Luxemburgo de uma autoridade comunitária responsável pela concorrência – artigo 3°, n° 2 da decisão dos representantes dos governos dos Estados-membros sobre a instalação provisória de certas instituições e departamentos das Comunidades.

O próprio PE tem equacionado a hipótese de tornar a DG IV «verdadeiramente a autoridade da União Europeia [!] em matéria de concorrência» (ponto 6 da proposta de *Resolução do PE sobre o XXIV° Relatório da Comissão sobre a política de concorrência*), numa atitude que ainda assim se pode qualificar como desfavorável à criação de uma autoridade autónoma e independente, embora questione a Comissão sobre o ponto (*v.g.* Anexo I ao *21° Relatório da política da concorrência*, pág. 258). No mesmo sentido, reconhecendo a necessidade de reformas, mas desaconselhando a criação de uma nova autoridade, *vide* o recente *Report on Enforcement of Community Competition Rules*, do House of Lords EC Select Commitee on the European Communities (e ELLES, pág. 3).

No entanto, continuam hoje os apelos à criação desta autoridade independente, ou pelo menos à reestruturação da própria Comissão. Para lá do radicalismo *exaltado* de BLIN – pp. 39-41, criticando a Comissão pela sua dupla natureza, administrativa e política, que leva a decisões ambíguas, fruto de equilíbrios momentâneos ou mesmo de *lobbying*, e propugnando quer a unificação das DG III e IV, responsáveis pela política industrial e pela concorrência, quer a criação de uma autoridade independente tanto da Comissão como do Conselho, um *Conseil Européen de la Concurrence*, a actuar de acordo com o modelo alemão (também referência em NÖLKENSMEIER, pp. 82-83) –, que não poderá ser totalmente compartilhado, o certo é que a centralização na Comissão dos poderes de legislador, polícia, procurador e juiz coloca largos problemas de legitimidade e de controlo, razões estas que não serão estranhas à crítica que faremos dos modelos de construção das proibições e permissões em matéria concorrencial elaborados pela Comissão, ao longo dos anos. Se a Comissão indiscutivelmente se assume na matéria como órgão político – no sentido de que a ela cabe formular as grandes orientações em matéria de política de concorrência (enfim, não só a ela...) –, tal não pode significar que outras instâncias não possam controlar o próprio mérito do seu juízo, mas apenas a legalidade, porque tal significaria aceitar subverter o modelo de *separação de poderes* que de algum modo os tratados intentaram estabelecer (em sentido diverso, PESCATORE, *The law of integration*, pp. 5 e segs., e 70; ou SALESSE, pág. 36).

Sobre estas matérias, *vide* o que escrevemos em *A revisão do Tratado da União*, pp. 123-136, a que aditaremos apenas dois tópicos. O primeiro, relacionado com a insuficiência de legitimidade democrática de funcionamento do próprio processo comunitário no domínio da concorrência. Aqui, como constataremos, preexistem dois modelos fundamentais quanto ao órgão que deverá ter o papel central em matéria de formulação de uma política de concorrência (em sentido estrito) e da consequente interpretação do artigo 85°. Para uns, deve ser a Comissão, pois foi a ela que o Tratado e o Conselho atribuíram tais competências (*vide* o exclusivo da isenção). Para outros, se a Comissão tem um indiscutível papel central, o certo é que ao Tribunal de Justiça, visto o seu *activismo* na realização dos objectivos da integração europeia, deverá ser conferida a

quase-jurisdicional[265], fez com que esta fosse inundada[266] por notificações de acordos, dirigidas a obter uma decisão da Comissão no sentido da sua

---

tarefa de contribuir para a delimitação das situações que devam considerar-se abrangidas pelo corpo da norma. O certo é que tanto à Comissão como ao Tribunal de Justiça (justamente, só aos dois) falta a legitimidade política democrática suficiente para lhes permitir uma realização incontestada destas *políticas*. E ambos estão sujeitos aos perigos da criação de forças centrífugas de contestação, potencialmente destrutivas. Quanto ao Tribunal, trata-se de uma ideia já explorada, ainda que em tons certamente coloridos, por RASMUSSEN (por exemplo, pp. 335 e segs.), na sua análise sobre os pólos de legitimidade e autoridade do activismo judicial do Tribunal de Justiça. Quanto à Comissão, para lá da percepção que se pode extrair de documentos comunitários – como seja a recente exposição de motivos da *proposta de Resolução do PE sobre o XXIVº Relatório da Comissão sobre a política da concorrência*, B. 2), onde se pode ler, nomeadamente, que «as regras de concorrência europeias são únicas, uma vez que uma autoridade supranacional como a Comissão desempenha vários papéis, designadamente o de polícia, o de ministério público, o de juiz e o de júri. Se essa concentração de poder for associada à crescente politização das regras de concorrência, verificar-se-á uma grande necessidade de maior transparência, eficácia e previsibilidade» –, repare-se que a politização do sistema torna ainda mais patente tal insuficiência, dado que na sua constituição e funcionamento há a apologia sistémica de uma independência e neutralidade que a prática igualmente desmente.

Nesta linha, DOERN refere oito signos da politização dos sistemas jurídicos de concorrência (pp. 24-26), cuja verificação na CE não é difícil de aceitar: a utilização expressa pelas autoridades de concorrência de critérios não-concorrenciais; as possibilidades de discricionariedade por parte das autoridades ministeriais [ou quase-ministeriais: os comissários europeus]; as pressões de outros departamentos do governo ou de políticas sectoriais; a representação de interesses; a possibilidade de actuação através de acções intentadas nos tribunais cíveis; a utilização de *comfort letters* ou, em geral, de comunicações informais e secretas (isto é, não publicitadas); a articulação entre objectivos concorrenciais e extra-concorrenciais, expressa na utilização de estudos, comunicações, afirmações públicas, etc.; e, finalmente, a existência de vários órgãos na estrutura institucional de aplicação da política.

Defendendo em termos genéricos a existência de uma autoridade supranacional independente em matéria de concorrência, NICOLAIDES (pág. 14) e MONTAGNON (pp. 102-104), este último motivado sobretudo por razões de transparência e de clarificação de objectivos.

[265] PLIAKOS (*Os direitos de defesa e o direito comunitário da concorrência*, pp. 67 e, sobretudo, pp. 126 e segs.) refere mesmo que a Comissão exerce funções jurisdicionais, embora o Tribunal de Justiça tenha, no acórdão *FEDETAB*, de 29.10.80 (pp. 3248, cons. 81), recusado a qualificação da Comissão como «tribunal», para efeitos do artigo 6º da CEDH (PLIAKOS, *cit.*, pp. 73 e segs., e 154 e segs). Para nós, parece claro que a Comissão exerce funções jurisdicionais, sobretudo quando se constate que a noção de órgão jurisdicional, em direito comunitário (por ex., para efeitos do artigo 177º CE), é uma noção comunitária construída pelo Tribunal de Justiça, na qual reentram os órgãos

conformidade com o disposto no n° 3 do artigo 85°[267]. E, também por isso[268], o Conselho, para obviar a esta situação, emitiu o Regulamento 19/65,

---

que, nos Estados-membros, desenvolvem actividades similares às da Comissão, no espaço comunitário (*v.g.* relatório MERCHIERS, de 1969/70, apresentado em nome da Comissão jurídica do PE, citado por VANDERSANDEN/BARAV, pp. 273-274, nota 9). Sobre a noção comunitária de «jurisdição», consulte-se sobretudo o acórdão *Vaassen-Goebbels*, de 30.6.1966, (especialmente, pp. 394-395) e, entre a muita doutrina sobre o tema, BERGERÈS, pág. 234. Sobre a utilização do mecanismo do artigo 177° CE por um órgão jurisdicional nacional num conflito com a Comissão, *vide* o despacho do TJCE de 13.7.90, *Zwartveld*, pp. 3365 (para uma apreciação, *vide* TESAURO, pp. 366-368). Entre nós, logo em 1986 o CONSELHO DA CONCORRÊNCIA se considerou como «jurisdição», para o efeito do disposto no artigo 177° CE (*Relatório de actividade de 1986*, pág. 14). Em França, também logo aquando do primeiro relatório o Conselho da Concorrência se declarou como «jurisdição» (*vg.* LAURENT), enquanto na Alemanha o *Kammergericht* consideraria, em decisão de 4.11.88 (Kart. 11/88, KG WuW/E OLG 4291 «Landegebühr»), que o *Bundeskartellamt* não tinha competência para aplicar direito comunitário da concorrência, facto que igualmente justificou a reforma da GWB em 22.12.89 (*v.g. 19° relatório da política da concorrência*, pp. 111-113), atribuindo a este órgão poderes idênticos, na esfera comunitária, aos que possuía face ao direito nacional, salvo a competência de aplicar coimas pela violação dos artigos 85° e 86° (quanto ao aumento dos poderes do *Conseil de la Concurrence*, em França, com a lei de 31.12.92, *23° relatório da política da concorrência*, pág. 580).

Sobre a actividade policial da Comissão, mormente para reprimir violações das normas comunitárias, JEANTET, «Les droits de la défense devant la Commission de la Communauté Économique Européenne dans le contentieux de la concurrence», *JCP*, 1963, I,pp. 1785; PLIAKOS, *cit.*, pp. 101 e segs..

[266] BANGY (pág. 14) refere terem sido notificados à Comissão 30000 acordos de distribuição exclusiva, o que implicou a elaboração de regulamentos de isenção. Numa perspectiva mais geral ainda, VAN GERVEN, em 1966, referia ter a Comissão recebido, em 31.3.1964, à volta de 37000 notificações, pedidos de certificados negativos e queixas – pág. 147 – número que, referido a 31.3.65, Willy ALEXANDER («La application de l'article 85, paragraphe 3», *cit.*, pág. 324) quantificava em 36228, só no que a notificações respeitava.

[267] Tal notificação é imposta pelo disposto no art. 4°, n° 1 do Regulamento 17/62, como condição de atribuição da isenção prevista no n° 3 do artigo 85°, mas não envolve todos os acordos, decisões e práticas concertadas (*vide* o n° 2 do artigo 4°). De todo o modo, segundo os números fornecidos por HAWK (*United States, common market, cit.*, pág. 19), em 1987, 82% dos processos pendentes na Comissão diziam respeito a acordos de licença (50%) e de distribuição (32%).

[268] Mas não só por isso. Repare-se que, em 6.4.1962, no acórdão *Bosch-De Geus*, o TJCE declarou o efeito directo do artigo 85° do tratado CE, ou seja, que este artigo poderia ser invocado pelos particulares nos litígios perante os órgãos jurisdicionais nacionais, mormente por tal norma ter como destinatários os próprios particulares. E, em

em 2 de Março de 1965[269], no qual dispõe que a Comissão pode declarar, por meio de regulamento e nos termos do n° 3 do artigo 85° do tratado, a inaplicabilidade do n° 1 do art. 85° a certas categorias de acordos bilaterais que, *sendo abrangidos pelo âmbito de aplicação do n° 1 do artigo 85°*[270], tenham por objecto obrigações de fornecimento ou de compra exclusivas, ou que incluam restrições impostas relativamente à cessão ou uso de direitos de propriedade industrial (artigo 1°, n° 1)[271].

1965, as isenções em aplicação do n° 3 do artigo 85° que houvessem sido concedidas pelas autoridades nacionais antes da entrada em vigor do regulamento 17 também cessavam a sua vigência.

Ao contrário do que acontece com o artigo 85°, o artigo 3° do tratado CE não goza de efeito directo, tal como resulta da jurisprudência do TJCE – acórdão de 10.1.85, *Leclerc*, pp. 1.

[269] Regulamento n° 19/65 do Conselho de 2 de Março de 1965, relativo à aplicação do n° 3 do artigo 85° do Tratado a certas categorias de acordos e práticas concertadas, publicado no JOCE, n° 36 de 6.3.1965, p.533 (EE 08, fascículo 01, pág. 85), sucessivamente alterado pelos vários Actos de Adesão – quanto ao último, consulte-se o art. 29° e Anexo I do Acto de Adesão da Suécia, Finlândia e Áustria.

Permitimo-nos realçar que a actuação deste regulamento não se processou de modo uniforme, ao longo dos tempos, podendo mesmo dizer-se que o grande *salto* na elaboração de isenções categoriais se deu já nos anos 80, com a substituição do regulamento 67/67 (de 22.3.1967 – JOCE, 57, de 25.3.1967, pp. 849, EE 08, fasc. 1, pág. 94) e a elaboração de múltiplos regulamentos para outras categorias de coligações. Alguns defendem que tal aceleração se deveu à influência do *Report on Competition Practice*, elaborado em 1981-82 pelo *House of Lords EC Select Commitee on the European Communities* (EHLERMANN).

[270] Dada a interpretação que o TJCE deu ao regulamento 19/65, no recurso de anulação deste acto interposto pela Itália (acórdão *Itália c. Conselho*, de 13.7.1966, proc. 32/65, Rec., 1966, pp. 563 e segs.), parece ser mais curial falar em acordos que *podem* estar abrangidos pela proibição do artigo 85°, n° 1. Como aí se declara, «a definição de uma categoria de acordos constitui apenas um quadro e não significa que os acordos por ela abrangidos sejam todos passíveis de cair no âmbito da interdição» ou, de modo mais claro, que, «se a outorga do benefício do artigo 85, § 3 a um acordo determinado supõe o reconhecimento prévio de que esse acordo cai no âmbito da proibição instituída pelo artigo 85, § 1, a possibilidade de conceder o mesmo benefício por categorias não implica necessariamente que um acordo determinado que releve dessas categorias reúna por esse facto as condições do § 1». *Vide* o que diremos na Parte III.

[271] «Sem prejuízo do controlo da decisão pelo Tribunal de Justiça», reza também esse mesmo dispositivo. Não se olvide, apesar disto, o essencial. O Tribunal das Comunidades não tem competência para conceder as isenções fundadas no n° 3 do artigo 85°. Como acentuou KORAH, «EEC Competition Policy – Legal form or economic efficiency», pág. 96, esta competência exclusiva da Comissão, conjugada com uma concepção exageradamente formal da noção de restrição de concorrência, conduziu a prática da Comissão «to a bachlog of cases, since every agreement caught by article 85 requires exemption».

Parte I - Da Comunitarização da Concorrência e sua Restrição 125

É este o enquadramento normativo que permite à Comissão não só isentar individualmente certos acordos da proibição do n° 1 do artigo 85° CE, mas também elaborar regulamentos de isenção de certas categorias de acordos (os designados *regulamentos de isenção categorial*)[272], entre os quais se destacam os regulamentos de isenção dos acordos verticais de distribuição, onde tradicionalmente se inclui o regulamento (CEE) n° 4087//88, de 30 de Novembro de 1988[273], aplicável a certas categorias de acordos de *franchising*, que será objecto central da nossa atenção num ponto mais avançado desta exposição.

Por ora, no entanto, o que pretendemos saber é se esta aparente diversidade entre os sistemas formais norte-americano e comunitário, expressa essencialmente na diferente natureza das autoridades sobre as quais recai a *obrigação* de assegurar o respeito pela concorrência e na possibilidade comunitária de, em defesa de outros valores, derrogar a proibição da norma do número 1 artigo 85°, é suficiente para recusar

---

[272] A elaboração destes regulamentos dependia do cumprimento dos pressupostos enunciados no 4° considerando do regulamento 19/65: um grau suficiente de experiência (o que diga-se, nem sempre aconteceu – *v.g.*, quanto ao regulamento 67/67, SNIJDERS, pág. 71) e a delimitação de categorias definidas de acordos. V. KORAH (*Franchising and EEC competition, cit.*, pp.6-7), partindo do cotejo com arestos comunitários, põe a hipótese de a Comissão ter sujeitado os acordos de franquia a uma decisão formal, para poder invocar a experiência necessária para a elaboração de um regulamento de isenção categorial.
Sobre o alcance e o limite das prescrições destes regulamentos, *vide* por exemplo o acórdão *VAG France*, de 18.12.1986 (pp. 4088-4089), onde o Tribunal de Justiça esclareceu que «o regulamento não estabelece prescrições obrigatórias que afectem directamente a validade e o conteúdo das cláusulas contratuais ou obriguem as partes a adaptar o seu contrato, mas limita-se a estabelecer as condições que, se preenchidas, fazem com que certas cláusulas contratuais escapem à nulidade do artigo 85°, n° 1». Se um acordo não estiver conforme ao regulamento, não é necessariamente nulo, podendo o tribunal nacional afirmar a sua validade, se não for demonstrada a restrição à concorrência violadora das normas nacionais ou comunitárias (FERRIER, *Droit de la distribution*, pág. 298). No mesmo sentido vai, cremos, a decisão *Wasteels Expresso*, de 18.11.87, do CONSELHO DA CONCORRÊNCIA português (in *Relatório de actividade de 1987*, pág. 9034, I, cons. 3 e 4).
Aliás, é pouco compreensível ler certas afirmações na doutrina, sobre o alcance dos regulamentos de isenção categorial, como a frase de WILS (pág. 43), que os considera «uma espécie de regulamentação de execução da proibição do n° 1 do artigo 85°», só se entendendo numa leitura integrada pelo conjunto das suas posições: como pretende que seja a Comissão a proceder a toda e qualquer definição do que seja concorrência, aceitando os seus critérios – que veremos serem muito amplos –, então sempre tudo se reconduzirá ao n° 3 do artigo 85°, de que o n° 1 constituirá apenas a *base jurídica*.

[273] Publicado – recorde-se – no JOCE, de 28.12.1988, n° L 359, pp. 46 e segs. .

qualquer ensinamento extraído da experiência norte-americana. A resposta depende contudo menos de considerações formais e mais da análise sobre as possibilidades do sistema comunitário e da sua filosofia de base, ao nível do nº 1 do artigo 85º. Por isso, é necessário discernir sobre o modo como a CE deve encarar as restrições de concorrência, na norma do nº 1 do artigo 85º CE e, consequentemente, sobre a potencial (im)prestabilidade do modelo proposto pela casuística do *Sherman Act*, questão justificada – que mais não fosse – pela necessidade de, numa economia mundial tendencialmente mais aberta, buscar uma certa homogeneização das concepções jus-concorrenciais no direito comparado[274].

Ora, se nos EUA, sob a *batuta* das concepções económicas da doutrina da «Escola de Chicago», as práticas coligadas passaram a receber o *favor* da jurisprudência – ou pelo menos deixaram de estar sujeitas a um preconceito desfavorável, sujeitando-se assim o § 1 do Sherman Act, neste ponto, a uma interpretação restritiva –, devido a uma acentuação de uma interpretação *eficientista* do direito da concorrência, no espaço europeu as coisas passaram-se de forma diversa, havendo mesmo quem defenda que tais critérios flexíveis seriam contrários à estrutura e aos efeitos que com o artigo 85º CE se pretendiam realizar no espaço comunitário[275].

As razões seriam várias. Em primeiro lugar, as diferenças entre os sistemas jurídico-políticos europeus e norte-americano. Os primeiros, sofrendo em muito maior grau a influência das concepções do *Welfare State* (da economia social do mercado: *soziale Marktwirtschaft*)[276], que determinam e legitimam a intervenção do Estado na esfera de acção dos cidadãos em homenagem a valores sociais, éticos e políticos que transcendem a mera regulação «invisível» das actuações privadas[277].

A estas acresceriam ainda a diferente natureza dos sistemas jurídicos da Europa continental quando comparados com os sistemas anglo-saxó-

---

[274] Sobre a internacionalização das normas de concorrência, ou pelo menos sobre a sua aplicação harmonizada, *vide* Marques Mendes, pp. 37 e seguintes.

[275] Na prática da Comissão, *vide* decisão *ECS/AKZO*, JOCE, nº L 374, pág. 1; e, na doutrina, Fasquelle, pág. 95.

[276] Nölkensmeier, pág. 79.

[277] Goldman/Lyon-Caen/Vogel (pág. 339) falam, ao analisarem os objectivos que a CE se propõe nos artigos 2º e 3º, de um «dirigismo económico comunitário ou, pelo menos, de possibilidades de intervenção coordenada na actividade económica». Outros falam mesmo na existência de um consenso europeu à volta deste modelo de economia social de mercado – Buigues/Jacquemin/Sapir, pág. XV.

nicos da *common law*. Ao contrário do que acontece nestes, a influência do modelo romano-germânico na Europa conduziu ao predomínio da lei e à redução da intervenção jurisdicional na conformação dos sistemas jurídicos. Daí que procurem formular com grande rigor os termos em que certas condutas humanas são ou não permitidas ou proibidas, reduzindo a margem de incerteza que sempre resulta da interpretação concreta das normas pelas instâncias jurisdicionais ou administrativas. Ou seja, definindo quer condutas passíveis de juízo negativo face às normas de concorrência, quer as condições da legitimação de condutas objectivamente passíveis de tal juízo proibitivo.

Mas também no sector específico da concorrência as diferenças seriam evidentes. A doutrina há muito que aponta as diferentes funções que à concorrência seriam cometidas em cada um dos blocos jurídicos. Enquanto no domínio federal norte-americano a concorrência era (é) ainda apresentada como *condição* indispensável e irremissível de realização dos objectivos económicos e sociais da comunidade politicamente organizada, não cedendo perante quaisquer outros valores[278], diversa seria a situação no espaço comunitário.

O que não deixa de ter alguma pertinência, pois, na CE, a defesa da concorrência não se constitui como objectivo radical e inultrapassável, mas sim como *instrumento* de realização dos objectivos dos tratados comunitários[279], podendo ceder perante outros princípios, valores e políticas, concepção aliás que se postulava não só mais conforme com a natureza dos tratados, mas também mais adaptada à redacção das normas convencionais de concorrência, designadamente constantes dos artigos 85º e seguintes do tratado CE[280].

---

[278] Trata-se de uma afirmação problemática, mesmo nos EUA, onde, mais do que a concorrência pela concorrência se defende a eficiência económica mas também objectivos de inovação e de garantia da competitividade da indústria e comércio norte-americanos – HAWK/VELTROP, pp. 300 e 309.

Fenómeno aliás que não é de estranhar, atenta a grande luta entre blocos económicos a que hoje se assiste – recorde-se DRUCKER, *supra*.

[279] Há mesmo quem, de modo expresso, afirme caber ao próprio artigo 85º CE a tarefa de «ser um instrumento de realização dos amplos objectivos da Comunidade, que são o desenvolvimento das actividades económicas e o aumento do nível e da qualidade de vida» – ART, pág. 27.

[280] Cfr. P. BONASSIES, «Les fondements du droit communautaire de la concurrence», *cit.*, pp. 56 e segs. Por isso, certa doutrina defende mesmo que o tratado de Roma se baseia não num concreto modelo de concorrência e de ordenação económica, mas num princípio de neutralidade económica, que permite soluções que vão de um liberalismo *à*

E que, para mais, buscaria sentido na diferente estrutura dos mercados comunitários e norte-americano. Enquanto neste último a integração económica já estava há muito realizada, ao nível da mobilidade dos factores produtivos, na CE o mercado único (então mercado comum) não era o *ponto de partida*, mas a *linha de chegada*, a meta a atingir[281].

O que indica já que, se há que procurar um sentido (ou vários...) para as normas de concorrência do tratado de Roma, tal só pode realizar-se por referência aos objectivos do próprio tratado[282]. Do que decorre um juízo imediato. Se a CE tem de cumprir os seus objectivos e se a livre concorrência – concebida como concorrência dinâmica ou efectiva, como

---

outrance a uma economia mista com elementos sociais evidentes – assim Jacques RUEFF («Le marché institutionnel des Communautés Européennes«, *Revue d' Economie Politique*, n° especial, 1958, pp. 7-8) e MERTENS DE WILMARS («Réflexions sur l' ordre juridico-économique de la Communauté Européenne», *Interventions publiques et droit communautaire*, Paris, Pedone, 1985, pág. 29, *apud* LAURENT, pág. 3), mas também BONASSIES («Les fondements du droit communautaire de la concurrence», *cit.*, pág. 65). Afirmando uma inspiração dos promotores dos tratados nas teorias económicas neo-liberais (assim, quanto ao *Bundeskartellamt*, STURM, pp. 197-198), mas exigindo um certo dirigismo económico, aparentemente paradoxal, GOLDMAN (pág. 84), numa fórmula que, já em 1996, MONNIER (pp. 22-23) designa como «liberalismo construtivista» e «libéralisme contraint», por assim dizer, obrigatório, forçoso. Já FRANCESCHELLI/PLAISANT/LASSIER (pág. 60) declaram expressamente a inexistência de um «modelo-tipo de economia», daí decorrendo a regra segundo a qual o Tribunal aprecia a situação a partir da concorrência que existiria na falta da coligação, enquanto BERNINI proclama a inspiração nas correntes liberais e no direito americano (*Profili di diritto delle Comunità Europee*, pág. 354).

[281] Para afirmações ainda hoje distinguindo neste aspecto os direitos norte-americano e comunitário da concorrência, PAIS ANTUNES, *Lições de direito comunitário da concorrência*, pág. 4: «um mercado único pressupõe a livre circulação das mercadorias» de modo que se torne «impossível manter diferenças de preços. O êxito deste processo de integração depende da existência de uma concorrência real. É este objectivo de unificação de mercados que distingue, essencialmente, o direito comunitário da concorrência do direito anti-trust nos Estados Unidos, onde tal objectivo não existe» – cfr. ainda FASQUELLE, pág. 142, e Autores aí citados (WERNER, HAWK, JONES, GYSELEN) e WILS (pág. 34) ou SCHERER, que descreve a realização do «mercado comum» americano ao longo do século passado (pp. 17-18). Salientando que esta diferença conduz a uma maior sensibilidade comunitária em relação a todas as restrições que possam reestabelecer as barreiras ao comércio entre os Estados-membros, WAELBROECK, «Vertical agreements: is the Commission right not to follow the current U.S. policy?», pág. 48.

[282] *Vide* o acórdão de 13.7.66, *Itália c. Conselho*, e o *1° Relatório sobre a política de concorrência*, Bruxelas, 1972. Na doutrina, por todos, WHISH/SUFRIN (pp. 12) e, entre nós, Nuno RUIZ, «Relações entre o direito nacional e o direito comunitário da concorrência», pág. 323.

já vimos – é erigida em «pilar da construção europeia», pressuposto e até limite da realização desses objectivos, tal significa – de modo cada vez mais indiscutido –, não só que *as normas de concorrência têm os mesmos objectivos que o próprio tratado* [283], mas ainda que *os objectivos do tratado não devem em princípio sacrificar os valores da livre concorrência*.

Afirmação – cujo sentido já procurámos referir – que igualmente demonstra a dificuldade de traçar um objectivo único para as normas de concorrência da Comunidade Europeia: a defesa (radical) da concorrência como valor *a se*, a *eficiência económica*[284], a *defesa dos con-*

---

[283] É aqui que entronca decididamente a classificação dada ao direito comunitário por BONASSIES («Les fondements du droit communautaire de la concurrence», *cit.*, pp. 60-63). Um pouco nesta via segue também HAWK, *United States, common market*, *cit.*, pp. 10-11, ao acentuar o papel dos valores políticos e sociais na CE face ao recuo do *Supreme Court* dos EUA, nos «bulldog days» dos anos 60.

[284] Era este o objectivo assinalado à política comunitária da concorrência, pela OCDE, em 1984 (*vide* CELLI JÚNIOR, pág. 110), e renovado em 1994 (OCDE, *Trade and competition policies*, *cit.*, pág. 23), também sob a pena de NICOLAÏDES (pág. 9), que declara ser este, em geral, o papel de uma política de concorrência. Esta concepção não é de todo incorrecta, pese embora o carácter não-absoluto que lhe teremos de reservar. A ela recorre, entre nós, MARIA JOÃO RODRIGUES, quando, referindo CRESPY (*Marché Unique, Marché Multiple*, Paris, Economica, 1990), acentua «os ganhos de eficiência que decorrerão de uma concorrência acrescida e do amplo movimento de fusões, alianças e reestruturações que ela está a desencadear», factor este último que a doutrina tende a acentuar como dominante na consideração dos benefícios da realização do mercado único, com reflexos na orientação da própria política de concorrência (MONNIER, pág. 18). Igualmente referindo a ideia da doutrina segundo a qual a concentração e a aquisição de quotas de mercado elevadas é sinal de eficiência, JACQUEMIN (pág. 9), embora siga depois por caminhos que intencionalmente não percorreremos aqui.

Recorde-se ainda que, face ao *Sherman Act* e aos afirmados postulados de eficiência a que ele corresponderia, a *Escola de Chicago* salientava que o modelo de concorrência não impedia e devia até promover a concorrência sem ser pelo preço, mas pela qualidade e pelos serviços ligados à distribuição dos produtos, razão última da licitude radical que tenta assinalar às restrições verticais – sobretudo quando não ligadas aos preços. E esta perspectiva, de que a concorrência pelo preço não é um fim último para a CE, aparece também na jurisprudência comunitária. Pense-se no acórdão *Metro I*, de 25.10.77, onde o Tribunal, considerando a concorrência pelo preço como limite insuperável afirmava contudo que «não constitui a única forma eficaz de concorrência nem aquela a que deva ser dada, em qualquer circunstância, uma prioridade absoluta» (cons. 21). Aliás, como nos relembra PARDOLESI («Regole antimonopolistiche del trattato CEE», *cit.*, pág. 85, nota 9), na própria Alemanha, a GWB não impunha, até 1973, uma proibição estrita a todos os acordos de preços, porquanto da proibição do artigo 15º podiam escapar os «vínculos relativos a produtos de marca» (*Markenware*), embora obrigando à notificação dos acordos (dos *Preisbindung*) – *v.g.*

sumidores[285], a *protecção do comércio e indústria comunitários*, a *inovação* e a *investigação* tecnológicas[286]? Não há soluções unívocas ou simplistas, podendo mesmo dizer-se que nenhuma destas hipóteses se encontra à partida afastada. E, com a revisão do tratado CE em Maastricht, a nossa tarefa, em vez de se haver simplificado, ficou apenas prejudicada.

É que, por um lado, até aqui os propósitos fundantes – referidos no artigo 2º –, sendo mais limitados, não incluíam expressamente a protecção do emprego[287] ou sequer a coesão económica e social. E, além disso,

---

BELKE, «Die vertikale Wetbewerbsbeschränkungsverbote nach der Kartellgesetznovelle 1973», Teil 1, *ZHR*, 138, 1974, pág. 242, nota 46.

[285] Em Portugal, numa solução discutível, o Conselho da Concorrência já chegou mesmo a afirmar que a lei de defesa da concorrência (referindo-se ao DL 422/83) não visava a protecção do consumidor, senão indirecta e mediatamente – *Relatório da actividade de 1990*, pág. 47 –, esclarecendo ainda que «o objectivo do diploma é, exclusivamente, o de defender a concorrência no mercado nacional. (...) não têm autonomamente relevância na óptica da manutenção de uma concorrência eficaz (...) dir-se-ia que os consumidores não concorrem e, nessa medida, não existe concorrência a defender». De todo o modo, afirmando os consumidores como concorrentes potenciais, NOGUEIRA SERENS, *A «vulgarização» da marca na directiva 89/104/CEE*, cit., pág. 43.

[286] Repare-se que hoje, o artigo 130º-F consagra o dever para a Comunidade de favorecer o desenvolvimento da sua competitividade internacional, factor que não é, reconheça-se (em parte, com SANTA MARIA, pág. 315) absolutamente conforme a considerações de concorrência, embora não o vejamos, como faz o Autor, como algo de absolutamente estranho. Desde logo, bastaria *sobrevoar* os ordenamentos jurídicos, numa análise comparatística – mesmo alguns dos Estados-membros (*v.g.* a Alemanha), mas também o norte-americano ou o canadiano, para só mencionar alguns – para nos apercebermos da inserção em muitos de normas sobre protecção da competitividade internacional das respectivas economias, indústrias e comércio.

[287] Vlad CONSTANTINESCO, «Article 2 CE – commentaire», pág. 94. Sobre a afirmação da protecção do emprego como objectivo autónomo da política de concorrência, *vide* a *proposta de Resolução do PE sobre o XXIVº Relatório da Comissão sobre a política de concorrência*, ponto 15. Acentuando a insuficiência da *coesão económica e social* como contra-vapor dos efeitos negativos que sobre o emprego pode ter a política comunitária da concorrência, LYON-CAEN/LYON-CAEN, pp. 255 e segs.

Para uma motivação de um acórdão do Tribunal de Justiça, em matéria de concorrência, em considerações de emprego, *v.g.* o acórdão *Metro I* (*cit.*, Rec., pág. 1915) ou o *12º Relatório sobre a política da concorrência*, nº 38. Outras vezes, é a inconsideração do emprego que expressamente é criticada, como no processo *Remia BV e outros c. Comissão* (acórdão de 11.7.85, pp. 2564), onde o advogado-geral LENZ afirmou que a Comissão devia ter pelo menos considerado, para efeitos da análise dos requisitos de atribuição de uma isenção, ao abrigo do nº 3 do artigo 85º CE, a «salvaguarda de postos de trabalho» invocada pelas empresas, no que – note-se – não foi contraditado pelo Tribunal (pág. 2577, cons. 42).

não inseriam as várias acções e políticas adoptar no elenco dos próprios objectivos.

Mas por outro, a reforma dos tratados, para além de manter intacta a redacção do artigo 85º[288], reforçou o valor da liberdade de concorrência baseada num «princípio de economia de mercado aberto», no contexto das políticas económicas dos Estados-membros e da CE[289]. Do mesmo passo que implicou a consideração formal do regime de concorrência (Título V) como política comunitária, ao lado das restantes políticas comunitárias[290]: das liberdades circulatórias de mercadorias (Título I), pessoas, serviços e capitais (Título III), da agricultura (Título II) e dos transportes (Título IV).

O que, se por uma vez pode indiciar não serem já as regras de concorrência concebíveis enquanto meros instrumentos de garantia da livre circulação de mercadorias[291], não legitima a conclusão oposta, ou seja, de que a concorrência não se pode já conceber como instrumento separável da realização do objectivo do mercado comum. Neste quadro, parece-nos desproporcionado ensaiar sequer uma tentativa – pior ainda sendo meramente apriorística – de definir objectivos e limites gerais e uniformes para os instrumentos de tutela de concorrência. Nomeadamente, e apesar das críticas que a essa concepção são feitas, parece-nos que há que procurar objectivos particulares para cada *nódulo* normativo[292].

---

[288] Ao contrário do que aconteceu com o regime das ajudas estatais – artigo G, D, nº 18 e 19 do TUE, que deu nova redacção aos artigos 92º e 94º do tratado CE.

[289] *Vide* GROEBEN, «La politique de concurrence, partie intégrante de la politique économique du marché commun», *RTDE*, 1978, pp. 338 e segs., bem como a referência larvar também contida em SCHAPIRA, pág. 43.

[290] Artigo G, D do TUE. Também o direito português a vê enquanto política económica – *vide* preâmbulo da anterior e da actual lei da concorrência: DL 422/83, de 3.12, e DL 371/93, de 29.10. Assim também o CONSELHO DA CONCORRÊNCIA, *Relatório de actividade de 1989*, pág. 10546.

[291] A complementariedade entre os artigos 85º e 86º e a liberdade de circulação dos factores de produção pode divisar-se de três formas. Em primeiro lugar, significa que estes artigos também visam remover os obstáculos àquelas liberdades. Em segundo, que uma tal remoção não é por si só garante da livre circulação, sendo necessário promover a concorrência. Finalmente, supõe ainda uma essencial interacção das regras dos artigos 85º-86º com as disposições relativas, em especial, à livre circulação de mercadorias – KAPTEYN/VAN THEMAAT, pág. 502.

[292] Era esta também a posição da Comissão, no que às concentrações de empresas respeitava. Assim, na 3ª parte do *memorandum* que em 1965 submeteu ao Conselho, a Comissão considerou que o artigo 85º não devia aplicar-se às concentrações, desde logo (mas não só: também eram levantadas objecções de ordem construtiva e pragmática) «porque seria contrário a uma política racional da concorrência proibir

E, deste modo limitado o nosso campo de interferência, diremos que, no plano das coligações entre empresas, o desiderato de base parece continuar a ser o da *integração dos mercados*[293] e da supressão das *barrei-*

---

segundo os mesmos critérios as *ententes* e as concentrações; com efeito, as primeiras vão geralmente contra o interesse geral e devem por isso ser interditas, salvo casos excepcionais, enquanto as concentrações só têm efeitos negativos se conferem às empresas participantes um poder excessivo sobre o mercado» – M. WAELBROECK, «Règles de concurrence et concentrations», *cit.*, pp. 186-187. Para uma possível elucidação primária desta divergência de posições, leia-se BORK, «The rule of reason and the per se concept», *cit.*, pág. 384.

A servidão face ao valor da concorrência parece acentuar-se no regime comunitário das concentrações de empresas, previsto no regulamento nº 4064/89, de 21.12.1989, relativo ao controlo das operações de concentração de empresas, onde o valor primacial e quase exclusivo parece ser o da compatibilização entre as exigências de uma «concorrência dinâmica» e a manutenção de uma «concorrência efectiva no mercado» (considerandos 3 e 4), visível aliás na subvalorização de outros critérios permissivos de actuações anti-concorrenciais, como os previstos no artigo 85º CE, de que é exemplo a consideração conjugada da alínea a) do nº 1, dos números 2 e 3 e da alínea b) do nº 1 do artigo 2º, onde se prevê que o progresso técnico e económico resultante da operação de concentração só pode ser valorado positivamente desde que conduza a uma situação «vantajosa para os consumidores *e não constitua um obstáculo à concorrência*» (o itálico é nosso). Facto que é constatado pela doutrina, como acontece com PAPPALARDO, «Les relations», *cit.*, pág. 136 (cfr também pág. 138), ao afirmar que «em definitivo, o critério determinante é constituído pelo *efeito que a concentração é susceptível de ter sobre a concorrência*». Também BRAULT (pág. 42) considera ser este objectivo extensivo às normas alemãs (art. 24º da GWB), americanas (art. 7º do *Clayton Act*), italianas (art. 6º) e belgas (art. 10º). Pelo menos quanto a este último país, não é possível concordar com esta autora. Com efeito, o que a lei belga se limita a fazer é estabelecer como limite inultrapassável a circunstância da operação de concentração eliminar a concorrência. A ser assim, poderíamos ser conduzidos a defender que, mesmo no plano comunitário, todas as normas comunitárias da concorrência aplicáveis às empresas exprimiam a concepção da *concorrência-condição*, o que não é verdade, pelo menos no que à possibilidade de isenção prevista no nº 3 do artigo 85º respeita (*vide supra*, na Secção I, o que escrevemos a este propósito).

[293] Cfr. SNYDER (pág. 150) e WILS, pág. 35. Trata-se mesmo do primeiro objectivo da política de concorrência, não devendo ser, como refere ADMIRAAL (pág. viii), subestimado, uma vez que a sua realização prevê-se que cause um aumento de cerca do 5% do PNB combinado dos Estados-membros. O que não implica a irrelevância ou total subalternização das considerações de eficiência. Estas, se podem perfeitamente não implicar um juízo negativo da prática à luz do nº 1 do artigo 85º – e cada vez mais, sobretudo pela acção do Tribunal, e à medida que se realiza a integração dos mercados, considerações deste tipo tendem a crescer em importância –, encontram no entanto um limite absoluto na realização do mercado interno e na integração dos mercados, factor que, também para nós, justifica o relevo comunitário de toda uma série de restrições e supostos – proibições

ras à entrada nos mercados nacionais[294], ou seja, a realização do mercado interno, embora numa lógica de duas fases[295], ambas limitadas e assentes num princípio concorrencial. Neste sentido parece não ser despropositado recordar que o próprio artigo 85º, nº 1 não declara a proibição radical das coligações entre empresas, mas apenas na medida em que sejam (quando forem) *incompatíveis com o mercado comum* [296]. Como o Tribunal de

---

de importação/exportação, necessidade de garantia da potencialidade de realização de importações paralelas – do mesmo passo que, como extraímos da doutrina económica, não deva tal objectivo ser exponenciado, quando se trate de sectores especializados, em que haja uma grande diferenciação entre os produtos (CATINAT/JACQUEMIN, pág. 2133).

[294] Cfr. SNYDER, pp. 150 e 172. HORNSBY (pág. 86) salienta a motivação evidente que a decisão da Comissão *Industrial Fire Insurance* (JOCE, nº L 376, de 85, pp. 2) encontra no propósito de facilitar a livre prestação de serviços. *Vide* ainda HAWK, *United States, common market, cit.*, pp. 7-8.

[295] Cada uma correspondente aos sujeitos da sua actuação. Assim, a Comissão goza de um domínio de modelação e conformação na realização destes objectivos que é desculpatoriamente mais amplo, permitindo-lhe isentar acordos que sejam anti-concorrenciais, ao abrigo do nº 3 do artigo 85º CE (com o limite da «não eliminação da concorrência»). Mas aos tribunais comunitários (aqui compreendidos os tribunais nacionais, que são tribunais comuns de direito comunitário) cabe-lhes apenas interpretar e aplicar o nº 1 do artigo 85º e as normas de isenção ao nº 1 elaboradas pela Comissão ao abrigo das suas competências convencionais e regulamentares (com o limite da «restrição da concorrência»). Mas a isto voltaremos ainda.

[296] Não é possível concordar com GOLDMAN/LYON-CAEN/VOGEL (pág. 349), enquanto afirmam que a «incompatibilidade com o mercado comum *apenas* serve para explicar a proibição». Ela é o seu único fundamento, porquanto não se deve considerar preenchida a hipótese da norma se a coligação não afectar (actual ou potencialmente) a realização do mercado interno. Neste sentido é expressivo o próprio acórdão *LTM/MBU*, segundo o qual a exigência de afectação do comércio, interpretada à luz da referência à incompatibilidade com o mercado comum («cette disposition, eclairée par la *précision* liminaire de l' article 85, visant les accords *en tant qu' ils* sont "incompatibles avec le marché commun"» – o itálico é nosso) «tende a fixar o campo de aplicação da interdição pela exigência de uma condição prévia baseada na possibilidade de um entrave à realização do mercado comum entre os Estados-membros». Daí que KAPTEYN/VAN THEMAAT definam *mercado comum*, na sequência do Acto Único Europeu, como «the meeting place of supply and demand from all the Member States without any discrimination by the Member States or the participants in it on the grounds of nationality or any other distortion of competition (...) a market in which every participant within the Community in question is free to invest, produce, work, buy and sell, to supply and to obtain services under conditions of competition which have not been artificially distorted wherever economic conditions are more favouráveis» (pág. 78). Como entre nós escreveu MARIA JOÃO RODRIGUES, o fundamento de base para a realização do mercado interno é o «pressuposto de que esse espaço de amplitude continental (à semelhança do americano)

Justiça havia afirmado no acórdão *Walt Wilhelm* [297], «através da proibição do artigo 85°, o tratado pretende sobretudo eliminar os obstáculos à livre circulação de mercadorias *e* assegurar a unidade desse mercado»[298], permitindo ainda às autoridades comunitárias realizar os objectivos previstos no artigo 2° do tratado. Tal significa apenas que, para uma interpretação da proibição do n° 1 do artigo 85° susceptível de ser aplicada por todas as instâncias nacionais e comunitárias, se tem de encontrar um critério sólido e suficientemente flexível para permitir, simultaneamente, o desenvolvimento da actividade económica privada, a segurança jurídica dos seus agentes e, *et pour cause*, a manutenção da estrutura concorrencial do mercado interno.

Parece-nos pois ser este o quadro que deve guiar-nos na análise do modo como o direito comunitário – e os órgãos comunitários da sua aplicação – conformaram o regime de concorrência aplicado às empresas, moldura esta que, se se vem tornando mais permeável aos resultados obtidos em experiências de direito comparado, não deixa de, à partida, afastar alguns dos elementos caracterizantes da experiência norte-americana e obedecer a uma lógica e a objectivos diversos (ou, em todo

---

fará emergir um tecido empresarial mais competitivo, revigorado por uma realocação mais eficaz dos factores de produção» (pág. 15), frase que deixa abertas outras vias para uma possível harmonização de políticas de concorrência inter-continentais, a que já nos referimos.

[297] Citado *supra* nota 27.

[298] O itálico é nosso. É curioso que um autor como FASQUELLE, por nós citado *ad nauseam*, e que não aparece nunca a criticar as concepções da Comissão no que à interpretação do n° 1 do artigo 85° respeita – limita-se a uma excelente (diga-se) descrição – acaba por referir, a favor da tese de que a concorrência não é o único objectivo da CE – coisa que também não negamos – frases como esta, de JONES (*RMC*, 1975, pág. 24): é preciso «considerar os artigos 85° e 86° como instrumentos tendentes à criação e estabelecimento do mercado comum, *mais do que como expressão de uma carta de liberdade económica*» (o itálico é nosso; *supra* nota 120), exactamente aquilo que a Comissão sempre quis fazer do n° 1 do artigo 85° (talvez para não ter as mãos presas, para depois *moldar* o mercado comum à sua maneira – entretanto, sem cuidar dos *efeitos secundários* da sua política, por exemplo expressos nas espécies em que as jurisdições nacionais apliquem os critérios da Comissão) – FASQUELLE (pág. 141). Ainda assinalando à política de concorrência o propósito de realizar o mercado interno, GARCÍA DE ENTERRÍA, pág. 79.

Também o Tribunal de Justiça distinguiu já na sua casuística os objectivos da liberdade de circulação de mercadorias (artigos 30° e seguintes CE) e das normas de defesa da concorrência (artigos 85° e seguintes CE), por exemplo no acórdão *Bayer c. Süllhöfer*, de 27.9.88, pág. 5285, cons. 11.

Parte I – Da Comunitarização da Concorrência e sua Restrição 135

o caso, não coincidentes), no que toca ao regime que reserva para as restrições verticais de concorrência[299].

É certo que é patente a similitude entre as redacções do n° 1 do artigo 85° e do artigo 1° do *Sherman Act*[300]. Aquele – como este – con-

---

[299] Há quem considere ser mesmo o objectivo de realização do mercado interno que faz com que a Comissão centre a sua atenção nos acordos de distribuição, mais até do que nos acordos horizontais – *vide* HORNSBY, pág. 79, nota 1. Já outros, como ROBERTI (p. 408), vêem no tratamento da franquia uma mutação formal da política comunitária em relação às restrições verticais, pela maior e «justa atenção dada aos resultados de eficiência» que produzem. Em sentido diverso, salientando a mutação que representa o tratamento comunitário da franquia, mas procurando uma linha de continuidade com as soluções anteriores, COCKBORNE, pp. 219 e segs.

[300] Esta semelhança é salientada por muita doutrina, que salienta o facto do n° 1 do artigo 85° e o artigo 86° serem praticamente simétricos dos artigos 1° e 2° do *Sherman Act*. Entre muitos outros, destaque para L. FOCSANEAU, PH. SOULEAU, SHAPIRA, JONES, todos citados por FASQUELLE (pág. 97); BERNINI, em 1960, mas reafirmado em 1970, em *Profili di diritto delle Comunità Europee*, pág. 323 e 354 (mesmo quanto ao modelo económico subjacente); THIEFFRY, ««L' appréhension des systèmes de distribution», *cit*., pp. 663, 674, 699; NGUYEN (pág. 14); ou ainda aqueles que, como UTTON (pp. 44 e 48), referem terem ambas (a que acrescenta as normas britânicas) o mesmo objectivo geral e propósito: corrigir os falhanços do mercado e restabelecer a concorrência. PESCATORE chega mesmo a assinalar que o direito comunitário não pode desmentir as suas origens americanas («Le recours dans la jurisprudence de la Cour de Justice des Communautés Européennes», *cit*., pp. 352), embora o sistema norte-americano contenha outros diplomas que o completam (ESCH, pág. 4).

Assinalando a influência das regras comunitárias sobre todo o continente europeu, por via da conjugação das mutações políticas com a internacionalização (mundialização) da vida dos negócios, por todos, GAVALDA/PARLEANI, *Droit des affaires de l' Union Européenne*, pág. 179. Em especial, sobre a influência da redacção do artigo 85° nas legislações nacionais da concorrência, BRAULT (pp. 26-27), referindo-se à Bélgica, Itália, Suécia, França e ao Livro branco britânico de 1989 de reforma da legislação de concorrência. Sobre a influência em Inglaterra, UTTON (pág. 167-169) refere o sentimento partilhado por autores, *Monopolies and Restrictive Practices Commission* e pelo *Department of Trade and Industry* (no seu «livro branco» de 1989) da maior conveniência de uma construção legal semelhante à do artigo 85° CE (*v.g.* FRAZER, pp. 154). Em Itália, mesmo antes da lei 287/1990, ou seja, ao abrigo das disposições do Codice civile de 1942, a doutrina e jurisprudência – mesmo constitucional – atribuía ao tratado CE «um decisivo alcance interpretativo das normas internas em matéria de concorrência», factor exponenciado com o sistema adoptado na lei de 1990 – ALESSI, pp. 13-14. Particularmente sobre o direito francês, JUGLART/IPPOLITO, pp. 430-431, e, sobre o direito alemão, *infra* nota 381.

Também o acordo do EEE foi clara e intencionalmente fundado nas regras comunitárias, sendo o artigo 53° uma reprodução do artigo 85° CE, embora a ordenação sistemática da matéria concorrencial siga o modelo anterior ao Tratado da União Europeia. Além disso, na sua interpretação seguir-se-ão as *normas* de interpretação resultantes da jurisprudência do Tribunal de Justiça (artigo 6° acordo EEE: «Sem prejuízo da juris-

sagra um sistema de interdição, ao afirmar proibidos «todos os acordos entre empresas, todas as decisões de associação de empresas e práticas concertadas que sejam susceptíveis de afectar o comércio entre os Estados-membros e que tenham por objecto ou efeito impedir, restringir ou falsear a concorrência no mercado comum», nomeadamente fixando os preços ou quaisquer outras condições de transacção (alínea a)), limitando ou controlando a produção, a distribuição, o desenvolvimento técnico ou os investimentos (alínea b)), repartindo os mercados ou as fontes de abastecimento (alínea c)) ou aplicando condições desiguais perante situações equivalentes (alínea d)).

Trata-se de um princípio claro de interdição das coligações entre empresas[301]. Só que, contrariamente ao que sucede no sistema federal norte-americano[302], esta proibição não é absoluta, na medida em que são possíveis soluções de desaplicação *normativa* e *individual* da norma proibitiva, estando definidos domínios de exclusão[303].

---

prudência futura, as disposições do presente acordo, na medida em que sejam idênticas, quanto ao conteúdo, às normas correspondentes do Tratado que institui a Comunidade Económica Europeia (...) e aos actos adoptados em aplicação destes dois Tratados, serão, no que respeita à sua execução e aplicação, interpretadas em conformidade com a jurisprudência pertinente do Tribunal de Justiça das Comunidades Europeias anterior à data de assinatura do presente acordo») – sobre o sentido desta disposição, que permite realizar a «aplicação homogénea das regras comuns», razão pela qual a importância do artigo 6º «não pode nunca ser suficientemente sublinhada», NORBERG/HÖKBORG/JOHANSSON/ELIASSON/DEDICHEN, pp. 104-105 –, embora JACOT-GUILLARMOD considere que, apesar da uniformização que o Tribunal postulou nos seus pareceres, a interpretação deste acordo seja por ele próprio definida, e não heteronomamente, de que é expressão a recusa de conformação necessária face ao sentido da jurisprudência comunitária futura (pp. 51 e 63-64).

Em geral, sobre a identidade substancial das regras de concorrência no EEE e na CE, *vide* o anexo *Formulário A/B* ao regulamento 3385/94, de 21.12.94 (pp. 32), segundo o qual «as regras de concorrência decorrentes do acordo EEE (...) baseiam-se nos mesmos princípios do que os contidos [!] nas regras comunitárias em matéria de concorrência e têm o mesmo objectivo (...)» .

[301] Acórdão *Itália c. Conselho*, de 13.7.1966 (já citado *supra* nota 270) e, em geral, toda a doutrina.

[302] Pelo menos quanto ao *Sherman Act*. Já no domínio do *FTC Act*, as coisas passam-se de modo diverso, prevendo-se no § 18 que a Federal Trade Commission pode emitir «interpretative rules and general statements of policy» (a), 1, A) ou «rules which define with specificity acts or practices which are unfair or deceptive» (a), 1, B).

[303] Há quem qualifique o sistema como um sistema de interdição *impuro* (THIEFFRY, «L' appréhension des systèmes de distribution», *cit.*, pág. 698). As diversas ordens jurídicas que regulam a matéria costumam, mesmo quando assentam num princípio de proibição, definir domínios de exclusão. Assim a actual lei alemã (com a redacção que

Se aquela interdição desencadeia a nulidade – vício insanável de conhecimento oficioso – a sua desaplicação, uma vez preenchida a hipótese (o *Tatbestandt*) da norma, é direito exclusivo da Comissão, sujeito a uma ponderação casuística ou a uma absolvição genérica ilidível.

Esta redacção do artigo 85° CE, que permite classificar o sistema como *eclético*, na medida exacta em que conjuga uma proibição estrita – no n° 1 – com possibilidades de desaplicação individual e normativa, introduz assim um elemento dissonante em relação ao dispositivo norte-americano – a norma do número 3 –, que acabou por *induzir* as instâncias comunitárias a desconsiderar a pertinência de quaisquer mecanismos interpretativos de justificação das coligações que escapassem à ponderação normativa ou individual conferida pelo n° 3 do artigo 85°[304], com receio

---

resultou, em último lugar, da lei de 26.4.1994) exceptua da proibição dos artigos 1° e 15° os acordos previstos nos artigos 2° a 8° ou que contenham as restrições referidas nos artigos 16°, 18°, 20° e 21°. Mas, em contrapartida, uma tal *isenção* só beneficiará os acordos que revestirem forma escrita (artigo 34°). É que a isenção da GWB só vale para os acordos formais (*Gegenstandstheorie*), estabelecendo-se no seu artigo 25° (n° 1) a expressa proibição de todas as acções concertadas que não possam ser objecto de um contrato.

Nos EUA, como vimos, os domínios de exclusão não resultam de definições normativas, mas apenas da interpretação que as várias instâncias fazem da restrição de concorrência, partindo dos conceitos de *restraint of trade* da *common law* e dos modelos de *rule of reason* elaborados pela jurisprudência dos tribunais.

Também o sistema jurídico inglês assenta numa disciplina *dual* da concorrência. No RTPA, de 1976, incluem-se os acordos que tenham por objecto certas restrições de concorrência (certas cláusulas), independentemente dos seus eventuais efeitos anti-competitivos (qualificado por FRAZER como «masterpiece of formality», pág. 7), que serão apenas relevantes ao abrigo do Competition Act, de 1980 (assim ADAMS/PRICHARD JONES, pp. 38-39).

[304] Não perderemos tempo com este argumento formal. Mas, se olharmos para os artigos relativos à política de concorrência, no tratado CE, podemos descobrir que, em vários momentos, os Estados não confundiram o n° 1 com o n° 3. Com efeito, no artigo 87°, relativo à elaboração dos regulamentos e directivas dirigidos a dar aplicação aos *princípios* enunciados nos artigos 85° e 86°, são claramente separadas as regras de garantia «do respeito pelas proibições referidas no n° 1 do artigo 85° e 86°» da determinação das «modalidades de aplicação do n° 3 do artigo 85°» (n° 2, alínea a)). Ademais, reconhece-se que a Comissão e o Tribunal poderão ter funções diferenciadas («definir as funções *respectivas* da Comissão e do Tribunal de Justiça» – n° 2, alínea d)) (o sublinhado é nosso), constatação que ganha relevo com o regulamento 17/62, quando este reserva para a Comissão o exclusivo da aplicação do número 3 do artigo 85° (artigo 9°, 1), que o Tribunal apenas controlará. Ainda no artigo 88°, disposição transitória, também se admite a diferenciação de regimes entre os números 1 e 3 do artigo 85°. Repare-se que se diz, para não subsistirem dúvidas, que as «autoridades dos Estados-membros decidirão

talvez de um desmembramento e dissolução do regime jusconcorrencial, devido ao facto de as jurisdições nacionais serem competentes para apreciar e aplicar o número 1 do artigo 85º[305].

---

sobre a admissibilidade dos acordos (...) em conformidade (...) com o disposto no artigo 85º, *designadamente* no nº 3, e no artigo 86º». Finalmente repare-se que, no artigo 9º, expressamente o Conselho separa os regimes do artigo 85º. Se, quanto ao nº 3, a competência da Comissão é exclusiva, tal não abrange o número 1, como resulta do nº 2 («a Comissão tem competência para aplicar o disposto no nº 1 do artigo 85º», antes e independentemente do decurso dos prazos de notificação).

Aliás, seja porque motivo for, o certo é que as decisões da Comissão tratam sempre separadamente da apreciação jurídica das coligações segundo os nᵒˢ 1 e 3 do artigo 85º.

[305] Como resulta de jurisprudência há muito afirmada pelo Tribunal de Justiça, o artigo 85º goza de efeito directo, quer dizer, pode ser invocado pelos particulares perantes as jurisdições nacionais, quer contra o Estado (efeito directo vertical) quer contra outros particulares (efeito directo horizontal) – acórdão de 6.4.1962, *Bosch-De Geus*, pp. 89 e segs. (*v.g.* Parte III).

A propósito da sentença *Pronuptia*, RUIZ PERIS (pp. 61-62) considerou mesmo que o método usado pelo Tribunal «es cuando menos desestabilizador del sistema de defensa de la competencia CEE (...). Desestabilizador porque transforma un sistema de causas tasadas de exención de las estipulaciones que conlleven restricciones de la competencia, en un sistema abierto, en que fuera de los casos establecidos en el apartado 3º (...) podrá considerarse como no contraria – no, como exento o autorizado – cualquier restricción que no cumpla los requisitos del antedicho parágrafo». Mais adiante (pp. 63-64), o autor considera que a admissão de métodos de «valoração da anticoncorrencialidade de um acordo *ex* artigo 85º, 1º, supõe ainda reconhecer ao TJCE e, o que é mais importante, às jurisdições nacionais, o poder de determinar os interesses dignos de tutela (...), com os consequentes riscos de fragmentação da interpretação dos preceitos». Esta mesma competência das jurisdições é contudo expressamente reconhecida (embora não fosse necessário) pela própria Comissão. Na *Comunicação 93/C 39/05 (Comunicação da Comissão de 13.2.93 (93/C 39/05) sobre a cooperação entre a Comissão e os tribunais nacionais no que diz respeito à aplicação dos artigos 85º e 86º*, JOCE, nº C 39, de 13.2.93, pp. 6), afirma (IV, ponto 22): «os tribunais nacionais poderão, regra geral, pronunciar-se sobre a compatibilidade dos comportamentos litigiosos com o nº 1 do artigo 85º». Salientando uma progressiva e desejada atribuição às autoridades nacionais – embora tendencialmente aquelas especializadas em concorrência – de tarefas de aplicação dos artigos 85º, nº 1 e 86º CE, EHLERMANN, «Community competition law procedures», pp. 13-15. Claro que tal implica aceitar uma certa diversidade decisória e mesmo a verificação de soluções aparentemente paradoxais (PARDOLESI, «Regole antimonopolistiche del trattato CEE», *cit.*, pág. 88), quando as leis nacionais se revelem mais rígidas e restritivas do que as normas comunitárias, situação normal, sob pena de inutilizar o seu próprio papel (sobre isto, *infra*, Parte III).

Há ainda quem saliente que a superação pelo Tribunal de Justiça da jurisprudência *Portelange* (acórdão de 9.7.69, pp. 316-317), sobre a validade provisória das coligações notificadas, através do acórdão *Haecht II* (acórdão de 6.2.73), constitui igual-

Foi e é (pode considerar-se assim) esta a posição que a Comissão historicamente assumiu, *centralizando* na suas *mãos* toda a orientação da política comunitária da concorrência, na sequência aliás dos *mandatos* conferidos pelo próprio tratado (*cfr.* artigo 89º) e pelo Conselho, nos vários regulamentos de implementação das normas dos artigos 85º e 86º.

Ensimesmamento (da Comissão) para o qual muito contribuíu o próprio Conselho, designadamente com o regulamento 17/62, ao só prever como não proibidos os acordos isentos nos termos do nº 3 do artigo 85º (artigo 1º, nº 1)[306], ao reservar em exclusivo para a Comissão a faculdade de aplicação deste nº 3 (artigo 9º, nº 1) ou ao *obrigar* à notificação a esta de todas as coligações existentes no espaço comunitário que quisessem beneficiar do disposto nesse número 3 (artigos 4º, 1 e 5º). Tudo isto sem preencher o conceito do nº 1 do artigo 85º[307], factor que, longe de ser *apaziguador*[308], provocou uma *avalanche* de notificações, que deram à Comissão aquilo podemos considerar uma *errada* sensação de poder.

---

mente um reforço da divisibilidade do artigo 85º, entre os números 1 e 2, por um lado, e o número 3, por outro – assim SCHAPIRA/LE TALLEC/BLAISE, *Droit européen des affaires*, pág. 333, ou, prospectivamente, KORAH, «The rise and fall», *cit.*, pág. 355. Recorde-se que, aí, o juiz comunitário considerou que «as notificações conformes ao artigo 4º do regulamento 17 são desprovidas de efeito suspensivo» (cons. 11), razão pela qual, mesmo tendo havido notificação, «sendo as autoridades judiciárias competentes, em virtude do efeito directo do artigo 85º, § 2, para (...) declarar a sua nulidade de pleno direito» (cons. 4), fica a cargo do juiz nacional apreciar se deve recorrer ao mecanismo do reenvio prejudicial, suspender a acção e pedir uma tomada de posição da Comissão ou apreciar a restrição de concorrência nos termos do nº 1 do artigo 85º (cons. 12).

[306] As outras duas situações referidas no nº 1 do artigo 1º do regulamento 17 não constituem, em rigor, excepções à proibição, na medida em que se trata de normas relativas a situações já existentes ou que entretanto houvessem sido objecto de decisões por parte das autoridades dos Estados-membros. Trata-se apenas, no primeiro caso (artigo 6º) de, como diz KORAH (*An introductory guide, cit.*, pág. 117), varrer o 'passado sujo' (dirty past) para debaixo do tapete. Já no que respeita ao segundo caso (artigo 23º) trata-se de uma norma transitória que, reconhecendo às decisões das autoridades nacionais valor idêntico às da Comissão, simplesmente limita a sua vigência temporal, em ordem a possibilitar a centralização na Comissão, a partir de dado momento (no máximo, 1965), do poder de isenção de qualquer coligação.

[307] O que não faz sequer com o número 2 do artigo 4º, no qual apenas se prescreve a não obrigatoriedade de notificação à Comissão – sobre o sentido desta norma, CASEIRO ALVES, *Lições de direito comunitário da concorrência*, pp. 93 e 100.

[308] Recorde-se que a Itália chegou mesmo a interpor uma acção contra a Comissão, ao abrigo do artigo 173º CE, para anular o regulamento 19/65, invocando mesmo a falta de *preenchimento* do número 1 do artigo 85º. Assim se exprimia – recorde-se – o Estado

A ela ficaria reservada a definição das restrições à concorrência e, mais importante ainda, por ela teriam de passar todas as coligações que quisessem ser lícitas ou justificadas. Segundo esta perspectiva, que exporemos em termos muito sucintos, o número 1 do artigo 85º consagraria um sistema de proibição estrito (*Verbotsprinzip*) para o qual só poderiam verificar-se as excepções previstas no número 3[309]. Ou, quando muito, o sistema comunitário preveria um regime de *'Verbot mit Erlaubnisvorbehalt'* (interdição com possibilidade de autorização) em que a interdição das condutas poderia apenas ser levantada por intermédio de uma autorização da autoridade de defesa da concorrência. Só que isso não impedia a consideração de que a concreta coligação teria violado efectivamente a norma proibitiva.

Serão estas concepções jurídicas insuperáveis, devendo ser encarado o artigo 85º CE como uma unidade incindível, como pretende a Comissão[310], ou poderá divisar-se no número 1 um propósito (diríamos: exclusivo) de defesa de um certo modelo de concorrência no mercado[311], em

---

italiano, segundo descrição do Tribunal: «considerando que é feita censura ao regulamento 19/65 por haver estatuído sobre as excepções do artigo 85º, nº 3, sem haver precisado anteriormente o alcance da interdição prevista no artigo 85º, § 1, de sorte que, ao definir-se a excepção antes de se haver explicitado o sentido da regra que a excepção derroga, o dito regulamento terá violado o artigo 87º e o princípio segundo o qual é autorizado tudo o que não é proibido, para substituir pelo princípio contrário, segundo o qual é proibido tudo o que não é autorizado», fundamentação que o Tribunal expressamente refutou (ao que regressaremos) – acórdão *Itália c. Conselho*, de 13.7.66.

[309] Tal como acontecia com o artigo 1º da lei alemã de 1957. Era também esta a perspectiva que a delegação alemã na CEE expressava quando afirmava que o «artigo 85 (1) não contém nenhum critério nem para medir o significado da restrição do comércio face à força da concorrência sobrante nem para avaliar os efeitos benéficos e prejudiciais das restrições. Tal processo de avaliação surge no artigo 85 (3). Um julgamento sobre o significado e efeitos da restrição é apenas autorizado nos limites colocados pelo artigo 85 (3)» (tradução livre), posição compartilhada por BLAISE, *Le statut juridique des ententes economiques*, 1964, pág. 223, apud JOLIET, *The rule of reason in antitrust law*, cit., pp. 84, 113 e 137, respectivamente. No mesmo sentido, FRANCESCHELLI/PLAISANT/ /LASSIER, pág. 34.

[310] E não só. Segundo KAPTEYN/VAN THEMAAT (pág. 509), se, ao definir o objectivo de uma concorrência praticável, o Tribunal rejeitou que o artigo 85º visasse realizar uma concorrência pura/perfeita, não deixou de considerar o artigo 85º como um todo, pressupondo-se ainda no nº 3 a manutenção de um tal nível de concorrência, pelo que o nº 1 interviria mesmo quando não houvesse uma interferência com a *workable competition*.

[311] Segundo TESAURO, a *ratio* do artigo 85º é a protecção da concorrência, no seu contexto real, isto é, da *workable competition*, que permita realizar os objectivos do

termos que as instâncias – com o apoio da doutrina – haveriam de preencher, e não de quaisquer outros objectivos, que, sendo lícitos e conformes aos objectivos dos tratados, seriam deixados para o n° 3 ?[312].

Um tal objectivo, está bom de ver, não pode prescindir da consideração do modo como os órgãos comunitários vêm interpretando o artigo 85°, para nos apercebermos com rigor das linhas fundamentais de compreensão das restrições incluídas em contratos de franquia de distribuição assinados entre fornecedores de bens ou serviços e os seus distribuidores, compreensão fundamental para entender o regime comunitário e a sua evolução.

Contudo, é nossa convicção que aquela posição *centralizante* e *rígida* não é correcta – não o é seguramente quando vista sob um prisma metodológico[313] – nem corresponde ao sentido de uma coerente política

---

tratado, *maxime* o mercado interno, dose de concorrência que não corresponde ao modelo de concorrência perfeita, uma vez que aceita a sua variação em função da estrutura dos mercados e dos produtos (conclusões do caso *Gottrup-Lim c. DLG*, de 15.12.94).

[312] Assim, expressamente, JOLIET, *The rule of reason in antitrust law*, cit., pp. 129 ss. Também HAWK, já em 1995 propunha esta como a melhor solução («System failure: vertical restraints», *cit.*, pp 987). Embora esta questão esteja sempre implícita ao longo deste trabalho (no seu próprio título) e por isso vá sendo respondida, podemos desde já ilustrá-la na prática comunitária do Tribunal de Justiça, por exemplo no acórdão *Verband der Sachversicherer*, de 27.1.87 (*cit.*, *supra* nota 262, pp. 451-452, cons. 15), quando dispõe que «esta verificação [de que os artigos 85° e 86° se aplicam aos seguros] não implica, de forma alguma, que o direito comunitário da concorrência não permita tomar em conta as particularidades de determinados ramos de actividade económica. Com efeito, *no âmbito da competência para conceder, em conformidade com o n° 3 do artigo 85°, isenções* das proibições previstas no mesmo artigo, compete à Comissão tomar em consideração a natureza específica de diversos sectores económicos e as dificuldades próprias desses sectores» (o itálico é nosso). Uma advertência queremos fazer. A de que a nossa visão não significa a transposição do n° 3 para o n° 1, coisa que a acontecer só nos podia merecer severas críticas – e lá chegaremos (neste sentido parece ir VENIT, «Pronuptia: ancillary restraints», *cit.*, pág. 217, e, mais moderadamente, ESCH, pp. 7 e 9 e segs. que fala em «realismo económico») –, mas tão só defender que o juízo do n° 1 pressupõe uma análise – uma ponderação – dos efeitos da coligação ou do tipo de coli-gação sobre o mercado, e que se esse juízo for positivo, então o direito comunitário deve considerar--se – de preferência, formalmente, pelo menos em casos-limite e especialmente sensíveis, dada a coexistência das ordens jurídicas nacionais – como não-violado. Isso significará que não consideramos o acórdão *Pronuptia* como um novo «evangelho», dada a forma como o Tribunal aparentemente chegou às suas conclusões, embora saudemos uma mudança de discurso que lhe está imanente.

[313] Tal redundaria em aceitar que os tribunais se limitam a ser a *boca da lei*, à maneira do mais radical positivismo, excluindo qualquer intervenção conformadora por parte destes. Por outro lado, implicaria a consideração do n° 1 do artigo 85° como uma

comunitária em relação a formas de comercialização como a franquia de distribuição ou, de modo mais geral, das restrições verticais de concorrência inseridas em contratos. O sistema comunitário pode e deve colher elementos e ensinamentos na prática e nas doutrinas elaboradas pela jurisprudência americana[314], em especial no domínio temático que ora nos ocupa.

Esta convicção não muda sequer com a introdução no debate das diferentes concepções de concorrência que dominam cada um dos sistemas jurídicos: o norte-americano, marcado pela ideia de concorrência-condição, como condição única e imprescindível do viver económico; e o direito comunitário, pela visão da concorrência como *instrumento* adaptável em vista da realização dos fins da Comunidade.

Como veremos, a pretendida diversidade de concepções não resiste sequer a uma análise da doutrina da Comissão. Com efeito, nas concepções deste órgão quanto ao preenchimento da hipótese do nº 1 do artigo 85º é que se revela patente a aversão mais radical às coligações, em termos que suplantam largamente as próprias aplicações norte-americanas da doutrina da concorrência-condição.

O favor radical à concorrência[315] presente no critério adoptado pela Comissão para a determinação da restrição de concorrência seria até mais próprio de um sistema como o norte-americano[316], pelo menos enquanto

---

norma *neutra*, isto é, imune a uma tarefa de ponderação dos interesses que visa prosseguir, na actualidade como no próprio momento da sua criação. Ora tal é contrário aos mais básicos fundamentos do método jurídico, que nem a *reserva de Comissão* pode alterar.

[314] Que mais não seja, para seguir o seu próprio caminho.

[315] Podíamos talvez dizer, com NOGUEIRA SERENS (*A tutela das marcas e a (liberdade) de concorrência*, pág. 35), que, não havendo distinção entre as boas e as más coalizões, «o favor é para a liberdade de concorrência». No entanto, tal não é certo, significando apenas um favor radical a uma *certa* concepção de concorrência, talvez mais próxima dos modelos clássicos da concorrência perfeita...

[316] Aliás, são muitos e significativos os autores que, como o referido NOGUEIRA SERENS (*A tutela das marcas e a (liberdade) de concorrência*, pág. 93), sustentam que a recepção de um mecanismo de *rule of reason* representa uma razão para o insucesso de um diploma de defesa da concorrência (no caso, o Sherman Act). Também BONASSIES («Les fondements du droit communautaire de la concurrence», *cit.*, pp. 52-54), ao expor as suas teorias, ancorava o sistema da *concorrência-condição* no elemento proibitivo literal e na formulação de proibições *per se*, vendo a *rule of reason* como flexibilização não-destrutiva do modelo, por ter como limite e critério único a defesa da concorrência, buscando mesmo como exemplo o acórdão *Sylvania*.

se reclamasse historicamente da perspectiva «liberal ortodoxa» que vê a concorrência atomística como critério único da ordenação económica, do mesmo passo que permite considerar que só politicamente pode haver posições de favor à não-concorrência, através de decisões individuais ou de regulamentações gerais a adoptar por uma autoridade administrativa. Realidade que faz pensar na legitimidade discursiva de correntes como a *public choice* ou na politização excessiva da disciplina da concorrência, com o arbítrio e insegurança daí decorrentes.

Ao invés, da redacção do artigo 85º CE ressalta que, para que se considere aplicável, isto é, para que a ordem jurídica comunitária seja chamada a intervir na regulação ou correcção dos desvios *estruturais* do mercado[317], é necessária e suficiente[318] a verificação cumulativa de três requisitos: a existência de uma *coligação*[319] entre empresas, quer assuma a natureza de acordo, decisão de associação ou prática concertada; a existência de um *objectivo ou efeito* anti-concorrencial; e, finalmente, a *afectação do comércio* entre os Estados-membros[320].

Incluem-se pois no âmbito da previsão desta norma proibitiva aqueles acordos e práticas concertadas que, tendo os objectivos ou efeitos acima referidos, fixem, de forma directa ou indirecta, os preços de compra ou de venda ou quaisquer outras condições de transacção, repartam os mercados e/ou as fontes de abastecimento. Domínio no qual se enquadra o essencial do tratamento jurídico-comunitário da figura contratual da franquia (*franchising*).

---

[317] Ao nível das coligações entre empresas, porque o direito comunitário também é chamado a intervir sobre os abusos de posições dominantes (86º) e as concentrações (regulamento 4064/89). Referindo-se ao artigo 86º, o TJCE declarou, no processo *Commercial Solvents*, de 6.3.1974 (pág. 131), que «o artigo 86º visa as práticas susceptíveis de causar um prejuízo (...) aos consumidores, na medida em que afectem uma efectiva estrutura concorrencial como a prevista pela alínea f) [actual alínea g)] do artigo 3º do tratado» (cons. 32, § 2).

[318] No acórdão *LTM/MBU*, de 30.6.1966, o TJCE afirmara de modo claro que «a interdição de um acordo depende apenas da questão de saber se, tendo em conta as circunstâncias do caso, estão objectivamente reunidos os elementos constitutivos da dita interdição, tal como enunciados no nº 1 do artigo 85º».

[319] Acompanhamos ROBALO CORDEIRO (pág. 92, nota 29) na sua opção pelo termo «coligação», como tradução do vocábulo francês *entente*, embora não tenhamos nenhuma fobia aos estrangeirismos.

[320] Sobre o sentido da qual nos pronunciaremos já de seguida.

CAPÍTULO II
PRESSUPOSTOS DA PROIBIÇÃO DO NÚMERO 1 DO ARTIGO 85° CE

I. Afectação do Comércio: Critério (autónomo) de repartição de competências

Se a CE se interessa pela concorrência e a eleva a «pilar da construção europeia», atribuindo-lhe um lugar central no quadro das várias políticas e desideratos económicos a realizar por esta Comunidade, o certo é que a previsão de normas comunitárias e a definição de objectivos próprios não elimina só por si o sentido de toda e qualquer intervenção não necessariamente comunitária, mas nacional[321] (ao invés do que acontece na CECA).

Se é certo que para afirmar a existência de uma atribuição comunitária bastará o preenchimento dos três elementos da proibição contida no n° 1 do artigo 85° CE, a competência da Comissão para a definição dos critérios *de intervenção material* do número 1 do artigo 85° e, consequentemente, da própria Comunidade Europeia, ao contrário do que sucede no domínio das isenções, não é exclusiva, mas *partilhada*[322].

No plano comunitário, com as instâncias jurisdicionais comunitárias – o Tribunal de Justiça (TJCE) e o Tribunal de Primeira Instância (TPI) –,

---

[321] Como diz J. H. KAISER, a repartição de competências em matéria de concorrência conforma um sistema «caracterizado pela justaposição da validade do direito comunitário e do direito nacional e pela sua aplicação simultânea em cada caso concreto» («Législation européenne en matière de concurrence et compétences nationales», *Mélanges Teitgen*, 1984, pág. 211, *apud* J.V. LOUIS, *A ordem jurídica comunitária*, pág. 26).
Na CE, isto só aparece à primeira vista excluído ou pelo menos fortemente diminuído na regulamentação das concentrações, onde a competência comunitária se afirma de modo mais intenso e exclusivo (assim, GUAL, pág. 26), gerando assim também críticas ferozes – STURM, pp. 211 e segs.

[322] Cfr FAUSTO DE QUADROS, *O princípio da subsidiariedade, cit.*, pág. 38.

chamadas pelas pessoas singulares ou colectivas ou por outra Instituição a controlar directamente a *legalidade* das normas e dos actos decisórios da Comissão, ou, no que àquele primeiro respeita, instado pelas jurisdições nacionais a pronunciar-se sobre o sentido interpretativo das normas pertinentes do tratado ou ainda sobre a interpretação e validade das normas de direito comunitário derivado (sejam regulamentos ou quaisquer outros actos comunitários).

E, no plano estadual, com as autoridades jurisdicionais ou administrativas nacionais, as quais não só não podem ver-se impedidas de verificar o (não) preenchimento da hipótese normativa prevista nesse número 1 – o que quer dizer, do próprio direito comunitário da concorrência –, como conservam uma parcela importante do poder normativo e judicativo sobre os concretos contratos que lhes surjam, no que respeita à definição das condições da sua (i)licitude.

A competência dos órgãos comunitários é assim afirmada[323] de modo claro, embora partilhada – salvo num ponto específico – com os Estados-membros, repartição expressa na competência *concorrente* das autoridades nacionais para a interpretação da proibição do nº 1 do artigo 85º, ainda que no respeito pelos princípios gerais da ordem jurídica comunitária, em especial aqueles desenvolvidos pelo Tribunal de Justiça.

Como aliás já vimos, os Estados-membros não só se interessam pela concorrência como, mais do que isso, têm eles próprios legislações de defesa da concorrência susceptíveis de se aplicar às condutas que potencialmente caem no âmbito material das normas comunitárias. Ao invés do que pareceria indicado pelos *ventos dominantes*, a tendência que no espaço comunitário se acentua é mesmo a de incentivo à criação de normas nacionais de concorrência e à aplicação das proibições comunitárias do artigo 85º e 86º pelas instâncias nacionais[324].

Por outro lado, se nos apercebemos que o quadro normativo comunitário regulador da concorrência permite a possível definição exclusiva, por forma *regulamentar* ou de decisão *individual*, de justificações para coligações anti-concorrenciais, tal não significa igualmente a total *obliteração* do papel normativo-administrativo dos Estados-membros no tratamento da *matéria* concorrencial. É que a regulação comunitária, *aparentemente*, não elimina a possibilidade de regulamentação jusconcorrencial

---

[323] Mas nem sempre aplicada.
[324] EHLERMANN, «Community competition law procedures», pp. 13-14.

na ordem interna. Os autores do tratado de Roma não conferiram à CE uma atribuição *excludente* em matéria de concorrência, deixando um importante espaço para a subsistência e desenvolvimento de complexos normativos nacionais de tutela da concorrência[325].

As normas básicas para esta compreensão das relações entre os direitos nacional e comunitário da concorrência são, do ponto de vista comunitário, os artigos 85° e 86°, para além do artigo 87°, n°2, alínea e) CE e do próprio regulamento 17/62.

Com efeito, se aquela última norma do tratado CE (artigo 87°) previa a definição comunitária dos termos da articulação entre ambas as ordens jurídicas, no que aos artigos 85° e 86° CE respeita, este último (regulamento 17/62) estabelece, no seu artigo 9°, n° 3, que «enquanto a Comissão não der início a qualquer processo nos termos dos artigos 2°, 3° e 6°, as autoridades nacionais dos Estados-membros têm competência para aplicar o disposto no n° 1 do artigo 85°...».

Tal significa, em primeiro lugar, que a *emergência* das regras de concorrência a nível comunitário não impede a coexistência de idênticas normas, mas aplicáveis às restrições de concorrência nacionais, ainda que de dimensão comunitária[326].

E, em segundo lugar, exige que se precisem os limites de acção de cada um dos ordenamentos, em ordem a evitar contradições entre eles, tanto mais quanto as preocupações de umas e outras normas podem não ser as mesmas ou sequer compatíveis, mesmo quando formalmente os textos o pareçam. Assim, as leis nacionais, em geral, não se preocupam com a

---

[325] Espaço este que hoje tende até a recuperar algum fôlego perdido na voragem centralizadora da Comissão na formulação e supervisão das condições de concorrência, muito por força do princípio da subsidiariedade. Para uma completa informação sobre as legislações nacionais de concorrência de todos os países membros da Comunidade Europeia, PAPPALARDO, «Les relations entre le droit communautaire et les droits nationaux», *cit.*, pp. 125-126. Sobre o tema em geral, *v.g.* o interessante estudo de NUNO RUIZ, «Relações entre o direito nacional e o direito comunitário da concorrência».

[326] Cfr. Mário TENREIRO, pág. 228. Como salienta NOGUEIRA SERENS (*Direito da concorrência e acordos de compra exclusiva, cit.*, pp. 23-24, n. 6 e 25, nota 8), «a possibilidade de aplicação cumulativa dos dois ordenamentos só está, pois, excluída em relação às práticas restritivas "puramente locais" (...) cujos efeitos se cingem ao mercado de um Estado membro (sem se reflectirem de alguma maneira a nível comunitário), às quais se aplicará exclusivamente a lei nacional» (assim UTTON, pág. 157). Curiosamente, mesmo países que não possuíam normas de concorrência adoptaram diplomas de defesa da concorrência. O último destes países foi a Itália, que, em 10.10.1990, adoptou a sua primeira lei «para a tutela da concorrência e do mercado» (Lei n° 287).

realização do mercado comum[327], antes regem para o interior do seu próprio ordenamento[328].

A existência de normas comunitárias de concorrência relativas às empresas – tanto do artigo 85º como do artigo 86º CE –, se não gerou uma competência exclusiva e excludente da CE – ao contrário do que vimos acontecer na CECA –, supõe, para a sua aplicação, que ocorra uma circunstância atributiva de competência às autoridades administrativa e jurisdicionais comunitárias, isto é, que a coligação ou o abuso de posição dominante «afecte o comércio entre os Estados-membros»[329].

---

[327] É em geral pacífica esta consideração, que foi, aliás, proferida pelo próprio Tribunal de Justiça, no acórdão *Walt Wilhelm*, em 1969 (já citado) e que a doutrina em uníssono repete. Assim BLANCO (pág. 54) ou KORAH («National experiences in the field of competition: UK», pág. 87). Como ali declarou o tribunal (no acórdão *Walt Wilhelm*), «o direito comunitário e o direito nacional em matéria de coligações consideram estas segundo perspectivas diferentes: enquanto o artigo 85º as considera em razão dos obstáculos que delas podem resultar para o comércio entre os Estados-membros, as leis internas, inspiradas por critérios próprios da cada uma delas, consideram as coligações exclusivamente sob esse prisma» (doutrina reafirmada, ainda recentemente, no acórdão de 16.7.92, *Asociación Española de Banca Privada*, pág. 4825, cons. 11).

Em Portugal, para lá de repetir este passo da jurisprudência comunitária, o CONSELHO DA CONCORRÊNCIA afirma considerar nas suas decisões a protecção das empresas portuguesas contra «invasões do mercado por produtos estrangeiros» (*Relatório de actividade de 1986*, pp. 13-14) – em geral, sobre a matéria, Nuno RUIZ, ««Relações entre o direito nacional e o direito comunitário da concorrência», pp. 319-320 e 322 e segs. (quanto aos objectivos das normas comunitárias).

Excepção parece ser a lei italiana (lei 287/1990), dado o disposto no nº 4 do seu artigo 1º – sobre o sentido deste número, DENOZZA, pp. 649-653. Na interpretação deste autor, mesmo as coligações puramente internas, aquelas que são abrangidas pela lei italiana, não podem ser interpretadas utilizando fundamentos inaceitáveis no plano comunitário, referindo concretamente a inadmissibilidade de uma decisão que «afirmasse a licitude de um sistema de distribuição selectiva baseada na geral inidoneidade das coligações verticais para produzir efeitos negativos na concorrência (argumento seguramente incompatível com o direito comunitário)» (pág. 652), embora expressamente preconizada pela 'Escola de Chicago' (é a sua interpretação – cfr. *supra*). Em sentido contrário, sustentando que mesmo a interpretação da lei italiana deve considerar o facto de não visar a realização do mercado interno, exemplificando mesmo com a atitude relativa às coligações verticais, ALESSI, pág. 26.

[328] Excepção a isto é talvez, embora não sendo um país comunitário nem europeu, os EUA, onde a extra-territorialidade encontrou terreno fértil para progredir.

[329] Supõe que estejam ainda preenchidos os restantes requisitos da norma, quer dizer, a existência de uma coligação de empresas e a restrição da concorrência por ela operada, mas, para afirmar a competência comunitária, basta que haja «afectação do

O sentido do critério de afectação do comércio, formulado no n° 1 do artigo 85° CE (e também no artigo 86°), de fundamental importância, foi, desde cedo, objecto de discussão. Para os autores que se filiavam na corrente germanizante de interpretação do artigo 85° CEE, o requisito corresponderia à noção de *Marktbeeinflussung*, ou seja, ao efeito actual ou previsível dos acordos no mercado[330].

Só que rapidamente o Tribunal de Justiça começou a referir o requisito aos objectivos fundamentais do tratado CE e, mais concretamente, ao objectivo de realização do mercado único, reconhecendo ser sua *função* essencial o constituir-se como critério de repartição de competências entre as ordens jurídicas comunitária e nacional[331].

Citando MÁRIO TENREIRO, pode dizer-se que só uma vez preenchida a «condição objectiva de proibição» e afirmada a susceptibilidade de um acordo (tomado como um todo[332]) afectar[333] o comércio entre os Estados membros, em virtude «da sua natureza restritiva e pelo contexto econó-

comércio». É a partir desse momento lógico que faz sentido indagar sobre se a norma está preenchida e se se aplica ao caso concreto.

[330] KLEEMAN, *Die Wettbewerbsregeln der Europäische Wirtschaftsgemeinschaft*, 38-43 (1962), apud JOLIET, *The rule of reason in antitrust law, cit.*, pág. 121. Só que esta concepção mostra-se claramente desconforme com o sentido atribuído pela moderna doutrina e jurisprudência comunitárias ao critério da afectação do comércio entre os Estados membros, que é visto como «condição objectiva de aplicabilidade do direito comunitário» e de consequente inaplicabilidade dos direitos nacionais da concorrência.

[331] Acórdão de 6.3.74, *Commercial Solvents*, cons. 31, pág. 131. Também parte significativa da doutrina salienta esta natureza do critério. Assim, por todos, FRANCESCHELLI/PLAISANT/LASSIER, pág. 44, e, na doutrina mais recente, ALESSI (pág. 8) ou BLANCO (pág. 34), que afirma ser uma aplicação do princípio da subsidiariedade. Sentido que aproxima ainda mais a compreensão comunitária daquela adoptada pelo *Sherman Act* – sobre o assunto, embora denotando alguma confusão entre objecto e fundamento, THIEFFRY, «L' appréhension des systèmes de distribution», *cit.*, pág. 668.

[332] Mário TENREIRO (pp. 229, nota 7) salienta ainda, em apoio da consideração deste critério como pura regra de atribuição e delimitação da competência comunitária, o acórdão do Tribunal de Justiça de 25.2.86, *Windsurfing*, onde se pode ler que «é somente quando o acordo, considerado no seu conjunto, pode afectar o comércio que se deve averiguar quais são as cláusulas do acordo que têm por objectivo ou efeito restringir (...) [a] concorrência» (pág. 664, cons. 96).

[333] Segundo SCHAPIRA/LE TALLEC/BLAISE, *Droit européen des affaires*, pág. 250, se a «afectação» representar apenas um critério de repartição de competências, deveria então considerar-se a expressão como tendo um sentido neutro, porque «não implica um juízo de valor sobre a coligação ou as actividades da empresa que ocupa uma posição dominante», raciocínio que se mostra conforme à jurisprudência *Consten-Grundig* («a circunstância de um acordo favorecer o aumento do volume do comércio não basta para excluir

mico» em que se situa, é que se estabelece a competência das autoridades comunitárias[334]. E esta exigência de afectação das trocas de quaisquer bens económicos traduz-se pois numa regra primária de, simultaneamente, atribuição e delimitação das atribuições comunitárias[335].

---

que esse acordo possa 'afectar'...»). Já Kovar entende esta palavra num sentido essencialmente pejorativo – «Commentaires traité CEE – article 85°».

Em sentido crítico, Mário Tenreiro (pp. 236-237), que decompõe o alcance jurídico e filológico das expressões «comércio», «entre os Estados-membros» e, claro, «afectação». Por nós, não cremos ser relevante saber se o termo tem sentido pejorativo ou neutro, embora, neste particular, tendamos a concordar com Schapira/Le Tallec/Blaise ou com Goldman/Lyon-Caen/Vogel (pág. 737 c) e 738-739) pela simples razão de que saber se a afectação será ou não prejudicial – isto é, se o acordo – preencherá ou não todos os requisitos do n° 1 do artigo 85° CE é questão que em último termo se resolverá na apreciação do elemento *restrição de concorrência*. Na Grã-Bretanha, também Nicholas Green parece considerar a expressão num sentido neutro, ao afirmar (pág. 239) que «o comércio é afectado quando as restrições do acordo provocam uma alteração do padrão de comércio (*cause the pattern of trade to change*)», por exemplo «se o nível do comércio diminui (...) ou aumenta, se os locais onde o negócio se instala mudam...».

[334] Mário Tenreiro, pp. 228-229. Neste sentido, o acórdão *LTM/MBU*, de 30.6.1966, pág. 337, dispunha que «essa disposição [afectação do comércio], clarificada pela precisão liminar do artigo 85° visando os acordos enquanto "incompatíveis com o mercado comum", tende a fixar o campo de aplicação da interdição pela exigência de uma condição *prévia* assente na possibilidade de um entrave à realização de um mercado único entre os Estados membros; que é, com efeito, na medida em que um acordo pode afectar o comércio entre os Estados membros que a alteração da concorrência provocada por esse acordo releva da proibição comunitária do artigo 85°, enquanto se for ao contrário lhe escapa». Mais claro foi o Tribunal no aresto *Consten-Grundig*, de 13.7.66, treze dias passados, ao afirmar que «a noção de "acordos susceptíveis de afectar (...)" "tende a determinar, em matéria de regulamentação das coligações, o império do direito comunitário em relação ao direito estadual», referindo-se imediatamente ao objectivo de realização do mercado único.

Como o Tribunal afirmou ainda, «para apreciar se é abrangida pelo artigo 85°, n° 1, uma convenção não pode, pois, ser isolada deste contexto, isto é, das circunstâncias de facto ou de direito que a levem a ter o efeito de impedir, restringir ou falsear o jogo da concorrência» – acórdão *Haecht I*, pág. 537.

Apesar do que fica dito, tal não significa que as instâncias comunitárias analisem sempre previamente a *afectação do comércio*, para depois analisarem a *restrição de concorrência*. Por exemplo, na sua decisão de 17.7.68 (*SOCEMAS*), a Comissão analisou primeiro a eventual restrição decorrente da decisão de associação de empresas, para, depois de um juízo de inexistência de *restrição* relevante, se escusar a analisar o acordo sob a perspectiva da *afectação* (JOCE, de 12.8.68, pág. 6) – assim, por todos, Laurent, pp. 32 e segs.

[335] Kovar, «Article 85° – Commentaire», pág. 436. O preenchimento do critério não implica, por outro lado, que se deixem de aplicar as legislações nacionais. Estas

Parte I – Da Comunitarização da Concorrência e sua Restrição

No entanto, para haver *afectação do comércio*, há que encontrar signos que contribuam para a repartição de atribuições que pretende operar. O que supõe determinar se ele próprio constitui igualmente um cri-

---

continuam a aplicar-se às práticas restritivas, ainda que de dimensões comunitárias, que produzam efeitos dentro do território nacional (cfr. MÁRIO TENREIRO, pág. 228). Claro que os conflitos que eventualmente possam surgir devem ser resolvidos, como também acentua este Autor, respeitando-se o princípio do primado do direito comunitário.

Aliás, o artigo 9º, nº 3 do Regulamento 17/62 estatui que «enquanto a Comissão não der início a qualquer processo nos termos dos artigos 2º, 3º e 6º, as autoridades nacionais dos Estados-membros têm competência para aplicar o disposto no nº 1 do artigo 85º...».

Esta visão segundo a qual o início de um processo deve paralisar toda a acção no plano nacional, devido ao *surgimento* da competência comunitária exclusiva, é há muito encarada pela jurisprudência do Tribunal de Justiça. Sobre o sentido da expressão «dar início a qualquer processo», pronunciou-se o TJCE no acórdão *Haecht II*, de 6.2.73 (pág. 77, pontos 16-17), no sentido de que no artigo 9º se visa «um acto de autoridade da Comissão, manifestando a sua vontade adoptar uma decisão em virtude dos artigos citados», no seguimento já, pelo menos, da posição assumida em 1963 por DERINGER (pág. 37), sob pena de ser bem fácil paralisar a acção das autoridades nacionais – bastaria proceder a notificação ou a pedido de certificado negativo –, beneficiando ainda da maior lentidão da Comissão. Por outro lado, as autoridades nacionais que *podem ir aplicando* a proibição do nº 1 do artigo 85º são as autoridades especializadas em concorrência, e não em geral as jurisdições ordinárias (acórdão de 30.1.74, *BRT c. Sabam*, pp. 38-39), as quais nunca estarão impedidas – mesmo se a Comissão iniciar um processo – de aplicar a proibição do nº 1 do artigo (MÉGRET e Outros, pág. 187). Em sentido diverso, na jurisprudência anterior, o acórdão de 18.3.70, *Bilger c. Jehle* (pág. 137, cons. 9) e, na doutrina, THIEFFRY, «L' appréhension des systèmes de distribution», *cit.*, pág. 688.

Para CASEIRO ALVES, *Lições de direito comunitário da concorrência*, pág. 129, trata-se ali de «um mero acto processual cuja única função é a de repartir competências entre as Comunidades e os Estados», não necessariamente comunicável às empresas. Sobre os (pretensos) perigos que podem decorrer para a concorrência da aplicação pelos tribunais nacionais dos critérios da Comissão, a síntese de FASQUELLE, pp. 128-129.

A aplicação do artigo 85º, número 1, pelas jurisdições nacionais é hoje promovida pela própria Comissão, através da sua *Comunicação 93/C 39/05*, como também salienta EHLERMANN, «Community competition law procedures», pp. 13-15. Com efeito, aí a Comissão diz expressamente, no ponto 22, que «se a Comissão iniciou um processo (...), os tribunais nacionais *podem* suspender a sua decisão», indicando-se alguns motivos para tal atitude. Mas podem também decidir «pronunciar-se» (ponto 23), e, inclusivamente, tecer considerações sobre a elegibilidade do acordo à luz do nº 3 do artigo 85º (ponto 24 e ss.). Só se considerar que uma tal isenção é possível (nomeadamente, se o acordo foi regularmente notificado à Comissão) é que o tribunal «suspenderá o processo», o que, ainda aqui, no entendimento da Comissão, não o inibirá de «aplicar as medidas cautelares que entender necessárias» (p. 30). Quanto a este ponto, faremos duas observações. A primeira quanto ao valor da *Comunicação* da Comissão. Estamos perante um acto comunitário não vinculativo, que não prejudica «uma apreciação diferente das autoridades encarregadas de aplicar a disciplina da concorrência» (CASEIRO ALVES, *Lições de direito comunitário da concorrência*, pág. 62), podendo ter um valor heurístico e indicativo. Sobre esta comunicação, *vide* o estudo de PERLINGIERI (pp. 521 e segs.).

A segunda observação refere-se à motivação subjacente a esta posição tão abertamente favorável a uma não-separação de águas imediata e à *simpatia* revelada pela intervenção das autoridades nacionais, *maxime* dos tribunais nacionais. Para além da delicada conjuntura política que então se vivia (recorde-se que se estava em plena crise de legitimação do TUE, assinado em Maastricht, tinha-se na altura cumprido um ano), poder-se-ia ver nesta comunicação uma aplicação, pela Comissão, do *princípio da subsidiariedade* que o novo tratado expressamente previa no artigo 3°-B, § 2. Ora, em matéria de concorrência, a Comunidade só goza de uma atribuição exclusiva a partir do momento em que se *interessasse* (no sentido acima descrito) por um caso. Até aí, estamos num domínio de atribuições partilhadas, pelo menos em termos *formais*. Quer dizer, enquanto a Comissão europeia não intervier, estamos, em certos pontos, num domínio de atribuição estadual. Uma vez intervindo, temos uma atribuição e competência comunitárias simultaneamente partilhada e concorrente (art. 9°, 1 do Reg. 17/62), salvo em domínios como os do n° 3 do artigo 85°, onde estamos *ab initio* numa situação de atribuição comunitária exclusiva.

Factor que, reduzindo-a, não chega a eliminar a operatividade da ideia de subsidiariedade no domínio da concorrência, enquanto potencie a descentralização da aplicação das normas comunitárias (DEMARET, «A short walk in the realm of subsidiarity», pág. 31), se desconsiderarmos um pouco a distinção operada pelo Prof. FAUSTO DE QUADROS (*O princípio da subsidiariedade, cit.*, pp. 38-39). Com efeito, trata-se de um princípio que, como acentua a generalidade da doutrina e se pode verificar pela sua inserção sistemática no corpo do tratado da CE (artigo 3°-B), tem sobretudo uma dimensão económica. Tal como plasmado no artigo 3°-B do TCE, só opera nos domínios de competência *concorrente*, embora não se limitando a um puro juízo *primário* de designação alternativa do ordenamento competente, mas interferindo ainda (como árbitro? – DRUMAUX, pp. 94 e 103) no processo *secundário* e mais complexo de aferição da possibilidade, prestabilidade e adequação da actuação centralizada ou descentralizada. Mesmo que, num domínio de competência exclusiva, se comprovasse ser mais eficaz uma acção a um nível mais próximo do cidadão (por definição, estadual). Não opera também em domínios puramente reservados ao Estado, por serem as Comunidades apenas dotadas de competências de atribuição, que as impedem, em geral, de actuar em zonas para as quais os Estados não lhes conferiram poderes, embora a competência não atribuída se possa ver limitada pelas ideias e normas relativas à realização plenamente eficaz dos objectivos comunitários (como o artigo 5° CE).

Parte I – Da Comunitarização da Concorrência e sua Restrição 153

tério material[336], e ainda procurar o *quid*[337] que o distinga da noção – também ela presente no número 1 do artigo 85° – de *restrição de concorrência*.

Pensamos claramente que não se assume como critério material autónomo. O seu sentido é constituir-se juiz de uma intervenção da norma comunitária. O que não esconde nem oblitera o sentido das pronúncias do Tribunal de Justiça, desde logo no acórdão *LTM/MBU*[338], de que para haver afectação do comércio para efeitos do n° 1 do artigo 85°[339], «um acordo deve, com base num conjunto de elementos objectivos de facto e de direito, permitir vislumbrar (*envisager*) com um grau de probabilidade suficiente que possa exercer uma influência directa ou indirecta, actual ou potencial, sobre as correntes de troca entre os Estados membros num sentido que possa prejudicar a realização do objectivo do mercado único entre os Estados membros».

---

[336] Afirmando claramente a dupla função do critério da afectação – regra de competência e regra material –, por todos, SCHAPIRA/LE TALLEC/BLAISE, *Droit européen des affaires*, pp. 250 e segs.

[337] Assim no próprio acórdão *Commercial Solvents*, de 6.3.74, o Tribunal após referir o critério aos artigos 2° e 3° f) do Tratado, dispõe que o artigo 86° visa «as práticas susceptíveis de causar um prejuízo directo ou indirecto aos consumidores, na medida em que afectem uma efectiva estrutura concorrencial» (cons. 32, § 2). A afectação da estrutura concorrencial como condição da afectação do fluxo das trocas é também salientada no acórdão *RTE e ITP c. Comissão*, de 6.4.95, e nas conclusões do advogado-geral GULMANN, ponto H, na medida em que exclua concorrentes (cfr. *Continental Can*, de 21.2.73, pp. 215 e segs.). Também Otto LENZ, nas conclusões proferidas no já famoso processo *J-M. Bosman* (acórdão do TJCE de 15.12.95), havia dito que basta «prejudicar a realização dos objectivos do mercado único entre os Estados-membros» (pp. 5027 e segs.).

Todavia, parece-nos que não há aqui em rigor uma dupla natureza do critério, antes sendo utilizada a «afectação da estrutura concorrencial» como índice ou elemento para o preenchimento do cirtério e, deste modo, de afirmação ou infirmação da competência comunitária – aderimos pois aos argumentos de Mário TENREIRO.

[338] Acórdão de 30.6.66, pp. 337-364. Esta fórmula foi reafirmada nos acórdãos seguintes, como no importante acórdão *Völk/Vervaecke*, de 9.7.69 (pág. 302, cons. 5). Como se diz neste acórdão: «pour être susceptible d'affecter le commerce entre États membres, un accord doit (...) permettre d'envisager avec un degré de probabilité suffisant qu'il puisse exercer une influence directe ou indirecte, actuelle ou potentielle sur les courants d'échange entre États membres dans un sens qui pourrait nuire à la realisation des objectifs d'un marché unique entre États» – e repetida *ad nauseam*, desde aí – por todos, acórdão de 19.4.88, *Erauw Jacquery*.

[339] Neste aspecto há identidade de significados entre o artigo 85° e o artigo 86° CE.

Assim delimitada, esta afectação do comércio entre os Estados-membros não implica que os acordos tenham sido necessariamente celebrados entre empresas de dois ou mais Estados-membros[340], não tendo sequer de ter por objecto a importação ou exportação de produtos entre

---

[340] O direito comunitário adoptou o mesmo critério adoptado pelo GWB (§ 98 – assim REHBINDER, in IMMENGA/MESTMÄCKER, *GWB-Kommentar zum Kartellgesetz*, pp. 1871-1948), ou seja, «o critério do efeito anticoncorrencial territorial. Segundo este princípio, os arts. 85° e 86° CEE subordinam a sua efectiva aplicação à simples localização no Mercado Comum dos efeitos anti-concorrenciais, não exigindo, portanto, a ligação das empresas em causa aos diversos Estados Membros» – ROBALO CORDEIRO, pág. 99. Com efeito, pode até suceder que ambas as empresas tenham a sua sede no exterior da Comunidade (*v.g.* acórdão de 27.9.88, *Åhlström Osakeyhtiö c. Comissão*, pp. 5193 e pág. 5215, para outras indicações bibliográficas; FERRIER, «La franchise internationale», pp. 657-658; sobre este ponto, BISCHOFF/KOVAR, pp. 675 e segs.; SCHERER, pág. 48), ou que a restrição da actuação das empresas comunitárias diga respeito ao isolamento do mercado comum de uma fonte de aprovisionamento potencialmente melhor, desde que os efeitos anticoncorrenciais se produzam exclusivamente no espaço comunitário (decisão da Comissão de 18.12.85, *Siemens-Fanuc*, cons. 24). O que importa é sempre responder à pergunta: «tem este comportamento algum efeito adverso no meu comércio interno?» (SINAN, pág. 31), ou, dito de outra forma, no «território do mercado comum»? (MACH, pág. 344). Afirmando o princípio da territorialidade objectiva, SCHAPIRA, pp. 58-59.
    Na decisão *Grossfillex* (de 11.3.64, JOCE, de 9.4.64), a Comissão considerou que uma *concessão* exclusiva para um território não-comunitário (a Suíça), mesmo acoplada de uma protecção territorial absoluta, era legítima – não preenchendo o artigo 85°, n° 1 CE –, na medida em que não impedia as importações paralelas, não era possível a concorrência pelo preço entre os produtos (dado que da Suíça para a CE, os produtos teriam de transpor a fronteira aduaneira) e existia uma forte concorrência entre marcas na Comunidade (cfr., quanto ao *Sherman Act*, THIEFFRY, «L' appréhension des systèmes de distribution», *cit.*, pág. 669). Para um exemplo de um acordo entre empresas comunitárias com efeitos exclusivamente fora da CE – decisão da Comissão, *DECA*, de 22.10.64. Para SANTA MARIA (pág. 321), há mesmo uma política comunitária (*rectius*, da Comissão) no sentido de conceder certificados negativos a coligações cujos efeitos se produzam essencialmente fora da CE, distinguindo-se apenas entre os acordos positivos, que impõem às partes obrigações de *facere*, e os acordos negativos, que impõem obrigações de abstenção.
    Salientando uma tendência de rejeição de uma territorialidade estrita na CE, visível também no regime das concentrações de empresas, JACQUEMIN («The international dimension of european competition policy», *Journal of Common Market Studies*, 31, 1, Março, 1993, pág. 94). No entanto, os exemplos fornecidos – o impacto dos actores não-comunitários na CE, a definição do mercado relevante como sendo o mercado mundial (e há propostas recentes neste sentido, por exemplo num recente Parecer do Comité Económico e Social, ponto 5.4 – JOCE, n° C, de 12.2.96, pág. 81) – não podem questionar o princípio da territorialidade dos efeitos no aspecto processual e de eventual execução de decisões e sentenças. Com interesse, a este respeito, na relação com terceiros Estados,

Parte I – Da Comunitarização da Concorrência e sua Restrição   155

dois Estados-membros[341]. Um acordo celebrado entre duas empresas portuguesas pode ser susceptível de afectar o comércio entre os Estados-membros[342]. Aliás, nas suas últimas apreciações sobre o sentido do critério de afectação do comércio entre os Estados-membros, o TJCE expressamente recordou a jurisprudência confirmada no acórdão *Remia*[343],

refira-se o artigo 24° do regulamento n° 4064/89, bem como SINAN (pp. 41 e segs.), para lá do próprio JACQUEMIN, que SINAN cita (pág. 46) como afirmando que a implementação de uma adequada política de concorrência «pode requerer um delicado *trade-off* entre a efectividade da política e os limites impostos pelo direito internacional». Para amplas indicações bibliográficas, BORBA CASELLA, *Comunidade Européia e seu ordenamento jurídico*, pp. 431 e segs., notas 8 a 13. Recorde-se ainda o que já escrevemos *supra* e ainda o que diremos.

[341] Acórdão *Bilger c. Jehle*, de 18.3.70, citado *supra*.

[342] Vide os acórdãos *Haecht I* – de 12.12.67 –, *Bilger c. Jehle* – de 18.3.1970, pp. 127 – ou *Fonderies Roubaix*, de 3.2.1976, pág. 119, cons. 13. Na doutrina mais antiga, igualmente, BERNINI, *Profili di diritto delle Comunità Europee*, pp. 328-329. Foi também o que sucedeu no acórdão *Pronuptia*, pág. 384, cons. 25. Tratava-se de um contrato de franquia (*franchising*) de distribuição. O Tribunal considerou que, mesmo sendo celebrado entre empresas estabelecidas no mesmo Estado-membro, as cláusulas que nele se contenham e que tenham por objecto a repartição de mercados devem considerar-se como tendo tal efeito, na medida em que impedem os franqueados de se estabelecer noutro Estado-membro (NORBERG/HÖKBORG/JOHANSSON/ELIANSSON/DEDICHEN, pág. 509, sublinhavam que, no acórdão *Pronuptia*, a afectação resultava de restrições à *liberdade de estabelecimento* no território de outro Estado-membro). No mesmo sentido, o acórdão *Belasco e Outros c. Comissão*, de 11.7.89, pp. 2190-2191. Refere-se também expressamente ao caso *Pronuptia*, Mário TENREIRO (pág. 243), que salienta o facto do Tribunal de Justiça «chamar a atenção da Comissão para a necessidade de fundamentar de modo especialmente cuidado a existência de uma afectação potencial do comércio entre os Estados-membros», por exemplo no acórdão *Papiers peints*, de 26.11.1975 (pp. 1514-1515). Curiosamente, se o Tribunal adoptou neste último caso uma tal posição de cautela, semelhante cuidado não teve no próprio acórdão *Pronuptia*, onde não renovou uma tal preocupação pela certificação do efeito potencial. Antes pelo contrário, pois declarou que as cláusulas de repartição de mercados «são sempre susceptíveis de afectar o comércio», independentemente de qualquer indagação sobre o efeito concreto que uma tal cláusula poderá ter tido na política de expansão da franqueada (discutindo isto, VENIT, «Pronuptia: ancillary restraints – or unholy alliances», pág. 221 e WILMARS, «Statement of reasons», *cit.*, pág. 625). Entre nós, Nuno RUIZ, «Decisão Vaessen/Morris: o mercado relevante na aplicação da regra "de minimis"», pág. 116.

[343] Acórdão de 11.7.1985, *cit.*, pp. 2545 e segs., que aliás, neste particular, busca a sua origem no acórdão de 17.10.72, *Vereeniging van Cementhandelaren* pág. 992, cons. 29. Esta posição tem sido várias vezes reafirmada. Assim, recentemente, nos acórdãos do TJCE, de 24.10.95, *Bundeskartellamt c. Volkswagen e VAG Leasing*, pág. 3518, cons. 26; ou de 21.2.95, *SPO e Outro c. Comissão*.

nos termos da qual «todas as práticas restritivas que se estendem a todo o território de um Estado membro têm por efeito, pela sua própria natureza, consolidar uma compartimentação dos mercados a nível nacional, entravando assim a interpenetração económica pretendida pelo tratado»[344].

Factor que tornará mais complexo o processo de determinação da lei aplicável, pela exclusão da aplicação necessária a situações «puramente internas» (BAPTISTA MACHADO) – isto é, que apenas esteja em contacto com um ordenamento jurídico, por exemplo o português –, da lei interna (no nosso caso, a portuguesa)[345].

---

[344] Posição diferente tem sido a da Comissão, que ainda em recente pleito perante o TPI (acórdão de 18.9.95, *Ladbroke Racing*, pp. 2565 e segs.), afirmava que «um acordo que confia a um único operador a aceitação de apostas sobre as corridas de cavalos no âmbito nacional não tem, por si só, efeitos no comércio interestadual».

Pode dizer-se que os tribunais comunitários delimitaram os casos em que a violação das regras do artigo 85°, n° 1, resulta da circunstância excepcional da sua caracterização puramente interna – cfr. acórdãos *Fonderies Roubaix* (de 3.2.76, pp. 111 e segs.) e *De Norre c. Concordia*, de 1.2.77 (pp. 93-94, cons. 19). No entanto, parecem fazê-lo em termos criticáveis. Com efeito, neste última espécie, o Tribunal de Justiça afirmou que a violação do artigo 85°, n° 1, resultava do mero efeito cumulativo da existência da acordos similares no mercado, o que no fundo traduz o preenchimento das regras gerais elaboradas pelo Tribunal, não se encontrando a razão pela qual se trataria de uma circunstância excepcional, justificativa da aplicação a um contrato entre empresas de um mesmo Estado-membro de um regulamento que só previa a isenção para acordos celebrados entre empresas de dois Estados-membros. Só pode significar que o Tribunal de Justiça reconhecia assim a deficiente técnica legislativa utilizada pela Comissão e o seu poder de, em nome da garantia do respeito pelo tratado – aliás nunca aí invocado –, operar uma extensão teleológica do âmbito do regulamento 67/67. Em consonância, os regulamentos 1983/83 e 1984/83, que substituíram aquele primeiro, não incorreram na mesma falha.

De qualquer modo, sobre a relevância da «compartimentação dos mercados nacionais», vide acórdão *Coöperatieve Stremsel- en Kleurselfabriek c. Comissão*, de 25.3.81, pp. 867-868, cons. 15.

[345] BAPTISTA MACHADO, *Lições de Direito Internacional Privado*, pp. 10-11. O que mostra que, para o efeito de determinar se uma dada coligação ou abuso de posição dominante cairá no domínio da lei comunitária ou da lei nacional, ou de ambas, o conceito que BAPTISTA MACHADO formulava de situações puramente internas não é inteiramente prestável, porque, para a aplicação do direito comunitário, o que se revela determinante, à primeira vista, não é a conexão exclusiva com o ordenamento jurídico nacional, nos termos apontados por aquele ilustre jurista, constituindo critério de determinação de uma *situação meramente interna*, para efeitos de direito da concorrência, «a produção dos efeitos dos comportamentos exclusivamente no território de um Estado-membro» – vide acórdão *Hugin*, de 31.5.1979, pág. 1899, cons. 17 *in fine* –, só sendo assim verdadeiramente elucidativo após a afirmação da competência interna exclusiva, com a verificação do não preenchimento das condições de aplicação da norma comuni-

É pois certo que, na apreciação deste requisito, devem ser incluídas todas as cláusulas de um acordo ou os acordos na sua globalidade que impeçam, diminuam, modifiquem ou *afectem* os termos da realização do mercado único ou comum[346]. Porque é a referência ao mercado comum que justifica e legitima a intervenção comunitária. Sem ela, seja ou não uma coligação, seja ou não uma posição dominante, não faz sentido falar em violação dos artigos 85º e/ou 86º.

Mas exactamente aí reside a autonomia do critério. Ele não é autónomo por decidir definitivamente da materialidade da infracção. Mas não é isento da participação no colectivo dessa pronúncia. A própria confusão que grassa na jurisprudência e na doutrina comunitárias é bem disso o

---

tária, dado que em todo o caso não se poderia nunca estar perante um «contrato sem lei». A «situação puramente interna», neste sentido, que existe indubitavelmente, é pois não um *prius*, mas um *posterius* no processo de análise da coligação entre as empresas. Pode dizer-se, e não deixamos de o reconhecer, que, nesta perspectiva, poderá não poder prescindir-se, posteriormente, de uma determinação da lei aplicável, ainda que não de acordo com um método conflitual, mas pelo reconhecimento das normas nacionais como normas de aplicação necessária e imediata – assim quanto ao anterior diploma nacional da concorrência, neste ponto não alterado, MOURA RAMOS, *Da lei aplicável ao contrato de trabalho internacional*, pág. 659, nota 606 – ou pela aplicação de «um direito material especial criado em função das suas particularidades» (*idem*, pág. 444, nota 126).

[346] Como nota ROBALO CORDEIRO (pág. 93), ao fazer um paralelismo entre as legislações portuguesa (o então artigo 13º do DL 422/83) e comunitária (art. 85º do tratado) de defesa de concorrência, para justificar a actuação de ambas as normas basta «a simples previsibilidade do dano provocado pela coligação», cuja noção é aliás idêntica nos dois sistemas. Vide ainda Nuno RUIZ, «Relações entre o direito nacional e o direito comunitário da concorrência», pp. 324-325, sobre a relevância do *dano potencial*.

A jurisprudência comunitária não tem sido muito exigente na afirmação da afectação. Se numa fase inicial se parecia exigir que a afectação fosse *sensível* (neste sentido, acórdão de 19.4.88, *Erauw-Jacquery*, cons. 17), o certo que uma tal exigência parece ter vindo a ser afastada pelo próprio Tribunal de Justiça, embora deva sempre ter-se por presente, dadas as condicionantes e limites heterónoma e autonomamente delineados pelo próprio direito comunitário, ao nível da definição da restrição de concorrência relevante (falando também em aqui de uma regra *de minimis*, KERSE, pág. 11).

O carácter potencial da afectação resulta, entre outros, dos acórdãos *Michelin c. Comissão*, de 9.11.83 (pp. 3522-3523, cons. 104), *Höfner e Elser*, de 23.4.91 (pp. 2018--2019, cons. 32-33), e do acórdão do TPI de 21.2.95, *SPO e Outro c. Comissão* (pág. 367, cons. 235 e segs), onde se diz que basta que a afectação seja potencialmente sensível. No acórdão do TPI de 14.7.94, *Parker Pen*, exigia-se que a influência sobre as correntes de troca «não fosse insignificante» (em termos muito idênticos aos do acórdão *Völk/Vervaecke*,

exemplo[347]. A interconexão entre afectação e restrição é evidente. Serão separáveis, porventura, porque a afectação constitui um limite lógico-normativo à intervenção do ordenamento comunitário, a sua razão de ser. Aí reside a sua autonomia. Tudo o resto, que é o *fado* ou o destino da coligação, repousa na consideração dos propósitos e das políticas que se desejam instituir – ou repelir – na actuação dos agentes económicos, do juízo que se fará sobre uma dada forma de actuação sobre o mercado – política de preços, repartição territorial dos mercados, proibição de importações ou de exportações, fixação imutável de condições contratuais, etc, etc – ou os respectivos resultados. Não poderá ser restrição da concorrência aquela norma privada que não *fira* ou *modifique* o mercado comum, ainda que (nunca se poderá esquecer) apenas potencialmente. Mas ainda que aquele comportamento possa gerar uma *afectação*, a so-

---

note-se). Sobre a potencialidade de afectação, no domínio da franquia, *vide* a decisão da Comissão *Service Master*, de 14.11.88, cons. 23.

Além disso, parece não ser sequer necessário que a coligação conduza a uma compartimentação de mercados, bastando demonstrar a afectação da estrutura concorrencial no mercado comum, *vide* excluindo um concorrente (*Commercial Solvents*, de 6.3.74, cons. 33; *United Brands*, de 14.2.78, cons. 201-202). Por outro lado, como resulta da jurisprudência *Stergios Delimitis*, de 28.2.91 (pág. 989, cons. 33), se um contrato, ainda que restritivo, não impedir o acesso ao mercado – subsista uma «possibilidade real» de entrada no mercado – por parte de concorrentes, nacionais ou estrangeiros, então não haverá afectação.

[347] Nem sempre a distinção entre afectação e restrição é desenhada com clareza, pelos tribunais comunitários, pela Comissão, pela doutrina e pelos advogados-gerais. Assim, já em 1995 (acórdão de 24.10.95, *BMW c. ALD Leasing*, pág. 3469, cons. 20), o TJCE incluíu na apreciação da afectação o facto de o acordo «restringir as possibilidades de sociedades estrangeiras comprarem BMW na Alemanha», fundamento que quadra com o entendimento da Comissão sobre o que seja uma restrição de concorrência. Sobre este ponto, numa perspectiva histórica, *v.g.* o acórdão *Papiers peints*, de 26.11.1975. Para FRIGNANI («La Corte di Giustizia riconosce le peculiarità del franchising», *cit.*, pág. 54, § 2), foi mesmo isso o que sucedeu no acórdão *Pronuptia*. Também entre os autores tal confusão é corrente (mesmo entre quem domina perfeitamente as matérias) – *vide* Nuno RUIZ, «Relações entre direito nacional e direito comunitário da concorrência», pp. 321-322, que escreve, a propósito da evanescência do conceito de afectação, provocada pela crescente interpenetração económica, ser «difícil avaliar com exactidão qual o grau de restrição de concorrência relevante para determinar a aplicação do direito comunitário» – e mesmo potenciada (VAN GERVEN, conclusões no processo *Stergios Delimitis*, pp. 965 e segs., afirmando a sua estrita interligação e o seu tratamento conjunto). Na doutrina portuguesa, consulte-se ainda ROBALO CORDEIRO, pág. 108, e nota 82.

lução final não poderá prescindir da apreciação – verdadeira apreciação – sobre a legitimidade de um tal comportamento restritivo.

E por isso, o sentido desta ferida que se abrirá é sempre descoberto com a sua ligação – e tão conexa está ela – com a restrição da concorrência. É causa e efeito, pressuposto e decorrência, mas critério neutro de afirmação de uma atribuição comunitária. Revalorizando os critérios segundos, entre eles a restrição da concorrência, que apenas o tem como condição *sem a qual não*, delimitando as «fronteiras entre as áreas cobertas pelo direito comunitário e aquelas cobertas pela lei dos Estados-membros»[348].

Uma vez isto feito, afirmada a susceptibilidade de aplicação do nº 1 do artigo 85º, pela interferência da actuação – coalizão ou posição dominante – no mercado interno, há que visualizar a concorrência actualmente desejável, num juízo de *restitutio*, de recondução a uma realidade hipoteticamente anterior (não já ideal ou perfeita), que, num sentido de retorno, não deixará de ser a que existiria na ausência da realidade a extirpar[349].

---

[348] Ainda, por todos, acórdão de 31.5.79, *Hugin*, especialmente, pág. 1899, cons. 17. Para PAPPALARDO («La réglementation communautaire de la concurrence», *cit.*, pág. 346), se o critério da afectação constitui uma regra de conflitos e a restrição de concorrência se constitui como critério material, a questão não deixa de ser terminológica. O que aquele critério significa é apenas que, se a coligação não afectar o comércio, é o direito nacional que deverá ser aplicado.

[349] Parece-nos, no fim de terminar esta nossa exposição, que na CE, há muitas formas de ver e sentir este requisito, em todas se vislumbrando uma essencial verdade, ou uma parte dela, pois todas têm um sentido próprio e um eco jurisprudencial. O que supõe que, se não queríamos negar qualquer intervenção – e tal não era possível, dado o tema que escolhemos – houvesse que tomar posição num debate que achamos puramente intelectivo e lógico. E a convicção gerada chegava mesmo mais longe. Como afectação não faz sentido sem restrição, nem esta sem aquela, as duas constituem critérios que simultaneamente se pressupõem (salientando a conexão estreita entre ambas, BELLAMY/ (PICAÑOL), pág. 142). A Comissão só pode atacar uma coligação – e o que é isso, veremos já –, por ser, diga-se, restritiva, se interferir no mercado comum. E o mercado comum, alterado pela colusão, não deverá forçosamente reagir interditando-a, numa lógica puramente conservadora de um *status quo ante*.

O que apenas revela que o mercado comum é a razão de ser da norma, o que a justifica, o modelo. A restrição é o resultado (in)desejado que se reflectirá sobre a concreção desse modelo. Por isso aquele critério é fundamental, permitindo a sua verificação determinar se o direito comunitário se reputa aplicável, com a correspondente exclusão da aplicação das normas nacionais. E com isto não pretendemos esquecer o que dissemos acerca da não operatividade do discurso de BAPTISTA MACHADO, nem a advertência

II. Coligação entre Empresas e Verticalidade ou Horizontalidade das Restrições da Concorrência

No entanto, para que a norma do artigo 85°, n° 1, do tratado CE, intervenha, é suposto encontrarem-se preenchidos três requisitos cumula-

---

quanto ao facto de, nas relações entre as ordens jurídicas comunitária e nacionais, não se estar perante relações «plurilocalizadas», em termos que suscitem – neste plano imediato – a aplicação dos métodos e instrumentário próprios do direito internacional privado, o que poderia contudo acontecer se a norma comunitária não demonstrasse vontade de aplicação, caso em que se aplicaria a lei do foro (por exemplo, se contivesse uma norma de aplicação necessária e imediata ou se fosse a lei designada competente pela regra de conflitos do foro) ou outra lei designada pela regra de conflitos, nas restantes hipóteses. Apenas ficou explícito que a «localização» que aqui é suposta não o é essencialmente no tempo (como no direito intertemporal) ou no espaço (como no direito internacional privado), mas material, ao nível dos efeitos, sendo estes a conexão que desencadeia a aplicação da lei do foro (que tanto é a comunitária como a nacional, ou mesmo ambas – HECKE, pág. 363; BOGGIANO, pág. 50). E por isso foi afirmado que mesmo numa situação *puramente interna*, no sentido que aí se vislumbra de modo expresso (um contrato de distribuição entre dois portugueses, celebrado em Portugal, para produzir efeitos – diga--se: ser executado – em Portugal), poderá estar preenchido o critério que desencadeia a aplicação da norma comunitária: a afectação do comércio entre os Estados-membros, a interferência com o mercado comum (nunca nos esqueçamos que as normas comunitárias são, também elas, normas de aplicação interna). Do mesmo modo, *et pour cause*, o facto da situação ser *absolutamente internacional* não implicará de modo necessário a aplicação da lei comunitária (uma empresa espanhola e uma empresa holandesa concluem, em França, um acordo de distribuição atribuindo à primeira o direito de distribuir os produtos da segunda em Portugal). Ou seja, o critério da resposta, no que à aplicabilidade da norma comunitária respeita, não é o mesmo, embora não prescinda da localização espacial. No último caso, se pelo seu critério próprio, o direito comunitário não se considerasse aplicável, então sim, poderá suscitar-se uma questão de escolha da lei, típica do direito internacional privado, ainda que porventura resolvida segundo métodos que deste se afastam. E o mesmo poderá acontecer mesmo que a norma comunitária fosse aplicável e a CE competente (nos limites da jurisprudência *Walt Wilhelm*).

Por isso são tão atraentes os modelos de repartição das competências no âmbito de Estados federais, entre as esferas federada e federal, ou as sugestões de erecção da norma comunitária em direito material uniforme (assim WOLF, presidente do *Bundeskartellamt*, citado por BLANCO, pág. 39, nota 41), aplicável em razão do espaço, e reservando para o direito interno – se este subsistisse, o que poderia não fazer sentido (violando-se o artigo 6° CE?) – as situações, estas sim, puramente internas, no sentido mais estrito e nacional do termo. Poderia ainda – e limitamo-nos a *mais uma* provocação – vislumbrar--se no critério comunitário uma aproximação ao *Governmental interest analysis*, de Brainerd CURRIE – em consequência da natureza não-espacial do critério de conexão (FERRER CORREIA, *Direito internacional privado – alguns problemas*, pp. 37 e segs.) – ou, o que

Parte I – Da Comunitarização da Concorrência e sua Restrição   161

tivos, entre os quais a doutrina tende, pois, a considerar dois materiais e um de repartição de competências: a afectação do comércio, que ainda que potencial, afirma a atribuição comunitária.

Mas é preciso mais. No que respeita ao artigo 85° CE, supõe que se esteja perante *duas*[350] ou mais *empresas*[351]. Com efeito, o artigo 85° não

parece ser menos distante, ver-se, na norma comunitária, notas que recordam o funcionamento das normas de aplicação necessária e imediata, dada a sua imperatividade. De todo o modo, reconheça-se, onde o problema parece ganhar autonomia e vida próprias é onde se suscite verdadeiramente uma questão de plurilocalização, quer dizer, em que outro ordenamento jurídico (não comunitário) possa estar conectado com a situação, nos casos já referidos, em que se suscitam as questões da (extra)territorialidade do direito comunitário, onde há uma conexão espacial (a produção de efeitos no mercado geográfico que é o da CE) determinante da sujeição ou não da coligação ou prática abusiva às normas comunitárias.

Sobre o tema, de qualquer forma, MOURA RAMOS, *Aspectos recentes do direito internacional privado português*, pp. 16-18 e, sobretudo, *Da lei aplicável ao contrato de trabalho internacional*, pp. 9-10, 15-19, nota 23, e 630-720; ROBALO CORDEIRO, pp. 99--100, embora este último não encare minimamente a questão à luz do direito internacional privado, mas mais no sentido que *supra* evidenciámos; MARQUES DOS SANTOS (em especial, pp. 804-805 e 829-830). E ainda VAN HECKE (pp. 363 e segs.) ou SEGRÈ (pp. 75--78). Sobre a escolha da lei aplicável ao contrato de franquia internacional, FERRIER, «La franchise internationale», pp. 648 e segs., em especial, pp. 657 e segs.

[350] É certo que a mera existência de uma coligação não dá qualquer solução, porque, enquanto categoria «ambivalente» (LAURENT), pode até estimular a concorrência, não sendo por isso preenchida a previsão da norma do artigo 85°. Mas, e o tratamento dos acordos de franquia é bem o exemplo, constitui o pressuposto básico (o ponto de partida) da apreciação sobre a operatividade da norma.

[351] A noção comunitária de empresa é uma noção ampla e porventura não totalmente fundada. Ela cobre virtualmente toda a afectação de recursos para a realização de actividades económicas, ainda que não lucrativas. Mesmo pessoas singulares podem ser tratadas como «empresas», além de não haver uma concepção juridicizante da empresa, no sentido de reconhecer todo o sujeito de direito como empresa, factores que fazem recusar no nosso campo as noções elaboradas no domínio da CECA, que se extraíam dos acórdãos de 13.7.62, *Klöckner Werke* (pp. 646-647) e *Mannesmann* (pp. 705-707), elaborada também para fins diversos, a sujeição a um mecanismo de perequação. Na CE, artistas, associações e cooperativas foram já considerados «empresas», para efeitos de aplicação do artigo 85° CE, sendo determinante o exercício de uma actividade económica, independentemente da sua nacionalidade, de se tratar de uma pessoa física ou de uma pessoa jurídica e, neste caso, do seu estatuto jurídico, modo de financiamento ou objecto social – por exemplo, o comércio com o exterior da CE (VAN BAEL/BELLIS, *Il diritto della concorrenza nella Comunità Europea*, pág. 27) – ou sequer de princípios de direito fiscal ou comercial (assim, quanto ao direito alemão – GWB –, TORLEY DUWEL, pág. 405).

Quanto a aquelas últimas, destaque para dois pontos. Em primeiro lugar, o facto de se tratar de uma cooperativa não exclui a sujeição às regras da concorrência, na medida em a actividade realizada seja económica (acórdão do TPI, de 2.7.92, *Dansk Pelsdyravlerforening*, pág. 1952, cons. 50). E, em segundo lugar, que a coligação restritiva pode até ser constituída pelas cláusulas do estatuto de uma cooperativa (*vide* as elucidativas palavras do advogado-geral WARNER, proferidas nas conclusões do processo 61/80, Rec., 1981, 3, pág. 873).

Também indiferente para a imputabilidade de um comportamento a uma empresa é o facto desta já não ser juridicamente a mesma. No acórdão *CRAM SA e Rheizink*, de 28.3.84 (pág. 1699, cons. 9), o Tribunal de Justiça considerou irrelevante a mudança da «forma jurídica e do nome» de uma empresa, considerando que a empresa *transformada* era a mesma empresa anterior, dada a identidade económica entre as duas.

Decisivo é pois o exercício de uma actividade económica, de produção de bens ou prestação de serviços (assim também em Portugal: CONSELHO DA CONCORRÊNCIA, entre outros, no parecer 3/85, 22; no *Relatório da actividade de 1990*, pág. 47 e Parecer 1/90, *idem*, pág. 60), sendo empresa sinónimo de *unidade económica* (em sentido crítico, COUTINHO DE ABREU, *Da empresarialidade (as empresas no direito)*, pág. 264; ou ORLANDO DE CARVALHO, *Critério e estrutura do estabelecimento comercial, cit.*, pág. 308, nota 121). Mas será empresa a entidade que exercer uma actividade económica, qualquer que ela seja? Por um lado, empresa, para o direito comunitário da concorrência, não é forçosamente unipessoal. Quer dizer, uma empresa pode ser constituída por várias pessoas jurídicas, desde que estas não tenham autonomia económica entre si – *v.g.* o caso das filiais que não têm autonomia de comportamento em relação à sociedade-mãe, como no acórdão *Hydrotherm*, de 12.7.1984 (pág. 3016, cons. 11).

Por outro lado, é empresa a entidade que, sendo composta por uma ou mais pessoas jurídicas, realiza uma actividade económica, ainda que não lucrativa. O mesmo COUTINHO DE ABREU, pronunciando-se sobre o conceito de empresa suposto pelo direito comunitário da concorrência («L'europeanisation du concept d'entreprise», pp. 16-17) criticava a jurisprudência comunitária por, no acórdão *Höfner et Elser* (de 23.4.1991, pág. 2016, cons. 21-22), considerar empresa toda a entidade que exerça uma actividade económica, independentemente do seu estatuto jurídico e modo de funcionamento, enquanto só deveriam ser consideradas como tal as entidades que exercessem uma actividade económica de troca, ou seja, em que haja uma retribuição (que reafirmou em *Da empresarialidade (as empresas no direito)*, pp. 288 e 296-298). Trata-se de uma solução que encontra paralelo em aplicações feitos pelos tribunais britânicos, como no caso *Deane e outros/ VHI Ltd*, em que o tribunal tomou como empresa uma entidade sem fins lucrativos, mas que «prestava serviços...contra remuneração» (*v.g. 23º Relatório da política da concorrência*, pág. 571).

Mas se a Comissão não tem considerado relevante o objecto lucrativo ou não lucrativo das organizações ou a sua natureza pública ou privada (decisão da Comissão de 11.6.93, *UER/Sistema Eurovisão*, JOCE, nº L 179, de 22.7.93, pág. 31, cons. 45), também o Tribunal de Justiça a isso não tem sido sensível. Não só no acórdão referido (e no já antigo acórdão *Giuseppe Sacchi*, de 30.4.74), mas ainda mais recentemente, no acórdão de 16.11.95 – *Fédération Française des sociétés d' assurance*, pp. 4026 e segs., cons. 8-22 –,

se preocupa com práticas individuais das empresas, mas apenas com comportamentos colusivos ou coligados[352]. Daí que desde há muito o

o Tribunal de Justiça, pronunciando-se em reenvio do *Conseil d'Etat* francês, questionado sobre se a atribuição a uma empresa pública da gestão de um regime complementar facultativo de seguro de velhice de agricultores não assalariados violaria as regras de concorrência, considerou que tal organismo era uma empresa, independentemente de ter uma função social e de não ter um escopo lucrativo, sobretudo porque realizava uma actividade económica em concorrência com seguradoras privadas do ramo-vida – cfr sobre o ponto, a decisão apenas aparentemente contrária do Tribunal de Justiça, no acórdão *Poucet-Pistre*, de 17.2.93 (pp. 669-670, cons. 14-19), pois neste caso o Tribunal excluiu a qualificação como empresa apenas por não haver aí uma actividade económica, mas sim «exclusivamente social», recordando a própria jurisprudência *Höfner e Elser*.

A reconsideração do papel de organizações que realizam certas actividades económicas não lucrativas é hoje objecto de propostas ao nível comunitário. O COMITÉ ECONÓMICO E SOCIAL, no seu *Parecer sobre o XXIV Relatório da Comissão sobre a Política de Concorrência*, ponto 3.6, considera que «se deve prever regulamentação específica em matéria de concorrência quer para as cooperativas que operam no mercado quer para o sector do mercado que persegue fins não lucrativos, ou seja, a economia social interveniente em sectores afastados dos interesses das empresas». Por sua vez, a alteração da GWB (de 22.12.89 – *Kartellgesetznovelle*, BGB1. IS. 2468.) veio prever, no § 5 c), uma isenção da proibição das práticas anticoncorrenciais, a favor das cooperativas de compras. Assinalando a irrupção do direito da concorrência no direito do trabalho comunitário, com prejuízo para as políticas nacionais de emprego, face ao acórdão *Höfner et Elser*, G. LYON-CAEN/A. LYON-CAEN, pp. 260-261.

Já no que toca à definição do que seja actividade económica, na acepção do artigo 4° da directiva 77/388, em matéria de IVA, o Tribunal de Justiça tem-se mostrado mais flexível, quanto ao exercício de um direito de propriedade sobre acções, *maxime* através da tomada da participações financeiras por uma *holding* noutras empresas (acórdão *Polysar Investments Netherlands*, de 20.6.91, pág. 3137, cons. 13) e da sua negociação (*Wellcome trust*, de 20.6.96, cons. 41), sobretudo atendendo a que o *trust* em causa neste último caso estava obrigado a «não praticar actividade comercial», em termos aliás de obrigação de meios...

[352] No entanto, é doutrina constante dos órgãos comunitários o tratamento de condutas individuais como acordos, quando efectuadas no quadro de uma relação contratual – por todos, KORAH (*An introductory guide, cit.*, pág. 41), DEMARET («Selective distribution and EEC law», *cit.*, pp. 155-160) e acórdãos *AEG* (de 25.10.73, pág. 3195, cons. 38) e *Dunlop Slazenger*, de 7.7.94 (447 e segs., sendo que, neste caso, o TPI considerou que tal comportamento do fabricante – interdição de reexportação imposta a distribuidores – constava tacitamente do acordo e violava o artigo 85°, 1 mesmo não tendo sido aplicada).

Igualmente neste sentido ia o acórdão *Ford-Werke*, de 17.9.85 (pág. 2743, cons. 21), onde o Tribunal de Justiça estabeleceu que uma recusa sistemática de fornecimento (recusa de venda) justificada pela existência de uma relação de exclusividade no quadro de uma rede de distribuição, pode considerar-se um acordo e viola o artigo 85°, n° 1, embora certa doutrina o repute inovador (assim FORRESTER/NORALL, «Competition law», pág. 382), talvez por aí ter sido mais evidente essa componente *individual* (como reco-

Tribunal de Justiça[353] se venha preocupando com o problema de determinar quando é que se está perante apenas uma ou várias empresas. Isto sobretudo nos casos de «grupos» de empresas, quer se trate de sociedades participadas, quer se trate apenas de fenómenos de integração empresarial, com recurso a filiais, delegações, etc., ou mesmo a certas formas de integração contratual.

Trata-se de um ponto particularmente importante no que respeita à franquia. Para determinar a aplicação desta norma aos acordos de franquia, mister é que os sujeitos do acordo sejam *empresas* e que o próprio contrato exprima uma coligação entre tais empresas[354]. Ora, a franquia de distribuição constitui uma das formas contratuais em que o risco de *confusão* entre os actores principais (a sua *assimilação*) é potencialmente mais elevado[355].

O franqueado surge aos olhos do público com a *imagem empresarial* do franqueador, utilizando sinais distintivos do franqueador, estando su-

---

nhecia a Comissão) e o Tribunal ter, ainda assim, apelando para uma *responsabilização unitária* de todos os membros da rede na definição da sua política, afirmado a sua natureza bilateral, levando DEMARET (*cit.*, pág. 159) a afirmar que «the concept of agreement is pushed here to its utter limits».

[353] E, claro, também a Comissão, em especial no que toca à distinção entre as coligações, sujeitas ao artigo 85°, e as concentrações de empresas. Assim, no *Memorandum sobre a concentração no mercado comum*, de 1965 (pág. 669), escreve: «enquanto uma coligação pode ser definida como um acordo entre empresas que permanecem autónomas, em vista de um comportamento determinado no mercado, fala-se de concentração quando várias empresas se agrupam sob uma direcção económica única e abandonam a sua autonomia económica. A coligação tem por efeito obrigar a um comportamento, enquanto a concentração desencadeia uma modificação na estrutura interna das empresas. No entanto, os limites são fluídos...» (*v.g.* também, pág. 670).

[354] Remetemos pois para a II ª Parte, de onde se extrairá implicitamente que tanto franqueador como franqueado desenvolvem uma actividade económica que tem um escopo não só económico como ainda lucrativo, razão mais do que suficiente para serem considerados empresas para efeito de aplicação do direito comunitário. Quanto à independência entre ambos, *vide* também Parte II.

[355] Assim acontece noutros contratos igualmente qualificados como sendo de distribuição comercial, de que é exemplo o contrato de agência. Efectivamente, o CONSELHO DA CONCORRÊNCIA, na sequência da publicação do DL 178/86, de 3.7, veio a sustentar que o contrato de agência não configura um «acordo entre empresas», por o agente ser «um mero auxiliar, sem autonomia económica para definir, no que respeita aos produtos contratuais, uma estratégia comercial própria», salvo se assumirem riscos – cfr. decisão *Wasteels Expresso*, de 18.11.87, proc. 3/87, *Relatório de actividade de 1987*, pág. 9025 e 9034 e segs.

jeito à fiscalização permanente por parte deste e devendo aplicar sem hesitações os métodos e conhecimentos que lhe hajam sido transmitidos pelo franqueador.

Põe-se pois com acuidade o problema da autonomia entre o franqueado e o franqueador, de saber se a relação entre ambos, longe de conformar uma coligação, não se exprime essencialmente sob a forma de uma «unidade económica», tratada por isso como concentração ou, pelo menos, como acordo dentro de um grupo de empresas[356].

Decorre no entanto da doutrina dos tribunais comunitários e da prática decisional da Comissão que mesmo uma coligação entre empresas de um mesmo grupo – entre por exemplo a sociedade-mãe e uma sua filial – pode estar sujeita à proibição do artigo 85°, se a filial tiver um comportamento economicamente autónomo[357] e se o acordo entre ambas não

---

[356] Este mesmo problema é colocado por ADAMS/PRICHARD JONES (pág. 39), que, referindo-se ao direito britânico, salientam haver uma substancial diferença de atitudes entre o *RTPA* e o *Competition Act*. Enquanto este último se defronta com problemas semelhantes aos que analisamos no texto quanto ao artigo 85° CE, o primeiro diploma adopta uma posição formalística ('counting of heads' aproach).

[357] O que – veremos – parece verificar-se na franquia. Em geral, *v.g.* PAPPALARDO, «La réglementation communautaire de la concurrence», *cit.*, pág. 345. Assim também, por exemplo, na decisão da Comissão *Christiani-Nielsen*, de 18.6.69, JOCE, n° L 165, de 5.7.69, pp. 12. No *Memorandum sobre a concentração no mercado comum*, de 1965, ao apreciar a adequação da aplicação do artigo 85° CEE às concentrações, é curioso notar que, se o grupo de professores pareciam aceitá-la quando subsistisse a independência *jurídica* entre as empresas (III, 3, pág. 670; e, na doutrina anterior, ULMER, «Wettbewerbbeschrankende Absprachen im Rahmen von Unternehmenszusammen- schlüssen», *WuW*, 1960, p. 163), a Comissão inclinou-se de modo decisivo para um critério de independência *económica* (III, 15, pág. 673), também mais conforme com algumas pronúncias norte-americanas (*v.g.* THIEFFRY, «L' appréhension des systèmes de distribution», *cit.*, pp. 677) ou com o sentido fundamental que se retirava da doutrina alemã dos anos 60 (para uma seriação das duas concepções fundamentais aí presentes, TORLEY DUWEL, pp. 405-406).

Nem sempre a Comissão da CE distingue apenas economicamente as pessoas – assim, por exemplo, na sua decisão de 5.12.84 (85/75/CEE), *Verband der Sachversicherer* (JOCE, n° L 35, de 7.2.85, cons. 31-32), claramente distinguia as sucursais das filiais, por aquelas dependerem em maior medida «do bom nome ('goodwill')» da empresa a que se ligam (a empresa-mãe: no caso, seguradoras não-alemãs), sendo por isso «uma simples extensão» desta – tendo mesmo o advogado-geral DARMON declarado, perante o Tribunal de Justiça, que «a dependência económica da filial e da sucursal será de tal ordem que, muito provavelmente, a sua independência jurídica surgirá como artificial do ponto de vista da concorrência» (pág. 442). Sobre o ponto de saber se as sucursais se podem constituir como estabelecimentos comerciais autónomos, entre nós, COUTINHO DE ABREU, *Da empresarialidade (as empresas no direito)*, pp. 60-62.

visar apenas a repartição de tarefas no seio do grupo[358], assumindo as empresas coligadas os riscos ligados à execução do contrato[359], o mesmo é dizer, se a actuação traduzir um «concurso de vontades economicamente independentes»[360], sendo potencial ou actualmente uma actividade concorrente da da sociedade-mãe ou principal[361].

Apenas se as empresas actuarem como uma *unidade económica* é que o artigo 85º não poderá ver-se aplicado[362], podendo apenas o comportamento ser sancionado *ex vi* do artigo 86º CE.

Os critérios desta actuação como uma unidade *económica* é que nem sempre são claros. Por um lado, a Comissão considera que a independência e consequente submissão às regras do artigo 85º, dependem da assun-

---

[358] Se o acordo visasse apenas a repartição interna de tarefas, escapava ao artigo 85º – acórdãos de 31.10.74, *Centrafarm c. Sterling* (pág. 484, cons. 41) e *Centrafarm c. Winthrop* (pág. 506, cons. 32); e acórdão *Bodson*, de 4.5.88 (pág. 2513, cons. 19). Contudo, no seu acórdão de 24.10.96 (*Viho c. Comissão*, pág. 5495, cons. 16), o Tribunal de Justiça abandonou esta exigência complementar.

[359] Como havia sustentado a Comissão a propósito dos acordos de representação exclusiva celebrados com representantes comerciais, na *Comunicação de 24.12.62* (*Comunicação da Comissão, de 24.12.1962, relativa aos contratos de representação exclusiva concluídos com representantes comerciais*, JOCE, 139, de 24.12.1962 – EE, fasc. 01, pág. 58 JOCE, 139, de 24.12.62, p. 2921), «critério determinante para distinguir o representante comercial do comerciante independente [é] a convenção expressa ou tácita, relativa à assunção dos riscos financeiros ligados à venda ou à execução do contrato». Se os contratos forem celebrados com comerciantes independentes, com quem, nomeadamente, assuma os riscos de transacção, organize e mantenha existências e determine preços, estão sujeitos às regras de concorrência, como o artigo 85º, na medida em que são entre si concorrentes, actual ou potencialmente, podendo ainda para tal relevar a realização de outras actividades ou distribuição de produtos concorrentes. No entanto, na sua decisão *Pittsburgh Corning Europe/Formica Belgium/Hertel*, de 23.11.72 (JOCE, nº L 272, de 5.12.72, pp. 35), onde aqueles últimos factores eram relevantes (pág. 38), a Comissão considerou que a exclusão da aplicação do artigo 85º supõe uma «situação de dependência económica» (pág. 37), critério que não se pode contudo considerar suficiente, sob pena de redução significativa do âmbito do artigo 85º, designadamente no próprio caso de franquia.

[360] A Comissão considera até que um acordo entre sociedades visando constituir uma empresa comum viola o nº 1 do artigo 85º, enquanto simultaneamente «exclui os terceiros do saber-fazer técnico» e limita a «margem de manobra das partes» – decisão da Comissão de 12.12.90, *KSB/Goulds/Lowara/ITT*, JOCE, nº L 19, de 25.1.91, pág. 25.

[361] Acórdão *Suiker Unie*, de 16.12.75, (pp. 1663, cons. 530 a 577.

[362] Acórdão *Hydrotherm*, de 12.7.1984, pp. 3016. Vide COUTINHO DE ABREU, *Da empresarialidade (as empresas no direito)*, pp. 263-264.

Parte I – Da Comunitarização da Concorrência e sua Restrição   167

ção de riscos – essencialmente económicos – por parte da filial, delegação, representante, etc. Já o Tribunal, no seguimento da solução propugnada no acórdão *Commercial Solvents*[363], parece salientar como critério decisivo a existência de controlo e subordinação entre a sociedade principal e a sua filial ou representação[364]. Trata-se de duas formas de preencher o critério único, que é o da (in)dependência económica.

É certo que, visto sob este prisma, o contrato de franquia *descrito* no regulamento da franquia e no aresto *Pronuptia*, para ser abrangido no âmbito do artigo 85º CE, supõe que as partes sejam jurídica e economicamente independentes entre si. Independência que tanto um como o outro órgão se encarregam de concretizar, e que significa que a fiscalização do franqueador sobre o franqueado e a subordinação do segundo ao primeiro não excluem que ambos gozem de autonomia comportamental no mercado[365].

---

[363] No acórdão *Commercial Solvents*, de 6.3.74 (pp. 132, cons. 36 e segs.), o TJCE imputou à sociedade-mãe o comportamento adoptado no espaço comunitário pela sua filial, por aquela controlar o comportamento da filial, a Istituto Chemioterapico Italiano. Como claramente defendeu aí o advogado-geral WARNER, «o simples facto de uma sociedade principal e a sua filial constituírem pessoas jurídicas distintas não implica que constituam «empresas» separadas, para efeitos da aplicação dos artigos 85º e 86º do tratado. Assim, um acordo entre ambas não é em geral abrangido pela aplicação da proibição visada no artigo 85º do Tratado (*v.g.*, neste sentido, o acórdão *Béguelin*, [de 25.11.71]). (...) a situação pode ser diferente quando é permitido à filial gerir os seus negócios de forma autónoma» (pág. 144). No entanto, a questão é encarada, quer pelo advogado-geral, quer pelo Tribunal, partindo do ponto de vista do controlo que a sociedade-mãe teria sobre a sua filial.

[364] Como dispôs o TPI no acórdão de 12.1.95, *Viho Europe BV c. Comissão*, «quando a filial, tendo personalidade jurídica distinta, não determina de modo autónomo o seu comportamento no mercado, mas aplica instruções que lhe são fixadas, directa ou indirectamente, pela sociedade-mãe que a controla a 100%, as proibições do artigo 85º, 1 são inaplicáveis nas relações entre a filial e a sociedade-mãe que com ela forma uma unidade económica», porque «o comportamento adoptado unilateralmente por essa unidade económica (...) não pode ser abrangido pelo artigo 85º sem que essa disposição seja desviada da sua função». Este acórdão refere de modo explícito o controlo efectivo por parte sociedade-mãe como factor decisivo (cons. 39), citando o acórdão *AEG c. Comissão*, de 25.10.83 (pág. 3151, nº 50), ao qual podia aditar os acórdãos *Commercial Solvents* (cons. 37, § 2) e *Béguelin* (pp. 355), entre outros, bem como, também a título enunciativo, a decisão da Comissão *Kodak*, de 30.6.70 (70/332/CEE) – JOCE, nº L 147, de 7.7.70, pág. 25, §§ 11-12.

[365] Neste sentido, a refutação que o advogado-geral WARNER faz dos argumentos apresentados pela *Commercial Solvents* (*loc. cit.*), embora o critério que propõe assente numa presunção de dependência da filial, que portanto terá de ser ilidida (pág. 146).

Consideração que não nos conduz a considerar justificada a diferenciação de regimes elaborada pelas instâncias comunitárias, em parte pelas mesmas razões que já há mais de dez anos impressionavam CASEIRO ALVES[366]. É que, visando o artigo 85º garantir que os objectivos do tratado não serão prejudicados por coligações entre empresas, assim assegurando a realização do objectivo do Mercado Interno, uma tal solução vai contra estes pressupostos, para lá de contrariar os objectivos gerais da disciplina da concorrência: a defesa de uma estrutura concorrencial para o mercado[367]. O que importa é que o mercado de cada produto ou serviço (o mercado relevante) seja competitivo, que as empresas sejam eficientes e que o consumidor beneficie de possibilidades de escolha. Do ponto de vista de defesa do mercado, tanto valor deve ter a actuação económica através de uma qualquer *longa manus* ou de quaisquer instrumentos de subordinação ou integração entre as empresas. Ambos os comportamentos são potencialmente aptos a impedir a realização de um mercado interno e a integração entre os diversos espaços económicos.

Se a expansão através de filiais, delegações ou representações sem autonomia económica só está sujeita aos limites do abuso de posição dominante, não sendo sequer suficiente uma simples posição dominante no mercado, porque é que o mesmo efeito sobre o mercado, só por ser

---

[366] De acordo com a síntese de CASEIRO ALVES (*Lições de direito comunitário da concorrência*, pp. 28-30), a aplicabilidade de tal norma pela Comissão (como na decisão *Christiani-Nielsen*, de 18.6.69, JOCE nº L 165, de 5.7.69, pp. 2 ss), nestes casos, depende essencialmente de «considerações de tipo económico», criticáveis no plano jurídico, porquanto, ao restringir a actuação da norma aos casos em que é possível «no plano económico, uma acção autónoma da filial em relação à sociedade-mãe», a Comissão subtrai ao domínio do direito comunitário da concorrência as actuações conjuntas, quando a filial não goze de autonomia económica efectiva, e os acordos tenham unicamente por «finalidade a repartição interna de tarefas entre as empresas» (*vide supra* acórdãos *Centrafarm*, de 31.10.74). E, do mesmo passo, cria um regime mais gravoso para as sociedades «não aparentadas» porque, numa situação materialmente idêntica (do ponto de vista dos terceiros), estas já podem ver ser-lhes aplicadas as disposições do artigo 85º. PAPPALARDO («La réglementation communautaire de la concurrence», *cit.*, pág. 345, nota 22) fala numa «excepção em favor das *intra-enterprise conspiracy*». No mesmo sentido se pronunciava, aliás, em 1966, BORK, «The rule of reason and the per se concept», *cit.*, pág. 472.

Sobre as *filiais comuns* e as *joint ventures*, *v.g.* SIMÕES PATRÍCIO, pp. 86 e 98, nota 2.

[367] Assim quanto ao Sherman Act, BORK, «Legislative intent and the policy of the Sherman Act», pág. 28, nota 64, para quem a defesa feita pelo senador Sherman de uma «full and free competition» deve entender-se como feita a um «mercado cuja estrutura seja efectivamente competitiva».

realizado através de de empresas que aí actuam de modo autónomo ou assumindo riscos, está sujeito a uma vigilância muito mais apertada e intolerante[368]?

---

[368] Este enunciado poderia conduzir, não fossem as lições da história, a que se questionasse a própria razão de ser e pertinência de uma norma como a do artigo 85°. Porque não serão então permitidos todos os comportamentos colusivos, e apenas controlados os abusos? Porque não poderá ser o mercado deixado a si mesmo, para que desenvolva as suas próprias defesas, intervindo a autoridade apenas para restaurar situações de disfunção mais gritantes? Uma alternativa seria o *nihilismo* norte-americano, por exemplo pela aceitação dos programas da *public choice*....

Outras alternativas são possíveis. As preocupações e críticas que esboçamos podem mesmo ser buscadas em construções que na sua base encontram compreensões ideológicas do mercado diversas das que constituem o nosso modelo de referência. E retomemos assim o discurso de NOGUEIRA SERENS (*A tutela das marcas e a (liberdade de) concorrência*, pág. 38, e nota 124) para quem a permissão de concentrações – e, diremo-lo nós, também das actuações directas por uma só empresa – e a «proibição das "uniões" entre (pequenos) empresários – e mantê-la com base na lei que não obstaculiza a concentração – aproveita à grande empresa, à qual interessa que os pequenos empresários seus concorrentes se não possam "unir" para superar o *handicap* da sua (pequena) dimensão», fomentando «a desigualação dos concorrentes».

Curiosamente, a Comissão europeia sempre demonstrou um favor à concentração (*v.g.* GROEBEN, pp. 406 e segs.; e, mais recentemente, o considerando 4 do regulamento 4064/89) e um desfavor às coligações (artigo 85° e concepções da Comissão), talvez por assumir expressamente o favor à grande empresa, como instrumento de reforço da competitividade externa da CE, intenção *piedosa* que abarca também um favor *reticente* à pequena e média empresa (vide a *Comunicação de 1968* e *Crescimento, competitividade, emprego*).

Favor que leva a que, por exemplo, as posições dominantes sejam tratadas de modo mais favorável do que as coligações horizontais (FRAZER e D. G. GOYDER, *apud* UTTON, pág. 50), que aponta como explicação a falta de informação por parte da Comissão, que tomará mais facilmente conhecimento das colusões do que das posições dominantes (abusadas), em virtude do estímulo à notificação das primeiras.

Diversidade de atitudes que o Tribunal de Justiça também há muito constatou – nos acórdãos de 13.7.1966 –, separando a distribuição pelo próprio produtor ('empresa única integrando a sua própria rede') daquela realizada por meio de coligações (submetida ao artigo 85°), por considerar serem situações distintas – juridicamente; quanto à eficácia económica resultante de cada um dos circuitos económicos; e economicamente – e porque «se no primeiro caso, o tratado quis, pelo artigo 85°, respeitar a organização interna da empresa e não a pôr em causa, através do artigo 86°, senão eventualmente quando ela atinja o grau de gravidade de um abuso de posição dominante, ele não podia ter a mesma reserva quando os entraves à concorrência resultassem de acordos entre duas empresas diferentes».

No entanto, sempre se poderá dizer que, se uma empresa pode, apenas devido à sua capacidade, visão e trabalho (o que o juiz HAND, em 1945, no caso *Alcoa*, chamava «skill, foresight and industry») adquirir e manter uma posição importante no mercado através da sua própria eficiência, «existe uma efectiva concorrência actual e potencial e o domínio

De *iure condendo*, aquela solução não é pois a mais desejável. A este propósito, a doutrina do Tribunal e a prática decisional da Comissão não deixam de fornecer indicações. Repare-se que, no caso da franquia, tal como descrita pelo regulamento comunitário, exige-se não apenas a independência económica (uma autonomia de acção) entre as partes, mas ainda uma independência jurídica.

Mas, para além da necessária existência de duas ou mais empresas, é imprescindível que se esteja perante uma coligação entre essas empresas, embora não seja requisito a presença de um acordo formal. Basta que se trate de uma prática concertada ou de um acordo informal[369]. É este um ponto que, na nossa opinião, não levanta especiais dificuldades, no sector que nos ocupa. As implicações jusconcorrenciais da franquia – bem como dos contratos de distribuição em geral – que aqui procuramos, são as que decorrem, antes mais, de acordos *formais* entre as partes – verdadeiros contratos –, embora não possa considerar-se excluída a existência de práticas concertadas[370], por exemplo através da fixa-

---

do mercado não se pode dizer que existe», num sentido pejorativo (quanto a isto, leia-se a descrição das dúvidas dos senadores KENNA e HOAR, aquando da discussão do Sherman Act, *in* BORK, «Legislative intent and the policy of the Sherman Act», pp. 29-30). Ao invés, a realização de tais resultados, ainda que em benefício dos consumidores, através de coligações, sempre modificaria artificialmente as condições estruturais dos mercados – sobre isto, UTTON (pág. 30), o qual apresenta ainda razões de eficiência económica para uma atitude mais favorável em relação às concentrações (*rectius, mergers* – pp. 33-34).

[369] Como afirmava o advogado-geral DARMON no processo 45/85 (*Verband der Sachversicherer*, pág. 436, n° 12), «o artigo 85° visa abranger *todo e qualquer* concurso de vontades ou *todo e qualquer* conluio entre empresas destinado a produzir os efeitos que aquele [o preceito] pretende evitar».

Em consonância, a opinião da Comissão, nos casos *Polipropileno*, foi a de que é indiferente indagar se o comportamento assume a forma de acordo ou de prática concertada, na medida em que o critério decisivo é o de saber se existe ou não (pelo menos) uma prática concertada, ou apenas um mero «comportamento paralelo», como tal não abrangido pela proibição do n° 1 do artigo 85°. Sobre a noção de *acordo* e o relevo actual da distinção entre "acordos" e "práticas concertadas", PAIS ANTUNES, «Agreements and concerted practices», *cit.*, pp. 57 e segs. Salientando que as práticas concertadas são, do ponto de vista económico, importantes indícios de ameaças e promessas de coligações ilícitas – LAUSSEL/MONTET, pág. 53.

[370] Em Portugal, aliás, não faz muito sentido, atento o princípio da consensualidade inscrito no artigo 219° do nosso Código Civil, analisar se há um contrato formal ou não. Além disso, parece-nos que será de discutir a questão – que transcende em muito o nosso propósito – de saber se uma prática concertada não poderá muitas vezes constituir um negócio jurídico celebrado através de declarações negociais tácitas. Será que o paralelismo de comportamento para o qual não exista outra explicação e que substitua os riscos

ção de preços ou de qualquer outro tipo de conduta colusiva que as partes assumam[371].

Mas onde realmente as instâncias comunitárias desenvolveram um esforço mais elaborado (muitas vezes até complexo e confuso) foi na apreciação da existência de uma restrição de concorrência.

A este propósito, uma discussão fundamental tem a ver com o próprio modelo de concorrência que se postula e com as formas de ofensa a essa concorrência. Ou seja, saber se a restrição de concorrência que o artigo supõe existir pode ocorrer em toda e qualquer coligação, ou se tal é *privilégio* de algum tipo específico de coalizão. Ao contrário do que possa parecer, a questão não extravaza do domínio da restrição de concorrência, pois da solução adoptada dependem os modelos concretos de definição do que seja uma restrição de concorrência estabelecida por coligação entre empresas, susceptível de afectar o comércio entre os Estados-membros.

Por outro lado, a questão atravessa os oceanos, na medida em que já observámos que, no sistema norte-americano, por exemplo, as restrições inseridas em acordos verticais tendem a receber um tratamento mais benigno que aquelas incluídas em coligações horizontais, normalmente rejeitadas à partida, independentemente de qualquer prova acerca da produção de efeitos positivos na concorrência ou de demonstração da sua aptidão para realizar os objectivos visados.

A este respeito, as legislações (nacionais) de defesa da concorrência adoptam, genericamente, duas grandes atitudes. Num primeiro gru-

---

da concorrência pela cooperação entre empresas não *poderá* traduzir-se num negócio jurídico? Mas nem isso importa muito, pois não é relevante que as partes tenham querido que as suas condutas fossem trazidas para o domínio jurídico, fossem juridificadas, pois ainda que não fosse essa a intenção das partes, ainda aqui se aplicaria a norma de concorrência. Entre nós, sobre a concepção que o CONSELHO DA CONCORRÊNCIA tem acerca do que sejam «práticas concertadas», *Relatório da actividade de 1990*, pág. 45 e proc. 4/90, *Ar Líquido, Sogás e Gasin*, especialmente na pág. 56 (anteriormente, *v.g.* decisão *CODIFAR*, de 16.12.85, proc. 2/85, in *Relatório de actividade dos anos de 1984 e 1985*, pág.16).

Note-se que, também na CE, pouco importa se a coligação é formal ou informal. O artigo 85º abrange todas as formas de *co-ligação* entre empresas.

[371] Como bem salienta PAIS ANTUNES («Agreements and concerted practices», *cit.*, pp. 59-60), no caso dos contratos, o que constitui uma coligação para efeitos do artigo 85º, nº 1 são, em primeiro lugar, as cláusulas restritivas nele inseridas, e não tanto o contrato, na sua globalidade. Só que isso não obstringe o que no texto ficou dito. É que o que assume relevo particular, neste nosso trabalho, é considerar e analisar as razões pelas quais o direito comunitário, através dos seus órgãos primaciais – com destaque para a Comissão e o Tribunal – considera que os negócios jurídicos com um determinado conteúdo típico – isto é, com certas cláusulas concretas – não são restritivos da concorrência ou sendo-o, merecem o benefício da isenção (mais do que o benefício da dúvida).

po, encontramos as que, como a legislação portuguesa[372], francesa[373], irlandesa[374], belga[375], italiana[376] e norte-americana[377], não distinguem normativamente os acordos verticais dos contratos horizontais. Para estes, tanto uns como outros são, à primeira vista, susceptíveis de produzir efeitos anti-concorrenciais e, por esse facto, de serem proibidos.

Uma posição diferente ocupam as legislações britânica[378], finlandesa[379] ou a alemã[380], que submetem os acordos verticais e horizontais a um

---

[372] Decreto-Lei nº 371/93, de 29.10 (como aliás o anterior diploma: Decreto-Lei nº 422/83, de 3.12), embora agora se refira de modo expresso, por exemplo, que tanto os acordos horizontais como os verticais de fixação das condições de transacção estão abrangidos pela proibição do artigo 2º (alínea b) do n.º 1).

[373] Artigo 7º da Ordonnance 86-1243 de 1 de Dezembro de 1986 (JO, de 9.12.86), modificada em último lugar pela Lei nº 95-127, de 8-2-95 (JO, de 9.2.95).

[374] Artigo 4º do Irish Competition Act, de 22.7.91, que entrou em vigor em 1.10.91.

[375] Artigo 2º da 'Lei 91-2790 sobre a protecção da concorrência económica', alterada em último lugar pelo *arrêté* real de 31.3.95 (MB, 28.4.95), que entrou em vigor em 1.4.93.

[376] Artigo 2º da lei nº 287/1990, de 10.10.89, Gazzetta Ufficiale, 13.10.90, n. 240 – ALESSI, pág. 27.

[377] Embora a redacção da secção 1 do *Sherman Act* seja substancialmente idêntica à do artigo 85º, nº 1 CE, o certo é ser o seu alcance diverso. Os tribunais americanos têm uma atitude mais favorável em relação a certas restrições consideradas necessárias, segundo critérios de eficiência, para viabilizar actividades «pro-competitives». Nesta senda, estas instâncias raramente condenam acordos verticais estabelecidos em mercados concorrenciais. Já aparece mais problemática a aceitação de acordos horizontais, devido à sua diferente intencionalidade. Com efeito, estes visam apenas reduzir a concorrência entre os concorrentes, razão que leva a que a sua própria celebração possa constituir ilícito criminal. Sobre esta diversidade de tratamento, o que já escrevemos, e KORAH, *Franchising and EEC competition*, cit., pág. 10; HAWK/VELTROP, cits.; J. W. BURNS, pág. 603, nota 31.

[378] Este é o sentimento que pode encontrar-se na doutrina britânica, pelo menos em relação ao Restrictive Trade Practices Act, de 1976 (UTTON, pág. 257) e, especialmente, no que toca aos acordos de distribuição exclusiva, compra exclusiva, distribuição selectiva, mas já não tanto no caso de *franchising* (WHISH, respectivamente nas pp. 575, 600, 610 e 624-625; quanto aos acordos horizontais, vide pág. 399).

[379] 'Lei sobre as restrições de concorrência', de 27.5.92, que entrou em vigor em 1.9.92. As empresas que actuem em níveis diferentes apenas não podem impor preços mínimos ou preços máximos, retribuições ou as bases para a sua determinação (artigo 4º), enquanto as empresas que actuem ao mesmo nível (artigo 6º) não podem «fixar ou recomendar preços ou retribuições; ou restringir a produção ou repartir mercados ou fontes de abastecimento, a não ser que tal seja necessário para a aplicação de contratos que contribuam para uma produção ou distribuição mais eficiente ou para a promoção do progresso técnico ou comercial, e que beneficiem principalmente os clientes ou consumidores»

[380] *Gesetz Gegen Wettbewerbsbeschränkungen* (GWB), alterada em último lugar pela lei de 26.4.94 (BGB1. I. P. 918).

tratamento diferente. Esta última, fundando-se numa concepção «ordo-liberal»[381], e considerando menores os efeitos anti-concorrenciais dos acordos verticais, sujeita-os a um regime jurídico particular (essencialmente no seu segundo capítulo – artigos 15º e seguintes – da GWB)[382].

---

[381] O ordo-liberalismo simboliza uma via média entre a economia de mercado e o socialismo, aceitando a presença necessária da primeira, mas postulando a «intervenção normativa do Estado no interesse da protecção dos mais fracos no plano económico e de uma certa igualdade social», através da fixação de regras-quadro dentro das quais o mercado actua – cfr. as concepções de MESTMÄCKER, MÜLLER-ARMACK, *Wirtschaftlenkung und Marktwirtschaft*, 1948; BÖHM, «L' idée de l' Ordo dans la pensée de Walter Eucken», 1950; BUCHNER, *Recueil pratique du droit des affaires dans le monde, l' Allemagne IV*, Paris, Ed. Jupiter, 1969 – apud FASQUELLE, pág. 139, nota 538.

Curiosamente (ou nem tanto), este último autor salienta que esta *dimensão* social introduzida na lei alemã de 1957, sob o impulso dos membros da Escola de Friburgo, como BÖHM ou ERHARD, é semelhante à concepção comunitária. É certo que a concepção que a Comissão veio a adoptar é semelhante à que a Escola de *Freiburg* defendia e que tal não deixa de seduzir quem sobre o tema se pronuncia (CELLI JÚNIOR, pág. 111). Mas ver a mesma analogia no modo como as normas do tratado foram elaboradas, já me parece mais forçado. Repare-se que a norma do artigo 85º, nº 1 CE é, em mais do que um aspecto, diferente da sua homónima alemã (*GWB*). Para lá do que vimos referindo no texto, lembre-se a diferente atitude em relação às práticas concertadas; e até o sistema de interdição e de excepções da lei alemã, que não se pode comparar com os números 1 e 3 do artigo 85º CE, respectivamente. Muito mais próxima é a similitude literal entre os princípios de interdição dos artigos 1º e 2º do *Sherman Act* e dos artigo 85º, nº 1, e 86º CE.

Finalmente, ainda que as construções ordo-liberais sejam adoptadas na CE, o que não deixa de ser discutido, tal não impede que as cedências do valor-concorrência a outros objectivos (definidos no artigo 2º CE) possam e devam actuar por via do nº 3 do artigo 85º. Sob pena de, dado o efeito directo da norma e a sua consequente aplicabilidade pelas jurisdições nacionais, transformar os juízes em verdadeiros *legisladores* para o caso concreto, destruindo provavelmente a própria norma. Defendendo que o sistema económico visado pelo Tratado é neutral, não supondo uma particular relação entre concorrência e planeamento, antes assentando mesmo o artigo 85º num princípio de liberdade, KAPTEYN/VAN THEMAAT (pp. 81-82).

Em sentido crítico destas concepções por nós referidas, evidenciando uma crítica ao ordoliberalismo, enquanto descurando o quadro jurídico de conformação económica por parte do Estado e a sua insuficiência para explicar a utilização que o Estado faz dos acontecimentos do mercado, para realizar objectivos inerentes à economia do bem-estar, igualmente crismando as teorias da «Escola de Friburgo» como de neoliberalismo, embora enquanto prolongamento do ordoliberalismo, PETERMANN, em especial, pp. 586-588.

[382] IMMENGA (pág. 428) e BECHTOLD (pág. 351). Era esta também, já em 1986, a percepção dos membros do nosso Conselho da Concorrência – *vide* decisão de 12.3.86, *Associação Nacional de Farmácias, Phar e Vichy*, in *Relatório de actividade de 1986*, pp. 17-18.

Estritamente no que a estes respeita, são sobretudo proibidas as restrições ligadas aos preços, como por exemplo a imposição de preços[383] ou, mais genericamente, a afectação da estrutura competitiva do mercado. Quanto às restantes restrições (verticais) da concorrência, a lei formula sistemas de controlo dos abusos[384] ou de excepções legais ou administrativas[385].

A esta aparente diversidade de modelos nem sempre corresponde uma simétrica divergência de resultados. Como notam claramente HAWK/ VELTROP[386], também o direito americano, mais concretamente o *Sherman Act*, acaba por tratar de modo diferente as restrições verticais e horizontais. Embora aqui as restrições inseridas em contratos verticais sejam em princípio lícitas – havendo mesmo quem afirme aqui uma quase regra «per se» de licitude[387], que conhece uma grande excepção também em restrições ligadas aos preços –, só podendo ser invalidadas e sancionadas se não *passarem* no exame da *rule of reason*.

---

[383] Artigo 15º da GWB. No entanto, como resulta da letra da lei, o objectivo não é o de garantir preços baixos, mas a liberdade de fixação dos preços por parte de qualquer dos co-contratantes, o que, no fundo, corresponde à filosofia subjacente a toda a GWB. A aplicação estrita desta proibição implica também que não é imprescindível a imposição formal de preços, podendo bastar uma «pressão económica» que se reflicta no contrato (IMMENGA: «elle doit toutefois laisser une trace, d'une façon ou d' une autre, dans le contrat d'origine»).

A proibição do artigo 15º, no entanto, não significa – não pode significar – que todas as vezes que um sujeito contratual impõe a outro ou outros os preços caia na proibição do artigo 15º GWB. Assim não acontece com os contratos celebrados com representantes de comércio e de comissão, salvo se utilizados para iludir a proibição. O problema é actual na Alemanha, a propósito dos contratos de agência, porquanto certos fabricantes pretendem obter, pela negação formal da independência dos comerciantes que com eles contratam, a possibilidade de escapar à proibição da norma do artigo 15º – assim IMMENGA, pág. 428 (*infra* a nota 355).

[384] Mesmo em relação à imposição vertical de preços no caso de produtos de edição – artigo 17º GWB. Já nos contratos de exclusividade, IMMENGA, *loc. cit.*

[385] Os contratos de licença, os quais, na opinião de IMMENGA (*op. e loc. cits.*) têm vindo a perder importância, devido a serem em grande parte regidos pelo direito comunitário.

[386] HAWK/VELTROP, pp. 301-302.

[387] *Vide*, por exemplo, em 1966, BORK, «The rule of reason and the per se concept», *cit.*, pág. 405, ou, em 1981, POSNER, «The next step in the Antitrust Treatment of Restricted Distribution: *Per se* Legality», University of Chicago Law Review, 48, 6, 1981. Reflectindo a mesma ideia, mas introduzindo-lhe como limitação ainda a necessidade de inexistência de *market power*, de poder sobre o mercado (diferente de quota de mercado), HAWK, «System failure: vertical restraints», *cit.*, pág. 976.

Na previsão da norma comunitária, por seu turno, cabem tanto os acordos horizontais como os acordos verticais, ou seja, as coligações celebradas entre empresários que operam «no mesmo ou em diferentes níveis do processo de produção ou distribuição»[388], ou, talvez, dito com maior precisão *comunitária*, as coligações concluídas entre empresas que disputam ou não «a mesma clientela», *rectius*, entre empresas concorrentes entre si ou não[389].

A submissão dos acordos verticais ao regime comunitário da concorrência é tema de há muito discutido, cuja solução pode passar pela concepção que se tenha da concorrência, para o direito comunitário.

E, neste particular, cremos que em vez dos dois modelos que, ainda que de modo algo confuso, GOLDMAN/LYON-CAEN/VOGEL[390] descrevem – um de concorrência *atomística*, preocupada apenas com as limitações à liberdade de concorrência entre as partes na coligação (aquilo que designam por «concorrência *interna*»); outro curando da fundamental consideração da posição de terceiros (impondo como critério mais do que a salvaguarda da posição dos concorrentes *directos*[391], mas também de fornecedores, clientes e consumidores) –, a amplitude do domínio de abrangência deste último permitiria decantar outros modelos alternativos, mais preocupados com a manutenção de uma concorrência eficaz (efectiva) no mercado – e não com a defesa de uma concorrência pura e perfeita, em que todas as empresas tenham de agir de modo independente, não afectando a posição de terceiros[392].

---

[388] NOGUEIRA SERENS, *Direito da concorrência e acordos de compra exclusiva*, cit., pág. 37 e MOTA DE CAMPOS, *Direito Comunitário*, vol. III, pág. 452.

[389] CASTELL BORRÁS, pág. 42. Também acentuando que são horizontais as relações entre os concorrentes *directos* (comerciante/comerciante; industrial/industrial), NOGUEIRA SERENS, *A tutela das marcas e a (liberdade) de concorrência*, pp. 37 e 43).

[390] GOLDMAN/LYON-CAEN/VOGEL, pág. 371. Esta construção, profundamente marcada pelo esforço descritivo do modo como a Comissão fundamenta as suas decisões, pode encontrar-se em muitos outros manuais de referência, como no de SCHAPIRA/LE TALLEC/ BLAISE, *Droit européen des affaires*, pág. 237.

[391] A estes se limitavam as considerações de BORK, em 1965 – «The rule of reason and the per se concept», *cit.*, pág. 775 –, no que toca a este segundo modelo de ofensa à concorrência, talvez por ser nele inerente uma concepção de desconfiança sobretudo em relação com acordos entre concorrentes, actuais ou potenciais (numa visão sobre relações horizontais e verticais de que já falámos).

[392] Para uma visão destes modelos face à jurisprudência norte-americana menos recente, TORLEY DUWEL, pp. 403-404.

Mas aquelas duas concepções são claramente as que têm feito *estrada* na prática decisional dos órgãos comunitários, pelo menos nos primeiros 25 anos. Sem querermos entrar aqui na problemática área dos acordos entre empresas do mesmo grupo, podemos vislumbrar uma concepção daquele primeiro tipo na prática da própria Comissão, quando esta declarou[393], a propósito da aplicação ou não do artigo 85º a este tipo de acordos, que o nº 1 do artigo 85º supõe, «entre as empresas em causa, a existência de uma concorrência susceptível de ser restringida»[394]. Entre

---

[393] Decisão *Christiani e Nielsen*, de 18.6.69.

[394] Assim, GOLDMAN/LYON-CAEN/VOGEL, pág. 354. Também no mesmo sentido ia a *Comunicação de 29.7.68 relativa à cooperação entre empresas*, II, ponto 5. É bom que se reconheça, no entanto, que nesta Comunicação, a exemplificação que a Comissão faz do que sejam empresas que não estão em concorrência entre si não interfere neste domínio da horizontalidade ou verticalidade, porquanto tal inexistência de concorrência se baseia no facto de não pertencerem ao mesmo sector económico ou, sendo do mesmo sector, participarem na associação com produtos ou prestações que não possam ser fornecidas pelas outras participantes ou ainda quando só a associação permita a criação de uma relação de concorrência.

Já extraordinário é encontrar na jurisprudência recente do TPI a afirmação de que «o artigo 85º, 1 só visa as relações entre entidades económicas capazes de entrar em concorrência umas com as outras» (acórdão de 12.1.95, *Viho Europe BV c. Comissão*, cons. 47), afirmação que ainda na primeira decisão *Screensport/UER* (91/130/CEE, de 19.2.91, JOCE, nº L 63, de 19.3.91) era referida, quando o carácter restritivo podia ressaltar do facto dos associados da empresa comum serem concorrentes actuais ou potenciais no mesmo mercado». Mais enfática havia sido, em 1989, a Comissão, na decisão *UIP* (de 12.7.89, *United International Pictures BV*, JOCE, nº L 226, de 3.8.89, pp. 30, cons. 39), ao dispor que «o nº 1 do artigo 85º é aplicável na medida em que estão em jogo *relações horizontais* entre (...), uma vez que estas empresas devem ser *considerados, pelo menos, como concorrentes potenciais*» (o itálico é nosso); além disso, (cons. 40), «a criação da própria UIP implicou a perda de autonomia de decisão de que as sociedades-mãe teriam, de outro modo, beneficiado».

Há também quem saliente que o prejuízo para os consumidores, que o direito comunitário se arroga pretender evitar, também só pode existir entre empresas concorrentes entre si. Numa posição algo radical, BISHOP («Price discrimination under article 86: political economy of the European Court», *Modern Law Review*, 44, Maio, pág. 289) escrevia, a propósito do acórdão *United Brands*, que um merceeiro de Londres não está em concorrência com um merceeiro de Frankfurt, pelo menos no que toca a bananas («for bananas it makes no sense at all»). Além disso, nem sempre é do interesse público impedir que uma empresa faça discriminação dos preços (por exemplo na venda por grosso), porquanto as diferenças ainda existentes entre os diversos mercados podem simplesmente significar que a diferença de preços e os lucros de monopólio se transferirão dos fornecedores para os distribuidores.

nós, ROBALO CORDEIRO[395], embora não relacionasse este facto com a natureza horizontal ou vertical da coligação, mas com a própria coligação em si mesma, era também da opinião de que se exige «que as empresas participantes no acordo estejam em concorrência entre si», argumento que, levado ao extremo, poderia conduzir à aplicação exclusiva do nº 1 do artigo 85º às coligações horizontais, o que aliás não deixaria de representar alguma consonância com a estrutura das normas alemãs de concorrência (artigo 1º *vs.* 18º da lei alemã de defesa da concorrência) e com o tratamento dado pelos tribunais americanos às restrições verticais da concorrência[396].

No entanto, o Tribunal de Justiça inclinou-se, desde cedo, para uma concepção diferente. E se, numa primeira *espécie*, partiu de um argumento jurídico ancorado no tradicional princípio *ubi lex non distinguere nec nos distinguere debemus* – acórdão *LTM/MBU*[397] –, cedo transcendeu uma tal fundamentação – nos processos *Consten e Grundig/Comissão* e *Itália/Conselho e Comissão*, ambos de 13.7.1966 –, quando expressamente declarou serem os acordos verticais abrangidos, em regra, no âmbito da proibição do art. 85º, nº 1 do Tratado CE, na medida em que a concorrência que se pretende proteger não é apenas aquela que se realizaria entre as partes, mas também a que pode ser restringida entre uma das partes e terceiros[398], por exemplo quando as partes, afectando a posição concor-

---

[395] Pág. 103. No mesmo sentido parece ir o direito alemão da concorrência – *v.g.* IMMENGA, pág. 425.

[396] Em sentido concordante ia ainda, nos anos 60, parte significativa da comercialística francesa, como F. C. JEANTET («Réflexions sur l' application du droit des ententes aux contrats comportant une clause d' exclusivité», *JCP*, 1963, I, 1743), HÉMARD (anotação ao acórdão de Amiens, de 9.5.1963, D., 1963, 556: «o artigo 59*bis* «não se aplicava aos acordos verticais») e mesmo CHAMPAUD («La concession commerciale», Rev. Trim. Com., 1963, nº 66, *apud* PIGASSOU, pág. 528: «l' interdiction des ententes prohibe les coalitions économiques et non l' intégration qui résulte d' une concession exclusive, c'est-à-dire les accords horizontaux»). Já o primeiro era dubitativo, quando afirmava, sobre os artigos equivalentes da lei francesa, que «são textos normalmente mais aplicados aos acordos horizontais».

[397] Acórdão de 30.6.1966, já citado. O mesmo recurso ao elemento literal encontramo-lo, catorze anos depois, em PIGASSOU, pág. 529.

[398] Releva a concorrência entre partes e os efeitos sobre terceiros. Sobre isto, que designa por «distorções externas» da distribuição integrada, PIGASSOU, pág. 526-527. Citando CHAMPAUD, THREARD e GUYÉNOT, salienta que a integração suprime a concorrência ao nível dos distribuidores para a transferir para o nível da produção, e cria discriminações em prejuízo dos que não forem membros da rede, a que se oporá uma recusa de venda. O distribuidor deixa de se aprovisionar fora da rede e o fornecedor deixa de fornecer para

rencial de terceiros, criem a seu favor uma vantagem injustificada e prejudicial para os consumidores.

Não discutindo a afirmação de princípio, que se nos afigura correcta, julgamos que a inclusão de ambas as categorias de coligações no domínio do nº 1 do artigo 85º não deverá ser seguida de uma aplicação indistinta das mesmas categorias, fundamentos e soluções aos dois tipos de actuações colusivas. Como já vislumbrámos ao *percorrer* de modo superficial a doutrina e jurisprudência norte-americanas, os problemas colocados são diversos, por serem igualmente diferenciados os seus efeitos e as suas implicações na manutenção do *quid* mínimo de concorrência exigível para a realização dos amplos propósitos das legislações nacionais e, por maioria de razão, dos objectivos da própria CE.

III. Restrição da Concorrência e Reserva de Comissão

Por isso, a afirmação pelo Tribunal de Justiça de que as restrições tanto podiam resultar de relações verticais como de relações horizontais ainda não esclarecia totalmente o sentido específico da expressão, não permitindo só por si responder às verdadeiras questões: determinar quando existe e em que consiste uma restrição de concorrência.

Foi na resposta a estas questões que os verdadeiros problemas surgiram, resultantes da concepção centralizadora e rígida – presumidamente tendente a defender a todo o custo a igualdade entre as empresas e a liberdade de concorrência – que a Comissão veio adoptar. Qual era essa concepção? Resumidamente, mencionaremos, como tópicos necessariamente interligados, a teoria da liberdade de acção e a fundamental consideração da intensidade das restrições *internas*[399], associada à *relativização* da valência da manutenção de uma concorrência externa efectiva no mercado comum[400].

---

fora da rede (fornecedores e distribuidor fora da rede ficam impedidos de comercializar aqueles produtos).

[399] Aquilo que a doutrina anglo-saxónica (e a prática comunitária) designa por *intrabrand competition*. Porém, mais do que a referência a produtos da mesma marca, a expressão deve entender-se como identificando os produtos ou serviços afectados pela restrição: os do próprio autor da restrição, fabricante ou fornecedor. Sobre a aplicação histórica destes critérios nos EUA, consulte-se, para além do que já referimos, J. W. BURNS, pág. 599, nota 10.

[400] O que se disse na nota anterior vale também para as restrições *interbrand*. São as que afectam produtos concorrentes dos do fornecedor ou produtor acima referido – neste sentido clarificador, HAWK/VELTROP, pág. 311.

Com base na consideração destes fundamentais factores, a Comissão elaborou e pretendeu impor, desde o início e mesmo até hoje, um modelo que já qualificámos como centralizante, extensivo e apriorístico do que seja uma restrição de concorrência – no sector que nesta sede mais nos importa. Esta *contaminação* não pode ser subestimada, na medida em que a ela própria não ficaram imunes o Tribunal de Justiça, o Tribunal de Primeira Instância e até as jurisdições nacionais, enquanto tribunais comuns de direito comunitário.

1. Liberdade (Económica) de Acção[401] e Restrição Interna da Concorrência

Para corresponder à *fama* que já lhe assinalámos, e à sina de interpretação formalista e literal que também havia acompanhado os primórdios da aplicação do *Sherman Act*, a Comissão escolheu uma fórmula mágica, um autêntico «ovo de Colombo», ao considerar *restrição da concorrência* toda a limitação da liberdade de concorrência e contratual das partes na coligação (restrição formal)[402] ou que afecte a posição de

---

[401] Assim, por todos, HAWK, «System Failure: Vertical Restraints», *cit.*, pág. 973; VAN HOUTTE, «A standard of reason in EEC antitrust law», pág. 497, fala num «freedom of choice standard». Como notam com acerto SCHAPIRA/LE TALLEC/BLAISE, *Droit européen des affaires*, pp. 234-235, o modelo da concorrência perfeita supõe que se concebam «os acordos restritivos da concorrência como as convenções que limitem a liberdade comercial das partes». «Toda a limitação da liberdade de decisão das empresas é, por definição, restritiva da concorrência», o que revela a *matriz* que a Comissão assumiu desde o início.

[402] Também, no plano norte-americano é possível encontrar decisões com este sentido. Assim, no caso *Siegel v. Chicken Delight* (311 F. Supp. 847, ND California, Abril 1970) o *Federal District Court* da Califórnia declarou a ilegalidade *per se* de uma cláusula contratual em que se exigia que os *franqueados* se abastecessem em vários produtos junto do *franqueador*, afirmando que a sua decisão se dirigia à «preservation of economic decision-making freedom for the independent business-man-franchisee». Referência a este processo pode encontrar-se em FRIGNANI, «Il controllo del franchising», pp. 231-232 e 238. Recuando no tempo, afirmações da importância da liberdade de acção como critério de concorrencialidade podem vislumbrar-se, no que toca à posição de distribuidor, no acórdão *Dr. Miles Medical* (de 1911, citado na nota 167) e, quanto ao fabricante, no acórdão *US v. Colgate & Co.* (250 US 300, 307, de 1919) – J. W. BURNS, pág. 605, nota 41.

Sobre a importância do distribuidor conservar a sua liberdade de acção, como condição de concorrência (duração máxima e mínima do contrato: para assegurar a recuperação dos investimentos) – PIGASSOU, pág. 509 e 511.

terceiras partes, sejam elas concorrentes ou consumidores (restrição material)[403].

Ao fazê-lo, a Comissão pretendeu não apenas reflectir na prática o favor à concorrência que a norma comunitária significaria (o que não é certo[404]), mas sobretudo esvaziar de qualquer sentido flexibilizador a norma do n° 1[405], centralizando[406] em si toda a modelação das regras de

---

[403] LUGARD, pp. 166 e segs. FASQUELLE (pp. 100) considera dois critérios cumulativos na doutrina da Comissão: em primeiro lugar, os efeitos internos da coligação, a restrição da liberdade de acção e de escolha das partes; em segundo lugar, a tomada em atenção dos efeitos externos, c'est-à-dire, da modificação da posição de terceiros. Na verdade, parece-nos que cedo a Comissão passou a considerar, sobretudo, o efeito da restrição sobre a liberdade de acção e decisão de terceiros (vide a posição da Comissão no caso *Consten e Grundig*, ponto II, 1, § 8). Embora não tornasse irrelevante a restrição interna (vide o acórdão *LTM/MBU*, de 30.6.66, pp. 345 e segs.), a segunda era sempre pressuposto essencial (este é o significado que FASQUELLE – pág. 103 – dá ao reconhecimento pela Comissão, no processo *LTM/MBU*, de que a coalizão devia modificar de «modo perceptível» a situação do mercado). Salientando o papel do primeiro critério aqui referido, DEMARET, «Selective distribution and EEC law», cit., pp. 162.

[404] Repare-se por exemplo nos requisitos de preenchimento do artigo 86°, nas posições da Comissão favoráveis à concentração mas ao mesmo tempo também não-desfavoráveis à cooperação entre pequenas e médias empresas (v.g. SCHAPIRA, pág. 66) .... tudo isto representando cedências à não-concorrência, se quiséssemos continuar este tipo de linguagem, o que não queremos, pois, para nós (provavelmente iludidos...), nem sempre a proibição de todos os acordos entre empresas significa favor à concorrência, podendo até haver mais favor à concorrência na aceitação de certos comportamentos aparentemente restritivos do que na sua recusa liminar.... Que maior afirmação do poder da não-concorrência do que a reserva exclusiva do poder de isentar as coligações entre empresas nas mãos da Comissão, órgão administrativo? Estará porventura a Comissão menos imune do que o tribunal a considerações e soluções *interesseiras*?

[405] No diagnóstico de FORRESTER/NORALL («The laicization of community law», cit., pp. 12), «the basic prohibition was interpreted in a literal, almost mathematical manner», enquanto HAWK (*United States, common market*, cit., pp. 78-79) fala num critério «analytically vacuous». Parafraseando PITTA E CUNHA, diríamos que a Comissão concebeu um n° 1 do artigo 85° apenas enquanto instrumento de integração negativa, reservando toda a modelação e integração positiva para o n° 3, o que a nosso ver não será correcto (*O desafio da integração europeia*, Min. Finanças e do Plano (ed.), 1980). O carácter irrealista e formal do critério adoptado pela Comissão é hoje frequentemente acentuado – assim, por todos e por último, VAN BAEL/BELLIS, pág. 17 –, mas nem sempre foi logo criticado (assim, contudo, SNIJDERS, pág. 67).

[406] Sobre isto vide ALEXANDER, «L'application de l'article 85, paragraphe 3», cit., pp. 332-333, que fala numa «interpretação extensiva do n° 1 do artigo 85°» por parte da Comissão, dizendo, muito claramente, que esta «não aceita que uma primeira escolha (*tri*) dos acordos entre os que servem e os que não servem os fins da Comunidade, seja feita

Parte I – Da Comunitarização da Concorrência e sua Restrição 181

concorrência, na medida em que expressamente assumiu como seu o critério que expressamente a jurisprudência americana havia rejeitado em 1911 e 1918. Como afirmara então o *Supreme Court*, «a legalidade de um acordo ou regulamentação não pode ser determinada pelo simples teste de deter-minar se restringe ou não a concorrência. Todo o acordo relativo ao comércio, toda a regulamentação comercial restringe. Obrigar está na sua essência»[407], pelo que há que ir além da mera aplicação mecânica para o «terreno difícil da qualificação das restrições de concorrência» (SELINSKY)[408].

Embora o critério da Comissão formalmente indique um critério qualificador[409], de preenchimento do conceito de restrição, o certo é que – materialmente – não introduz nenhum elemento novo, antes se limitando a receber no espaço comunitário o critério adoptado – sob a influência da «Escola de Friburgo» – para as restrições horizontais pelo § 1 da lei

---

pela via de uma interpretação do artigo 85, § 1, cuja competência pertence igualmente aos tribunais nacionais. Ao indicar que essa separação será feita exclusivamente pela aplicação do artigo 85, § 3, a Comissão reserva-se o poder exclusivo...», o que o leva a pedir que uma tal política seja levada a cabo com *souplesse*, para que um tal exclusivo não se torne num «obstáculo à liberdade contratual, que é um princípio fundamental da vida dos negócios». No entanto, é este mesmo Autor que, mais tarde («"Per se" rules under article 85 CEE?», pp. 89-90), confrontado com o acórdão *Völk/Vervaecke*, lamenta que o Tribunal tenha desperdiçado a oportunidade de declarar a ilicitude *per se* da protecção territorial absoluta, introduzindo a incerteza na aplicação do direito pelos tribunais nacionais [!]. Na doutrina *comissionista* mais recente, FASQUELLE (pp. 207 e segs.) fala numa «concepção unitária» que «permite submeter o conjunto das coligações ao parágrafo 3 do artigo 85°».

[407] Acórdão *Board of Trade of Chicago v. US*, de 1918, do Supremo Tribunal dos EUA, citado *supra*. Por isso não pode deixar de se dar razão, neste ponto, a FASQUELLE (pág. 100), quando qualifica esta atitude como conduzindo «a rejeitar toda a regra da razão na aplicação do parágrafo 1 do artigo 85°». Parafraseando o *Oberlandsgericht* de Frankfurt, no caso *Spar*, de 3.3.60, o «objectivo é incluir no âmbito da "rede" do artigo 1° todos os acordos restritivos possíveis, em ordem a permitir ao *Bundeskartellamt* exercer a sua supervisão» (JOLIET, *The rule of reason in antitrust law, cit.*, pág. 95). Quase se poderia dizer, também neste particular, acerca da afirmação da possível inexistência de uma restrição da concorrência, pela ausência de limitação da liberdade das partes (e ainda com maior probabilidade) o que, noutra questão, afirmou NOGUEIRA SERENS: é «(quase) tão improvável quanto o é a presença de extra-terrestres no nosso planeta» (A «*vulgarização*» *da marca na directiva 89/104/CEE, cit.*, pág. 120, nota 89).

[408] *L' entente prohibée*, th., Montpellier, 1978, pág. 69, n. 4.

[409] Trata-se mesmo de um critério formal – THIEFFRY, «L' appréhension des systèmes de distribution», *cit.*, pág. 701.

alemã de 1957[410], querendo com isso significar a ilicitude de todos os acordos, decisões de associação e práticas concertadas[411] que restringissem a liberdade económica de qualquer dos pactuantes[412] e, especialmente, de terceiros.

Daí que, nos seus primeiros casos, a Comissão tenha começado por aplicar este critério *comportamental-formal* para aferir da compatibilidade de certos acordos com o direito comunitário, como no famoso caso *Consten e Grundig*, onde a aplicação do nº 1 do artigo 85º não passou sequer pela consideração da estrutura do mercado francês ou pela análise dos efeitos do sistema de distribuição sobre os produtos ou serviços concorrentes de outra origem ou marca (*interbrand competition*)[413].

---

[410] JOLIET, *The rule of reason in antitrust law*, cit., pp. 80-81, que cita MÜLLER--HENNEBERG (*Gemeinschaftskommentar*, 1963, pág. 136), para quem a «concorrência é restringida sempre que as empresas que actuam no mesmo mercado e no mesmo nível limitam a sua liberdade de acção nesse mercado», sendo restrição da concorrência sinónimo de «renúncia legalmente obrigatória da liberdade individual de decisão» (*idem*, in «Zu den Begriffen 'Kartell' und 'Wettbewerbsbeschränkung'», *WuW*, 1963, pág. 883). No entanto, como salientam BÖHM e MEYER-CORDING, também citados por JOLIET (*cit.*, pp. 88), os dois conceitos operatórios deste artigo 1º da GWB – *Wettbewerbsschränkungen* e *Marktbeeinflussung* (na versão francesa: *restrictions à la concurrence* e *influer sur conditions du marché*) – significam apenas que são relevantes (e ineficazes: *unwirksam*) as limitações da liberdade de acção das partes que afectem terceiros, que tenham uma influência no mercado (*Aussenwirkungen auf dem Markt*). O mesmo refere KOVAR, em «Le droit communautaire de la concurrence et la "règle de raison"», pp. 240-241.

[411] As quais não eram no entanto proibidas no sistema jurídico alemão, por força da chamada *Gegenstandstheorie*. No entanto, se o direito comunitário não adoptou esta teoria, o certo é que submeteu a censura de práticas concertadas ao preenchimento de critérios mais rigorosos. Uma conduta só se traduzirá numa «prática concertada» se não houver outra explicação para o paralelismo de comportamentos e se a concertação prévia for a única explicação possível – assim, por todos, recentemente, o acórdão do TPI de 29.6.1995, *Solvay/Comissão*, pp. 1808-1809, cons. 74-75; e, em sentido diverso (com base no mesmo princípio), o acórdão do Tribunal de Justiça de 28.3.84, *CRAM e Rheinzink*, cons. 16, pág. 1702.

[412] «Quando os produtos são distribuídos por vários estádios comerciais, basta, para que haja restrição da concorrência, no sentido do artigo 85º, nº 1, que a concorrência seja impedida ou restringida para um deles» – decisão da Comissão, *Grundig-Consten*, de 23.9.1964, JOCE, 161, de 20.10.64, II, 1, § 12. Sobre a importância que ainda hoje parece ter a liberdade de actuação económica das partes, *vide* o anexo ao regulamento CE nº 3385/94, de 21.12.94 (pág. 41, secção 4, 4.2), onde praticamente se reproduzem as indicações expressas no já revogado regulamento 27/62.

[413] Efeitos positivos invocados pelas partes. Nem sempre a Comissão foi coerente. Na decisão *Grossfillex* (de 11.3.64, citada na nota 340), por exemplo, a Comissão considerou como factores determinantes para a atribuição de um certificado negativo

Para a Comissão, decisiva era a alteração da posição de terceiros, os outros revendedores, causada pela afectação da concorrência dentro da própria marca (*intrabrand*), que os impedia de adquirir para revenda os produtos objecto da exclusividade entre as partes[414].

Ficavam assim formalmente abrangidas pela proibição do n° 1, a designação de distribuidores exclusivos (*Alleinbelieferungspflicht*)[415], a instituição de formas de distribuição selectiva[416] ou os acordos de compra

---

num contrato que previa uma protecção territorial elevada, a improbabilidade de os produtos distribuídos pelo concessionário fazerem concorrência pelo preço aos produtos do concedente e a existência de uma forte concorrência entre marcas no mercado comum.

[414] Como se expressou o então director de concorrência, JAUME («Trois ans de réglementation communautaire des ententes», *RMC*, 1965, pág. 552) «o facto de só o concessionário exclusivo poder comprar directamente ao produtor tinha por consequência, *independentemente da limitação da liberdade das partes*, que a posição dos terceiros, e nomeadamente de outros revendedores que desejassem importar os produtos visados no contrato, encontrava-se substancialmente modificada» (o itálico é nosso). No mesmo sentido, *v.g.* a decisão da Comissão de 17.7.68, *ACEC – BERLIET*, II, 1, pág. 8 –, onde este órgão considera que «no quadro da colaboração (...) certas restrições foram colocadas à liberdade de acção, não só das partes, mas *sobretudo* de terceiros».

[415] *Recomendação Faïance*, de 24.7.63, publicada em *WuW*, 54, 1964 e decisões *Blondel*, de 8.7.65 (parte II), *Hummel-Isbecque*, de 17.9.65 e *Jallate*, de 17.12.65 («a simples exclusividade atribuída pelo concedente é suficiente para constituir uma restrição da concorrência, no sentido do artigo 85°, n° 1») – *apud* JOLIET, *The rule of reason in antitrust law*, cit., pág. 138, nota 1. Ainda hoje uma tal concepção não foi abandonada a nível comunitário, pela Comissão (*v.g.* no acórdão *Dansk*, de 2.7.92, pág. 1968). Mas mesmo num acórdão recente do TJCE, de 24.10.1995, *BMW c. ALD Auto Leasing*, se considerou como um dos elementos constitutivos de uma restrição da concorrência a redução da liberdade de acção comercial (cons. 19).

Recorde-se, com NOGUEIRA SERENS (*A tutela das marcas e a (liberdade) de concorrência*, pág. 19, citando LIEFMAN, *Cartels et trusts*, Paris, 1914, pág. 62), que, historicamente, as relações de exclusividade assumiam-se como instrumentos privilegiados dos cartéis para combaterem os seus concorrentes directos.

[416] Na lição de PIGASSOU (pág. 485), a Comissão europeia distingue três formas de distribuição selectiva. A primeira, que não constitui restrição de concorrência, é aquela em que a selecção dos distribuidores se baseia em critérios gerais de competência técnica e comercial que o fornecedor não domina (decisão *Kodak*, de 30.6.70, JOCE, L 147, de 7.7.70). Na segunda, a escolha depende de critérios precisos formulados pelo próprio fornecedor (decisão *SABA*, de 3.2.76, JOCE, L 23, de 3.2.76, pág. 16). Na terceira, aos requisitos exigidos na segunda acresce uma ponderação quantitativa que pode ser definida *a priori* ou caso a caso (decisões *Omega*, de 28.10.70, JOCE, n° L 2 -242, de 5.11.70; e *BMW*, de 13.12.74, JOCE, L 29, de 3.2.75). Nestas duas últimas categorias, a aplicação do 85°, n° 1 é possível, embora possam beneficiar de isenção segundo 85°, n° 3, se

exclusiva[417], bem como o estabelecimento de mecanismos de protecção territorial absoluta[418]: melhor dizendo, todas as formas de restrição da liberdade de acção comercial das partes[419], ou todas as restrições à concorrência *interna*[420].

---

contribuirem para a melhoria do serviço prestado (segundo ele, esta interpretação foi confirmada no acórdão *Metro I*, de 25.10.77).

Mas o próprio carácter distintivo desta forma de distribuição está longe de ser evidente, havendo mesmo quem refira, com alguma pertinência, que se trata, no limite, de uma forma de distribuição exclusiva, numa «coexclusiva de grupo» (KRASSER, *Der Schutz von Preis-und Vertriebsbindungen gegenüber Aussenseitern*, Köln, Berlin, Bonn, München, 1972, pp. 13). Neste sentido, pondo em causa toda a construção comunitária acerca do sentido e valoração jurídica dos propostos critérios de selecção «quantitativa» ou «qualitativa» («nebulosa de fronteiras incertas»), PARDOLESI, «Regole antimonopolistiche del trattato CEE», *cit.*, p. 89.

No sentido referido em texto, *vide* acórdão *Vichy c. Comissão*, de 27.2.1992, pág. 442, nº 67. É esta, na nossa opinião, uma solução substancialmente diferente da que decorre da jurisprudência norte-americana, expressa nos acórdãos *Colgate* e *Monsanto*. Em sentido contrário, cfr. THIEFFRY, «L' appréhension des systèmes de distribution», *cit.*, pp. 675-676.

[417] Para uma evolução da atitude da Comissão neste sector, que conheceu uma fase conciliadora, já ultrapassada, FASQUELLE, pp. 211-212. Em Portugal, o CONSELHO DA CONCORRÊNCIA era bem radical, na decisão *Wasteels Expresso*, de 18.11.87, ao sustentar que «todo e qualquer acordo que contenha cláusulas de exclusividade é restritivo da concorrência, quer pelo seu objecto, quer pelos seus efeitos» (*Relatório de actividade de 1987*, pág. 9027).

[418] Em termos gerais, pode dizer-se que existe protecção territorial absoluta quando, nos termos do acordo, nenhuma das partes pode exercer a actividade fora do território convencionado. Outros falam em exclusividade *perfeita* ou *fechada* (J. MATERNE, recorde-se, advogado de Wilkin-Janssen no processo *Haecht I*, ac. TJCE de 12.12.67).

Pode mesmo ir-se mais longe, para salientar a atitude desfavorável, desde logo, a todas as proibições «verticais» de exportação, de que PARDOLESI («Nota ao acórdão do TJCE de 1.2.78, caso 19/77, *Miller c. Comissão*», pp. 549-550) faz enumeração suficiente.

[419] Cfr. o advogado-geral TESAURO, nas conclusões no processo C-250/92, *DLG*, pág. 5662, ponto 13.

[420] Como observou a Comissão no decurso do processo *Nungesser* (pp. 2041-2042), «as partes exactas de mercado dos concorrentes não apresentam nenhum interesse para o caso. (...) forneceu indicações sobre as quotas de mercado dos requerentes (...) que mostram que os requerentes tinham concorrentes e que permitem provar que a restrição da concorrência era sensível. A CGLV [Caixa de Gestão de Licenças Vegetais] desconhece, considera a Comissão, que não se trata apenas de restrições da concorrência com outras variedades («inter brand competition») mas que *a simples* (seule) *restrição da concorrência com produtos da mesma variedade* («intra brand competition») *basta para aplicar* (faire jouer) *o artigo 85, parágrafo 1, do tratado*» (o itálico é nosso).

Para a Comissão, portanto, constitui uma violação do artigo 85°, n° 1 CE a exclusão da concorrência entre produtos similares da mesma marca (*intrabrand competition*) na fase de distribuição[421], mesmo que se mantenha uma forte e efectiva concorrência com os produtos de outras marcas (*interbrand competition*)[422], tanto ao nível da distribuição como ao nível da produção.

Melhor dizendo: tal significou que a Comissão – doutrina em que intemporalmente se fundou – *considerou certas práticas como restritivas por natureza*, isto é, forçosamente abarcadas pela proibição do número 1 do artigo 85°, salvo na hipótese – que analisaremos mais adiante – de o acordo não preencher outro(s) dos requisitos da norma. Em termos gerais, pode mesmo dizer-se que a quase totalidade das coligações é deste modo abrangida pela condenação do número 1 do artigo 85° CE[423].

É o caso – também – das licenças exclusivas. Recorde-se que, no processo *Nungesser* [424], perante o TJCE, à afirmação dos queixosos de que a Comissão considerara que uma licença exclusiva era, em si mesma, uma restrição ilícita da concorrência que violaria pela sua própria natureza o § 1 do artigo 85°[425], a Comissão reitera posições por ela já assumidas anteriormente[426], ao responder de forma oblíqua, dizendo que a aceitação de tais licenças depende do preenchimento do § 3 do mesmo

---

[421] Ao privilegiar a concorrência *intrabrand*, a Comissão defendeu que «quando dois produtos são distribuídos em diversos estádios comerciais, basta, para que haja restrição de concorrência no sentido do artigo 85°.1, que a concorrência seja impedida ou restringida a um desses níveis» – decisão *Grundig-Consten*, de 23.9.64 (pág. 2545), revestindo «a concorrência na fase da distribuição, nomeadamente entre grossistas que distribuam produtos da mesma marca, uma importância particular» (*idem*, pág. 2548, II, 1, § 15).

[422] V.g. a posição da Comissão no acórdão *Consten-Grundig*.

[423] FASQUELLE, pág. 125.

[424] Acórdão de 8.6.82, *L. C. Nungesser KG e Kurt Eisele c. Comissão* (*Nungesser*), proc. 258/78, Rec., 1982, pp. 2015 e segs.

[425] Decisão *Nungesser*, de 1978 (JOCE, n° L 286, pág. 23) e acórdão.

[426] Decisão *Davidson Rubber*, de 1972 – JOCE, L 143, pág. 31. Historicamente, nem sempre a Comissão considerou que as restrições ao comportamento das partes violavam o artigo 85°, n° 1 CE. Exemplos disso, podemos achá-los na comunicação relativa aos acordos de sub-contratação e na decisão *Campari*, onde considerou a protecção contra o *free rider* (passageiro clandestino; *pendura*) necessária para a realização de objectivos pro-concorrenciais. Sobre o alcance destas afirmações, o que diremos *infra*. No sentido exacto da nota, KORAH, *Patent licensing and EEC competition, cit.*, pág. 3.

artigo, não sendo tais licenças inadmissíveis de *per se*. Ao contrário da opinião de KOVAR[427], a resposta da Comissão não deixou de fornecer elementos positivos para a resposta. Aceitando implicitamente que tais licenças violam efectivamente o nº 1 do artigo 85º (contrariamente ao que afirmará no mesmo processo o TJCE[428]). Embora, do mesmo passo, tal implicasse uma concepção diferente de proibição *per se*, porque, se só seriam absolutamente inadmissíveis as restrições insusceptíveis de análise para efeitos de obtenção de uma decisão de isenção, segundo o nº 3 do artigo[429], certas condutas havia que incorriam forçosamente na proibição do nº 1 desse artigo. A Comissão, portanto, parece admitir haver restrições de concorrência de *per se*[430] proibidas, quer dizer, que pela sua

---

[427] «La règle de raison et le droit communautaire de la concurrence», pág. 245.

[428] Segundo a posição mais liberal do TJCE, uma licença exclusiva pode até não violar o nº 1 do artigo 85º, devendo a análise das relações de exclusividade ser feita não apenas considerando os seus efeitos na concorrência entre produtos da mesma marca (*intra-brand competition*), mas também no mercado global de produtos idênticos ou sucedâneos (*inter-brand competition*), em obediência, aliás, aos pressupostos fundamentais da *workable competition*. No acórdão *Nungesser*, de 8.6.82 (pág. 2069, cons. 58), o TJCE considerou que a exclusividade era imprescindível ao desenvolvimento tecnológico e era altamente favorável à concorrência entre as diversas marcas (*inter-brand competition*), na condição de se tratar de uma licença *aberta*, i. e., «une licence qui ne vise pas la position des tiers, tels les importateurs parallèles et les licenciés pour d'autres territoires». Mais do que uma posição para um caso concreto, o TJCE formulou aqui uma regra geral de recusa apriorística da ilicitude de relações concorrenciais de exclusividade, embora haja quem considere que o Tribunal ficou aquém do esperado, pois se veio a reconhecer que a protecção dos investimentos realizados pelo licenciado, dada a novidade e a natureza do produto, não infringia o artigo 85º, nº 1, deveria ter reconhecido uma tal protecção mesmo contra importadores paralelos e outros licenciados, na medida em que ela só seria efectiva se pudesse enfrentar todo o tipo de ameaças (JOLIET, «Territorial and exclusive trademark licensing under the EEC law of competition», 1984, pág. 35, *apud* KORAH, *Patent licensing and EEC competition, cit.*, pág. 6).

[429] E isso a jurisprudência comunitária veio a excluir claramente que pudesse suceder – no acórdão do TPI de 15.7.94, *Matra Hachette c. Comissão*, em que era contestada a decisão da Comissão em autorizar o projecto *Ford/VW* de Setúbal, esta instância declarou: «Não há prática anticoncorrencial que não possa ser isenta, qualquer que seja a intensidade dos seus efeitos no mercado, desde que estejam preenchidas as condições do artigo 85º, nº 3 e tenha havido notificação à Comissão».

[430] Fique desde já uma advertência. Embora tenhamos falado nos métodos da proibição *per se* e da *rule of reason* elaborados pela jurisprudência norte-americana, e consideremos que as afirmações então expendidas terão relevância quando encararmos os acordos de franquia que foram objecto das apreciações dos órgãos comunitários, o mesmo não quer significar que os conceitos utilizados pelo direito norte-americano e comunitário

natureza se encontram abrangidas pela proibição do nº 1 do artigo 85º, antes e independentemente dos seus efeitos sobre a concorrência[431], e que

---

tenham forçosamente o mesmo sentido. Este é um exemplo disso mesmo, *se se quiser ver na doutrina da proibição* per se *norte-americana uma presunção* absoluta *de ilicitude face ao Sherman Act*. Aliás, a concepção do que seja uma proibição *per se*, rectius, de uma proibição à luz do nº 1 do artigo 85º CE, transbordou também para o domínio nacional, tendo o Conselho da Concorrência utilizado a expressão naquele sentido – comunitário –, na decisão proferida em 12.3.86, *Associação Nacional de Farmácias, Phar e Vichy* (nos procs. apensos 3, 4 e 5/85, *Relatório de actividade de 1986*, pág. 17, II, A) a)).

No exacto sentido do texto ia também, já em 1985, V. KORAH – *Patent licensing and EEC competition*, cit., pág. 1 –, ao escrever, a propósito da decisão *Davidson Rubber*, de 1972 (pág. 31), que «[a Comissão] considerou formalmente que uma licença exclusiva limitada ao território de um Estado-membro viola o artigo 85 (1) [já se fosse relativa a um território não-comunitário, não seria assim – decisão *Grossfillex*, de 9.4.64]. Apesar de afirmações em sentido contrário por parte de responsáveis da Comissão, isto corresponde a uma proibição *per se* ao abrigo do artigo 85 (1), limitada apenas excepcionalmente por uma regra *de minimis*».

Particularmente interessante a este propósito, na dupla perspectiva que adoptamos, de portugueses e juristas, parece pois ser o acórdão *Matra Hachette/Comissão* (acórdão de 15.7.94, cons. 85) onde o TJCE afirma expressamente que «em princípio, não existe uma prática anti-concorrencial que, qualquer que seja a intensidade dos seus efeitos sobre o mercado relevante, não possa ser isenta, desde que as condições previstas no parágrafo 3 do artigo 85º estejam cumulativamente satisfeitas, e sob reserva da regular notificação de tais práticas à Comissão».

[431] Assim o afirma inequivocamente a Comissão no processo *Nungesser*, no relatório para a audiência, pág. 2037. Sobre o acórdão *Nungesser*, FASQUELLE, pág. 209. O mesmo decorre, apesar da aparente afirmação contrária, do discurso de THIEFFRY, «L' appréhension des systèmes de distribution», cit., pág. 703. E uma tal concepção chega mesmo a atingir o paroxismo, ao chegar a exprimir-se em termos semelhantes aos utilizados pelos tribunais americanos no acórdão *Schwinn* (cfr. PARDOLESI, «Gli aspetti giuridici di una politica di concorrenza», pág. 572). Assim aconteceu no caso *Campari*, primeira manifestação de um acordo de franquia (embora de produção) na CEE, onde se podia ler que «a exclusividade concedida aos licenciados [a Comissão trata o acordo como sendo, essencialmente, uma licença de marca] impede a Campari-Milano de conceder a terceiros licenças de marca para os seus produtos, nos territórios neerlandês, alemão, francês, belgo-luxemburguês e dinamarquês, bem como de fabricar ela própria esses produtos nesse território» (decisão de 23.12.77, JOCE, nº L 70, de 13.3.78, pág. 73, II, 1, § 1).

A atitude formalista da Comissão é evidenciada noutros *pormenores*, como a noção que adopta de «prática concertada», nos processos *Polipropileno*. Como salienta PAIS ANTUNES – «Agreements and concerted practices», *cit.*, pp. 59 e 62 e 69-70 –, no caso *Polipropileno*, perante o TPI, a Comissão parece propugnar a qualificação como «prática concertada» de toda a «acção concertada tendo como propósito a restrição da autonomia das empresas entre si, mesmo que nenhuma *actual conduct* seja encontrada no mercado», solução a cuja adesão o TPI terá acedido. Não é pois necessário que, para lá dos contactos

dessa forma só poderão ser lícitas se isentadas pela Comissão ao abrigo do nº 3 do mesmo artigo 85º.

A ausência de consideração dos efeitos restritivos sobre a concorrência resulta ainda de outro factor: a concepção que tanto a Comissão como o tribunal adoptavam, segundo a qual, dada a formulação alternativa do artigo 85º, nº 1 («que tenham por objecto *ou* efeito»), basta a comprovação do objectivo anti-concorrencial para invalidar o acordo, sendo supérflua a análise dos efeitos na estrutura concorrencial do mercado[432].

ou da comunicação entre as empresas, existam comportamentos paralelos no mercado não justificados pelas condições económicas ou pela estrutura do mercado.

Como diz este mesmo autor, a pp. 64-65, «a proibição de acordos colusivos estabelecida no artigo 85º (1) do Tratado não implica a existência de qualquer efeito sobre o mercado», sendo que o fundamental é que «*cada operador económico determine de modo independente o comportamento que pretende adoptar no Mercado Comum*». Radical independência, que aparentemente não deixava espaço para qualquer coligação...

Como se constata, discordamos, neste ponto, da posição deste ilustre jurista. Com efeito, para nós, a questão não deve ser a que coloca na pág. 68: «Is there any reason why an informal agreement which is not observed by the parties should be caught by article 85 (1), while at the same time conduct on the market should be required for actual co-operation falling short of an agreement to be prohibited?». É que nem uma nem outra das situações se justifica. Se uma solução é má, não devemos alargá-la, só para manter a coerência. Também vendo nos artigos 85º e 86º – embora algum tempo antes dos casos *Polipropileno* – ilícitos materiais, como «delitos» de resultado, Mário TENREIRO, pág. 226, nota 2.

[432] A primeira manifestação desta análise alternativa e consecutiva pode encontrar-se no acórdão *LTM/MBU*, de 30.6.66. Sobre esta análise em duas etapas – 1ª, objecto; 2ª efeito – *vide* o acórdão do TJCE de 28.3.84, *CRAM e Rheizink*. Embora por exemplo TESAURO, no já citado processo *Gottrup-Lim e DLG c. Comissão*, houvesse afirmado que a Comissão não utiliza esta divisão da análise do artigo 85º, nº 1, construção que reserva ao Tribunal de Justiça, com realce para o acórdão *Stergios Delimitis*, de 28.2.91, o certo é que não é difícil demonstrar que a consideração separada do objecto e dos efeitos das coligações entre empresas era já factor presente no espírito e nos actos da Comissão. Recorde-se uma vez mais – *quoad abundat non nocet* – o caso *Nungesser*, doze anos antes. Aí encontramos a Comissão a afirmar, em discurso indirecto (pág. 2042), que «este artigo [85º, § 1 CE] entraria em jogo não apenas quando a concorrência esteja «comprometida» mas desde o momento em que ela, de uma maneira ou de outra, se encontre restringida ou falseada de forma sensível. Se tal é o *objecto* do acordo, não será mais necessário verificar os seus efeitos na prática. Após haver estabelecido que os acordos (...) restringem a concorrência em razão do seu próprio objecto, não havia razão para a Comissão acrescentar outros argumentos na sua decisão» (o itálico consta do próprio texto em francês).

Mais adiante, já no quadro de explicação do sentido do acórdão *Pronuptia*, tentaremos demonstrar que, como o Tribunal de Justiça o foi construindo, este método de análise não tem hoje nada a ver com esta concepção da Comissão.

Para uma indicação de decisões em que este princípio foi aplicado, bem como da necessidade de análise dos efeitos, pelo menos para determinação da «afectação do comér-

Debruçar-nos-emos sobre este ponto mais tarde. Por ora, ficamos com a fundamental postura da Comissão, de se bastar com a afectação da liberdade das partes e de terceiros para afirmar a restrição de concorrência, que a levou a considerar – em consonância – que qualquer restrição à concorrência *intrabrand* – quer dizer, em relação a certo e *determinado*[433] produto ou serviço –, mesmo que os terceiros e as próprias partes[434] conservem a total liberdade para comercializarem outros produtos e/ou serviços que aos olhos do público se apresentem como similares, como satisfazendo as mesmas necessidades (utilizando um termo económico: como substituíveis ou sucedâneos), implicaria o preenchimento da hipótese normativa do artigo 85°, n° 1 CE.

2. Limitações Práticas Impostas pela Concepção da Comissão

Subjugada pela *avalanche* de notificações provocada pelo modelo escolhido com o regulamento 17/62, a Comissão cedo percebeu que, sendo todo o acordo restritivo da concorrência, por aplicação do critério da liberdade económica, não lhe era possível dar *vazão* – desde logo por falta de meios – a todas as solicitações[435], o que tendia a gerar um «sis-

---

cio», VAN BAEL/BELLIS, *Droit de la concurrence, cit.*, pp. 54 ss. *Vide* ainda o acórdão de 27.1.87, *Verband der Sachversicherer*, pág. 405. Refira-se entretanto que, entre nós, há quem veja, em qualquer destas etapas, uma consideração dos efeitos da conduta sobre a concorrência, embora um efeito «virtual» – ROBALO CORDEIRO, pág. 108.

[433] Quanto maior a diferenciação dos produtos, maior a probabilidade de qualquer restrição, por mais pequena que pareça, preencher o conceito de restrição de concorrência relevante.

[434] Porque é doutrina pacífica que a restrição pode ser unilateral, isto é, assumida apenas por uma das partes – por exemplo, na franquia de distribuição, comunitária, em relação a certas restrições, tal é perfeitamente concebível.

[435] Esta submersão da Comissão em trabalho, antevista por WOLF, em 1962 (WAEL-BROECK, «Antitrust analysis», *cit.*, pág. 694), manteve-se com o tempo e com os alargamentos da CE. Basta comparar números. Em 1981, segundo consta do *11° relatório sobre política de concorrência* (1982, pág. 51), houve 11 decisões de aplicação dos artigos 85° e 86°; foram feitas 185 novas notificações e encontravam-se pendentes 3882 notificações. Em 1986, segundo os dados fornecidos por FORRESTER/NORALL («Competition law», pág. 379), foram proferidas 21 decisões, fizeram-se 384 novas notificações, e havia 3552 casos pendentes. Já em 1989, houve 13 decisões de aplicação do artigo 85°, 206 notificações e 3239 assuntos pendentes (*19° Relatório sobre a Política de concorrência*, pág. 59).

tema absurdo»[436], em que a notificação visando obter uma decisão de isenção era imprescindível, mas esta quase impossível de obter[437].

A sua concepção sobre o sentido do nº 1 do artigo 85º, o sistema de notificação obrigatória estabelecido no regulamento 17/62 como requisito para a obtenção de uma isenção ao abrigo do nº 3 e a jurisprudência do Tribunal de Justiça, aliados ao desejo de segurança jurídica que as empresas demonstravam em actuarem de modo conforme com as regras de concorrência[438], conduziram a Comissão, sugestionada pelo Tribunal de Justiça, a *limitar as aplicações* práticas da sua doutrina[439], mais por razões pragmáticas que por convicção, reconheça-se.

Interpretando o artigo 85º, a Comissão procurou encontrar critérios delimitativos que pudessem circunscrever o âmbito da proibição do nº 1 do art. 85º aos acordos que realmente tivessem consequências minimamente significativas para a concorrência comunitária[440].

O que fez, por exemplo, através de actos atípicos não vinculativos – comunicações –, com valor jurídico reduzido[441]. Entre estas destaca-se

---

[436] FASQUELLE, pág. 126.

[437] Em 1963, o Director-Geral da concorrência afirmava, em discurso proferido perante a American Bar Association, que o prazo normal para a obtenção de uma decisão de isenção seria, em condições normais, de dois anos (W. ALEXANDER, «L' application de l' article 85, paragraphe 3», *cit.*, pág. 325). Por sua vez, pronunciando-se já em 1985 (antes de qualquer apreciação concreta pelo Tribunal ou pela Comissão) sobre se um advogado deveria, quando confrontado com um contrato de franquia de distribuição, notificá-lo à Comissão, GOEBEL revelava-se hesitante, quer devido à incerteza quanto ao resultado final, quer pelo facto da Comissão, por se tratar do primeiro caso, poder pretender analisar o contrato e a rede «with painstaking care», susceptível de demorar vários anos (a Comissão demorou cinco anos para proferir a decisão *Campari*) ou de prejudicar irremediavelmente (mesmo não sendo essa a intenção da Comissão) a própria estratégia comercial da empresa («The uneasy fate of franchising», *cit.*, pp. 90-91).

[438] Prova de que as empresas não pretendem sempre *iludir* as proibições, nem sequer têm sempre a convicção típica do criminoso, de que nunca será apanhado.

[439] KOVAR, «la droit communautaire de la concurrence et la "règle de raison"», em especial, pp. 252-254.

[440] Entre outras, são exemplos de decisões em que a Comissão considerou as restrições como de fraca importância: *Grossfillex-Fillistorf* (de 11.3.64, JOCE, 58, de 9.4.64), *Nicholas-Frères* (de 30.7.64, JOCE 136, de 26.8.64) e, sobretudo, *Alliance des constructeurs français de machines outils*, SOCEMAS (ambas de 17.7.68, JOCE, *cit.*, pp. 3 e 6), *Rieckermann* (de 6.11.68, JOCE, nº L 276, de 14.11.68 – acordo relativo à repartição dos mercados comunitário e japonês) e *Conventions des chafourniers* (de 5.5.69, JOCE, nº L 122, de 22.5.69 – com base sobretudo em previsões de restrição futura).

[441] Cfr. CASEIRO ALVES, *Lições de direito comunitário da concorrência*, pág. 62. Como este Autor também afirma, em nota (pág. 176, nota 28), «as comunicações não são

a *Comunicação de 27 de Maio de 1970* – hoje a *Comunicação de 3 de Setembro de 1986*[442] –, relativa aos «acordos de importância menor» (*Bagatellenvertrage*). Nesta comunicação, a Comissão procurou definir um linha determinadora da irrelevância de certos acordos, para tanto lançando mão de um critério quantitativo (regra *de minimis*) que, no seu entender, poderia ter diversas virtualidades, tornando possível às próprias empresas uma avaliação sobre o relevo dos acordos por elas celebrados e, consequentemente, eliminando a necessidade de obtenção, em muitos casos, do certificado negativo previsto no art. 2º do Regulamento 17/62, deixando de ser necessária a notificação de tais acordos[443]. Ao mesmo tempo que descongestionavam os serviços da Comissão, estas comunicações tinham ainda outra implicação, representando uma atitude favorável às pequenas e médias empresas (PME)[444].

---

actos normativos no sentido do art. 189º CEE, não produzindo, por isso, efeitos juridicamente vinculantes; são, por assim dizer, indicações não decisivas fornecidas sobre os critérios que orientarão a Comissão na aplicação do dispositivo da concorrência», não prejudicando «uma eventual interpretação divergente dos órgãos jurisdicionais e, em especial, do TCE». São elementos de interpretação, que nem sequer vinculam a própria entidade emitente: a Comissão – assim, na doutrina italiana, entre outros, Denozza (pág. 645, nota 7, citando, em sentido concordante, Toffoletto, «Antitrust: la legge italiana», *Giur. Comm.*, 1990, I, pp. 925 e segs.) e Ferrari Bravo/Milanesi, pág. 313. No mesmo sentido, indicando não pretender discutir o seu valor jurídico, mas de todo o modo declarando que, «em todo o caso, reveste o valor de uma declaração de intenções a partir da qual se pode inferir a política da Comissão em matéria de aplicação das disposições em questão e perante a qual os particulares que dela sejam destinatários podem alimentar uma certa confiança legítima», Van Gerven, conclusões no processo *Stergios Delimitis*, pág. 970. Contudo, para Melchior («Les communications de la Commission», in *Mélanges Fernand Dehousse*, Bruxelles, 1979, vol. 2, pp. 254, *apud* Joliet, *Le droit institutionnel des Communautés Européennes*, pág. 189), estas comunicações podem ter um alcance jurídico indirecto, criando uma confiança legítima que o Tribunal poderá proteger, anulando uma decisão individual contrária a uma comunicação.

[442] JOCE, nº C 231/2, de 12.9.1986. Esta comunicação veio substituir a comunicação da Comissão de 19.12.77, publicada no JOCE, nº C 313 de 29.12.1977, pág.3. Já em 27.5.1970, a Comissão tinha emitido aquela primeira comunicação, com o mesmo objecto, publicada no JOCE, nº 64/1, de 2.6.70. A primeira Comunicação, teve na sua base o acórdão *Völk* (já citado) – *v.g.* ainda as referências em Waelbroeck, «Antitrust analysis», *cit.*, pp. 704 e segs..

[443] Comunicação da Comissão de 3.9.86, parágrafos 3 a 5.

[444] Como escrevia o então comissário europeu Cardoso e Cunha no prefácio da publicação *PME et Concurrence* (pág. 5), «dans de nombreaux cas, les interdictions des articles 85 et 86 du traité instituant la CEE ne s'appliquent pas directement aux PME». O que poderia ser utilizado para afirmar na CE um dos pontos básicos da doutrina da

Os requisitos definitórios do limiar da *insignificância* são fixados no parágrafo 7, no qual a Comissão diz não violarem o n° 1 do art. 85° os acordos entre empresas de produção, distribuição ou de prestação de serviços que não se traduzam na aquisição de uma quota do mercado[445] em que hajam de produzir efeitos superior a 5%, e cujo volume de negócios total não ultrapasse os 300 milhões de ECUs[446].

«Escola de Chicago», tal como enunciado por POSNER (pág. 19), de acordo com o qual a política de concorrência não é o método apropriado para se promoverem os interesses dos pequenos negócios. Não é isso que se faz ao excluir do âmbito das normas de concorrência os acordos de pequena importância e a cooperação entre pequenas e médias empresas?

[445] Quanto à noção de mercado relevante, quer do ponto de vista geográfico, quer na perspectiva do produto, parágrafos 13 e 11 da citada comunicação. «O mercado geográfico é constituído pelo território no interior da Comunidade no qual o acordo produz os seus efeitos», correspondendo normalmente «ao mercado comum no seu conjunto», ou pelo menos, à parte deste na qual os produtos possam ser objecto de oferta e de procura, podendo o mercado ser geograficamente mais restrito se o produto tiver uma mobilidade reduzida, pela sua natureza e características, ou por força de constrangimentos nacionais. Sobre a noção de «relevant market», para efeitos do artigo 85°, n° 1, cfr. BERNINI, «As regras da concorrência», pág. 358; VAN GERVEN, nas conclusões do processo *Stergios Delimitis*, pp. 964-965; e, entre muitos outros, acórdãos *Sirena* (de 18.2.71), *Deutsche Grammophon* (de 8.6.71) e *Continental Can* (de 21.2.73).

A propensão para a definição restritiva dos mercados do produto é – sabe-se há muito – factor de incremento da aplicabilidade das leis de concorrência, pelo que a consideração de múltiplos factores na definição dos mercados, consoante tenda a uma apreciação cumulativa ou não, poderá constituir importantíssimo factor de verificação dos tipos legais proibitivos – de acordo com o novo regulamento em matéria de forma, conteúdo e particularidades das notificações ao abrigo do regulamento 17 (o já referido regulamento CE n° 3385/94, de 21.12.94, pp. 42 e 46), a Comissão desenvolve uma multiplicidade de novos critérios para a determinação do mercado relevante, não se bastando já com o facto de saber se os produtos e/ou serviços desempenham as mesmas funções aos olhos do consumidor, antes procurando indagar sobre as diferenças de preços entre produtos, a sua semelhança física, os custos de transferência (que podem, se elevados, restringir mais o mercado) e até as preferências dos consumidores. No entanto, parece-nos que sempre terá de ser o mercado definido por referência ao produto ou serviço, e não de acordo com o circuito de distribuição a utilizar. Como defendia em 1986 o nosso CONSELHO DA CONCORRÊNCIA, «para a apreciação das redes de distribuição, todos os aspectos 'restritivos' têm, à partida, que relevar dos próprios bens ou serviços que estão em causa» (*Relatório de actividade de 1986*, pág. 13).

[446] A comunicação de 1986 foi revista em 1994, elevando o volume de negócios até aos 300 milhões de «Euros» (JOCE, n° C 368, de 23.12.94, pág. 20), mas mantendo a referida quota de mercado em 5%, factor que mereceu a censura do PE, no *Relatório sobre o XXIV relatório da Comissão sobre a política de concorrência* (COM (95) 0142

Parte I – Da Comunitarização da Concorrência e sua Restrição

O exacto relevo destas comunicações – não nos referimos ao seu valor jurídico – nem sempre é igualmente entendido. Para uns, a Comissão circunscreveu o âmbito de aplicação do artigo 85°, n° 1, definindo uma espécie de *rule of reason* adaptada ao espaço comunitário[447]. Para outros, porém, não se trata de estabelecer um critério interpretativo do artigo, mas de fixar os seus limites. Como já exprimimos, tratar-se-ia de uma aplicação da regra *de minimis non curat praetor*[448].

Por nós, este género de intervenção, tal como concretizado, sugere duas ideias fundamentais.

A primeira é a de que não faria sentido apreciar tais comunicações como algo diferente de uma delimitação – uma interpretação – do campo de aplicação do n° 1 do artigo 85° CE, por referência à noção de *restrição de concorrência*, e interpretação efectiva (chamemos-lhe ou não uma aplicação *de minimis*). O que importa saber é se, na falta da comunicação, tais restrições se considerariam como abarcadas no âmbito possível da proibição. Tal parece, no mínimo, possível[449]. No acórdão *Völk-Vervae-*

– C4 – 0165/95), pág. 13, por não a considerar «adaptada às condições especiais do mercado em que operam as PME».

No parágrafo n° 8, a Comissão fixa uma margem de tolerância de um décimo, para os casos em que o volume de negócios total ou a quota de mercado excedam os limites fixados.

A doutrina norte-americana critica duramente a referência a critérios quantitativos assentes na quota de mercado ou no volume de negócios. É que, para garantir a manutenção da concorrência num espaço jurídico, mais importante do que medir quotas e, sobretudo, volumes de negócios, é determinar o poder que uma determinada empresa ou coligação de empresas têm sobre o mercado, poder que pode não ser directamente proporcional à quota detida ou ao montante quantitativo dos negócios efectuados.

[447] Repare-se que, em 1904, numa declaração de voto que determinou o sentido do acórdão *Northern Securities*, o juiz BREWER igualmente havia defendido que existia na *common law* um teste de razoabilidade destinado a salvar «those minor contracts in partial restraint of trade», aproveitando BORK para formular a ideia de que, regra geral, a integração de actividades entre empresas que não possuem um peso grande no mercado (ainda que funcionando numa lógica estatística) deve imputar-se a razões de eficiência (BORK, «The rule of reason and the per se concept», *cit.*, respectivamente, pág. 809, nota 112, e pág. 381).

[448] FASQUELLE, pp. 112-114. PAPPALARDO, «La réglementation communautaire», *cit.*, pág. 348.

[449] Neste sentido, entre nós, NUNO RUIZ («Relações entre o direito nacional e o direito comunitário da concorrência», pp. 334-335). Paradoxalmente, a própria Comissão, conquanto geralmente preocupada, nos primeiros anos, com a definição de critérios rígidos propiciadores de um elevado grau de certeza jurídica, parece assim ter adoptado uma atitude menos radical e mais próxima da concepção da *rule of reason*, ao excluir do

cke, onde – recorde-se – a doutrina unanimemente vê a primeira aplicação desta doutrina, quando o Tribunal de Justiça declarou que só um acordo que tenha efeitos *perceptíveis* sobre a concorrência e as trocas comerciais entre os Estados membros é relevante para efeitos do nº 1 do art. 85º do Tratado de Roma[450], o que estava em causa era a protecção territorial absoluta concedida por um fabricante alemão a um distribuidor belga, circunstância que, de acordo com as concepções da Comissão, sempre cairia dentro do campo de intervenção do nº 1 do artigo 85º.

Além disso, na própria *Comunicação de 1986*, a Comissão diz prosseguir «o esforço de definição do âmbito de aplicação do nº 1 do artigo 85º», declarando igualmente no ponto 16 que «a presente comunicação

---

âmbito de aplicação do nº 1 do artigo 85º acordos com cláusulas restritivas da concorrência *afectando o comércio* entre os Estados membros, com base na consideração da pouco significativa restrição de concorrência no mercado, dada a presença de uma forte concorrência entre as marcas no mercado (*inter-brand competition*), pese embora a exclusão da concorrência no interior da marca (*intra-brand competition*) – assim o certificado negativo atribuído na decisão *Vitapro*, de 30.7.64 (cfr. também o que dissemos a propósito da decisão *Grossfillex*). Neste exacto sentido se pronunciava uma sub-directora de Assuntos Jurídicos e da Política da Concorrência francesa, ACHACH («Franchise et droit français de la concurrence», pág. 80 e segs.) A mesma *misconception* da Comissão era já salientada por JOLIET, *The rule of reason in antitrust law*, cit., pág. 149.

É baseados em interpretação semelhante à por nós propugnada que, em Itália, se afirma o carácter (aparentemente) absurdo da redacção do artigo 1º da lei 287 de 1990. É que, tendo consagrado o critério da *barreira única*, este diploma declarou só se aplicar – no que nos interessa – às coligações que não caiam no domínio da norma do «artigo 85º, dos regulamentos comunitários ou dos actos comunitários com eficácia normativa equiparada», argumento que conduziria, porque os acordos de importância menor efectivamente estão abarcados no âmbito da competência comunitária, à sua exclusão automática do domínio de aplicação da lei italiana e, por consequência, tornando-se insindicáveis, por ambos os ordenamentos – um, por razões pragmáticas, outro, por razões estruturais – declinarem a análise dos comportamentos. A este propósito, DENOZZA propõe que se considerem excluídas do âmbito da lei italiana apenas as coligações que sejam objecto, na CE, de um exame de mérito por parte das autoridades comunitárias (pág. 645), enquanto ALESSI (pp. 20-21) procura sustentar a aplicação da lei nacional no domínio das coligações cobertas pelas comunicações da Comissão (por ex., a referida no texto), embora reconheça as dificuldades que formalmente a lei italiana coloca a esta hipótese interpretativa.

[450] O colégio do Luxemburgo afirmou, a propósito, que um acordo escapa à proibição do nº 1 do artigo 85º quando «só afecta o mercado de uma forma insignificante, tendo em conta a fraca posição que ocupam os interessados no mercado dos produtos em causa». Esta doutrina, afirmada pela primeira vez no acórdão *LTM/MBU*, de 30.6.1966, foi depois retomada em várias ocasiões – por exemplo, no acórdão do TPI de 27.2.1992, *Vichy c. Comissão*, pág. 445, cons. 74.

não se aplica quando a concorrência for restringida pelo efeito cumulativo de redes paralelas de acordos similares», critério formulado pelo Tribunal a propósito do chamado «método *in concreto*», que alguns vêem mesmo como reflexo da atitude da Comissão face às restrições da concorrência.

A segunda ideia é a de que, representando as *Comunicações*, de qualquer forma, uma flexibilização do conceito de restrição da concorrência, tal não é de todo relevante para que se considere ter operado qualquer mutação da compreensão dominante da Comissão sobre o que sejam restrições da concorrência. Apesar deste pequeno passo favorável ao reconhecimento do relevo de uma concorrência *interbrand*, a Comissão permaneceu apegada a conceitos como os da liberdade económica das partes e da afectação da posição de terceiros, com a consequente absolutização do valor de manutenção de uma concorrência *interna* forte e a relativa desconsideração da concorrência *externa* como critério para a existência de uma estrutura concorrencial efectiva e de uma integração dos mercados no espaço comunitário.

Se aquela intervenção não significou o abandono das concepções exageradamente formais baseadas na manutenção da liberdade económica das partes e de terceiros, a *teimosia*[451] da Comissão tornou mais premente a necessidade de métodos flexibilizadores da sua intervenção. Se toda a restrição que afectava a liberdade económica das partes e a posição de terceiros preenchia potencialmente a previsão do artigo 85°, então havia que optar: ou se mudava definitivamente de concepção ou se criavam outros mecanismos de *rateio* dos processos a investigar pela Comissão.

A opção foi por esta segunda via. E um primeiro meio era imediatamente previsto no próprio regulamento 17/62. Como ficou dito, em princípio, os acordos que violem o disposto no n° 1 do artigo 85° devem ser notificados à Comissão[452]. Mas, em todos os casos em que os agentes económicos tenham dúvidas sobre a compatibilidade dos contratos por eles celebrados com o disposto, nomeadamente, no n° 1 do artigo 85°, deverão notificar tais coligações à Comissão, quer porque é ela a detentora do poder de isentar tais acordos do âmbito de aplicação da proibição estabelecida neste artigo (e a notificação é pressuposto dessa isenção); quer, por outro lado, por o próprio regulamento 17 ter previsto uma outra via – administrativa – que permite às empresas *pedir* à Comissão que

---

[451] HAWK, «System failure: vertical restrictions», *cit.*, pág. 977.
[452] Cfr. artigo 4° do regulamento 17/62. A notificação deve obedecer às regras estabelecidas no Regulamento 3385/94, da Comissão, de 27.12.94, já várias vezes referido.

declare «verificado (...) que, face aos elementos ao seu dispor, não há razão para intervir, nos termos do nº 1 do artigo 85º...», acautelando-as contra eventuais acusações de violação da norma do artigo 85º: o *certificado negativo*[453].

Outro instrumento deste tipo, de valência bem diversa, é a possibilidade de estabelecimento de *isenções categoriais*, por via de *regulamento* – de declarações genéricas de conformidade com o nº 3 do artigo 85º –, que lhe será conferida pelo Conselho através do regulamento 19/65[454], independentemente de qualquer prévia afirmação expressa da proibição do nº 1[455].

Entre os meios formais, uma última palavra vai para a instituição, em alguns dos regulamentos de isenção categorial, de *processos de opo-*

---

[453] Artigo 2º do Regulamento 17/62. Curiosamente, uma das primeiras decisões da Comissão referia-se a um pedido de certificado negativo relativo a um contrato de distribuição – *Bendix e Mertens et Straet*, de 1.6.64, o qual, aliás, não colocava especiais dificuldades, desde logo por se tratar «de uma concessão não exclusiva, não visando assegurar uma protecção territorial», para lá de não impor «obrigações restritivas da concorrência no domínio de utilização do *Know-how* ou de direitos de propriedade industrial».

A utilização deste mecanismo tende a ser muito rara, por vários motivos. Em primeiro lugar, porque a concepção ampla da Comissão relativamente ao nº 1 do artigo 85º torna pouco crível que um acordo não viole esse mesmo número 1. Depois, porque os casos em que tal aconteça são normalmente aqueles em que já houve uma pronúncia da Comissão nesse sentido – *vide* através de uma comunicação. Em terceiro lugar, porque a Comissão, assoberbada com serviço, tenderá a preferir meios informais de arquivamento do processo, até porque lhe permitem conservar uma maior liberdade de acção futura.

Finalmente (*but not least*) porque, como escreve Nogueira Serens (*Direito da concorrência e acordos de compra exclusiva, cit.*, pág. 29), «a esmagadora maioria da doutrina entende que não vinculam as autoridades nacionais», as quais podem, «em aplicação do seu *direito interno* (...) apreciar livremente a *entente* em causa, não havendo quaisquer riscos de contradição, dado que o direito comunitário se declarou inaplicável». Deste modo, nada impede que uma *entente* seja apreciada e mesmo proibida, por contrariar o diploma nacional de defesa da concorrência, apesar de ser admitida comunitariamente. Este Autor equipara, quanto a este aspecto, os certificados negativos às *lettres de classement* (nota 12, pág. 31-32). Sobre aqueles e estas, *vide infra* pág. 433.

No sentido da solução enunciada, entre outros, em países diversos, Blanco (pág. 54), Schapira (pág. 60) e Kapteyn/Van Themaat, pág. 527. Em sentido contrário, Cardelús (pág. 166) ou Harris/Mendelsohn, pág. 16. Defendendo que os tribunais nacionais não ficam vinculados, nem sequer quanto à aplicação do artigo 85º, podendo mesmo substituir-se ao juízo da Comissão, M. Waelbroeck (in «Judicial review of Commission action in competition matters», *FCLI*, 1984, pág. 181, *apud* Hawk, *United States, common market, cit.*, pp. 33-34) e Kerse, pp. 170-171 (*cfr.* pág. 329).

[454] Pelo menos quanto às categorias de acordos em geral visados neste nosso âmbito.

[455] Sobre isto, o que já escrevemos.

sição, que permitem às empresas obter uma posição – expressa ou tácita – da Comissão, sempre que a sua coligação não preencha todas as condições de isenção colocadas pelo concreto regulamento de isenção, por incluir outras cláusulas restritivas aí não especificadas. É o que sucede com o regulamento da franquia (artigos 6º e 7º)[456].

Mas não é só através de actos formais – ou de consentimentos tácitos juridicamente vinculantes – que a Comissão realiza este esforço de englobamento e selecção de comportamentos a perseguir. Para tal, utiliza ainda meios *informais* de declaração da sua vontade de não se opor a determinadas coligações – por exemplo, as *cartas de arquivamento* (*ofícios de arquivamento*; *comfort letters*; *lettres de classement*)[457], conse-

---

[456] Este «mini-regulamento 17» impõe a notificação dos acordos e sujeitam as empresas partes num contrato de franquia de dimensão comunitária à eventual oposição da Comissão e sequente submissão às regras gerais do regulamento 17/62 (artigo 6º, nº 9). Se a Comissão não se opuser no prazo fixado, o acordo ficará abrangido pelo *guarda--chuva* do regulamento. Para uma crítica destes procedimentos, BOUTARD-LABARDE, «Compairason avec les autres règlements», *cit.*, pág. 26.

[457] Como diz CASEIRO ALVES (*Lições de direito comunitário da concorrência*, pp. 163-164 e 114-116), as «cartas administrativas» (*lettres de classement, comfort letters*) são declarações negativas *informais,* através das quais a Comissão informa as empresas do arquivamento do processo.

As cartas administrativas têm um valor jurídico limitado, na medida em que não vinculam a própria Comissão nem os tribunais nacionais (acórdão de 11.12.80, *L' Oréal* pp. 3790, cons. 12). No entanto, a Comissão tem pretendido reforçar a sua confiabilidade, primeiro através da elaboração de duas Comunicações: a *relativa aos processos de atribuição de certificados negativos com base no artigo 2º do regulamento 17*, JOCE, C 343, de 31.12.82, pág. 4; e a *relativa aos processos de notificação com base no artigo 4º do regulamento 17*, JOCE, C 295, de 2.11.83, pág. 6. Mas não só. Também através da publicação do seu conteúdo essencial nos relatórios anuais sobre política de concorrência e, finalmente, por meio da organização de um processo de ligação dos Estados-membros com o Comité Consultivo em matéria de acordos, decisões, práticas concertadas e posições dominantes (aliás previsto no art. 10º do Reg. 1762) – sobre estes meios VAN BAEL/ BELLIS, *Droit de la concurrence cit.*, pp. 666-667. De qualquer modo, um certo grau de auto-vinculatividade pode extrair-se da própria jurisprudência dos tribunais comunitários. Assim, no acórdão *Hercules* – acórdão do TPI, de 17.12.91, pág.1739, cons. 53 –, relativo ao acesso ao *dossier* da Comissão em matéria de concorrência, o Tribunal recordou à Comissão que não pode desrespeitar as suas próprias promessas, no caso expressas em anteriores relatórios sobre política de concorrência (o *11º* e o *12º*).

Defendendo a vinculatividade destas comunicações, que designa como «certificados negativos implícitos», PLIAKOS, *Os direitos de defesa e o direito comunitário da concorrência*, pp. 190-192, citando neste ponto JOLIET (*CDE*, 1982, pág. 561), o qual, comentando o acórdão *Lord Bethel*, concluía que deixar a protecção jurisdicional dos particulares «inteiramente à boa vontade da administração que tem de controlar» é algo que «não pode ser partilhado pelos juristas, que desejam ver a CEE continuar (talvez alguns digam tornar-se) uma comunidade de direito».

De todo o modo, mesmo reconhecendo-se, no actual estado da jurisprudência comunitária, a sua natureza não vinculativa, não pode deixar de se acompanhar KORAH quando (*Franchising and EEC competition, cit.*, pág. 6) salienta a importante diferença entre a carta administrativa que afirma não cair o acordo no campo da proibição do artigo 85°, n° 1, e aquela que afirma ser o acordo merecedor de isenção ao abrigo do n° 3 do mesmo artigo, porquanto o seu conteúdo será normalmente tomado em conta pelos tribunais nacionais, apesar de não ter formalmente o valor jurídico de uma isenção (*v.g.*, da mesma autora, *Patent licensing and EEC competition, cit.*, pp. 6-7), sobretudo por tal assimilação ser a única forma de obviar à declaração de nulidade por parte do órgão nacional, dada a sua incompetência para isentar a coligação. Tal foi, no entanto, o que sucedeu no caso *Rovin* (JOCE, n° C 295, 1983, pp. 7), em que a Comissão publicou uma informação dizendo que o acordo provavelmente se qualificaria para uma isenção, mas que o processo formal de isenção não seria levado até ao fim (GOYDER, pág. 48).

PELLISTRANDI («La qualification juridique des lettres de la Commission en matière de concurrence. Quelles lettres font grief», *Gazette du Palais*, 7-8.6.91, pág. 35, apud FASQUELLE, pp. 228-229, nota 262) distingue entre as *comfort letters*, que seriam reservadas aos comportamentos que a Comissão considera terem já um impacto importante, e as cartas de arquivamento sem seguimento, que seriam enviadas quando a coligação não colocasse qualquer problema sério. Embora não tenha sido possível aceder a esta obra, não nos parece que o relevo distintivo possa ultrapassar o que antes dissemos, aliás seguindo a própria jurisprudência do Tribunal de Justiça, nos acórdãos de 10.7.1980 (conhecidos como os acórdãos *Perfumes*, por respeitarem, entre outros, à Guerlain, Estée Lauder, Lancôme e L´Oreal).

Tais cartas – e as apreciações da Comissão nelas contidas – podem pois ser consideradas como elementos de facto pelos tribunais nacionais – *v.g.* acórdão de 28.2.91, *Stergios Delimitis*, cons. 47 e 50-55, reafirmado por último no acórdão *Koelman* (acórdão do TPI, 4ª secção alarg., de 9.1.96, pp. 19-20, cons. 41 e 43) e na *Comunicação 93/C 39/ 05*, ponto 20, 2° §.

Factor que por vezes é mesmo exponenciado (para não dizer coisa diversa) pelas próprias instâncias jurisdicionais nacionais (neste *acaso*, francesa). Assim, em 9.12.1992, o *Cour d' Appel* de Paris – 1ª chambre A, *SA Michel Swiss c. SA Montaigne Diffusion* – decidiu que uma carta administrativa da Comissão constituía uma «presunção» de conformidade de um contrato-tipo com as normas comunitárias, pelo que o dito contrato--tipo não poderia ser invalidado pelas normas francesas de concorrência, na medida em que isso violaria o primado do direito comunitário! – apud GAVALDA/LUCAS DE LESSAY, pp. 164 e segs.

O DL 422/83, de 3.12, continha uma disposição semelhante à norma do art. 2° do regulamento 17/62, no n° 3 do art. 15° do diploma nacional, hoje revogado pelo DL 371/ /93, de 29.10. Mas se hoje o diploma fundamental de defesa da concorrência em Portugal não prevê esta hipótese, o nosso ordenamento jurídico, através da portaria 1097/93, de

quência da obtenção de acordos quanto à adaptação de coligações ou correcção de situações abusivas (*regulamentos transaccionais*)[458]; da convicção da Comissão acerca da inexistência de uma violação das regras comunitárias de concorrência [459] ou da existência de outros mecanismos mais adequados[460] de disciplina jurídica; ou, por último, da convicção de estarem preenchidas as condições de isenção previstas no nº 3 do artigo 85º[461].

29.10, veio prever um processo especial para a obtenção de dois tipos de declarações, a cargo do Conselho da Concorrência: a declaração de legalidade (artigo, 1º, 2), para os casos em que se entenda não haver violação do artigo 2º do DL 371/93; e a declaração de inaplicabilidade, que intervirá quando o balanço económico seja positivo (artigo 1º, 3).

Sobre a importância crescente destas cartas na prática da Comissão e as propostas relativas ao reforço da sua efectividade (e da segurança por elas conferida) – EHLERMANN, «Community competition law procedures», pág. 13.

[458] VAN BAEL/BELLIS, *Droit de la concurrence, cit.*, pp. 672 e segs. Os exemplos são numerosos – assim *Macron Augus*, XVI *Relatório sobre a política comunitária da concorrência*, § 81.

[459] Trata-se aqui, na própria expressão da Comissão – *11º Relatório sobre a Política Comunitária da Concorrência*, § 15 –, de uma situação típica de utilização das cartas administrativas. As motivações podem também aqui ser várias. O considerar-se que uma determinada coligação ou comportamento não viola as normas comunitárias pode também abranger outras situações claramente definidas. Pode tratar-se de um acordo de importância menor, de um acordo abrangido no âmbito material de aplicação de uma isenção categorial ou de um acordo cuja licitude deriva das atitudes da Comissão, tal como resulta das comunicações por ela elaboradas – *15º Relatório sobre a Política Comunitária da Concorrência*, § 1, iii).

[460] Por exemplo, se o comportamento da empresa for determinado por uma norma nacional contrária ao tratado, como a Comissão não pode obrigar as empresas a comportarem-se de forma contrária às normas nacionais sem proceder previamente à apreciação da compatibilidade entre as normas nacionais e comunitárias, a Comissão pode preferir ao processo em matéria de concorrência o processo por incumprimento, nos termos dos artigos 169º e seguintes CE – acórdão *Rendo*, considerandos 97 e segs. Mas, no acórdão de 18.9.95, *Ladbroke Racing*, § 50, o TPI afirma que, antes de concluir a análise sobre a compatibilidade da lei nacional com, no caso, o artigo 90º CE, a Comissão não podia rejeitar definitivamente a queixa relativa aos artigos 85º e 86º.

[461] Mesmo antes e independentemente de adoptar uma decisão de isenção – acórdão do TPI de 9.1.96, *Koelman*, cons. 40. A Comissão considera, num ponto que imediatamente se liga ao que a seguir abordaremos em texto, que a *comunicação administrativa* será utilizada nos casos normais, quando inexistam especiais razões de cariz jurídico, económico ou político para emitir uma decisão formal de isenção – assim o anexo *Formulário A/B* ao regulamento 3385/94, de 21.12.94, pág. 33.

KORAH (*An introductory guide, cit.*, pp. 115-116) e BOURGEOIS («EC competition law, *cit.*, pp. 490-491) levantam dúvidas sobre a exequibilidade desta solução, enquanto sustentam, com razão, que uma carta afirmando que o acordo é merecedor de isenção, nos termos do nº 3 do artigo 85º CE, pode tornar-se num «cavalo de Tróia», na medida em

Finalmente, tal passa ainda pela definição de critérios de um *interesse comunitário* justificativo de uma selecção das infracções a perseguir, critério cuja legitimidade, reconhecida pelas instâncias jurisdicionais comunitárias[462],

---

que, não constituindo uma isenção formal, parece pressupor que o acordo viola o número 1 deste artigo (constitui o que LANG designa por «discomfort letters», pág. 566). Ora, os tribunais nacionais não podem isentar as coligações da proibição do nº 1 do artigo 85º CE. Mas, segundo a Comissão, os ofícios de arquivamento que fundamentem deste modo o encerramento do processo podem ser considerados pelos tribunais nacionais «como um elemento de facto, tal como se se tratasse de um ofício relativo às condições de aplicação do nº 1 do artigo 85º» – *Comunicação 93/C 39/05*, cons. 25 a). Para o TPI, como decorre do já citado acórdão de 9.1.96 (cons. 41) e da anterior jurisprudência do TJCE aí citada, uma tal carta «contém uma mera apreciação, por parte da Comissão, dos acordos e práticas em causa [que,] por esse facto, tem o mesmo valor jurídico das "cartas de conforto"».

Em alguns dos casos, a Comissão utiliza estas comunicações – chamemos-lhes assim – para reconhecer o efeito positivo de certas coligações, expresso na existência de uma forte concorrência por parte de outros produtores ou fornecedores do mesmo produto (ou seja, no mercado relevante) – assim aconteceu na carta que enviou a declarar merecedora de isenção a *joint venture* constituída entre a Philips, a Thomson e a Sagem, dirigida à criação da primeira empresa comunitária de produção de ecrãs de cristais líquidos (tecnologia LCD), onde afirmou a subsistência no mercado de uma forte concorrência por parte de outros fornecedores, especialmente japoneses (*23º Relatório sobre a política da concorrência*, 1993, § 215).

[462] Acórdão de 18.9.92, *Automec III*. É jurisprudência constante do TPI o reconhecimento de que a Comissão pode atribuir diversos graus de prioridade para o tratamento das denúncias que lhe são apresentadas, desde que devidamente fundamentados. Expressamente, *Koelman*, considerandos 79 e 78. Tal corresponde aliás à prática da Comissão, expressa na *Comunicação 93/C 39/05* – pontos 13-15. Inclusivamente, nas novas regras de notificação de acordos abrangidos pelas proibições do artigo 85º, 1 ou 86º CE (Regulamento 3385/94, de 21.12.94, pág. 41), em anexo, a Comissão solicita às empresas que, no formulário em que pedem o certificado negativo ou a isenção ao abrigo do nº 3 do artigo 85º, justifiquem o interesse comunitário na obtenção de tais pronúncias, na falta do que a Comissão tenderá a resolver a questão por via administrativa.

Pode, por conseguinte, invocar a inexistência de interesse comunitário na prossecução do processo. Decisão que, nos termos do § 15 da *Comunicação 93/C 39/05*, será normalmente tomada quando, independentemente do seu interesse político ou económico, o «denunciante puder obter uma protecção adequada dos seus direitos junto dos tribunais nacionais». Pense-se na hipótese da coligação ou posição dominante ser de tal modo contrária aos artigos 85º ou 86º que o tribunal nacional não deixará de a declarar.

O controlo jurisdicional desta decisão, que pertence ao TPI, incidirá apenas sobre a existência dos seguintes vícios: existência de factos materialmente errados, erro de direito, erro manifesto de apreciação e desvio de poder – acórdãos *Automec II* (cons. 80) e *BEMIM* (acórdão do TPI, 2ª secção, de 24.1.95, pp. 147-184, cons. 72) –, que infirmarão a presença dos pressupostos em que a Comissão fundou a sua decisão. Entre estes conta-se, na opinião do TPI, a importância da infracção para o funcionamento do mercado comum, a probabilidade de prova da existência de uma infracção, a extensão das diligên-

pode hoje avaliar-se a uma nova luz, qual seja a do princípio da subsidiariedade[463].

No entanto, repare-se que, segundo resulta da jurisprudência comunitária, se a Comissão rejeitar uma denúncia através de uma decisão, sem se pronunciar definitivamente sobre a existência ou inexistência de violação do número 1 do artigo 85º e sem conceder uma isenção nos termos do número 3 do mesmo artigo, tal corresponde a uma «mera apreciação» de tais acordos e práticas, que tem apenas o valor jurídico de uma «comunicação administrativa»[464].

3. Conclusão Crítica (Ou do Apelo a Uma Reforma de Atitudes)

Um juízo sobre as concepções da Comissão não pode deixar de fazer-se. E terá, porventura, consequências importantes, na definição ou reafirmação de critérios de determinação de uma restrição da concorrência comunitária, e na adequação (ou não) da inserção, no espaço comunitário, de doutrinas como a da *rule of reason*, elaborada pela jurisprudência norte-americana. Tudo questões que dependem menos de uma análise exegética do artigo 85º, e mais de uma avaliação do papel da concorrência na Comunidade Europeia e do consequente relevo da intervenção da Comissão, dos Tribunais e restantes órgãos nacionais de execução das políticas nacionais de concorrência[465].

---

cias de prova e o facto da questão da conformidade com as normas dos artigos 85º e 86º já ter sido suscitada perante os tribunais nacionais (§ 80). Pode ainda ser decidida quer antes quer depois da realização de diligências de instrução (§ 81).

A ideia de uma atitude selectiva da Comissão na escolha dos casos a apreciar já era invocada, em 1965, por W. ALEXANDER, «L' application de l' article 85, paragraphe 3», *cit.*, pág. 324.

[463] Como resulta do acórdão *BEMIM* – §§ 8, 9 e 13 –, o efeito essencialmente nacional das práticas apontadas e a protecção eficaz dos direitos dos particulares pelas jurisdições nacionais (de certa forma, o próprio princípio da subsidiariedade) podem ser elementos no sentido de determinar a inexistência de interesse comunitário. Mas há mesmo quem reconstrua as próprias normas comunitárias à luz deste princípio, reconduzindo a ele o próprio critério de «afectação do comércio entre os Estados-membros» (BLANCO, pág. 34), embora seja crítico da descentralização da aplicação da política comunitária da concorrência (pp. 36-38 e 46).

[464] Acórdão *Koelman*, citado; acórdãos do TJCE de 10.7.80, *Giry e Guerlain*, pág. 2374, nº 13; *Marty*, pág. 2499, nº 10; e *Lancôme, c. Etos*, pág. 2533, nº 11.

[465] FORRESTER/NORALL, «The laicization of Community law», *cit.*, pág. 305.

É sabido que, ao longo de todos estes anos, a Comissão não modificou no essencial a sua posição. O modo como pretende realizar os grandes objectivos do tratado – a *integração dos mercados nacionais num mercado único* – leva-a a exponenciar o relevo anti-concorrencial das restrições dentro dos produtos ou serviços da mesma marca, objecto imediato de tal restrição (*intrabrand*).

Em consequência, a manutenção de uma estrutura concorrencial efectiva na CE surge desvalorizada[466], do mesmo passo que cresce a insegurança jurídica e, no plano das soluções finais, não deixa de se entrever um certo gosto (da Comissão) pelas «tiradas declamatórias» (PARDOLESI[467]), que tantas vezes acabam cedendo perante as realidades do mercado. É que uma coligação pode ter os efeitos mais benéficos possíveis sobre a estrutura do mercado[468], promovendo a eficiência económica e a satisfação dos consumidores, a realização de novos investimentos ou o avanço tecnológico, que sempre a Comissão sancionará a conduta, proibindo-a, ou mantê-la-á sob o *fio da navalha* de uma isenção categorial que nunca é absoluta e irreversível ou que pode até ainda nem existir[469].

---

[466] O que é uma contradição nos termos, por exemplo, com as afirmações que ALESSI (pág. 4) profere ao analisar a lei italiana (lei 287/1990), que só se aplica quando o direito comunitário não seja competente, devendo ainda assim ser interpretada de acordo com os mesmos critérios adoptados na interpretação das equivalentes normas comunitárias, em especial quando afirmam que o objectivo da lei é «a defesa da concorrência em sentido objectivo, identificada pela presença de uma estrutura concorrencial do mercado». No mesmo sentido de atribuir um especial relevo à avaliação dos efeitos de uma conduta sobre a estrutura do mercado, OCDE (*Trade and competition policies, cit.*, pág. 22) ou UTTON, pág. 246.

[467] «Gli aspetti giuridici di una politica di concorrenza», pág. 562.

[468] Sobre isto, leia-se LAURENT (pág. 3), para quem a coligação é por natureza ambivalente, como aliás todos os fenómenos económicos. São considerações deste tipo que, na nossa opinião, tornam difícil desenhar quadros juridicamente fundados de compreensão da actuação do artigo 85º, nº 3 CE, na medida em que a Comissão goza de uma grande latitude de apreciação, apercebida pelos próprio tribunais comunitários, que se abstêm de pronunciar-se sobre a definição de situações económicas complexas, reconduzindo a sua análise à mera existência de certos vícios tipificados. Daí igualmente que, para lá de se defender uma racionalização da prática decisória da Comissão, no reverso se percebam fortes razões para a centralização na Comissão – ou melhor, numa autoridade supranacional – das competências de isenção de acordos eventualmente restritivos da concorrência, coisa que a franquia não é (era) necessariamente...

[469] Salientando esta hipótese, em relação a acordos de licença de saber-fazer, antes da elaboração do anterior regulamento 556/89, FORRESTER/NORALL, «Competition law», pág. 394.

Parte I – Da Comunitarização da Concorrência e sua Restrição

Tal, em vez de promover a concorrência, pode até ter um efeito desmobilizador sobre os agentes económicos, enquanto determina a aplicabilidade da norma proibitiva independentemente de qualquer juízo de justificabilidade (razoabilidade ou racionalidade) da concreta actuação, em obediência a uma ideia de defesa da liberdade económica juridicamente absolutizada e desligada dos condicionalismos da espécie concreta[470]. Segundo estes modelos[471], a conduta colusiva será interditada desde que ponha em causa a liberdade de actuação e decisão económica das empresas (restrições formais)[472], embora assuma uma relevância especial o efeito dessas restrições na estrutura concorrencial do mercado (critério estrutural)[473].

Assim alargado o âmbito do nº 1 do artigo 85º, também o número 3 – onde a sua competência se afirma de forma exclusiva – adquire um novo sentido. Mesmo se, à luz das novas directrizes postuladas pela sobrecarga de serviço, pela limitação dos meios materiais e pelo princípio da

---

[470] O que se traduz até na afirmação de condutas de *per si* proibidas, independentemente da análise do seu efeito concreto sobre as condições e estrutura do mercado, mesmo quando se demonstre que o balanço concorrencial é favorável à coligação.

[471] Era esta, claramente, a posição dominante na República Federal Alemã, no que toca à interpretação da lei alemã da concorrência de 1957 – neste sentido, a ampla referência feita por JOLIET, *The rule of reason in antitrust law*, cit., pp. 76 ss.

[472] FIKENTSCHER, «Neuer Entwicklugen der Theorie zum Tatbestandsmerkmal der Wettbewerbsbeschränkung», § 1, *Wirtschaft und Wettbewerb*, 799-801 (1961), apud JOLIET, *The rule of reason in antitrust law*, cit., pág. 90 e 78-81. Só excepcionalmente poderia tal valor ceder perante outro valor mais importante, sob pena de conduzir a um indesejável grau de incerteza.

[473] Embora a concepção interditiva conduzisse a que, na Alemanha, pelo menos no que tocava às coligações horizontais – i.e. às coligações celebradas entre empresas (*lato sensu*) colocadas na mesma fase do processo económico –, as colusões fossem ilícitas mesmo que não afectassem sensivelmente o mercado (*Marktbeeinflussung*) e fosse demonstrada a manutenção aí de um grau de concorrência efectiva (JOLIET, *The rule of reason in antitrust law*, cit., pág. 101).

Na Grã-Bretanha, o Office of Fair Trading (22.12.84, *British Airport Authority*) considerava, a propósito da atribuição do exclusivo de exploração de uma franquia no aeroporto de Gatwick, que «exclusive concessions or franchises are not necessarily anti-competitive. This will depend on the structure of the market in which the restriction on the ability to supply the particular good or service occurs, and a concession is unlikely to be anti-competitive if there is competition in the relevant market (for example, if substitutes are available for the particular good or service)» (*vide* V. KORAH, «National experiences in the field of competition: UK», pág. 88).

subsidiariedade, a Comissão reconhece um papel importante às autoridades e jurisdições nacionais[474].

A concepção ampla do que seja uma restrição de concorrência, que vimos ter adoptado, leva a Comissão a centralizar no número 3 do artigo o essencial das suas preocupações e acções, vendo uma relação necessária entre ambos os números que, na nossa acepção (já o vimos), sendo legítima, pode não dever actuar sempre.

Facto que tem consequências nefastas para a segurança jurídica dos agentes económicos, que sabem que qualquer afectação da posição de terceiros derivada de um acordo ou de uma prática concertada imediatamente torna nula a sua coligação, sujeitando-a ainda à morosidade da análise por parte da Comissão[475], nos termos do nº 3, ou ao labirinto em que se tornaram as isenções individuais e categoriais[476]. Em vez de promover a segurança jurídica, a atitude da Comissão acentua a insegurança.

É que a isenção depende de uma decisão (política)[477] da Comissão, a qual está dependente, nos termos do nº 3, do preenchimento de certas e vagas[478] condições. Nomeadamente, que tais acordos «contribuam para melhorar a produção ou distribuição dos produtos ou para promover o progresso técnico ou económico...».

---

[474] No sentido exacto do texto, sobre o alcance da *Comunicação 93/C 39/05*, iam, recentemente, VAN BAEL/BELLIS, *Il diritto della concorrenza, cit.*, pág. 10. O próprio Director-Geral da Concorrência da DG IV, EHLERMANN – «Community competition law procedures», pág. 10 – refere este «aumento da implementação do artigo 85(1) pelas autoridades nacionais de concorrência» (e não só, dizemos nós).

[475] FASQUELLE (pág. 153), defendendo o papel da Comissão e a sua doutrina, refere que no caso de recepção de uma *rule of reason* [digamos neste momento: de uma concepção mais flexível do 85º, 1 CE], «o volume de trabalho da Comissão seria ainda acrescido se as restrições de concorrência pudessem ser defendidas com base no 85º, nº 1, porque então seria necessário demonstrar em que é que o acordo realmente restringe a concorrência», (!) aspecto a que faz acrescer – no caso de se considerar que o acordo viola o nº 1 – a subsequente análise segundo o nº 3 (seria uma duplicação), esquecendo que, embora utilizando aquelas concepções ocas, as decisões da Comissão não deixam já de apreciar as coligações face ao nº 1. Apenas teriam de o fazer *realmente*.

[476] Sobre estes aspectos, quanto à franquia, numa fase anterior ao acórdão *Pronuptia*, GOEBEL, «The uneasy fate of franchising», *cit.*, pp. 90-91.

[477] As isenções (...) constituem «um instrumento de natureza política que se inscreve na competência exclusiva da Comissão» – conclusões do advogado-geral VAN GERVEN, no processo *Stergios Delimitis*, pág. 955 –, não cabendo «ao Tribunal de Justiça (ou ao órgão jurisdicional nacional), sob a aparência de uma interpretação, tomar decisões que resultem de uma apreciação política» (pág. 964).

[478] Neste sentido crítico, KORAH (*Franchising and EEC competition, cit.*, pág. 2) ou CARTOU, pág. 320.

Restará apenas averiguar se, por aplicação da isenção prevista no n° 3, tais comportamentos poderão ser autorizados. E há que, agora sim, proceder à análise das condições e resultados *económicos* da coligação, para determinar se se verifica ou não o preenchimento cumulativo dos requisitos aí formulados[479], em cuja apreciação a Comissão poderá formular as orientações da política económica que considere apropriadas (desde que não eliminando a própria concorrência).

No entanto, não só não é esta a única via nem é, parece, a que mais liberdade deixa à Comissão. Com efeito, a coordenação entre as exigências das várias políticas que à Comissão incumbe também promover (nos condicionalismos próprios), é-lhe também permitida por uma concepção diferente sobre o artigo 85°, n° 1. Embora a forma mais natural seja, na perspectiva da Comissão, a de manter a concepção formalista do n° 1 do artigo 85° CE, para conservar totalmente nas suas mãos a realização das restantes políticas comunitárias, essa solução tem mais pontos negativos que positivos. Assim, as condutas violarão o n° 1 quase sempre, sujeitando-se a declarações de nulidade por parte dos tribunais nacionais. Por outro lado, se não se considerassem como violando o n° 1 deste artigo, a Comissão, na medida em que tivesse competência atribuída pelas normas relativas a essas políticas, manteria total liberdade de modelar as políticas conforme quisesse (pois não haveria razão para limitar a sua aplicação por considerações de concorrência, que seria mais dificilmente violada). Além de que, utilizar uma concepção exageradamente formal e extensiva da proibição do n° 1 do artigo 85° para superar eventuais défices de competência ao nível das restantes políticas comunitárias, não é legítimo, subvertendo os princípios básicos expressos no artigo 4° CE, e nomeadamente a limitação de cada «instituição» pelas «atribuições e

---

[479] Os requisitos formulados pelo número 3 do artigo 85° são de dupla natureza: *positivos* e *negativos*. Positivamente, as coligações restritivas têm, em primeiro lugar, de contribuir para a melhoria do processo produtivo ou distributivo ou para o progresso económico ou técnico, reservando ainda uma parte do lucro para os utilizadores. Mas dentro de certos limites, quais sejam os de só imporem restrições indispensáveis para a realização de tais objectivos e de não eliminarem a concorrência no mercado interno.

De todos estes, só os requisitos negativos parecem encontrar alguma similaridade com os critérios jusconcorrenciais da *rule of reason* norte-americana, só que funcionando aqui como limite antes que como critério. Como declarava o juiz CLARK, em voto de vencido no caso *White Motor*, de 1963 (372 US, em 281), «To admit (...) that competition is eliminated under its contract is, under our cases, to admit a violation of the Sherman Act. No justification, no matter how beneficial, can save it from interdiction» BORK, «The rule of reason and the per se concept», *cit.*, pág. 778.

competências que lhe são conferidas», subvertendo o equilíbrio institucional desenhado pelos Estados-membros[480].

O que implica que consideremos outras condições e limitações à preferida intervenção do mecanismo de isenção. Tal como construída, a isenção pode ocorrer mesmo quando o «balanço concorrencial» seja negativo[481], *desde que seja positivo o balanço económico revelado pelo preenchimento cumulativo das condições do nº 3 do artigo 85º* [482]. Para o direito comunitário[483], portanto, pode ser isentada da nulidade decorrente da proibição do nº 1 do artigo 85º uma coligação que prejudique seriamente a concorrência – desde que não a elimine «relativamente a uma parte substancial dos produtos em causa» –, se for indispensável para «melhorar a produção ou distribuição dos produtos» ou para «promover o progresso técnico ou económico» e daí resulte um benefício para os «utilizadores».

O direito comunitário *amnistia* assim colusões ofensivas do valor «concorrência», relativizando-o a objectivos de ordem diversa, económicos ou mesmo sociais[484], ao contrário do que sucede com o direito norte-

---

[480] Expressando de algum modo propósitos deste género da Comissão, como estando na génese de qualquer recusa de flexibilização, pela Comissão, da proibição do nº 1 do artigo 85º, HORNSBY, pág. 99.

[481] Enquanto no sistema do *Sherman Act*, um acordo só será em princípio ilícito (salvo nas hipóteses excepcionais em que for objecto de uma condenação *per se*) se o balanço concorrencial da conduta for negativo, no sistema comunitário, se todo o acordo, pelo simples facto de afectar a posição de terceiros, limitando a liberdade económica das partes, é ilícito (critério bem mais amplo), o certo é que os pressupostos desculpatórios – de inaplicação da proibição – deixam à Comissão um poder muito mais amplo do que aquele que caracteriza as autoridades norte-americanas.

Na concepção por nós propugnada, como está bem de ver, para um acordo poder ser isentado da proibição, forçoso é que se conclua pela sua anti-concorrencialidade, pois se o acordo não for anti-concorrencial, ao abrigo do nº 1, nenhum sentido fará analisá-lo à luz do nº 3.

[482] Se não há em rigor um *balanço* no nº 3 do artigo 85º CE, já o há por definição na consideração articulada entre os nºˢ 1 e 3. Como diz ART (pág. 25), «article 85 (3) involves a trade off between the restriction of competition caused by the agreement and the beneficial effects which, notwithstanding this restriction of competition, the agreement may have on the economy in general». Curiosamente, embora a esmagadora maioria da doutrina refira apenas os quatro requisitos no nº 3 do artigo 85º CE, encontrámos referências a um quinto requisito, exprimindo um verdadeiro balanço autónomo e complementar das vantagens e desvantagens, em HORNSBY, pp. 91-92.

[483] Nem todos os direitos nacionais seguem o mesmo padrão. Assim, tanto o ordenamento jurídico alemão como o britânico fornecem listas de condutas que podem ser autorizadas – *v.g.* a lista apresentada por NÖLKENSMEIER, pág. 81.

[484] Não podemos deixar de exprimir aqui uma certa dúvida e relativismo, quanto à actuação, *ex vi* do artigo 85º, nº 3, de objectivos não-económicos (o que não é, de todo

-americano, tal como construído pela *statute law* e *common law*, que encontra a sua «raiz» e «raison d'être» na concorrência, não admitindo a sua subalternização face a outros benefícios[485], e cujo único objectivo é garantir aos agentes económicos as vantagens da actuação num «sistema de livre concorrência», sancionando negativamente as coligações que «produzam um efeito significativamente[486] anti-concorrencial no mercado».

Ao invés, na Comunidade Europeia, a atitude da Comissão implica ainda, por contraposição, uma outra consequência, qual seja a de lançar aprioristicamente para o domínio da ilicitude muitas condutas coligadas que na verdade produziriam (de modo exclusivo ou predominante) efeitos positivos sobre a concorrência comunitária, apenas para poder arrogar-se um centralismo que, longe de bem fundado, «tem tais larguezas (...) que justifica obras duvidosas»[487].

O que, tudo junto, torna ainda mais absurda a persistência da Comissão em desconsiderar – logo na apreciação do n° 1 – os efeitos positivos que para a concorrência comunitária podem resultar de uma concepção diferente, não tão opressiva, do que seja uma restrição de concorrência[488], especialmente se vertical[489].

---

o caso, no nosso entender, de considerações acerca do emprego), sobretudo quando as competências não-económicas, não só estão (ainda hoje) menos desenvolvidas do que aquelas de índole económica, mas também porque parecem extravasar do domínio competencial resultante do dito n° 3, para lá de, em muitas hipóteses, não corresponderem sequer a atribuições comunitárias, não podendo por isso fundar actos comunitários – sobre os casos mais nítidos de uma tal dimensão social da actuação da Comissão, neste particular sector, WILS, pág. 38, nota 95.

[485] O que aliás extravazaria do âmbito de competência dos próprios tribunais – assim o juiz BRENNAN no caso *U.S. v. Philadelphia National Bank*, 374 U.S. 321, 371 (1963). Sobre este ponto, UTTON (pág. 157) e, com amplas referências bibliográficas, FASQUELLE, pág. 218.

[486] Em termos quantitativos – JOLIET, *The rule of reason in antitrust law*, cit., pág. 114.

[487] ANTÓNIO FERREIRA, *A Castro*, Acto II, cena I.

[488] Segundo HORNSBY (pp. 100-101), «mesmo que se aceite que os objectivos que a Comissão visa realizar com as regras de concorrência podem legitimamente envolver a tomada de decisões à luz de outros imperativos políticos, constitui uma utilização imprópria dos poderes da Comissão, não justificada mesmo pela leitura mais extensiva do tratado CEE, o uso do artigo 85° (1) para proibir actividades pro-concorrenciais» (tradução livre). Igualmente defendendo uma flexibilização da Comissão na interpretação do n° 1 do artigo 85° CE, GINER PARREÑO, pág. 329.

[489] Como diz SCHECHTER – «The rule of reason in european competition law», *LIEI*, 1982, 2, pág. 19 –, «as restrições verticais produzem geralmente efeitos positivos para a concorrência, que convém examinar antes de as proibir».

As restrições verticais, como as cláusulas de exclusividade na distribuição de bens e a definição de zonas exclusivas de intervenção de cada agente económico, para além de poderem racionalizar a distribuição, podem inclusivamente reforçar a concorrência entre marcas[490], facilitando ainda (e isto é essencial) a interpenetração das empresas no espaço comunitário e mundial – quer dizer, facilitando a própria integração dos mercados, a realização do mercado interno[491].

A consideração da realização ou da ofensa potencial ou efectiva à realização do mercado único – vimo-lo – pode interceder logo na afirmação da competência comunitária. E se o acabamento deste mercado a que hoje assistimos não torna irrelevante e desactualizada a sua consideração em sede de definição da restrição da concorrência, o certo é que algum efeito perderá, sobretudo atenta a evolução normativa e cultural e até por força dos princípios desenvolvidos – por exemplo em matéria de livre circulação de mercadorias – pelo Tribunal de Justiça[492].

Além disso, as coligações verticais, se podem contribuir para a eficiência económica, objectivo que, *malgré tout*, não pode dizer-se ausente dos propósitos comunitários[493], protegendo ao mesmo tempo os agentes

---

[490] J. W. BURNS, pág. 598, nota 5 e os Autores aí citados.

[491] Na Grã-Bretanha, os acordos verticais escapam em geral à obrigação de registo ao abrigo do *RTPA*, até porque «são considerados como práticas comerciais normais» – KORAH, «National experiences in the field of competition: UK», pág. 86.

[492] Cremos mesmo que, à medida que se complete a integração entre mercados, as instâncias comunitárias serão conduzidas (e os sinais já apontam nesse sentido) a uma defesa primacial da concorrência e não de uma integração (a não ser que, dada a diversidade comunitária, tal se revele uma *never ending story*), substituindo este objectivo (a integração) por aquele (a concorrência), com a redução da inelutável dimensão estruturalista da sua actual concepção (sobre esta dimensão, em juízo de paralelismo com as concepções da «escola de Harvard», nos EUA, HAWK, *United States, common market, cit.*, pág. 9).

[493] Expressamente afirmando a eficiência como primeiro objectivo da política de concorrência, embora ao lado da coerência e da equidade, LAURENT (pp. 4-5), citando mesmo o *15º Relatório da Comissão sobre a política da concorrência*, pág. 15. Sobre a pretensa incompatibilidade entre a integração dos mercados e a eficiência económica, FASQUELLE (pp. 120-122), exemplificando com o caso *The Distillers Co Ltd* (decisão da Comissão de 20.12.77, 78/163, JOCE, nº L 50, de 22.2.78, pp. 16) e com as críticas de KORAH. No entanto, não é difícil encontrar afirmações actuais sobre a subordinação da política comunitária da concorrência a imperativos de eficiência, na crença das suas virtualidades globais (assim, a *proposta de resolução do PE sobre o XXIVº Relatório da Comissão sobre a Política da Concorrência*, A, § 35 e B – exposição de motivos – § 2): «o objectivo da legislação em matéria de concorrência deverá consistir em reforçar a eficiência no processo de produção e distribuição de bens e serviços, garantindo simulta-

económicos contra os «passageiros clandestinos» (*free riders*), estimulam – repitamos esta ideia – igualmente o investimento e a inovação na Comunidade[494], reforçando a integração com os propósitos da política industrial comunitária[495] (elementos da «Europa da Segunda Geração»)[496].

Importa fazer compreender à Comissão que o estabelecimento do mercado comum, longe de exigir que dentro de cada rede ou sistema de distribuição de um determinado produto haja uma liberdade total ou sequer relativa, impõe que no conjunto dos Estados-membros exista uma concorrência efectiva entre as várias marcas, os vários produtos e serviços que constituem o mercado relevante. O que é essencial é que haja concorrência *interbrand*[497] ou, dito de outro modo, a primeira pergunta que

---

neamente a máxima protecção dos consumidores». Também o parecer da Comissão dos Assuntos Jurídicos e dos Direitos dos Cidadãos relativo à preparação desta resolução afirmava: «sendo certo que a política de concorrência garante a existência dessa mesma concorrência no mercado, há várias outras políticas comunitárias que criam o enquadramento necessário para que a concorrência se traduza em *eficiência económica*» (o sublinhado é nosso).

Nem se diga, uma vez mais, que a protecção da eficiência não é compaginável com a tutela dos consumidores. Nos EUA, era exactamente esse o objectivo que a 'Escola de Chicago' assinava às regras de concorrência constantes do § 1 do Sherman Act – J. W. BURNS (pp. 597-598) e PARDOLESI, «Gli aspetti giuridici di una politica di concorrenza», pp. 584-585. Em Portugal, é este também o *obiter dictum* do CONSELHO DA CONCORRÊNCIA, expresso logo em 1986 na decisão de 12.3.86, *Associação Nacional de Farmácias, Phar e Vichy* (*Relatório de actividade de 1986*, pág. 18).

[494] Embora, quanto à franquia, o Tribunal de Justiça tenha de algum modo dado suporte a uma protecção do franqueado contra passageiros clandestinos, pelo menos assim justificando a licitude de cláusulas de restrição territorial a seu favor, o certo é que, em geral, é positiva a perspectiva que o direito comunitário tem dos *free riders*. Como impressivamente diz GYSELEN (*apud* FASQUELLE, pág. 119) «aos olhos da Comissão, o *free rider* é um herói, porque as suas vendas reforçam a livre circulação da marca no interior do mercado comum e, por isso, contribuem para a integração do mercado». Utilizando uma expressão de PHLIPS (pág. 6), diríamos que «cheating became synonymous of competitive behaviour». Sobre os perigos que derivam para a eficiência da existência destes *passageiros*, BORK, «The rule of reason and the per se concept», *cit.*, pág. 382.

[495] Assim, mas salientando que uma tal política, em rigor, não é guiada por puros critérios de eficiência, BUIGUES/JACQUEMIN/SAPIR, pág. XX.

[496] SCHAPIRA, pág. 126.

[497] GYSELEN, pp. 666-668. Por isso nos custa tanto entender quem defende as posições da Comissão apenas porque as vantagens económicas derivadas das restrições devem ceder perante o objectivo da integração. Sim, mas só se, depois de se analisar o caso concreto (e tanto gostam eles de defender a análise caso a caso, ... pela Comissão), se concluir que as restrições, impedindo a manutenção de uma concorrência efectiva na CE – se o mercado comunitário for competitivo, deverá ainda assim a proibição inter-

se deverá fazer no espaço comunitário é esta: será que a restrição afecta o objectivo de integração, impedindo que outras empresas produtoras, fornecedoras ou distribuidoras de outros produtos e serviços que satisfaçam as mesmas necessidades – produtos concorrentes, *hoc sensu* – actuem naquele mercado geográfico, coincidente ou não com o mercado comunitário ou com um mercado nacional?

O que não elimina o tratamento jurídico-económico da coligação, se a resposta for negativa. Dada a originalidade comparativa do modelo comunitário, cumpre depois perguntar se existem restrições no interior do sistema, da coligação, eliminadoras da interpenetração económica a realizar pelos próprios agentes da coligação, como sistemas de protecção territorial absoluta, interdições de exportação e de importações paralelas, não justificadas por necessidades de subsistência de mecanismos contratuais e comerciais legítimos ou pela essência (diríamos: objecto específico) de direitos privativos objecto de protecção ao nível nacional, e nesta medida estrita não subordinados à política de concorrência comunitária[498].

Num momento em que a CE, através dos seus órgãos essenciais, pugna pela acentuação da *cooperação* entre empresas, pelo apoio aos fenómenos da *concentração* e pelo desenvolvimento das pequenas e médias empresas, nunca uma atitude radicalmente extensiva do âmbito material de aplicação do artigo 85° pareceu tão despropositada[499].

---

vir? –, justificam um tal regime de excepção. Para nós, tal só deverá acontecer no que toca a certos casos particulares, ou seja, a certas (contadas) condutas que se reputem inerentemente contrárias à integração, como – seguindo até a doutrina das instâncias comunitárias – os impedimentos absolutos à exportação e às importações paralelas (no mesmo sentido, HAWK, «System failure: vertical restraints», *cit.*, pág. 988), por exemplo, enquanto excluam – e é outra dimensão essencial – a liberdade de actuação dentro da própria marca ou rede.

[498] LAURENT (pág. 7), ao afirmar a *equidade* como objectivo da política de concorrência, declara: «Quanto às relações económicas verticais, elas não são estranhas à equidade. Por exemplo, é mais do que oportuno que a iniciativa económica não seja açambarcada pelas empresas que organizam redes de distribuição. *Sob reserva de não prejudicar a identidade e coesão da rede*, nenhum distribuidor por ser impunemente limitado na sua capacidade de definir a sua própria política de aprovisionamento e a política de preços» (o itálico é nosso). Com o que este autor pode perfeitamente enquadrar-se com o que temos exposto. Basta reparar que, no acórdão *Pronuptia*, o Tribunal de Justiça considerou que a franquia aí descrita não violava a norma comunitária do n° 1 do artigo 85°, não constituindo uma restrição de concorrência proibida, enquanto as restrições aí inseridas eram necessárias para assegurar a identidade e reputação da rede. E, no plano do n° 3, o que os próprios regulamentos de isenção, como o 1984/83, estabelecem.

[499] Por isso não é de estranhar que o mesmo FASQUELLE (pág. 143) afirme explicitamente que «la volonté de parvenir à un marché intégré doit entraîner des règles plus

Não se obste a isto com a afirmação da redacção alternativa do artigo 85º, nº 1, que se contentaria com o objectivo anti-concorrencial da restrição, independentemente do seu efeito no mercado. Embora tratemos do tema mais adiante, na referência concreta à espécie contratual que nos (pre)ocupa, fica desde já a nota de que este argumento, que alguns lançam – *vide* Michel WAELBROECK[500] – não parece convincente, mesmo à luz das pronúncias do Tribunal de Justiça. Com efeito, não se trata de afirmar uma presunção absoluta de licitude das restrições verticais – ainda que apenas quando não ligadas aos preços –, mas apenas de aceitar que elas, em geral, não têm um *objecto* anti-concorrencial, o que nos parece facilitado pela jurisprudência comunitária. Tudo dependerá da análise dos seus efeitos no mercado. Por exemplo, sobre se se limitaram a facilitar coligações horizontais entre quaisquer dos agentes económicos envolvidos – entre si ou com terceiros.

E nem se diga que, com esta solução, certas coalizões escapariam «ao balanço comunitário que só a Comissão pode realizar bem». Enunciemos algumas críticas a esta perspectiva. Já vimos que lhe faltam os *meios*, mas também os *fundos*. Mas, ainda que os tivesse, a conclusão não mudaria. Se a jurisdição nacional declarasse que o acordo violava o artigo 85º, nº 1, o poder da Comissão ficava intacto. Já se, por absurdo, uma jurisdição nacional, *por aplicação do critério proposto*, declarasse que uma coligação não violava o nº 1 do artigo 85º, tal não impediria a Comissão de intervir, no decurso do processo[501], sancionando a colusão,

---

favorables aux ententes qu'aux Etats-Unis», consideração que caberia bem a um seu radical opositor, como HAWK, para quem «the EEC integration goal can also result in a more permissive view of agreements and practices. Integration brings with it the risk that formerly isolated smaller (and even medium-sized) firms may find it difficult to compete sucessfully with larger firms located both within and without the Community» (*United States, common market, cit.*, pp. 7-8).

[500] «Vertical agreements: is the Commission right» *cit.*, pág. 48.

[501] A própria Comissão, na *Comunicação 93/C 39/05* já fornece critérios nesta matéria – partes IV, 1 e V. Que a Comissão pensou numa hipótese como a do texto faz prova o seguinte trecho:
«22. Nesta base, os tribunais poderão, regra geral, pronunciar-se sobre a compatibilidade dos comportamentos litigiosos com o nº 1 do artigo 85º e com o artigo 86º. No entanto, se a Comissão iniciou um processo (...) os tribunais *podem* suspender a sua decisão na pendência do resultado da acção da Comissão *se o entenderem necessário* por razões de segurança jurídica. Pode também prever-se essa suspensão se os tribunais desejarem interrogar a Comissão nos termos das modalidades indicadas na presente comunicação. Finalmente, se os tribunais nacionais continuarem a ter dúvidas (...) podem

em aplicação de um princípio estabelecido pela própria jurisprudência comunitária – o da prevalência na aplicação do direito comunitário. Aliás, quando se atribui efeito directo ao nº 1 do artigo 85º (acórdão *Bosch*) e se reconhece o poder das jurisdições nacionais quanto à apreciação de coligações mesmo quando a Comissão haja formalmente iniciado um processo (*BRT c Sabam*[502]) não se está já a reconhecer que a concepção da Comissão não é passível de imposição directa?[503].

Nem se diga que isso gerava uma insegurança jurídica insuperável. Pois não é ainda mais grave o que acontece em matéria de incumprimentos estaduais do direito comunitário, em que a própria confiabilidade das normas internas pode ser posta em causa pelo Tribunal?

E também tal não afrontaria a natureza das competências confiadas à Comissão pelo tratado. Não tem a Comissão como primeira função a de vigiar pelo cumprimento do Tratado (artigo 89º § 1 CE[504]) – não é o que estaria a fazer? E sempre a Comissão poderia *continuar* a fornecer indícios e linhas condutoras indicativas às autoridades e jurisdições nacionais, reduzindo ainda mais os riscos de incoerência[505].

Finalmente, se o domínio de aplicação do artigo 85º, nº 1 CE é de competência concorrente, uma tal solução é ainda exigida pelo princípio da subsidiariedade (artigo 3º-B CE).

---

suspender a sua decisão, apresentando a questão ao Tribunal de Justiça nos termos do artigo 177º do Tratado.».

«23. Pelo contrário, se os tribunais nacionais decidirem pronunciar-se e chegarem à conclusão de que *não estão preenchidas as condições de aplicação do nº 1 do artigo 85º e do artigo 86º, cumpre-lhes prosseguir o processo nesta base, mesmo se o acordo, decisão ou prática litigiosos tiverem sido notificados à Comissão* (...)» (o sublinhado é nosso).

Sobre a cooperação entre as autoridades jurisdicionais nacionais e a Comissão, *v.g.* o acórdão *Stergios Delimitis*, pág. 993-994, e cons. 53-54; e, na prática da Comissão, os *13º* e *15º relatórios sobre a política da concorrência*, de 1983 e 1985, pp. 142-143 e 52-55, respectivamente.

[502] E *Comunicação 93/C 39/05*, ambos já citados *supra*.

[503] Nem seria já preciso, mas repare-se que a própria Comissão fornece critérios para os tribunais desenvolverem nos processos nacionais juízos de justificabilidade à luz do nº 3 do artigo 85º, aparentemente por razões de economia processual e de colaboração entre as instâncias. Riis-Jørgensen (exposição de motivos da *proposta de Resolução do PE sobre o 24º Relatório da Comissão sobre a política de concorrência*, ponto 2.2) parece mesmo aventar a transformação das instâncias nacionais em autoridades instrutórias das infracções às regras comunitárias por parte das empresas, em aplicação do princípio da subsidiariedade.

[504] Por todos, acórdão *Parker Pen*, de 14.7.94, cons. 63, pág. 571.

[505] Em muitos países, as autoridades de concorrência têm nesta sede mesmo o seu principal domínio de intervenção.

Cremos mesmo que, com a *Comunicação 93/C 39/05*, a Comissão afastou de uma vez os argumentos que pudessem ver nas suas concepções sobre a liberdade económica e o relevo das restrições internas a defesa de uma visão centralizante e excludente da definição e aplicação do direito comunitário da concorrência, aceitando uma descentralização da aplicação das regras que o pragmatismo e a construção da subsidiariedade tornam forçosa[506].

Se tal se passa no plano processual, podemos ainda dizer, em jeito de conclusão, que outros indícios surgem de uma próxima revisão da sua atitude em relação ao regime substancial das restrições verticais da concorrência[507]. Por um lado, através de observações como as contidas no *23º relatório da Política da Concorrência*, onde se pode ler que a Comissão

---

[506] J-V. Louis, «Ensuring compliance and implementation by member states», *cit.*, pág. 44.

[507] A uma crescente influência da concorrência *interbrand* e da verificação da efectiva verticalidade dos acordos na prática decisional da Comissão se referia, já em 1987, Demaret («Selective distribution and EEC law», *cit.*, pág. 152). Mas é mais recentemente que se cumulam as declarações de sentido mais geral. Assim, para além de defender o reforço do apoio às PME, a Comissão igualmente propugna no *Livro Branco sobre Crescimento* o incentivo à «melhoria das interacções entre a oferta e a procura», facilitando as parcerias entre as grandes empresas e os seus subcontratantes, «as interfaces entre produtores e utilizadores» e criando «redes de concertação, com vista a desenvolver núcleos de actividades competitivas tendentes a desenvolver «alianças estratégicas, pelo menos no domínio da concorrência» (Comissão, *Crescimento, Competitividade, Emprego*, pág. 85). Em 1991, na publicação *PME et concurrence*, a Comissão também já deixava transparecer, para lá da já referida atitude clara de promoção das coligações entre pequenas e médias empresas, uma distinção política entre os acordos horizontais, apresentados como imediatamente interditos, e os verticais, aos quais associava a expressão «colocando problemas» (pág. 19). Sendo uma publicação dirigida especificamente aos empresários e agentes económicos, não pode deixar de ter significado...

Cfr. ainda as referências que a tal encontramos em Lugard (pág. 116) ou mesmo na actuação do PE (*proposta de Resolução sobre o 24º Relatório da Comissão sobre a política de concorrência*, § 17), que pede já que «se proceda a uma revisão completa do regulamento 17/62 (...) e propõe que, neste sentido, a Comissão tome uma atitude mais indulgente em matéria de acordos verticais intersectoriais que, geralmente, são mais transparentes que os acordos horizontais e, certamente, se tornarão mais frequentes com a realização do Mercado Único» (*vide* a exposição de motivos, 2.1, § 7, da autoria da deputada Riis-Jørgensen; e o relatório da *Comissão dos Assuntos Jurídicos e dos Direitos dos Cidadãos*, 2 (A) – onde se lamenta que a revisão da *Comunicação sobre os acordos de pequena importância* não tivesse sido mais profunda, nomeadamente introduzindo uma distinção entre os acordos verticais e os acordos horizontais), no que expressa dois votos com destinatários diferentes, pois a Comissão não detém competência para rever o regulamento 17/62. Aliás, se lermos outros parágrafos da mesma proposta do PE, poderemos constatar que a generalidade das directrizes buscam uma atitude mais liberal,

assume como prioridade «facilitar, através de uma política clara e de decisões rápidas, os movimentos de concentração *e de cooperação* entre empresas que não ponham em causa a concorrência efectiva e a estrutura efectiva e o dinamismo do mercado»[508]. E, por outro, através da orientação das suas acções repressivas em duas direcções: contra os acordos (...) de fixação de preços[509] e de repartição de mercados[510] e, em segundo lugar, contra os chamados «acordos defensivos», que não têm por objectivo incrementar a competitividade das empresas graças a uma cooperação acrescida»[511]. Parece assim potenciada a aproximação às concepções dominantes a respeito do *Sherman Act*, onde, recorde-se, um defensor radical das teses eficientistas, Robert BORK, há mais de trinta anos, ainda defendia que «it seems plain that Congress intended to outlaw "loose combinations" of the sort typified by price-fixing and marked-division agreements between competitors. (I am speaking here of agreements not involving any significant efficiency-creating integration)»[512].

---

aberta à cooperação e coligação entre empresas e à circunscrição cuidadosa das hipóteses de intervenção comunitária (*v.g.* §§ 9, 15, 16, 17, 26 e 32-37).

[508] Pág. 24, para além do favor sempre repetido às pequenas e médias empresas.

[509] Talvez ainda o reflexo daquela concepção, vincada nos EUA, de que a política de preços constitui elemento essencial para afirmar certos distribuidores como «comerciantes totalmente independentes» (*Simpson v. Union Oil Co.*, 377 U.S. 13 (1964) – *v.g.* PARDOLESI, «Regole antimonopolistiche del trattato CEE», *cit.*, p. 86, nota 20).

[510] *Informação da Comissão das Comunidades Europeias sobre a sua Política de Aplicação de Coimas por Infracção às Regras de Concorrência* (95/C 341/08), JOCE, n° C 341, de 19.12.95, pág. 13. De notar que a gravidade acrescida que a Comissão imputa a estes comportamentos já não tem directamente a ver com a limitação da liberdade de acção das partes, mas sim com «o agravamento dos preços» e a afectação «dos interesses dos consumidores» da CE.

[511] Esta distinção entre acordos defensivos, «destinados a defender os mercados mediante a restrição da concorrência e acordos [ofensivos] que têm por objecto incrementar a competitividade das empresas graças a uma cooperação acrescida», vem referida no *Parecer* do CES *sobre o 24° Relatório da Comissão sobre a Política de Concorrência*, pp. 80-81. Também CATINAT/JACQUEMIN (pág. 2134) sustentam uma atitude favorável a «estratégias ofensivas», como forma de acompanhamento da integração europeia e potenciadora do surgimento de «verdadeiras empresas europeias».

[512] «Legislative intent and the policy of the Sherman Act», pág. 21. O que conduz, claro está, à legitimação de todos os acordos verticais, que aliás afirma expressamente, após defini-los como os acordos em que «uma empresa actuando num nível da indústria restringe a concorrência noutro nível da indústria, para seu próprio benefício (Esta definição exclui as restrições, verticais na forma, mas que são realmente o resultado de cartéis horizontais em qualquer nível da indústria)» – *idem*, «The rule of reason and the per se concept», *cit.*, pág. 397. No mesmo sentido, para a CE, VOGELAAR, pág. 197.

Parte II
Da *Comunitarização* da Franquia

Secção I
Franquia e Autonomia Privada (Referência)

Capítulo I
Autonomia Privada e Distribuição Comercial

Se este é o quadro geral em que se desenha a intervenção comunitária em sede de concorrência, o certo é que não é fácil a tarefa de regulação e acomodação que as normas jurídicas e os órgãos da sua aplicação têm hoje de realizar, em especial porque o modelo económico das modernas sociedades, assente no mercado, na liberdade contratual e na licitude (até moral) da «acumulação privada do capital», tem de *assimilar* as múltiplas e originais formas negociais que a sofisticação da actividade económica tem gerado, formas estas que assumem, a cada passo, uma importância crescente, sobretudo enquanto se transmutam em fórmulas correntes e preferenciais de estruturação comercial.

E, neste específico domínio das trocas, no domínio que classificaremos de comercial, o poder jurisgénico dos homens (a «tensão criadora») conheceu (e conhece) uma especial intensidade e variedade, levando a que os sistemas jurídicos, se quiserem acomodar-se à complexidade e heterogeneidade das fórmulas económicas desenvolvidas pelos «agentes económicos», tenham de criar princípios orientadores e delimitadores dos campos de intervenção mútuos. Ora, neste quadro, nem os direitos nacionais nem o próprio direito comunitário pretendem questionar a integridade de tais princípios, como o princípio da autonomia privada, que se revela nomeadamente na sua veste específica de liberdade contratual.

Foi na actuação deste princípio que foram sendo criados, desenvolvidos e enquadrados, não só os mais importantes e clássicos instrumentos contratuais da nossa vida económica quotidiana – como a compra e venda, o arrendamento, o comodato, o mútuo ou o depósito –, como ainda toda uma série de novas e especiais realidades, impostas pela necessidade de diferenciação de pessoas e produtos, como as firmas, as marcas, patentes, direitos autorais, etc. As quais, por sua vez, ao atribuirem direitos exclusivos aos seus titulares, potenciaram a criação de formas de inter--comunicação negocial, de integração comercial e industrial, como a que, a partir deste momento, vai ocupar a maior da nossa atenção: o contrato de franquia ou *franchising*[513].

E isto a vários níveis. Pela criação de novas fórmulas de reprodução (multiplicação) das estruturas produtivas, com o menor empenho possível ao nível dos capitais, circunstância potenciadora do surgimento e desenvolvimento, logo no domínio industrial, de mecanismos de colaboração entre empresas, como a subcontratação[514] e, em domínios já próximos, da franquia industrial ou de produção[515].

Mas também no domínio da distribuição, isto é, no sector das actividades materiais e jurídicas de transporte das mercadorias desde a esfera

---

[513] Este contrato, o que quer que seja que englobe, não surge isolado no conjunto das novas fórmulas preferenciais de estruturação comercial. Entre outras, têm emergido na vida económica contratos de *merchandising*, *factoring*, *engineering*, *joint venture* e *leasing*. Como a própria fórmula designatória indica, muitas destas figuras possuem ainda um mero recorte internacionalístico, que traduz a sua novidade e fraca sedimentação jurídica no espaço dos diversos ordenamentos jurídicos nacionais. Para muitas destas novas figuras não é sequer possível encontrar formas unitárias de *transplantação* para os direitos internos, porquanto representam designações genéricas que envolvem diversas e por vezes inconciliáveis modalidades.

[514] Por *subcontratação industrial*, numa acepção ampla, pretendemos designar, com Mª MANUEL MARQUES (pág. 1), a «operação através da qual uma empresa confia a outra a tarefa de executar para si, de acordo com um caderno de encargos ou requisitos pré-estabelecidos, uma parte ou a totalidade dos actos de produção de bens ou determinadas operações específicas». Há mesmo quem, na doutrina, afirme que o próprio contrato de franquia pode ser objecto de subcontratação, de que seria exemplo a franquia principal (*v.g.* MATRAY, pág. 18).

[515] Que podem não identificar exactamente uma mesma realidade, no plano jurídico-económico. A franquia de produção, partilhando um *património comum típico* com as restantes modalidades de franquia, tem especialidades que *podem* justificar, à luz dos interesses e da apreciação global que se faça do contrato, um regime diferente daquele aplicável à franquia de distribuição. Daí que não tratamos as duas modalidades conjuntamente, especialmente porque neste domínio jusconcorrencial, estas modalidades têm em domínios fundamentais, e por vontade expressa do *legislador* (nem sempre, diga-se, plenamente justificada), um tratamento jurídico distinto.

do produtor até às mãos do consumidor[516], se produziram alterações profundas, com propósitos similares.

Se, numa fase inicial, o produtor era também quem distribuía, vendendo directamente ao consumidor, a partir de determinado momento, ainda nos sécs. XVIII-XIX, o distribuidor surge como figura autónoma intermediando entre o produtor e o consumidor (utilizador final), aproximando a oferta da procura, numa relação tripolar justificada pela divisão do trabalho, pela acentuação dos modelos de produção em massa e pela industrialização da própria actividade comercial, factores que conduzem o produtor a consciencializar-se da necessidade de encontrar meios que lhe garantam o escoamento dos seus produtos[517].

O distribuidor assume-se como o «centro essencial de decisão», com uma importância acrescida, estabelecendo com o fornecedor relações duradouras que garantem a este o encaminhamento da sua produção. Só que, já no séc. XX, dá-se uma mutação fundamental, quando os fabricantes *descobrem*, numa época de sobreprodução, que o mais di-

---

[516] PATRUCCO, pág. 11. Em Espanha, GINER PARREÑO, (pág. 53). Em França, FERRIER, *Droit de la distribution*, pág. 5. Segundo PÉDAMON (pp. 44-48), também por aquele Autor citado, a compra para revenda com objectivo especulativo é a actividade típica de distribuição. Até aos anos 70 (até 11.10.78), aliás, a própria *Cour de Cassation* francesa identificava mesmo os contratos de distribuição com a venda (cfr. PIGASSOU, pág. 489).

[517] CHANDLER JR (pág. 209): «In 1850s and 1860s the modern commodity dealer, who purchase directly from the farmer and sold directly to the processor, took over the marketing and distribution of agricultural products. In the same years, the full-line, full-service wholesaler began to market most standardised consumer goods. Then in the 1870s and 1880s the modern mass retailer – the department store, the mail-order house, and the chain store – started to make inroads on the wholesale's markets». Como este autor também nota (pág. 223), a partir de 1880, o grossista começa a ver-se superado, quer pelo retalhista (*mass retailer*) já referido (por exemplo, o Macy's, em Nova Iorque, desde 1870), quer pelo próprio fabricante, que realizava a integração vertical da sua empresa. No que se acentua a importância crescente da cartelização, que, como diz NOGUEIRA SERENS, «retirou ao comércio a função de regulador do processo económico», passando os industriais e os consumidores finais a ocuparem as posições mais fortes no conjunto do processo económico e transformando-se o comércio em *distribuição*, ou seja, num processo de ligação entre a produção e o consumo («A proibição da publicidade enganosa», *cit.*, pp. 73-74).

Para uma perspectiva histórica, filiando a intermediação comercial nas obras, ainda setecentistas, de TURGOT, ADAM SMITH e Jean Baptiste SAY, vide PARDOLESI, *I contratti di distribuzione*, pp. 6 e segs., e nota 2.

fícil já não é produzir, mas vender[518], começando a centrar aí as suas preocupações.

Factor que, em última análise, conduziu a uma perda de confiança no modo como os distribuidores tradicionais realizavam as «funções psicológicas e comerciais»[519] de aproximação da oferta à procura. O acento tónico passa a estar na orientação da procura em relação à oferta e o produtor deixa de respeitar a especialização[520] das funções que a cada um dos sujeitos correspondia, interferindo na distribuição, «ingerência»[521] que visa realizar «um melhor impacto sobre o mercado considerado e obter um desenvolvimento acelerado da actividade comercial»[522].

Daí a criação de «novos métodos de colocação de produtos no mercado e da sua distribuição»[523]. E o recurso a novas formas de proceder à distribuição[524] dos produtos, serviços e até a originais *métodos* comercialmente válidos.

Em alguns casos, o produtor opta por formas de distribuição *directa*[525], em que ele próprio, por si só ou através de distribuidores que não gozam de autonomia, pelo menos económica, se encarrega da transmissão dos produtos e serviços ao longo das várias fases do processo económico, até ao consumidor.

---

[518] PIGASSOU, pp. 493-495. Daí cessando a subalternização da actividade intermediária, do comércio – NOGUEIRA SERENS, *A tutela das marcas e a (liberdade de) concorrência*, pág. 52, nota 160.

[519] AVRIL, PIATIER, LASSEGUE, BRUGIER-VERRE, *apud* PIGASSOU, pág. 491.

[520] FERRIER, *Droit de la distribution*, pp. 2-3.

[521] PINTO MONTEIRO, pág. 307. Esta ingerência, este *controlo* é mesmo considerado o traço distintivo dos contratos de distribuição integrada – PIGASSOU, pp. 496 e 499.

[522] Cour d' Appel de Paris, de 28.4.1978, *apud* PETERS/SCHNEIDER, pp. 205-206.

[523] PINTO MONTEIRO, pp. 305-307.

[524] Os contratos de distribuição comercial são assim apresentados como as «figuras destinadas a *satisfazer* as necessidades do produtor – ou importador – no mercado» (MARTÍNEZ SANZ, pág. 345). Segundo MOUSSERON (pág. 1), a distribuição tem quatro grandes funções (a que correspondem quatro tipos de agentes): a difusão (introdução dos bens no processo de distribuição); o comércio por grosso (agrupamento de grandes quantidades para dispersão em proveito dos retalhistas); o retalho (aquisição para satisfação de necessidades profissionais ou domésticas); e o consumo. A difusão, normalmente realizada pelo próprio produtor, pode ser confiada por este a outro produtor, ou a intermediários (difusores: em geral, comissários, agentes, mandatários).

[525] Por *distribuição directa* pode entender-se aquela em que as mercadorias são imediatamente transmitidas do produtor ao consumidor. MARTÍNEZ SANZ, inclui a agência e a comissão nesta categoria (pág. 364).

Parte II - Da Comunitarização da Franquia

Mas também actua através de mecanismos de distribuição *indirecta*, *integrada*[526] ou *não integrada*[527], utilizando tanto «circuitos longos»[528] como «circuitos curtos», que eliminam intermediários.

Na distribuição indirecta (ou integrada: PIGASSOU), o distribuidor é sempre «um comerciante independente que compra para revenda as mercadorias que lhe entrega o fornecedor»[529].

Esta constatação não significa no entanto que haja apenas um modelo de distribuição indirecta. Pelo contrário, se a inventividade humana revela a inexistência de «uma fórmula ideal de distribuição», a escolha por um ou outro dos instrumentos negociais que a vida comercial foi criando volve-se numa escolha não alternativa[530], dependendo de múltiplos factores, como a natureza e características dos produtos a distribuir

---

[526] MOUSSERON (pág. 3) centra as formas de *distribuição integrada* à volta das obrigações de aprovisionamento exclusivo, que, aliadas à atribuição de uma exclusividade territorial, enformam o conceito de concessão comercial. Pelo contrário, PIGASSOU dá uma noção em que a exclusividade não ocupa um lugar relevante: «é uma convenção pela qual um fornecedor fixa com um distribuidor independente as condições pelas quais este se obriga, sob o nome do fornecedor, a exercer a sua actividade». O distribuidor fica obrigado a utilizar o nome dos fornecedores e a exercer a sua actividade nas condições fixadas pelo fornecedor (pág. 502). Com esta noção, o autor aproxima decisivamente a franquia da distribuição integrada (pág. 503). Não tornando essencial a presença de cláusulas de exclusividade, este autor, mais adiante (pp. 529-530), afirma de forma peremptória inexistir qualquer tipo de razões para excluir esta categoria de contratos das regras de concorrência (na altura, o artigo 50º – hoje o 7º – da lei francesa de concorrência), apresentando duas espécies de argumentos cuja *bondade* é mais do que discutível: o facto da lei não as distinguir e a *existência de cláusulas de exclusividade*.

[527] A *distribuição indirecta não integrada* é a realizada por intermédio das categorias tradicionais dos grossistas e retalhistas. Mas a melhor forma de compreensão é por via negativa: constitui toda a forma de distribuição – *transporte* dos produtos do produtor ao consumidor – realizada por pessoa(s)/empresa(s) diferentes do produtor e dele não de-pendentes em virtude de compromisso que transcenda a mera compra e venda comercial.

[528] GINER PARREÑO, pp. 53-54. A ideia de «circuito» é central por exemplo em PATRUCCO (pág. 11) ou MOUSSERON (pág. 1), definindo-a este como «a sequência – melhor, a cadeia – de empresas que asseguram a distribuição de uma mercadoria». Sobre a composição destes circuitos, TRACOL, *Les réseaux de distribution*, Dunod, Coll. Université et Technniques, 1972, *apud* PIGASSOU, pág. 492.

[529] Pág. 504.

[530] Como afirmou o Tribunal de Justiça no acórdão *Metro I*, de 25.10.77, «existem diversos canais de distribuição adaptados às características próprias dos diferentes produtores e às necessidades das diferentes categorias de consumidores» (cons. 20, § 3). Sobre a polidistribuição e a utilização da franquia neste contexto, TOURNEAU, pág. 10.

ou dos serviços a prestar, os objectivos da política da empresa produtora, as necessidades e desejos da clientela ou as características do mercado a conquistar (FERRIER[531]).

Daí que as empresas optem por esquemas comerciais que, como a concessão, a franquia, a agência, a comissão, isoladamente ou organizadas em sistemas (redes, circuitos ou canais[532]), ou as comunitariamente conhecidas distribuição selectiva, distribuição exclusiva, funcionam, para além do mais, como «colectores de clientela».

Se na *distribuição directa* é o próprio produtor que oferece os produtos directamente ao consumidor final – através de representantes comerciais dependentes, assalariados, filiais e delegações –, na distribuição *indirecta integrada* quem desenvolve essas tarefas de *atracção da clientela* e de *comercialização* dos produtos e serviços aos consumidores são empresas independentes, que assumem também os «riscos» dessa actividade[533].

---

[531] *Droit de la distribution*, pág. 21.

[532] Na doutrina francesa, FERRIER, *Droit de la distribution*, pp. 21 e, especialmente, pp. 225.

[533] Há quem considere que a distribuição comercial se identifica com a concessão comercial. A esta assimilação histórica se refere PIGASSOU: «Ligada à venda, o contrato de distribuição situa-se no centro dum jogo de oposições sobre a ausência ou presença de cláusulas de exclusividade de venda. Mesmo se o seu conteúdo conhece sortes diversas (...), a definição de concessão comercial foi sempre procurada no rasto da exclusividade» («La distribution integrée», pág. 480), exclusividade esta posteriormente substituída pela ideia de «zona de responsabilidade do distribuidor». A esta ideia pode assimilar-se, no ponto que nos ocupa a atenção, a posição daqueles que identificam concessão com franquia, como Vicent CHULIA (*Compendio crítico de Derecho mercantil*, t. 2, Valência, 1982, pág. 314).

Para nós, também tal não é assim. Se é certo que em todos os instrumentos contratuais de *distribuição indirecta* há alguém (o distribuidor) que assume os riscos da actividade de distribuição, não é menos correcto afirmar-se que, entre as diversas figuras contratuais que se encarregam da distribuição, todas têm especificidades que as contradistinguem.

Quanto à distinção entre *concessão* e *franquia*, vide PINTO MONTEIRO (pág. 320: «a franquia é, no entanto, um contrato autónomo, distinto da concessão, mormente no que concerne à ingerência da contraparte na actividade do franqueado e aos métodos de comercialização dos bens, apesar de se poder considerar um desenvolvimento do contrato de concessão»), OLIVEIRA ASCENSÃO (pág. 313), COELHO VIEIRA (pp. 74-78), RELATÓRIO GRANGE (*Report of the Minister's Committee on Referal Sales, Multi-Level Sales and Franchises*, também repousando no grau de controlo, maior do que na concessão, mas menor do que na agência ou na distribuição por filiais, sucursais), GALLEGO SANCHEZ (pp. 72-74), CASA/CASABÓ (pág. 19), PAUL CRAHAY (pp. 8 e segs.),

Elas distinguem-se entre si quanto à forma e intensidade da relações entre os agentes distribuidores e o produtor/fornecedor. Em ambas as hipóteses, o fornecedor quer controlar a composição e o funcionamento do esquema de distribuição – da *rede*[534] –, para racionalizar e garantir o escoamento dos produtos, mas também para seleccionar os empresários que deverão oferecer os seus produtos ou serviços aos consumidores[535].

MARTÍNEZ SANZ (pág. 348, citando ULMER, *Der vertragshändler*, München, 1969, pp. 187-190), FERRIER (*Droit de la distribution*, pp. 318-319, que procura ainda distingui-la da distribuição selectiva), PETERS/SCHNEIDER (pp. 219-223), TOURNEAU (pág. 6) e *LAMY DROIT ÉCONOMIQUE* (pág. 1190). Para uma concepção diferente, no sentido de ignorar totalmente a franquia, PÉDAMON (pág. 605) considera elementos essenciais da concessão (no seguimento de CHAMPAUD), com reflexo legal no sistema jurídico francês, na circular *Fontanet*, de 31.3.1960, a compra para revenda, a exclusividade territorial e a exclusividade de aprovisionamento. Entre nós, embora no longínquo ano de 1971, J. A. MARTINEZ considerava concessionário o que compra para revenda (sob certas condições – pág. 1033). Qualquer que seja a modelação que para si é encontrada, sempre se torna possível distinguir a concessão comercial da franquia.

PIGASSOU (pp. 483-484) dedica-se ainda à distinção entre franquia e distribuição selectiva, que faz assentar na transmissão ou não de saber-fazer (e não tanto na exclusividade), fazendo também a destrinça entre a distribuição integrada, a distribuição exclusiva e os contratos assimilados a contratos de trabalho, com base no grau de controlo exercido pelo fornecedor sobre o distribuidor (pág. 502).

[534] «Organização criada e animada por uma empresa que reparte os seus elementos por diferentes pontos do mercado, de modo a exercer a sua acção em toda a extensão deste» – J-M LELOUP, «Le partage des marchés par les réseaux de vente et de distribution», *Dix ans de droit de l' entreprise*, Litec, 1978, n° 2, pág. 935 – estabelecendo como que um «sistema de vasos comunicantes» (BESCÓS TORRES, *La franquicia internacional*, cit., pág. 43). Como elucida LELOUP, e iremos tendo possibilidade de comprovar, esta ideia de rede está no centro do direito comunitário da franquia («Le règlement communautaire relatif à certaines catégories d' accords de franchise», p. 6).

[535] O conceito de *rede* repousa nesta ideia de selecção, de escolha dos distribuidores, do mesmo passo que «confere uma dimensão colectiva às relações bilaterais estabelecidas entre um fornecedor e um revendedor, formando um conjunto coerente». Não se trata de recusar vender aos distribuidores que não tenham determinado perfil, mas de só vender aos que possuam essas características e se incorporem no sistema – PIGASSOU, pág. 483 –, permitindo ainda aproveitar ao máximo as vantagens de economias de escala, características das grandes superfícies e das redes de sucursais (TEAM DE ECONOMISTAS DVE, pág. 13).

Esta ideia de rede surge, na prática, a propósito daquilo que sintomaticamente se chama *distribuição selectiva*. Sobretudo a distribuição de produtos de luxo, nomeadamente em função do seu preço, raridade, marca, complexidade, fragilidade, pericolosidade ou das exigências técnicas e práticas conexas à sua distribuição – FERRIER, *Droit de la*

Mas esse controlo pode ser maior ou menor, envolvendo ou não a participação do produtor no capital ou na gestão da empresa distribuidora e a dependência do distribuidor face ao fornecedor ou a quem constituíu a rede.

No entanto, se envolver participação no capital conducente ao controlo da empresa distribuidora, a ponto de eliminar a existência de um risco económico por parte do distribuidor, ou seja, se todos os riscos económicos ligados ao exercício da actividade de distribuição residirem no fornecedor/produtor, estaremos em rigor, no plano do tratamento comunitário da concorrência, perante situações de *não autonomia* e, arriscamos dizê-lo, de *distribuição directa*[536], do ponto de vista do direito da concorrência.

Na distribuição indirecta *integrada*, ao contrário, o controlo, que existe, não pode eliminar a autonomia das empresas distribuidoras. Embora permita ao fabricante racionalizar a sua estrutura produtiva e distributiva (custos de transacção), eliminando certas categorias de intermediários, como por exemplo o grossista. O estabelecimento de sistemas de distribuição organizados por parte do produtor permite-lhe vender direc-

---

distribution, pág. 133, referindo ter a Comissão da Concorrência francesa (parecer de 20.10.1983, BOSP, 29.12.1983, pág. 401) considerado que só a distribuição de «jeans» de «marcas representativas de alta gama» pode ser reservada a certos revendedores (decisão da Comissão, *Omega*, de 28.10.70, JOCE, L 242, de 5.11.70). A mesma concepção era já adoptada pelas instâncias comunitárias, no que toca à distribuição selectiva – acórdão *Lancôme c. Etos,* de 25.11.80, cons. 20 –, e era comum na doutrina jurídica.

PIGASSOU (pág. 479-482 e 485, nota 51) propugna a extensão desta solução a todo o tipo de produtos, mesmo que vulgares, se tiverem uma *imagem* e uma marca que justifique a sua distribuição através de determinado canal de distribuição, imagem que pode mesmo ser intencionalmente «ordinária». Entre nós, *v.g.* o acórdão da Relação de Lisboa, de 6.3.1990 (*CJ*, 1990, II, pp. 112-115), que legitimou a selecção e tratamento diferenciado de distribuidores de cigarros. No entanto, a selecção quantitativa pode constituir índice de uma outra situação contratual: a do revendedor autorizado (sobre esta categoria, PARDOLESI, *I contratti di distribuzione*, pág. 85).

[536] A Comissão das Comunidades Europeias há muito que considera como não--autónomos os representantes comerciais de certas empresas, quando desempenhem «uma função auxiliar no desenrolar dos negócios», não assumindo ou exercendo «uma actividade de comerciante independente no desenrolar das operações comerciais», ou seja, quando não corram os «riscos financeiros ligados à venda ou execução do contrato», (*Comunicação da Comissão, de 24.12.1962*, pág. 2921), expressos nomeadamente na manutenção de existências, na organização e manutenção de serviços à clientela e na determinação dos preços e condições contratuais – *vide* decisão da Comissão, *Pittsburgh Corning Europe SA*, de 23.11.72, JOCE, L 272, de 5.12.72, pág. 35.

tamente a retalhistas, sem que o volume de vendas diminua nem a estrutura dos seus custos aumente significativamente.

Os contratos de distribuição, entre os quais se encontra o *franchising*, são pois «veículos» (GINER PARREÑO) que permitem ao produtor distribuir os seus bens com economia de custos e com a participação nos riscos por parte do distribuidor, o qual por sua vez pode adquirir quantidades mínimas ao produtor, para revenda, segundo condições definidas e com limitação dos riscos e garantia de fornecimentos.

Sobre estas formas de distribuição incidirá também a atenção dos órgãos comunitários, fazendo centrar na sua regulação o essencial da sua política de concorrência relativa às empresas, especialmente tendo em conta o favorecimento que as actuações individuais e as concentrações sempre gozaram no espaço comunitário.

Neste momento, a nossa preocupação será apenas a de enquadrar o contrato de franquia (*franchising*), do modo mais sintético possível, para que, pela determinação do seu conteúdo mínimo e da classificação que lhe quadra no âmbito dos contratos que a vida comercial criou para satisfazer as suas necessidades, se possa empreender a sua inserção no quadro normativo da concorrência.

Capítulo II
A Descrição do Tipo Contratual

> «Antes de *pensar abstractamente*, antes de o valorar e qualificar, tem o jurista de o conhecer, procedendo a uma análise empírica dos dados objectivos que comporta. Tem de situar-se no plano mais rasteiro da investigação, no domínio sociológico-jurídico, cego aos valores («wertblind»), para só depois se elevar ao domínio da cultura («wertbeziehend»), ao reino das significações e das referências»
>
> (ORLANDO DE CARVALHO, «Negócio Jurídico Indirecto (Teoria Geral)», pág. 2)

I. Origem e Perspectiva Histórica do *Franchising* (Franquia)

Se mais não fosse preciso, bastaria indagar sobre a origem histórica desta figura contratual para revelar, de modo exuberante, a sua *juventude* e o seu *inacabamento*, sobretudo definitório. Pode mesmo dizer-se que, ao longo dos tempos, existiram várias franquias, cada uma com um sentido preciso e de algum modo circunscrito às concretas exigências económicas do comércio da época, o que nos induz à conclusão da relativa pouca importância da compreensão histórica da franquia para uma sua percepção actualizada.

Mas, para lá duma acentuada descontinuidade compreensiva, podemos vislumbrar elementos de continuidade, elementos que permaneceram durante toda(s) a(s) sua(s) existência(s). Qualquer que seja a época histórica ou o concreto desenho que desta figura negocial se tinha, sempre a ela esteve ligada uma ideia de *privilégio* ou de *concessão*[537].

---

[537] MENEZES CORDEIRO (pág. 66) refere mesmo que «a ideia de franquia anda em torno da de privilégio ou *liberdade*» (o itálico é nosso), referindo-se à significação atribuída à palavra «franchise» por vários dicionários jurídicos estrangeiros (anglo-saxónicos) – *vide supra*, nota 41.

As primeiras referências doutrinais colocam a sua origem na Idade Média, ligada a uma ideia de privilégio real[538] ou de «remoção de obstáculos à livre actuação do sujeito»[539]-[540], mas a génese da moderna franquia

---

[538] TESTON/TESTON-CHAMES, *Le franchising et les Concessionnaires*, Paris, J. Delmas, 1973, p. A2, *apud* A. MENEZES CORDEIRO, pp. 68. Também ISABEL ALEXANDRE (pp. 323-324), aceita a ligação da franquia à Idade Média, mas não assume a origem da figura na Inglaterra medieval, «quando certos membros do clero acordaram em pagar certa quantia e em prestar alguns serviços à Coroa, recebendo em troca o direito de cobrar impostos locais». MATHIEU (pp. 7-8) faz remontar a manifestação primitiva da figura a França (citando KARP, «Franchising Today: a Specialized Contract», 1975, *Law Society of Upper Canada*, pág. 289; e MICHELET, *Histoire de France*, Le Moyen-Age, vol. II, Paris, 1837, pág. 266). Em Espanha, CASA/CASABÓ (pág. 9) remontam a origem da figura à Alta Idade Média, tanto às «isenções de *cargas* e prestações a que estavam obrigados os habitantes *de villa o comarca o cultivadores de señorio*» como às «Cartas pueblas», que podemos mesmo assimilar aos *forais* (assim o escrevia, entre nós, ALEXANDRE HERCULANO, referindo-se criticamente aos forais manuelinos: «Os forais (...) ficaram desde a sua reforma letra morta para as *franquias* do povo», pág. 126 – o itálico é nosso). Enfim, cada Autor busca nos instrumentos antigos deste tipo a origem histórica do contrato – assim, quanto à Dinamarca, MEURS-GERKEN, pág. 91.
Sobre o sentido técnico da expressão 'Fraunchise', no *Common La*w, ADAMS/PRICHARD JONES (pág. 1, nota 1), onde a expressão aparece ligada a um privilégio real, envolvendo no entanto um dever de exercício, por aí se distinguindo da simples concessão de um monopólio.

[539] A isto se refere E. ZANNELI – «Il franchising nella tipologia delle concessioni tra imprese», in VERRUCOLI P. (a cura di), *Nuovi Tipi contrattuali e tecniche di redazione nella pratica commerciale*, Giuffrè, Milano, 256, *apud* BUSSANI/CENDON (pág. 400) –, o qual, aceitando a maior ou menor «pertinência» de certas figuras enquanto antecedentes históricos do *franchising*, refere: a atribuição a particulares de actividades tradicionalmente reservadas aos poderes públicos (como a concessão da exploração de transportes, já no séc. XIX, de que é exemplo a concessão de trajectos de *ferry-boat* – ainda BESCÓS TORRES, *La franquicia internacional*, pág. 15; e a *reconstrução* operada após a Guerra da Secessão (semelhante argumento pós-conflitual é utilizado por GUYÉNOT – pág. 281 – e por PETERS/SCHNEIDER, pág. 157). Certa parece ser a afirmação do desaparecimento desta figura por força da queda do mundo feudal e da progressiva liberalização da vida económica, só ressurgindo com o liberalismo capitalista de oitocentos. Mas ficaram resquícios na linguagem dos povos. Assim, na pesquisa que efectuámos, curiosas foram as referências encontradas nos dicionários de RAFAEL BLUTEAU (de 1789), onde se ensinava que a palavra "franquear" significava, nomeadamente, «fazer livre, patente, defembaraçado para outrem § Tirar direitos, ou outras reftições § *Franquear o commercio*, confentir que todos o fação»; e de CALDAS AULETE (de 1881), onde se diz que ela significa, entre outras coisas, «pôr á disposição de//Descobrir, revelar, manifestar (uma coisa occulta) // pôr-se á disposição de alguem// revelar os seus segredos a outrem». Interessante é ainda o facto de a ideia de privilégio, que os Autores ligam à origem da palavra *franquia,* aparecer também, nestas últimas obras, sob a palavra *franqueza* – *v.g.* notas 41 e 537.

[540] ISABEL ALEXANDRE (*loc. cits.*) e PINTO MONTEIRO (pág. 321).

é normalmente situada no século XIX, tendo como base geográfica os Estados Unidos da América[541].

Segundo apontam alguns Autores, foi inicialmente este o meio de expansão comercial empregue por companhias de infraestruturas básicas, tais como as de caminho de ferro[542].

Mas não só. Como muitos Autores acentuam, o pioneirismo desta actividade coube à *Singer Sewing Machine Company*, perto de 1850[543]. O sistema não vingou totalmente, só reiniciando o seu caminho nos anos 20 do nosso século, quando foi adoptado nos sectores automóvel (pela *General Motors*) e dos refrigerantes (pela *Coca-Cola*)[544].

Só que, nessa sua fase larvar, a designação de *franchising* correspondia a um leque muito diverso de mecanismos contratuais. O «manto de Arlequim»[545] do *franchising* cobria fórmulas hoje já claramente diferenciadas, como os acordos de distribuição exclusiva, seja de compra, seja de venda, de distribuição selectiva ou, numa visão mais europeia mas menos comunitária, os contratos de concessão comercial.

A franquia veio a conhecer o seu último e mais decisivo impulso no período posterior à IIª Guerra Mundial, altura em que se expandiu de forma espectacular, alargando o seu campo de intervenção a uma multidão de novas áreas económicas e atraindo novos domínios geográficos. Podemos mesmo dizer que, enquanto fórmula comercial específica e corrente, a moderna franquia *nasceu* após este último conflito mundial.

A franquia estendeu-se de tal modo que passou a constituir o instrumento de eleição na expansão comercial nos domínios da hotelaria, dos serviços, da indústria e da distribuição comercial (roupas, supermercados,

---

[541] Esta asserção é pacífica: GUYÉNOT, pág. 279.

[542] Assim o diz F. NASCIMENTO, pág. 214: «através da venda dos direitos relativos aos nomes e/ou sistemas de operação estas firmas conseguiam abrir mais cedo uma nova unidade de produção de energia eléctrica numa nova cidade ou construir um novo troço de linha até à cidade seguinte».

[543] Sobre isto, o Autor citado na nota anterior. ISABEL ALEXANDRE (p. 324) diz que foi «à volta de 1870».

[544] *Op. e A. cit.*, pp. 324-325. Tanto BUSSANI/CENDON (pág. 401) como MATHIEU (pág. 8) referem especialmente uma figura contratual que, ainda no século XIX, conheceu uma grande divulgação: os contratos de cerveja. Para além disso, apontam como exemplo paradigmático das potencialidades da franquia, o referido processo histórico de criação e desenvolvimento da *The Coca-Cola Company* (BUSSANI/CENDON, pp. 401-402) e da *General Motors* (1898: MATHIEU).

[545] Expressão utilizada com sentido idêntico por PÉDAMON (pág. 605), mas a propósito da concessão exclusiva.

prontos-a-comer). Além disso, *regressou* à Europa, continente onde era praticamente ignorada[546].

É nesta altura que a franquia assume a sua actual configuração, constituindo-se enquanto veículo original e específico de distribuição comercial[547]. A II^a Guerra Mundial veio provocar uma profunda e decisiva alteração da estrutura e dos costumes das sociedades, especialmente das ocidentais[548], conduzindo ao surgimento de franquias, inicialmente empresas do ramo alimentar (Howard Johnson, A & W, Tastee Freez, Mc Donald's, etc).

Foi por esta altura, já nos anos 50, que surgiram algumas das principais empresas que se consideram operando através da utilização deste esquema contratual, como a Mc Donald's[549]. A partir desse momento, a expansão e diversificação do *franchising* tornou-se imparável, abrangendo múltiplos sectores de actividade comercial e industrial[550]. E continua a crescer, não se podendo falar, de forma alguma, de saturação. Pelo

---

[546] Isabel Alexandre (pág. 325) dá dois exemplos de empresas que já nesta altura funcionavam na Europa através do mecanismo do *franchising*: a *Bata*, empresa checoslovaca dedicada ao fabrico de sapatos (esta empresa já operava em 1925 neste sistema: Marasco, G, *Il franchising*, 1988, IPSOA, Milano, pág. 9, apud Bussani/Cendon, pág. 404), e a Lainière de Roubaix, empresa francesa que distribuía novelos de lã com a marca «Lainière de Roubaix» – *v.g.* ainda Bescós Torres, *La franquicia internacional*, pág. 16.

[547] Sobre isto, o que diremos *infra*.

[548] Na doutrina, há mesmo vozes que ligam o surgimento de certas manifestações de franquia (*vide* restaurantes de *fast food* ou de *take away*) a fenómenos sociais e ao modo de vida das modernas sociedades, como Casa/Casabó (pág. 21) ou F. Nascimento (pág. 215), que, e citamo-lo só como *postal ilustrado*, afirma que «a classe social torna-se cada vez mais móvel, assiste-se ao abandono do centro buliçoso das cidades em troca do espaço proporcionado pelos subúrbios e o papel de "fada do lar" tradicionalmente atribuído à mulher é gradualmente substituído por outro que lhe exige maiores responsabilidades profissionais e maior tempo fora de casa».

[549] A história da implantação e expansão da hoje enorme cadeia de restaurantes McDonald's, especialmente devida à actuação de Ray Kroc (o «Henri Ford dos hamburgers») vem descrita com algum pormenor, na literatura portuguesa, na obra já citada de F. Nascimento, pp. 216 ss.

[550] São centenas, sem exagero, as empresas que utilizam a franquia como meio de expansão dos seus negócios, nos mais variados sectores de actividade. Embora não seja possível uma enumeração exaustiva, recordemos que são habitualmente apontadas como utilizando a franquia as seguintes empresas: Mc Donald's, Burger King, Kentucky Fried Chicken, Holiday Inn, Novotel, Midas Mufflers, H & R Block, Coca-Cola. M. Mendelsohn – *The guide to franchising*, 3^a ed., 1982, pp. 38, apud Peters/Schneider, pág. 163 – refere 65 áreas em que a franquia pode ser utilizável (estabelecendo ainda algumas subdivisões, sobretudo na parte relativa ao sector alimentar).

contrário. Esta figura é ainda considerada como estando ainda em expansão (a «onda do futuro»), o que, pelo menos no que respeita ao continente europeu, é pouco menos do que indesmentível[551].

II. Franquia: Tipicidade Social e Regimes Jurídicos

O primeiro ponto que tentaremos delimitar é pois o da identificação do conteúdo económico específico da figura negocial sobre a qual curaremos ao longo deste trabalho. O que é isso da franquia? O que será que permite distingui-la de outras figuras da moderna vida dos negócios, justificando a autonomia e especificidade do seu tratamento jurídico, na CE?

A primeira constatação que deveremos fazer é a de que, mesmo numa perspectiva *moderna* deste contrato, ele revela *profunda heterogeneidade* de significações, sendo um instrumento que a autonomia privada molda nos vários países de acordo com as respectivas necessidades económicas do momento.

Vamos então procurar discernir o que se deve entender por franquia, não sem que antes percorramos outros caminhos reveladores da amplitude e, de algum modo, do disfuncional uso da figura (num certo sentido, que adiante explicitaremos)[552].

---

[551] Cremos ser unânime este entendimento, havendo mesmo quem a ela se refira como a «alquimia do séc. XX» (SILBERMAN, pág. 2). Queremos apenas salientar este aumento da inserção do contrato no espaço económico comunitário, facto que levou LA PLACA (pp. 197 e segs.) a dizer que «molta acqua è passata sotto i ponti da quando G. Santini scriveva nel 1979 che 'il *franchising* è una pratica nuova per l'Europa'». Com efeito, já o PE, na sua *Resolução sobre o 16º relatório sobre a política de concorrência*, in *17º relatório sobre política de concorrência*, pág. 274, cons. 13, «assinala a crescente importância económica dos contratos de franquia». Na Grã-Bretanha, onde é obrigatória a notificação dos acordos de franquia, foram recebidas, em 1987, no Office of Fair Trading, 298 notificações – KORAH, *Franchising and the EEC competition*, cit., pág. 13. Números da franquia, no espaço comunitário, em 1990, podemos encontrá-los em FERRIER, *Droit de la distribution*, pág. 317.

Em Portugal, este contrato é ainda muito recente, só em 1972 tendo surgido a primeira empresa portuguesa a utilizar este mecanismo como forma de expansão da sua rede comercial. Tratou-se da *Cenoura*, segundo referência que encontrámos no *Dossiers Publimédia*, publicado no dia 2.5.1992, e distribuído juntamente com o jornal *Expresso*.

[552] A tarefa que neste momento empreendemos não visa, é preciso que fique claro, obter uma definição geral e global de franquia, juridicamente relevante. Também porque sempre esbarraríamos com o facto de, na prática económica e jurídica, não haver ainda uma convicção firme sobre o que é a franquia. Daí que a nossa preocupação seja a de

Sem cedermos à tentação (apesar de tudo deslocada) de proceder a uma análise da estrutura deste negócio, não podemos deixar de identificar a realidade que temos perante nós, a qual coloca problemas próprios de que curaremos mais adiante, ao analisarmos os efeitos que intercedem entre as regras de concorrência e este contrato.

E um outro apontamento metodológico devemos desde já fazer. É o de que é prevalentemente nesta feição restritiva da concorrência que os ordenamentos jurídicos se «preocupam» com a disciplina da franquia, facto por demais evidente no que ao direito comunitário respeita[553].

Ainda assim, a determinação do conteúdo típico do contrato pode ser importante para encontrar o regime do contrato, o que, no nosso caso, significa não só responder à pergunta: quando é que um determinado contrato deverá ficar sujeito à disciplina jusconcorrencial comunitária da franquia?, mas também perceber que, na falta de uma noção jurídico-positiva geral de franquia, há que procurar os indícios de uma eventual tipicidade[554].

---

procurar o *tipo*, ainda que *social*, para poder conferir alguma certeza na determinação do regime concreto que face às normas de concorrência é possível esperar para este contrato. Parafraseando um conhecido comercialista italiano, e apesar da natureza deste trabalho, o nosso espírito não é o de desenvolver uma pura *especulação* académica (*tot sunt sententia quot capita*), que nos condenaria ao suplício de Sísifo; mas também não é o de procurar soluções *fáceis*, que são ilusórias (por exemplo, dizer-se que só é *franchising* o que o regulamento comunitário define como tal).

[553] Nem todas as normas que os legisladores emitem, sejam eles os Estados ou Organizações Internacionais como a Comunidade Europeia, têm na sua base preocupações estritas de defesa da concorrência. Pelo menos em certos aspectos ligados com deveres de informação vislumbramos manifestações de tutela da lealdade no comércio – vide, a propósito, o excelente artigo de J. W. Burns (pp. 597-651) sobre as múltiplas perspectivas de protecção da franquia norte-americana, demonstrando que em muitas das intervenções normativas não se encontram presentes as preocupações dominantes no raciocínio jus-concorrencial (em especial, pág. 621).

No que respeita ao direito comunitário, ao contrário do que se pense, não se trata de um ponto indiscutido. Se, como diz Aldo Frignani – «Franchising: la comissione C.E.E. detta le nuove regole», pág. 623 –, «il regolamento vede il fenomeno solo sotto l'aspetto delle restrizioni di concorrenza», esta asserção não é de todo pacífica. Segundo Olivier Gast, «la Commission avait souhaité aller au-delà du pur problème de concurrence, en appréhendant de façon globale la notion de Franchise» (pág. 63).

[554] Nos quadros da liberdade contratual, é tradicional a classificação que, quanto à *atipicidade*, faz Franceschelli, distinguindo nos negócios atípicos uma atipicidade em sentido lato e em sentido estrito. Os *negócios atípicos em sentido amplo* são aqueles «compostos por partes que encontram a sua disciplina na lei, mas de que não foi prevista

Mesmo perante esta questão, a resposta pode não ser unívoca. É que a franquia não se oferece apenas enquanto «tipo normal»[555], mas também enquanto *tipo social*[556] e mesmo, segundo parte da doutrina, enquanto *tipo legal*. Por nós, começaremos por tentar demonstrar que há um contrato de *franchising* que, no direito dos países da União Europeia, se oferece como típico. Socialmente e talvez mesmo juridicamente[557].

A procura do conteúdo do contrato, dos seus elementos típicos, e mais ainda, do seu conceito, leva-nos a pôr o problema geral da tipicidade dos contratos, embora a atipicidade de um contrato não seja um problema para a sua afirmação no mundo do direito e dos negócios. Em matéria contratual, vale o princípio da liberdade contratual, consagrado, entre nós,

---

pelo legislador a combinação num novo tipo negocial», correspondendo à categoria dos contratos mistos. Os *negócios atípicos em sentido estrito*, por sua vez, são «aqueles cujo fim é absolutamente novo e não reconduzível a fins ou elementos legais» (FRANCESCHELLI, *Natura giuridica della compravendita con esclusiva*, 1939, apud Mª HELENA BRITO, pp. 148 ss.). De notar que Mª H. BRITO apenas se pronuncia quanto ao contrato de concessão comercial, o qual não considera como contrato atípico. Neste sentido, diz claramente (na pág. 152) que «a tipicidade contratual não resulta apenas da regulamentação legal de tipos contratuais. Ao lado da 'tipicidade legal' tem de admitir-se uma 'tipicidade social'; não pode concluir-se que o que não é legalmente típico é necessariamente atípico». Sobre a distinção entre «tipicidade social» e «tipicidade legislativa», as referências de F. MESSINEO (pág. 95) e ENZO ROPPO, pág. 134.

[555] Entendido no sentido utilizado, entre nós, por Mª HELENA BRITO. Para esta autora, a pertença de um contrato «ao *tipo* deve decidir-se, não pela subsunção no conceito legal, mas pela recondução ao 'tipo normal'. Deste método pode resultar que um caso concreto seja subtraído à disciplina legal, embora apresente as características definidas na definição legal, se se concluir que esse caso não corresponde ao 'tipo normal' que serviu de modelo à regulamentação» e vice-versa, reconduzindo o método tipológico à busca do regime referenciada a este «tipo normal» (pág. 163).

[556] Seria até possível ir, com FERREIRA DE ALMEIDA, afirmando que toda a tipicidade negocial é tipicidade social, sendo os tipos sociais legais uma subclasse dos tipos sociais. No entanto, por muito que a construção nos seduza e tente, o nosso propósito não é revelar novos caminhos, antes apreender a específica realidade do *subtipo negocial* que, nesta perspectiva, nos parece ser a franquia de distribuição (e de serviços) – *vide* FERREIRA DE ALMEIDA, pág. 410 e segs. Afirmando contudo que «os subtipos não se subsumem dentro dos tipos», PAIS DE VASCONCELOS, pp. 37 e 65 e segs.

[557] Com diz Mª HELENA BRITO (pág. 166), a recondução de um concreto contrato a um tipo legal implica a «aplicação, ao caso concreto, de um maior ou menor número de cláusulas que constituem a disciplina do tipo legal em causa». O problema é, diremos nós, o de saber se existe um tipo legal deste nosso contrato, deste nosso «tipo corrente», tarefa a que, no final deste trabalho, um pouco em jeito de conclusão complementar, tentaremos dedicar duas ou três páginas – *infra*, pp. 423 e segs.

no artigo 405º do Código Civil[558], segundo o qual as partes gozam da liberdade de modelar o conteúdo dos contratos, celebrando contratos previstos e regulados na lei, combinando entre si vários contratos legalmente regulamentados, ou incluindo cláusulas completamente diferentes das previstas na lei. Finalmente, podem celebrar contratos totalmente atípicos, quer dizer, irreconduzíveis a qualquer tipo definido na lei[559].

Num visão simplista, no dizer de Mª HELENA BRITO[560], a fronteira entre uns e outros (contratos atípicos e contratos típicos) era pois linear e referida ao específico ordenamento jurídico em que são celebrados. Ou encontravam a sua disciplina na lei e eram contratos típicos (*tipos legais*); ou não tinham recepção na lei e eram contratos atípicos[561].

---

[558] Princípio que vale também no contexto do comércio internacional – assim o artigo 1.1 dos princípios UNIDROIT (pág. 7).

[559] Aqueles para para os quais o ordenamento jurídico «*não predispôs* uma disciplina jurídica *particular*», constituindo «a *extrema concessão* que o ordenamento jurídico faz à *autonomia privada*» – MESSINEO, pág. 98.

[560] Pág. 156.

[561] Numa primeira aproximação, a nota definidora da tipicidade ou atipicidade de um contrato é dada, pois, pela sua previsão na lei, sendo *típicos* ou *nominados* aqueles contratos que têm a sua disciplina definida na lei, que estão «incluídos no *catálogo* da lei» (ANTUNES VARELA, pág. 263), e atípicos os que adoptam «fórmulas (...) consagradas pelos usos ou pela prática» (GALVÃO TELLES, pág. 58) ou, como esclarece ALMEIDA COSTA (pág. 173, nota 3), «os contratos dizem-se *nominados* ou *inominados*, se têm ou não uma designação legal específica». Como veremos, para nós pode haver uma distinção essencial entre um contrato nominado e um contrato legalmente típico. É que só será *típico*, neste sentido, o contrato que tenha a sua disciplina prevista e regulada, de modo completo, ainda que não exaustivo (o que seria igualmente impossível: *natura conditum est ut plura sint negotia quam vocabula*), na lei.

Já F. MESSINEO («Il contratto in genere», in *Trattato di diritto civile commerciale*, dir. da Cicu e Messineo, Milano, 1973, vol. XXI, t. I, pág. 120, notas 93-94, *apud* PERFETTI, pág. 30, nota 1) tem uma visão diferente sobre o assunto. Para este autor, o conceito de tipicidade social não faria sentido, dado ser o conceito de *tipicidade* um princípio técnico-jurídico preciso, perante o qual não teria relevância a noção de tipicidade social. Consequentemente, nega também a distinção entre contratos *típicos* e contratos *nominados*. Porque o facto de um contrato ter nome não implicaria que tivesse um regime e, por isso, manter-se-ia atípico (legalmente) – F. MESSINEO (pág. 98), concepção de algum modo reflectida por JORDANO (*Los contratos atípicos*, *apud* GALLEGO SANCHEZ, pág. 60, nota 138) e entre nós, mesmo por ORLANDO DE CARVALHO («Negócio jurídico indirecto», *cit.*, pág. 14: «os negócios não descritos na lei só têm, em regra, existência concreta, e, até nos casos raros em que conseguem atingir uma certa esteriotipação, de tipicidade só pode falar-se em sentido translato»; cfr. no entanto, pág. 68, que merece igualmente ser reproduzida: «quando se diz que um negócio é típico, supõe-se a existência de um *tipo*, dum molde definido, onde venha a enquadrar-se o acordo factual

Parte II – Da Comunitarização da Franquia

Mas ainda assim não ficava reduzida a questão a uma divisão puramente formal, enquanto se mostrava indispensável procurar critérios de regulação substancial dos contratos atípicos, no sentido legal e estrito do termo. E foi este esforço que, no essencial, acabou por induzir a doutrina a criar o conceito de tipicidade social e a procurar os elementos de uma homóloga tipicidade jurídica[562]. Embora reconhecendo-se que nem sempre o critério dessa tipicidade foi o mesmo[563], ainda quando visasse o mesmo propósito.

---

submetido à apreciação do intérprete.(...) embora não esteja ilidida a possibilidade de se criar uma rotina e mesmo até uma interpretação e uma jurisprudência»). No entanto, se um tipo não jurídico (chame-se ou não *social*) não será normativo-positivamente plasmado, tal não implica que seja totalmente irrelevante, pelo menos como referente interpretativo e valorativo das tarefas da *constituição* do direito (*v.g.*, por último, FERREIRA DE ALMEIDA, pág. 1072). No sentido da distinção por nós efectuada, *vide* também FRIGNANI («Contributo ad una ricerca», *cit.*, pág. 3056), o qual, referindo-se ao contrato de licença de marca, refere que «se a figura esculpida pelo legislador *não* apresenta contornos suficientes para ser um *contrato típico*, não se pode desconhecer que o embrião de disciplina *impede que se possa falar de um contrato inominado*» (os sublinhados são nossos). Nem sempre, no entanto, a doutrina jurídica assume esta distinção, entre contratos nominados e contratos típicos. BAUDOUIN (Les obligations, Cowansville, Éds. Yvon Blais Inc., 1983, pág. 46, nota 30, *apud* MATHIEU, pp. 75-76), por exemplo, diz: «Os contratos nominados (nommés) são aqueles que são definidos e regulamentados pelo próprio Código. Os contratos inominados, pelo contrário, são são aqueles de que a lei não fala (*ne parle point*)», considerando a franquia como um contrato deste último tipo.

[562] Segundo ROPPO (pág. 133), «o tipo contratual corresponde a um género de operação económica (...) As operações económicas mais importantes ou mais difundidas (...) são tomadas em consideração pela lei que dita para cada uma delas um complexo de regras particulares: os tipos de contratos que lhes correspondem dizem-se então "tipos legais", justamente porque expressamente previstos, definidos e disciplinados pelo legislador». Ao invés, os sujeitos de direito podem servir-se «de esquemas contratuais não correspondentes aos tipos definidos e qualificados, em sede legislativa (chamados por esta razão contratos atípicos ou inominados)» (pág. 134). Ainda sobre a denominação mais correcta e o sentido da distinção, VAZ SERRA, pág. 146.

[563] Em termos gerais, sobre o que diremos, *v.g.* ORLANDO DE CARVALHO («Negócio jurídico indirecto», *cit.*, pp. 80 e segs.). Num primeiro momento, o critério foi o do tentar reconduzir todos os contratos a um tipo legal, embora muitas vezes isso só fosse possível *forçando a mão*. Era o que acontecia sobretudo na doutrina italiana – sempre preocupada com a tipicização de todos os contratos, talvez devido à insuficiência do regime dos contratos mistos, excessivamente dominado pela teoria da absorção, na determinação do concreto regime dos contratos – embora sem grandes resultados, como salienta GABRIELA FIGUEIREDO DIAS – pág. 57 –, ao referir o contexto em que DE NOVA criou o seu *método tipológico*.

Mas cedo esta concepção foi sendo superada. Reconheceu-se a importância do *tipo*, enquanto elemento que, por um lado, possibilita a correcta classificação das diversas

E o resultado atingido, útil ou não, acaba por identificar os traços distintivos do tipo com os elementos essenciais ao *tipo*, no sentido dos elementos cuja não verificação obriga a questionar sobre se o contrato se deve ou não qualificar como pertencendo àquele tipo, a outro tipo, ou ainda como contrato atípico.

modalidades contratuais e, por outro, permite determinar o regime contratual (DE NOVA, *Il tipo contrattuale*, pág. 156), embora as vias a partir daqui seguidas nem sempre fossem as mesmas.

Assim, certa doutrina procurou encontrar um elemento «idóneo a caracterizar todos os tipos», melhor dizendo, apta a distingui-los entre si. Tal elemento foi encontrado «na necessidade social a que o contrato responde» o que, no fundo, equivaleu, em primeiro lugar, à identificação entre tipo e causa do negócio – causa esta entendida como causa--função – embora, com o desenvolvimento da concepção que identificava o tipo pelo conteúdo da sua prestação principal, a causa acabasse por confundir-se com a prestação típica do contrato, definindo-se como a síntese dos efeitos jurídicos essenciais (assim expressamente em ASQUINI, DE GENNARO e PUGLIATI, *apud* DE NOVA, *Il tipo contrattuale*, pp. 61-62) e, concomitantemente, se substituísse o elenco tradicional das causas por um elenco indeterminado de causas, cada uma identificativa de um tipo. Se, num determinado contrato, pela análise dos seus elementos, dos interesses das partes contratantes, se conclui que as partes tiveram em vista um determinado fim económico-social, uma determinada *causa concreta*, então é o regime jurídico aplicável aos contratos que realizam a mesma ou semelhante função económico-social que deve ser aplicado *in casu* [e isto compreendia-se, num ordenamento jurídico como o italiano, onde, face às disposições do *Codice Civile* de 1942, o conceito de *causa* assumia uma importância crucial na determinação da tipicidade contratual, dado ser – para efeitos de aplicação do disposto nos artigos 1322º e 1343º do *Codice* – maioritário o entendimento segundo o qual a única causa a que o *codice civile* faz referência é a causa concreta, enquanto elemento essencial para todo e qualquer contrato (1325º, 2)). Causa concreta que é definida como a função económica que o contrato exprime e que deve ser valorada, em termos de juízo de licitude (1343º) – assim, G. B. FERRI, «Tipicità negoziale e interessi meritevoli di tutela», *cit.*, pág. 348. Sobre os termos da relação entre *causa* e *tipo*, DE NOVA, *cit.*, pág. 60 ss., nomeadamente afirmando ter contribuído a tentativa de encontrar o elemento caracterizante do tipo para o desenvolvimento das modalidades de concepção objectiva de causa. No entanto, este Autor distingue claramente entre causa e tipo, ao contrário de outros Autores aí referidos, que confundem os conceitos ou, pelo menos, afirmam a causa como critério do tipo – assim, na doutrina italiana mais antiga, ARCANGELI, *apud* DE NOVA, *cit.*, pág. 61. Em suma, esta concepção, bastante recorrente, não é aceitável, entre outros argumentos, porque vários contratos há que desempenham a mesma função económica e social, embora muitas vezes tenham um tratamento jurídico diferenciado.

Já outros procuravam identificar o tipo com as normas imperativas de um dado contrato típico. No entanto, cedo se compreendeu que nem todas «as normas inderrogáveis contribuem para configurar o tipo», levando à procura dos dados caracterizantes e, deste modo, «descaracterizando» o próprio argumento. Como se podia ainda ler em DE NOVA (*Il tipo contrattuale*, pp. 65-66), «nem todas as normas da disciplina legal do

Esta afirmação corresponde ao estabelecimento de um domínio material de coincidência entre *tipo* e *conceito*[564]. Os elementos constitutivos do conceito pertencem, por definição, também ao tipo. Mas o tipo,

---

contrato traduzem elementos essenciais do tipo, nem todas as normas que traduzem elementos essenciais do tipo são imperativas». Esta assimilação só podia assentar num «equívoco terminológico sobre o significado de inderrogabilidade», porque «as normas que descrevem o tipo não são nem imperativas nem dispositivas». A nulidade sequente à ausência de respeito por uma norma imperativa, prevista na nossa lei (art. 294º do Cód. Civil), nem sempre transforma o contrato num *aliud genus*. Daremos só um exemplo, primário. Pensemos num qualquer contrato, para cuja validade a lei exija forma (veremos, por ex., quanto à franquia). A falta de forma, conduzindo à nulidade do contrato (art. 220º), não significou qualquer alteração qualitativa da natureza do negócio. Antes e independentemente da questão formal, estamos sempre perante um contrato de franquia, de compra e venda ou de arrendamento. O que não impede que tal possa suceder, através da verificação dos pressupostos de que depende a operatividade das normas que actuam o princípio da conservação dos negócios jurídicos (*vide* arts. 292º e 293º Código civil). O mesmo se passa no plano comunitário.

Outro caminho conduziu à identificação do tipo com a tradicional classificação dos elementos dos negócios jurídicos: elementos essenciais, naturais ou acidentais. Os elementos do tipo seriam os elementos essenciais do contrato. Para lá das ambiguidades reveladas nos vários sentidos possíveis da referência aos elementos essenciais dos negócios jurídicos (além de empregue para identificar os elementos que preenchem o *conceito* de um determinado negócio – *infra* –, esta categoria também se utiliza com o significado de elementos necessários à validade de um contrato, quer entendido como categoria geral, quer como conceito referido a um determinado e específico contrato – MANUEL DE ANDRADE, *Teoria geral da Relação Jurídica*, pp. 33 e segs; e DE NOVA, *Il tipo contrattuale*, pp. 68 e segs.), esta tese também não pode vingar totalmente, pelo menos quando a essencialidade resulte da sua presença nos «traços informativos do tipo». É que a mesma tautologia que vimos afectar outros critérios perturba também este: citando ARCANGELI, nas palavras que escreveu há já quase um século (1903, *Rev. Dir. Com.*, pág. 81), «um elemento será essencial ou não segundo a configuração que se dá ao tipo».

O que nos leva a concluir, como aliás faz DE NOVA, pela impossibilidade de encontrar um único elemento distintivo para o tipo (DE NOVA, *Il tipo contrattuale*, pág. 71). Para lá dos vários tipos nem sempre serem descritos pelo legislador utilizando o mesmo critério, tal afigura-se especialmente delicado quando se encarem contratos nascidos e viventes apenas de acordo com as regras gerais decorrentes da aceitação da atipicidade (liberdade) contratual. Mais do que isso, há tipos, como acontece com o nosso, que resultam de uma *combinação original* de elementos próprios de outros tipos contratuais, muitos deles nem sequer *juridicamente tipicizados* (*v.g.*, entre nós, quanto à franquia, PEREIRA BARROCAS, pág. 131).

[564] Não pretendemos confundir tipo com conceito, ao aceitarmos esta afirmação de DE NOVA (*Il tipo contrattuale*, pág. 78). Como o Autor afirma, trata-se de um «diagnóstico diferencial», até porque tipo e conceito operam em níveis diferentes. No entanto,

pressupondo-os necessariamente, não se esgota neles. É mais geral e intuitivo[565], englobando elementos que não pertencem já ao conceito.

Assim, a categoria abstracta do tipo opõe-se à do conceito. Traduzem realidades diferentes. O *conceito* traduz aquilo que nós designamos como os elementos essenciais do contrato – aqueles cuja presença se tem

---

podem o tipo e o conceito ser homónimos, referindo-se à mesma realidade. Ainda aqui, como acontece no texto, o conteúdo é diverso. O conceito tem menos pressupostos do que o tipo, compreendendo um âmbito mais vasto – PAIS DE VASCONCELOS, pág. 25 e 41-46.

A conceituação do que seja o contrato de franquia (ou qualquer outro), impõe um esforço mais intenso porquanto, como acentua justamente ANDRADE MESQUITA (pág. 203, nota 6), no seguimento da doutrina exposta por KARL LARENZ, implica a «cristalização do tipo-aberto num tipo-fechado».

LARENZ distingue claramente entre 'conceito' e 'tipo': «Só se pode falar de um conceito em sentido estrito quando for possível defini-lo claramente, mediante a indicação exaustiva de todas as notas distintivas que o caracterizam» (pág. 255). Nem sempre uma definição legal corresponde a um «conceito». «Às vezes trata-se da indicação de um *tipo,* que descrevemos, esclarecemos e assim tornamos aplicável, mas que não podemos definir através da indicação de algumas notas já estabelecidas, que ocorrem em todos os casos e que são também suficientes» (pág. 257). Um determinado e concreto contrato preenche um conceito «'só quando e sempre que' se possam nele encontrar o conjunto das notas características da definição. Esta proposição não vale para o tipo. As notas características indicadas na descrição do tipo não precisam, pelo menos algumas delas, de estar todas presentes (...).Trata-se antes de saber se as notas características tidas como «típicas» estão presentes em tamanho, grau e intensidade que a situação de facto «no seu todo» corresponda à imagem fenoménica do tipo. O tipo não se define, descreve-se», numa concepção que BEDUSCHI (pág. 358) reconhece permanecer ainda no discurso tipológico dos juristas (a de que «il tipo avrebbe un carattere fondamentalmente "rappresentativo" e come tale suscettibile di descrizione, ma non di definizione»). Sobre o discurso tipológico e o conceitualismo, na doutrina portuguesa, ORLANDO DE CARVALHO, *Critério e estrutura do estabelecimento comercial, cit.,* pp. 818 segs, 838-841, embora o nosso tipo radique num referencial normativo que exclui os perigos de uma pura redução a «norma de preferência», a uma contrária afirmação de uma «natureza das coisas» ou a um ontologismo *a outrance.* Sobre tipos abertos e fechados, entre nós, *vide* OLIVEIRA ASCENSÃO, citado em PAIS DE VASCONCELOS, pp. 39-40 e 56.

[565] Esta visão intuitiva do tipo, que G. FIGUEIREDO DIAS (pp. 54 ss.) aponta ao método tipológico formulado por DE NOVA na sua obra de 1990, *Nuovi contratti,* estava já presente em 1974, na obra *Il tipo...,* quando afirma que, no processo de construção do tipo, «a intuição joga um papel determinante. Os dados característicos vêm evidenciados em função de um quadro complexo cultivado através da intuição, renunciando à pretensão de que estejam todos presentes em todos os elementos do grupo», formando uma imagem de um «complexo intuitivo» (pp. 126).

O tipo em sentido técnico é *aberto.* No dizer de DE NOVA, *cit.,* pág. 128, é um complexo de características elástico, um conjunto de dados individualizados que não têm

de verificar, sob pena de desqualificação do contrato[566]. Já na linguagem tipológica, o *tipo* é diferentemente construído[567].

Tal como construído por DE NOVA, «o *método* tipológico, graças à gradualidade característica do tipo, permite construir, entre os pólos extremos representados pelos contratos nominados, toda uma série de hipóteses intermédias, e de estabelecer para elas uma disciplina congruente»[568] (o sublinhado é nosso).

A tipicidade social de um contrato é determinada em atenção a dois elementos fundamentais: a reiteração na prática negocial de um dado programa contratual e a função económico-social que as partes visam realizar[569]. Perante estes elementos, a ordem jurídica constitui «tipos fechados» (conceitos) ou pode limitar-se a aceitar, algo passivamente e à luz do princípio da autonomia privada, o «tipo aberto». Em ambos os casos, o

---

de estar sempre presentes, sem que a ausência de algum (alguns) provoque a não pertença ao tipo. É *graduável*, cobrindo uma gama de fenómenos cujas fronteiras nem sempre são claras. É dotado de *organicidade* e *significatividade,* porque os dados tipicizantes não vêm meramente somados, mas *reconduzidos a uma estrutura unitária.* E, finalmente, é *expressivo,* porque os dados caracterizantes são numerosos...

[566] Trata-se aqui dos elementos essenciais ou necessários para delimitar uma dada figura negocial, na acepção de que falava entre nós, com a sua proverbial clareza, o Prof. MANUEL DE ANDRADE: «são as cláusulas ou estipulações negociais (contidas na respectiva declaração ou declarações de vontade) que o caracterizam ou contradistinguem, que o estremam em face dos restantes – *maxime* em face dos tipos vizinhos; são as notas específicas do conceito de cada uma dessas particulares figuras de negócios jurídicos» – *Teoria geral da relação jurídica,* pág. 34.

[567] Vide Mª HELENA BRITO, pág. 159 e segs. Sobre a influência da «doutrina dos elementos dos contratos» sobre o método tipológico, PAIS DE VASCONCELOS, pp. 80-82 e 84.

[568] DE NOVA, *Il tipo contrattuale*, pp. 151 ss.

[569] No que supomos, a aceitarmos o elenco de funções económico-sociais (quatro) que nos oferece a actual doutrina jurídica portuguesa, nomeadamente FERREIRA DE ALMEIDA (pp. 388, 400, 407, 496 e segs, em especial, 520-521), a igual consideração da insuficiência da função económico-social *pura* para identificar um concreto *tipo funcional*: a franquia. Questão que, no domínio jurídico em que nos encontramos, supõe que se tomem em atenção, ao curar do regime comunitário, a adequação de uma diversidade de regimes entre a franquia e os contratos próximos (designadamente, os restantes contratos de distribuição), para ver se a identidade de regimes se (não) justifica. Diga-se desde já que, se por função económico-social da franquia se entendesse a «distribuição de produtos», igualmente faltaria uma diversidade face às figuras próximas. No que ao resto toca, é também certo que muitas outras vias podíamos seguir, mas assumidamente não entraremos noutro tipo de questões, para não adulterar os nossos propósitos e objectivos, pelo que o enquadramento tipológico surge como mero quadro (acidental, diríamos: acessório) de referência.

ponto de partida, para o intérprete do direito, é sempre um *tipo normal*, nomeadamente quando haja de completar o regime do contrato, na ausência de norma supletiva ou de elementos extraídos do conteúdo das declarações de vontade das partes.

No que respeita à franquia, não nos interessa justificar a razão de ser da presença na sua configuração típica ou, porque não? definitória, de todos e cada um dos seus elementos constitutivos. Sempre se dirá que a franquia teve a sua origem na vida económica internacional, num processo gestativo profundamente marcado por uma modelação jurisgénica de cariz eminentemente privatístico. A nós cabe-nos apenas traduzir e compreender juridicamente o que a vida económica e comercial gerou, e os órgãos comunitários positivaram. Nesta perspectiva, o nosso ponto de partida, porventura discutível, não prescinde da essencial consideração da prática negocial e da forma como os vários ordenamentos jurídicos têm encarado este contrato. É portanto arrancando dos conteúdos *socialmente típicos* deste contrato que vamos partir para a descoberta dos seus «conteúdos constantes e recorrentes»[570], na sua essencial consideração comunitária[571].

Ficou dito, quando nos referimos à formação histórica do contrato, que sob a designação de franquia se podiam vislumbrar (e confundir) várias figuras negociais materialmente distintas, como os acordos de distribuição exclusiva e de distribuição selectiva[572]. Esta amplitude material que a franquia abarcou (a que nos referiremos adiante, ao tratarmos – embora superficial e sucintamente – da qualificação do contrato), reflexo da sua origem, conduziu a que se procurasse distinguir entre duas essenciais modalidades de franquia: a de tipo americano e a de tipo europeu.

A primeira, o *franchising* «à americana» seria, no plano jurídico, uma forma de concessão de licença comercial e, no plano económico,

---

[570] ALPA, pág. 445.

[571] Encaramos pois o tipo essencialmente enquanto «modelo ou operador mental» que nos permitirá definir (bem ou mal) o objecto de que cuidamos, e isto independentemente do valor jurídico-dogmático que aos elementos de um *tipo* assim reconhecido se deva atribuir. Por isso, só no final poderemos tentar formular uma ideia mais específica sobre a relevância *deste* tipo e do outro, o comunitário (enquanto tipos sociais, não autênticos, não positivos), para uma afirmação potencial de uma tipicidade legal em sentido estrito, *rectius*, uma tipicidade negocial.

[572] DEMARET, referindo-se à concepção ampla de *franchising* nos EUA, recorda mesmo que a rede *Sylvania*, que deu origem ao importante acórdão de 1977 do *Supreme Court*, seria, na Europa, qualificado como contrato de distribuição selectiva («Selective distribution and EEC law», *cit.*, pág. 150).

uma forma de *engineering* de uma ideia[573], enquanto o seu equivalente europeu corresponderia, nos seus traços mais largos, à concessão comercial[574] em sentido próprio[575].

Daí que GUYÉNOT, quando se refira ao modo como na Europa se desenvolveu esta figura, saliente não ter havido um processo de *recepção automática* (de «imitação»: pág. 283) do modelo americano, mas sim de *adaptação* de uma figura existente a uma nova realidade.

A realidade actual desmente categoricamente, em muitos pontos, o diagnóstico e as perspectivas deste autor, mostrando que os termos da questão devem ser colocados de forma bem diversa. Se é certo que o

---

[573] Assim se exprime, expressamente, GUYÉNOT (pp. 280 ss.), para quem esta modalidade de *franchising* poderia ser definida como «a *concessão de uma marca de produtos ou de serviços*, à qual se acrescenta a concessão do conjunto de métodos e meios aptos a permitir à empresa concessionária assegurar a exploração racional da concessão, e gerir o seu estabelecimento comercial que a suporta, nas melhores condições de rentabilidade para ela própria e para o concedente» (o itálico não é nosso). Da noção dada vislumbramos já aquilo que parece ser, no entendimento de GUYÉNOT, a essência da franquia *americana*: um contrato misto de licença de marca, *engineering*, de *marketing* e de *Know-how* (entendidos estes como o conjunto de «meios de comercializar o produto ou serviço», *idem*, pág. 280), incluindo obrigações de ambas as partes (sobre estas, por ex., PETERS/SCHNEIDER, pág. 165).

[574] Assim GUYÉNOT, pág. 282.

[575] Esta distinção não é exactamente coincidente com perspectivas mais modernas deste contrato. Por um lado, a franquia de tipo americano por este A. descrita tem mais afinidades com a nossa concepção europeia (melhor diremos, comunitária) do contrato, enquanto a liga à ideia fundamental de que a franquia é um modelo de exploração de uma ideia comercial ou enquanto faz incluir como elemento essencial do contrato a existência de uma retribuição a cargo do franqueado, originalidade que contribui para autonomizar a franquia face a outros contratos comerciais. Sobre este ponto, é curioso salientar que a ausência deste elemento, exigido aliás pelo Regulamento comunitário da franquia (art. 1º, nº 3 b) do regulamento CE nº 4087/88), é *um* dos argumentos que tem sido utilizado por sectores significativos da doutrina e da jurisprudência para desqualificar os contratos entre a sociedade italiana *Benetton* s.p.a. e os seus revendedores enquanto contratos de franquia (sobre este ponto, *infra* a nota 754). Por outro lado, cada vez mais no espaço europeu a franquia deixou de *vestir as roupas* que lhe eram destinadas por esta concepção *dualista*. A *moda* mudou, e com ela veio a criação (no espaço europeu) de um *novo* paradigma contratual, cada vez mais construído, por assim dizer, *à americana*.

Uma das coisas que podemos censurar à obra de ADAMS/PRICHARD JONES (em especial, pp. 42 e segs.), escrita em 1987, é a de não terem ultrapassado a concepção ampla de franquia, abrangendo no seu âmbito, pelo menos é o que vai transparecendo ao longo da obra, todas as figuras a que a doutrina jurídica e os agentes económicos reservam uma significação diferenciada.

franchising ganhou, nos últimos decénios, *foros de cidadania* no espaço comunitário, tal não significa que se tenha assumido como uma forma de concessão comercial, nem sequer como uma *mera justaposição* de variadas figuras contratuais permitida e regulada pelo princípio-mestre da liberdade contratual[576].

A franquia tem um conteúdo jurídico e económico próprio, não se identificando nem confundindo com qualquer outra figura contratual[577]. E se isto é assim numa visão geral, mais acentuado se torna na perspectiva da regulamentação jusconcorrencial comunitária[578].

O contrato de franquia, no nosso sistema jurídico comunitário, não corresponde ao modelo que se designou por *franchising «à europeia»*. Mas não corresponde também a um puro modelo de *franchising «à americana»*. Até porque, mesmo nos EUA, a figura abarca várias modalidades distintas[579].

---

[576] O que não impede que reconheçamos que este é um «contrato composto de contratos» – BIAMONTI/ROVERATI, pág. 329. *V.g.* o que em 1952 escreveu ORLANDO DE CARVALHO, «Negócio jurídico indirecto», *cit.*, pág. 78 e segs.

[577] Cfr., por ex., as concepções de GUYÉNOT. Tal visão restritiva é a que, na nossa opinião, melhor se conforma com uma correcta visão jurídica de diversas relações contratuais que, a par de múltiplos pontos comuns, conhecem diferenças de conteúdo que poderão justificar uma diversidade de regimes. Uma visão extensiva, abrangente, da franquia, constitui algo em que não acreditamos. Científica e metodologicamente.

Francamente, não procedendo, intencionalmente, a uma análise de cada uma das formas contratuais que apresentam pontos de contacto com o *franchising*, seria pretensão oca pretender aplicar a todas formas de distribuição comercial, à concessão comercial, aos contratos de cedência da utilização de sinais distintivos do comércio, aos contratos de distribuição exclusiva e de distribuição selectiva, enfim, a uma multiplicidade enorme de contratos, o regime que se mostre mais adequado para a franquia. Pode haver, e muitas vezes há, diferenças, nomeadamente ao nível da existência ou não de indemnizações pós-contratuais (indemnizações de clientela ou não), da aceitabilidade ou não de cláusulas de não-concorrência para o período posterior à cessação do contrato, etc. O que não implica uma rejeição de uma fundamental aproximação de regimes, quando se repare nas soluções derivadas do direito comunitário da concorrência (*v.g.* DEMARET, «Selective distribution and EEC law», *cit.*, pág. 151) – a isto voltaremos, na Parte III.

Em segundo lugar, porque a franquia de que aqui nos vamos ocupar é apenas a franquia enquanto objecto das normas de concorrência comunitárias. E, para este efeito, apesar das suas próprias limitações, que nos impõem, como veremos, uma impossibilidade de nos limitarmos a descrever o *dado* jurídico, o tipo jurídico, nas suas modalidades mais significativas, a franquia encontra regulamentação normativa e doutrinal particularmente exigente na determinação dos contornos da figura.

[578] E, acrescente-se desde já, espanhola.

[579] Só na doutrina portuguesa encontramos referências ao *package franchising* e ao *product franchise* (CARLOS OLAVO, «O contrato de "franchising"», pág. 163; ISABEL

O *tipo* comunitário do contrato envolve – independentemente do juízo de mérito que se faça sobre a pertinência de um tal esforço classificatório –, entre outros, como seus elementos, a cedência pelo franqueador ao franqueado da marca, do nome do estabelecimento, de insígnias, patentes, outros direitos de propriedade intelectual e industrial, de saber--fazer (*know-how*), de *marketing*, a retribuição por parte do franqueado (a título de *entry fee* e de *royalties*), a fiscalização da actuação do franqueado por parte do franqueador, a independência jurídica e económica entre ambos, a existência de obrigações de exclusividade territorial e de aprovisionamento, a assistência técnica e comercial do franqueador ao franqueado. Tudo elementos que podem ser utilizados para reproduzir uma imagem uniforme da empresa do franqueador[580].

ALEXANDRE, pág. 350), ao *business format franchising* e ao *product distribution franchising* (ou *traditional franchising* – MENEZES CORDEIRO, pág. 69, n. 16, ou NUNO RUIZ, *O «franchising»: introdução à franquia internacional*, pág. 12-13). A elas voltaremos. Claro que, dado que o *franchising* é tratado nos EUA como categoria geral envolvendo várias figuras, nem todas estas modalidades correspondem ao *franchising em sentido próprio*, antes cobrindo todo o campo dos contratos de distribuição – assim, PERFETTI, pág. 34, nota 11. Paradigmáticos são, neste ponto, o artigo de J. W. BURNS (pág. 617, e nota 87, com amplas indicações bibliográficas), que ao referir-se a «transacções verticais», imediatamente se «liga» ao *franchising;* ou, ainda, o *California Franchise Investment Law*, de 1970, a que nos referiremos adiante, que expressamente inclui na sua previsão normativa, como contratos de 'franchise', os acordos entre empresas petrolíferas ou distribuidores e as estações de serviço (*gasoline dealers*) (art. 31005. (B), *apud* PETERS/SCHNEIDER, pág. 169).

E não só nos EUA. Por exemplo, pelo que pudemos perceber (TOLLEMACHE), também na Austrália e na Nova Zelândia há uma visão ampla de franquia, que nela engloba, pelo menos, a distribuição exclusiva. Daí que não revista grande interesse a indagação do que nestes países se entende por *franchising* – neste sentido, MARTINEK (*Franchising*, Heidelberg, 1987, pág. 181, e *Moderne Vertragstypen B. II: Franchising, Know-how-Verträge, Management- und Consultingverträge*, München, 1992, pág. 41) –, para lá de claramente transcender o objecto desta dissertação.

A ideia de que, no espaço europeu e comunitário, a franquia é uma figura mais restrita do que o *franchising* norte-americano é hoje aceite pela generalidade dos operadores económicos e jurídicos. COCKBORNE (pág. 191) também acentua cobrir o conteúdo do *franchising*, nos EUA, contratos que no espaço europeu têm autonomia dogmática, como é o caso dos contratos de concessão automóvel, os quais, no espaço especificamente comunitário, são tratados como acordos de distribuição exclusiva ou selectiva, sujeitos, se tiverem *dimensão comunitária*, às regras comunitárias da concorrência, *maxime* o regulamento nº 1475/95, de 28.6.95, que substituiu o regulamento (CEE) nº 123/85, de 12.12.1984. Assim também PETERS/SCHNEIDER (pág. 163), ao referirem-se aos números da franquia nos EUA, salientando esta diversidade de âmbitos. Sobre essa *sujeição, vide* a Parte III.

[580] FERRIER, «La franchise internationale», pp. 630 e segs.

Diferentemente se passam as coisas quando procuramos o *conceito*. Aqui diremos que nem todos aqueles elementos devem coexistir na mesma *situação*, para se conformar um contrato de *franchising*. Ora, um tal conceito só pode encontrar-se por duas formas: pela verificação dos índices de uma sedimentação atingida pela prática da vida contratual (dos negócios) e pela modelação que do contrato façam – e do seu alcance – os ordenamentos jurídicos que com ele se confrontem. Como veremos, agentes económicos e jurídicos têm, de forma consolidada, exigido, como elementos constitutivos do conceito, a existência e transmissão, pelo franqueador, de conhecimentos (saber-fazer) ao franqueado. E, além disso, de sinais distintivos do comércio do franqueador, porque tal é indispensável para a exacta reprodução da imagem empresarial do franqueador. Mas pouco importa saber se o sinal distintivo transmitido é a marca, o nome ou uma patente. Podem ser todos, ou um qualquer[581]. Assim o mesmo quanto à retribuição. Pode existir numa ou em ambas as modalidades (*entry fee* ou *royalties*)[582].

Em qualquer caso, o propósito é e terá de ser o de, partindo da determinação do conteúdo típico do contrato, determinar o seu regime. E a procura do *tipo* não significa a total estraneidade do regime de um tipo assim encontrado face às regras gerais dos contratos (à *teoria geral do contrato*[583]),

---

[581] Assim BURST, «Anotação ao acórdão do *Cour d'Appel de Colmar*, de 9.6.82», pág. 554.

[582] São também estes os elementos indicados por PETERS/SCHNEIDER, pág. 165.

[583] À maneira da concepção romana do contrato, que desconhecia a categoria do *contractus* e se preocupava antes em «definir específicos tipos de contratos» – vide PEREIRA COELHO, «*Contrato*», cit., pág. 17. DE NOVA, acerca da relação entre as normas gerais dos contratos e as normas especiais aplicáveis a certos contratos, afirma não fazer sentido, à luz das novas categorias contratuais surgidas nos últimos anos, falar de uma parte geral dos contratos «considerada enquanto disciplina de uma figura unitária» («Sul rapporto tra disciplina generale dei contratti», *cit.*, pág. 333), antes se falando hoje em contratos entre privados e contratos de empresa, em contratos individuais e em contratos de adesão, em contratos entre profissionais e contratos com consumidores; ou mesmo atribuir a esta parte geral uma posição central, que terá perdido quer com as regulamentações legais de contratos, que só eram episodicamente objecto de regulamentação, quer por força do florescimento de novos contratos. Estes factores, aliados à inflação legislativa desordenada e às rápidas mutações sociais, e também a mentalidades jurídicas menos especulativas e mais abdicantes face à crescente especialização do saber, conduzem à procura de soluções unicamente através da exegese interpretativa e à crise dos modelos do negócio jurídico e do contrato como categoria geral, por descurarem a interligação entre a exegese e interpretação sistemática – assim VITUCCI, pp. 804-805 e SCIALOJA, aí citado (1913). Para este Autor, no entanto, só pode ser posta em causa a categoria geral do contrato se se demonstrar que, *enquanto tal*, não consegue fornecer respostas adequa-

antes implicando a sua consideração como normas especiais face às normas comuns daquela teoria geral[584].

E será importante, no que à franquia comunitária respeita, delinear os contornos de uma tipicidade social, em ordem a facilitar a busca do regime jurídico que a cada espécie concreta caberá, face ao ordenamento comunitário?[585].

Parece, à primeira vista, se tomarmos como parâmetro a ordem jurídica interna, que não será muito relevante[586]. Que um tal labor terá um

---

das face à disciplina concreta dos tipos contratuais. Defendendo a dissolução da unidade da categoria contratual, GALGANO, *apud* VITUCCI, pág. 806.

[584] Sobre o tema, é interessantíssimo analisar a controvérsia surgida entre a concepção de MESSINEO, segundo a qual «as normas gerais são normas comuns, que se aplicam a todos os contratos, e que se aplicam em concurso (e não em oposição) com as normas particulares», coexistindo com elas, e a concepção de DE NOVA, que, partindo da crítica da concepção que vê na relação entre aquelas normas uma relação de *combinação*, vai mais longe, criticando a existência actual de uma parte geral que regule o contrato como figura unitária («Sul rapporto tra disciplina generale dei contratti», *cit.*, pág. 328). Sobre esta já muito debatida controvérsia, acerca do sentido e alcance da destrinça entre normas gerais, especiais e excepcionais, não cuidaremos, por extravasar ostensivamente do objecto desta dissertação. Agora, sobre a superação das categorias gerais de que a legislação extravagante, por um lado, e o surgimento de novos modelos contratuais, por outro, seriam instrumentos ou índices, remetemos para o interessante estudo de G. B. FERRI, onde se procura demonstrar que a perda de centralidade do «código» e o surgimento de novas figuras contratuais é fenómeno necessário que não é, só por si, sintoma de um processo de superação das categorias gerais. Estas continuam a funcionar como «*centro*, sistema orgânico de referência» («Contratto e negozio», *cit.*, pág. 429), expressão «de exigências referidas prevalentemente à estrutura do contrato» (VITUCCI, pág. 807). O que não implica aceitar que todas as normas contidas na parte geral sejam forçosamente aplicáveis a todo e qualquer contrato.

Afirmando a pertinência da aplicação à franquia, mesmo sendo um contrato *sui generis*, das regras gerais sobre contratos, MATHIEU, pág. 77.

[585] Para Mª HELENA BRITO (pp. 157-158), este resultado pode ser atingido por duas vias, consoante seja possível descobrir ou não num contrato uma obrigação principal (correspondente a um tipo legal), relativamente à qual seja possível considerar todas as outras (obrigações) instrumentais, preparatórias ou como prestações acessórias. Na primeira hipótese, aplicar-se-ia o regime do tipo predominante ou principal. Na segunda hipótese, o regime dos contratos mistos conduz também à tipicização do contrato. Também na CE a busca do regime concreto da franquia, quando inserida no âmbito das isenções categoriais que a abrangem, depende de critérios marcados pela ideia de absorção, pois se envolvem *saber-fazer* ou outros elementos inseridos noutras isenções regulamentares, o certo é que fica excluída a aplicação combinada das várias normas, antes se aplicando em bloco um ou outro dos regulamentos.

[586] Tal como DE NOVA o concebeu, o resultado prático não parece divergir realmente dos resultados que, em matéria de contratos mistos, resultam da aplicação da *teoria da*

pendor pedagógico e construtivista, com duvidosos resultados, desde logo por não serem substancialmente diversos dos obtidos por aplicação do regime combinatório vigente para os contratos mistos (e, em certas hipóteses, atípicos), para lá de se poder considerar que procurar um tipo social não juridificado é como procurar apanhar uma *nuvem*, ou uns quaisquer *gambozinos*, que só se materializarão com a sua juridificação.

Encontrar um *nomen* e uma individualidade para um contrato, num sistema jurídico que não regula o contrato, se cumpre uma função prospectiva e orientadora, parece assim não conduzir a soluções diferenciadas.

Mas já vistas as coisas no plano comunitário, a situação parece modificar-se. E há vários signos disso mesmo. Um primeiro é a influência que a modelação socialmente típica do contrato, operada pela doutrina e pela própria vida comercial, acabou tendo na construção do *tipo* comunitário. Em segundo lugar, porque, embora intervindo numa manifestação *localizada* do contrato – as suas implicações no jogo da concorrência comunitária –, o direito comunitário erige o preenchimento dos elementos do tipo em condição *sine qua non* de sujeição a um regime jurídico preciso[587]. O que resulta do acórdão *Pronuptia* e, com diversa propriedade, do regulamento de isenção categorial. Mas também porque o direito comunitário, em muitos aspectos, parece muito dominado por uma lógica de *absorção*, na revelação do regime jurídico de cada concreto contrato[588]. Finalmente, na medida em que o preenchimento do tipo comunitário, se

---

combinação (sobre este ponto, consulte-se o exemplo dado por DE NOVA em *Il tipo contrattuale*, pág. 153). Para os contratos atípicos vale directamente o regime geral dos contratos, salva a possibilidade de extensão analógica das normas ditadas para os contratos típicos – assim, por todos, MAIORCA (pág. 48, n° 3) e ANTUNES VARELA (pp. 270-280).

Sobre os conceitos de causa, no ordenamento jurídico português, remetemos, afastando-nos de toda esta problemática, para F. PEREIRA COELHO, *A renúncia abdicativa no direito civil, cit.*, pp. 8-12, nota 4, e FERREIRA DE ALMEIDA (pp. 513-514), que discutem o problema. Também no direito comunitário tendemos a duvidar da relevância autónoma de uma causa, quer como elemento essencial para o contrato, quer como critério de qualificação dos contratos, por referência a uma única e distintiva função.

[587] Recorde-se ainda que, como resulta do considerando 17 do regulamento da franquia, não pode haver uma aplicação parcelar e simultânea de vários regulamentos. O regulamento, ou se aplica em bloco, ou não se aplica de todo. Razão pela qual é importante verificar se se encontram preenchidos todos os elementos de que depende essa aplicação.

[588] Na CE, isto é bastante frequente. Pense-se que, envolvendo o saber-fazer (know--how), existiam em 1989 pelo menos três isenções categoriais distintas, dependendo a

não garante um tratamento jurídico uniforme no plano nacional, será pelo menos referência para a homogeneização do seu tratamento jurídico no plano interno.

Neste quadro, dever-se-á considerar o contrato de franquia como um contrato típico? É certo que parece ter uma existência incontestável no mundo económico internacional. Os números da sua utilização e expansão são até surpreendentes, e nenhuma obra que se ocupe deste contrato deixa de realçar esta expressividade[589].

E se, durante muito tempo, a doutrina qualificava o contrato de franquia como juridicamente atípico[590] (atípico em sentido estrito, na terminologia de FRANCESCHELLI[591]), como contrato misto[592], ou tentava mesmo reconduzi-lo a uma outra figura, como a licença de marca[593], a licença

---

escolha do regime aplicável da importância do elemento singular no quadro do acordo. Foi assim que, por exemplo em 1987 (JOCE, nº L 50, pág. 30), na sua decisão *Boussois//Interpane*, a Comissão, a propósito de uma licença de saber-fazer concedida em conexão com a transferência de uma fábrica, envolvendo a transmissão de uma patente, a que a Comissão não aplicou o regulamento de isenção das licenças de patente (regulamento 2349/84), dado o predomínio do saber-fazer na economia do contrato, embora concedendo a isenção por analogia com as disposições deste regulamento!

[589] Os dados, nos EUA, são mesmo avassaladores, quando referidos à franquia, mas tal deve-se, também, à noção bastante ampla de *franchising*. No espaço comunitário, fiquemos apenas com os números reproduzidos por LELOUP, em 1989: 16000 redes, 85000 franqueados no conjunto dos doze países da CEE (e, por comparação, veja-se o crescimento avassalador que a franquia teve daí para cá em Portugal), representando 6% do comércio de retalho francês e 3% do da Grã-Bretanha («Le règlement communautaire relatif à certaines catégories d' accords de franchise», nº 1).

[590] Neste sentido, ANDRADE MESQUITA (pág. 210), VALADA (pág. 33, onde, apesar de publicar em apêndice o regulamento 4087/88, afirma que a inspiração normativa principal é o código europeu de deontologia...!) e CARDELÚS (pág. 26). Já MARTÍNEZ SANZ (pág. 359), mesmo face ao ordenamento espanhol, que em dois diplomas trata a franquia, expressamente se refere ao contrato de franquia como sendo um «contrato atípico, misto, autónomo e com uma substancialidade própria» (no mesmo sentido, ÚRIA, pág. 740).

[591] *V.g. supra* a nota 554.

[592] Entre nós, M. BARROCAS (pp. 127 e segs.), para quem este era um contrato misto, «composto de outros contratos ou, ao menos, de elementos essenciais destes» (também, R. TAVARES, pág. 14). Para uma crítica desta concepção, ANDRADE MESQUITA (pág. 210) e BIAMONTI/ROVERATI (pág. 329), salientando a impossibilidade de incluir este contrato nos esquemas negociais tradicionais, antes o encarando como um «istituto giuridico autonomo, anche se tipico».

[593] É frequente até, na doutrina como na jurisprudência estrangeiras, a identificação entre o contrato de franquia e o contrato de licença de marca. ROBERTI, por exemplo, afirmou que a sentença *Pronuptia* adaptou o contrato de franquia ao esquema «delle licenze di marchio, di *know-how*, con la caractteristica ulteriore (ed essenziale) che i diritti

de patente, a licença de *know-how*[594], a concessão comercial[595] ou o *marketing*[596], entre outros[597], tal não implicava a sua desconsideração

---

trasferiti restano strettamente funzionali all'attività di distribuzione che il contratto stesso affida (disciplinandola) al *franchisee*» e que a «causa do franchising é individualizada, pelo Tribunal de Justiça, no duplo perfil de licença de marca e de know-how» – ROBERTI, pág. 401. Assim também, parece, em TOURNEAU (pág. 59); em Espanha, o Tribunal Supremo, no acórdão de 15.5.85 (*apud* CASA/CASABÓ, pág. 37); ou até GOEBEL, «The uneasy fate of franchising», *cit.*, pág. 91, nota 11, quanto à decisão *Campari*, de franquia de produção (entre nós, posteriormente, também SOUSA E SILVA, *Direito comunitário e propriedade industrial*, *cit.*, pág. 179, seguindo aliás JOLIET, «La licence de marque et le droit communautaire de la concurrence», pág. 3).

Já outros, por seu lado, consideram que a licença de marca é elemento necessário mas só por si insuficiente para consubstanciar um *franchising*, que tem um conteúdo bem mais complexo – assim, FRIGNANI («Contributo ad una ricerca», *cit.*, pág. 3056), BESSIS (pp. 23-24 e 74-75), VIRASSAMY (pág. 83: quanto à cedência da marca, ainda que não por licença), E. ZANELLI (pp. 889-890), MANUEL GARCÍA (pág. 428) e, embora algo confusas, PETERS/SCHNEIDER (pág. 225) e GALLEGO SANCHEZ (pág. 76).

TOURNEAU não prescinde da licença de marca na franquia industrial (pág. 28), enquanto ADAMS/PRICHARD JONES (pág. 17) vêem a franquia como a forma ideal de protecção do valor da marca («franchising represents an ideal in the way of quality control, to be aimed at in *all* trade marks licensing. If marks are endangered by franchising, it is difficult to see what licensing would be permissible»).

Finalmente, neste percurso, BIAMONTI/ROVERATI (pág. 330) referem que a obrigação do franqueado actuar segundo o «Manual Operativo» e a sua inserção numa cadeia de distribuição uniforme e homogénea em termos tais que seja possível identificar o franqueado com uma entidade «controlada» pelo franqueador, (...) constituem seguramente elementos que «tipificam» o franchising e o distinguem (...) da licença de marca (ou de outros direitos de propriedade industrial)».

Cremos também não ser necessariamente correcta esta omnipresença de uma marca comum. A cedência do uso da marca, consubstancie ou não uma licença de marca, é decerto um elemento recorrente na franquia, mas não um elemento caracterizante, indefectível. Assim não o considera o regulamento 4087/88, nem o TJCE (acórdão *Pronuptia*, cons. 13: «ou até a marca») e parte significativa da doutrina – por todos, OLIVEIRA ASCENSÃO (pág. 317) e SAINT-ALARY (pág. 1).

A nossa convicção de que a transmissão da marca não é, seja a que título for, essencial à qualificação de um concreto contrato como de franquia, não impede o reconhecimento de que habitualmente o contrato co-envolve uma tal transmissão, tanto mais quanto é certo ser um dos normais propósitos do franqueado usufruir da vantagem comparativa de dispor de uma *marca forte*, pelo menos *comercialmente*.

[594] Cfr. GALLEGO SANCHEZ, pp. 77-79. Sobre a noção de saber-fazer, *vide infra*.

[595] Assim DURANT e LATSCHA, «Le franchisage», JCP, éd. CI, 1970.I.87634; TESTON, *Le franchisage et les concessionaires*, Delmas, 1973; BOURSICAN, *La franchise commerciale*, th. Toulouse, 1973; GUYÉNOT, «La franchise commerciale», *RTDC*, 1973, pp. 161.

[596] Assim parece ser em OLIVEIRA ANTUNES/COSTA MANSO (pp. 47-48). Ao arrepio dos conteúdos e elementos já hoje unanimemente aceites pela doutrina, tribunais e órgãos

enquanto contrato socialmente típico[598]. É que a doutrina cedo adoptou esta dupla tipicidade: legal e social[599].

1. O **ambiente económico e jurídico**

É hoje praticamente impossível acompanhar a abundantíssima doutrina que, tanto na Europa como nos EUA, se ocupa da figura do *fran-*

---

comunitários, desenvolveram uma ideia de franquia inadaptada ao seu desenho típico. Primeiro, identificam franquia como o contrato pelo qual o franqueador concede ao franqueado o direito de usar uma marca, prestando-lhe ainda assistência comercial e recebendo, em troca, uma retribuição (*franchise tax*). Em segundo lugar, excluem o *know-how* do contrato. Este contrato, na opinião destes autores, não envolve qualquer *know-how*. Talvez para subtraírem o *franchising* do regime normativo estabelecido para os contratos de transferência de tecnologia. Trata-se de uma noção tão ampla que é apta a identificar contratos de variada índole. Ao invés, reduzem este contrato a um contrato de *marketing*.

[597] Em Espanha, CANO RICO, citado por CARDELÚS (pág. 23) sustentava tratar-se de um «contrato de arrendamento de bens e serviços com a cessão de uso, não só de bens materiais, mas também de propriedade imaterial».

[598] Neste sentido navega, entre outros, quanto ao contrato de franquia, ANDRADE MESQUITA (pág. 212), LACERDA BARATA (pág. 112), MARTÍNEZ SANZ (pág. 347) e GALLEGO SANCHEZ (pág. 61). Em sentido contrário, em 1988, CARDELÚS, pág. 27.

[599] Essencialmente, o *tipo social* pode corresponder ao *id quod plerumque accidit* (contrapondo-se a *tipo formal*), mas também pode assumir outra significação – assim, DE NOVA, *Il tipo contrattuale*, pág. 78, nota 58. Como vamos já ver, a franquia assume-se também, na multiplicidade de modelos de tipicidade, e talvez até de modo decisivo, atendendo à sua origem e à sua institucionalização no domínio jurídico da defesa da concorrência, como um *tipo jurisprudencial*. Isto na medida em que a afirmação da sua tipicidade social conduziu e resultou do seu reconhecimento, tanto pela doutrina como pela jurisprudência (e mais tarde até pelo complexo jurídico-normativo – e daí o problema da sua transmutação em tipo legal), enquanto tipo contratual autónomo – *vide* Mª HELENA BRITO (pág. 168, e Autores aí citados, na nota 54). A propósito da concessão, qualificando-a como contrato social e jurisprudencialmente típico, SANCHEZ CALERO (pág. 186). Na fórmula de MAIORCA (pág. 48), dir-se-á que a tipicidade social depende da verificação de certas condições: a consolidação do novo esquema na prática contratual; a relevância económica da regulamentação de interesses (*dell'assetto di interessi*) disciplinada pela nova figura; o estado avançado da doutrina relativamente a esta figura contratual. Trata-se aqui de condições da tipicidade *social* e não necessariamente legal, das figuras contratuais que, aliás, consideramos plenamente cumpridas pelo *franchising*. No mesmo sentido, ZANELLI, «Concessione tra imprese e "franchising"», in *Nuovi Tipi contrattuali e tecniche di redazione nella pratica commerciale (Profili comparatistici)*, a cura di VERRUCOLI, in *Quad. Giur. Comm.*, 1978.

chising. Copiosas referências são feitas nas obras que sobre o assunto se pronunciam[600].

A preocupação dominante tem sido a de fornecer «uma síntese conceitual aceitável do esquema contratual»[601], tarefa que não foi decerto facilitada por vários e importantes factores, como a já mencionada compreensão ampla do contrato, nomeadamente nos EUA, a falta de previsão legal do contrato, na generalidade dos países, e a sua própria complexidade[602].

A franquia, tal como a conhecemos hoje, *nasceu* nos EUA e, após a IIª Guerra Mundial, foi naturalmente *exportada* para o espaço económico europeu e mundial, por força das sua próprias virtualidades económicas e das estruturas caracterizantes dos ordenamentos jurídico-constitucionais dos Estados europeus ocidentais e de alguns dos Estados asiáticos (como já se disse).

Em todos os países dominados por economias de livre mercado, abertas à iniciativa económica privada, a franquia veio encontrar terreno propício à sua implantação e rápida difusão. Fenómeno que se acentuou, desde os anos 60, no espaço europeu comunitário, com a instituição do mercado comum, caracterizado pela liberdade de circulação dos factores de produção, como é o caso das mercadorias. Do mesmo passo, os agentes económicos, numa CE que se erigiu como modelo não-negador do liberalismo económico, pelo menos na sua vertente interna, gozavam, desde o início, do princípio da livre concorrência[603].

É até com alguma perplexidade que se aprecia o fulgurante desenvolvimento que esta figura vem a conhecer no espaço comunitário. As reacções nem sempre são idênticas. Nem a exacta identificação da figura é imediatamente conseguida pelos tribunais.

Como diz FRIGNANI, no início dos anos 70, a maior parte dos casos jurisprudenciais italianos examinados sob a «etiqueta» de *franchising* não o eram verdadeiramente, mas antes contratos de agência, licença, conces-

---

[600] Especificamente sobre o contrato de franquia, *vide* a lista bibliográfica apresentada em 1990 por FRIGNANI, *Il franchising*, pp. 191-200.
[601] PERFETTI, pág. 34.
[602] FRIGNANI, «Contributo ad una ricerca», *cit.*, pág. 3049.
[603] Artigos 85º e seguintes do tratado CE. Em 1962, no acórdão *Bosch (De Geus)*, de 6.4.1962, o Tribunal de Justiça (TJCE) declarou o *efeito directo* do artigo 85º CE, por se tratar de uma norma claramente dirigida aos particulares e, portanto, ser para estes fonte imediata de direitos e obrigações.

Parte II – Da Comunitarização da Franquia 249

são de venda, de trabalho dependente, etc[604]. Outros arestos negavam a figura, invocando a ausência de causa[605]. Finalmente, e para as hipóteses em que o franqueador agia dolosamente face ao franqueado, nomeadamente a nível pré-contratual[606], houve até quem afirmasse a nulidade parcial do contrato, apenas se *salvando* as obrigações a cargo do franqueador[607].

---

[604] FRIGNANI, «Contributo ad una ricerca», *cit.*, pág. 3057. Isto para não falar da extrema elasticidade e adaptabilidade do esquema do *franchising*, em sentido próprio (ROBERTI, pág. 400).

[605] *Idem*, pág. 3057, referindo-se a decisões das Preturas de Milão e Forlì. Vide PERFETTI, pág. 32, nota 6.

[606] Sobre as preocupações relativas à necessidade de informação completa do franqueado e de protecção deste contra a falta ou inexactidão das informações fornecidas pelo franqueador, foram várias as formas com que os ordenamentos jurídicos têm procurado o reequilíbrio da posição contratual (e pré-contratual) das partes no contrato. A nível normativo, por exemplo, cabe recurso à figura da responsabilidade pré-negocial (art. 227° do nosso código civil), à figura do dolo (FRIGNANI, «Contributo ad una ricerca», *cit.*, pág. 3058), à doutrina da *misrepresentation* e mesmo a uma via penal, através do preenchimento do tipo legal do crime de burla. Outros ordenamentos jurídicos, como é o caso do francês, elaboraram dispositivos normativos que impõem obrigações de informação a nível pré-contratual, neste tipo de contratos – assim a lei *Doubin*, de 31 de Dezembro de 1989, n° 89-1008, relativa ao desenvolvimento das empresas comerciais e artesanais e ao melhoramento do seu ambiente económico, jurídico e social (sobre esta lei, publicada por BESSIS, pp. 145 ss., consulte-se JUGLART/IPPOLITO, pp. 214 ss), desenvolvida pelo décret n° 91-337, de 4 de Abril de 1991 (JO 6.4.91, pág. 4644), embora tenhamos para nós que esta lei não visa inelutavelmente os contratos de franquia, não se aplicando mesmo quando estes não envolvam relações de «exclusividade», embora outra seja a aparente opinião da doutrina francesa referida.

A este nível, PARDOLESI («Il "controllo" del franchising», pp. 157-159) fala mesmo de um «museu dos horrores», referindo-se a espécies concretas da casuística jurisprudencial norte-americana, apontando também de seguida os diversos *remédios* apresentados, nomeadamente o recurso a leis *ad hoc*, face, por um lado, à insuficiência da figura da *fraud*, sobretudo quando perante «comportamentos selectivos de reticência calculada» quanto à informação veiculada, e, por outro, ao igualmente insatisfatório tratamento da franquia como *investment contract*; daí o chamamento do legislador estadual – cujo pioneirismo coube ao *California Franchise Investment Act*, de 1970.

[607] *Idem*, pág. 3058, referindo o caso *Perma Life Mufflers Inc. ed altri v. Parts Corp. ed altri*, 392 US 134 (1968), e em sentido crítico, porquanto entende que o carácter sinalagmático das obrigações faz com que a nulidade de umas determine a queda total do negócio.

2. A modelação concreta do tipo social da franquia

Uma vez reveladas as notas caracterizantes da tipicidade social de um contrato, podemos sem receio afirmar verificarem-se na figura da franquia os índices de tipicidade social. A sua frequência, a importância no mundo dos negócios e a atenção que a doutrina e os tribunais a ele dedicam, não deixam margem para grandes dúvidas.

Não tendo uma função económica e social que a distinga de outras figuras contratuais, a franquia corresponde contudo a um *modelo* de estruturação comercial[608] que encontra diversas motivações, mas que por detrás tem também objectivos essenciais e nem sempre idênticos.

Enquanto nos EUA, o franqueado, com este contrato, pretende sobretudo tornar-se um empresário auto-suficiente, «autónomo», ganhando com a ligação ao franqueador «um *partner* efectivo que assiste e o aconselhe durante toda a relação»[609], na compreensão europeia do contrato, sendo que aquela dimensão não lhe é totalmente estranha[610], visa-se sobretudo a limitação do risco empresarial[611].

A procura dos elementos típicos da franquia é pois especialmente difícil, não só devido à sua matriz genética nos sistemas de *common law*, mas ainda por causa da amplitude material de modalidades que pode abranger. Estes factores são referidos pela generalidade da doutrina, que

---

[608] O qual permitiu a FERRIER falar numa «uniformidade internacional dos elementos da franquia» («La franchise internationale», pp. 628 e segs.).

[609] MAGGIORE, pág. 129. Vide FRIGNANI, *Giur. It.*,1980, pp. 205 ss. Um pouco na linha do que acontecia com um outro contrato, o de *location-gérance*, que também funcionava como «um meio de fugir à condição de assalariado e como um meio de promoção social», etapa de uma conversão «num comerciante perfeitamente autónomo», instrumento mesmo de uma aparente «democratização do comércio» (MAUS, «La réssurrection du contrat de gérance», ROBINAULT e ORLANDO DE CARVALHO, *Critério e estrutura do estabelecimento comercial, cit.*, pág. 234, nota 51).

[610] DUBOIS, partindo de uma distinção entre franquia de primeira e de segunda geração, acentua na franquia comunitária a noção de *partenariado* entre as partes no contrato, enquanto, na concepção americana, o franqueador deve ser «the boss in the shop» (correspondendo, no espaço comunitário, à distribuição selectiva) – «Franchising under EEC competition law», *cit.*, pp. 117, 120-122. Em sentido contrário a estas conclusões de DUBOIS, vide ADAMS/PRICHARD JONES (pág. 4): «As companhias petrolíferas adoptaram o *franchising* sobretudo na crença de que um franqueado proprietário do seu próprio negócio obteria melhores resultados de vendas e desejando também evitar problemas laborais».

[611] *Vide* as conclusões do advogado-geral VAN THEMAAT no processo *Pronuptia*.

conclui mesmo pela «impossibilidade de procurar uma definição unitária do negócio que tenha o mérito de ser exauriente e compreensiva de qualquer aspecto do fenómeno»[612].

Também sentimos esta dificuldade. Cremos, no entanto, que isto é assim quanto a uma visão geral e englobante do contrato de *franchising*. Aí se tem revelado, realmente, uma certa *indeterminação*, mesmo entre aqueles que procuram tipicizar a figura em termos restritivos. É que a procura de noções generalizantes faz muitas vezes perder o sentido específico das figuras. Tal acontece, por exemplo, com aqueles que resumem o núcleo mínimo do contrato ao direito que uma empresa concede a outra de entrar na sua cadeia de distribuição com o direito de gozar do nome ou a marca da primeira[613].

Trata-se de uma visão ao mesmo tempo excessiva e limitada. *Excessiva* porque reduz a *franchising* todas as formas contratuais de integração em rede, transformando em *franchising* as relações de agência, concessão, distribuição exclusiva, distribuição selectiva, etc., porquanto em todas estas formas contratuais pode haver uma rede instalada. *Limitada*, porque identifica a parte pelo todo, identificando *franchising* com *franchising de distribuição*.

Já a resultados diversos podemos chegar no que respeita à individualização do conteúdo *típico* do contrato de franquia, na modalidade vulgarmente conhecida como *franquia de distribuição*.

E, para realizar tal desiderato, vamos recorrer, por um lado, aos *operadores económicos*[614] e, por outro, aos *operadores jurídicos*. Naquela

---

[612] Assim FAUCEGLIA, «Il franchising, profili sistematici e contrattuali», in *Quad. Giur. Comm.*, 100, Milano, 1988, *apud* PERFETTI, pág. 36, nota 19.

[613] Que é o que, no nosso entender, resultava da noção dada, como mero *obiter dictum*, pelo Tribunal Supremo espanhol, em 15.5.85 (CHULIÁ VICENT/BELTRÁN ALANDETE, pág. 185; em sentido crítico, CARDELÚS, pág. 21) ou da noção dada, em 1979, por GLICKMAN (*Franchising*, New York, 1979, vol. I, cap. 2º, p. 1, apud BALDI, *Il contratto di agenzia, cit.*, pág. 118, nota 2). Ligeiramente menos ampla é a noção proposta por COCKBORNE (pág. 190-191): «método de cooperação entre empresas independentes, fundado sobre a utilização de um mesmo nome e a exploração de conhecimentos específicos».

[614] A expressão «operadores económicos» costuma ser utilizada na doutrina para designar «os agentes económicos que intervêm nas actividades de distribuição» (BENAERTS, «Origine et recrutement de la classe marchande», in *L' Histoire du Commerce*, SPID, 1950, pág. 135). No entanto, num sentido estrito, pode significar apenas os vendedores em geral, os grossistas (sedentários ou não – entre nós, respectivamente, DL 339/85, de 21.8, e DL 259/95, de 30.9) e os retalhistas (assim FERRIER, *Droit de la distribution*, pp. 13-15).

primeira categoria (*operadores económicos*), papel especial é desempenhado, antes de tudo, pelos próprios agentes económicos que privilegiam este mecanismo como o que melhor realiza os seus objectivos mercantis de integração empresarial (vertical), de penetração em novos mercados, de reprodução de uma fórmula de sucesso, de uma ideia empresarial. Mas não só. Papel não negligenciável cabe também às associações de comerciantes franqueadores e/ou franqueados.

Na segunda categoria, referência à doutrina, aos tribunais de vários países e, *at last but not least*, aos órgãos estaduais[615] e comunitários[616]. Apreciemos as contribuições de cada uma destas categorias, sem preocupações de exaustão, para depois podermos, rapidamente, determinar qual o conteúdo do contrato de franquia que estará sujeito às regras da concorrência (nacionais e) comunitárias[617].

Posto isto, apenas duas observações prévias. A primeira, vai para a reafirmação da tipicidade social da franquia, cuja demonstração faremos a seguir[618]. Não é de estranhar. Com efeito, o *franchising* é um mecanismo contratual que se vem disseminando espantosamente na vida comercial internacional, e cuja reiteração permitiu solidificar e identificar notas típicas caracterizadoras.

Queremos ainda deixar expressa uma outra nota. Na nossa opinião, o *tipo* da franquia, na matéria que nos interessa – o da franquia enquanto

---

[615] Salientando o papel dos usos, da jurisprudência e da doutrina, para a compreensão da franquia, face ao vazio normativo específico, JUGLART/IPPOLITO, pág. 213, nota 3.

[616] Não podemos esquecer que, analisando o contrato enquanto instrumento simultaneamente restritivo da concorrência (faceta a limitar) e propulsionador de desenvolvimento económico (com reflexo ao nível dos consumidores), a Comissão adoptou o já citado regulamento 4087/88, que procede à mais completa enunciação dos conteúdos contratuais concretos da figura, para além da preocupação que evidencia de determinar as fronteiras da figura (artigo 1º, nº 3).

[617] Qualquer outro conteúdo contratual não deixa de poder estar sujeito às normas de concorrência. Terá é de ser apreciada enquanto figura distinta da franquia, atípica ou típica (correspondente a qualquer outro tipo contratual).

[618] Quanto ao sentido e pertinência desta qualificação no que à franquia respeita, e cujo significado pretendemos já esclarecer rápida e brevemente, a doutrina é hoje praticamente unânime. Como alguém disse, «o tipo social consolida-se pela estratificação repetitiva do comportamento no tempo», constituindo também indícios seguros a consolidação doutrinária que a figura tem conhecido, as múltiplas tipicizações convergentes empreendidas pelas associações nacionais e transnacionais de franqueadores; as várias intervenções da Comissão das Comunidades, entre 1986 e 1988, na análise de contratos-tipo de *franchising*; o acórdão *Pronuptia*; e, finalmente, o Regulamento 4087/88 – sobre o assunto, PERFETTI, pág. 31, nota 5.

objecto de normas de concorrência, a franquia de distribuição – poderia ser já hoje correntemente alcançado com recurso a uma via não meramente tipológica, mas definitória. Com efeito, em matéria de direito da concorrência, e dada a presença de Portugal na União Europeia (mais concretamente, na Comunidade Europeia), podíamos definir o *contrato de franquia* e a *franquia* como o regulamento 4087/88 o faz. É este um caminho seguido, aliás, por já não poucos Autores[619]. Deste modo obteríamos imediatamente uma noção para o contrato, facilitando a nossa tarefa[620].

Só que não cremos ser essa uma perspectiva correcta. Se é certo que, para o direito comunitário, e esse é o âmbito temático em que trabalhamos, a noção operativa resulta de uma definição jurídica, de um *dado* – o regulamento (CEE) n° 4087/88 – o certo é que, pela sua própria inserção e limites, esta noção tem um valor *localizado* (ainda assim, não desprezível), desde logo por só operar onde se considerem preenchidos os pressupostos da intervenção comunitária – e o nosso propósito é justamente ver se e quando podem essas condições ser tomadas como preenchidas. Factor a que acrescerá a lição (com os seus limites, embora diversos) que se extrairá do famoso acórdão *Pronuptia*. Por isso, julgámos não ser impertinente partir do modo como os agentes económicos e jurídicos *concebem* a figura, para depois – arrancando destas descrições operativas (e não apenas pré-jurídicas, numa formulação frequente[621]) –

---

[619] Assim o fazem, expressamente, UBALDO PERFETTI e ANA PAULA RIBEIRO (pp. 65-66) e, mais timidamente, ISABEL ALEXANDRE (pág. 330, n. 31) e PARDOLESI, «Tipologie prevalenti», *cit.*, pág. 105. É já numericamente significativa a doutrina que considera o contrato como juridicamente típico. Para lá do caso especial de PERFETTI, citem-se por exemplo as afirmações proferidas pelo *Lamy droit économique,* no qual concretamente se afirma (pág. 1190) que «la definition la plus complète et la plus récente de la franchise – et qui a force de la loi en France, puisqu'elle est contenue dans un règlement communautaire...»; por WILLEMART (pág. 88), que, a propósito do enquadramento deste contrato no direito belga, e referindo-se ao regulamento 4087/88, afirma que «les dispositions de ce règlement constituent la seule structure légale cohérente du contrat de franchise, en Belgique; on peut la considérer comme suffisante ...»; ou por OLIVIER GAST.

[620] O que não impede que concluamos, com MATRAY, que a definição dada no regulamento «aparece como uma excelente síntese de todas aquelas que antes foram elaboradas» (pág. 16), embora não o defina nos mesmos exactos termos (pág. 17), o que bem se compreende.

[621] Releia-se aquilo para o que, há bem pouco, alertou COUTINHO DE ABREU, *Da empresarialidade (as empresas no direito)*, pp. 15 e segs., e nota 47, e pp. 22 e segs.

vermos em que medida as normas comunitárias tipificam juridicamente, embora em termos singulares, o *franchising de distribuição*.

Isto entendido, qual é então o conteúdo do contrato? Quais os seus elementos caracterizantes, cuja presença poderá levar-nos a concluir pela existência de um contrato de franquia, e consequente submissão às regras do direito da concorrência (eventualmente, comunitárias)?

Para determinar este conteúdo, vamos fazer apelo ao *tipo doutrinal* da franquia. *Rectius*, ao modo como a doutrina e a jurisprudência têm analisado o contrato[622].

Ao longo dos anos que se seguiram ao surgimento deste contrato, várias noções têm sido propostas[623]. Consideremos pois, à vez, o modo como os operadores económicos e jurídicos encararam esta figura negocial da vida comercial.

a) *Os operadores económicos* [624]

Papel importante na determinação da «configuração básica» do *franchising* tem sido desempenhado pelas associações nacionais e internacionais de franqueadores e/ou de franqueados, as quais tentaram delimitar o âmbito do contrato, motivadas por razões pragmáticas de aconselhamento aos agentes económicos que pretendam utilizar este esquema negocial como forma de expansão comercial, e de clarificação de regras de conduta e obrigações recíprocas.

---

[622] Em 1985, procurando avaliar o modo como o direito comunitário trataria o contrato de *franchising*, escrevia GOEBEL: «As a necessary preliminary, it is desirable to try to define the major characteristics of a franchise agreement, based on observation of the common commercial modalities of franchising, and examination of standard franchise forms» («The uneasy fate of franchising», *cit.*, pág. 88).

[623] Para além das noções que em seguida serão enunciadas, *vide* COCKBORNE, pág. 190.

[624] Uma advertência queremos fazer, embora acreditemos que possa resultar evidente do que já afirmámos. Muitas vezes, os agentes económicos designam como *franchising* realidades que correspondem a outras hipóteses negociais, nomeadamente porquanto esta designação era utilizada em sentido tão amplo, nos EUA, que abrangia muitas outras figuras. Por enquanto, ainda não determinámos o exacto conteúdo da modalidade contratual de que curamos. Mas isso não significa que aceitemos como úteis, para o propósito que se segue, as utilizações disfuncionais do *nomen franchising*. Aliás, como se sabe, nem tal corresponderia a uma correcta compreensão da juridicidade. A qualificação de um contrato não cabe aos agentes económicos, mas resulta do seu conteúdo, ou melhor, do seu específico *objecto*. Mesmo em sede jurisdicional, sabemos que não é decisivo o nome que as partes dão a um contrato, para a solução do concreto caso decidendo.

Estas organizações colaboraram na elaboração de códigos de comportamento que procuram delimitar a figura, enumerar algumas das suas cláusulas mais frequentes na prática negocial e formular recomendações aos agentes económicos envolvidos.

A preocupação em determinar o conteúdo típico do contrato, inegável, não conduz, no entanto, a resultados satisfatórios e suficientes, no plano jurídico, dado não terem tais códigos carácter vinculante, obrigatório, antes se limitando a precisar a economia dos contratos nas relações entre franqueadores e franqueados[625], ao contrário do que pretendem

---

[625] VIRASSAMY, pág. 81, nota 2. Em matéria mercantil, as lacunas da lei são integradas nos termos do artigo 3º do código comercial, o qual consagra o direito comercial como direito privado especial cujas lacunas serão preenchidas pelo direito privado comum geral, pelo direito civil, plasmado essencialmente no código civil de 1966. E, no código civil, claramente se estabelece, no artigo 3º, que os usos não constituem fonte imediata de direito, apenas tendo valor jurídico «quando a lei o determine» (Mª ÂNGELA SOARES/MOURA RAMOS, pág. 40) e se não forem contrários ao princípio da boa-fé. Na medida em que a norma comercial não contenha a solução para uma concreta situação, nem directamente, nem por via analógica, recorrer-se-á portanto à lei civil (recurso que pode até ser directo) – v.g. Vasco LOBO XAVIER, *Direito comercial, cit.*, pp. 12 e segs.

A doutrina distingue normalmente entre os usos e o costume. No pensamento jurídico tradicional, concorrem dois elementos no *costume* jurídico. Por um lado, «um *substractum* ou elemento material, no comportamento repetido e constante» e, por outro «um *animus* (um elemento ideal ou 'espiritual') na consciência, na convicção (...) do carácter obrigatório desse comportamento ou da sua vinculação normativa (*opinio iuris* ou *opinio necessitatis*)» – CASTANHEIRA NEVES (pág. 23, nota 1 e 24), que, na esteira de BOBBIO, se pronuncia em sentido crítico sobre o modo como este dualismo constitutivo do costume é encarado pelo pensamento jurídico dominante, porquanto «o costume só pode afirmar-se juridicidade – (...) *como direito* – se nele se reconhecer também a 'distanciação normativa' própria do direito em geral», «se assumir o dever-ser», «o regulativo de uma *norma*» (pág. 20). Nos *usos,* ao invés, só o primeiro elemento estaria presente e, portanto, exprimindo apenas o sociológico normal, assumindo-se apenas como prática social reiterada, não poderia constituir-se como fonte de juridicidade, porque não transcenderia normativamente o facto (*idem*) – v.g. PIRES DE LIMA/ANTUNES VARELA (pág. 54).

E, em matéria civil, nega-se a dignidade de fonte de direito aos usos e costumes. Como ensina CASTANHEIRA NEVES (pág. 62), a teoria tradicional das fontes, partindo do postulado positivista-legalista, afirma a lei como única fonte de direito. E esta concepção, tendo ainda algum acolhimento no nosso código civil, conduz-nos à conclusão de que os usos só serão fonte de direito quando a lei o determinar, o que, em rigor, pode permitir que concluamos que será sempre, em último termo, a lei a fonte da juridicidade. Ainda que atribuíssemos, pois, aos códigos deontológicos, o valor de *usos de comércio*, isso só juridificaria o seu conteúdo *se* e *na medida* em que a lei remetesse para tais usos. E, assente que não há qualquer lei (entendida esta em sentido restrito,

aqueles que os encaram como «usos do comércio», juridicamente atendíveis[626].

De qualquer forma, isto não deve conduzir-nos a desconsiderar a actuação destas organizações, que contribuíram para a consolidação do conteúdo típico da franquia. Em França, a noção dada pela respectiva

---

como veremos) reguladora do contrato de franquia, então não teria relevância esta qualificação.

[626] CAQUELIN, «La franchise et le droit», *GP*, 1982-2-Doc., pp. 565 segs. (*apud* GALLEGO SANCHEZ, pág. 59, nota 133: sendo que esta Autora responde em sentido negativo), discute o valor daqueles códigos deontológicos enquanto usos do comércio. Também PETERS/SCHNEIDER (pp. 271-272) citam aquele primeiro Autor, para concordarem com a tese de que este códigos não são juridicamente relevantes, embora a sua fundamentação possa considerar-se hoje menos forte, face ao regulamento da franquia e ao acréscimo do direito comparado sobre o tema. FERRIER, em 1988 («La franchise internationale», pp. 645-647), achava ser demasiado cedo para se poder falar de costume ou de usos transnacionais, enquanto *lex mercatoria*, no que é seguido por MATRAY (pág. 62) e MATHIEU (pág. 78), que também exclui que, a propósito da franquia, por ser uma figura recente, se possa falar de *usos*, porquanto «l' usage découle d' une pratique uniforme, ancienne et généralement acceptée du public», deixando no entanto aberta a porta da *equidade*.

Há quem distinga ainda entre usos de comércio internos e usos de comércio internacional, quer estes se insiram no sistema de «lex mercatoria», que seria um sistema dotado de regras jurídicas próprias, criadas fora dos direitos estaduais pelos operadores do comércio internacional ou através da jurisprudência dos tribunais arbitrais, quer se definam pela sua génese «nas condições gerais ditadas por uma determinada associação de um segmento de indústria ou do comércio» (PARRA, pág. 151), «em usos codificados ou em contratos-tipo» (DELACOLLETTE, pág. 111); quer, finalmente, como também formula DERAINS (*Jurisprudência arbitral da CCI*, pp. 53-54, apud PARRA, pág. 152), incluam ainda o «conjunto de regras de direito nascidas da prática repetida dos operadores do comércio internacional, tenham ou não sido codificados», tendo na base ''princípios gerais das obrigações geralmente aplicáveis no comércio internacional' (*Cass. Civ.*, de 9.12.81 [2ème Chambre Civile, acórdão *Fougerolles*])». A afirmação da existência de usos no comércio internacional, para lá de ser já corrente (Mª ÂNGELA SOARES/MOURA RAMOS, pp. 40-41; DELACOLLETTE, pág. 110), encontra acolhimento nos recentes *princípios* UNIDROIT (pp. 19-22), no artigo 1.8, onde, para além dos usos estabelecidos entre as partes num contrato, se consagra a admissibilidade dos usos que «no comércio internacional, [sejam] largamente conhecidos e regularmente observados pelas partes no sector comercial em questão». Usos que também podem ser utilizados na interpretação dos contratos (artigo 4.3, pág. 97). Defendendo a influência destes princípios na elaboração normativa e doutrinal nacionais e mesmo como «expressão da *lex mercatoria*», BORBA CASELLA, «Utilização no Brasil dos princípios Unidroit», *cit.*, pp. 98 e 105. Igualmente sustentando a juridicidade destes princípios, GOULENE, pág. 321. Sobre os usos de comércio e a sua discutível afirmação no âmbito da *lex mercatoria*, direito internacional comum ou mesmo direito transnacional, *vide*, por todos, KASSIS (*op. cit.*), MOURA RAMOS (*Da lei aplicável ao contrato de trabalho internacional*, pp. 497-515, que conclui que a *lex mercatoria* não pode constituir-se como «ordem jurídica primária para a disciplina dos contratos internacionais») e, finalmente, MARQUES DOS SANTOS (pp. 656-666).

Há sistemas jurídicos de protecção da concorrência que prevêem a elaboração de regras de concorrência por parte das associações económicas e profissionais que se impõem aos seus membros, sendo obrigatórias para eles, ainda que se lhes não reconheça a qualidade de normas jurídicas – assim o sistema alemão, §§ 28 e 29 da GWB, referidos por NOGUEIRA SERENS, *A tutela das marcas e a (liberdade de) concorrência*, pp. 64-65. Como dispõe o artigo 28°, (n° 1) da GWB, «as associações económicas e profissionais podem estabelecer *regras de concorrência* nos seus domínios respectivos», que são (n° 2) «disposições que regem a prática concorrencial dessas empresas, visando opor-se à adopção de práticas contrárias aos princípios e ao exercício de uma concorrência efectiva e a estimular as práticas conformes a esses princípios». Além disso, as associações podem solicitar ao *Bundeskartellamt* que reconheça essas regras (28°, n° 3), condição para a sua insubmissão ao artigo 1° da GWB. Segundo parece, a lei neerlandesa de 28.6.56 (lei sobre a concorrência económica: *wet economische mededinging*) prevê também a possibilidade de regulamentações privadas de concorrência serem sancionadas pelo Ministro dos Assuntos Económicos.

A concepção que vê estes códigos como usos de comércio geradores de juridicidade e, consequentemente, fundamento até de uma tipicidade jurídica destes contratos, só quadra bem num sistema jurídico como o italiano, em que os usos são considerados fontes de direito – art. 1°, 4 (*Disposizioni sulla lege in generale*). Neste sentido, PUPO CORREIA, pág. 43. Mas, por outro lado, estes códigos são também manifestações de um processo que se desenrola contemporaneamente, implicando mesmo uma reconformação do elenco tradicional das fontes do direito, marcada pelo acréscimo do poder das instâncias de resolução de conflitos (juízes, árbitros), pela internacionalização das relações sociais e económicas e pela *privatização* do direito, em termos tais que se chega a questionar a distinção entre fontes materiais e fontes formais e, mais do que isso, a pôr em causa a própria distinção dogmática entre direito e facto (sobre tudo isto, FARJAT, pp. 57-58).

Os códigos de conduta não são uma realidade juridicamente desconhecida, mesmo no nosso ordenamento jurídico. O código do mercado de valores mobiliários, aprovado pelo DL 142-A/91, de 10 de Abril, prevê a elaboração de códigos de conduta (artigo 655°), de que é concretização o Regulamento n° 93/8 (BCMVM, ano III, n° 15, 23-11-93), que estabelece o código de conduta das sociedades corretoras e das sociedades financeiras de corretagem. Sobre o valor e sentido destes códigos, F. NUNES (pp. 89 ss.), que os considera normas corporativas, no sentido do artigo 1° do Código Civil. Aliás, a recomendação n° R (82) 15 do Comité de Ministros do Conselho da Europa propõe que, no âmbito da protecção penal dos direitos dos consumidores, seja estimulada a elaboração de códigos deontológicos que sirvam de elemento valorativo por parte do juiz penal – cfr. BIGOTTE CHORÃO, pág. 729, nota 51.

Também a lei eslovena de protecção da concorrência, de 1993, encarrega o Serviço de protecção da concorrência de propor às câmaras de comércio a elaboração de regras unificadas de ética e de usos comerciais e profissionais.

associação nacional foi adoptada pela jurisprudência[627]; em Itália, a insubmissão ao regulamento elaborado pela associação de *franchising* pode conduzir à expulsão do membro[628]; e, finalmente, na própria CE, podem ter alguma influência na determinação dos mercados relevantes[629] ou estar mesmo sujeitos à própria norma do artigo 85°[630].

Entre outras organizações[631], as associações nacionais de *franchising*, como a International Franchise Association (associação americana de franqueadores)[632]-[633], a British Franchising Association[634], a Fédération

---

[627] Para um elenco de casos em que tal aconteceu, *vide* as conclusões do advogado-geral VAN THEMAAT, no acórdão do TJCE, *Pronuptia*, de 28.1.86, pág. 360-361 (e BURST, «Anotação ao acórdão do *Cour d'Appel de Colmar*, de 9.6.82», pág. 555). Aliás, em França como noutros países, as representações de comerciantes sempre tiveram um importante papel na determinação dos usos comerciais – NOGUEIRA SERENS, *A tutela das marcas e a (liberdade de) concorrência*, pág. 29.

[628] Salientando este aspecto, SINISI, pág. 9.

[629] Segundo a Comissão, no recente regulamento n° 3385/94, de 21.12.94 (pág. 42), que revoga o regulamento n° 27/62 (de 3.5.62, JOCE, n° 35, de 10.5.62, pp. 1118 – EE 08, fasc. 01, p. 31), pode ser utilizada como critério de definição do mercado de produto relevante «a existência ou não de diferenças de classificação dos produtos no sector (por exemplo, as classificações estabelecidas por associações comerciais)».

[630] É ponto que não aprofundaremos, mas que pensamos ser possível, cumpridas certas condições, extrair do próprio artigo 85° CE. Com efeito, o Tribunal de Justiça já considerou que as disposições dos estatutos de uma associação de empresas de um determinado sector e país (respectivamente, o dos seguros de incêndio e industriais, para as empresas a operar na Alemanha) constituíam um decisão de associação de empresas, na medida em que recomendavam um determinado comportamento, e tal recomendação era na prática vinculativa – acórdão de 27.1.87, *Verband der Sachversicherer* (*cit.*, considerandos 30-32, pág. 455) e, de modo ainda mais enfático, as conclusões do advogado-geral DARMON nesse processo, pp. 438-439. Sobre um caso em que o Tribunal acabou excluindo a responsabilidade (autoria na coligação) de uma associação comercial (não-comunitária), *v.g.* acórdão de 27.9.88, *A. Åhlström*, pág. 5245.

Sobre o tema, de algum modo, leia-se LAURENT, pp. 24-25. Em relação à sua submissão às equivalentes normas nacionais, *vide* CONSELHO DA CONCORRÊNCIA, *Relatório da actividade de 1990*, pág. 46, III.

[631] PETERS/SCHNEIDER (pp. 198 e segs.) referem-se ainda às noções adoptadas pelas associações japonesa, belga e sueca de franquia. Também a AFNOR (Association française de normalisation) adoptou uma definição de franquia, que podemos encontrar, por exemplo, no artigo de COCKBORNE (pág. 190, nota 44). A *Irish Franchise Association*, criada em 1984, segue os princípios estabelecidos pela associação britânica, de que falaremos (CARRIGAN, pág. 142).

[632] Esta associação considera elementos imprescindíveis deste negócio, a sua natureza contratual; a manutenção de um interesse do franqueador no negócio do franqueado (traduzido na transmissão de *know-how* e em actividades de formação); a utilização pelo

Française de Franchisage (que elaborou um código de deontologia)[635], a Associazione Italiana Franchising[636], a Deutscher Franchise-Verband[637] e

---

franqueado de marcas ou métodos que o fazem transportar, aos olhos do público, a *imagem empresarial* do franquedor (PINTO MONTEIRO) e a obrigação de o franqueado entrar com capitais próprios para o negócio. Sobre a noção dada pela International Franchise Association, MENDELSOHN, *A Guide to Franchising*, 4ª Edição, Oxford, 1985, pp. 5 a 8, citado também na doutrina portuguesa por ISABEL ALEXANDRE, pág. 334. Também cita esta e outras noções PEREIRA BARROCAS, pág. 130. Nos EUA existem várias associações em matéria de franquia, como a *National Association of Franchised Businessmen* (NAFB) – GUYÉNOT, pág. 282.

[633] Considera M. MENDELSOHN incompleta esta noção, por ser insuficiente a simples manutenção pelo franqueador de um interesse no negócio do franqueado, pois o franqueador deve introduzir e iniciar o franqueado no negócio que este vai adquirir.

[634] Sobre a noção dada por esta associação – onde se acentuam, para lá de outros elementos já presentes na noção da associação americana, o direito do franqueador a um controlo contínuo da actividade do franqueado, a obrigação de prestação de assistência por parte do franqueador, a obrigação de o franqueado pagar periodicamente ao franqueador quantias em dinheiro e a independência jurídica entre franqueador e franqueado –, leia-se ISABEL ALEXANDRE (pág. 335), onde se cita doutrina estrangeira que se pronunciou sobre este contrato. Para uma reprodução do código deontológico desta associação e da noção de *franchise*, ADAMS/PRICHARD JONES, pp. 6-7 e 9-10, respectivamente.

[635] Este código pode encontrar-se em BESSIS, pp. 113 e segs. Da significativa noção de franquia dada por este organismo destaca-se a transmissão para o franqueado do uso de sinais distintivos do comércio do franqueador, a transmissão do saber-fazer (*know-how*) e a colocação ao dispor do franqueado de um conjunto de produtos e/ou de serviços e/ou tecnologias patenteadas ou não.

[636] A A.I.F. considerou, como elementos essenciais deste contrato, a independência jurídica e económica entre franqueador (*affiliante*) e franqueado (*affiliato*); o direito de o franqueado utilizar a 'fórmula comercial' do franqueador, na qual se compreende o uso do *know-how* e dos sinais distintivos do comércio do franqueador; e a obrigação para o franqueado de se empenhar na assunção como sua da política e imagem comerciais do franqueador. Sobre esta noção, LA PLACA, pág. 201. O código deontológico da A.I.F. pode ser consultado em BUSSANI/CENDON, pp. 505-506. Outros aspectos salientados pelo código da A.I.F. são a duração do contrato (com prazo ou de duração indeterminada, mas sempre um prazo mínimo de três anos), a realização de objectivos comerciais e a zona. Acentuando também a obrigação do franqueado fomentar a venda ou a distribuição dos produtos, K. SCHMIDT (*Handelsrecht*, 4ª ed., Köln-Berlin-Bonn-München, 1994, pág. 776).

[637] Vide SKAUPY, *Franchising. Händbuch für die Betriebs und Rechtspraxis*, München, 1987, pág. 5, *apud* GALLEGO SANCHEZ, pág. 61, nota 144, e, entre nós, OLIVEIRA ASCENSÃO (pp. 315-316). Curiosamente, a noção dada por esta organização é a única que claramente refere a natureza vertical das relações de franquia: «Franchising is a vertical-cooperatively organized sales system of legally independent enterprises...» (PETERS//SCHNEIDER, pág. 203).

o Comité Belga da Distribuição[638] elaboraram as suas próprias noções de *franchising*. A Associação Portuguesa de Franchise, adoptou *ne varietur* a definição de franquia dada pelo código deontológico da Fédération Française de Franchisage[639]. No Canadá, não só a Uniform Law Conference elaborou um *Uniform Franchises Act*, com a correspondente noção[640], como também é possível encontrar uma noção num documento do Ministério da Indústria, Comércio e Turismo[641].

Finalmente, o Código de Deontologia Europeia da Franquia (CDEF)[642] adoptou definição similar à dada pela Federação Francesa de Franquia, embora acrescente a retribuição como inerente a «todo e qualquer contrato de franquia». Este código tem para nós um interesse especial, não só porque foi elaborado em colaboração com os serviços da Comissão europeia, mas também porque se preocupa com as suas consequências ao nível da concorrência[643].

---

[638] Noção cuja propriedade, actualidade e aceitação pela Câmara do Comércio Internacional, pese embora a sua precocidade, justifica a reprodução: «Sistema de colaboração entre duas empresas diferentes mas ligadas por um contrato, em virtude do qual uma delas concede à outra, mediante o pagamento de uma quantia e segundo condições bem determinadas, o direito de exploração de uma marca ou fórmula comercial representadas por um símbolo gráfico ou um emblema e assegurando-lhe, ao mesmo tempo, ajuda e serviços regulares destinados a facilitar essa exploração» (COMITÉ BELGA DE LA DISTRIBUCIÓN, pp. 10 e segs.).

[639] Sobre a noção dada pela A.P.F., leia-se o que *supra* ficou dito sobre a noção dada pelo código de deontologia da Federação Francesa de Franquia. Também sobre a noção dada pela associação portuguesa, ISABEL ALEXANDRE, pág. 336-337.

[640] Incluindo elementos que veremos presentes na noção dada pelo *California Franchise Investment Act*, de 1970 (*infra*), embora em termos não imperativos, e ainda a definição de uma zona de actuação (PETERS/SCHNEIDER, pág. 175). Esta noção exclui ainda expressamente da franquia um acordo entre fabricantes.

[641] *Expansion de votre entreprise par le franchisage*, Quebec, 1982, pág. 10 – vide MATHIEU, pág. 10.

[642] Este Código pode também consultar-se em BESSIS, pp. 120 e segs. O código europeu foi elaborado sob a égide da Fédération Européenne de la Franchise, que agrupava as organizações profissionais da Bélgica, França, Itália, Noruega, Holanda, RFA, Reino Unido e Suécia.

[643] Tendo mesmo sido objecto da crítica de FRIGNANI («Il codice deontologico europeo», *cit.*, pp. 154 e segs.), por, ao sobrevalorizar a consideração do contrato à luz das regras de concorrência, «esquecer outros domínios tão importantes como o contratual, conclusão e renovação, igualdade dos contratantes, ou da oferta ao público». Mas outra crítica lhe podemos fazer. É que, um pouco na sequência da sua génese e objecto, estes códigos não têm uma visão global do contrato, por incluirem entre os seus elementos caracterizantes, notas que, mais do que próprias do conceito ou tipo da franquia, são

Não procederemos aqui a uma análise que permita descobrir os pontos de contacto e de afastamento entre as noções dadas por todos estes organismos. Cremos que, no essencial, todas concordam em identificar a franquia com determinadas notas, a que as instâncias comunitárias se mostraram particularmente receptivas.

b) *A regulação jurídica da franquia nos espaços jurídicos nacionais*

Para entendermos a franquia, podemos também recorrer às definições dadas pelos vários ordenamentos jurídicos. Desde logo através de actuação normativa. Mas também através de determinações, directivas ou instruções dadas por certo tipo de entidades[644]. Para além disso, no plano estadual, este contrato tem sido ainda encarado, de forma progressivamente crescente, pela jurisprudência, sobretudo francesa[645] e italiana[646].

---

típicas de certas modalidades da franquia. Sobretudo, as modalidades de franquia de distribuição (entendida esta em sentido amplo, englobando as já tradicionais franquias de distribuição e de serviços) – I A do Código da FEF, e, mais impressivamente ainda, o Preâmbulo, 2) do CDEF. Sobre este código, MATRAY, pp. 60 e segs.

[644] Nos EUA, existiam os *US Vertical Restraints Guidelines* (VGR), que se aplicavam a estes acordos, mas não só. Estas instruções são também consideradas pela jurisprudência de certos países, como elemento auxiliar para a decisão. Sobre a invocação destes VGR, por ex., na Nova Zelândia (NZ), perante o New Zealand High Court, pode ler-se TOLLEMACHE, pág. 265. Mesmo enquanto se mantiveram vigentes, estes VGR não eram universalmente aceites, inclusivamente nos EUA (esta foi parte da explicação dada pelo tribunal da NZ para a sua não aplicação a um acordo, apesar de, no caso, não se tratar de um contrato de *franchising*, mas de distribuição exclusiva).

[645] Cfr. as várias espécies jurisprudenciais descritas por VAN THEMAAT (conclusões no processo *Pronuptia*, pág. 360), onde salienta a consideração como essenciais da «concessão de uma denominação social, de insígnias e de símbolos, assim como a garantia de um método uniforme de vendas». Destaque para a abundante jurisprudência relacionada com o problema de (in)determinação dos preços dos bens adquiridos ao franqueador. Mas, em geral, é relativamente abundante a jurisprudência mais recente. Entre esta, por exemplo, os acórdãos do *Cour d'Appel* de Paris, de 10.3.89 (*Gazette du Palais*, 1989, 2ᵉ sem., p. 546); da 1ª *Chambre* (conc.) de Paris, de 16.10.92; da 5ème *Chambre*, de Paris, de 4.10.91 (*Mme Viriot e outros c. SA Semar*), de 22.9.92 (*Mme Guille e outros c. SA Pronuptia*) e de 29.9.93; COM, de 30.6.92 (*Mme Bourges c. SA Laboratoire de biologie végétale Yves Rocher*) – vide ainda RDS, 1992, 42º, pp. 392.

[646] É já amplíssima a jurisprudência que, com maior ou menor propriedade, se ocupou do *franchising*. Para um elenco e análise das espécies jurisprudenciais surgidas em Itália, consultem-se sobretudo as obras de FRIGNANI e PARDOLESI, bem como RINALDI (pp. 84-85).

O advogado-geral VAN THEMAAT, nas conclusões que apresenta perante o TJCE (pág. 361), no caso *Pronuptia*, refere também um acórdão alemão, do *Bundesgerichtshof*,

Legislativamente, a franquia raramente tem sido objecto de previsão[647]. As intervenções que sobre ela têm ocorrido, ou não lhe são exclusivas, aplicando-se a uma série de outras figuras, ou são parcelares, visando apenas certos aspectos do seu regime.

No espaço europeu (estadual) comunitário, o contrato não foi objecto de previsão legal, senão em diplomas avulsos e de intencionalidade bem localizada. Entre estes contam-se, na Bélgica, a lei de 27.7.61[648]; em

---

de 23 de Março de 1982 (Meierei-Zentrale, *Wirtschaft und Wettbewerb*, 1982, pág. 781). Igualmente susceptível de referência era os acórdãos de 12.9.85, do *Oberlandsgericht* de Munique (*Firma Gem-Collection Cosmetics Gmbh* – 5 U 4430/85, 7 0 8258/85 LG München I); e de 30.5.1978, do *Bundesarbeitsgericht* (citado por SCHAUB, «Franchising und EG-Kartellrecht» *WuW*, 8/87, pág. 607).

Em Espanha, SANCHEZ CALERO (pág. 190) refere dois acórdãos do *Tribunal Supremo* – de 15.5.82 (R. 2393) e de 23.10.89 (R.6. 951) –, que consideram a franquia como sub-espécie de concessão. A estes há que acrescentar – o acórdão do Tribunal Supremo de 15.5.85 (*v.g.* CHULIÁ VICENT/BELTRÁN ALANDETE, pp. 182-184) e a resolução do *Tribunal de Defensa de la Competencia*, de 18.4.90 (analisado por Ruiz PERIS, pp. 167).

[647] Para além dos E.U.A., a que nos referiremos de seguida, conhecemos referências legislativas a esta figura no Canadá (leis da Província de Alberta, de 1971, in *Revised Statutes of Alberta*, 1980, CF-17; e da Província do Quebec, de 21-12-79) – cfr. FERRIER, «La franchise internationale», pág. 651, embora em termos desencontrados, porque, segundo MATHIEU, investigador canadiano, apenas Alberta tem uma lei, desde 1972 (!), tendo no Quebec sido discutido um projecto de lei (nº 70), que não terá sido aprovado (pp. 2 e 11). FERRIER igualmente refere o Japão, mas a lei que aí existe – lei de 29.9.1973, relativa ao desenvolvimento dos pequenos e médios retalhistas – não cura especificamente do contrato de franquia, antes o tratando no quadro geral descrito, enquanto contrato de assistência técnica (*vide* NISHIMURA, pp. 1 e 5).

Em COCKBORNE (pág. 190, nota 42) encontramos referência a um projecto legislativo francês baseado no artigo 10º da «ordonnance» francesa nº 86-1243 (lei francesa da concorrência), que não chegou a ser adoptado. Também MATRAY (pág. 34, nota 66) refere uma proposta de lei apresentada na Bélgica em 1980 (*Doc. Parl.*, Sén., sess. 1980-81, 2.7.81, 696), que apresentava como elementos essenciais do contrato a cooperação entre duas empresas independentes, a concessão do direito de utilizar sinais distintivos, de acordo com um modelo de exploração bem definido e, finalmente, a remuneração do franqueador. Na Suécia, há notícia de um relatório de uma Comissão parlamentar, de 1987, recomendando a adopção de legislação específica para a franquia (SOHLBERG, pp. 2-3), sobretudo para protecção dos franqueados.

[648] Alterada pela lei de 13.4.71, aplicável aos concessionários exclusivos. Para WILLEMART (pp. 89-90), a aplicação desta lei à franquia depende de saber qual o elemento determinante no contrato: a exclusividade ou o saber-fazer. No primeiro caso, a lei aplicar-se-á, ao contrário da segunda hipótese.

França, os *arrêtés ministérielles* de 29.11.1973 e de 21.2.1991[649], e a lei «Doubin», de 31.12.89[650]. Por sua vez, em Espanha, destacam-se a lei nº 7/1996, de 15 de Janeiro – relativa à ordenação do comércio retalhista[651] – e, de modo especial no sector da concorrência, o Real Decreto 157/1992, que transpôs para o domínio interno do direito da concorrência espanhol as regras comunitárias de isenção categorial de certos comportamentos coligados eventualmente restritivos da concorrência[652]. Finalmente, na Grã-Bretanha, incidentalmente, a *Restriction on Agreements (Manufacturers and importers of motor cars) Order 1982*[653] utilizava a expressão *franchisee*...

---

[649] O *arrêté* do Ministro das Finanças, de 21.2.1991 (JO 1.3.1991,p. 2963), estabeleceu, no seu art. 1º, que «qualquer pessoa que venda produtos ou forneça serviços, ligada por um acordo de franquia a um franqueador, *deve avisar o consumidor da sua qualidade de empresa independente*, de maneira legível e visível, no conjunto dos documentos informativos, especialmente de natureza publicitária, bem como no interior e no exterior do local de venda». Trata-se de uma norma que, na nossa opinião, poderá descaracterizar o contrato, em França, enquanto leve a que o franqueado deixe de surgir «aos olhos do público, com a imagem empresarial» do franqueador.

[650] A lei de 31.12.89, chamada «lei Doubin», aplica-se de forma imperativa à fase pré-contratual dos contratos pelos quais uma «pessoa ponha à disposição de outra pessoa um nome comercial, uma marca ou um sinal...», instituindo uma relação de exclusividade (artigo 1º da lei e decreto de aplicação de 4.4.1991). Sobre esta lei, com maior desenvolvimento, JUGLART/IPPOLITO, pp. 214 e segs. Não é uma lei específica para a franquia (assim, contudo, FERRIER, citado *apud* MATRAY, pág. 31), como resulta da delimitação que faz do seu âmbito de aplicação. É que a exclusividade não é essencial à franquia, para lá de ser comum em muitas outras formas comerciais e industriais que não são *franchising*. Pelo que não nos parece, contrariando a opinião de MATRAY (pp. 30-33), que esta norma se aplique *imperativamente* aos contratos de franquia, embora possa ter sido essa a intenção do legislador.

[651] Esta lei, que tem por objecto a *Ordenación del Comercio Menorista* define o contrato de franquia como a cessão «do direito de exploração de um sistema próprio de comercialização de produtos ou serviços».

[652] Real Decreto 157/1992 de 21.2.1992, que desenvolve a lei 16/1989, de 17 de Julho, em matéria de isenções por categorias, autorização singular e registo da defesa da concorrência (BOE, nº 52, de 29.2). Sobre outras normas em que se insiram referências ao contrato, *vide* CARDELÚS, pp. 133-145. Para uma apreciação crítica do método adoptado em Espanha, *infra* Parte III.

[653] Pois que, em geral, o contrato não se encontra regulado – SLINGSBY/GREENFIELD, pág. 110. De 9.5.1982, elaborada ao abrigo do artigo 91, nº 2 do *Fair Trading Act*, de 1973, definia como franqueado (*franchisee*), no seu § 2, «any person who is or has been appointed by a manufacturer or importer of motor cars to deal in motor cars or car parts supplied to that person by the manufacturer or importer». Como se vê claramente,

Também nos EUA o contrato[654] vinha há já algum tempo suscitando preocupações. Desde logo quanto às situações em que se utilizava, este contrato (ou outro como tal designado) para, através «de técnicas sem escrúpulos, quando não grosseiramente fraudulentas, dirigidas a 'criar' ilusões de ganhos fáceis»[655], proceder à «venda do fumo»[656], à constituição de relações jurídicas contratuais caracterizadas por uma situação de desigualdade e dependência gritantes, ou mesmo negociando sistemas de comercialização que o não eram verdadeiramente.

Daí que, para superar as dificuldades de protecção do contraente mais débil (ou, pelo menos, menos informado)[657], nomeadamente através do regime da *fraud*[658], sobretudo naqueles casos em que a ilusão criada não o é apenas através da propalação de factos contrários à verdade, mas «pela reticência calculada, pela escolha selectiva dos dados postos à disposição»[659], foram procuradas soluções *divertidas*, como o tratamento do *franchising* como *investment contract*.

---

o franqueado aqui descrito era simplesmente o distribuidor automóvel. Esta *order* considerava ilegal, salvo nas hipóteses descritas no § 5, o acordo que impusesse cláusulas de aprovisionamento exclusivo do *franchisee* junto do importador, do fabricante ou mesmo de terceiro por estes designado (§ 3).

[654] Ou genericamente, todos os contratos que a prática aí crismava como *franchising* que, sabêmo-lo, podem praticamente identificar-se com a categoria dos contratos de distribuição.

[655] PARDOLESI, «Il "controllo" del franchising», pág. 159.

[656] FRIGNANI, «Contributo ad una ricerca», *cit.*, pág. 3058, referindo-se ao acórdão do Tribunale di Roma, de 1972, caso *Dear to be great*. Sobre este tema e preocupações, PETERS/SCHNEIDER, pp. 179 e 249 e segs.

[657] O desequilíbrio entre as partes, enquanto fonte destas preocupações normativas, não tem de conduzir à consideração destas normas como normas motivadas exclusivamente por um objectivo de equilibrar o poder contratual das partes, em termos semelhantes aos que presidem à legislação sobre a cessação contratual. Para PARDOLESI, «Il "controllo" del franchising» (pp. 165-168), a raiz do desequilíbrio de forças entre as partes, que se visa combater, é o da *informação* disponível para as partes, em que o franqueador é «um sujeito económico sofisticado, com experiência de rede (capilar), que se apoia num contrato predisposto unilateralmente...», e o franqueado é muitas vezes procurado entre sujeitos inexperientes, mais predispostos a aceitar «a política comercial querida pela contraparte».

Sobre a natureza essencialmente não-concorrencial da tutela jurídica da parte mais fraca nos contratos de distribuição, *v.g.* o Parecer 1/87 do CONSELHO DA CONCORRÊNCIA, in *Relatório de actividade de 1987*, pág. 9048, cons. 8.

[658] Cujo ónus da prova é complexo e particularmente gravoso (exigente) – assim PARDOLESI, «Il «controllo» del franchising», pág. 160, que nesta matéria acompanharemos de perto.

[659] *Idem*.

A inadequação deste meio, por nós já referida, conduziu ao surgimento de *remédios* normativos, de que foi expressão inicial o *California Franchise Investment Law* (CFIL), de 1970[660]. A nível federal, uma verdadeira uniformização foi apenas atingida através da *Full Disclosure Rule*[661],

---

[660] Este diploma definia a franquia da seguinte forma: Art. 31005 (a): «'Franchise' é o contrato ou acordo, expresso ou implícito, escrito ou oral, entre duas ou mais pessoas e pelo qual: (1) a um franqueado é outorgado o direito de desenvolver um negócio de oferta, venda ou distribuição de produtos ou serviços segundo um plano de *marketing* ou um sistema substancialmente estabelecido pelo franqueador; e (2) o desenvolvimento do negócio pelo franqueado segundo tal plano ou sistema é associado à marca de produto ou de serviços, nome, logotipo, publicidade ou outros símbolos comerciais que designem o franqueador ou uma sua filial; e (3) em que o franqueado tem de pagar, directa ou indirectamente, uma retribuição *(franchise fee)*» (PETERS/SCHNEIDER, pág. 169, e LA PLACA, pág. 201, nota 13). Trata-se de uma noção similar à que foi proposta pela A.I.F., com duas especificidades. A primeira consiste na expressa afirmação da natureza consensual do contrato de franquia, traduzindo-se a segunda na imposição ao franqueado da obrigação de pagar uma *franchise fee* ao franqueador.

A iniciativa californiana foi logo seguida por muitos outros Estados – deparámo-nos com referências a normas nos seguintes Estados dos EUA: Arkansas, Delaware, Florida, Hawaii, Illinois, Indiana, Iowa, Maryland, Massachussets, Michigan, Minnesota, New Jersey, New York, North Dakota, Oregon, Puerto Rico, Rhode Island, South Dakota, Virginia, Washington, Wiscosin – e objecto de sucessivos esforços de uniformização, levados a cabo quer através de instrumentos como a *Uniform Franchise Offering Circular* (UFOC – adoptada pela Midwest Securities Commissioners Association, em 2.9.75) ou de organismos como o *Business Opportunities Act Committee da National Conference of Commissioners on Uniform State Laws*; quer por via federal, pela *Federal Trade Commission*, nomeadamente através da *rule 436* (*Disclosure requirements and prohibitions concerning franchising and business opportunity ventures*), de 21.12.78, que entrou em vigor em 26.10.1979 (uma reprodução deste diploma pode encontrar-se em GAST/MENDELSOHN, pp. 111 e segs.); ou através de projectos apresentados ao Senado, como o do senador HART, de 25.4.69 («The Franchise Competitive Practices Act», S. 1967, 91st Cong., 1st Sess., 1969). Sobre as leis em matéria de franquia, nos Estados Unidos, a *auto-regulação* intencionada pela *IFA* e as propostas submetidas ao Congresso, em 1993, J. W. BURNS, pp. 618 e segs.

A UFOC é um documento que vários Estados aceitaram, previamente à elaboração da lei federal, como forma de satisfazer algumas das suas necessidades de protecção pré-contratual do franqueado. Segundo a opinião da FTC, esta UFOC oferece um grau de protecção igual ou mesmo superior à da lei federal, aceitando que substitua, em alguns pontos relativos à obrigação de informação (§ 436, n° 1 a) a e)), os documentos exigidos pela *rule 436*.

[661] A *rule 436*, estabelecida pela FTC com pretensões «ciclopiche», consagra um nível mínimo de protecção – PARDOLESI, «Il "controllo" del franchising», pág. 161. Segundo refere ISABEL ALEXANDRE (pág. 326), «esta lei consagra um dever de informação pré-contratual relativo, nomeadamente, aos métodos, experiência profissional e passado judi-

que fixa níveis mínimos de informação a transmitir ao franqueado («instruções de uso»), cujo incumprimento é sancionável[662].

De notar, quanto a este complexo normativo elaborado pelas autoridades norte-americanas responsáveis pela concorrência, que ele vê o seu âmbito material de aplicação marcado por certas manifestações da regra *de minimis non curat legislatoris*, ao declarar-se inaplicável a contratos de franquia com *versamenti* abaixo de certo limiar; a *fractional franchisees* que só tenham um peso até 20% do volume total de negócios do franqueado[663]; e a licenças de marca individuais (*one-to-one*). Estranhamente, ou talvez não, revela ainda desprezo pelos contratos consensuais.

Também a Comunidade Europeia, ainda que não constituindo um Estado, se preocupou com o contrato de *franchising*. Tanto ao nível concreto-decisional como ao nível normativo, através de actuações dos

---

ciário daquele que será o franqueador». Este dever implica a entrega aos candidatos a franqueados de um dossier financeiro («*earnings claim document*») e de um dossier comercial («*basic disclosure document*» ou «*uniform franchise offering circular*»), relativos ao franqueador e ao sistema franqueado – *v.g.* FERRIER, «La franchise internationale», pág. 652, nota 103. Para uma análise, bastas vezes com um toque malicioso na apreciação, mas sem deixar de referir os riscos de perversão que um tal *indirizzo* normativo (especialmente a pp. 164 ss) pode permitir, o já plúrimas vezes referido PARDOLESI, «Il "controllo" del franchising», pp. 161 e segs.

[662] Vários são os meios previstos: a FTC pode emitir uma *cease and desist order*, de carácter administrativo, e intentar uma *consumer redress action*, com vista à resolução do contrato e ao ressarcimento dos danos. A falta de legitimidade dos particulares, que resulta da *rule 436*, é apenas ultrapassável pelos State «Little FTC» Acts.

A acção legislativa a nível estadual é por vezes mais garantística para os franqueados do que a própria *rule 436*, nomeadamente em 12 dos Estados referidos na nota anterior, em que a *registration* do *disclosure statement* é condição para a autorização para agir no mercado. Podendo mesmo as autoridades estaduais ter um poder discricionário de revogar a *registration*...

Também as associações de *franchising* se preocupam com os deveres de informação pré-contratual – assim, o Regulamento da AIF, que estabelece, no seu artigo 5°, que o franqueador deve entregar ao franqueado certos documentos, até 15 dias do começo de execução do contrato: uma cópia integral do contrato, incluindo todos os documentos acessórios (um cópia do contrato-tipo deve ser depositada na AIF); cópia dos três últimos balanços do franqueador e lista de processos judiciais relacionados com o sistema (a pedido do franqueado); lista dos franqueados; previsão de rendimentos, cópia do regulamento e do código deontológico (SINISI).

[663] Por se considerar, talvez, que a dependência do franqueado face à contraparte não merece especiais cuidados, o que pode até não ser verdade.

seus mais importantes órgãos: o Conselho[664], a Comissão e o Tribunal de Justiça.

A apreciação que as instâncias fizeram deste contrato tornou-se mesmo na «pedra de toque» do tratamento económico e jurídico do contrato, em todo o espaço comunitário. O que, a um tempo, é espantoso, sobretudo se considerarmos as limitações intrínsecas de todas e cada uma das intervenções comunitárias.

Limitemo-nos no entanto a constatar o factor decisivo de *conformação* desta figura contratual desempenhado pelos órgãos comunitários. Se o contrato era multiformemente entendido pelos agentes económicos, pela doutrina e pelos escassos ordenamentos jurídicos que sobre esta figura tinham legislado, a partir de 1986 a situação altera-se de forma radical.

Sobretudo por acção do Tribunal de Justiça. Este, no exercício das suas competências por *atribuição*[665], enquanto órgão jurisdicional que coopera com os tribunais nacionais através do mecanismo do reenvio prejudicial, previsto no artigo 177º do Tratado de Roma[666], foi chamado

---

[664] Consideramos aqui o Conselho, embora em bom rigor este nunca se haja pronunciado sobre o contrato de franquia. No entanto, foi este órgão que elaborou os diplomas que permitiram e permitem à Comissão dirigir a aplicação e vigiar o cumprimento das regras de concorrência, designadamente os regulamentos nº 17/62 e 19/65.

[665] Artigo E do TUE, e artigos 3º-B, § 1 e 4º, nº 1, § 2 do Tratado CE. Sobre isto, o que diremos *infra,* pp. 385 e segs.

[666] Na versão que lhe foi dada pelo TUE – artigo G, E, 56). O mecanismo do reenvio prejudicial (das «questões prejudiciais») institucionaliza uma relação de cooperação entre os tribunais nacionais e o Tribunal de Justiça que, ao longo da evolução comunitária, se volveu no mais importante instrumento de realização efectiva do processo de integração europeia, por centrar no Tribunal de Justiça a interpretação das normas comunitárias a aplicar pelas jurisdições nacionais, assumindo-se como garante da uniformidade de aplicação do direito comunitário por estes «órgãos jurisdicionais nacionais» (sobre o papel do Tribunal de Justiça na «constitucionalização» dos Tratados, J. L. CRUZ VILAÇA, «Europe's Constitution: an unfinished task», pp. 11-17, e *infra* Parte III).

Entre muitas outras realizações, a utilização deste expediente tem permitido ao Tribunal de Justiça desenvolver o direito comunitário e superar algumas das falhas genéticas que ele poderia ter. Entre os desenvolvimentos mais notáveis, destaque para os que imediatamente respeitam aos cidadãos. O reconhecimento do *efeito directo* das normas comunitárias, quaisquer que sejam, quer dizer, da invocabilidade das normas comunitárias pelos particulares perante as jurisdições nacionais (acórdão *Van Gend en Loos*, de 5.2.1963); a centralização na sua esfera de competência exclusiva da apreciação de validade dos actos comunitários (acórdão *Foto-frost*, de 1987); a afirmação do princípio da *interpretação conforme* das directivas [para quem não veja aí o reconhecimento do seu efeito directo horizontal (BOTELHO MONIZ/MOURA PINHEIRO, pp. 135; ou uma *invocabilidade de interpretação* (Th. DAL FARRA, «L' invocabilité des directives communautaires», *RTDE,*

pelo *Bundesgerichtshof*[667] a pronunciar-se sobre a compatibilidade de um contrato de franquia (de distribuição) com o artigo 85°, n° 1 do tratado e, em segundo lugar, sobre a aplicabilidade a um tal contrato da isenção categorial conferida pelo regulamento 67/67[668].

Na sequência de tal solicitação, o tribunal veio a pronunciar-se através do acórdão *Pronuptia*[669], em 28 de Janeiro de 1986, aresto que marcou decisivamente o futuro do contrato de franquia na Europa comunitária – a *sedimentação* que a figura da franquia veio rápida e fulgurantemente[670] a adquirir no quadro comunitário – e onde, contrariamente ao que muitos Autores esperavam[671], o tribunal veio a formar um juízo bastante positivo do contrato, considerando até que o *franchising*, em si

---

1992, pp. 632 e segs.) – acórdãos *Marleasing*, de 13.11.90 (proc. C-106/89) e *Wagner Miret*, de 16.12.93 (proc. 334/92)]; a consagração do princípio da *responsabilidade estadual pela não transposição das directivas* (acórdão *Francovich*, de 19.11.91, procs. C-6/90 e 9/90) ou até, mais genericamente, pelo não cumprimento do direito comunitário.

[667] Resolução de 15 de Maio de 1984, que deu entrada no TJCE em 25 de Junho do mesmo ano. As perguntas formuladas ao TJCE encontram-se integralmente publicadas no JOCE, n° C 191, de 19-7-84. Além das duas perguntas descritas no texto – aplicação do n° 1 do art. 85° a contratos de franquia e aplicabilidade a estes contratos do Regulamento 67/67 – uma terceira pergunta, com várias alíneas, foi colocada, não tendo merecido resposta, porquanto partia do pressuposto (não confirmado pelo Tribunal) da aplicabilidade do regulamento a estes contratos.

[668] Regulamento n° 67/67 da Comissão, de 22 de Março de 1967, relativo à aplicação do n° 3 do artigo 85° do Tratado a certas categorias de acordos de exclusividade.

[669] Acórdão *Pronuptia*, de 28.1.1986, pp. 353 e segs. A sociedade-mãe da franqueadora distribuía vestidos de noiva e outras peças de vestuário usadas em casamentos. Para distribuir os seus produtos na R.F.A., recorria quer a filiais, quer a estabelecimentos pertencentes a retalhistas independentes, a ela vinculados por contratos de franquia celebrados pela filial, agindo simultaneamente em nome próprio e em representação da sociedade-mãe – cons. 3.

[670] Nas conclusões que Verloren VAN THEMAAT apresentou ao Tribunal, neste processo, dá-se nota da espectacular penetração que este contrato conseguiu no espaço comunitário, desde 1970. Por exemplo, na Alemanha, só no período entre 1978 e 1982 o número de sistemas de franquia de distribuição mais do que duplicou, passando de 85 para 200, passando o número de franqueados de 11 000 para 120 000!. Para mais dados, *vide* Colectânea, pág. 358.

[671] ROBERTI (pág. 400), para quem esta pronúncia se tornou em «fundamental ponto de referência normativo para os operadores comerciais»; FRIGNANI, «La Corte di Giustizia riconosce le peculiarità del *franchising*», *cit.*, pág. 38, refere a «ânsia» anterior, mas também que a resposta do Tribunal «corre sob uma linha lógica irrepreensível e conduz a conclusões tranquilizantes para todo o sector».

mesmo, não constitui uma restrição de concorrência violadora do n° 1 do artigo 85° CE.

Apesar de haver doutrina que fala em contenciosos de *franchising* perante o TJCE, anteriores ao processo *Pronuptia* [672], é hoje generalizada a convicção de que este caso representou a primeira grande apreciação que, em sede comunitária, se fez desta nova mas já comum figura da vida internacional dos negócios; apreciação esta que constituíu ainda a base de uma doutrina jurídica que os órgãos comunitários vêm desenvolvendo e aplicando a contratos deste tipo – que todos os dias se concluem no espaço comunitário – e que cremos poder estender-se à generalidade dos acordos verticais de distribuição.

O juiz comunitário procedeu nesta ocasião a uma classificação das possíveis relações contratuais de franquia, em três modalidades, quanto ao seu objecto: franquia de serviços, franquia de produção e franquia de distribuição. Foi este, desde logo, um dos grandes contributos que o acórdão trouxe para a compreensão comunitária destes contratos: a delimitação e conceituação do *franchising* comunitário.

Um segundo momento de intervenção foi constituído pelas decisões da Comissão, proferidas entre 1986 e 1988, através das quais este órgão apreciou a compatibilidade de alguns contratos-tipo de franquia com as normas de concorrência comunitárias aplicáveis às empresas, designadamente o artigo 85° CE.

E, finalmente, no *culminar* do caminho, o regulamento de isenção categorial n° 4087/88, que declarou isentas da proibição do n° 1 do artigo 85° certas categorias de acordos de franquia. Que categorias são essas, e qual o regime que o direito comunitário parece reservar às modalidades por ele descritas (*rectius*, como as descreve), é o ponto que nos ocupará neste momento.

---

[672] Assim o próprio René JOLIET, *The rule of reason in antitrust law, cit.*, pág. 144, quanto ao processo *Consten-Grundig*, e nas decisões da Comissão nos casos *Blondel, Hummel* e *Jallate*, todos de 1965 (de 8.7, 17.9 e 17.12, respectivamente), onde exclusividade de venda é designada como *exclusive franchise*. No entanto, cremos que tal em nada desabona este grande jurista. Com efeito, a sua obra é de 1967, quando a figura ainda mal havia penetrado na Europa, não tendo por isso a sua configuração actual. Além disso, tratando-se de um estudo comparativo com o direito norte-americano, é natural que qualificasse como franquia cláusulas que também assim seriam qualificadas pela jurisprudência daquele país. E que ainda hoje o são (*v.g.* J. W. BURNS, pp. 617 e segs.).

SECÇÃO II
A CONSTRUÇÃO COMUNITÁRIA DA FRANQUIA

CAPÍTULO I
AS MODALIDADES (COMUNITÁRIAS) DE CONTRATO DE FRANQUIA

I. **Referência a Classificações Doutrinais Não-Comunitárias**

Até este momento referimos aquela que é, no nosso entender, a intencionalidade específica da franquia, o seu *espírito* e sentido existencial: a *reprodução de uma ideia empresarial* de sucesso. Mas uma reiteração diversa daquela que é conseguida por quaisquer outras vias jurídicas e económicas.

Para atingir este objectivo, procurámos discortinar uma tipicidade *social* para a franquia, descurando uma *tipicidade jurídica geral*, que cremos não existir. Com efeito, a franquia é hoje o instrumento comercial preferido por parte bastante significativa dos agentes económicos internacionais[673], envolvendo áreas de actuação bastante diversificadas, que vão

---

[673] Já em momento anterior nos referimos aos dados que as várias instâncias e Autores dão sobre a expansão e utilização deste contrato. Por nós, achamos que tais dados não são em regra fiáveis. Por várias razões. Primeiro, porque subjacente a eles está, em muitos casos, aquela concepção ampla de franquia, negadora da sua especificidade e sofisticação jurídicas. Em segundo lugar porque, sendo o contrato de *franchising*, enquanto categoria contratual geral, um contrato *juridicamente atípico*, a classificação enquanto tal é bastas vezes fundada em estereotipos intuitivos e anarquizantes. Só um controlo caso a caso permitiria certificar da justeza da classificação. Em, terceiro lugar, muitas vezes tal seriação baseia-se apenas na terminologia que as partes no contrato usaram. Ora, não é esse o elemento decisivo para a qualificação do contrato. Como já ouvimos dizer ao Prof. ORLANDO DE CARVALHO, a qualificação dada pelas partes só é relevante em situações não patológicas. Em caso de conflito jurídico, o juiz goza de poderes para qualificar o

da hotelaria à indústria de restauração, da prestação de serviços financeiros ao sector industrial.

Dentro desta linha compreensiva global, trataremos agora de individualizar a modalidade de franquia cujas consequências ao nível da concorrência iremos curar. A amplitude material que ela pode abarcar leva-nos irresistivelmente a restringir o âmbito da investigação. Não se trata de um passo novo nesta nossa linha discursiva. Em muitos aspectos, o que ficou dito pode já ser considerado e permitir a apreensão do que comunitariamente se entende por franquia, especialmente na sua modalidade de franquia de distribuição.

Tradicionalmente, a doutrina criou classificações variadas e heterogéneas para a franquia, consoante a sua preocupação e objectivos, correspondendo a cada uma determinadas «peculiaridades quanto à sua disciplina jurídica»[674].

---

contrato, não estando vinculado pela visão das partes. No nosso direito processual civil, tal é designado através da expressão *la cour sait le droit*.

DE NOVA (*Il tipo contrattuale*, pág. 81) distingue aqui entre dois momentos, correspondentes a dois problemas. O primeiro é o problema da *qualificação* (de normas), que cabe ao juiz, o qual goza de total liberdade relativamente à adesão ou não à designação dada pelas partes a um dado contrato. O segundo problema é de *interpretação* (das declarações negociais). Neste, a vontade das partes assume relevo, enquadrada normativamente pela visão primacialmente objectivista propugnada pelo nosso código civil, no artigo 236º. Ou seja, procura-se a vontade real das partes, tal como resulta da *declaração* negocial, observada por um *terceiro razoável* (esta doutrina objectivista, hoje consagrada legalmente, conheceu os seus *primeiros* grandes progressos através da obra de DANZ, citado por FERRER CORREIA, *Erro e interpretação*, cit., pág. 168).

Diferente é a questão de saber se a matéria de interpretação das declarações negociais constitui *matéria de direito*, susceptível de apreciação, em via de recurso, pelos tribunais superiores, ou *matéria de facto*, fixada de modo definitivo pelas instâncias inferiores. Neste plano, qualificação e interpretação, na nossa opinião, identificam-se. Só constitui matéria de facto a fixação dos dados concretos que hão-de permitir aquela qualificação-interpretação. Já esta é sempre matéria de direito. É esta a lição que sempre resultou para nós do ensino de CASTANHEIRA NEVES. Ao juiz, na realização da sua tarefa judicativo-decisória do caso, cabe sempre uma actividade interpretativa. É este também o entendimento dominante na nossa jurisprudência mais recente – v.g. a casuística referida em PIRES DE LIMA /ANTUNES VARELA (pág. 224, nota 5 ao artigo 236º).

A título de curiosidade, note-se que esta solução não é (poucas são) universal. No Canadá, o *Cour d'Appel* de Ontario e o Supremo Tribunal consideram que os tribunais só qualificam um contrato de forma diferente à que as partes utilizaram, quando há um desequilíbrio manifesto entre as partes (MATHIEU, pág. 29).

[674] FRIGNANI («Il "franchising" di fronte all' ordinamento», *cit.*, pp. 204 e segs.) classifica a franquia quanto à forma da sua implantação territorial, nas espécies de fran-

Destacaremos sobretudo as modalidades comunitárias de franquia, que o TJCE e o regulamento n° 4087/88 consideraram, com relevo particular para a franquia de produção ou industrial, cujo regime foi expressamente excluído do âmbito material de aplicação do regulamento n° 4087/88. Sem prejuízo de considerações futuras, e por não ser uma modalidade contratual visada por este estudo, tentaremos desde já descobrir alguns critérios determinantes do seu regime jurídico.

A referência às modalidades tradicionais mais importantes não significa que a sua existência autónoma tenha razão de ser, porquanto entendemos que só a diversidade de regime cauciona a a divisão classificatória. Em alguns casos, os fenómenos de sobreposição são até por demais evidentes.

É o que se passa com a classificação, utilizada aliás nos EUA pela *Federal Trade Comission*[675], que distingue entre o *package franchise* e o *product franchise*[676]. A ela se referem muitos autores[677].

No *package franchise*, o franqueado adopta o estilo empresarial do franqueador, identificado pela sua marca, fabricando determinados produ-

---

quia convencional (que se sub-divide em franquia territorial e franquia operativa), de franquia itinerante (*mobile franchising* – USA), de franquia de produtos e de serviços, entre outras, algumas das quais (destas últimas) escapam à concepção estrita de franquia por nós (e pelo ordenamento comunitário) adoptada, como aquela em que «a participação dos dois sujeitos nos investimentos necessários *sventaglia* da compropriedade, à co--direcção e locação». Entre estas conta-se o «Absentee Ownership Plan», em que o franqueado não surge perante os terceiros, embora se responsabilize pelas despesas necessárias à formação do ponto de venda e pelo pagamento da retribuição, em troca duma participação dos lucros. Quem gere o ponto de venda é o franqueador, directa ou indirectamente. Nesta pseudo-modalidade é que pode dizer-se estar perante um verdadeiro sistema de auto-financiamento – *vide* ainda COMITÉ BELGA DE LA DISTRIBUCIÓN, pp. 12-16.

MATHIEU (pág. 9) refere-se a quatro categorias de *franchise*: de distribuição (que nos parece assimilar-se sobretudo com a distribuição selectiva); de marcas de comércio (*grosso modo*, licença de marca), de fabricação (franquia de produção ou industrial) e de sistema de exploração (que como veremos, corresponde ao *business format franchising* e à franquia como aparece regulada nas intervenções comunitárias), que distingue entre franquia simples e franquia *maîtresse* (diríamos, franquia principal). Para outra classificação, CHULIÁ VICENT/BELTRÁN ALANDETE, pp. 102-103.

[675] A FTC fala ainda nos «business oportunity ventures», mas em rigor não se trata aqui de contratos de franquia. A utilização da expressão, aqui como em muitas outras situações, é apenas o reflexo da concepção que do *franchising* se tinha nos EUA (sobre estas «oportunidades de negócio», PETERS/SCHNEIDER, pág. 196) .

[676] ISABEL ALEXANDRE, pág. 350. PARDOLESI (*I contratti di distribuzione*, pág. 184 e 358) refere-se também ao *product and service franchise* (franquia tradicional).

[677] Entre outros, CARLOS OLAVO («O contrato de 'franchising'», pág. 163), LLUÍS CARDELÚS (pág. 40) ou A. P. RIBEIRO, pp. 27-28.

tos ou prestando serviços em que essa marca é aposta. Por sua vez, no *product franchise*, o franqueado distribui produtos fabricados pelo franqueador e com a marca deste.

A diferença entre estas modalidades reside apenas no facto de, na primeira, ser o franqueado que fabrica os produtos, enquanto na segunda ele apenas distribui os produtos fabricados pelo franqueador. Como ressalta, esta modalidade corresponde *grosso modo* à franquia de distribuição.

Ao contrário do que as noções dadas parecem fazer crer, em ambas estas modalidades o franqueado adopta o estilo empresarial do franqueador, sendo este, em certa medida, o próprio objecto deste contrato.

Para além disso, estas noções deixam de fora aquelas situações em que o franqueado distribui produtos não fornecidos pelo franqueador, ou fornecidos mas não fabricados. Trata-se de uma classificação que não tem relevo especial no direito comunitário. Qualquer das modalidades de franquia visadas pelo TJCE e pela Comissão pode considerar-se abrangida por estas espécies.

Já outra distinção pode considerar-se como sendo de maior interesse. Referimo-nos à distinção entre *Business Format Franchising* e *Product Distribution Franchising*.

No *business format franchising*[678], tal como acontece com a franquia europeia[679], o que é negociado é a ideia e o sistema empresarial do franqueador, cujos resultados foram já testados. Pode definir-se (NUNO RUIZ) como a relação contratual nos termos da qual o franqueador é obrigado a manter um interesse continuado (PETERS/SCHNEIDER[680]) na actividade económica do franqueado em áreas como as da formação, assistência e transmissão de saber-fazer (*know-how*); e o franqueado opera por sua conta e risco, fazendo para isso os investimentos necessários, mas utilizando o nome comercial e a marca do franqueador, segundo técnicas propriedade do franqueador e controladas por este. Este sistema pressupõe, complementarmente, não apenas a autorização de usar a generali-

---

[678] Sobre esta classificação seguimos, quase exclusivamente, NUNO RUIZ, *O «franchising»*, cit., pág. 12-13. J. GOYDER (pág. 132) identifica o 'business format' franchise com a franquia de distribuição em que os produtos comercializados pelo franqueado são seleccionados pelo franqueador, mas produzidos por uma terceira parte.

[679] COCKBORNE (pág. 191), MENDELSOHN (pág. 2) e KORAH, *Franchising and the EEC competition*, cit., pág. 44: «o regulamento está confinado ao que nos Estados Unidos seria chamado 'business format franchising'».

[680] PETERS/SCHNEIDER, pág. 167.

dade dos sinais distintivos do franqueador e os conhecimentos necessários à preservação da identidade do negócio e ao seu sucesso, como também o acompanhamento, orientação e controlo permanente da actividade do franqueado[681].

Já o *product distribution franchising*[682] é um sistema que tem sido largamente utilizado por fabricantes que utilizam uma marca suficientemente prestigiada e que requerem, para a distribuição dos seus produtos, um serviço completo, antes e depois da venda, implicando uma autorização de venda, normalmente exclusiva, em determinado tipo de instalações e num território definido. Este sistema, assim descrito, é dificilmente distinguível do sistema de distribuição exclusiva, tal como aparece descrito nos artigos 1º e 2º do regulamento (CEE) nº 1983/83[683], sendo traço distintivo a maior intervenção e controlo exercidos pelo 'franqueador'.

Uma última classificação considerada tem imediata conformação no plano comunitário, na medida em que os termos da sua distinção implicam uma consideração comunitária diferenciada. Distinguindo entre franquia *directa*, franquia *indirecta* e franquia *associativa*, o seu critério assenta nas formas *jurídicas* de relacionamento entre franqueador e franqueado[684].

Na *franquia directa*, «o franqueador concede directamente a um comerciante independente (o franqueado) o *package* para este exercer o negócio num certo estabelecimento». Celebra directamente o contrato com franqueados de outros países, sem recorrer a entidades coordenadoras ou sub-franqueadoras. Esta modalidade pode corresponder à franquia, tal como se entende no espaço comunitário, ou melhor dizendo (porque é a perspectiva que aqui mais importa), na acepção adoptada pelos órgãos comunitários.

Este sistema encerra certas vantagens, tais como a economia de meios, a não repartição de *royalties* e outras retribuições, a plena utilização do pessoal do franqueador e o relacionamento directo entre ambos, justificando-se sobretudo naqueles casos em que é reduzido o número de

---

[681] Salientando isto, ADAMS/PRICHARD JONES, pág. 4, p. 0.08.

[682] MENEZES CORDEIRO (pág. 69, n. 16) contrapõe ao *business format franchising* o *traditional franchising*.

[683] De 22 .6.1983, JOCE, L 173, de 30.6.83, pág. 1, edição especial 08, fascículo 2, pág. 110.

[684] PEREIRA BARROCAS (pp. 132-133), JANUÁRIO GOMES (*Contrato de franquia (franchising)*, pág. 29); Nuno RUIZ (*O «franchising»*, cit., pág. 17) ou ISABEL ALEXANDRE, pág. 350-351.

empresas susceptíveis de serem seleccionadas[685]. Contudo, tem também algumas desvantagens, nomeadamente nos casos de grande afastamento geográfico, cultural e legislativo entre os respectivos mercados de implantação, em que o franqueador poderá enfrentar dificuldades no exercício eficaz do controlo e assistência dos franqueados, derivadas da pouca familiaridade do franqueador e seu pessoal com a legislação, costumes e características do país do franqueado.

Na *franquia indirecta*, o franqueador constitui, no próprio país da sua sede ou não, uma filial ou uma sociedade, *ex nihilo* ou mediante uma *joint venture*[686], «que ele domina e a partir da qual efectua *franchising* directo com empresários locais». É a modalidade preferida na franquia internacional, superando algumas das desvantagens ligadas à franquia directa. Como veremos, esta filial ou sociedade não se pode considerar uma franqueada, mas poderá eventualmente concluir acordos de franquia com comerciantes independentes.

A *franquia associativa* já não é, verdadeiramente, uma modalidade de franquia. Nela, o franqueador constitui uma sociedade com o franqueado por forma a exercer a actividade deste. Nesta pseudo-modalidade, falta um elemento essencial do contrato de franquia: a *independência* entre franqueador e franqueado[687].

---

[685] «Em razão da actividade visada ou em razão das modalidades de exercício da actividade» – FERRIER, «La franchise internationale», pág. 641, ponto 31.

[686] D. FERRIER, «La franchise internationale», pág. 641, ponto 32.

[687] Esta independência é característica do contrato de *franchising*, significando antes de mais que o franqueado assume os riscos e investe ele próprio no negócio: «he is a businessman in his own right and not an employee of the franchisor» (PETERS/SCHNEIDER, pág. 165). De notar ainda que a própria Comissão desde cedo considerou a independência económica como essencial para a sujeição de uma dada combinação negocial ao disposto no artigo 85°. Como afirmou na sua *Comunicação de 24.12.1962* (já citada, *supra*), só são abrangidas pela proibição do n° 1 as convenções celebradas com comerciantes independentes, que assumem os riscos financeiros da transacção, nomeadamente, mantendo existências por sua conta, organizando serviços gratuitos à clientela ou determinando os preços ou condições contratuais. A assunção do risco é central na franquia – ADAMS/ PRICHARD JONES (pág. 4).

Quanto à *franquia associativa*, ao contrário, o que mais se reverbera é a falta de independência jurídica, daí se considerando com uma pseudo-modalidade de franquia, em que o «franqueador» constitui uma sociedade com o «franqueado», por forma a exercer a actividade deste. Entre nós, R. VALADA (pág. 17) considera que, ainda assim, se poderá falar de franquia, se a participação directa ou indirecta do «franchisador» no capital social não lhe permitir controlar a sociedade. Dentro desta modalidade, distinguem-se ainda as sub-espécies de franquia «coordenativa», «coligada» e «confederativa» (MARTINEK,

II. Classificações Comunitárias

Também os órgãos comunitários se preocuparam em distinguir entre diversas modalidades de franquia, escolhendo como critério o objecto do contrato, embora sempre tendo por detrás a ideia de que será franquia uma relação entre sujeitos jurídica e economicamente independentes.

De qualquer forma, consideremos neste momento a classificação adoptada pelo Tribunal de Justiça[688] – que distingue essencialmente entre as modalidades de franquia de produção, de prestação de serviços e de distribuição –, no acórdão *Pronuptia*, assumida depois pela Comissão, quer, em maior medida, nas suas decisões individuais quer, até certo ponto, no seu regulamento de isenção categorial destes contratos: o regulamento 4087/88.

No entanto, não é uma classificação que seja isenta de pecado ou de ambiguidades. Por um lado, nem sempre é fácil determinar em concreto que tipo de franquia está em causa, mormente em casos (frequentes na compreensão europeia da franquia) em que esta envolve simultaneamente actividades de produção, de distribuição de bens e de prestação de serviços[689].

Franchising, Heidelberg, 1987, pp. 67 e segs. e 378 e segs.). Tal não significa que lhes sejam inaplicáveis as regras jurídicas da concorrência e, nomeadamente, o artigo 85º, nº 1 do Tratado CE. Estaremos aqui nas hipóteses designadas como de *intra-entreprise conspiracy*, de acordos concluídos no interior de um mesmo grupo de sociedades. Em relação à participação do franqueador no capital do franqueado, julgamos que tal poderá permitir-se, desde que o franqueador não adquira controlo ou sequer domínio económico sobre a empresa franqueada, solução que consideramos, desde logo por analogia com a atitude da Comissão em retirar do projecto de regulamento da franquia a necessidade do franqueado não adquirir participações em sociedades concorrentes da do franqueador. No entanto, sempre com a ressalva da subsistência da independência económica entre ambas.

[688] Esta classificação era já anterior. Em 1985, o Centro Francês do Comércio Exterior havia já publicado um texto com esta classificação (*Comment distribuer à l'étranger*, Coll. L'Exportateur, 1985, pág. 115, *apud* PETERS/SCHNEIDER, pág. 191-193). Comuns às três modalidades são a consideração do contrato como mecanismo de expansão com investimentos limitados, o seu carácter internacional e a facilidade do controlo proporcionada pelos laços contrários. No entanto, analisando as noções que destas modalidades dá aquela organização, todas elas repousam na (existência) cedência de dois elementos fundamentais ao franqueado: saber-fazer (*know-how*) e sinais distintivos (nome do estabelecimento ou marca).

[689] «Algumas franquias apresentam dificuldades de qualificação: (...) os *fast foods*, fornecem bens ou serviços? (...) O facto de um prestador de serviços negociar bens ao mesmo tempo é irrelevante. Um restaurante de hamburgueres é um negócio de serviços,

Por outro lado, o próprio direito comunitário não explorou as suas virtualidades e especificidades, ao assimilar o regime comunitário de duas destas modalidades: a franquia de serviços e a franquia de distribuição.

Finalmente, porque inclui no seu âmbito a franquia principal, que não deixa de ser uma forma indirecta de franquia, na medida em que o franqueado principal não exerce ele próprio uma actividade directa de distribuição, prestação de serviços ou de produção, servindo como utensílio privilegiado de internacionalização da franquia: é-lhe cedida a posição de franqueador para um determinado mercado.

1. A Franquia Principal (*master franchising*)[690]

Sendo uma modalidade já mencionada na doutrina, a franquia principal encontra-se prevista no regulamento da franquia, que a define no artigo 1º, nº 3, alínea c), como o acordo mediante o qual «uma empresa, o franqueador, concede a outra, o franqueado principal[691], mediante uma contrapartida financeira directa ou indirecta, o direito de explorar uma franquia com vista a concluir acordos de franquia com terceiros, os franqueados».

Numa modalidade característica deste contrato[692], o franqueado principal assume, no território que é abarcado pelo acordo, as funções de franqueador, cabendo-lhe desempenhar as tarefas de fornecimento de assistência e a obrigação de exercer o controlo sobre os franqueados.

A utilização deste *conceito*, se é especialmente atraente como forma de internacionalização, *rectius*, de expansão da franquia a novos mercados geográficos, possibilitando ainda ao franqueador ver-se liberto dos problemas ligados à gestão da *rede* instituída pelo franqueado principal, apresenta também desvantagens, pelo menos na medida em que vê diminuir a sua retribuição, que passa a dividir com este último.

---

mas os produtos adquiridos pelo público, os hamburgueres, são bens. É verdadeiramente, a este respeito, uma franquia de fabricação» (ADAMS/PRICHARD JONES, pág. 41).

[690] Encontra-se também designado por «area franchise» (em língua inglesa) ou «franchise territoriale» (em francês), por exemplo em PETERS/SCHNEIDER (pp. 168-169), a propósito da sua inclusão no âmbito do *Wisconsin Franchise Investment Law*, de 1971 (533.03 Definições (2) (4) (a)).

[691] Para além de ser chamado de franqueado principal, este intermediário também é bastas vezes nomeado pela designação de «sub-franqueador» – sobre as diferentes implicações destas expressões, cfr. D. FERRIER, «La franchise internationale», pág. 642.

[692] Sobre a natureza jurídica deste contrato, D. FERRIER, «La franchise internationale», pp. 643-645 e, quanto à determinação da lei aplicável, pág. 647.

A esta modalidade não corresponde um tipo específico de objecto. A sua única especificidade caracterizante é a de a relação entre o franqueador e o franqueado se estabelecer através de uma terceira empresa, a do franqueado principal[693]. De qualquer modo, ainda aqui o regulamento procura não perder a perspectiva *bilateral* da regulação-isenção, ao considerar que, em princípio, as normas do regulamento supõem a independência entre cada uma destas três empresas, excluindo o estabelecimento de relações directas entre franqueador e o sub-franqueado[694].

2. Franquia Industrial ou de Produção[695]

a) Descrição geral

Na franquia de produção, as partes desenvolvem uma actividade de carácter industrial[696], artesanal ou agrícola[697].

---

[693] Considerando 5 do regulamento n° 4087/88.

[694] Cfr. artigo 1°, n° 2 do regulamento: «a isenção prevista no n° 1 é igualmente aplicável a acordos de franquia principal em que apenas participem duas empresas. Se for caso disso, as disposições do presente regulamento relativas à relação entre o franqueador e o franqueado serão aplicáveis *mutatis mutandis* à relação entre o franqueador e o franqueado principal e entre este e o franqueado». Tal era, aliás, essencial, sob pena de a Comissão exceder as suas competências, tal como lhe foram conferidas pelo regulamento n° 19/65 – artigo 1°, n°s 1 e 3 deste regulamento.
Em consequência, o problema colocado por PETERS/SCHNEIDER (pág. 241), sobre a quem pagará o sub-franqueado a retribuição, não devendo, se calhar, ser resolvido pelo direito comunitário, acaba por o ser, na medida em que um qualquer acordo de franquia principal, para beneficiar da isenção, tem de ser bilateral, ou seja, tem de estar excluído o estabelecimento de relações directas entre franqueador e franqueado (sub-franqueado). Tendemos pois também a concordar com OLIVIER GAST (aí citado), apesar de desconhecermos a sua motivação.

[695] Há quem as distinga. LELOUP («Le règlement communautaire relatif», *cit.*, p. 15) classifica a franquia industrial como uma sub-categoria da franquia de produção, ao lado da franquia agrícola e da franquia artesanal, para lá de poder incidir [a franquia de produção] sobre a comercialização dos produtos. Já para CASA/CASABÓ (pp. 11-17) e CHULIÁ VICENT/BELTRÁN ALANDETE (pp. 102-103), na franquia de produção só o franqueador produz o bem a distribuir sob uma marca única, enquanto na franquia industrial ambos são fabricantes.

[696] BUSSANI/CENDON, pág. 417.

[697] LELOUP, *La franchise – droit et pratique*, pág. 59. Ou seja, uma actividade que, à partida, não é de distribuição – MARTÍNEZ SANZ, pág. 359.

Ao pretender fornecer o conteúdo desta modalidade, o TJCE considerou estarem aqui englobados aqueles contratos «nos termos dos quais o licenciado (franqueado) fabrica ele próprio, segundo as indicações do licenciante (franqueador), os produtos que vende sob a marca deste»[698]. Esta dupla-face[699] do contrato nem sempre se verifica. Na sua pureza, a franquia de produção é apenas isso mesmo, não se estendendo à distribuição dos bens produzidos segundo este esquema contratual a utilizadores finais.

Ou seja, por um lado, na franquia de produção pura temos um franqueador que, tendo criado «um procedimento de fabricação e comercialização de um produto original identificado por uma marca»[700], concede ao franqueado o direito e os meios necessários para este fabricar os produtos que foram concebidos e produzidos originariamente por si. Com o saber-fazer e a assistência técnica, transmite também para o franqueado, normalmente, uma licença de exploração da marca ou de um invento, permitindo ao franqueado apor a marca nos produtos que irá fabricar[701], o que torna, bastas vezes, extraordinariamente complexas as relações entre as partes. Em contrapartida, o franqueado é muitas vezes obrigado a adquirir determinadas matérias-primas ao franqueador.

---

[698] Considerando nº 13 do acórdão *Pronuptia*. Exemplo desta modalidade é a espécie decidida pela Pretura di Roma, em 11-6-1984, no caso *Sangemini v. Schweppes*, *Giur. It.*, 1985, I, 2, pp. 710 ss, com anotação de FRIGNANI, «Quando il giudice», *cit.*, pp. 711 ss.

[699] BUSSANI/CENDON (pp. 418-419) referem-se ao modo como opera esta modalidade combinada de franquia de produção e distribuição, nos EUA como em Itália, referindo-a ao caso concreto da *Coca-Cola*, considerado como paradigmático desta modalidade contratual. Em Itália, em rigor, não se trata de uma relação de franquia em sentido próprio, porque, neste país, não há separação (verdadeira independência económica) entre ambas as partes. Quem produz a bebida é uma filial da «The Coca-Cola company», sujeita a um controlo que é aqui especialmente rigoroso, subtraindo-lhe a sua autonomia. Ora, como vimos, para este contrato existir é fundamental que o «franqueado seja o seu próprio patrão» (PETERS/SCHNEIDER, pág. 165).

[700] AMOROSO e BONANI, *apud* BUSSANI/CENDON, pág. 417. Nesta noção da *fórmula* concebida e transmitida pelo franqueador, na qual reside a essência desta franquia, encontramos uma insuficiência. É que não nos parece necessário que o produto cuja produção é franqueada seja um «produto original». O que tem de ser original, e mesmo assim não em termos absolutos (*vide* o que diremos sobre a caracterização do saber-fazer essencial à existência de um contrato de franquia de distribuição) é o processo «de fabrico e comercialização».

[701] ISABEL ALEXANDRE, pág. 351.

Esta *modalidade* é fonte de extraordinárias perplexidades e incertezas. Tratar-se-á de um verdadeiro contrato de franquia? Pensamos que sim[702], porque preenche todos os requisitos socialmente típicos do *franchising*, assentes nos pilares da cedência de sinais distintivos do comércio do franqueador e da transmissão por este ao franqueado de saber-fazer e assistência comercial durante toda a relação contratual. Diferente é a questão da determinação do seu regime jusconcorrencial.

b) A determinação do regime jurídico concreto

Se estamos perante um contrato de franquia, porque não poderá beneficiar, *quando tal seja pertinente*, do regulamento 4087/88[703]? E qual o conteúdo *específico* desta modalidade contratual, justificativo de um regime jurídico especial, consubstanciado em outras normas ou mesmo na sujeição a um controlo casuístico de conformidade com as normas de defesa da concorrência?

---

[702] Para alguns, não é sequer considerado um verdadeiro contrato de franquia – assim DUBOIS, *La franchise, droit et practique. Incidens du droit européen de la concurrence*, pp. 20, *apud* FRIGNANI, «La Corte di Giustizia riconosce le peculiarità del franchising», *cit.*, pág. 55, e nota 39. Ou, pelo menos, é uma sua espécie rara – BALDI. Parece-nos haver uma grande confusão disseminada por alguns dos pensadores deste tema. Só faz sentido distinguir entre várias modalidades de franquia se, para lá de um nódulo essencial comum, consubstanciando um contrato de franquia, existirem interesses e conteúdos específicos que determinem a aplicação de regras diferentes a certa sub-categoria de contratos de franquia. É essa até a justificação que adoptamos para a recusa da distinção tradicional entre franquia de distribuição e franquia de prestação de serviços (*entia non sunt multiplicandum*). Ora, não nos parece chocante nem excessivamente perturbadora, só por si, a inaplicabilidade do regulamento 4087/88 aos contratos de franquia de produção. Eles colocam certamente exigências de outro tipo, correspondem a interesses diversos das partes contratantes. A nós interessa apenas tentar descobrir que interesses específicos são esses que justificam um tratamento diferenciado ou mesmo a subordinação desta modalidade contratual a um controlo casuístico.

[703] O problema da determinação do regime jurídico destes contratos, por vezes, parece esquecer um facto essencial. O regulamento 4087/88 visa regular o contrato de franquia, apenas relativamente a *certas* modalidades (a franquia de venda por grosso também se viu excluída – cons. 5) e quanto a um seu aspecto parcelar: o das suas consequências ao nível da concorrência, quer no interior da marca (*intrabrand competition*), quer face a outras marcas (*interbrand competition*). Um mesmo contrato não tem de ter um regime jurídico unitário, aplicável a todas as suas modalidades – GALLEGO SANCHEZ, pág. 66.

A não sujeição ao regime comunitário da franquia, com as consequências e até perplexidades daí decorrentes é solução expressamente fornecida pelo regulamento, ressaltando ainda da noção de contrato de franquia que é dada no artigo 1º, nº 3, alínea b). Com efeito, no ponto 4 do preâmbulo deste diploma estabelece-se que «os acordos de franquia industrial não serão abrangidos pelo presente regulamento»[704].

Porquê? A razão desta exclusão parece ser, segundo o regulamento, a natureza *horizontal* deste acordos[705]. Regendo normalmente relações entre produtores, tais acordos consistem «em licenças de fabrico baseadas em patentes e/ou saber-fazer técnico, acompanhadas de licenças de marca»[706]. Esta visão é criticada por KORAH, a qual considera nem sempre haver uma verdadeira relação horizontal entre as partes[707]. Como a respeito salienta, a Comissão receia que um franqueado que produza bens ou preste serviços seguindo instruções do franqueador possa vir a tornar-se um potencial concorrente do franqueador[708]. Embora reconheça a dificul-

---

[704] O que não quer dizer que as soluções dadas pela norma comunitária não lhe possam ser aplicadas, nem que seja por analogia, quando a semelhança de situações o justifique. Essencialmente, poderia ter sido invocado pela Comissão, como fundamento bastante de inaplicabilidade, a sua «falta de experiência».

[705] COCKBORNE, pág. 195. Para outros, pode ser apenas uma vontade de não provocar uma «duplicação normativa», o que, atendendo ao estabelecido no ponto 17 do preâmbulo do regulamento 4087/88, nos parece salvaguardado.

[706] Considerando 4 do regulamento nº 4087/88. Em sentido crítico, RUIZ PERIS, pp. 100-101.

[707] Para KORAH (*Franchising and EEC competition, cit.*, pág. 45), «o acordo só deve ser analisado como sendo horizontal se o franqueado pudesse competir sem a ajuda do franqueador».

[708] KORAH, *Franchising and EEC competition, cit.*, págs. 45-46. A ideia de que o artigo 85º, nº 1 do Tratado CE só se aplicava aos casos em que havia, à partida, susceptibilidade de concorrência entre as partes no contrato, foi consagrada implicitamente na decisão *Christiani-Nielsen*, e expressa pela Comissão na *Comunicação de 29.7.68 relativa aos acordos, decisões e práticas concertadas respeitantes à cooperação entre empresas* (JOCE, C 75, de 29.7.68, pp. 3, ponto II, 5 e 6), onde se escrevia, a propósito de acordos tendo por objecto a venda em comum ou o serviço pós-venda, que «a cooperação entre empresas não pode restringir a concorrência, desde que as empresas não concorram entre si».

Esta atitude veio a ser aparentemente abandonada pelas instâncias comunitárias, como referia CASEIRO ALVES, *Lições de direito comunitário da concorrência*, pp. 30 ss., apesar das recorrências que encontrámos. Ainda anteriormente, no acórdão de 13.7.66, *Itália c. Conselho*, o Tribunal de Justiça expressamente excluía essa fundamentação, quando afirmava (cons. 2) que «não se pode afastar a eventual aplicação do artigo 85º, nº 1 a um acordo de concessão exclusiva, pelo facto de o concedente e o concessionário

dade de determinação da potencialidade de concorrência, KORAH preconiza a análise *ex ante* dos acordos, para saber se, no momento do acordo, «there were incentives to efficient conduct». Se, neste momento, o franqueado estiver em condições de concorrer com o franqueador sem necessitar da sua ajuda (*rectius*, se ele for já um seu potencial concorrente), então deve analisar-se a conformidade deste contrato de acordo com as regras gerais da concorrência nas Comunidades[709].

No entanto, o TJCE parece ter distinguido as figuras, segundo certas opiniões[710], pelo facto de ter não pertencer ao âmbito essencial do contrato de franquia de distribuição a cedência ao franqueado do direito de fabricar os produtos que constituam o objecto da franquia[711]. Pensamos que é um caminho possível para apreender a diversidade de regimes. Atente-se que, no regulamento da franquia, na única vez em que se vislumbra a possibilidade de uma actividade de produção ser abrangida pelo seu âmbito de aplicação, estamos perante uma situação de prestação de serviços (artigo 2º, e))[712].

---

não serem concorrentes entre si». Para GALLEGO SANCHEZ (pág. 136), estamos já perante potenciais concorrentes, aplicando-se o regulamento «apenas aos acordos verticais entre produtor/distribuidor e retalhistas» – *v.g.* ainda GINER PARREÑO (pág. 88).

Também a Comissão, no juízo da existência de uma restrição da concorrência na constituição de uma empresa comum, declarou já depender tal asserção de os fundadores já serem concorrentes entre si, actual ou potencialmente (*Comunicação 93/C 43/02*, ponto 18).

[709] Salientando a diferença entre as duas situações, por ser mais favorável à concorrência e à entrada de novas empresas no mercado geográfico e do produto a coligação entre empresas que não sejam, nem sequer potencialmente, concorrentes, no momento da conclusão do acordo, LAURENT, pág. 27.

[710] Segundo GALLEGO SANCHEZ (pp. 65 e segs), na franquia de produção há um convénio pelo qual «se transfere o direito de fabricar o bem objecto do mesmo». O TJCE, ao enumerar as notas essenciais do contrato, excluíu esta hipótese (*supuesto*) do âmbito das suas conclusões», daí se justificando a sua exclusão do âmbito do regulamento 4087/88.

[711] Esta solução parece também a mais conforme com as soluções diferenciadas que foram adoptadas noutras isenções categoriais, relativas a (outros) acordos de distribuição, por um lado, e a acordos de licença de patente e de saber-fazer. Assim, também no regulamento 1983/83 (acordos de distribuição exclusiva) a isenção não se aplica quando não há identidade económica entre o bem que o revendedor recebe do fornecedor e o bem que ele venderá a utilizadores finais (vide a *Comunicação 84/C 101/02*, de 13.4.84, § 9); e, inversamente, no anterior regulamento 2349/84 (cons. 7 e artigo 1º, nº 2), estabelecia-se como condição para a aplicação da isenção, que o licenciado «fabrique ele próprio ou mande fabricar a empresa ligada ou a subcontratante» o produto licenciado.

[712] Assim parece, pelos menos do ponto de vista da correcção linguística. A mesma explicação foi já avançada num colóquio, em Janeiro de 1989, a propósito da ausência de vírgula, na versão inglesa da alínea e) do artigo 2º, entre 'sell' e 'use' (vide KORAH,

Na nossa opinião, a diferença entre a franquia de distribuição entendida em sentido amplo (abrangendo a tradicionalmente denominada franquia de serviços) e a franquia de produção, tal como reguladas normativamente pelo direito comunitário, pode divisar-se ainda nos *destinatários da relação*. É que, naquelas modalidades cobertas pelo regulamento, estamos perante contratos em que o franqueado adquire o direito de estabelecer relações comerciais (distribuir produtos ou prestar serviços) com *utilizadores finais*[713]. Enquanto na franquia de produção, o franqueado adquire direitos sobre patentes e o saber-fazer pertencente ao franqueador, ou seja, surge, ao nível industrial, na intercomunicação *produtiva*, como se fosse o próprio franqueador, ao produzir um bem absolutamente idêntico ao do

---

Franchising and the EEC competition, cit., pág. 58, nota 1). Também entre nós uma tal argumentação não repugna, tendo em consideração a interpretação sistemática dos artigos 1º, 3 d), 2º e) e 3º, nº 1, alíneas a) e b) do regulamento da franquia. Assim expressamente, embora com a importante ressalva de se referir apenas ao acórdão *Pronuptia*, por todos, Ruiz PERIS, pp. 57-58 (e Autores aí citados, nota 103).

Também ADAMS/PRICHARD JONES (pág. 17) distinguem entre franquias de produtos em que o franqueado não os produz e aquelas em que os produz.

[713] Esta distinção consta do próprio considerando 4 do regulamento, mas também se pode encontrar nas normas do diploma. Logo no art. 1º, nº 3 a), que, ao definir «franquia», diz ser seu objectivo «a exploração para a revenda de produtos ou para a prestação de serviços a *utilizadores finais*». Sobre esta referência, KORAH (*Franchising and the EEC competition*, cit., pág. 44), para quem a noção de «utilizadores finais» inclui os consumidores profissionais. V.g. a nota seguinte.

Aliás, se este é um critério distintivo, o certo é que não é o único. Como também já vimos, há outros possíveis critérios: trata-se de um acordo horizontal; na franquia de distribuição há comercialização dos bens ou serviços a utilizadores finais; o elemento essencial é a transmissão das patentes e/ou saber-fazer, e não a comercialização em si mesma do produto, que é meramente complementar, acessória; argumentos formais retirados da vontade de evitar a duplicação normativa. Queria só que considerássemos um exemplo, para compreender melhor a dificuldade da distinção. Um dos exemplos habitualmente dados de franquia, no domínio da restauração, é o da *McDonalds*. Ora, a fórmula comercial transmitida pelo franqueador envolve, neste caso, como em todos os outros do mesmo sector económico, a atribuição dos direitos e conhecimentos necessários à produção dos bens vendidos nas lojas da cadeia, pelo próprio franqueado. E não parece que a franquia incida apenas sobre o serviço *McDonalds*. Objecto da *franquia* é, nesta hipótese, todo o *processo*, desde a confecção do hamburguer ao serviço prestado ao consumidor final. Recorde-se a intuição inicial do contrato: o franqueado surge aos olhos do público, com a *imagem empresarial* do franqueador. O público, ao consumir produtos *McDonalds*, tem de pensar que está a consumi-los directamente do franqueador. É esta a virtualidade do contrato. A sua *raison d'etre*. E tal só pode acontecer se, no essencial, os hamburgueres tiverem o mesmo sabor, no Rossio e na Broadway.

franqueador, de acordo com a *fórmula industrial* concebida pelo franqueador, mas não venderá os bens ou serviços a utilizadores finais[714].

Qual então o regime aplicável a esta modalidade de franquia? Por nós, entendemos que há que distinguir aqui várias hipóteses, tudo dependendo de uma análise em concreto de cada contrato.

Em primeiro lugar, muitos destes contratos não convocam a aplicação do direito comunitário da concorrência, sendo exclusivamente considerados pelas normas nacionais da concorrência[715].

---

[714] Poderá vendê-los ao próprio franqueador (casos em que poderemos estar perante uma *subcontratação*), a retalhistas ou a grossistas, mas talvez não a consumidores. Os consumidores encontram hoje tutela jurídica específica para as suas relações com todos os profissionais: produtores e distribuidores, por serem considerados como estando numa posição mais débil, de inferioridade (FERRIER, *Droit de la distribution*, pág. 20). Repare-se que a Lei nº 24/96, de 31.7.96 – lei portuguesa de protecção dos consumidores –, no seu artigo 2º, nº 1, define *consumidor* como «todo aquele a quem sejam fornecidos bens, prestados serviços ou transmitidos quaisquer direitos, *destinados a uso não profissional*, por pessoa que exerça com carácter profissional uma actividade económica que vise a obtenção de benefícios» (o sublinhado é nosso).

Como salienta COCKBORNE (pág. 197), o conceito de utilizador final, decisivo para a determinação do âmbito material do regulamento 4087/88, inclui os utilizadores profissionais, «na medida em que não comprem unicamente para revenda a terceiros, mas utilizem os produtos vendidos pelos franqueados para vender outros produtos ou fornecer serviços» – assim acontecia aliás com a *Computerland*, cuja grande maioria dos seus clientes era constituída por empresas (ainda LELOUP, «Le règlement communautaire relatif», *cit.*, p. 16). E também entre nós, tendo o Conselho da Concorrência já considerado que as relações entre produtores/distribuidores, por um lado, e consumidores, por outro, estão excluídas do âmbito da legislação de concorrência, mas que tal não era o caso da EDP, quando comprava equipamentos para os utilizar na sua actividade electroprodutora. Só as relações terminais, com consumidores em sentido estrito, que compram para satisfação das suas necessidades, são «relações terminais» (*vide* CONSELHO DA CONCORRÊNCIA, decisão *Dyrup*, de17.12.86, *Relatório de actividade de* 1986, pág. 24, cons. 15; *Relatório de actividade de 1989*, pág. 10545 e 10550 e segs.; e *Relatório da actividade de 1990*, pág. 47, V).

De notar que a distinção entre utilizadores finais privados e utilizadores finais profissionais é sobretudo relevante para efeitos de distribuição através de comércio grossista, podendo aí ser lícitas as restrições à liberdade de fornecimento a utilizadores finais. A este propósito, na jurisprudência do Tribunal de Justiça, *vide* o acórdão *Metro I*, de 25.10.77, onde se distingue entre utilizadores finais *privados* (*institucionais* ou não – cons. 28-29, pp. 1909-1910) e *profissionais*, considerando adequada (no caso) a proibição para os grossistas de fornecerem os produtos directamente aos utilizadores finais privados (sejam ou não importantes ou institucionais).

[715] Recorde-se aqui uma importante nota. Nem todo o contrato de licença de patente pode beneficiar da isenção categorial estabelecida neste ou em qualquer outro regula-

Se os contratos «convocarem» as normas comunitárias da concorrência, uma primeira solução, dada pelo regulamento[716] como por parte da doutrina[717], defendia a eventual aplicabilidade do regulamento (CEE) nº 2349/84 da Comissão, de 23 de Julho de 1984, relativo à aplicação do nº 3 do artigo 85º a certas categorias de acordos de licenças de patente ou acordos mistos de licença de patente e de comunicação de *know-how*[718].

Deve ter-se no entanto em atenção, como esclarece KORAH, que este regulamento só se aplicará se a licença de exploração da marca for «ancillary to the know-how»[719]. Além disso, a cláusula de não concorrência é proibida no regulamento, não podendo ainda o fabricante comercializar

---

mento comunitário (porque a um acordo que envolva uma licença de patente – ou de *Know-how*, ou de marca... – nem só este regulamento é potencialmente aplicável). Os regulamentos de isenção categorial só se aplicam, nos termos das normas comunitárias da concorrência, aos acordos que restrinjam a concorrência e «afectem o comércio entre os Estados membros» (art. 85º, nº 1). Se não tiverem uma tal dimensão, não estarão reunidos os pressupostos de que depende a atribuição comunitária, podendo ser apreciados livremente, como veremos, segundo as normas e pelas autoridades nacionais da concorrência. Por isso, muito do que diremos posteriormente, no que respeita à franquia, tem igual cabimento em muitos outros contratos, regulados em regulamentos comunitários de isenção categorial, e ainda, por maioria de razão, a todos os acordos verdadeiramente atípicos.

[716] De modo explícito, pelo projecto de regulamento (cons. 4), mas o texto final não deixa de ser significativo.

[717] ISABEL ALEXANDRE (pág. 328) ou FERRIER («La franchise industrielle», pág. 48). KORAH (*Franchising and EEC competition, cit.*, pág. 46) considera este regulamento como de pouco préstimo para o franqueado, por ser bem menos generoso do que a decisão *Campari* (decisão de 23.12.1977, JOCE, nº L 70, de 13.3.78, p. 69).

[718] Publicado no JOCE, nº L 219, de 16.8.84, pp. 15. Neste caso, pode mesmo afirmar-se a «dificuldade, se não impossibilidade, de integrar a franquia industrial na sua esfera normativa» (GALLEGO SANCHEZ, pág. 137). Assim expressamente, atento o considerando 8 do regulamento. Sobre a vigência actual *pro tempore* deste regulamento, leia-se o estabelecido no artigo 11º do regulamento nº 240/96, de 31.1.96 (JOCE, n.º L 31, de 9.2.1996, pp. 2 e segs). O mesmo já não se passa, ainda no que toca ao regulamento 240/96, na parte relativa aos acordos de *know-how*.

[719] Segundo o PE (informação – 21.2.88, pontos 6 e 19), poucas franquias de produção poderiam beneficiar daquele regulamento 2349/84, por a licença de marca ser bastas vezes o elemento mais importante do contrato. Mas, para SAGRERA, *Commercio en la CEE y estrategias empresariales*, Barcelona, 1989, *apud* GALLEGO SANCHEZ (pág. 66, nota 191'), a questão não tem grande relevância prática, por poder ser a licença de marca relegada para segundo plano do contrato, através de uma sua cuidada redacção. De qualquer forma, acrescento, a análise das instâncias de controlo pode *revelar* o que estava aparentemente subalternizado.

o produto por ele produzido nos territórios concedidos a outros fabricantes, durante um prazo que pode ir até dez anos a contar da data em que o produto foi pela primeira vez colocado no comércio[720].

Quando estes acordos não possam ser isentos por via da aplicação do regulamento de isenção categorial 240/96, eles poderão também, como sublinha COCKBORNE[721], ser abrangidos pelo regulamento n° 1983/83[722], «quando o distribuidor ou o franqueado não realize senão prestações adicionais para melhorar a qualidade, a durabilidade, a aparência ou o gosto do produto em causa»[723]. Em qualquer outro caso, tais acordos terão que ser objecto de uma decisão individual da Comissão, como aconteceu no caso *Campari*[724].

Por nós, não excluímos a aplicação, mesmo contra a referência preambular, da disciplina resultante do regulamento 4087/88, naqueles casos em que o contrato envolva, além da produção, também a comercialização dos

---

[720] Artigo 1°, n° 2 do Regulamento n° 240/96 (e artigo 1°, n° 2 do anterior regulamento n° 556/89). Tais restrições só beneficiarão da isenção concedida através do regulamento se «o licenciado produzir, ele próprio, os produtos objecto da licença ou de os mandar produzir por uma empresa que lhe esteja ligada ou por um subcontratante».
Só o *know-how* é protegido mesmo após a cessação do acordo – art. 2°, 7) do mesmo regulamento. Tal como acontece, aliás, no regulamento 4087/88 e no art. 2°, 1, 1) e 3) do regulamento do saber-fazer – regulamento (CEE) n° 556/89, de 30.11.1988 (JOCE, n° L 61, de 4.3.89, pág. 1). Só que, no regulamento da franquia, tal obrigação é considerada restritiva da concorrência – art. 3°, n° 2, alíneas a) e c).

[721] COCKBORNE, pág. 195.

[722] Regulamento de 22.6.1983, relativo à aplicação do n° 3 do art. 85° a certas categorias de acordos de distribuição exclusiva, publicado no JOCE, n° L 173, de 30.6.83, alterado em último lugar pelo regulamento (CE) n° 1582/97, de 30.7.97 (JOCE, n° L 214, de 6.8.97, pp. 27). Esta consideração de COCKBORNE remete para a *Comunicação 84/C 101/02*, cons. 10.
Em sentido bastante crítico desta possibilidade, GALLEGO SANCHEZ (pág. 136-137). Primeiro, porque se trata, em todo o caso, de uma franquia, e esta tem uma natureza bem distinta da dos contratos de venda exclusiva. Em segundo lugar, se tal fosse possível, então devia aplicar-se mais facilmente o regulamento 4087/88 do que estoutro. E, finalmente, aplicando-se o regulamento 1983/83, o que aconteceria às obrigações restritivas que o contrato de franquia incluísse sem serem isentadas por este regulamento?

[723] De acordo com os critérios delineados pela Comissão, na Comunicação *84/C 101/02*, § 10. Sobre os limites à aplicação do regulamento 1983/83, KORAH, «Des licences mixtes de marque et de savoir faire», *cit.*, pág. 13.

[724] Decisão de 23.12.1977, em JOCE n° L 70/69, de 13-3-78. Sobre o processo de renovação da decisão de isenção concedida em 1977, consulte-se *18° Relatório sobre Política de Concorrrência*, 1988, pág. 68.

bens[725], e inexista à partida uma relação de concorrência entre as partes (franquias de produção *impuras*). É que, nestas hipóteses, o contrato assenta nos mesmos elementos tipológicos básicos e pode mesmo desempenhar *função económico-social idêntica*, razões estas que levam parte da doutrina a defender a aplicabilidade ao contrato das normas comunitárias que em princípio não lhe seriam destinadas[726]. Tal só não será assim se a comercialização/distribuição dos produtos/serviços assim produzidos for meramente acessória na economia do contrato. Resumindo, critério decisivo é o da *função* (a causa concreta, dir-se-á) do contrato. Só a produção de acordo com determinados direitos e conhecimentos, ou sobretudo a venda dos bens por esse processo produzidos?

Finalmente, imaginamos uma última hipótese. A dos contratos caírem no âmbito da competência do direito comunitário[727], mas não poderem beneficiar de nenhuma das isenções categoriais conferidas pelos regulamentos comunitários emitidos em aplicação do disposto no artigo 1º do regulamento 19/65. Nesta hipótese, e nos termos do regulamento 17//62, terão de ser objecto de uma decisão individual da Comissão, para serem isentos da proibição do nº 1 do artigo 85º.

Por nós, pensamos não ser líquida a aplicabilidade a estes contratos dos regulamentos comunitários acima referidos. Tudo depende, mais uma vez o dizemos, da análise das cláusulas concretas do contrato. Não pode-

---

[725] Devido sobretudo à noção ampla de «utilizador final». Quando não seja possível falar-se de «utilizador final», então parece que a aplicação dependerá da verificação de uma situação análoga ou de uma apreciação individual.

[726] Seguimos pois FRIGNANI («La Corte di Giustizia riconosce le peculiarità del franchising», *cit.*, pág. 55), para quem a pronúncia do TJCE pode ser «exportada» para os outros dois tipos de contrato de *franchising*, evidenciados pelos juízes, «devendo-lhes ser aplicáveis, *mutatis mutandis*, as mesmas regras». Também BIAMONTI/ROVERATI (pág. 333) sustentam, com pertinência, que não se vê bem como aplicar outro regulamento de isenção a acordos que são «uma espécie do *genus franchising*», caso em que se correria o risco de perder de vista as características peculiares do fenómeno (no entanto, já na página 335, simplesmente aparecem a defender uma total paridade de soluções, no que ao exclusivo territorial respeita, em relação às licenças de patente). Consultem-se ainda os argumentos, num e noutro sentido, aduzidos por GALLEGO SANCHEZ (pp. 65-67, e, sobretudo, pp. 136 e segs) e o que diremos acerca do disposto no artigo 12º do regulamento 1475/95.

[727] Por preencherem a «condição objectiva de punibilidade» prevista na parte final do artigo 85º, nº 1 do Tratado CE (MÁRIO TENREIRO) e terem conteúdos restritivos da concorrência, preenchendo todos os elementos da proibição da norma. O mesmo *não é* dizer, no âmbito da competência exclusiva das autoridades comunitárias. *Cfr. supra*, Parte I.

Parte II – Da Comunitarização da Franquia

mos é, *a priori*, proceder a tal ligação, pese embora o interesse partilhado que um tal resultado possa suscitar.

Positivamente, o regime jusconcorrencial destes contratos, tanto nacional como comunitário, não diverge das regras gerais aplicáveis a qualquer outro contrato ou combinação da vida económica não submetida a uma qualquer específica regulamentação jurídica[728].

---

[728] Em Itália, os juízes aplicam à franquia de produção soluções semelhantes às que propugnam para contratos de franquia de distribuição, nomeadamente protegendo o franqueado, enquanto contraente mais débil, através da aplicação das normas que impõem a continuação da relação contratual, mesmo após o normal decurso do prazo do contrato. A solução adoptada por vários tribunais – consulte-se PARDOLESI, «Potere contrattuale», *cit.*, pp. 803 ss – é abissalmente desproporcionada face ao conteúdo das exigências justificadas do franqueado, nomeadamente quanto à gestão dos *stocks* (assim FRIGNANI, «Quando il giudice «ordina» la prosecuzione di un rapporto di 'franchising'», pág. 711).

Esta solução, consubstanciada sobretudo na aplicação a contratos de franquia (mas não só – o domínio por excelência terá sido o dos contratos relativos à gestão de estações de serviço) da tutela jurisdicional diferenciada prevista no artigo 409°, n° 3 do código de processo civil italiano, conduz à total subversão das regras sobre cessação e renovação dos contratos, ao pôr em causa o próprio princípio da denunciabilidade *ad nutum* dos contratos de duração indeterminada, bem como a necessidade de convenção das partes para a renovação de um contrato de duração determinada.

No domínio específico dos combustíveis, que corresponde, na prática americana, aos chamados *oil franchises*, a desprotecção do «franqueado» foi considerada de tal modo grave que conduziu à elaboração de causas justificativas de cessação de uma relação de *franchising*, no domínio da distribuição de carburantes. Tal movimento iniciou-se em 1972, começando pela elaboração, em dezoito Estados, de *good-causes statutes*, que visavam neutralizar a ameaça grave que caía sobre «as dezenas de milhares de pequenos empresários cuja existência está à mercê dos caprichos e do arbítrio das grandes companhias petrolíferas» (senador BAYH, *Introduction of S*. 2387, 93 th Cong., 1st session, 1975, citado *apud* PARDOLESI, «Pottere contrattuale», *cit.*, pág. 809). E culminou em 1978 com o *Federal Petroleum Marketing Practices Act*, o qual considera ilícita a denúncia ou a falta de renovação do *oil franchise* não fundamentada num dos motivos indicados: o incumprimento substancial do contrato pelo «franqueado»; a recusa do franqueado desenvolver, de boa-fé, o programa contratual; fraude; conduta penalmente sancionada; falência; desequilíbrio psíquico; expropriação do local; destruição, etc; por acordo das partes, contanto que até seis meses do termo do contrato; abandono de boa-fé, pelo franqueador, do mercado geográfico em causa. Ulteriormente, outras causas foram aditadas. De qualquer forma, em muitas destas hipóteses, a cessação do contrato depende do incumprimento contratual da contraparte, não consubstanciando uma situação de denúncia, mas de resolução. Para uma perspectiva das actuais leis estaduais norte-americanas sobre a franquia, bem como sobre a aplicação destas e de outras leis – por ex., das leis de protecção do consumidor – e de teorias provindas da *common law*, aos contratos de distribuição (franquia, em sentido americano), J. W. BURNS, pp. 620 e segs.

3. A Franquia de Serviços

Esta modalidade é considerada aquela em que a franquia revela toda a sua especificidade e inconfundibilidade. É mesmo o seu domínio de eleição[729].

Por *franquia de serviços*[730] entende-se aquele contrato nos termos do qual o franqueado (licenciado) oferece um serviço sob a insígnia e a denominação comercial, ou até a marca, do franqueador (licenciante), conformando-se com as directivas deste. Trata-se aqui da prestação de serviços do mesmo tipo daqueles que o franqueador presta[731].

Dentro da franquia de serviços, há quem apresente dois subtipos: o *franchising* terciário puro e o *franchising* terciário de tipo hoteleiro. Distinguem-se, essencialmente, consoante a nota tónica da "ideia franquiada" esteja em elementos incorpóreos ou em elementos corpóreos[732].

A franquia terciária *pura* apresenta, segundo ANDRADE MESQUITA, duas peculiaridades. Em primeiro lugar, mostra-se facilmente copiável, pois baseia-se numa ideia que versa quase exclusivamente sobre um sistema de gestão e de *marketing*. Em segundo lugar, é aqui acrescida a necessidade de uma actualização constante, dada a grande competitividade do sector, implicando um dever acrescido de conduta por parte do franqueador. Já se designa por franquia terciária de *tipo hoteleiro* a franquia de prestação de serviços em que são elevados os investimentos em coisas corpóreas[733].

---

[729] *V.g.* TOURNEAU (pp. 5-6 e 33 e segs.) ou PIGASSOU, pág. 503.

[730] Designada no aresto *Pronuptia* (versão portuguesa) como «contrato de licenciamento de serviços» – cons. 13.

[731] São correntemente apontados como exemplos paradigmáticos de franquias de serviços, a *Avis*, *Hertz*, a *Novotel*, a *Holiday Inn*, a *McDonalds* e *Unicis*. Segundo E. ZANELLI (pág. 889), o *franchising* realiza-se e identifica-se completamente com um seu «codice genetico paradigmatico», no campo dos serviços, por se revelar praticamente impossível a prestação de serviços homólogos e identificáveis com os do concedente, sem ter por base uma concessão de tipo agregativo (*rectius*, um *franchising*).

[732] TOURNEAU (pp. 34-37) chega mesmo a dizer que a restauração e a hotelaria estão para a franquia como a distribuição automóvel está para a concessão.

[733] Referindo-se a uma franquia hoteleira, entre outros, Michael KAHN, *La Franchise – Guide du candidat franchisé*, pp. 22-26, apud PETERS/SCHNEIDER, pág. 192. Aquele Autor refere-se também a uma *franquia de capitalização*, onde a criação de existências (*stocks*) apresenta um valor acrescido. Sobre a franquia no sector hoteleiro, TOURNEAU fala numa franquia *financeira* (pp. 30-31).

Discutia-se na doutrina, a propósito da franquia de serviços, a questão de saber se e em que medida a regulamentação comunitária a abrangia, mas é hoje uma questão claramente resolvida, num sentido afirmativo, como se pode extrair das várias intervenções da Comissão sobre esta modalidade do contrato[734].

Mas pergunta-se também sobre se uma tal atitude será correcta. É que há quem considere que a actividade de prestação de serviços (e a franquia que sobre ela incida) é substancialmente estranha à distribuição comercial, devendo por isso ser objecto de um tratamento autónomo quanto às suas implicações concorrenciais. Os serviços seriam fundamentalmente actos de produção[735]. Neste sentido, MENDELSOHN chegou mesmo a afirmar que a Comissão não teria competência para adoptar um regulamento de isenção categorial relativo à franquia de serviços[736].

No entanto, parece-nos que sim. Hoje em dia, toda a distribuição comercial (em especial o *franchising*) envolve ou pode envolver simultaneamente actividades produtivas e distributivas[737], razão aliás pela qual

---

[734] Assim resultava dos contratos analisados pela Comissão, especialmente no caso *Service Master* (de 14.11.88, pp. 38 e segs.) – considerando 6 –, onde expressamente afirma que «as franquias de serviços apresentam fortes semelhanças com as franquias de distribuição, pelo que podem receber, basicamente, o mesmo tratamento que as franquias de distribuição já isentadas pela Comissão», por «as regras de concorrência se aplicarem sem distinção aos produtos e serviços». Declaração que já anteriormente era pressuposta no *Projecto de regulamento (CEE) da Comissão relativo à aplicação do n° 1 do artigo 85°* (!!) *do Tratado CEE a certas categorias de acordos de franquia*, considerandos 3 e 4, que o regulamento 4087/88 não alterou substancialmente.

[735] *Cfr.* ADAMS/PRICHARD JONES (pág. 17), para quem o que há de comum, em todas as franquias de serviços, é que «só há um nível de mercado: o nível da distribuição. A analogia mais próxima é com as franquias de produção», afirmando por isso (na pág. 52), que «a service franchise is really a type of manufacturing franchise».

[736] MENDELSOHN, «Consideration for a block exemption Regulation», in *The Journal of International Franchising and Distribution Law*, vol. 1, n° 2, pág. 9, *apud* COCKBORNE, pág. 186, nota 30.

[737] FERRIER (*Droit de la distribution*, pp. 4-5), depois de constatar as diferenças entre produtos e serviços, sustenta que os serviços devem ser abrangidos na distribuição, quer porque os mecanismos jurídicos que operam no sector da distribuição (acordos de distribuição, por ex.) se aplicam indiferentemente à distribuição de serviços e à distribuição de produtos (bens) (*sic*); quer porque cada vez mais os produtos não são comercializados isoladamente, mas acompanhados de serviços: de pós-venda, instalação, etc... (a este propósito, cita vários arestos relativos às marcas, e LAUFENBURGER, de 1939, para quem «a comercialização é a distribuição organizada de bens e serviços procurados pelos consumidores» – «commerce et organisation du marché», in *Traité d'économie politique*, Sirey, 1939, pág. 8).

assumimos neste estudo ambas estas modalidades sob a mesma designação: franquia de distribuição[738].

No entanto, não se pode deixar de reconhecer que a solução nem sempre é a mais clarificadora. Outras soluções possíveis poderiam ser as de distinguir consoante a prestação de serviços constituísse ou não o objecto principal do acordo, ou os produtos de que essa prestação de serviços depende, e que o franqueado vende a utilizadores finais, fossem ou não fabricados pelo próprio franqueado[739].

4. A Franquia de Distribuição (remissão)

A franquia de distribuição ou de *interposição nas trocas*[740] constitui, sem dúvida, a modalidade cujo desenvolvimento apresenta contornos mais espectaculares e notáveis.

Como acentua ANDRADE MESQUITA[741], o franqueado é um comerciante em sentido económico. querendo com isto significar, seguindo também a lição de VASCO LOBO XAVIER[742], que é alguém que exerce actividades de mediação ou interposição nas trocas, na circulação dos bens[743].

Esta modalidade foi também definida e directamente abordada no acórdão *Pronuptia*, como sendo o contrato nos termos do qual o franqueado

---

[738] Com isso acentuando duas realidades. Primeira, a fundamental consideração que as instâncias comunitárias têm do contrato, assumindo-o enquanto institutivo de uma rede de distribuição de produtos/serviços que o franqueador criou, sob os seus sinais distintivos e com o apoio do seu saber-fazer, e que os franqueados reproduzirão, reiterando e estendendo a clientela do franqueador ao longo dos vários mercados geográficos. Em segundo lugar, porque tendo considerado que ambas as modalidades têm características que não justificam uma diferenciação de regimes, não faria sentido prosseguir distinguindo-as, para além do essencial, isto é, da constatação de que uma incide sobre uma fórmula de prestação de serviços, enquanto a outra se traduz numa forma de distribuir produtos. Com esta nota comum: é que tanto a *concepção* dos serviços como o *fabrico* dos produtos são realizados pelo franqueador (ou, na última hipótese, por terceiro designado por este). Também referindo que a CE só desenvolveu regras para a franquia de distribuição – HAWK, *United States, common market, cit.*, 425.

[739] A mesma hesitação que aqui esboçamos é no fundo também a de KORAH, *Franchising and EEC competition, cit.*, pág. 34, nota 1.

[740] Esta expressão é utilizada por ANDRADE MESQUITA, pág. 207.

[741] *Op. e loc. cit.*.

[742] VASCO LOBO XAVIER, *Direito Comercial, cit.*, pág. 8.

[743] VASCO LOBO XAVIER, «Comerciante», pp. 985 e segs.

se limita a vender determinados produtos num estabelecimento com a insígnia do licenciante[744]. No entanto, esta noção parece-nos lacunosa, por não abranger uma série de prestações necessárias à configuração do contrato de franquia. Para se estar perante uma franquia de distribuição, não basta que o franqueado venda os produtos do franqueador[745], utilizando a marca deste. É imprescindível haver uma prestação contínua de assistência comercial e técnica por parte do franqueador, o qual deve também transmitir ao franqueado os conhecimentos práticos e teóricos necessários ao correcto desempenho, por parte deste, do seu papel comercial.

---

[744] Considerando 13 do acórdão. O que corresponderia à noção de *sistemas de franquia de produtos e serviços*, na classificação de D. THOMPSON (*Franchise Operations and Antitrust*, 10-17, 1971, já citado indirectamente por PETERS/SCHNEIDER, pág. 193). Também este A., na sua classificação, distingue deste sistema o *sistema da licença de marca*. Só que não se trata aqui de um verdadeira licença de marca, apenas se distinguindo pelo facto de aqui o franqueado também *produzir* os bens ou serviços.

[745] Sobre o sentido desta expressão, artigo 1°, n° 3, d) do Regulamento comunitário da franquia. TOURNEAU (pp. 19-21) identifica duas categorias de franquia de distribuição, consoante o papel que ao franqueador caiba quanto aos produtos que serão vendidos pelo franqueado. A primeira, *franqueador-produtor*, é aquela em que o franqueador é, ao mesmo tempo, produtor e distribuidor (para os franqueados). O autor defende que é erróneo confundir esta categoria com a franquia de produção, porque o contrato não incide sobre um sistema de produção, mas sim sobre um sistema de comercialização (cfr. CASA/CASABÓ). No entanto, pelo que afirma, podemos até arriscar dizer que esta categoria pode ser ou a mais clássica (franqueador-produtor, que fornece um retalhista-franqueado que vende a utilizadores finais) ou então uma falsa franquia (na modalidade que transforma o franqueado em simples depositário das mercadorias, que continuam propriedade do franqueador). Na segunda categoria, a do *franqueador-seleccionador*, este funciona como *central de compras* (franqueador-grossista ou comissionista), fornece lista de *produtos referenciados* ou até concebe produtos, que serão produzidos por terceiros (o que CASA/CASABÓ – pp. 11-17 – classificam como franquia de distribuição). No entanto, acaba por não tratar o problema fundamental, que pode afectar a própria concepção de certos contratos como contratos de distribuição: saber se o franqueado pode, ele próprio, produzir os bens que oferece aos utilizadores finais. Ao contrário do que TOURNEAU quer fazer crer (pág. 23), não é quando o franqueador é produtor que a incompreensão entre as modalidades de franquia de produção e de distribuição (que levariam a considerar a primeira uma sub-espécie da segunda) se exponencia. É exactamente ao contrário. Se for o franqueado quem produz o bem, *no quadro da relação de franquia*, é que a franquia de distribuição corre o risco de se tornar uma sub-espécie da franquia de produção e, porventura, até escapar à disciplina do regulamento n° 4087/88, com as implicações imediatas para todos os franqueados que não se limitem a distribuir, mas também produzam...

É esta uma das modalidades de franquia que está coberta pelo regulamento comunitário da franquia. Aliás, de entre as três modalidades que a instância jurisdicional das Comunidades reconheceu, só a franquia de produção foi excluída (e de modo expresso) do âmbito de aplicação material do regulamento comunitário[746]. É também aquela a modalidade de franquia que o direito comunitário, através das intervenções decisórias e normativas, regulou, e que por isso será objecto da nossa atenção, daqui em diante.

---

[746] Considerandos 3 e 4 do preâmbulo, e artigo 1º, nº 3, alínea b) do Regulamento 4087/88. Tal deve-se ao facto da Comissão entender, como deixou expresso na decisão *Service Master* (cons. 6), que não há grandes diferenças de regime entre as franquias de serviços e as de distribuição. Esta conclusão é realçada por KORAH, *Franchising and EEC competition, cit.*, pág. 34. O Regulamento também se não aplica aos «acordos de franquia de venda por grosso», porque a Comissão alega não ter experiência suficiente nesse domínio (cons. 5: cfr. no entanto o *19º Relatório sobre a política da concorrência* – pág. 39 –, em que a Comissão declarou ter apreciado acordos deste tipo, pelo que será de esperar que em 1999, com a revisão do regulamento, seja então igualmente disciplinada esta modalidade...).

Capítulo II
A Descrição da Franquia de Distribuição
pelos Órgãos Comunitários

I. Os Elementos Típicos do Contrato

Como já vimos, apesar da franquia ter uma tipicidade social indiscutível[747], pode revestir várias modalidades, algumas das quais não *conformam* um contrato de franquia, tal como este se vem construindo[748].

No domínio comunitário, uma destas modalidades ganhou um tal relevo e consideração que levou a que se falasse duma *tipicização jurídica* do contrato[749]. Referimo-nos à *franquia de distribuição*[750], sobre a qual o Tribunal de Justiça já havia centrado a sua atenção no acórdão *Pronuptia*.

Nessa ocasião, o Tribunal teve ocasião de se pronunciar sobre o conteúdo do acordo, em ordem a encontrar as suas linhas-mestras. Como

---

[747] Como salienta Perfetti (pág. 29, nota 1), o tipo social, nascendo inicialmente do objectivo de realizar interesses conformes com a finalidade determinada pelas partes, «consolida-se pela estratificação repetitiva do comportamento negocial no tempo».

[748] A propósito da experiência italiana, Frignani («Il 'franchising' di fronte», *cit.*, pp. 222 e segs.) distingue entre um *franchising* «próprio» e um *franchising* «impróprio»

[749] Voltaremos ainda a este tema. Mas fique-se já com a ideia de que se trata de uma questão nada pacífica, onde nem sempre as opiniões são expressas de modo claro. Partindo da noção dada pelo regulamento da franquia, alguma doutrina *espera* que o regulamento desempenhe uma função moralizadora, contribuindo para determinar, de entre as múltiplas relações contratuais que se reinvindicam como sendo de *franquia*, as que o são realmente, embora não afirme que o regulamento tenha tipificado juridicamente o contrato. Como diz Frignani («Franchising: la commissione detta le nuove regole», pág. 633), espera-se que «il Reg. n. 4087 svolgerà anche una funzione moralizzatrice per separare il grano dal loglio, perché molti rapporti contrattuali si fregiano abusivamente dell'etichetta di *franchising*».

[750] Frignani, ainda antes das intervenções comunitárias, era ainda mais específico, falando de um *franchising* na distribuição a retalho («Franchising», pág. 315).

se sabe, a franquia é um meio contratual especialmente atractivo para franqueadores, franqueados e consumidores[751], que traduzem as vantagens desta figura sobre outros contratos ou sistemas de distribuição.

Para os franqueadores, porque conseguem expandir os seus negócios sem necessidade de grandes investimentos[752], de assunção de especiais responsabilidades ou sequer de domínio de todas as regras próprias do mercado concreto, que tornam a *distribuição* directa mais difícil. Quem assume os encargos de penetração no mercado é o franqueado, o qual pagará ainda para pertencer à rede instituída pelo franqueador[753], contra-

---

[751] Sobre as vantagens deste mecanismo, cons. 15 do acórdão do TJCE, *Pronuptia*, de 28.1.86. O excerto do acórdão encontra-se bastante próximo do que GUYÉNOT havia escrito treze anos antes, no artigo «Les groupements de concessionnaires et le franchising», pág. 286.

[752] O considerando 15 do acórdão *Pronuptia* diz mesmo que «...mais do que um sistema de distribuição, trata-se de uma forma de explorar financeiramente, sem envolver capitais próprios, um conjunto de conhecimentos...». Como afirmava nas suas conclusões VAN THEMAAT (pág. 368), «visto do exterior, um estabelecimento arranjado e gerido em conformidade com o contrato dá a impressão de ser uma filial. Ora, contrariamente a uma filial, o licenciante não tem de assumir os encargos do investimento. Também não tem de efectuar um estudo do mercado (...) porque, caso o negócio corra mal (...) não assume qualquer risco mas, em contrapartida, tem direito a retribuições apreciáveis». O único risco que para ele decorre é o da perda da «consistência do sistema» (MARTINEK, *Modern Vertragstypen B II: Franchising, Know-how-Verträge, Management und Consultingverträge*, München, 1992, pág. 28), na medida em que o insucesso do franqueado afectará também o franqueador e todos os outros membros da rede – fragilidade do grupo a que alude, exemplificando com a situação em Espanha da cadeia de restauração *Wendy*, MARTÍNEZ SANZ (pág. 361, nota 40).

[753] E que, no caso da *Pronuptia,* era de 10% da totalidade do volume de negócios. Ou seja, tal retribuição constitui, até pela sua importância, uma importante fonte de auto--financiamento para o franqueador, por, e repita-se de novo a expressão utilizada pelo Tribunal, se tratar, mais do que de um simples sistema de distribuição, «de uma forma de explorar financeiramente, sem envolver capitais próprios, um conjunto de conhecimentos». Daí que haja autores que vêem a franquia também enquanto forma de auto-financiamento do franqueador. Assim expressamente, ZANELLI (pág. 888), ao justificar as razões do pagamento, por parte do franqueado, de uma *entry fee*. Ao fazer isto, o Autor pretende justificar a possibilidade de, em face de determinados contratos concretos, poder o *franchising* ser submetido às regras dos *investments contracts,* sendo a franquia identificada com uma *security*, «[n]uma relação em que os lucros do participante derivam de uma actividade alheia e não de uma actividade própria». ADAMS/PRICHARD JONES (pp. 3-4) reconhecem a importância histórica desta motivação dos franqueadores. Caminho idêntico foi seguido nos EUA, como revela PARDOLESI («Il "controllo" del franchising», pág. 160), embora tenha conduzido a resultados insatisfatórios e inaceitáveis, pela própria

partida financeira composta quer por uma quantia inicial que o franqueado paga para adquirir o direito de uso dos sinais distintivos e do saber-fazer do franqueador (a *initial fee*), quer por quantias que periodicamente pagará, correspondentes, em via de regra, a uma percentagem do volume de negócios (as *royalties*)[754].

razão que já ressaltava das palavras de ZANELLI: «a protecção conexa ao *investment contract* pressupõe a substancial *estraneità* do investidor: condição evidentemente implausível no nosso caso», salvo em situação patológica.

[754] O juiz comunitário – no que foi seguido pelo legislador comunitário, no regulamento n° 4087/88 – considerou necessária a existência de uma remuneração a favor do franqueador, para se poder falar de um contrato de franquia, quer este correspectivo assuma a forma de uma *entry fee* ou de *royalties*.

A essencialidade da retribuição financeira para a qualificação de um contrato como sendo de franquia foi questão amplamente discutida, em geral, desde o início da introdução deste contrato no espaço europeu. Assim, em 1973, GUYÉNOT (pág. 283) afirmava a sua não essencialidade. Trata-se de uma questão que ainda hoje suscita debates, como tem sucedido a propósito dos contratos celebrados entre a *Benetton s.p.a.* e os seus revendedores (embora não seja o único argumento utilizado em favor da desqualificação destes contratos como sendo de franquia). É certo que, em Itália, país de onde provém, a doutrina e a jurisprudência têm-no geralmente qualificado como contrato de *franchising* (assim, expressamente, entre nós, ANDRADE MESQUITA, pág. 208, n. 12 e sobretudo, pág. 203), conclusão para a qual contribui a forma como ali se concebia o contrato de franquia. Já vimos acima, quando enunciámos a noção de franquia dada pela *Associazione Italiana Franchising*, que não constituía elemento necessário do tipo contratual ora em análise a existência de uma contrapartida financeira a favor do franqueador. Diferentemente, tanto as normas norte-americanas como o entendimento que veio a triunfar na própria CE – por exemplo na noção dada pelo regulamento n° 4087/88 –, impõem ao franqueado o pagamento de uma *franchise fee* ao franqueador. Em Espanha, *parece* não se considerar este contrato como de franquia, BESCÓS TORRES, *Factoring y franchising, cit.*, pp. 152 ss.

Mas este contrato já foi apreciado pelas jurisprudências francesa e americana em termos diversos dos utilizados pela jurisprudência italiana. Consideraram que o contrato que liga a sociedade *Benetton s.p.a.* aos seus revendedores, nos seus países, *não* é um contrato de franquia (seguiremos no fundamental, LA PLACA, pág. 203; *v.g.* também POLENTA, pp. 742-744). Também o *Cour d'appel* de Paris, num acórdão de 1987 – acórdão de 27 de março de 1987, n. M06719 R.G. – considerou que, para se estar perante um contrato de franquia, não é suficiente o simples uso da marca *Benetton* (mediante uma autorização tácita), nem a existência de preços *indicativos* (e não preços impostos ou obrigatórios) fornecidos aos revendedores pela *Benetton*. No ano seguinte, pronunciou-se, sobre um contrato similar, o *Cour d'Appel* de Grenoble – acórdão de 23 de Junho de 1988, n. 2301/87 R.G. Aí se diz concretamente que o que o revendedor qualificava como contrato de franquia não passava de uma «autorização acordada a título precário e revogável *ad nutum*, de utilizar a marca (*l'enseigne*) Benetton, *sem contrapartida financeira* mas com o compromisso de não vender no estabelecimento nenhum produto

Por outro lado, se é o franqueado quem assume os riscos do negócio, sendo também dele o investimento e a obrigação de proceder aos estudos de mercado necessários para se certificar sobre a possibilidade e

---

estranho à sociedade Invep s.p.a., proprietária do nome Benetton» (tradução livre; o itálico é meu).

Ou seja, os tribunais franceses, no seguimento aliás de certa doutrina italiana e da regulamentação comunitária, consideraram ser elemento essencial do contrato a existência de uma prestação financeira a pagar pelo franqueado ao franqueador como contrapartida da utilização dos sinais distintivos do comércio do franqueador, se não também pela própria entrada na cadeia comercial deste.

E se, como informa LA PLACA, a *Benetton* utiliza sempre o mesmo modelo contratual (diríamos, contrato-tipo), mais estranho fica cotejarmos também o modo como este contrato, aparentemente idêntico, é diversamente considerado nos E.U.A. O *District Court* de Oregon, em decisão de 1989 – caso *Robertson v. Benetton*, sentença de 2.6.1989, referida em apêndice a FRIGNANI, *Il Franchising*, pág. 479, *apud* LA PLACA, *passim* – expressamente afirma que tal contrato não é de franquia por não estar previsto o pagamento de qualquer contrapartida financeira, seja *entry fee*, sejam *royalties*. No mesmo sentido inclinou-se também o *District Court* de New Jersey – *Court District of New Jersey*, civil n. 89-757 (GEB), *Eppy's Enterprise, et al v. Benetton s.p.a.*, de 24 de Outubro de 1989.

Em boa verdade, como reconhece LA PLACA no comentário que faz à decisão da *Pretura de Lecce*, de 24.10.89 *(decreto)*, *Giur. It.*, 143º, 3ª dispensa, Março 1991, Parte prima-sez. II, página 198, o juiz italiano parece não ter valorado a questão de saber se existia ou não um correspectivo financeiro a pagar ao franqueador, ao considerar que tal correspectivo financeiro poderia assumir uma feição indirecta, sendo deixada a determinação da sua forma à vontade das partes. FRIGNANI – «Un 'nome' al contratto», *cit.,* pág. 733 – acentua o facto de o legislador comunitário exigir que esta retribuição tenha carácter *financeiro,* o que impede esta contrapartida de se restringir ao controlo da comercialização por parte do franqueador. Sobre a possibilidade desta retribuição ser *indirecta,* reafirma que pode ser «mascarada» no maior preço cobrado pela cessão dos bens para comercialização, o que não acontecerá se tal preço for o «normale prezzo fatto al rivenditore» («*bona fide wholesale price*» – assim expressamente o *CFIL*, se tal preço não estiver ligado à aquisição de *stocks* mínimos superiores ao normal), ou na renda a pagar pelo arrendamento do imóvel onde se procederá à distribuição dos produtos (uma vez reunidas várias condições). O que não acontece no contrato Benetton. Neste sentido também ia o *Alberta Franchises Act*, ao excluir do âmbito das *franchises fees* a aquisição de produtos ou serviços «at the current (wholesale) market rate» (PETERS/SCHNEIDER, pág. 183). No projecto de regulamento comunitário não se referia o facto da retribuição poder ser indirecta, mas tal omissão não se verificava já no texto final (*vide* o reparo ao projecto, em KORAH, «Franchising and the draft group exemption», pág. 130).

A necessidade de uma tal contrapartida é no entanto afirmada pelas jurisprudências francesa, italiana e comunitária – respectivamente, acórdãos já referidos dos tribunais de Grenoble, Oregon e TJCE –, bem como pelo código deontológico da F.E.F., como requisito da existência de um contrato de franquia. Como se diz neste código, «todo o contrato

viabilidade da franquia a utilizar, o contrato proporciona-lhe, em contrapartida, o acesso a uma marca[755] ou, mais do que isso, a uma fórmula comercial com «valor comercial já estabelecido» no mercado, o que implica

de franquia implica um pagamento, qualquer que seja a forma que este revista, efectuado pelo franqueado ao franqueador em reconhecimento dos serviços prestados pelo franqueador que fornece...», dizendo-se ainda que o contrato deve indicar as condições de pagamento.
    Na doutrina portuguesa, NUNO RUIZ (*O «franchising»*, cit., pág. 26) e PEREIRA BARROCAS (pág.154), referem-se expressamente aos diversos tipos de contrapartidas financeiras que podem aqui estar em jogo, distinguindo entre a prestação inicial (*initial fee* ou *front money*), as prestações contínuas (*continuing fees* ou *royalties*) e as cláusulas de rentabilidade mínima (*minimum royalty payments*). Sobre a específica natureza e modo de cálculo desta retribuição, PEREIRA BARROCAS, pp. 141-142. Este autor, apesar de não considerar, ao arrepio da noção comunitária de franquia, a contrapartida financeira como elemento essencial do contrato de franquia (pág. 131-132 e 154), indica ainda duas outras modalidades que as por ele designadas 'prestações contínuas' podem assumir: pode tratar--se de uma prestação fixa anual ou de uma percentagem sobre os lucros líquidos das vendas efectuadas pelo franqueado; para além disso, admite ainda que as partes possam acordar na possibilidade de «optar, no decurso do contrato, por outro sistema de pagamento (...), pelo valor mais alto ou pela média dos valores de rentabilidade obtidos, mediante a consideração de mais de um sistema de cálculo de prestações contínuas a pagar» (pág. 142), sendo determinado com base nos livros contabilísticos do franqueado (ZANELLI, *Il franchising*, em Annali della Facoltà di Giurisprudenza, Genova, 1977, pág. 1046, *apud* LA PLACA, pág. 204).
    Sobre noções de *franchises fees*, vide PETERS/SCHNEIDER (pp. 183 e segs e 225), que se referem à retribuição como critério distintivo do contrato. Em Espanha, encontramos ainda quem defenda que a contraprestação pode ser «económica ou não» (BARRENECHEA e Outros, pág. 188).
    [755] *Rectius*, a uma franquia, tal como aparece definida na alínea a) do nº 3 do artigo 1º do Regulamento 4087/88. A referência à marca é contudo recorrente, tendo mesmo nós já visto que a marca é muitas vezes reputada essencial para a franquia (e quase sempre existirá e será essencial) e que cumpre na franquia uma função potencialmente diversa (*vide supra*, na Parte I, quando falámos da marca como factor de diferenciação). Com efeito, a marca garante ao consumidor médio que todos os produtos que a ostentam provêm da empresa do titular do sinal, ou diremos nós, também de qualquer empresa que não esta devidamente licenciada ou autorizada a utilizar a marca, sob controlo do titular do direito exclusivo sobre o sinal distintivo ou a expensas do nome e prestígio deste. Trata-se aqui de hipóteses como as de licença de marca (exclusiva ou não), *franchising* ou qualquer outra forma de integração comercial/industrial em que haja cedência (ainda que mais complexa) da marca. É o caso da concessão comercial, em que no entanto a identificação da fonte produtiva opera em termos diversos do que acontece no *franchising*, pois não há da parte do concessionário comercial qualquer *apropriação* da marca do concedente (qualquer confusão sobre a *fonte produtiva), maxime* aos olhos do consumidor médio. Já na hipótese de franquia, o problema apresenta-se de forma diferente. O produto a que a marca é aposta não provém forçosamente da empresa

não ter de, por si só, construir a imagem e reputação da marca, antes beneficiando largamente da imagem já edificada (da protecção do «chapéu-de-chuva»[756]) pela rede de distribuição em que se vai inserir, o que de modo significativo contribui para uma tal redução do risco[757].

Ademais, também para os consumidores este contrato apresenta significativas vantagens, realçadas pela doutrina e pela jurisprudência. Quando alguns produtores oferecem aos consumidores produtos que entre si parecem fungíveis, ou melhor, facilmente intercambiáveis, «a estrutura do mercado não se opõe à existência de canais de distribuição diferenciados, adaptados às características próprias dos diferentes produtores e às necessidades das diferentes categorias de consumidores»[758]. Através do estabelecimento desta redes de franqueados, a escolha dos consumidores au-

---

franqueadora, podendo ser obtido de terceiro, ou produzido pelo próprio franqueado, por isso que, em certas modalidades da franquia cuja exploração é cedida ao franqueado, pode incluir-se o direito de produzir e colocar a marca no produto ou serviço, com a característica essencial ao contrato de que o consumidor/utilizador final pensará estar perante a empresa franqueadora e não perante a empresa franqueada, uma vez surgindo esta empresa, na inter-comunicação comercial com o utilizador final, com a *imagem empresarial* do franqueador, factor que faz com que, na franquia, a unicidade de proveniência seja dada apenas pela pertença à mesma rede, pela existência de vínculos jurídicos e económicos entre franqueador e franqueado – vide SOUSA E SILVA, *Direito comunitário e propriedade industrial*, cit., pp. 162-164 e 166 –, sob pena de termos de ver aqui uma manifestação da segunda função das marcas: a de garantia de (um certo padrão de) qualidade (*v.g.* as indicações neste sentido, na jurisprudência norte-americana e na doutrina espanhola – FERNÁNDEZ NOVOA – referidas por GINER PARREÑO, pp. 75-79, nota 38, sendo que este último Autor afirma na nossa hipótese aquela primeira função, no sentido descrito).

[756] ADAMS/PRICHARD JONES, pág. 2. Outros Autores salientam simplesmente a «unidade de imagem» (GINER PARREÑO, pp. 74-75).

[757] «A razão por detrás disto é simples: o franqueador oferece ao franqueado a possibilidade de usar a sua marca, nome ou insígnia (*trademark, tradename or symbol*) (..) que é conhecida, o que significa que o franqueado beneficia do facto de ter desde logo clientes potenciais» (PETERS/SCHNEIDER, pág. 165). Também MATHIEU destaca como a grande vantagem que o contrato dá ao franqueado, o facto de «permitir a um indivíduo adquirir a sua própria empresa sem ter de passar pelos difíceis estádios da concepção, instalação e lançamento do comércio» (pág. 13). A facilidade de acesso de qualquer pessoa, antes impreparada, a este esquema contratual era mesmo glosada em França (onde também a selecção era livre, na opinião da Comissão da Concorrência, de 1.12.83 – ROUX/VOILLEMOT, 119), tendo SAINT-ALARY, começado assim um relatório de uma Comissão presidida por MOUSSERON: «Era uma vez uma senhora que se aborrecia. E, folheando um dia uma revista feminina, reparou numa publicidade que dizia:...» (*apud* BESSIS, pág. 35).

[758] Considerando 20 do acórdão *Metro I*, de 25.10.77, já citado.

mentará, pois este sistema de distribuição permite uma rápida penetração de novos produtos ou de produtos de qualidade comprovada nos diversos mercados, alargando-se o leque de escolha do consumidor, tanto quantitativa como qualitativamente.

Expondo a sua argumentação, esta jurisdição descreve o funcionamento deste sistema de distribuição, em que uma empresa (a franqueadora) concede a comerciantes independentes, mediante remuneração, a possibilidade de se estabelecerem noutros mercados, utilizando a insígnia e os métodos comerciais que permitiram o sucesso comercial do franqueador [759].

Se o TJCE apenas numa ocasião se pronunciou sobre as implicações que para a concorrência comunitária podem decorrer desta específica figura negocial, já o mesmo não se passou com a Comissão. Em primeiro lugar, através da análise de concretos contratos que lhe tinham sido notificados, quer porque a pronúncia no acórdão *Pronuptia* fez surgir dúvidas nos agentes económicos sobre a compatibilidade dos seus contratos com as regras de concorrência, quer como condição prévia de elaboração de um regulamento de isenção categorial para o tipo de acordo já encarado pelo Tribunal de Justiça[760]; quer, enfim, através da elaboração e aprovação do regulamento de isenção categorial aplicável aos acordos de franquia, a que foi atribuído o nº 4087/88, de 30 de Novembro.

A análise que a Comissão fez dos contratos não teve por objectivo nem consequência discernir sobre a exacta qualificação dos contratos. Tal como acontece com as apreciações do Tribunal de Justiça, não se trata de definir instrumentos da autonomia privada dos sujeitos, nem de procurar regime jurídicos para estes. A Comissão como o Tribunal têm apenas por função a análise da compatibilidade de certos contratos com as regras comunitárias, sejam elas de direito originário ou de direito derivado. Ou, no caso deste último, ainda de controlar a licitude dos actos adoptados pelos restantes órgãos comunitários.

Neste regulamento, a Comissão define «acordo de franquia», na alínea b) do número 3 do artigo 1º, como o «acordo pelo qual uma empresa, o franqueador, concede a outra, o franqueado[761], mediante uma contraparti-

---

[759] Considerando 15 do acórdão.

[760] Para ganhar a experiência que possibilitasse a elaboração do regulamento de isenção, tal como exigido pelo Regulamento 19/65 – cons. 4 do regulamento 4087/88.

[761] Se forem mais do que duas as partes no negócio, não será aplicável a isenção categorial, mostrando-se indispensável uma decisão individual de isenção – por todos, GOYDER, pág. 147.

da financeira directa ou indirecta, o direito de explorar uma franquia para efeitos da comercialização de determinados tipos de produtos e/ou de serviços».

O caminho percorrido torna possível individualizar este contrato, cujas implicações na ordem jurídica comunitária da concorrência analisaremos. Podemos descrevê-lo, compreensivamente, sem atraiçoar a noção comunitária de franquia, como o contrato mediante o qual uma parte (franqueador) concede a um comerciante independente – pessoa singular ou colectiva – (franqueado) o direito de usar os sinais distintivos de comércio e de explorar patentes e/ou outros direitos de propriedade industrial ou intelectual, transmitindo-lhe ainda o seu saber-fazer (*know-how*) e prestando-lhe assistência comercial e/ou técnica (administrativa, financeira, publicitária...), contra o pagamento de retribuições por parte do franqueado, o qual deverá também sujeitar-se ao controlo do franqueador[762].

Utilizando a terminologia do regulamento 4087/88, o contrato de franquia incide, perdoe-se o pleonasmo, sobre uma *franquia*. Trata-se de uma figura complexa[763], que «combina distintos esquemas negociais, considerados como um só pelas partes, com causa única, derivada da fusão dos elementos causais dos contratos que concorrem para a formação da relação, e subordinado a um único nexo objectivo e funcional, de modo a que as várias prestações, íntima e organicamente misturadas e reciprocamente condicionadas na sua essência e modalidades de execução, resultam preordenadas à realização de um único intento negocial em sentido objectivo, dando vida a uma convenção unitária com uma individualidade própria (autónoma)»[764].

Essa franquia (o «blue print» do negócio[765]) é no regulamento descrita como sendo constituída por «um *conjunto* de direitos de propriedade

---

[762] D. FERRIER («La franchise internationale», pág. 636), afirma, a dado passo, que «a essência da franquia reside na natureza do mecanismo de controlo, a saber, na substituição dos métodos directos de vigilância hierárquica por um mecanismo de auto-disciplina que repousa sobre o interesse patrimonial dum franqueado juridicamente autónomo, e financeiramente responsável» (tradução livre). Assim também ADAMS/PRICHARD JONES (pág. 5) o dizem impressivamente: o ponto de venda franqueado «is a kind of managed outlet, in which the franchisee risks his capital. The risk of capital is itself a control device».

[763] SAINT-ALARY, pág. 1, ponto 4.

[764] GUIDO ALPA (pág. 445) referia-se ao contrato de *engineering*, mas cremos que a compreensão unitária do contrato é também apropriada para a franquia.

[765] BELL, pág. 5.

industrial ou intelectual relativos a marcas, designações comerciais, insígnias comerciais, modelos de utilidade, desenhos, direitos de autor, saber-fazer ou patentes», direitos estes que serão explorados pelo franqueado, com o objectivo de «revenda de produtos» ou de «prestação de serviços» (o sublinhado é nosso)[766].

A noção que o regulamento comunitário dá especifica ainda algumas obrigações que preenchem o conteúdo mínimo deste contrato, como a obrigação de uso de uma designação ou insígnia comum e de apresentação uniforme das instalações e/ou meios de transporte; a obrigação de comunicação ao franqueado do saber-fazer (*know-how*) do franqueador[767]; e, finalmente, a prestação ao franqueado de assistência comercial ou técnica contínua, por parte do franqueador.

---

[766] Artigo 1°, n° 3, alínea a) do citado Regulamento.

[767] O saber-fazer vem definido na alínea f) do n° 3 do artigo 1° do regulamento da franquia, pese embora a imperfeição da linguagem utilizada, como «um conjunto de conhecimentos práticos não patenteados, decorrentes da experiência do franqueador, e verificados por este que é secreto, substancial e identificável». Os contratos de *know-how* (juntamente com os contratos de licença de patente) encontram-se já regulados comunitariamente, no Regulamento (CE) n° 240/96, de 31.1.1996 (que substitui o regulamento n° 556/89, de 30.11.88), já citado, que unificou a regulamentação jusconcorrencial dos contratos de saber-fazer, de licença de patente e mistos de saber-fazer e licença de patente (sobre a autonomia dos dois contratos, FRIGNANI, «Il 'franchising' di fronte», cit., pág. 211, nota 18). O que diremos sobre a regulamentação comunitária da franquia valerá também para determinar o alcance da regulamentação dos contratos simples ou mistos de saber-fazer (*know-how*). Duas notas queremos deixar. A franquia tem grandes afinidades com estes contratos, na medida em que partilham elementos comuns, sejam eles essenciais – o próprio saber-fazer, a independência (artigo 5°) – ou não – a exclusividade territorial eventual, a obrigação de utilizar a marca ou o nome do licenciante para a identificação do produto, a retribuição. Além disso, as noções de «saber-fazer» e as suas características – secretismo, substancialidade e identificabilidade –, não sendo coincidentes, estão bastante próximas (cfr. artigo 10°, n°s 1, 2, 3, 4 e 5 do regulamento n° 240//96; e artigo 1°, n° 3, alíneas f), g), h) e i) do Regulamento n.° 4087/88). Sobre os elementos do conceito de saber-fazer, sobretudo a originalidade, que na CE corresponderá à exigência do seu carácter *secreto*, *vide infra*, e ainda PETERS/SCHNEIDER (pp. 207-214) e, no quadro da franquia, BESSIS (pp. 32-34), BURST [«Anotação ao acórdão do *Cour d'Appel de Colmar*, de 9.6.82», pp. 555-556, que distingue entre originalidade *absoluta* (desconhecida de todos os profissionais do sector, nova) e *relativa* (desconhecida para o beneficiário da transmissão do saber-fazer, e por isso útil para si – *substancial*), só esta última sendo de exigir)], RINALDI (pág. 78, que questiona o momento em que se deve verificar o carácter secreto do saber-fazer e os critérios de apreciação da sua substancialidade) e, em sentido claramente favorável às soluções comunitárias, LELOUP, «Le règlement communautaire relatif», cit., p. 10 e segs., em especial, 12.

Estamos perante um contrato[768]. Negócio jurídico, por definição, concluído por duas ou mais declarações de vontade[769]. E contrato bilateral, ou seja, gerador de obrigações para ambas as partes (franqueador e franqueado).

Através dele, as partes instituem entre si uma relação de *colaboração contínua*[770], de associação entre empresas[771]. Em suma, as partes

---

[768] Cremos ser perfeitamente possível dar por assente o que é um contrato, certo de que não haverá dúvidas sobre o que seja esta figura. No entanto, das incontáveis referências que a propósito poderíamos encontrar, por todos, a monografia de F. PEREIRA COELHO, *'Contrato'*, cit., pp. 5-13.

[769] O que tem interesse referir, porque, na matéria que nos irá ocupar, veremos que a isenção categorial concedida pelo regulamento comunitário 4087/88, a certas categorias de acordos de franquia, só abrangerá os acordos entre «*apenas duas* empresas» – artigo 1º, nº 1 do regulamento. Por outro lado, também já referimos incidentalmente, e voltaremos ao assunto, o contrato de franquia caracteriza-se, as mais das vezes, por ser um domínio por excelência do fenómeno das *redes*. Ou seja, um domínio em que, mesmo quando concluído entre apenas duas empresas, não deixa de haver uma integração numa estrutura muito mais complexa (a *rede*), gerando interdependências nem sempre juridicamente irrelevantes entre os seus vários membros. Sobre a categoria da *empresa-rede*, LAFAY, pp. 40-41.

[770] A relação de colaboração entre empresas existe, no dizer de MARTINEK (*Franchising. Grundlagen der zivil- und wettbewerbsrechtlichen Behandlung der vertikalen Gruppenkooperation beim Absatz von Waren und Dienstleistungen*, Heidelberg, 1987, pág. 124, apud GINER PARREÑO, pág. 71), «quando duas ou mais empresas cumprem determinadas funções, fruto de um acordo assumido voluntariamente, na expectativa de realização, em alto grau, dos objectivos empresariais assinalados». É também imensa a doutrina (especialmente francesa) que acentua esta relação de colaboração entre as partes no contrato, por vezes até como elemento de igual importância na compreensão da figura – assim, por todos, SAINT-ALARY, (pág. 2, 1ª coluna), e o *Cour d'Appel* de Paris, em 28.2.78 (retomado pelo Tribunal de Commerce de Rennes, em 16.10.81). Em Espanha, por exemplo, ÚRIA (pág. 739) e GALLEGO SANCHEZ (pág. 67 e, sobretudo, pp. 96-99). E, entre nós, por exemplo, Pedro MARTÍNEZ (pág. 148). A propósito da compreensão e análise que faz do contrato de concessão comercial, Mª HELENA BRITO classifica-o como contrato de cooperação, por referência à identidade de fins da actividade das partes, e à relação que a vários níveis se estabelece entre elas (pp. 212 ss). Ora, também na franquia, qualquer que seja o seu objecto e conteúdo, há uma identidade de *fim* e uma *concertação* entre as partes – concertação, aliás, até mais extensa e intensa do que na concessão comercial –, pelo que também a este nosso contrato pode quadrar a classificação de contrato de cooperação (a Comissão fala mesmo em «complementariedade coincidente de interesses» – decisão *Pronuptia*, cons. 34). No entanto, esta concertação não faz com que qualifiquemos o contrato como um contrato associativo, seguindo nós, neste ponto, a opinião de MAGGIORE (pág. 125), segundo o qual, «nestes, há vontade de desenvolver uma actividade comum ou vontade de participar nos benefícios de uma actividade desenvol-

coligam-se, numa relação multifacetada, face ao modo como o órgãos comunitários *construíram* o contrato. Franqueador e franqueado (especialmente este) são, em simultâneo, *independentes*, *dependentes* e *interdependentes*.[772]

Repousando o *franchising* sobre sinais distintivos do comércio ou indústria do franqueador, sobre os conhecimentos técnicos e práticos deste e ainda sobre a assistência que nesses domínios o franqueador pode fornecer ao franqueado, é natural que seja permitido àquele manter uma rigorosa fiscalização sobre o modo como a execução do contrato é levada a cabo pelo franqueado. Esta é até considerada uma nota distintiva da franquia, enquanto instrumento avançado de integração empresarial[773]. O franqueado está pois numa situação de *dependência* face ao franqueador: depende do saber-fazer e da assistência que o franqueador lhe prestará, do prestígio da «posição no mercado» ocupada pelo franqueador, da própria clientela do franqueador, das instruções e directrizes do franqueador[774],

---

vida por outros e a cuja organização empresarial se permanece estranho», sendo a empresa unitária, enquanto na franquia, se é um contrato de empresa, tem o objectivo de permitir a actividade de empresas distintas. Sobre a categoria dos contratos de cooperação, *vide* ainda FERREIRA DE ALMEIDA, pp. 533 e segs.

Mais adequada nos parece ainda a sua qualificação como contrato de *reiteração*. Em 1988, FERRIER negava a actualidade das ideias de identidade de fim ou sequer de cooperação, postulando a sua qualificação como contrato de *reiteração* («La franchise internationale», pág. 651), ideia que reafirma em *Droit de la distribution* (pp. 227 e 317), ao incluir o contrato na categoria dos acordos de reiteração, quer dizer, dos «acordos pelos quais um distribuidor, que pode ser igualmente fornecedor ou produtor, após ter conhecido um êxito comercial na sua actividade de distribuição, propõe a outros distribuidores a aplicação das suas regras de comercialização para desempenharem por sua vez a mesma actividade». Podemos encontrar, com uma certa frequência, esta ideia da franquia como instrumento de *reiteração* de um sucesso comercial – também em língua francesa, TOURNEAU (pág. 7) ou LELOUP, «Le règlement communautaire relatif», *cit.*, p. 13).

[771] PERFETTI, pág. 34.

[772] Na fórmula feliz que utilizava PATRUCCO (pp. 121-122), em tradução portuguesa datada de 1972, trata-se de «um contrato de colaboração de um novo tipo que admite a independência numa interdependência».

[773] ROBERTI, preocupado em estender o regime comunitário do contrato a todas as outras formas de distribuição comercial, acentuava, em 1987, que a única especificidade da franquia era a «intensidade da integração realizada» «no máximo grau possível», a «identificação quase total do revendedor isolado com a rede em que se insere» (p. 409).

[774] Cfr. PINTO MONTEIRO (pág. 320) e BIAMONTI/ROVERATI (pág. 330). O controlo por parte do franqueador, que aqui referimos, é o controlo exercido durante o contrato. É importante no entanto considerar a necessidade da intensidade do controlo, que, se tem de ser elevada, não pode pôr em causa a independência do franqueado (PETERS/SCHNEIDER,

dos direitos (privativos) de propriedade industrial do franqueador. Como GEORGES VIRASSAMY[775] escreveu, o franqueado está – muitas vezes – numa posição de *dependência económica* (operativa).

---

pág. 167, 221 e 227 e segs.; MATRAY, pág. 24). Sobre os obstáculos colocados ao controlo pela exigência de independência entre as partes feita pelas normas de concorrência, FRIGNANI («Il "controllo" del franchising», pp. 230 e segs.). MATHIEU (pág. 15) assinala mesmo esta «independência relativa» como um dos grandes inconvenientes do contrato, para o franqueador. Sobre a fase pré-contratual, e aos exageros a que conduziu, nos EUA e na Austrália, PARDOLESI, «Il "controllo" del franchising», pp. 164 ss.

[775] G. VIRASSAMY acaba por fazer centrar na subordinação, enquanto corolário da dependência económica, de um dos contratantes em relação ao outro, a verdadeira nota característica de um contrato de dependência (pág. 163), que define como «os contratos que regem uma actividade profissional na qual uma das partes, o sujeitado, se acha tributário, para a sua existência e sobrevivência, da relação regular e privilegiada que estabeleceu com o seu co-contratante, o parceiro privilegiado, e que o coloca na sua dependência económica ou sob a sua dominação» (pág. 162).

De notar que, nos EUA, o domínio de aplicação da *rule 436* abrangia apenas os *fractional franchisees* que tivessem um peso superior a 20% do volume total de negócios do franqueado, exactamente por, se isso não se verificar, não existir qualquer relação significativa de dependência do franqueado face ao franqueador.

Muitos falam, a propósito da relação entre as partes num contrato de franquia, numa situação de «quase-filiação» (*Quasifilialisierung*: MARTINEK, *Franchising*, Heidelberg, 1987, pág. 91, *apud* MARTÍNEZ SANZ, pág. 360), do mesmo passo que salientam a independência entre os sujeitos do contrato (empresários), expressa na assunção do risco inerente, entre outras manifestações, à própria decisão de adesão à rede (*idem*, pág. 363). PARDOLESI (*I contratti di distribuzione*, pág. 88) refere mesmo que «o que estes contratos põem em causa é a própria independência substancial do revendedor», sendo-lhe subtraída a direcção económica, embora seja respeitada a sua independência jurídica, transformando-o «no *verlangter Arm* do produtor. Com efeito, o comportamento do intermediário aparece muito mais determinado do exterior; os seus interesses tendem a (...) subordinar-se aos interesses do fornecedor» (mas já antes se referira a este tema: *vide* «Regole antimonopolistiche del trattato CEE», *cit.*, pág. 85). Neste sentido, certa doutrina norte-americana qualifica o franqueado como uma figura que oscila entre o trabalhador assalariado e a empresa independente (BRICKLEY/DARK) ou que é verdadeiramente um empregado (RUBIN), pelo que a relação de franquia seria uma relação *sui generis*, mas próxima das relações laborais e de agência, na medida em que a individualidade do franqueado se encontra submergida (BRAUN) – *cfr.* J. W. BURNS, pág. 640, nota 196.

Sobre a dependência ligada ao fenómeno da integração na distribuição, leia-se também PIGASSOU (pp. 478-479, 484 e 503), que distingue entre *controlo* e *subordinação*, assumindo mesmo que a franquia pode em certas modalidades constituir-se como distribuição integrada. FRIGNANI («Il 'franchising' di fronte», *cit.*, pág. 225) chama a atenção para a expressão *filiação (affiliazione)* que era utilizada em Itália para designar o contrato, numa fase inicial, por ser uma expressão típica do direito da família. Aliás, não é a primeira

Só que, entre as notas essenciais deste contrato, do ponto de vista da Comissão, conta-se também a *independência* (autonomia)[776] entre franqueador e franqueado[777], a qual mal se compaginaria com certo tipo de situações, como a participação do franqueador no capital da empresa do

---

vez que expressões daí provindas são usadas para descrever relações entre sujeitos económicos. *Vide* o que escrevemos sobre os «trusts», na I^a parte. Quanto à franquia, referindo-se à querela que no Canadá se desenvolveu, aquando do processo *Jirna Ltd c. Mister Donut of Canadá Ltd*, sobre a existência ou não na franquia de uma relação fiduciária entre as partes (um 'Constructive Trust'), impondo ao franqueador a protecção dos interesses do seu co-contraente, MATHIEU, pp. 27 e segs.

Esta dependência económica é tão grande que instâncias há que procuram mesmo soluções que protejam o franqueado, nomeadamente no momento da (não)renovação do contrato, ao ponto de a pretenderem impor, por exemplo considerando que a não-renovação pode constituir um abuso de dependência económica (TOURNEAU, pp. 54-55). Em Portugal, o Conselho da Concorrência já chegou, no proc. 4/91 – *Dan Cake* (*Relatório de actividade de 1992, cit.*, pág. 256) –, a afirmar a ilicitude de certas rupturas contratuais em casos de dependência económica, fenómeno cujo abuso considerou, no ano seguinte, ter o seu campo natural nas relações verticais entre fornecedores e distribuidores (*Relatório de actividade de 1993*, pág. 868). Um caso especialmente interessante chegou aos tribunais, em Itália (Pretura di Roma, de 11.6.84, caso *Sangemini e Ferrarelle c. Schweppes e Acqua S. Benedetto*), relacionado com a cessação de um contrato de franquia de produção no sector das bebidas, onde o tribunal, em homenagem aos interesses do franqueado, decretou a renovação de um contrato de *franchising* de produção denunciado com pré-aviso, mesmo contra a vontade do franqueador – em sentido muito crítico desta decisão, PARDOLESI, «Anotazione», *FI*, 1984, I, pp. 2909, *apud* FRIGNANI, «Quando il giudice «ordina» la prosecuzione», *cit.*, pp. 711 e segs., não encontrando este último autor razões para a preterição do princípio geral da denunciabilidade *ad nutum* dos contratos de duração indeterminada, mesmo quando seja legítima a protecção do franqueado, permitindo-lhe vender, nas mesmas condições (fazendo uma «utilização atípica» da marca do franqueador), os bens que na altura da cessação possuir em *stock*. Soluções de algum modo similares são propugnadas, sob a capa da possível existência de uma relação fiduciária entre as partes, por MATHIEU (pp. 32, no seguimento de doutrina canadiana: VESELY). Entre nós, *vide* as referências – também de direito comparado – de A. P. RIBEIRO, pp. 24-27.

[776] Se não existir, não podem as empresas partes no contrato beneficiar da isenção concedida pelo regulamento. Só que este critério nem sempre terá este alcance linear, de imediata sujeição das partes no contrato à proibição. É que, em muitos casos, na acepção da Comissão, tal dependência leva igualmente à exclusão do âmbito do artigo 85°, fazendo com que a Comissão só possa sancionar os comportamentos quando eles representem abusos de posição dominante. De tanto ser exigente, a Comissão pode acabar sendo permissiva. Não podendo atacar a propriedade privada (artigo 222° CE) e o exercício económico desta, a Comissão ataca a liberdade contratual, mas acaba *vitimada* pelos seus próprios critérios.

[777] *Vide* o que ficou dito a propósito das modalidades de franquia associativa e indirecta.

franqueado em termos que lhe permitissem controlar o negócio deste[778], ou uma relação de índole laborística, negadora da autonomia real (jurídica e económica) que tem de existir entre ambas as partes no contrato[779].

Esta independência tem de existir, jurídica e economicamente, perante fornecedores e co-contratantes. Tal é o significado que quase unanimemente se faz sentir, com a exigência de independência do franqueado face ao franqueador, no regulamento comunitário[780], para a franquia de distribuição, e na lei francesa de 1989 (a já referida lei *Doubin*)[781]. Na legislação norte-americana, pressupõe-se mesmo uma tal inconfundibilidade, não apenas nos apertados requisitos da informação a transmitir através do *basic disclosure document*, mas também, e mesmo previamente, na determinação do campo de aplicação da *rule*, nomeadamente excluindo do domínio da «franquia» toda a relação comercial constituída unicamente por[782] uma relação laboral entre o pseudo-franqueador e o pseudo-franqueado, ou entre sócios de uma sociedade; ou pela pertença a uma associação cooperativa «bona fide».

Isto apesar de não haver normas nacionais ou internacionais que formalmente imponham ou excluam alguém da possibilidade de ser parte num contrato de franquia ou *franchising*. Tanto podem ser pessoas singulares como pessoas colectivas[783]. O que se exige é que se trate de, pelo menos, dois sujeitos jurídicos, independentes entre si. Esta independência tem de ser *jurídica*, mas tem, sobretudo, de ser *económica*[784]. Esta in-

---

[778] Porque então o controlo volver-se-ia em titularidade, como dizem Peters/Schneider, pág. 171-173 e 219.

[779] Se existir entre as partes uma relação substancialmente idêntica a uma relação laboral, já não se estará, em rigor, perante um contrato de franquia – neste preciso sentido, Peters/Schneider (pp. 229-233), com indicações sobre o tema não apenas nos EUA, sobre o que há abundante doutrina (por todos, Pardolesi, *I contratti di distribuzione*), mas também na Suécia. Sobre os índices de medição do controlo do franqueador sobre o franqueado, como critério para a responsabilização daquele, Adams/Prichard Jones, pp. 24 e segs.

[780] Artigo 4°, c) do regulamento 4087/88.

[781] *Vide* especialmente, Saint-Alary (pág. 2), que em 1973 declarava ter o franqueado de ser independente, económica e juridicamente do franqueador, sob pena de desqualificação do contrato, com a negação da qualidade de comerciante do franqueado e a sua assimilação a um contrato de trabalho ou a uma sucursal.

[782] § 436 - 2, a, 4, i) a iv).

[783] Frignani, «Il 'franchising' di fronte», *cit.*, pág. 211.

[784] É curiosa esta afirmação da independência entre franqueador e franqueado, nem sempre devidamente salientada. No entanto, trata-se também de um requisito necessário e indispensável à configuração de uma relação de franquia. Característica deste contrato tem de ser a independência jurídica e económica entre franqueador e franqueado. Sinto-

dependência económica é mesmo considerada pelas normas da concorrência comunitárias como condição *sine qua non* da submissão do contrato ao regime do artigo 85° CE. Expressamente excluídos da aplicação deste dispositivo estão os contratos em que o franqueado não assume os riscos do negócio[785] ou os casos em que o franqueador controla jurídica e economicamente a actividade do franqueado, no sentido de se dizer que é ele que toma todas as decisões e se responsabiliza[786]. Aliás, todo o domínio dos acordos ocorridos dentro de um «grupo» de sociedades, em que as empresas actuam sem autonomia económica efectiva, estão excluídos da aplicação do artigo 85° do tratado CE[787].

---

mático é, neste particular, o *arrêté* francês de 21.2.91. Em conformidade com esta disposição, consulte-se o art. 4°, alínea c) do regulamento da franquia. Esta independência ressaltava, por exemplo, do contrato-tipo analisado pela Comissão, na sua decisão *Computerland* (cons. 24). Só não se encontra menção *expressa* a esta independência na decisão *Service Master*, de 14.11.88, mas, ainda aqui, é possível descortiná-la no cons. 5 da decisão. Sobre esta independência, cfr. MATRAY, pp. 23-25. Para uma justificação da menção, LELOUP, «Le règlement communautaire relatif», *cit.*, pp. 21. Em sentido crítico da inclusão da exigência de independência jurídica no regulamento comunitário, por ser supérflua, não ter qualquer efeito sobre a concorrência e não ser mais do que um obstáculo burocrático ilógico, PÉREZ-BUSTAMANTE/AZCÁRATE (pág. 74).

[785] *Vide* a *comunicação* de 1962, da Comissão.

[786] Em França, a lei de 21.3.1941 declarava aplicável o artigo 781°, n° 1, § 2 do código de trabalho às pessoas que por profissão vendessem mercadorias fornecidas exclusivamente ou quase exclusivamente por uma única empresa comercial ou industrial (...) «dans un local fourni ou agrée par cette entreprise et aux conditions et prix imposés para cette entreprise». Como nos diz PIGASSOU (pág. 522), o *Cour de Cassation* francês fez uma aplicação desta disciplina mesmo a contratos de franquia, embora tivesse mais em consideração a subordinação económica do que a jurídica. Só que, na distribuição integrada, de que a franquia de distribuição é exemplo, nem sempre (raramente) estes elementos, característicos de uma autêntica subordinação, estão preenchidos cumulativamente (*idem*, pág. 500). No entanto, note-se que considera como particularmente elevado o grau de integração quando o distribuidor exerce a sua actividade em local definido pelo fornecedor. Ora, no próprio regulamento da franquia (artigo 2°, c)), admite-se uma cláusula deste género, cujo relevo se encontra ainda reforçado pela protecção territorial que também é habitualmente conferida. Este autor separa mesmo a distribuição integrada da distribuição exclusiva visada pelo antigo regulamento (CEE) n° 67/67, com base na desnecessidade de exclusividade, no que aos primeiros respeita (pág. 501). Sobre a desqualificação do contrato e sua consideração juslaboral, quando o franqueado não goze de qualquer independência económica, em França, também BESSIS (pp. 41-43: salientando o preenchimento possível dos requisitos da norma, mas o afastamento da jurisprudência) e, nos EUA e Canadá, MATHIEU (pp. 37-38).

[787] A ideia de unidade económica – que vimos basear a exclusão da aplicação do artigo 85°, pela negação da pluralidade e afirmação real de uma unidade, ainda que não assumida – é recorrente na percepção da franquia: cfr. GUYÉNOT, pp. 285 e segs.

Mas ainda assim (ou, se calhar, por isso) este contrato é bastante interessante para o franqueado. Ao *integrar-se na rede* do franqueador, ele beneficia imediatamente do prestígio da fórmula franquiada, usufruindo ainda de um saber-fazer e de uma assistência técnica e comercial que lhe atribuem imediatamente um «valor de posição no mercado»[788]. É o fenómeno da *interdependência*[789].

---

[788] O franqueado será indubitavelmente titular de um estabelecimento comercial, porquanto, através da celebração do contrato de *franchising*, ele torna-se titular de uma «organização concreta de factores produtivos como valor de posição de posição no mercado», como ensina ORLANDO DE CARVALHO, *Direito das Coisas*, pág. 196, nota 2. Este Professor descobria no estabelecimento comercial três tipos de elementos: os factores produtivos ou lastro ostensivo, os valores de organização e os valores de exploração (*v.g.* hoje COUTINHO DE ABREU, *Da empresarialidade (as empresas no direito)*, pp. 45 e segs.). Os primeiros, também designados *factores organizados*, são valores ostensivos, periféricos, compostos por todos aqueles bens que, mesmo quando incindivelmente ligados a um estabelecimento comercial, possuem uma relativa autonomia jurídico-económica. Este lastro ostensivo tem importantes e irredutíveis funções, cabendo-lhe sensibilizar o *valor de posição* que o estabelecimento comercial é e transportar o próprio estabelecimento, em caso de negociação. Podem fazer parte deste lastro ostensivo, quer bens corpóreos (por ex., mercadorias), quer bens incorpóreos (patentes, firma, marca, nome, recompensas), quer ainda os contratos. Harmonizando estes factores, surgem-nos os *valores de organização*, que presidem à articulação dos factores organizados segundo critérios de selecção, combinação e dimensão óptimas, de acordo com um valor de complementaridade económico-funcional. Só quando estes valores estejam organizados e, além disso, possuam uma certa extroversão, é que pode dizer-se estarmos perante um estabelecimento comercial. O que, do mesmo passo, permitiu afirmar a natureza não essencial dos *valores de exploração*, ou seja, daqueles valores gerados pelo funcionamento do estabelecimento comercial, que são os valores de confiança e memória públicas.

Saber se um franqueado é titular de uma empresa ou apenas de uma imagem ou parcela da empresa do franqueador, é questão controvertida na comercialística (*vide*, por último, COUTINHO DE ABREU, *cit.*, especialmente, pp. 62-68), falando-se também hoje na «empresa-rede» (LAFAY, pág. 40). Mas, *do ponto de vista da concepção comunitária, perspectivada a partir das normas de concorrência*, não se duvida que o franqueado terá a sua própria empresa, que aliás se exige ser jurídica e economicamente independente da do franqueador (*v.g.* art. 4º c) Regulamento 4087/88). O mesmo era expressamente entendido pelas empresas partes no contrato *Charles Jourdan* (vide decisão *Charles Jourdan*, cons. 15, último §), que previam um direito de preferência do franqueador na aquisição ao franqueado do estabelecimento deste, após a cessação da relação de franquia. A posição no mercado também é inquestionável. A própria franquia, por definição, é a exploração contratual de uma fórmula comercial de sucesso, e a retribuição do contrato é a contrapartida para o franqueador da posição no mercado que o franqueado adquire ao abrir o seu ponto de venda. Discute-se apenas sobre se a clientela (e o próprio *avviamento*) resulta apenas da actividade do franqueador, ou se é gerada também ou até exclusivamente pela acção do franqueado, questão importante, por ex., em matéria de indemnização de clientela aquando da cessação do contrato, visto não se tratar aqui de uma pura indemnização de evicção (*v.g.* ORLANDO DE CARVALHO, *Critério e estrutura do estabelecimento comercial*, cit.,pág. 435). Sobre este problema, a doutrina divide-se. O Prof. PINTO MONTEIRO (pág. 327) defende que, «em princípio» não será de aplicar ao franqueado, por analogia, as normas do diploma da agência, «porque o franqueado beneficia de uma clientela já *pré-constituída*», em que «os *factores de atracção* de nova clientela pertencem, no essencial, ao franqueador» (solução já antes aplaudida por BURST, «Anotação ao acórdão do *Cour d'Appel de Colmar*, de 9.6.82», pág. 556, e por BESSIS, pp. 97-99). Mas não se trata de uma solução pacífica, parecendo-nos mesmo estar longe de ser indiscutível, em termos gerais (a outro respeito, *v.g.* igualmente OLIVEIRA ASCENSÃO, pág. 324). Como salienta MARTÍNEZ SANZ, por exemplo, em muitos aspectos, a franquia está mais próxima da agência do que a concessão (pp. 365-366), podendo o franqueado merecer, a vários títulos, uma protecção deste tipo. No mesmo sentido vai também CARDELÚS, baseando-se em PARDOLESI (pp. 122-124). Para uma descrição das soluções de direito comparado, mais uma vez bem interessante, *vide* GALLEGO SANCHEZ (pp. 113-114). Na Alemanha, a franquia tende a receber tratamento análogo ao da concessão e da agência (GURLAND, pp. 101-102, que cita acórdãos de 2.7.87 – ZIP, 1987, pp. 1383 – e *Hepa c. Aquella*, de 12.11.86 – *Betrieb*, 1987, 1039). Um caso especial era o belga, onde os tribunais não reconheciam tais indemnizações na agência, embora o fizessem, em certos casos, para o concessionário – WILLEMART, pág. 87.

Segundo a fórmula de PIGASSOU, que descreve os vários institutos e argumentos relativos à protecção do distribuidor «que procedeu a investimentos importantes, que constituíu existências consideráveis e que desenvolveu a rede da marca do seu fornecedor» (pág. 520), a solução depende da repartição de tarefas de distribuição entre as partes, tornando-se desejável nos sectores em que o distribuidor desenvolve uma importante tarefa de difusão da marca e na *recolecção* da clientela (pág. 525). Até porque da sua actividade depende o próprio sucesso da imagem de rede da franquia (a «consistência do sistema»). Se o franqueado não respeita os padrões de qualidade e de actuação da rede, não é apenas ele que perde, mas toda a rede (*supra* a nota 752). Igualmente, do seu sucesso beneficia também o conjunto das empresas que actuam em franquia.

Além de que contribui para a divulgação dos sinais de comércio do franqueador. Ele contribui para a sofisticação do saber-fazer e para a publicidade feita pelo franqueador (e, deste modo, para a imagem mais imediata da rede) e para o aumento ou reforço da clientela do franqueador (ADAMS/PRICHARD JONES: «this idea of a single goodwill built up by a number of independent businessmen», pág. 11). Como escreveu L' HEUREUX («La révocation d' un agent et le statut de intermédiaire de commerce», *Cahiers de Droit*, 1977, 18, pág. 404, nota 120), o franqueado «prospecta uma clientela, ele age para promover a venda do produto, e distribui-o. Não é um intermediário de comércio, porque assume a responsabilidade financeira de uma empresa de distribuição. (...) Diferentemente do que acontece com um intermediário do comércio, (...) age por sua própria conta e no seu interesse pessoal».

Por outro lado, se é certo que a clientela do franqueado é na verdade «pertencente ao franqueador», não pode ignorar-se ainda o grau de relativa (elevada) subordinação face ao franqueador em que o franqueado se encontra: não tem uma identidade própria face ao público; a sua subsistência imediata depende muitas vezes da continuação da relação de franquia ou da possibilidade de adoptar caminhos alternativos após a cessação do contrato, estando muitas vezes sujeito a obrigações de não-concorrência para o período pós-contratual; finalmente, porque tal estimularia o franqueador a substituir-se ao franqueado nas zonas em que o negócio se revelasse especialmente lucrativo (caso em que uma tal aplicação analógica das normas da agência poderia ter um efeito dissausor).

Finalmente, porque, ainda que não havendo, em geral, normas que imponham ou permitam tais indemnizações para a franquia, uma tal solução pode defender-se por analogia com recentes intervenções das instâncias comunitárias (a não ser que fosse aqui adoptada uma posição do tipo daquela que vimos ser a de POSNER – pág. 20 –, citada *supra*). É assim que interpretamos, desde logo, a referência feita pela Comissão no cons. 25, i), último período, da decisão *Pronuptia*. E repare-se ainda que, no regulamento aplicável à distribuição automóvel (regulamento CE nº 1475/95), a Comissão expressamente declara que, em certos casos em que o distribuidor assume certas obrigações em relação a veículos vendidos por outra empresa da rede, poderá haver direito a indemnizações no termo dos contratos (art. 5º, nº 2, 2), justamente as hipóteses em que a rede adquirirá uma maior identidade aos olhos do *consumidor*. E isto não esquecendo a afirmação (e o seu alcance) contida no artigo 12º desse mesmo regulamento (manifestação talvez de que o regime dos contratos se deve encontrar tanto nas suas notas características como na natureza dos produtos e serviços sobre que incide – sobre o ponto, PIGASSOU (pág. 506), embora julguemos que a Comissão não só não terá agido bem, como não excluirá a aplicação de soluções individuais de sentido análogo. Invertem-se assim os pólos de atracção, num sentido clarificador, mas contra a previsão de KORAH (*Franchising and the EEC competition, cit.*, pág. 45). Sobre a relevância da norma deste artigo 12º, *vide* o que diremos na Parte III.

Uma última nota. Em França, durante algum tempo, muitos franqueados *torneavam* bem as cláusulas de não-concorrência pós-contratuais e a ausência de indemnizações de clientela ou de qualquer outro tipo, invocando perante os tribunais a indeterminação dos preços e a consequente nulidade dos contratos, que, declarada pelas instâncias, lhes permite continuar o mesmo comércio, no mesmo local (provavelmente), utilizando o saber-fazer do franqueador... (assim AYNÈS, «Indétermination du prix: pour un changement», *cit.*, pág. 266, sobre o acórdão de 19.11.91, *Mme Mourat c. SA Natalys*, da Cour de Cassation), desde que haja ligeireza ou consciência de prejudicar por parte do fornecedor (AYNÈS, «Indétermination du prix: nullité», *cit.*, pág. 267, anotação a *Cour de Cassation*, de 5.11.91, *SARL Halles Capone c. SA Takala e Outros*), tudo isto porque nos contratos de distribuição que não imponham obrigações de prestação de facto positivo, como os contratos sucessivos de aprovisionamento ou fornecimentos exclusivos «subsequentes ao contrato-quadro de franquia», os preços têm de ser «livremente negociados e aceites». Trata-se, no dizer deste autor («Indétermination du prix dans les contrats de distribution», pp. 25-27), de uma regra criada pela jurisprudência para impedir a dominação do fornecedor sobre o distribuidor e para impedir a discórdia na fixação dos preços, mas que se revela injustificada e inapropriada (*summum jus, summa injuria*).

[789] TOURNEAU, pág. 46.

Parte II – Da Comunitarização da Franquia 313

Como assinala a prática jurídica italiana, este contrato supõe, portanto, numa perspectiva estruturalista, a integração entre duas empresas, a principal e a menor (franqueador e franqueado), a «criação de uma estrutura descentrada e, de algum modo, unitária»[790]. Concordamos com este modo de conceber o contrato de franquia, porquanto cremos ser este o significado da visão funcionalista que afirma que «o franqueado surge (...) com a *imagem empresarial* deste [franqueador]»[791]. Há portanto, no nosso entendimento, uma correspondência de sentido entre as dimensões estruturalista e funcionalista.

Mas trata-se, do mesmo passo, de uma integração específica e inconfundível, ainda que não orgânica. Sobretudo porque o franqueado, contrariamente a qualquer outro distribuidor, surge aos olhos do público como se fosse o franqueador, utilizando o saber-fazer que é próprio do franqueador e até os seus sinais distintivos que identificam os produtos e o próprio *avviamento*[792] do franqueador.

---

[790] *Pretura di Lecce*, 24.10.89, *cit.*, pág. 198. *Unitária* na utilização por todos os elementos da rede (todos os franqueados) dos mesmos métodos, técnicas e conhecimentos, dos mesmos sinais distintivos, e com sujeição ao controlo do franqueador incidente sobre o respeito pela fórmula comercial a eles cedida em franquia. *Descentrada* porque, apesar da integração na rede e dos elementos comuns, cada franqueado conserva poderes e faculdades de acção autónoma, não só juridicamente como também economicamente.

[791] PINTO MONTEIRO, pág. 321.

[792] O aviamento, em rigor, como ensina a comercialística, não é um elemento do estabelecimento, mas uma sua qualidade, que se caracteriza por traduzir, como ensinava FERRARA JR. (pág. 67 *in fine* e 73 e segs.), as «relações com os fornecedores e os bancos» e as «relações com a clientela que lhes absorve os produtos». Quanto ao aviamento, entre nós, FERRER CORREIA (*Lições de direito comercial*, pp. 203-206) e BARBOSA DE MAGALHÃES (pp. 58 e segs.), onde se faz amplíssima indagação da origem e significados dados à palavra, em perspectiva quer etimológica quer jurídica. E acaba definindo-o como «a capacidade do estabelecimento para, pela sua composição e organização e por circunstâncias especiais, produzir lucros», operando também à distinção entre aviamento subjectivo e aviamento objectivo (pp. 67-68) – leia-se, ainda e sobretudo, ORLANDO DE CARVALHO, *Critério e estrutura do estabelecimento comercial*, *cit.*, pp. 338 e segs., pág. 710, nota 20 e 726 segs.; e RUI DE ALARCÃO, pp. 30-31, nota 18. Na doutrina estrangeira, para além de FERRARA JR, também HAMEL-LAGARDE (pp. 101 e segs.), partem das noções de *clientèle* e *achalandage*, enquanto os anglo-saxónicos utilizam a expressão *goodwill*. Finalmente, e para uma outra perspectiva sobre o *avviamento*, TEDESCHI (pp.17 e segs.), onde afirma a natureza exclusivamente objectiva do aviamento. Neste sentido, também MESSINEO e LA LUMIA, citados por BARBOSA DE MAGALHÃES (pág. 68). Para uma perspectiva crítica, TEDESCHI (pp. 20-21, nota 10), que objecta, quanto à consideração do aviamento como qualidade do estabelecimento, que a uma qualidade não pode corresponder um valor autónomo, antes o considerando como «risultato dell'*azienda in quanto organiz-*

Factor que, longe de significar apenas dependência e subordinação, potencia a interdependência entre as partes, mesmo entre todos os elementos da rede. O que uns e outros fizerem reflecte-se, para o bem e para o mal, nos restantes membros da rede[793].

Suposto é que o franqueador transmita, antes de mais, o direito de utilização de todos, alguns, ou mesmo um só dos sinais distintivos do seu comércio. Isto porque é essencial, para que a função económico-social do contrato seja realizada, que o franqueado surja aos olhos do público identificado com o franqueador: *como se fosse* o franqueador[794].

Os sinais distintivos do comércio (marca, nome, firma, etc) identificam o comerciante na sua actuação negocial, face aos restantes agentes económicos e aos consumidores ou utilizadores finais[795].

E que sinais distintivos têm de ser cedidos? Em teoria, apenas os necessários ou suficientes para que o franqueado possa surgir, face ao mundo exterior, com a imagem empresarial do franqueador.

«Face ao mundo exterior» não significa perante todos aqueles que interagem com o franqueado. Este só surge com a *imagem comum*[796] à do franqueador, perante o *público*.

Importa pois averiguar quais serão esses sinais distintivos, cuja transmissão é pressuposto essencial da existência concreta do contrato e para a formação dessa *imagem comum* perante o público? Já vimos que pode ser apenas um. Mas podem ser vários. De entre os vários sinais distintivos do comércio do franqueador, este transmitirá para o franqueado aqueles que sejam suficientes e indispensáveis para que o público identifique a actividade do franqueado com o franqueador. Em suma, os «sinais individualizadores do estabelecimento e dos respectivos produtos e mercadorias»[797].

Poderão ser marcas, denominações, nomes ou insígnias, ou mesmo outro tipo de direitos de propriedade intelectual ou industrial. Já não importa a referência a uma qualquer imprescindibilidade ou suficiência de

---

zata». Entre nós, recentemente, COUTINHO DE ABREU, *Da empresarialidade (as empresas no direito)*, pp. 51-52.

[793] *Supra* o que escrevemos quanto à «consistência» do sistema. PETERS/SCHNEIDER (pág. 223) referem-se a uma assistência nos dois sentidos.

[794] A presença de uma imagem pública comercial uniforme, ao lado da sua expansão através de cadeia, constituem notas características da especialidade da franquia: BESCÓS TORRES, *Factoring y franchising*, pág. 176.

[795] Como já vimos, as noções podem não ser idênticas.

[796] Expressão utilizada para marcar um dos elementos essenciais do contrato, sobretudo em Autores franceses.

[797] FERRER CORREIA, *Lições de direito comercial*, pág. 253.

qualquer um destes. Por exemplo, embora a franquia envolva, as mais das vezes a cedência da marca, tal não é forçoso. Aliás, para além do que resulta do conteúdo complexo deste contrato, a licença de marca é hoje uma figura legalmente regulamentada, e substancialmente distinta do *franchising*.

Apenas consideramos não ser elemento da franquia, em qualquer caso, a transmissão da *firma*, pelo menos se esta for entendida como o elemento identificador do comerciante[798] «enquanto titular de certa empresa»[799].

Do que ficou dito ressalta também ser essencial à existência do contrato a transmissão para o franqueado de saber-fazer (*know-how*). Este deve ser substancial e secreto. Tal como o regulamento 4087/88 o estabelece[800], mas não porque ele o estabelece[801].

---

[798] O que neste ponto fica dito não prescinde de uma averiguação do regime da firma, face ao direito português, porquanto a firma só não poderá ser transmitida para o franqueado, com prestação integradora do contrato de franquia, se a concebermos subjectivamente, como sinal distintivo do comerciante. É que, se for na sua visão objectiva, a firma identifica a empresa, não repugnando a sua transmissão para o franqueado. Só que, mesmo aqui, a solução não é clara, porque partimos de uma concepção do contrato que não nega a autonomia e independência entre as partes, pelo menos no plano jurídico. Para isto contribuem os dados normativos comunitários e de direito comparado que fornecemos. Se a firma fosse transmitida, a relação não seria porventura já de franquia, mas sim uma relação lavorística ou associativa, apesar de tudo, inidentificável com um contrato de *franchising*. A matéria da firma foi objecto de múltiplas alterações, sendo a mais significativa a que ocorreu com o DL 42/89. Até essa data, vigorava uma concepção subjectiva da firma, sendo que esta era sempre um sinal *nominativo,* em qualquer das suas modalidades (firma-nome, firma-denominação ou firma mista).

O princípio da novidade da firma, caracterizante desta, impõe ainda a diferenciação das firmas dos vários comerciantes, porquanto «não se destina a proteger apenas o titular da firma registada, mas ainda todos os terceiros que possam vir a ter relações comerciais com a empresa». É também este o interesse implícito nas variadas exigências de independência do franqueado face ao franqueador que são feitas nos poucos diplomas que tratam da franquia.

[799] FERRER CORREIA, *Lições de direito comercial*, pp. 259 ss., demonstrando como, mesmo na concepção subjectiva, se operou uma despersonalização da firma, que identifica não o comerciante concreto mas o empresário abstracto, seja ele qual for e, em último termo, a própria organização comercial.

[800] *Vide supra*. O saber-fazer está no «epicentro» do regulamento da franquia (GOLDMAN/LYON-CAEN/VOGEL, pág. 450).

[801] Assim, BURST, «Franchise et droit communautaire de la concurrence», pág. 64, a propósito do acórdão *Pronuptia* mas, ainda anteriormente, na «Anotação ao acórdão do *Cour d'Appel de Colmar*, de 9.6.82», pp. 555-556, já citado.

Não iremos, *intencionalmente*, entrar na problemática dos conhecimentos técnicos ou práticos constitutivos do saber-fazer (*know-how*), para lá do que já ficou dito (*supra*).

Uma última questão queremos encarar, na descrição típica do contrato, qual seja a de saber se a atribuição ao franqueado de uma exclusividade territorial ou de uma zona de actuação em que o franqueado esteja protegido da concorrência do franqueador e dos outros franqueados constitui um elemento típico do contrato ou, ainda mais, dada a natural resposta positiva, se pode mesmo reputar-se tal elemento como essencial, no quadro conceitual deste contrato[802].

Veremos que este elemento é, na nossa opinião, essencial para o contrato de franquia, tal como este é entendido, por nós e pela generalidade das legislações, jurisprudência e doutrina comunitária e de alguns Estados da Comunidade Europeia. Com esta advertência, aceitaremos como boa a noção compreensiva que GABRIELA FIGUEIREDO DIAS nos dá (pág. 35): «considerar-se-ão como *know-how* todas as *situações de transmissão de conhecimentos e experiências (sob a forma de planos, instruções, desenhos, fórmulas, conselhos, informações, receitas, cálculos, combinações, processos, etc.) atinentes ao processo produtivo, não registados sob a forma de patente ou não susceptíveis de o serem, tecnológicos ou relativos à organização produtiva ou à comercialização de um produto, secretos (...) e com valor produtivo, capazes de serem transmitidos e utilizados pelo adquirente de forma autónoma»*. Outras noções são possíveis. Na doutrina francesa, LELOUP (*Franchise – Droit et pratique*, pág. 27), louvando-se nos trabalhos de DURAND, DELEUZE, AZEMA, FABRE e MOUSSERON, define-o («Know how to do it») como «um conhecimento prático, transmissível, não imediatamente acessível ao público, não patenteado e conferindo a quem o domina uma vantagem concorrencial». Entre nós, *vide* a noção que ORLANDO DE CARVALHO dava de segredos de comércio e de fabrico (*Critério e estrutura do estabelecimento comercial, cit.*, pág. 486, nota 143), para lá da noção dada por OLIVEIRA ASCENSÃO (pp. 291-292), como «conhecimentos que, por natureza, não são objecto de patente», ou melhor, «o conjunto de conhecimentos técnicos que são necessários para dar vida a uma ideia empresarial», embora este Professor exclua que o saber-fazer tenha de ser secreto, razão pela qual a sua concepção não quadra bem com a noção comunitária, sem que esta se assimile à de segredos de empresa (pp. 295-296).

Sobre a essencialidade do *know-how* na franquia, MOUSSERON – «Distribution», pág. 3. Também as instâncias jurisprudenciais francesas seguem no mesmo sentido. Como afirmou a 5ème *Chambre* de Paris, em acórdão de 29.9.92 (*SARL Vincent c. Societé VSL*, RDS, 1992, 43°, IR, pág. 277), «na convenção de franquia, a transferência para o franqueado de um saber-fazer real, objectivo e original, constitui a causa essencial, com a notoriedade da marca, das obrigações contratadas pelo aderente». Quanto à marca, no entanto, o Tribunal de Dijon, em acórdão de 10.10.90, afirmou concretamente que «a notoriedade da marca não é, em si, um elemento constitutivo da franquia» (TOURNEAU, pág. 57).

[802] Isto sem esquecer que um conceito será sempre, no âmbito em que nos movemos, algo de relativo e contigente, a que sempre se poderá um dia, por exemplo, se houver uma tipicização geral do contrato, aplicar aquela tradicional máxima de VON KIRSCHMANN de que «três palavras do legislador e bibliotecas inteiras transformam-se em papel de embrulho» (sobre o valor dos conceitos, *vide* ORLANDO DE CARVALHO, *Critério e estrutura do estabelecimento comercial, cit.*, pág. 355 e segs., nota 3).

A concessão ao franqueado de um território exclusivo, de uma área geográfica dentro da qual só o franqueado pode utilizar os sinais distintivos e o saber-fazer do franqueador é factor constante em muitos destes contratos e, nomeadamente, tratava-se de cláusula inscrita em todos os casos até hoje apreciados pelos órgãos comunitários.

É ainda permitida pelo regulamento da franquia, que isenta no seu artigo 2º-a) os acordos que contenham tais cláusulas do disposto no nº 1 do artigo 85º do Tratado, embora elas tenham por efeito uma repartição de mercados (artigo. 85º, nº 1, alínea c)), devido às vantagens inerentes a tais cláusulas e expressas nas próprias virtualidades que este novo mecanismo contratual encerra para os diversos agentes nele envolvidos: franqueador, franqueado e consumidores[803].

Face ao regulamento 4087/88, tal cláusula não aparece pois como essencial ao contrato de franquia de distribuição. Com efeito, se assim o quisesse, a norma comunitária teria previsto essa cláusula como elemento indispensável à economia do contrato[804]. A questão que nos pomos é exactamente esta: pode ou não conceber-se um contrato de franquia que não englobe a concessão de uma área geográfica delimitada ao franqueado, a título exclusivo?

A questão tem dividido largamente a doutrina[805].

---

[803] Considerandos 7 e 8 do Regulamento da franquia.

[804] Na decisão *Pronuptia,* a Comissão expressamente disse que o direito de exclusivo territorial «é assim uma consequência inerente ao próprio sistema (...) em causa». Poderá no entanto argumentar-se que a Comissão não terá pretendido fazer qualquer juízo globalizante, antes se limitando à *fattispecie* concreta. Esta compreensão da exclusividade é ainda suportada por regulamentos elaborados por associações de franquia. Assim em Itália, onde a jurisprudência considerou só haver exclusividade se expressamente acordada entre as partes. No entanto, o regulamento da AIF toma posição contrária, por considerar ser tal elemento necessário para possibilitar uma relação «justa e lucrativa entre as partes» (SINISI, pág. 10). Como nos dá notícia PIGASSOU (pág. 531), a Comissão da Concorrência francesa, em 1979, olhava com bons olhos as cláusulas de exclusividade, ao ponto de afirmar que elas gozavam de uma presunção de validade, expressão de que PIGASSOU tentou retirar do seu significado jurídico preciso, de inversor do ónus da prova.

[805] Na doutrina anterior às pronúncias comunitárias, também se encontravam ambas as posições. DURAND, LATSCHA, ROLLAND e até FERRIER consideravam a cláusula como fazendo parte do seu âmbito mínimo. Outros tinham opinião contrária, como J-J BURST e KOVAR (*apud* PIGASSOU, pp. 484, nota 43). FERRIER, já em 1988, afirma mesmo que a exclusividade territorial é elemento do saber-fazer franqueado («La franchise internationale», pp. 635-635).

Parte desta acolhe este elemento como essencial. Seguem esta orientação, entre outros[806], LLUÍS CARDELÚS[807], SANTINI[808], GALLEGO SANCHEZ[809], JUGLART/IPPOLITO[810] e BERLINSKI[811].

Já consideram este elemento como não essencial, por exemplo, OLIVEIRA ASCENSÃO[812], MENEZES CORDEIRO[813], ISABEL ALEXANDRE[814], ANDRA-

---

[806] BESCÓS TORRES (*Factoring y franchising*, pág. 177), CASA/CASABÓ (pág. 11) e FOSSATI (*Il Franchising*, Milão, 1988, pág. 24, apud ISABEL ALEXANDRE, pág. 347).

[807] Pág. 99. A necessidade funda-se na protecção da parte mais débil, o franqueado, como garantia dos investimentos por este feitos.

[808] *Il commercio. Saggio di economia del diritto*, Bologna, 1979, pág. 144, apud E. GALLEGO SANCHEZ (pág. 69), embora relativamente à exclusividade do aprovisionamento. Segundo PIGASSOU (pág. 487), um distribuidor só aceitará subscrever uma cláusula de aprovisionamento exclusivo como contrapartida de «vantagens importantes» asseguradas pelo fornecedor, que podem revestir a forma de uma licença de marca, de obrigações de publicidade, assistência comercial, técnica ou financeira. Vantagens que contribuem para reforçar os laços recíprocos entre as partes (Comissão, *7º relatório sobre a política de concorrência*, 1978, pág. 24) e que são o próprio fundamento para a restrição do número de distribuidores. A garantia que assim o fornecedor dá ao seu distribuidor é tal que, na jurisprudência, já foi possível encontrar espécies considerando acto de concorrência desleal a abertura pelo fornecedor de um ponto de venda próximo do local do distribuidor exclusivo (tribunal de Lyon, 19.11.73, *JCP*, 1976, IV, pág. 120). E isto é especialmente relevante em domínios de integração elevada, como é o caso da franquia.

[809] Páginas 70-71, com indicação de outros Autores que seguem esta posição, que considera maioritária. Além disso, destaca o papel que a jurisprudência francesa teve na fundamentação desta posição, indicando as espécies jurisprudenciais mais significativas. No entanto, após citar em abono da sua tese o acórdão *Pronuptia*, escreve: «Ello no quiere decir que la exclusiva deba considerarse como un beneficio puro y simple que se otorga en contrapartida de las obligaciones que asume. Se trata, más bien, de un instrumento comercial en interés común, que comprende el suyo, el del franquiciador y el de los demás franquiciados». Esta exclusividade não tem no entanto de ser absoluta, citando em favor desta sua conclusão a decisão *Campari*.

[810] Pág. 207, numa solução imposta talvez pelos requisitos de submissão ao regime estabelecido pela lei «*Doubin*».

[811] Constituindo mesmo o critério distintivo face à concessão – I. BERLINSKI, «Franchising in the United States and Canada», *Revue Juridique Thémis*, 1978, 13, nºˢ 2-3, pp. 547-549.

[812] Pág. 166, onde afirma que este não é sequer elemento natural do contrato.

[813] Pág. 67, conclusão a que só é possível chegar por análise da noção que por este eminente Professor é proposta.

[814] Pág. 346. Com o modo como chega a esta conclusão é que não podemos concordar. É que esta Autora afirma não ser decisiva a noção dada pelo Regulamento (CEE) nº 4087/88, antes remetendo a solução desta questão para a lei interna portuguesa. Con-

Parte II – Da Comunitarização da Franquia 319

DE MESQUITA[815], ZANELLI[816], BESSIS[817], MANUEL GARCÍA[818], PETERS/SCHNEIDER[819] e TOURNEAU[820].

Para resolver esta *quaestio*, podemos começar por considerar[821] a doutrina expendida a propósito destas cláusulas de exclusividade territorial pelo acórdão *Pronuptia*. Aí se disse que «é *possível*, realmente, que nenhum candidato a uma licença (franquia) de distribuição se arrisque a integrar-se na rede, efectuando um investimento, pagando um direito relativamente elevado e comprometendo-se a pagar uma quantia anual

---

cretamente, afirma que este elemento seria essencial se as licenças de exploração de marcas tivessem de ser, face ao direito nacional da propriedade industrial, exclusivas. Das várias interpretações possíveis do disposto no artigo 119º do Código da Propriedade Industrial (CPI), parece depois concluir que a lei não é clara, resolvendo o problema por aplicação dos princípios gerais. Sobre isto falaremos no texto. O que nos importa aqui realçar é a irrelevância que, de qualquer modo, sempre teria o disposto no CPI para a resolução deste «problema». É que nem sempre o contrato de franquia de distribuição supõe uma licença de marca (neste sentido, FERNANDEZ-NOVOA, *Fundamentos de Derecho de Marcas*, Montecorvo, 1984, pp. 375 e segs., citando também FRIGNANI – *apud* LLUÍS CARDELÚS, pp. 40-41).

[815] Páginas 204-205.

[816] Pág. 887.

[817] Na edição de 1990, o Autor aparece a defender a natureza não essencial desta cláusula. Embora na pág. 20 diga que a «exclusivité *éventuelle*» (o itálico é nosso) constitui um elemento essencial do contrato, na página 21 ele afirma: «En effet, on peut très bien admettre un système de franchise qui ne serait marque par aucune exclusivité, qu'il s'agisse d'une exclusivité d'approvisionnement ou d'une exclusivité territoriale».

[818] Retiramos esta conclusão da sua afirmação de que «la existencia de cláusulas de exclusiva es irrelevante en cuanto a su caracterización tipológica» (pág. 428).

[819] Pág. 173: «this may or may not form part of the contract». Embora o artigo destas Autoras seja datado de 1985, portanto antes do acórdão *Pronuptia*, o que é certo é que já *beneficiou* deste acórdão.

[820] Pág. 6, seguindo a solução comunitária.

[821] A questão, em rigor, nem deveria ser aqui tratada, porquanto ninguém nega que o *tipo contratual* da franquia (considere-o apenas como tipo *social* ou tipo *jurídico*) abrange cláusulas de exclusividade, territorial ou até de aprovisionamento. O que estes Autores discutem é saber se uma tal exclusividade faz parte do *conceito* do contrato. Questão que apesar de tudo nos interessa, mesmo quando sabemos que não há, nomeadamente no nosso ordenamento jurídico, nenhum diploma que se preocupe de forma geral com a franquia (apenas com certas implicações – anti-concorrenciais – do contrato). Sobre o regime concorrencial do aprovisionamento exclusivo nas relações contratuais de distribuição, *vide* o estudo monográfico de GINER PARREÑO (por nós citado: *Distribución y libre competencia*).

significativa, se não puder, graças a uma certa protecção contra a concorrência do licenciante (franqueador) e dos outros licenciados (franqueados), esperar que o seu comércio venha a ser rentável»[822].

Já vimos como este considerando do acórdão foi utilizado por GALLEGO SANCHEZ para atestar a tese da essencialidade da cláusula de exclusividade territorial. Mas a própria redacção do considerando é equívoca. A solução parece dever buscar-se em vários elementos, tal como a letra da *lei* e a própria economia do contrato, os interesses que presidem ao contrato de franquia.

Do ponto de vista dos interesses que estão em jogo neste contrato, a hipostasiação dos interesses do franqueador e dos consumidores parece conduzir à desnecessidade desta cláusula. O franqueador porque poderia alcançar uma maior expansão nos mercados, e os consumidores porque poderiam beneficiar de uma oferta mais agressiva e eficaz, com possíveis repercussões no preço dos produtos. Já a predominância do interesse de rentabilidade, que fundamentalmente preocupa o franqueado, levaria a concluir pela essencialidade desta estipulação para a existência de um contrato deste tipo. E para esta solução poderia ainda constituir factor decisivo o reconhecimento do facto de este contrato ser, geralmente, um contrato de adesão[823], que mais não seja por as cadeias que se expandem segundo este esquema ditarem unilateralmente as regras contratuais do jogo, não dando ao futuro franqueado qualquer possibilidade de negociar singularmente as diversas cláusulas.

No entanto, e como também nos ensinava já MANUEL DE ANDRADE [824], «o intérprete tem de mover-se sempre no quadro do texto e do sistema e sem perder de vista os outros dados – e em especial as sugestões do texto –

---

[822] Considerando 24 do acórdão (o itálico é nosso). Na mesma direcção encontramos as decisões *Pronuptia* (considerandos 28, 29 e 36), *Yves Rocher* (considerandos 54, 55 e 63) e, de certa forma, as decisões *Computerland* (considerandos 7, 25 e 33), *Charles Jourdan* (considerandos 10, 32 e 39) e *Service Master* (cons. 26). Em sentido acentuadamente crítico desta orientação, encontramos D. FERRIER («La franchise internationale», pág. 635), por entender ser esta argumentação imprópria para a franquia, devendo a cláusula de exclusividade ser «antes de tudo entendida como um meio de favorecer uma boa repetição do sistema franqueado, permitindo a cada franqueado uma concentração óptima dos seus esforços num determinado território» (tradução livre).

[823] Assim Rolf LENZEN, «Risiken des Franchise-Vertrags», in *RIW/AWD*, 1984, pp. 586, que o sujeita, em consequência, ao disposto no § 9 do *AGB-Gesetz* (*apud* PARDOLESI, «Il "controllo" del franchising», pp. 168-169).

[824] *Ensaio sobre a teoria da interpretação das leis*, pág. 102.

que, não sendo de todo irrefragáveis, podem ser altamente persuasivos».
Ora, a regulamentação comunitária parece-nos ser suficientemente persuasiva, convencendo-nos da não essencialidade desta cláusula. Não apenas este elemento não consta da noção dada, como também no artigo 2º esta cláusula é expressa e efectivamente tratada como uma estipulação eventual.

A admissibilidade de uma cláusula deste tipo nos contratos de franquia, permitida pelo direito comunitário da concorrência, não é incondicional, porquanto não se pode estabelecer a proibição para os franqueados de venderem os bens ou prestarem os serviços objecto da franquia a utilizadores finais, pelo facto de estes (não) residirem em certos locais. Se uma cláusula desta índole for inserida num contrato de franquia, então a isenção concedida pelo regulamento 4087/88 não será aplicável (art. 5º, alínea g)), e a liberdade contratual das partes cederá perante o valor da liberdade de concorrência.

Indo mesmo mais longe, o *Supreme Court* norte-americano[825] considerou ilícita a obrigação de um distribuidor da *Sony*, que vendeu produtos fora da sua área territorial, pagar uma compensação ao distribuidor a quem tinha sido concedido o exclusivo da zona de onde o cliente era originário.

II. Contrato Vertical de distribuição comercial?

É usual classificar o contrato de franquia como um contrato de distribuição comercial[826]. É mesmo quase unânime o entendimento da doutrina a este respeito[827].

Mas não só. É também comum dizer-se que todos os acordos de distribuição são acordos verticais. Com efeito, na maior parte dos casos

---

[825] Acórdão *Eiberger v. Sony Corp. Of America*, 622 F. 2d 1068 (2nd circuit), 1980, citado *apud* FASQUELLE, pág. 67.

[826] Como afirmou a 1ère *Chambre* de Paris (concorrência), em acórdão de 16.10.92 (*SARL Espace Meubles c. SA Mobilier européen, RDS*, 1993, de 11.6.93), «a franquia é um *modo normal* de distribuição que tende a generalizar-se...» (itálico nosso).

[827] É corrente a qualificação deste contrato como «contrato de distribuição comercial» – neste sentido, entre outros, BALDI (*Le droit de la distribution, cit.*, pp. 131), SAINT-ALARY (pág. 1), FERRIER («La franchise internationale», pp. 625-626); GOYDER (pág. 132), PINTO MONTEIRO (pág. 308), PETERS/SCHNEIDER (pp. 215 e segs.), BURST/KOVAR (pág. 394: «antes de mais»), CARDELÚS (pág. 28, embora queira significar contrato de comercialização), SCHAPIRA/LE TALLEC/BLAISE (*Droit européen des affaires*, pág. 380), BIAMONTI/ROVERATI (pág. 329: «*in linea di massima...*»), ACHACH (pág. 77) ou ÚRIA (pág. 739). Em

assim acontece. As fórmulas que a moderna distribuição reveste foram inicialmente utilizadas pelos produtores, fabricantes ou, mais genericamente, pelos agentes económicos que actuam a *montante* do processo económico produtivo-distributivo, como meio de desenvolverem e expandir as suas vendas a *jusante*, aumentando o seu volume de negócios e penetrando assim em mercados cujo acesso seria de outro modo extremamente difícil[828].

Só que, para um contrato ser vertical, não basta que ele vise produzir efeitos na relação com os consumidores finais, com o mercado final[829]. A verticalidade ou horizontalidade, recorde-se, depende tradicionalmente do «estádio do processo produtivo ou distributivo» (o que preferimos chamar de *processo económico*) «em que os contraentes» actuam e se encontram[830].

---

sentido diverso, na doutrina nacional, OLIVEIRA ASCENSÃO (pág. 313) e ISABEL ALEXANDRE (pág. 377). Em sentido contrário, PIZARRO/CALIXTO (pág. 103). Entre nós, no seu ensino, o Professor ORLANDO DE CARVALHO vem qualificando o contrato de franquia como contrato de organização. Curiosamente, a posição da Comissão é a este ponto curiosa. Se, por um lado, só emitiu decisões individuais em casos que qualificou como de *franquia de distribuição* (ou de franquia de *serviços*, mas de modo expresso considerando não existirem razões para uma divergência de regimes), o certo é que, no anexo da *Comunicação 93/ C 39/05* (p. 6), não incluiu o regulamento da franquia entre os regulamentos dedicados aos «acordos de distribuição», antes o inserindo na secção relativa aos «acordos de licença e de franquia». Em Espanha, há quem o qualifique como «contrato de colaboração» (BARRENECHEA e Outros, pp. 177 e segs.), circunstância pouco esclarecedora, a não ser referida à sua função económico-social. Sobre a imprecisão conceitual nestes domínios classificatórios, devido à diversidade de critérios qualificantes e à subjectivização frequente das categorias encontradas, cfr. GALLEGO SANCHEZ, pp. 74-75.

[828] GOLDMAN/LYON-CAEN/VOGEL, pág. 437.

[829] GOLDMAN/LYON-CAEN/VOGEL (pág. 436) consideram que distribuição e comercialização se identificam, significando todas as operações que põem à disposição dos utilizadores os bens produzidos ou o fornecimento de serviços.

[830] Por isso tem razão VAN THEMAAT, nas suas conclusões no processo *Pronuptia*, quando acentua que no processo *Sylvania*, o Supremo Tribunal norte-americano era confrontado com um acordo vertical (a sociedade GTE Sylvania era um fabricante de *postes de télévision* que, pelo estabelecimento de um sistema de distribuição em que contratava directamente com retalhistas, conseguiu passar a sua quota de mercado desse produto, nos EUA, de 2% para 5%). O mesmo sucede com os contratos de fornecimento de cerveja – por exemplo, no processo *Bilger c. Jehle*, onde se tratava de contratos entre retalhistas e fabricantes (ou grossistas) – e no desenho que é feito dos contratos de distribuição selectiva (entre produtores e revendedores: retalhistas ou grossistas – acórdão *Metro I*, cons. 20, pp. 670-671). Recorde-se o que havíamos escrito na Introdução.

É também corrente encontrar-se referida a franquia, enquanto categoria geral, como contrato *vertical*. Sendo-o tendencialmente, não o será sempre. A franquia é um contrato que se introduz já nos domínios tradicionais da «economia do imaterial»[831], por ser composta essencialmente por elementos *imateriais* (marcas, nomes, saber-fazer, assistência técnica e comercial, fiscalização), visando permitir, pelo lado do franqueador, a reprodução da sua fórmula comercial com um mínimo de custos e, do lado do franqueado, o exercício de determinado comércio com uma expectativa acrescida de sucesso (ou reduzida de insucesso). O que está em causa, antes de mais, é a constituição (ainda que ligada à prestação de certos serviços) de uma relação fornecedor-distribuidor[832].

Mas nada parece também impedir, na concepção europeia do contrato, que a franquia incida sobre a produção de bens. No entanto, o que resulta desta sua configuração é que, na modalidade comunitária de franquia de distribuição, o franqueado não pode produzir os bens que a ele incumbe disponibilizar aos utilizadores finais, salvo quando sejam eles próprios parte componente dos serviços que são objecto do contrato de franquia. Vimo-lo a propósito dos contratos de franquia de distribuição e de serviços. E vêmo-lo na aplicação diária deste contrato.

E daí também que o contrato de franquia *de distribuição* possa ser concluído entre um franqueador que opera no mercado como retalhista[833] (em sentido amplo) e um futuro franqueado que aí deseja operar (embora como retalhista), sob a capa da imagem, dos sinais distintivos e da posição e prestígio que o franqueador ocupa, e utilizando os conhecimentos e a assistência por este último fornecidos. Ou seja, entre sujeitos que, pelo menos parcialmente, actuam no mesmo estádio do processo económico[834].

---

[831] Expressão utilizada a outro propósito pela Comissão Europeia, *Crescimento, Competitividade, Emprego*, pág. 77.

[832] *Vide*, no entanto, a Comissão, na decisão *Yves Rocher* (cons. 57), onde, pese embora a grosseira tradução portuguesa, disse: «Constituem, mais do que o direito de simples contratos de distribuição, contratos pelos quais o licenciante se obriga a conceder explorar os seus sinais distintivos e os seus métodos comerciais experimentados com vista à aplicação de uma *fórmula de distribuição original e evolutiva*» (o itálico é nosso).

[833] Ainda que sendo, simultaneamente, produtor, fabricante, grossista e retalhista.

[834] No que ao regulamento 4087/88 respeita, há quem considere que a Comissão teve apenas em vista os acordos concluídos entre ou com franqueados operando num único estádio do processo económico: o da venda a retalho (KORAH, *Franchising and the EEC competition, cit.*, pp. 44 e 68-69).

Repare-se na exigência por muitos colocada de preexistência de uma fórmula comercial já estabelecida e comprovada na prática. É a famosa regra «três-dois»[835]. O franqueador deve já ter em funcionamento três esta-

---

[835] Neste sentido, o projecto de regulamento da franquia (JOCE, n° C 229, de 27.8.87, pp. 3) indicava como elementos constitutivos do saber-fazer o «conjunto de conhecimentos práticos (...) resultantes da experiência e ensaios do franqueador» (art. 1°, n° 2, alínea c)), tendo o regulamento suprimido a parte relativa aos ensaios (art. 1°, n° 3, alínea f)), talvez no seguimento das críticas de KORAH («Franchising and the draft group exemption», pp. 129-130). Vide ainda SAINT-ALARY (pág. 1), MENDELSOHN (pág. 13) ou GAST/MENDELSOHN (pp. 23-24: «É muito importante, mesmo fundamental (...). Para que um franqueador possa fazer reproduzir um êxito, para que possa estandardizar e vender uma fórmula de comercialização, é preciso que tal fórmula exista e haja sido experimentada, que seja estandardizável, transmissível e reprodutível. (...) É a loja em que o franqueador faz as suas próprias experiências, onde aperfeiçoa e experimenta a fórmula». Vide também BESCÓS TORRES (La franquicia internacional, pp. 53-55), BESSIS (pág. 31) e CASA/CASABÓ (pág. 95). Três lojas que devem estar instaladas em três mercados de dimensão diferenciada. No entanto, trata-se de uma exigência meramente de facto, não exigida juridicamente. Embora correspondesse à prática do *franchising*. Segundo números divulgados em 1973 pelo COMITÉ BELGA DE LA DISTRIBUCIÓN (pág. 4), era o que se passava com a cadeia «Kentucky Fried Chicken», que tinha passado de um ponto de venda, em 1954, para 3400, em 1970, sendo que 800 eram explorados directamente pela empresa, e os restantes eram-no em franquia.

Para PETERS/SCHNEIDER (pp. 213-214), que também citam GAST/MENDELSOHN, não há franquia sem um saber-fazer já testado, sob pena de nulidade do contrato (por falta de causa). Discordamos da sanção. A consequência será apenas a desqualificação do contrato, mas apenas nas hipóteses de não haver saber-fazer algum ou deste não resultar da experiência do franqueador, vistas as pertinentes considerações da Professora KORAH. E ainda aqui com dúvidas, pois o *know-how* pode muito bem ser desenvolvido pelos franqueados, aquele ou outro, e ser transmitido ao franqueador, e por ele comunicado a toda a rede, sem que tenha, no fundo, resultado da experiência do franqueador, nem pareça legítimo (e muitas vezes sequer possível) invocar a falta de *know-how* como causa de nulidade do contrato, nulidade que dependerá ainda da verificação *in concreto* da existência de restrições da concorrência, o que não se pode dar como certo. A nulidade, a existir, dependerá, por exemplo, da violação das normas nacionais ou comunitárias da concorrência, visto que, desde logo, o contrato não poderia mais continuar a beneficiar da isenção categorial concedida à franquia.

Também no acórdão *Pronuptia*, o Tribunal de Justiça expressamente afirmou, no cons. 15, que «num tal sistema (...), *uma empresa que se instalou como distribuidora num mercado e pôde assim aperfeiçoar um conjunto de métodos comerciais...*». – também ADAMS/PRICHARD JONES (pág. 16).

No entanto, na jurisprudência francesa é possível encontrar este critério como determinante da existência ou não do saber-fazer num dado contrato (e a sua classificação como franquia) – acórdão da 5ème *Chambre* de Paris, de 1991 (acórdão de 16.4.91, *Picquart e Outro c. SA Aspac, RDS*, 1992, 42°, pág. 392), onde esta instância afirmou que,

belecimentos-piloto, durante pelo menos dois anos, para garantir que não se trata de uma «venda de fumo» ou de uma *falsa* franquia, *i. e.*, de uma *rede* em que na realidade o franqueado não vai beneficiar de uma *imagem empresarial* já estabelecida e de uma clientela já *pré-constituída*. Daí que o franqueador seja ou tenda a ser alguém que é, ao mesmo tempo, franqueador e dono de um determinado comércio ou indústria, no mesmo estádio do processo produtivo ou distributivo em que o seu franqueado opera, ainda que não seja normalmente seu concorrente (sequer potencial)[836].

O próprio Tribunal de Justiça, no acórdão *Pronuptia* – como havia já feito a propósito de outros sistemas de distribuição, em pronúncias anteriores –, sem aceitar de modo expresso a argumentação da franqueada

---

para se configurar um verdadeiro saber-fazer numa relação de franquia, mais importante do que a originalidade e exclusividade dos seus elementos, é a experiência adquirida pelo franqueador na sua *montagem* e actuação.

[836] Há no entanto legislações que expressamente excluem da franquia as relações entre fabricantes. Assim o *Uniform Franchises Act* elaborado pela *Uniform Law Conference of Canada* e o *Alberta Franchises Act*, do mesmo país. Neste último caso exclui-se ainda da possibilidade de figurar como sujeito do contrato «a Coroa, uma agência da Coroa ou uma corporação municipal». Sobre o *franchising público*, TOURNEAU (pp. 9-10). Nos EUA, o termo *franchise* é também usado pela doutrina económica em relação a concessões de serviço público ou, em todo o caso, públicas – por exemplo, SHUGHART II, «The public-chice theory», *cit.*, pág. 21.

E também na doutrina se encontram soluções *divertidas*. É o caso de FRIGNANI («Il 'franchising' di fronte», *cit.*, pág. 206), porque, recebendo produtos de variadas fontes, não poderiam dispensar-lhes os cuidados que um acordo de franquia normalmente exige. Para FRIGNANI, qualquer combinação *vertical* entre sujeitos é possível: os exemplos que dá assentam quase todos na natureza vertical das relações, *i. e.*, no facto dos sujeitos actuarem em estádios diversos do processo económico. Também a Comissão, num estudo de 1978 (que encontrámos em ADAMS/PRICHARD JONES, pág. 41), identificou cinco situações de franquia, as quatro primeiras apresentadas como verticais (entre: fabricante e grossista; fabricante e retalhista; grossista e retalhista; indústria de serviços e retalhista) e uma quinta relativa a acordos dentro do mesmo grupo de distribuição (que, curiosamente, estes Autores excluem do domínio da franquia, inserindo-a nas «voluntary chains» ou agrupamentos de interesse económico: pp. 2-3).

Sobre a utilização e pertinência do mesmo argumento no que aos acordos entre fabricantes respeita, em sentido crítico, PETERS/SCHNEIDER (pág. 177: por lhes parecer que um tal argumento poderia não subsistir em certas hipóteses de franquia internacional). Por nós, como diremos a seguir, os sujeitos do contrato de franquia não estão sempre numa relação vertical, no sentido que se dá à expressão. Para além dos franqueadores serem eles próprios um *exemplo* para o futuro franqueado, sobretudo enquanto mecanismo de expansão a novos mercados, a franquia é utilizada por empresas que desejam simplesmente reproduzir noutros mercados o modelo e o sucesso que já alcançaram num (ou vários) mercados.

quanto à natureza horizontal das restrições no contrato de franquia em causa, porque «o próprio licenciante explora geralmente filiais que intervêm no mesmo estádio do processo económico que os licenciados» (cons. 30), não a exclui expressamente, acabando mesmo, embora com fundamentação diversa, por aderir à tese da inaplicabilidade do regulamento 67/67, entre outras razões, por falta de identidade com o objecto da isenção categorial e pela diferente natureza do contrato de franquia.

Considerações no mesmo sentido eram aliás feitas pelo advogado--geral (VAN THEMAAT), ao referir que o interesse neste contrato é até maior para o franqueado quando o franqueador «tem filiais próprias noutros mercados regionais». Quer dizer, quando o próprio franqueador já explora a fórmula empresarial que franqueará: quando já distribui, presta serviços ou produz.

Mas se tudo isto é verdadeiro, não nos conduz à forçosa qualificação como horizontal do contrato e das restrições nele contidas. Do mesmo modo que não concordamos com a doutrina que vê apenas a alínea b) do número 1 do artigo 1º do regulamento 19/65 como a base jurídica do regulamento nº 4087/88[837].

A *intuição* da *verticalidade* do contrato, compartilhada pela generalidade da doutrina jurídica e económica que sobre o contrato se debruça[838] em diferentes quadrantes do globo, leva-nos a reflectir sobre outras componentes classificatórias, que são especialmente marcantes na modalidade de que o direito comunitário especiosamente se ocupa.

---

[837] LAURENT (pág. 45) ou RUIZ PERIS (pág. 96). Mesmo quando se considere a não essencialidade das cláusulas de aprovisionamento exclusivo, unilaterais ou recíprocas, e a exclusividade do franqueado, de que VAN THEMAAT afirmava o seu «papel acessório» (pág. 372).

Cfr. COCKBORNE, pág. 187. BIAMONTI/ROVERATI (pág. 330) fazem notar que no *franchise*, à «estrutura da compra e venda e/ou da concessão se sobrepõe a da licença de marca ou de patente, com uma natureza, objecto e finalidades intrinsecamente distintas». De todo o modo, tanto o projecto de regulamento como o regulamento referem no seu preâmbulo (cons. 2) os elementos de ambas as alíneas do nº 1 do art. 1º do regulamento 19/65, assim se pretendendo evitar os escolhos que sempre resultariam de uma solução diversa, que excluiria da isenção regulamentar as cláusulas de exclusividade territorial e de distribuição, por extravazarem do domínio de competência normativa da Comissão (cfr. KORAH, «Franchising and the draft group exemption», pp. 127-128).

[838] Logo no considerando 9, ao referir-se à descrição que a *Pronuptia de Paris* faz do contrato, o Tribunal de Justiça diz ser ele constituído «por uma rede de acordos verticais que visam garantir a apresentação uniforme face ao exterior», pelos elementos que envolvem (*v.g.* cons. 15).

Em primeiro lugar, aquela constatação de que o franqueador muitas vezes é um sujeito económico que opera no mesmo estádio do processo económico do franqueado, pode também aplicar-se às outras formas de distribuição. Recorde-se que, no acórdão *Metro I* [839], relativo a um sistema de distribuição de produtos que a prática comunitária designa por *distribuição selectiva*, o Tribunal de Justiça reconheceu que podem «existir diversos canais de distribuição, adaptados às características próprias dos diferentes produtores e às necessidades das diferentes categorias de consumidores», nada impedindo que o próprio fornecedor/produtor pudesse também ser distribuidor e até concorrente (por maioria de razão, neste sistema) do seu distribuidor seleccionado.

Tal horizontalidade, se pode configurar-se em todo e qualquer tipo de contrato, não corresponde ao *id quod plerumque accidit* da franquia de distribuição, que se caracteriza como contrato recolector de clientela, reprodutor de uma organização (a do franqueador), em que a relação entre as partes se caracteriza por notas tipicamente verticais: subordinação do franqueado às orientações de organização do negócio e à assistência técnica e comercial do franqueador; utilização por aquele dos sinais distintivos do comércio deste último; aceitação pelo franqueado de restrições territoriais, cláusulas de aprovisionamento e obrigações de realização de objectivos mínimos; entre outras...[840].

Relembre-se ainda aquela que nos parece a melhor compreensão do que seja a franquia regida pela norma comunitária e descrita pelo Tribunal de Justiça: o franqueado vende a retalho bens produzidos ou fornecidos pelo franqueador ou por terceiro, normalmente sob a *tutela* deste último, que funciona, de facto, como fornecedor ou fabricante. E se isso não é exactamente *assim* com os serviços, também não passa a ser *assado*. É que o franqueado presta a consumidores finais serviços cuja concepção lhe é transmitida pelo franqueador, que, na generalidade dos casos, também lhe fornecerá (ou pelo menos certificar-se-á da sua qualidade e composição) os elementos acessórios ou instrumentais necessários para que seja possível aquela prestação de serviços.

Isto ficará ainda mais evidente se considerarmos que um dos principais critérios de distinção entre os acordos horizontais e os acordos

---

[839] Acórdão de 25.10.77, Rec., 1977, pág. 1905.

[840] Segundo a fórmula genérica que se pode encontrar em BORK – *The anti-trust paradox*, pág. 288 – são verticais as restrições que são «impostas» unilateralmente pelo fabricante no seu próprio interesse (*apud* WAELBROECK, «Vertical agreements», *cit.*, pág. 47).

verticais – a *razão* da consideração da localização das empresas no mesmo ou em estádios diferentes do processo económico – reside na circunstância de os segundos serem na sua essência instrumentos de coligação entre empresas que não concorrerão entre si. Aí já nos parece mais crível qualificar a franquia de distribuição como forma vertical de distribuição comercial[841], sobretudo quando, como é frequente, o franqueador abdica de qualquer intervenção activa, de índole semelhante, na zona do franqueado[842].

Recorde-se o que ficou dito a propósito da franquia de produção, aquando da sua análise, feita ao referirmo-nos à sua classificação. KORAH, por exemplo, considerava que a razão pela qual a Comissão havia excluído esta modalidade do regulamento 4087/88 era, fundamentalmente, a convicção de que, nesse caso, estaríamos perante acordos horizontais. O que, na sua opinião, nem sempre aconteceria, «devendo o acordo ser analisado como sendo horizontal se o franqueado», no momento em que adere ao contrato, «pudesse competir sem a ajuda do franqueador», ou seja, se já houvesse entre eles uma relação de concorrência (ainda que potencial). Já MARTÍNEZ SANZ, por sua vez, considerava não haver ali sequer uma relação de distribuição. O que é certo é que fica excluída a inclusão na franquia de distribuição de actividades produtivas, sejam elas industriais, artesanais ou agrícolas.

Atente-se ainda na exclusão dos acordos de franquia de venda por grosso do âmbito do regulamento comunitário. Como acontece com a

---

[841] Esta compreensão não é, aliás, de todo em todo original. Assim há quem afirme serem horizontais os acordos entre produtores/distribuidores de bens ou serviços substituíveis entre si, em que o uso de um bem ou serviço diminui ou elimina a oferta do outro. Esta concepção não está aliás longe do *reasoning* do Tribunal de Justiça ou das concepções de, por exemplo, HARRIS/MENDELSOHN (pág. 4) ou GOYDER (pág. 23: «horizontal agreements are those made between competitors»). Relembre-se, de novo, o que ficou dito a propósito da franquia de produção, onde KORAH defendia que tais acordos deveriam ser tratados como horizontais se as partes já fossem potenciais concorrentes entre si; ou quando, a propósito da crítica ao carácter necessariamente bilateral que todos os acordos que pretendam beneficiar de isenção categorial concedida ao abrigo do regulamento 19/65, afirma *de iure condendo* que os regulamentos 19/65 e derivados deveriam referir-se aos acordos concluídos entre não-concorrentes (cfr. KORAH, *Franchising and EEC competition*, cit., pág. 12, nota 102; pp. 45-46; e pág. 44, nota 2).

[842] E não podendo esquecer que, tal como acontece em todos os regulamentos de isenção categorial, é pressuposto infrangível da sua aplicação a exclusão entre as partes de uma relação de concorrência entre si – artigos 5º, a) do regulamento 4087/88, 3º a) e b) do regulamento 1983/83, 3º a) e b) do regulamento 1984/83, 6º, 1, 1 do regulamento 1475/95 e, finalmente, 3º, 2 e 4 e 5º, 1, 1 a 3 do regulamento 240/96.

franquia de produção, também aqui a actividade do franqueado pode ser, anteriormente ao contrato, uma actividade potencialmente concorrente com a do franqueador (e normalmente será, desde logo atentas as exigências acrescidas de capitais que a constituição destas relações parece envolver), para lá de não se dirigir a oferecer a comercialização de bens ou serviços a utilizadores finais, mas a consumidores profissionais[843].

Um último argumento queremos acrescentar. Nas muitas noções que, sobretudo na Europa comunitária, têm sido procuradas para o contrato, vimos que não era elemento decisivo o saber se existem ou não cláusulas de aprovisionamento ou de fornecimento exclusivo, total ou parcial, do franqueado em relação ao franqueador. Embora normalmente surjam. Relembre-se a propósito a discussão sobre a essencialidade ou não de algumas dessas cláusulas.

Daí que a verticalidade tendencial do contrato se afirme sobretudo quando este se assume como contrato de distribuição, em que o franqueador ou alguém por ele designado funciona como fornecedor do franqueado, que presta serviços ou vende produtos a utilizadores finais[844].

Só que as coisas apenas se passam assim no domínio da distribuição a retalho[845]. Em geral, nem sempre assim será. Se o contrato fosse forçosamente vertical, no sentido estrito primeiramente assinalado, poder-se-ia exigir que: a) nunca uma franquia pudesse ser concluída entre fabricantes (produtores), grossistas ou até retalhistas; b) não se considerasse como verdadeira franquia a chamada franquia principal[846]; c) fosse excluída a possibilidade do franqueado ser o produtor/fabricante dos bens que são inerentes à prestação de serviços que oferece aos utilizadores finais, ou

---

[843] MARTÍNEZ SANZ (pág. 359, nota 29) expressamente exclui a franquia industrial ou de produção da categoria dos contratos de distribuição.

[844] Pode dizer-se que, também na regulamentação comunitária da franquia de distribuição, a força das cláusulas verticais é tal que praticamente anula as relações e restrições de concorrência entre os franqueados – referindo-se ao contrato *Pronuptia* como «importante instrumento de distribuição vertical», GOEBEL, «Case Law», cit., pág. 687.

[845] Que constitui o domínio de eleição do regulamento da franquia. Aliás, o projecto de regulamento de franquia, atrás já referido, expressamente definia como seu âmbito material de aplicação, os contratos de franquia «para revenda a retalho de produtos e/ou prestação de serviços a utilizadores finais».

[846] Porque o franqueado principal vai ocupar a posição do franqueador nas relações com os sub-franqueados. Sobre a situação de desfavor que a franquia principal conhece no quadro do regulamento comunitário da franquia, KORAH, *Franchising and the EEC competition*, cit., pp. 44-45.

fosse excluído do domínio da franquia de distribuição a franquia de prestação de serviços[847]; d) o franqueador nunca pudesse distribuir ele próprio produtos ou prestar serviços[848].

De tudo o que ficou dito resulta não ser evidente e indisputada a natureza vertical do contrato. Mas a este propósito, impõe-se perguntar: no que toca ao regime da concorrência, em especial ao regime comunitário (que é o que aqui nos importa), será que o regime que para uma figura se procura depende da sua qualificação abstracta – cujo critério não é aliás susceptível de descoberta senão numa visão fragmentária, por isso que, apesar da tendencial unidade tipológica de compreensão que dilucidámos, subsistem vastos domínios e modalidades de contornos maleáveis, característica aliás da maioria dos contratos não juridicamente tipificados – ou depende sobretudo do seu conteúdo e contexto, das cláusulas e restrições que normalmente ou que em casos particulares envolve?

No direito comunitário (como no norte-americano), a resposta é unânime no segundo destes sentidos. Solução natural e esperada, que mais não fosse por as normas respectivas serem sobretudo preenchidas através da casuística decisional ou o resultado de uma competência atribuída. O que importa não são tanto os contratos, mas as *restrições* que entre as partes se estabelecem. O que importa é a fisiologia do contrato, as relações que entre os respectivos sujeitos se institucionalizam. E estas, no contrato de *franchising* de distribuição, são essencialmente verticais.

Por isso, a franquia de distribuição constitui uma forma privilegiada de *integração contratual vertical*[849] entre empresas, um contrato celebra-

---

[847] O Tribunal de Justiça, quanto à franquia de distribuição em sentido estrito, expressamente disse ser aquela em que o franqueado «se limita a vender determinados produtos num estabelecimento com a insígnia» do franqueador. Noção que depois completará com a referência ao saber-fazer, à assistência e ao controlo da identidade e reputação da rede.

[848] O que não lhe é vedado, em nenhuma das modalidades que o contrato conhece.

[849] Na linguagem tradicional da doutrina jurídica dos contratos de distribuição integrada, a franquia de distribuição em sentido estrito, assume-se pois, como dissemos no início (e *supra*, Introdução), como um contrato de distribuição integrada – assim, PIGASSOU (pág. 503), embora não possamos compreender a razão pela qual este autor excluía a franquia de serviços, que o legislador comunitário considera juntamente com a de distribuição, do conceito da distribuição integrada. Por não ser distribuição, isto é, compra para revenda, no sentido estrito? Não nos parece suficiente. Repare-se nos critérios semióticos que fornece de existência daquela forma contratual.

Neste sentido, também DOMINGUEZ GARCIA (pág. 425), e, implicitamente, PÉDAMON (pág. 45). Já, por ex., no LAMY DROIT ÉCONOMIQUE, o contrato de franquia é incluído na categoria dos «accords de distribution assistée» (pp. 1173 e segs.).

do entre duas empresas, pelo qual uma delas se integra na *rede* criada ou desenvolvida pela outra, mas em que ambas estão interessadas no sucesso da fórmula contratual (a *comunidade de interesses* de que tantos falam[850]) e na progressiva irradiação da rede, com a extensão das vendas e dos valores de exploração associados à marca ou ao nome do estabelecimento.

III. Conclusões Intercalares

Feito este percurso, importa não esquecer a matriz, o corpo em volta do qual gira esta dissertação. Primeiro, considerámos a ideia de que a franquia ou *franchising*, figura relativamente recente no domínio comercial/produtivo, criada ao abrigo da autonomia privada dos sujeitos económicos, pode considerar-se já socialmente tipicizada.

E vimos que é esta figura, assim modelada, que se assume depois como instrumento preferencial de distribuição comercial de produtos e serviços, de uma distribuição restringida (POSNER[851]), porque sujeita a regras, métodos e a símbolos.

Distribuição em que as partes no contrato não se encontram forçosamente em estádios diversos do processo económico ou distributivo, mas em que sempre há uma relação de *subordinação* dos franqueados em relação aos franqueadores, não podendo os primeiros produzir os bens que distribuem, mas apenas revendê-los. O que, por sua vez, permitiu qualificar o contrato de franquia de distribuição como um contrato de distribuição comercial, de reiteração[852] indirecta integrada, através do qual o produtor ou fabricante de determinados bens ou o titular de determinados conhecimentos comerciais e técnicos, coloca os seus produtos ou explora economicamente os seus conhecimentos em mercados diferentes daqueles em que normalmente actua (ou nos mesmos, mas de forma mais extensa ou até intensa).

---

[850] *Vide* as indicações da doutrina alemã neste sentido, incluídas em GINER PARREÑO (pág. 72, nota 32), com a voz dissonante a ser dada aí por FERNÁNDEZ NOVOA.

[851] «Antitrust policy and the Supreme Court: an analisys of the restricted distribution, horizontal merger and potential competition decisions», *Columbia Law Review*, 1975, n° 75, pp. 282 e segs.

[852] FERRIER (*Droit de la distribution*, pág. 227), salientando ainda que à categoria da distribuição integrada não corresponde um regime jurídico específico, sendo mais uma fórmula compreensiva.

Em segundo lugar, vimos ter sido esta franquia de distribuição, e não a franquia como categoria geral, a forma contratual de que o direito comunitário da concorrência se ocupou com algum pormenor, como categoria jurídica autónoma, isto é, merecedora de um tratamento jurídico próprio. Em termos que permitiram mesmo individualizar os caracteres identificadores desta figura no espaço comunitário, num esforço que fornece alguns elementos constitutivos de um conceito comunitário de franquia.

Tudo o que nos permitirá, já de seguida, dar o último passo, qual seja, o de compreender o *sentido* que o direito comunitário deu a este contrato, e explicá-lo à luz das categorias e conteúdos geralmente ligados ao nº 1 do artigo 85º CE. Por exemplo, perceber que o Tribunal considerou que o contrato não destrói por si mesmo a concorrência, razão pela qual normalmente não preencherá a hipótese proibida, extravazando, pois, no domínio da atribuição comunitária. Além disso, analisar o sentido da jurisprudência *Pronuptia*, para saber se ela marca um salto qualitativo ou uma ruptura nas concepções comunitárias sobre o sentido do artigo 85º, nº 1 – que já vimos quais são. Finalmente, compreender o que sobra, atenta a força normativa das afirmações comunitárias sobre o contrato, pelo Tribunal e pela Comissão.

Parte III
Franquia e Imunidade em Relação à Proibição do n° 1 do artigo 85° CE

Secção I
Imunidade Jurisprudencial – Não Violação do Artigo 85°

Capítulo I
Franquia e acórdão *Pronuptia* – da Conformidade com a Concorrência Praticável ou das Restrições Inerentes

> «An antitrust policy divorced from market considerations would lack any objective benchmarks»
>
> (Acórdão do *Supreme Court* dos EUA, *Continental TV Inc v. GTE Sylvania Inc.*, 433 US 1977, 55)

A franquia surgiu assim em 1986[853], na ordem jurídica comunitária, na casuística do Tribunal de Justiça, por força do mecanismo das questões prejudiciais, no culminar de um percurso que a introduziu e firmou, de

---

[853] Tomando como referência a data do acórdão *Pronuptia de Paris GmbH c. Pronuptia de Paris Irmgard Schillgallis*, de 28.1.1986 (já várias vezes citado). Anteriormente, não há registos de significativas intervenções ou apreciações sobre o contrato de franquia (salvo o caso *Campari*). Em 1980, a Comissão respondeu a uma pergunta colocada por um deputado ao PE (questão n° 1694/79, em 23.4.80, JOCE, n° C 131, de 2.6.80, pp. 33), tendo salientado a dificuldade em definir a figura, mas indiciando que a submeteria ao mesmo regime a que subordinava as várias formas de distribuição. Para o juiz Koopmans («De plaats van het kartelrecht in het E.E.G.-Vertrag», *SEW*, 1987, pág. 427), seguido por Wils (pág. 53), será este facto (da franquia não ter sido antes objecto de qualquer apreciação formal por parte da Comissão) a razão para o tratamento que o Tribunal lhe reservará, dada a sua incompetência para conceder isenções ao abrigo do n° 3 do artigo 85° CE.

modo notável, nas estruturas comerciais dos países comunitários e, em geral, de todas as economias de mercado. E não pode dizer-se que, confrontado com o contrato e com as «restrições da concorrência» a ele normalmente imputadas, o tribunal comunitário estivesse numa posição particularmente facilitada. Se, por um lado, a franquia constituía um instrumento de expansão comercial[854] universalmente consagrado, vocacionado para a abertura do comércio a novas pequenas e médias empresas[855], para o reforço da qualidade e das escolhas ao alcance dos consumidores e para a redução do grau de aleatoriedade ligada ao exercício das actividades comerciais, o facto é que, por outro lado, se apresentava como um mecanismo contratual híbrido[856], envolvendo elementos característicos de múltiplas outras figuras contratuais que, por este ou aquele factor, já haviam sido consideradas como restringindo a concorrência no espaço comunitário (distribuição selectiva ou exclusiva, licenças de marca, de saber-fazer, etc.)[857].

---

[854] E é conhecida a aceitabilidade que comunitariamente tendem a receber as operações comerciais normalmente consideradas legítimas pelas ordens jurídicas – *vide* decisão da Comissão, *Reuter c. Basf*, de 26.7.76 (76/743/CEE – JOCE, nº L 254, de 17.9.76, pp. 40).

[855] Como será depois constatado no próprio preâmbulo (os considerandos) do regulamento da franquia. Recorde-se aqui a própria origem etimológica da palavra «franquia».

[856] FORRESTER/NORALL, «Competition law», pág. 396.

[857] *Vide* a resposta da Comissão à questão escrita nº 1694/79, de 23.4.80, já citada. FRIGNANI, em 1979, na obra de que citamos a edição de 1991, referia mesmo quatro tipos de restrições presentes na franquia: restrições territoriais; restrições à produção e à compra; restrições à venda; e outras restrições económicas, onde se inseria, por exemplo, a obrigação de pagar *royalties* e de segredo e não concorrência, após o termo do contrato (*apud* CARDELÚS, pp. 189-190).

Contra alguns destes comportamentos restritivos era mesmo invocado o facto de operarem como alternativas a políticas de preço imposto, sobretudo enquanto acentuassem ou aproveitassem a dependência económica do *distribuidor* (*v.g.* estes argumentos, entre os alemães, em BERSUCH, *Alternativen zur Preisbindung als Instrumente der Absatzpolitik*, Meisenheim am Glan, 1971, pp. 236 ss; e em PARDOLESI, «Regole antimonopolistiche», *cit.*, pp. 84-85).

Mas, mesmo depois das pronúncias da Comissão e do Tribunal de Justiça sobre o *franchising*, o certo é que outras figuras próximas, partilhando certos elementos, nem por isso passaram a ser lícitas ou consideradas como não envolvendo restrições da concorrência – *vide* decisão da Comissão de 23.3.90, *Moosehead-Whitbread* (cons. 15), onde se considerou restritiva uma licença exclusiva de marca e de saber-fazer, abrangendo a produção e distribuição de cerveja (por isso, talvez seja a solução compaginável com o tratamento jurídico da franquia de produção).

Daí que a resposta dada pelo Tribunal de Justiça, marcada por um grande pragmatismo e por um certo grau de abertura e inovação, tenha igualmente, do mesmo passo que atendia às especificidades colocadas pela figura, tentado não postergar o seu método, tal como há vinte anos o vinha edificando.

Assim, retomando a ordem das conclusões do Tribunal de Justiça, dir-se-á, em primeiro lugar, que a manutenção do método da análise contextual dos acordos e das cláusulas nele inseridas foi aparente ponto de honra na solução comunitária, dele arrancando para afirmar o carácter não restritivo dos acordos de franquia, que não violariam por si só o artigo 85º, nº 1 CE[858], circunscrevendo ainda o domínio de ilicitude às cláusulas de repartição de mercados entre as partes e às restrições ligadas aos preços[859].

A primeira daquelas linhas directoras liga-se, a nosso ver, intimamente à segunda conclusão. O Tribunal de Justiça expressamente parece ter querido, antes de mais, deixar claro que a apreciação que fazia do contrato não pretendia ser a abrogação dos métodos que tradicionalmente seguiu[860]. O que, mais do que desmobilizador, significa apenas a *evolução*

---

[858] No considerando 15, o TJCE diz que «um tal sistema, que permite ao licenciante tirar partido do seu êxito, não atenta, só por si, contra a concorrência», daí decorrendo que as restrições destinadas a proteger o *know-how* do franqueador ou a preservar a identidade da rede não violam o artigo 85º. Que este contrato, mais do que um acordo restritivo, é sobretudo um meio para a concorrência, é ilustrado por ADAMS/PRICHARD JONES (pág. 2), ao distinguir a franquia de outras experiências históricas de agrupamento de comerciantes independentes: «an analogy (...) would be misleading. From the point of view of the individual franchisees, the grouping with others to exploit these monopolies [direitos de propriedade industrial ou intelectual] serves to enable them to compete more effectively with larger organizations operating in similar fields». Em sentido contrário, sustentando que o Tribunal havia afastado o método contextual ou, como lhe chama, «in concreto», que a Comissão depois retomaria, RUIZ PERIS (pp. 83-84), embora manifestamente equivocado, quer substancialmente quer enquanto invoca em abono da sua tese o facto de o Tribunal «jamais» ter pronunciado as palavras «contexto económico», o que é falso, pois foi esse mesmo o ponto 1) da resposta dada ao *Bundesgerichthof*. O resultado é que tais conclusões levam o Autor a, seguidamente, concluir paradoxalmente que foi a Comissão que introduziu a *rule of reason* no nº 1 do artigo 85º (pág. 85). Antes fosse...

[859] Ainda aqui de forma benevolente. Sobre estes terceiros e últimos conteúdos – enquanto *infractores* da proibição do nº 1 – falaremos mais adiante.

[860] Em sentido contrário, entendendo que o Tribunal de Justiça mudou a sua orientação, vide RUIZ PERIS (pp. 61-62), ao tornar o sistema comunitário num sistema aberto e ao tentar introduzir um mecanismo do tipo *rule of reason* no nº 1, quando «bastava, para conseguir efeitos similares, uma aplicação correcta dos critérios estabelecidos no nº 3»,

do método *contextual*[861]. Daí que reconhecesse que os elementos do contrato podiam ainda assim colidir com o disposto no n° 1 do artigo 85° do Tratado CE. Tudo depende «das cláusulas que integram esses contratos e do contexto económico em que estes se inserem»[862].

Já escrevemos atrás ser nossa convicção que as doutrinas da restrição da concorrência propugnadas pela Comissão tinham na sua base a ideia ou o modelo da concorrência perfeita/pura[863], propugnando a assunção, pelas autoridades de concorrência[864], da tarefa de garantir a total independência e liberdade económica das partes e de terceiros, no interesse – na opinião da Comissão[865] – da realização do mercado comum.

---

defendendo mesmo que neste número estão recolhidos os critérios da própria *rule of reason* (assim também NUNO RUIZ, «Relações entre o direito nacional», *cit.*, pp. 342-343), posição que só se compreenderia se fosse de aceitar (o que não será o caso: *v.g.* a posição ortodoxa que adopta implicitamente sobre a doutrina do juiz PECKHAM), que PERIS foi profundamente influenciado por uma visão que era a de BORK, mas que, neste ponto, está longe de ter conquistado a doutrina: a de que a *rule*, na formulação mais corrente dada em 1918 pelo juiz BRANDEIS, corresponde por exemplo à solução dada no acórdão *Appalachian Coals* e a um juízo de adequação não meramente concorrencial, mas económico e social, facto que não corresponde à verdade, independentemente de qualquer intromissão das doutrinas de 'Chicago'.

[861] Esta referência ao «método contextual» pretende, como obviamente se retira do texto, estabelecer um paralelo com o método contextual, enquanto designação utilizada para referir os métodos de interpretação sistemática utilizados e desenvolvidos pelo Tribunal de Justiça, embora seja privilegiada a dimensão teleológica (*vide* BERGERÈS, pp. 72 e 74-76).

[862] Esta consideração nem sempre foi devidamente encarada nas decisões emitidas pela Comissão, como realça J. GOYDER, pág. 135, p. 6.24 a 6.26.

[863] Tomadas de novo aqui como sinónimas, sem desconhecermos as divergências que os conceitos podem supor.

[864] E não apenas pela Comissão. Tal como desenhado o sistema comunitário, tanto a Comissão como as autoridades nacionais (sejam órgãos especializados em matéria de concorrência, sejam órgãos jurisdicionais de competência generalizada, *rectius*, não especializados na simples aplicação das normas de defesa da concorrência) podem (e devem) aplicar a proibição estabelecida no n° 1 do artigo 85°, para assim se realizarem os objectivos e o efeito útil desejados pelos Tratados (no caso, o tratado CE), obrigação imposta quer pelos princípios da ordem jurídica comunitária, quer pelo próprio artigo 5° do tratado CE.

[865] Isto em tese geral pois, como vimos, mas acentuaremos nesta sede, também a Comissão já havia flexibilizado de alguma forma a sua posição, pelo menos quando, no que toca à distribuição selectiva, admitiu que a escolha de revendedores, quando guiada exclusivamente por critérios objectivos e qualitativos, escapa à proibição do artigo 85°, n° 1. E também outros domínios conheceram uma atenuação da rigidez da Comissão. Assim aconteceu, ainda nos anos 60, com o estabelecimento de certas formas de coope-

Já o Tribunal não parece ter adoptado com o mesmo entusiasmo tais posições, embora as suas tergiversações não escondessem uma fundamental anuência à consideração das restrições de concorrência sob o ponto de vista da alteração das posições das partes e de terceiros, qualquer que fosse o seu nível de actuação no processo económico. Recordemos as suas pronúncias iniciais.

Se é certo que, no acórdão *Itália c. Conselho,* defendeu a aplicação do artigo 85° tanto aos acordos verticais como aos horizontais, e a licitude dos regulamentos categoriais que a Comissão iria começar a elaborar, também não deixou de estatuir que o âmbito material do artigo 85° – assim definido – e a elaboração de tais isenções não implicavam *a priori* um juízo *prejudicial* sobre as convenções por elas potencialmente abrangidas. Ou seja, que a própria unidade dos números 1 e 3 do artigo 85° não era *dogmática*[866] e que o que mais importava não era a restrição de concorrência entre as partes, mas a afectação da posição de terceiros, no que já alguns quiseram ver a valorização dos efeitos mais do que da essência dos acordos[867].

Mas mais importante ainda, nos acórdãos *LTM/MBU* e *Consten e Grundig,* formulou a necessidade de análise das restrições no contexto económico e jurídico em que o acordo é concluído, não dependendo a sua ilicitude, *rectius,* a violação do n° 1 do artigo 85°, da simples constatação – porque de constatação de um facto se trataria – da limitação da liberdade económica das partes ou de terceiros. Como o Tribunal aí afirmou – e convém recordar –, repousando o n° 1 do artigo 85° CE «sobre uma apreciação económica das repercussões de um acordo», tal implica que ele não possa «ser interpretado como instituindo qualquer preconceito em relação a uma categoria de acordos determinada pela sua natureza jurídica»[868].

---

ração entre pequenas e médias empresas, a par da protecção das concentrações, vistas já como elemento essencial para a competitividade da indústria e comércio comunitários.

[866] Isso ressalta ainda das apreciações do Tribunal de Justiça – por todos, *v.g.* o acórdão de 25.3.81, *Coöperatieve Stremsel,* pp. 851 e segs., considerandos 9-16 e 17 e segs.

[867] Neste sentido, UTTON (pág. 157) escreve: «an agreement between a manufacturer in member country A and distributors in member country B that the latter will not re-export the product back to country A is also covered. This example also brings out the point that, since *article 85 is concerned with the effects rather than the substance of an agreement,* it can be applied both to horizontal and vertical restrictions» (o itálico é nosso).

[868] Ponto 3 do sumário.

No primeiro destes últimos acórdãos (*LTM/MBU*), por exemplo, o Tribunal considerou que os acordos que perante ele se apresentavam não eram, por força da sua natureza jurídica, imediatamente incompatíveis com o Mercado Comum[869].

O que, aparentemente, permitiria considerar que os tribunais comunitários, com predomínio para o Tribunal de Justiça – primeiro na ordem cronológica e na posição institucional e hierárquica –, não compartilhavam as concepções que vimos serem as da Comissão. Só que nem sempre o Tribunal de Justiça primou pela lucidez nas suas apreciações[870].

Se, para o Tribunal de Justiça, o teste decisivo para a aplicabilidade do n° 1 do artigo 85° dependia da análise da coligação no «contexto económico e jurídico» do mercado[871], não sendo suficiente a mera restrição pactuada da liberdade de decisão económica das partes, tal parecia não implicar a forçosa contemplação dos seus efeitos no mercado. O Tribunal é claríssimo neste ponto, no acórdão *LTM/MBU*, quando sustenta que «o carácter não cumulativo, mas alternativo da presente condição [objectivo ou efeito de impedir, restringir ou falsear a concorrência] conduz antes de mais à necessidade de considerar o objectivo [objet] do

---

[869] Neste acórdão (*LTM/MBU*) de 30.6.1966, relativo a acordos de distribuição exclusiva, esta instância reconheceu que, embora tenha havido indiscutivelmente uma limitação da liberdade de iniciativa económica das partes, o acordo em si mesmo não tinha, de forma irremissível, um objecto ou efeito anti-concorrencial, enquanto podia ser «necessário para uma empresa penetrar num novo território» – assim também JOLIET, *The rule of reason in antitrust law*, cit., pág. 120, em nota, e 167. Esta parece ser também a compreensão do artigo 85° CE à luz do sistema germânico, na medida em que os acordos verticais aparecem aí regulados no artigo 18°, numa perspectiva estrutural, já não preocupada com a livre actuação económica dos contratantes. Aliás, o próprio advogado-geral ROEMER assim o considera, pois é logo ele que, no caso *Haecht I*, expressamente se apoia no artigo 18° da GWB, como a disposição dessa lei «que melhor se presta a uma comparação a propósito dos problemas que aqui [ali] se punham» (pp. 545-546).

[870] O que faz com que, ainda hoje, haja Autores que expressamente afirmem que, no acórdão *Pronuptia*, «es cierto que no procedió en base al método tradicional, es decir determinación en abstracto del carácter anticoncurrencial de las estipulaciones del contrato respecto al artículo 85.1°» (RUIZ PERIS, pág. 59).

[871] Assim, o Advogado-Geral ROEMER, no caso *Consten-Grundig*, de 1966, defendia que a Comissão devia analisar os efeitos do acordo no mercado e compará-los com os efeitos que a ausência do acordo teria no mercado, como pressuposto essencial para a determinação da causalidade do dano efectivo ou potencial à concorrência no mercado comum – vide JOLIET, *The rule of reason in antitrust law*, cit., pág. 161. É este o critério que resulta do acórdão *LTM/MBU*, pp. 337-364.

acordo, no contexto económico em que deve ser aplicado»[872]. Factor que também expressamente ressaltava da doutrina expendida no acórdão *Consten-Grundig*[873].

Mas, passados apenas dois anos, no acórdão *Brasserie de Haecht* (*Haecht I*)[874], também claramente afirmava:

«Considerando que, ao visar os acordos, decisões ou práticas em razão, *não apenas do seu objecto, mas também dos seus efeitos* em relação à concorrência, *o artigo 85, parágrafo 1, implica a necessidade de observar esses efeitos* no quadro em que se produzem, quer dizer, *no contexto económico e jurídico* no seio do qual esses acordos, decisões ou práticas se situam e onde podem concorrer, juntamente com outros, para um efeito cumulativo sobre o jogo da concorrência».

E, do mesmo passo, que «seria vão visar um acordo (...) em razão dos seus efeitos, se estes devessem ser separados do mercado onde se manifestam», razão pela qual «uma convenção não pode ser isolada do seu contexto, das circunstâncias de facto ou de direito que lhe permitam impedir, restringir ou falsear a concorrência». À primeira vista, poderia pois parecer que, em 1967, o Tribunal considerava como necessário uma apreciação dos *efeitos* da colusão no mercado, como condição para o preenchimento do nº 1 do artigo 85º[875].

Tese que podia ainda encontrar apoio na comparação com as pronúncias dos juízes norte-americanos. Recorde-se o que, num conhecido

---

[872] Pág. 359.

[873] «A tomada em consideração dos efeitos concretos de um acordo é supérflua, se o acordo tiver por objecto restringir, impedir ou falsear a concorrência; pelo que a falta de análise, na decisão atacada, dos efeitos do acordo sobre a concorrência entre produtos não poderá constituir, por si mesma, um vício da decisão» (tradução livre).

[874] Acórdão de 12.12.67, citado.

[875] Defendendo isto, WAELBROECK, «Antitrust analysis», *cit.*, pág. 697. NORBERG/HÖKBORG/JOHANSSON/ELIASSON/DEDICHEN (pág. 512) parecem propor uma interpretação diversa, embora não totalmente sustentada na motivação do Tribunal. Segundo eles, o Tribunal terá considerado que, em si mesmos, tais acordos não tinham por objecto a restrição de concorrência, razão pela qual o Tribunal teria exigido a análise dos seus efeitos, para saber se, combinados com outros, poderiam ter um efeito cumulativo sobre a concorrência que fosse restritivo.

Em Itália, ALESSI (pág. 29), parece propugnar que a análise dos acordos «no contexto jurídico e económico» se situa já no domínio da consideração dos efeitos das coligações. Em Portugal, a posição, que já referimos *supra* (Parte I), de ROBALO CORDEIRO assentava num «efeito anti-concorrencial virtual».

acórdão (*Board Trade of Chicago*[876]), afirmara o *Supreme Court* dos Estados Unidos da América:

«Every agreement (...) restrains. To bind, to restrain is of the very essence. The true test of legality is whether the restraint imposed is such as merely regulates and perhaps thereby promotes competition or whether it is such as may suppress or even destroy competition. *To determine that question the Court must ordinarily consider the facts peculiar to the business to which the restraint is applied; its conditions before and after the restraint was imposed; the nature of the restraint and its effect, actual or probable. The history of the restraint, the evil believed to exist (...) the purpose or end to be attained, are all relevant facts*» (o itálico é nosso).

Não será esta passagem – que historicamente contribuíu para fundar a *rule of reason* – equivalente à formulação do Tribunal de Justiça, segundo a qual há que analisar o acordo segundo o seu «contexto económico e jurídico»? Terá o Tribunal de Justiça querido afastar as conclusões a que havia chegado dois anos antes?[877].

Para nós, a resposta depende de dois factores. Em primeiro lugar, da concorrência que se objectiva como pressuposta no modelo comunitário, em presença da qual se analisará a conduta tendo em conta o seu «contexto jurídico e económico».

Quanto a este primeiro ponto, não desenvolveremos mais do que duas ou três ideias[878]. Em primeiro lugar, porque já referimos que idealmente se busca hoje atingir uma estrutura concorrencial que se afirme praticável ou eficaz, abdicando-se da procura de realização de um qualquer modelo – que já de si corresponderia a uma *utopia do sistema* – de concorrência pura e perfeita. O Tribunal de Justiça há já cerca de 20 anos que afirmou de modo inequívoco que o que se busca é uma concorrência *eficaz*, utilizando mesmo a expressão típica da sua origem norte-americana – *workable competition* –, o que imediatamente implica recusar um

---

[876] *Supra* Parte I.

[877] Expressamente defendendo que o acórdão *Haecht I* prosseguia na mesma linha do acórdão *LTM/MBU*, vide o advogado-geral MAYRAS, nas conclusões apresentadas em 7.12.76, no caso *De Norre c. Brouwerij Concordia*, de 1.2.77, pág. 100.

Para R. KOCH (pp. 113) e FRAZER (pág. 7 e 163), o sistema comunitário da concorrência baseia-se nos efeitos sobre a concorrência (*effects-based system*). E THIEFFRY («L'appréhension des systèmes de distribution», *cit.*, pp. 701-702) vê nas atitudes do Tribunal, nomeadamente no acórdão *Völk/Vervaecke*, uma rejeição da concepção formalista da Comissão, não vendo impedimento a uma aplicação menos rígida do nº 1 do artigo 85º CE.

[878] Atento o que já fomos dizendo, ao longo de toda a Parte I.

preenchimento formalista e restritivo do conceito de restrição de concorrência[879] e a sua subordinação à presença de certos requisitos: no caso, à apreciação do seu «contexto económico e jurídico».

Vimos já que um tal conceito supõe ainda que se vá além da mera determinação da natureza jurídica de um contrato. Implicando, entre outros factores, saber qual a natureza e quantidade de produtos (ou serviços) que são objecto do acordo, a importância relativa das partes no conjunto do mercado relevante, o carácter isolado ou não do acordo, o rigor das cláusulas que restringem a liberdade das partes e de terceiros (por exemplo, se impedem ou não importações paralelas). Factores estes que, no essencial, decorrem da análise das cláusulas contratuais.

Constitui este critério uma substancial mutação de sentido em relação aos critérios assumidos pela Comissão, segundo os quais há restrição de concorrência relevante sempre que a limitação da liberdade económica das partes afecta a posição de terceiros no mercado?

Há quem defenda que não; que o Tribunal terá apenas pretendido concretizar o sentido da doutrina da Comissão, exigindo a determinação da afectação potencial da posição de terceiros[880]. Neste sentido, FASQUELLE, referindo-se ao acórdão *Consten-Grundig*, refere tratar-se «de uma perspectiva idêntica à da Comissão. O Tribunal toma em consideração a li-

---

[879] Há mesmo quem, com base na ideia, desenvolvida pelo próprio Tribunal, de que, se o acordo não tiver um objecto anti-concorrencial, deve analisar-se os seus efeitos por referência à concorrência que existiria na sua ausência, tenda a sustentar que o Tribunal não se propõe realizar, à luz do nº 1, qualquer modelo de concorrência específico, nem ter uma função orientadora, pois o que importa é que o comportamento não provoque uma alteração (qualquer que seja) no jogo da concorrência, factor que pode até sancionar acordos que modifiquem uma situação de concorrência limitada, como elementos de monopólio (KAPTEYN/VAN THEMAAT, pág. 512). Se este argumento tem uma atracção, ela não pode, contudo, tornar-se irresistível, caso em que seria fatal, implicando apenas uma nova atitude formal e de abdicação em relação a objectivos de *integração positiva*, que não queremos ver totalmente afastados do nº 1 do artigo 85º CE.

[880] Assim FASQUELLE, pp. 105. Em sentido contrário, SNIJDERS, pág. 82: «In this period, the Commission still clung to a somewhat rigid interpretation of the criterion of restriction of competition in article 85(1), but in three judgements, rendered in 1966, the Court of Justice introduced a more realistic interpretation of that criterion», embora confirmando a posição da Comissão quanto à protecção territorial absoluta.

Repare-se ainda que, no processo *Haecht I*, a Comissão propôs que o Tribunal de Justiça considerasse o simples estabelecimento de uma cláusula contratual de exclusividade como não violando, pela sua própria natureza, o artigo 85º, 1 antes dependendo esse preenchimento da norma da «existência de uma certa situação de facto, particularmente, da existência simultânea de acordos englobando cláusulas similares de exclusividade de compra» (pág. 536).

berdade das partes e de terceiros, devendo o exame *in concreto* permitir determinar se as importações paralelas são realmente impossíveis».

Nesta concepção, o que parece importar é a restrição da concorrência *tout court*, em sentido amplo, *intrabrand*, quer dizer, o que é decisivo é saber se o distribuidor fica impedido de exportar para outros territórios aquele produto ou serviço; se qualquer outro distribuidor fica impedido de distribuir aqueles produtos no território daquele primeiro distribuidor; e, finalmente, se o próprio fornecedor fica impedido de comercializar esses produtos na zona protegida de qualquer dos seus distribuidores exclusivos, com qualquer terceiro. Critério que retomaria a construção da Comissão.

E que, mais do que isso, surgiria *confortado* pela doutrina que o Tribunal depois foi elaborando, de análise, à vez, do objectivo e dos efeitos do acordo, para determinação da restrição de concorrência[881].

Como resulta da jurisprudência do Tribunal, condensada no acórdão *Delimitis*[882], o Tribunal – dando sequência à própria doutrina da Comissão[883] – considera, tal como resulta da redacção do nº 1 do artigo 85º CE, que a análise da restrição da concorrência deve fazer-se em duas fases sucessivas.

Na primeira, analisa-se o *objecto* do acordo, os seus objectivos[884], à luz do seu contexto económico[885]. Se daí imediatamente se verificar o

---

[881] Sobre o assunto, consulte-se, na doutrina mais antiga, Focsaneau («Pour objet ou pour effet», *RMC*, 1966, pp. 862, citado por Robalo Cordeiro, pág. 109), que defendia que a fórmula só podia ser interpretada num sentido previsional ou probabilístico, decorrendo a nulidade pelo efeito anti-concorrencial de um *dolo directo* ou pelo menos *necessário*, para utilizar uma terminologia penalista.

[882] Acórdão do TJCE de 28.2.1991, *Stergios Delimitis*, pp. 935. Como salienta Art (pp. 23-24), resulta da jurisprudência *Delimitis* que a afirmação da existência de uma restrição da concorrência, no sentido do nº 1 do artigo 85º CE, pode implicar uma complexa análise do mercado.

[883] *Vide supra*, a referência à posição da Comissão nos acórdãos *Nungesser* e *Verband der Sachversicherer*, de 27.1.87, sobretudo a pp. 422 e cons. 37.

[884] Embora a versão portuguesa fale em «objectivo ou efeito», o que é certo é que nem sempre as traduções oficiais são unânimes. Assim, as versões francesa, inglesa, espanhola e italiana expressamente falam em *objet*, *object*, *objeto* e *oggetto*, quando é certo que todas conhecem uma palavra distinta para designar «objectivo». Por outro lado, também as interpretações filológicas das expressões são equívocas. Pensamos, concretamente, na apreciação que o Conselho da Concorrência português fez na decisão *CODIFAR* (de 16.12.85, *cit.*, pág. 17, § 37), ao dizer que «a disposição prevê, assim, a título alternativo, duas condições: uma de natureza subjectiva [objectivo] e outra de natureza objectiva [efeito]», subjectivando o *objectivo* e reduzindo-o (?) a um psicologismo. Que terá sido este no entanto o sentido dominante a dar à expressão, é opinião de Goldman, no início dos anos 60 (pp. 339-340), no que foi desmentido pela prática decisional, mormente da Comissão.

[885] Acórdão *CRAM e Rheizink*, de 28.3.84, pp. 1679.

objectivo restritivo, a coligação deverá ser imediatamente declarada proibida, sem se *prosseguir* na análise dos seus efeitos[886]. Poderia pois dizer-se que, nesta fase, não se trata de qualquer análise dos efeitos concretos das cláusulas contratuais no mercado comum, mas somente de uma apreciação «abstracta da função objectiva de determinada cláusula no contexto contratual»[887].

Assim descrito, esta doutrina surge como uma confirmação das posições da Comissão. Mas tal, de facto, só parcialmente corresponde à realidade. O que o Tribunal aí consagrou foi a ideia segundo a qual o que é decisivo para que se *desenhe* um contexto restritivo é surgir como difícil ou mesmo impossível a entrada de um terceiro no mercado onde a coligação opera[888] ou que haja pelo menos um efeito potencial de restrição no mercado[889].

---

[886] Foi o que, a nosso ver, se passou no acórdão *Coöperative Stremsel* (já citado), de 25.3.81, considerandos 12, último período, e 13, onde não deixou de haver uma referência, justificativa da afirmação da restrição, à estrutura concreta do mercado neerlandês do coalho, o que apenas contribui para afirmarmos que o Tribunal funcionou aqui de modo concordante com o modelo menos restritivo da concepção das proibições *per se* da doutrina norte-americana, demonstrando ainda, no cons. 18, uma posição de princípio desfavorável aos monopólios ou *quase-monopólios*, embora numa concepção formal, isto é, não considerando nem a potencialidade de concorrência (negando-a aprioristicamente com base na análise da estrutura actual do mercado) nem o poder sobre o mercado (com efeito, não basta estabelecer a quota de mercado para se afirmar o poder sobre o mercado). Este último elemento parece ainda assim ter sido implicitamente tomado em atenção, dados os elementos do processo, ao se relevar a importância, no quadro da quota de mercado ocupada, da cláusula indemnizatória imposta aos membros da cooperativa, como condição para o seu abandono ou sanção para o incumprimento das regras. De qualquer modo, e é isso que aqui nos importa, ao analisar a estrutura do mercado, não deixou o Tribunal de – de certa forma – considerar os efeitos do acordo nesse mercado.

[887] Referindo ser esta análise abstracta, Ruiz Peris, pp. 59. Com efeito, é irrelevante determinar se as partes tomaram alguma atitude para fazer respeitar a cláusula restritiva – acórdão de 21.2.84, *Hasselblad*, cons. 46.

[888] Critério que uma vez mais se aproxima daquele que é utilizado pela GWB alemã, na parte relativa às relações contratuais de exclusividade – Nölkensmeier, pág. 81.

[889] Acórdão *Verband de Sachversicherer,* de 27.1.87, pp. 405. Neste caso, aliás, a argumentação do advogado-geral Darmon (pág. 440) é bem significativa do que afirmamos em texto. Também ele considera que as condições do artigo 85º, nº 1 são de análise alternativa e que o acordo em causa é restritivo pelo seu *objecto*, embora ao justificá-lo escreva que «sem que, pois, seja necessário investigar se a recomendação, de que fazia parte esta cláusula, obteve realmente o resultado previsto, *basta constatar,* à luz do conjunto das considerações expendidas, *ter sido esse efeito visado pela associação,* enquanto expressão de uma necessidade aceite pelos seus membros» (o sublinhado é nosso). For-

Tal pode comprovar-se da prática do Tribunal de Justiça, que, ao longo dos anos, evoluiu para posições bem distintas das da Comissão[890], sobretudo ao não excluir no seu discurso analítico a consideração da *função* das cláusulas nos contratos[891] e ao afirmar que constitui restrição da concorrência toda a cláusula de uma coligação cuja função seja unicamente[892] produzir um efeito restritivo no quadro concorrencial.

E, para estabelecer bem o paralelo de diferenciação, consideremos um dos últimos processos do Tribunal. Recorramos às palavra do advogado-geral TESAURO no acórdão *Gottrup-Lim*:

– «segundo este esquema de análise, são considerados proibidos, pelo seu objecto, os acordos que, vistos em termos objectivos e abstractos, têm *unicamente* a *função* de restringir a livre concorrência entre as partes ou entre as partes e terceiros, de uma forma considerada incompa-

---

mulação próxima, reconheça-se, das que afirmam um «efeito anti-concorrencial virtual» (ROBALO CORDEIRO).

[890] Recordem-se as posições da Comissão quanto à existência de uma restrição de concorrência, *supra* Parte I, Secção III, Capítulo II. Ainda recentemente, a Comissão, perante o TPI (*Dansk Pelsdyravlerforening*, pág. 1969, cons. 96), sustentava que o Tribunal não formulou, nomeadamente no acórdão *Pronuptia*, uma doutrina de alcance geral, apenas dando soluções para «sectores económicos específicos» e «em certas circunstâncias».

Conclusões que não deixam de ser contestadas na doutrina. Por todos, cite-se ALESSI, pág. 28: «[o]s órgãos comunitários progressivamente se vêm aproximando, apesar da diversidade dos textos normativos, das posições da jurisprudência americana, distinguindo entre coligações imediatamente proibidas e coligações submetidas a um critério de razoabilidade (a chamada *rule of reason* (...)). São assim admitidos pactos restritivos da concorrência no âmbito dos acordos verticais de distribuição selectiva, quando objectivamente justificáveis (*Metro I*); obrigações de não-concorrência espacial e materialmente limitadas, quando acessórias a uma transferência do estabelecimento (*Remia*); cláusulas limitativas da concorrência directamente funcionais ao contrato de *franchising* em que se inserem (*Pronuptia*)».

[891] Isto não esquece que a própria Comissão já se referia à *função*, no próprio processo *Verband der Sachversicherer*, cons. 38, pág. 457. Este processo, no entanto, é já significativo da posição do Tribunal de Justiça (*vide* considerandos 39 e segs.)

[892] No acórdão *CRAM SA e Rheinzink*, de 28.3.84 (pág. 1704, cons. 28), o Tribunal de Justiça já afirmava que «les clauses d' exportation avaient essentiellement pour objet d' empêcher l' réexportation (...) afin de maintenir un système de doubles prix (...) et de restreindre ainsi le jeu de la concurrence». Note-se que neste como no acórdão referido na nota anterior, estava em causa uma intervenção sobre os preços, um acordo com objectivo de fixação de preços. BELLAMY (PICAÑOL) falam em acordos com objecto *ambivalente*, exigindo uma análise dos seus efeitos (pp. 124-125).

tível com o mercado comum»[893], como a compartimentação dos mercados, a fixação dos preços de revenda, a proibição das importações e/ou das exportações[894].

Se, ao invés, o contrato tiver uma *função mais complexa*, então há que analisar essa função no quadro contratual concreto, ao nível dos efeitos. Quer dizer, só se não for possível vislumbrar objectivos unicamente anti-concorrenciais no contexto económico do objecto contratual é que se passará para a segunda fase, de análise dos efeitos (não queridos) de valoração anti-concorrencial de um acordo[895].

E é neste quadro que nos parece ter havido claramente uma transmutação da doutrina da instância jurisdicional comunitária[896]. Com vários sinais.

Um primeiro pode certamente vislumbrar-se nas concepções iniciais do Tribunal de Justiça, quando este formulou e procurou fornecer elementos relevantes para a apreciação do contrato no seu contexto económico. Recordem-se os acórdãos *LTM/MBU* e *Consten-Grundig*, de 1966.

O que, entre outros aspectos, conduziu à consideração sobre a existência de um conjunto de contratos similares capazes de gerar um «efeito de rede» potenciador da restrição do jogo da concorrência (teoria do efeito cumulativo)[897]. Assim, se um fornecedor impuser restrições aos

---

[893] O itálico é nosso.

[894] Acórdão *Miller c. Comissão*, de 1.2.78, pág. 149, cons. 7.

[895] Repare-se que é unânime na doutrina a ideia de que as restrições verticais têm em geral efeitos simultaneamente pro-concorrenciais e anti-concorrenciais, pelo que dificilmente, à luz desta concepção, se pode considerar que uma restrição vertical é ilícita pelo seu objecto, supondo sempre a consideração dos seus efeitos, Para um enunciado dos efeitos num e noutro sentido das restrições verticais, Waelbroeck («Vertical agreements», *cit.*, pág. 48). Aquela ideia vai tão longe que, mesmo no espaço europeu, são já audíveis vozes que reclamam a consagração de uma presunção *iuris tantum* de legalidade dos acordos de distribuição (Giner Parreño, pp. 330 e 523).

[896] Igualmente referindo que, partindo do próprio método *in concreto*, teria sido possível introduzir no espaço comunitário uma *rule of reason*, Kovar, «Le droit communautaire de la concurrence et la "règle de raison"», pág. 244, no que é seguido (parece-nos inevitável...) pelas extravagantes conclusões de Ruiz Peris (pág. 85), que, depois de afirmar que o Tribunal não aplicou este método, mas que a Comissão o recuperou nas suas decisões, acaba dizendo que, paradoxalmente, foi a Comissão que introduziu a *rule of reason* no nº 1 do artigo 85º (pág. 85).

[897] Assim na generalidade dos acordos de distribuição, seja de franquia (acórdão *Pronuptia*), seja de distribuição exclusiva ou selectiva. Já neste sentido, o acórdão do TJCE de 12.12.1967, *Haecht I*.

seus co-contratantes, pertencentes à rede, tendentes a eliminar a concorrência pelo preço e a reforçar a concorrência pelos serviços e sua qualidade, tal só conduzirá a uma restrição relevante, na medida em que prejudique os consumidores, se os outros fabricantes ou fornecedores no mesmo mercado relevante (no mesmo «mercado do produto») adoptarem restrições semelhantes[898].

Em segundo lugar, a jurisprudência acabou por afirmar a valência de uma ideia de concorrência que supõe a licitude de um certo grau de restrição. Primeira manifestação disso é o acórdão *Völk/Vervaecke*, no que toca à delimitação do âmbito material de aplicação da norma comunitária e da definição de uma regra *de minimis* (que a Comissão concretizou logo no ano seguinte); ao qual acrescerá o fundamental acórdão *Metro I*, de 1977[899], onde claramente se formula um propósito de realização no mercado comum de uma concorrência eficaz (*workable competition*), num contexto de afirmação da não contrariedade ao nº 1 do artigo 85º CE de certos sistemas de distribuição selectiva[900], que veremos ser depois subs-

---

[898] Note-se que, ainda assim, aqui poderia existir uma forte concorrência, tendente inclusivamente à eliminação de lucros de monopólio.

[899] Acórdão *Metro SB-Großmärkte Gmbh & Co. KG c. Comissão*, de 25.10.77.

[900] No que toca à distribuição selectiva, o não preenchimento da hipótese do artigo 85º, nº 1, era já reconhecido pela Comissão, quando a selecção dos distribuidores se baseasse em critérios gerais de competência técnica e comercial que o fornecedor não dominasse (decisão da Comissão *Kodak* – 70/332/CEE, de 30.6.70, *cit.*, pág. 26, § 21).

Como bem salienta FASQUELLE (pág. 163), a jurisprudência no caso *Metro I* representa um avanço considerável, enquanto significa o reconhecimento de que da restrição da liberdade de acção das partes e de terceiros não ressaltava automaticamente a violação do nº 1 do artigo, ou seja, de que este já não podia ser o critério do preenchimento da hipótese da norma. No entanto, já não podemos com concordar com este autor, na parte em que distingue o acórdão *Metro I* das correlativas aplicações da *workable competition*, à luz da *rule of reason* do direito norte-americano, por radicar numa exagerada circunscrição deste a uma ideia de eficácia que de todo se descaracteriza, como se na prática norte-americana o interesse dos diversos agentes económicos não relevasse na apreciação da *rule of reason* e a própria eficiência, mesmo nas mais radicais afirmações da 'Escola de Chicago', não supusesse a defesa dos interesses dos consumidores, distribuidores e fornecedores. Argumento que, a aceitar-se, igualmente descaracterizaria o acórdão *Pronuptia* (como o autor também admite, pág. 174). Além disso, ele próprio reconhece a relativização operada no relevo das restrições *intrabrand*, a verificação da existência de efeitos positivos sobre a concorrência e a acentuação de uma concorrência através de variáveis diferentes dos preços, como critérios da licitude do acordo no acórdão *Metro I*. Tudo factores que claramente ligamos às concepções dominantes na jurispru-

tancialmente alargado aos acordos de franquia, para defesa da identidade e reputação da rede e para a transmissão efectiva do saber-fazer[901], e aceite nos domínios que relevassem do objecto específico de direitos de propriedade industrial[902].

Papel decisivo assumem pois, neste quadro, os acórdãos proferidos, já nos anos 80, em especial nos casos *Nungesser*, *Remia* e, claro está, *Pronuptia*. Em conexão com aqueles dois domínios fundamentais, que se cruzam na franquia: as redes de distribuição e os direitos de propriedade industrial.

Neste último domínio, o acórdão *Nungesser* é a muitos títulos elucidativo. Embora repousando na distinção entre existência e exercício[903]

---

dência norte-americana. E note-se, em geral, que em nenhum destes sentidos seguem as grandes críticas que às doutrinas de Chicago, nos EUA, são feitas, e que repousam sobre três grandes vertentes. Primeiro, a ideia de que os benefícios afirmados pelos *chicaguianos* não se presumem (nem devem presumir). Segundo, que o *Sherman Act* não tem na sua base apenas considerações de eficiência (aliás, os economistas só mais tarde o interiorizaram). Terceiro, que a *rule* se deveria alargar a considerações não-económicas (*v.g.* J.W. BURNS, *cit.*, ou até repristinação da jurisprudência *Appalachian Coals*, de 1933) ou ser objecto de pura e simples abolição ou retracção ainda mais radical do seu âmbito de intervenção (*public choice*). Defendendo que o acórdão *Metro I* representou uma aplicação da doutrina das *ancillary restraints*, RUIZ PERIS, pág. 59.

[901] E para protecção e acobertamento do desenvolvimento de formas de cooperação entre pequenas empresas, e do pequeno comércio. O mesmo vamos encontrar no regime da franquia.

Do que aqui dizemos e adiante diremos, julgamos que o acórdão *Pronuptia* representa um avanço, mesmo metodológico, no tratamento das restrições verticais da concorrência, mesmo quando comparado com o acórdão *Metro I*, embora sem postergar o fundamental objectivo naquele acórdão definido para as regras de concorrência comunitária – assim também ROBERTI (p. 406).

[902] Sobre a contradição ou tensão entre os domínios da concorrência e da propriedade industrial, que a doutrina norte-americana denomina «*patent-antitrust* interface», WILS (pp. 55 e ss.), embora tenhamos de discordar parcialmente das suas conclusões, enquanto sustenta que, no plano comunitário, não houve uma evolução tendente à redução da tensão entre estes dois domínios.

[903] Acórdãos *EMI Records*, de 15.6.76 (pág. 357), *Coditel*, de 6.10.82 (pág. 1401, cons. 13). Este último acórdão é também reputado como consagrando uma apreciação não estrita do acordo à luz do n° 1 do artigo 85°. No entanto, se tal é verdadeiro, parece que tal deveu-se sobretudo à especificidade do sector em causa (o cinematográfico). Para uma outra visão do sentido do acórdão *Coditel*, WILS, pág. 71.

Mesmo dentro do exercício, distinguia-se entre o exercício unilateral, apenas subordinado às regras sobre livre circulação de mercadorias, e o exercício que resultasse de

do direito de propriedade industrial (no caso, um direito de obtenção vegetal)[904], reconhece que certas restrições podem irrelevar, conquanto se mostrem necessárias para a protecção de investimentos que de outro modo não se fariam e para a introdução de novos produtos no mercado[905]. Era o que se passava com as restrições aceites entre as partes, em relação à exploração daquele produto, na medida em que não impedissem a con-

uma concertação entre empresas ou uma concertação unilateral baseado num acordo restritivo. Em geral, sobre a dicotomia existência/exercício, na jurisprudência comunitária relativa aos direitos de propriedade industrial, entre nós, Sousa e Silva, *Direito comunitário e propriedade industrial, cit.*, pp. 136-144, especialmente, notas 258 e 266, para quem só no nosso particular domínio será prestável a dicotomia existência/exercício (pág. 143). Para nós, pensamos ser possível vislumbrar domínios de intersecção entre o princípio do esgotamento dos direitos (elaborado para efeitos de garantir a livre circulação de mercadorias e a correspondente limitação dos direitos de propriedade industrial) e a regra fundamental da concorrência comunitária, de licitude das importações paralelas.

[904] A mais moderna doutrina distingue entre aquilo que se inclui e o que extravaza do «objecto específico» do direito de propriedade industrial, termo que já o governo ale-mão incluía nas suas apreciações no processo *Nungesser* (pp. 2044-2045), embora com uma noção demasiado ampla. Sobre a noção de «objecto específico», quanto às marcas e pa-tentes, novamente, Sousa e Silva, *Direito comunitário e propriedade industrial*, pp. 147--149, 165-166, e, sobretudo, 175 e segs. (quanto às marcas), e 184 e segs. (quanto às patentes).

[905] Daí que seja possível defender que nem todas as licenças exclusivas abertas atentam contra a concorrência (assim Kapteyn/Van Themaat, pág. 536). Argumentos estes que têm relevo diferenciado no acórdão *Pronuptia*. Se a protecção de novos produtos pode equivaler, de algum modo, à protecção de redes e sistemas franqueados ainda pouco conhecidos, tornando não restritivo o acordo, a protecção dos investimentos, no âmbito da franquia, mereceu apenas um juízo justificativo, à luz (eventualmente) do nº 3, embora ainda assim representasse um juízo favorável a restrições territoriais praticamente negadas em termos absolutos (no entanto, no sentido que ambos os acórdãos consagram uma «excepção para novos produtos ou empresas», Nicholas Green, «Article 85 in perspective: strechting jurisdiction, narowing the concept of restriction and plugging a few gaps», *ECLR*, 1988, pág. 197, *apud* Wils, pág. 61, nota 208; Bellamy (Picañol) sustentam uma relação de continuidade com o próprio acórdão *LTM/MBU*, de 30.6.66: pp. 115 e 121).

No domínio dos direitos de propriedade industrial e intelectual, o direito de monopólio que atribuem ao seu titular tem normalmente na sua base esta mesma vontade de estimular o investimento e a investigação, e de remunerar a actividade inventiva, que na falta da protecção legal provavelmente não compensaria realizar. Por outro lado, o direito de conceder licenças exclusivas (ou não exclusivas) é ainda um factor adicional de incentivo à inovação. Filiando estes argumentos na doutrina das restrições acessórias, da antiga jurisprudência norte-americana, Wils, pág. 57.

corrência por parte de licenciados doutros territórios ou de importadores paralelos[906].

Mas um lugar especial cabe, pelo seu mérito intrínseco, ao acórdão *Remia*, o qual consagra definitivamente uma interpretação valorativa dos requisitos do nº 1 do artigo 85º CE, que se impõe mesmo a quem criticamente propugnava a visão tradicional da restrição da concorrência, tal como a Comissão a construía. Nele, o Tribunal de Justiça, intentando fugir ao *espartilho* e ao *corte* que lhe era proposto pelo advogado-geral[907], acabou formulando para o espaço comunitário uma argumentação (e so-

---

[906] Aquilo que o Tribunal designou por *exclusividade aberta*, por contraposição a *protecção territorial absoluta* (pág. 2068, cons. 53). Por força de uma tal cláusula de exclusividade, apenas a concorrência entre as partes fica excluída (e nem assim de modo total), não afectando ainda o princípio do esgotamento dos direitos, tal como formulado pela jurisprudência e doutrina, e consagrado normativamente. Sobre o significado deste acórdão, como manifestação incompleta de uma recepção da *rule of reason*, KOVAR, «Le droit communautaire de la concurrence et la "règle de raison"», pág. 246. Já RUIZ PERIS, não o justificando, era mais conclusivo (pág. 59).

[907] A posição do advogado-geral OTTO LENZ era bem o espelho do *beco sem saída* a que as concepções da Comissão e a própria *demissão* do Tribunal haviam conduzido. Ele começa por uma constatação formal que se lhe afigurava óbvia. Uma *interdição de concorrência* é forçosamente restritiva da concorrência. E, isolando um mercado nacional, afecta o comércio. Por isso, não poderá deixar de ser proibida. Mas depois depara-se com a *terrível* consequência do seu raciocínio. Se preenche o nº 1 do artigo 85º, a coligação tem de ser proibida, até porque o Tribunal não pode isentar, ao abrigo do nº 3. Que fazer? A solução que encontra, a meu ver, é ainda pior do que qualquer flexibilização que se faça dos requisitos do artigo, pois propõe que o Tribunal procure e ache, nos *princípios do direito comunitário*, fundamento para a não-aplicação de uma norma cujos pressupostos estão preenchidos, embora admita como pensável e possível a própria «inaplicação das regras gerais da concorrência do tratado CEE» às cláusulas de não concorrência, durante um certo período, estabelecidas aquando de uma cessão do estabelecimento (pág. 2561).

Solução que entroncará na aceitação das restrições que sejam necessárias para, num certo contexto económico, «permitir a transferência efectiva de certos bens económicos incorpóreos. Isto valerá especialmente para a cessão de uma clientela ou de outros elementos de acreditamento (achalandage) e de saber-fazer, enquanto representam um parte considerável do valor patrimonial de uma empresa».

A inaceitabilidade de uma posição como esta é evidente, sendo, a um tempo, ilegítima e ilegal. Ilegítima, em primeiro lugar, porque envolveria valorar positivamente a conversão do Tribunal de Justiça em legislador, assim se subvertendo o equilíbrio institucional e de poderes com os restantes órgãos. O Tribunal é o órgão encarregue da importante tarefa de assegurar o respeito na interpretação e aplicação do direito comunitário. E isso impõe-lhe, metodologicamente, a obrigação de encontrar soluções conformes

lução) com fortes semelhanças com a doutrina norte-americana das *ancillary restraints*[908] ou, recuando ainda mais no tempo, com a doutrina da *restraint of trade*, oriunda da *common law*[909].

Com efeito, neste processo, o Tribunal de Justiça, ocupando-se de uma cláusula de não-concorrência inserida num contrato de transmissão de um estabelecimento comercial, propôs-se analisar os efeitos da dita cláusula no jogo da concorrência, com recurso ao tradicional método de análise da concorrência que existiria na falta da dita cláusula. E, por via disso, concluiu que estas estipulações «têm, em princípio, o mérito da garantir a possibilidade e a efectividade dessa cessão», contribuindo «para reforçar a concorrência pelo aumento do número de empresas presentes no mercado em causa».

---

ao sistema, não derrogando as normas comunitárias, sobretudo de direito comunitário originário, cuja validade e adequação não lhe incumbe ponderar, embora do mesmo passo assumindo-se como tendo uma intervenção constitutiva de juridicidade.

Mas também ilegal, porque violaria o equilíbrio institucional e o princípio comunitário expresso na norma segundo a qual «cada instituição actua nos limites das atribuições e competências que lhe são conferidas pelo presente Tratado» (artigo 4°, n° 1, § 2 CE). E o sistema operou uma distribuição clara das competências entre os órgãos comunitários, em geral e ainda no que à concorrência respeita. Se o Tribunal tem certamente o poder de interpretar as normas do Tratado, permitindo-lhes realizar plenamente os objectivos que a organização se propõe, só o pode fazer nos limites que lhe são assinados pelo direito comunitário. E resulta dos tratados e dos actos praticados em sua aplicação que os Estados e o Conselho desejaram que ficasse reservada para a Comissão a elaboração das tarefas de integração *positiva* trans-concorrencial, de elaboração de uma política económica susceptível de combinar considerações puramente concorrenciais com outros desígnios, que vemos estarem no centro da construção comunitária, razão mais do que suficiente para preterir a intervenção do Tribunal por analogia com o n° 3 do artigo 85°, tal como defendida por LENZ – «para esta não-aplicação do artigo 85°, § 1, ultrapassando o alcance das disposições do artigo 85°, § 3, será necessário, na nossa opinião, proceder a uma apreciação comparável à que é prescrita no artigo 85°, § 3. (...) Se os princípios relativos à isenção da proibição das coligações podem assim ser aplicados por analogia...» (pág. 2559) – e suposta por WILS, pág. 58. Se o Tribunal quisesse intervir, só o poderia pois fazer nos quadros que lhe eram permitidos pelo sistema. Ou seja, pela interpretação do n° 1 do artigo 85° CE.

[908] Assim, por todos, WILS (pág. 58), FASQUELLE (pp. 185 e segs.) e FAULL (pág. 152), embora este Autor não especifique quais as decisões e pronúncias em que funda a sua convicção. De todo o modo, não pode menosprezar-se a advertência de THIEFFRY: as *ancillary restraints*, como elaboradas na jurisprudência norte-americana, eram «não apenas subordinadas, secundárias, mas também menores ou, ao menos, proporcionadas» («La franchise, la raison», *cit.*, pág. 564).

[909] *Supra* Parte I, Secção II, Capítulo Único, em especial a nota 155.

Esta ponderação dos efeitos positivos[910] que para a concorrência podem ressaltar de um conteúdo contratual restritivo, não deixava de encontrar raízes no longínquo acórdão *LTM/MBU*, de 30.6.1966. Mas representou ainda assim uma significativa evolução da jurisprudência. O método iniciado vinte anos antes, se implicava a necessidade de analisar as cláusulas restritivas no seu contexto económico e jurídico, não se bastava já com a verificação da existência de uma restrição objectiva da liberdade de acção das partes e/ou de terceiros. Supunha igualmente a análise dos seus efeitos[911], para verificar a existência (ou não) de outros propósitos ou de outros resultados, eventualmente favoráveis ao próprio jogo da concorrência, expressos, no acórdão *Remia* como no acórdão *Pronuptia*, num aumento do número das empresas a operar no mercado relevante[912].

O acórdão *Remia* significa ainda o reconhecimento pelo Tribunal de Justiça[913] da licitude das restrições contratuais necessárias para a realização de uma «operação comercial normal»[914], tomando ainda em atenção o papel que às cláusulas restritivas pode caber na economia do acordo, em termos de, pela análise do seu «contexto real», se poder concluir pela sua natureza favorável ou desfavorável à concorrência.

---

[910] *Vide* acórdão de 15.12.94, *Gottrup-Lim c. DLG*, pág. 5687, cons. 34.

[911] Acórdão *Stergios Delimitis*, pág. 984, cons. 13.

[912] Aplicando o critério posto no acórdão *Remia*, consulte-se o acórdão do TPI de 2.7.92, *Dansk Pelsdyravlerforening*, pp. 1961-1962, cons. 74 e 78.

[913] A Comissão, num episódio, havia já afirmado algo no mesmo sentido, como na decisão *Reuter c. BASF* (76/743/CEE), de 26.7.76, onde sustentou que «o artigo 85º não é aplicável a uma obrigação contratual de não-concorrência quando uma tal aplicação tivesse por efeito entravar ou mesmo tornar praticamente impossível uma operação que a ordem jurídica normalmente considera como legítima», sobretudo para assegurar a transmissão da *achalandage* e *clientèle* (legitimidade reafirmada na decisão *Nutricia – Zuid Hollandse Conserven Fabriek*, de 12.12.83 (83/670/CEE), JOCE, nº L 376, de 31.12.83, pág. 26, cons. 26), no que houve quem visse uma aplicação da doutrina das *ancillary restraints* (KERSE, pág. 10). Sobre o sentido destas e outras decisões, HAWK, *United States, common market, cit.*, pp. 84.3 a 84.6.

[914] LAURENT, pág. 19. Como afirmara o advogado-geral WARNER no processo *Miller c. Comissão*, já citado (acórdão de 1.2.78, pág. 158), o artigo 85º, nº 1, conhecia três excepções. Entre estas, uma resultava implicitamente do nº 1, sempre que «se demonstrar que, na falta de uma particular restrição da concorrência, é absolutamente impossível prosseguir certas e determinadas actividades comerciais». Na Alemanha, STEINDORFF, adversário da implantação de uma *regra do razoável* na CE, admitia-a contudo, em 1984, desde que limitada a garantir uma «transacção comercial legal» (pág. 646).

Mas mais. Ele desbrava, nomeadamente se considerarmos a aceitável referência do advogado-geral LENZ ao saber-fazer e à protecção dos bens económicos incorpóreos, o caminho à licitude dos contratos de franquia, cujos elementos essenciais radicam exactamente nos sinais distintivos do comércio e no saber-fazer[915].

Neste enquadramento, o acórdão *Remia* veio abrir a porta para a legitimação de todas as operações comerciais que normalmente eram consideradas legítimas nos espaços nacionais[916]. E a franquia foi a primeira a beneficiar dessa nova corrente. Nesta altura, o Tribunal talvez se tenha apercebido que aceitar a ilicitude das cláusulas inseridas em contratos, pelo simples facto de elas produzirem um efeito restritivo entre as partes e em relação a terceiros pertencentes ao *sistema* concreto, ou seja, dentro da rede (*intrabrand*), conduziria provavelmente – ousamos dizer – à própria perversão do princípio básico da autonomia privada e da liberdade contratual, sobretudo atentos os princípios de direito comunitário que ele próprio havia formulado e a especial natureza e efectividade da ordem jurídica comunitária deles decorrente.

Seria esse no entanto o resultado, se o Tribunal de Justiça seguisse as orientações da Comissão, em vez de, como fez, ter declarado a substancial pro-concorrencialidade do contrato, expressa na afirmação de que «um tal sistema não atenta contra a concorrência»[917]. É que, se cotejarmos

---

[915] Neste sentido parece ir GALÁN CORONA, quando, em 1986, sustentava que a solução dada no acórdão *Pronuptia* afastava o contrato do regime dos acordos de distribuição e aproximava-o do regime das diversas modalidades de propriedade industrial (pág. 691).

[916] Em sentido paralelo vai a moderna doutrina da «restraint of trade», no domínio da *common law*, como nos dá notícia FRAZER (pp. 114-115), segundo o qual as espécies jurisprudenciais britânicas excluem da aplicação da doutrina quer os casos em que, se não fosse o acordo, a empresa não poderia praticar dada actividade (pelo que o acordo aumenta a sua capacidade para praticar o comércio – acórdãos *Esso Petroleum v. Harper's Garage*, de 1968, e *Gloucester v. Williams*, de 1990), quer aqueles contratos que "under contemporary conditions (...) will have passed into the accepted and normal currency of commercial (...) relations" (*Deacons v. Bridge*, 1984)», embora o Autor claramente exclua que as agências responsáveis pela concorrência a possam aplicar, tentando assim reduzir os seus efeitos. Também PECKHAM, no processo *Trans-Missouri Freight Association* – em 1897, citado por BORK, «The rule of reason and the per se concept», *cit.*, pág. 789, para sustentar que este juiz não era contrário a uma *rule of reason* – exprimia um raciocínio deste tipo.

[917] Assim também o havia já declarado o Tribunal de Justiça, no que respeita a certos modelos de distribuição selectiva – acórdão *Metro II*, de 22.10.86, cons. 37. No entanto, que esta afirmação não encerra a verdade *evangélica* é também indiscutido. Assim, por exemplo, PIGASSOU (pág. 529-530) considerava que todo o acordo de distri-

o sentido desta afirmação com o critério utilizado pela Comissão para a determinação da restrição de concorrência, teremos de concluir que:

1º) tal não se deve ao facto de este negócio jurídico não envolver restrições à concorrência no interior da rede ou entre as partes, no que toca à distribuição daqueles específicos produtos ou à prestação daqueles serviços. A liberdade de acção das partes encontra-se fortemente limitada. Como o TJCE e a Comissão reconhecem, há aqui fortes restrições à concorrência interna, que vimos designada por concorrência *intrabrand*; por exemplo, na obrigação que o franqueado pode ter de se abastecer junto do franqueador ou, na melhor das hipóteses, num membro da rede[918]; ou na uniformização de todos os pontos de venda.

2º) Mas é também a liberdade de terceiros exteriores à rede que se encontra restringida. Da designação de determinados sujeitos como franqueados, acompanhada pela normal atribuição de um exclusivo territorial, decorre que mais ninguém poderá distribuir os produtos/prestar os serviços naquela área; nomeadamente, nenhum terceiro poderá vender os produtos de acordo com os métodos e sob o sinal do franqueador[919].

---

buição integrada opera uma restrição ao jogo normal da concorrência. E diz mais: «Em definitivo, nenhum argumento, nem de texto nem de facto pode excluir os contratos de distribuição integrada do domínio de aplicação do artigo 50» (actual artigo 7º da lei francesa). A razão reside essencialmente na existência de cláusulas de exclusividade, que podiam contudo, já na opinião da Comissão de Concorrência francesa, em 1978, beneficiar de um balanço económico positivo.

Outros, bem mais recentemente, aceitam que, face à aceitação pela Comissão da natureza não restritiva de certos acordos de distribuição selectiva, «é preciso admitir que, de certa maneira, a Comissão aplicou, também ela, uma regra da razão» (FASQUELLE, pág. 213), embora não a *rule of reason* dos tribunais americanos. Defendendo a aplicação neste processo de uma doutrina de restrições *acessórias*, HAWK, *United States, common market, cit.*, pp. 82-83.

[918] Cfr LAURENT, pág. 7, já citado *supra*.

[919] Note-se que ainda há pouco tempo, por exemplo na decisão da Comissão *Moosehead-Whitbread*, de 23.3.91, a Comissão considerou uma licença exclusiva de marca como restritiva da concorrência, enquanto impedia os concorrentes de a utilizar nesse mercado geográfico (para uma apreciação desta decisão, leia-se GINER PARREÑO, pp. 345-353). Em geral, pode mesmo dizer-se que a licença de marca era objecto de um tratamento mais severo no plano comunitário, de que eram expressões os acórdãos *Sirena* (de 18.2.71, *cit.*) e *Van Zuylen* (de 3.7.74, pág. 381). Deste sentido nos faz eco SOUSA E SILVA, *Direito comunitário e propriedade industrial, cit.*, pp. 138-139 e 144.

Já depois do acórdão *Pronuptia*, recorde-se o que o Tribunal estabeleceu no acórdão *Stergios Delimitis*, pág. 986, cons. 23, quando dispôs que para se constituírem, pelos seus efeitos, como uma restrição da concorrência, o conjunto dos contratos e «dos outros

Resultado que, coligado com a proclamada inaplicabilidade[920] a estes contratos do regulamento nº 67/67[921], justificada pela incoincidência entre a natureza dos contratos de franquia e de exclusividade e pela possibilidade de não atribuição de uma área exclusiva de actuação ao franqueado[922], pressuposto essencial da intervenção do regime da distribuição exclusiva[923], poderia revelar uma clara obrigação de notificação destes contratos por parte significativa das empresas que os utilizavam no espaço comunitário, na medida em que muitas vezes incluem cláusulas insusceptíveis de beneficiar de qualquer outra isenção categorial[924].

elementos do contexto económico e jurídico» devem ter «por efeito cumulativo fechar o acesso a esse mercado aos novos concorrentes nacionais e estrangeiros», sob pena de os contratos individuais não poderem constituir um obstáculo ao livre jogo da concorrência.

[920] Era esta também a conclusão que era lograda pelo Advogado-Geral, VAN THEMAAT, nas suas conclusões no acórdão *Pronuptia* (pág. 372), sendo confirmada no cons. 33 do acórdão. Para este efeito, consulte-se não apenas a doutrina exposta neste acórdão, como também o Regulamento (CEE) nº 1983/83 da Comissão, de 22.6.1983, que veio substituir o citado Regulamento 67/67, de 22.3.1967. Neste sentido, *vide* o considerando 33 da decisão *Pronuptia*, pág. 39. Interessante é a questão colocada por DEMARET («L'arrêt Pronuptia et les contrats de franchise», pág. 738, *apud* RUIZ PERIS, pág.79, nota 169) ou mesmo por WAELBROECK («The *Pronuptia* judgment», *cit.*, pp. 223-224), para quem não se vê bem como é que cláusulas não restritivas da concorrência podem impedir a aplicação de um regulamento de isenção categorial.

[921] O dito Regulamento da Comissão, datado de 22.3.1967, dizia respeito à aplicação do nº 3 do artigo 85º do Tratado a certas categorias de acordos de exclusividade, tendo como fundamento jurídico, como é doutrina unânime, o artigo 1º, nº 1, alínea a) do regulamento nº 19/65 e, por objecto, os acordos «em que participam duas empresas e nos quais uma das partes se obriga perante a outra a só fornecer certos produtos a esta, para fins de revenda, no todo ou numa parte definida do território do mercado comum».

[922] Que não há fundamento para aplicação daqueles regulamentos, directamente ou por analogia, quando não haja atribuição de um território exclusivo, é facto que a doutrina não desmente – GOEBEL, «The uneasy fate of franchising», *cit.*, pág. 109 – facto que não impede que se critique uma diversidade de disciplinas, devido à identidade entre as funções económicas desempenhadas por ambas as categorias de operadores económicos (*v.g.* GINER PARREÑO, pág. 370). Em geral, sobre a aplicação por analogia das disposições dos regulamentos de isenção categorial, o mesmo autor (GOEBEL, *cit.*, pp. 101-102) e, em sentido contrário, na doutrina italiana, FRIGNANI.

[923] E bastas vezes uma tal ausência é constatada pela doutrina e resulta do próprio regulamento da franquia. No entanto, não era isso o que acontecia em qualquer dos casos apreciados pelas instâncias comunitárias.

[924] Ainda assim, não existindo um regulamento de isenção ou não cumprindo o contrato todos os requisitos materiais condicionantes da isenção atribuída pelo dito regulamento, haverá interesse em notificar, desde logo para suster a possibilidade de aplicação

Parte III - Franquia e Imun. em Rel. à Proib. do n.º1 do Art. 85.º CE 355

Factores estes que explicam o carácter inovatório do acórdão *Pronuptia*, quer na afirmação da licitude geral dos acordos de franquia[925], quer na determinação dos conteúdos contratuais a eles *inerentes* (o seu «objecto específico»)[926], reputados assim como legítimos e indispensáveis[927] para impedir a divulgação do saber-fazer ou garantir que a assistên-

---

de multas e adstrições (arts. 15º e 16º do regulamento 17/62), podendo ser insuficiente, para obviar a este resultado, a simples formulação de uma pedido de certificado negativo. No entanto, sendo já previsto anteriormente, o formulário A/B anexo ao regulamento 3385/94, de 21.12.94, vem prever, de forma clara, a utilização do mesmo formulário para os dois casos, assim se abarcando todas as hipóteses e expurgando o risco de sanções pecuniárias (pág. 34). A ideia de que mesmo um acordo beneficiando de uma isenção categorial pode beneficiar ou mesmo necessitar de uma isenção individual e, por conseguinte, de ser notificado, foi afirmado logo pela doutrina que imediatamente se pronunciou sobre o sentido e alcance do regulamento 19/65 – KIRSCHSTEIN, «Die EWG-Verordnung über Gruppenfreistellungen», *WuW*, 1965, pág. 370; DERINGER, «EWG-Wettbewerbsrecht», WuW, vo. Nr. 19, Anm. 2; e, por todos, ALEXANDER, «L'application de l'article 85, paragraphe 3», *cit.*, pág. 328, nota 2.

[925] «Um tal sistema, que permite ao licenciante tirar partido do seu êxito, não atenta, por si só, contra a concorrência» (cons. 15), supondo mesmo a transmissão do «know how» e a prestação em condições que não possam beneficiar concorrentes (cons. 16), bem como a (licitude da) adopção das medidas adoptadas pelo franqueador «para preservar a identidade e a reputação da rede, simbolizada na insígnia» (cons. 17). Nas palavras de ROBERTI, há uma «legitimação *per se* seja do contrato enquanto tal, seja das principais cláusulas-tipo nele contidas» (p. 408).

[926] BURST/KOVAR (pág. 394) falam mesmo, «por analogia com o regime dos direitos de propriedade industrial, de um objecto específico da franquia», juízo que a doutrina não deixou de repetir – THIEFFRY («La franchise, la confiance», *cit.*, pág. 563) e CLEMENT/ BOUTARD-LABARDE («La franchise et le droit européen», *cit.*, pág. 229).

[927] Não constituindo restrições à concorrência, na acepção do art. 85º, nº 1 – considerando 16. Para KOVAR, «Le droit communautaire de la concurrence et la "règle de raison"», pp. 238 e 242 ss., trata-se de uma das aplicações comunitárias da noção de «restrições acessórias» (*ancillary restraints*, restrictions accessoires), afirmada pelos tribunais norte-americanos, no final do século passado.
Se utilizarmos a expressão que se retira do acórdão *Gottrup-Lim c. DLG, cit.*, pág. 5688, cons. 35, diríamos que o Tribunal considera que as restrições na franquia «limitam-se ao necessário para assegurar o bom funcionamento» do sistema contratual.
Por nós, como adiante explicitaremos, não nos parece ser correcta uma qualificação dada ao acórdão *Pronuptia*, que se proponha nele entrever uma aplicação de uma doutrina de restrições *acessórias*. Desde logo, etimologicamente. O conceito de «cláusulas acessórias» é bem conhecido da doutrina jusprivatística europeia e portuguesa, significando, com expunha MANUEL DE ANDRADE, «as cláusulas ou estipulações negociais que, não sendo indispensáveis para caracterizar o tipo abstracto do negócio (venda, doação, etc), ou para individualizar a sua identidade concreta, (...) se tornam necessárias para que tenham lugar os efeitos jurídicos a que tendem». Tais cláusulas, portanto, «poderiam não

existir, sem que o negócio deixasse de estar identificado em abstracto e em concreto» (*Teoria geral da relação jurídica*, pág. 36). Juízo que, conjugado com o que sintomaticamente escrevia JOLIET («Le terme «acessoire paraît impliquer qu'à defaut de la restriction, la transaction manquerait son but», pp. 11-12) nos leva a repelir a natureza acessória (naquele sentido) destas restrições, pois que, sem elas, o contrato não existiria ou, pelo menos, teria uma descrição diferente. Sobre isto, *v.g.* ainda FERREIRA DE ALMEIDA, nota 74, pp. 355 e segs.

Também a Comissão, no entanto, veio mais tarde a utilizar a expressão *restrições acessórias*, em ligação ao artigo 85º, para assim «distinguir entre as *restrições inerentes* à criação ou actividade de uma empresa [no caso: as empresas comuns] e os acordos adicionais que, considerados em si mesmos, constituem igualmente restrições da concorrência uma vez que se destinam a limitar a liberdade de acção no mercado das empresas em causa». Estes últimos, «directamente ligados à criação e actividade da empresa e a ela necessários», é que constituem as restrições *acessórias*. Ao contrário do que seria talvez de esperar, o significado que desta classificação retiramos não deixa de significar uma confirmação, por parte da Comissão, do sentido da jurisprudência *Pronuptia*. É que aquela primeira categoria, consubstanciando a própria criação da empresa comum ou, no nosso caso, o estabelecimento do contrato de franquia, não releva do âmbito do nº 1 do artigo 85º CE. Por isso que todas as restrições que sejam inerentes à criação da empresa ou existência efectiva do contrato não violam o nº 1 do artigo 85º – *Comunicação 93/C 43/02*, pontos 65-66 –, por não serem dele separáveis (HAWK, «Joint ventures under EC law», pág. 567). Em 1973, SNIJDERS (pág. 53) falava em cláusulas acessórias e instrumentais para a realização de um contrato não-restritivo. Mais recentemente, *v.g.* ainda FERRIER («La franchise internationale», pág. 661), que fala em cláusulas relativas à realização do objecto *intrínseco* da franquia), HAWK (*inherency approach*; legalidade *per se* – «La révolution antitrust américaine», *cit.*, pp. 25-26), PÉREZ-BUSTAMANTE/AZCÁRATE (pp. 81 e 87, sem noção global, falam em cláusulas incondicionais e inerentes) ou FRIGNANI («La Corte di Giustizia riconosce le peculiarità del *franchising*», *cit.*, pág. 43), embora este autor questione sobre se uma tal afirmação não significaria a recondução do requisito da indispensabilidade do nº 3 para o nº 1 do artigo 85, e a perda consequente da sua autonomia naquela primeira sede. Pese embora a infelicidade de expressão da Comissão no cons. 48, 2º § da decisão *Yves Rocher*, cremos que não deverão confundir-se os planos, e julgamos que nem a Comissão na realidade o fez (cfr. cons. 63 da mesma decisão). Por duas essenciais razões. Primeiro, porque tal implicaria reconhecer ao Tribunal o que já expressamente se considerou não poder constituir sua tarefa (*vide* o que ficou dito na nota 907), subvertendo o sistema normativo e político comunitário, numa reafirmação de um perigo que o mesmo FRIGNANI já escrevera (em 1985, na *Giur. It.*) ser de exorcizar, e que nós já reproduzimos noutro trabalho: «non sono gli *hard cases*, bensì I *bad judges* che *make bad law* posto che (...) non crediamo che in Italia debbano essere I giudici a fare I legislatori» («Quando il giudice "ordina" la prosecuzione», *cit.*, pág. 714). Depois, porque o próprio Tribunal deu sinais claros que *inerente* não é o mesmo de (concretamente) *indispensável*, no considerando 24 (penúltimo período) do próprio

cia do franqueador não beneficie concorrentes (do franqueador)[928], bem como das restrições que intentem assegurar a identidade e reputação da rede. Solução que abarcou, no que ao primeiro tipo de estipulações respeitava, tanto as cláusulas de não-concorrência impostas ao franqueado[929]

---

acórdão *Pronuptia*, ao referir-se à potencial indispensabilidade de uma protecção territorial face aos investimentos a realizar pelo franqueado. Embora com objectivo invalidante, oposto, já em 1911, o juiz WHITE, ao afirmar nos EUA a *rule of reason*, falava em acordos com «inherent nature or effect» restritiva (221 US 106, 179 – *American Tobacco*, citado por BORK, «The rule of reason and the per se concept», *cit.*, pág. 804).

[928] Recorde-se que o advogado-geral OTTO LENZ, no processo *Remia*, havia expressamente referido, como restrições que, caindo na proibição do n° 1, o Tribunal poderia desaplicar, em obediência a princípios de direito comunitário, aquelas necessárias para a transmissão de «saber fazer» ou, em geral, de «bens económicos incorpóreos». Em 1987, contudo, veremos KORAH a insurgir-se contra a importância dada ao *know-how* no projecto do regulamento (crítica que será extensiva ao próprio texto regulamentar), por considerar que, muitas vezes, o que está em causa não é, bem vistas as coisas, um saber-fazer substancial, mas uma reputação da rede e dos sinais que a contradistinguem, em suma, da imagem empresarial do franqueador («Franchising and the draft group exemption», pág. 129), preocupações de que, em 1989, RINALDI (pp. 78-79) também se fará arauto.

[929] Considerando 16. Estas eram também aceites, quanto à franquia, na jurisprudência francesa, no acórdão de 9.6.82, da *Cour d' Appel de Colmar*, onde, em termos que se nos afiguram idênticos aos decorrentes dos casos comunitários, se afirmou a licitude da cláusula quando esta seja espacial, temporal e materialmente (ao sector de actividade em causa) limitada, correspondendo ainda a um interesse legítimo do beneficiário da cláusula (o que não é o mesmo que decorria das concepções dominantes na *Cour de Cassation* francesa, no início dos anos 80) – BURST, «Anotação ao acórdão do *Cour d'Appel de Colmar*, de 9.6.82», pág. 556, e JUGLART/IPPOLITO, pág. 429. No entanto, outra parte da doutrina francesa rejeitava a imposição de cláusulas deste tipo nos contratos de franquia, a não ser que se previsse uma indemnização de clientela (quanto a isto, *vide* o que escrevemos *supra* Parte II; e ROBERTI, pp. 402-403); ou quando o franqueado estivesse em condições de retomar o mesmo *fonds de commerce* (sobre esta discussão, BOUTARD-LABARDE, «Note», pp. 315-318). Em geral, sobre o reconhecimento de obrigações de não--concorrência implícitas nos negócios sobre a empresa, ORLANDO DE CARVALHO, *Critério e estrutura do estabelecimento comercial, cit.*, pp. 401-404, nota 35, pp. 491 e segs., notas 156 e segs. Também ROBERTI (*op e loc cits*) discute o âmbito espacial da obrigação de não-concorrência (não restabelecimento) durante o dito prazo posterior à cessação do contrato. Se valerá apenas para as zonas onde o franqueador já opere, ou se impedirá o franqueado de se estabelecer em qualquer zona onde aquele se pretenda estabelecer, embora não dê uma resposta inequívoca, pois se, por um lado, remete para as circunstâncias do caso e nelas insira factores como as causas de cessação do contrato, propondo uma interpretação restritiva nos casos em que esta decorra da concorrência pelo preço ou do recurso a importações paralelas por parte do franqueado, por outro, propende a considerar que o Tribunal tenderá a seguir a solução oposta, mais ligada à protecção dos

– impedindo-o de, durante o contrato ou após este, abrir um estabelecimento com objecto similar ou idêntico ao que explorava enquanto franqueado, desde que valesse apenas durante um período de tempo razoável[930] – como a proibição de cedência do estabelecimento (ou, quando se

---

interesses do franqueador. Mas outras questões podem surgir, não estando respondidas. Será que o franqueado poderá, decorrido o dito prazo, voltar a utilizar o saber-fazer? Parece que sim, pelo menos enquanto este não seja objecto de tutela autónoma no ordenamento jurídico nacional, numa solução que poderá cobrar alguma similitude com a doutrina do esgotamento dos direitos, válida no espaço comunitário para os direitos de propriedade industrial ou intelectual.

[930] A aceitação de cláusulas de não-concorrência já resultava, como vimos, da prática da Comissão (decisão *Nutricia*, de 1984), que considerava que podiam constituir a única forma de garantir o valor da empresa a transmitir. No entanto, neste caso, a Comissão considerou-a restritiva, porque impedia a concorrência no mercado entre vendedor e comprador e entre o vendedor e as outras empresas que operam no mercado. Ou seja, há uma protecção apenas no âmbito mínimo, conforme com a jurisprudência inglesa, com referência a limitação temporal, espacial e material (de área de actividade) – cfr. PETERS/SCHNEIDER (pág. 259-261) e MATHIEU (pág. 80). Também o regulamento 67/67 previa a possibilidade de cláusulas de não-concorrência para o período posterior – até um ano – à cessação do contrato, mas, no momento em que o Tribunal se pronunciou sobre a franquia, a Comissão havia já modificado a sua posição, ao consagrar, no regulamento de isenção relativo aos acordos de distribuição exclusiva (1983/83, de 22.6.83, pp. 1), que só seriam isentadas – e, em princípio, não nos esqueçamos, ao abrigo do nº 3 do artigo 85º – as cláusulas de não-concorrência que vigorassem *durante* a vigência do contrato (artigo 2º, 2 a) *a contrario*), nunca depois.

O favor à franquia proferido no acórdão *Pronuptia* é pois duplamente significativo. Porque é feito com relação ao nº 1 do artigo 85º. Porque retoma uma solução que, independentemente da sua (in)determinação quantitativa, a Comissão havia rejeitado pouco tempo antes, como condição de desaplicação desse mesmo artigo 85º, 1 a contratos em muitos aspectos similares. Também para nós, portanto, a razão parece estar na protecção do saber-fazer e da *clientela* do franqueador, que na falta de tal cláusula poderia ser utilizado pelo franqueado para, depois de cessado o contrato, ocupar autonomamente no mercado a posição que detinha enquanto franqueado, por o saber-fazer não ser protegido no plano jurídico interno (*idem*, GALLEGO SANCHEZ, pág. 149). Do que se poderá acusar a solução dada é da amplitude reconhecida à obrigação de não-concorrência, aparentemente extensível a todo o território coberto pela rede, numa solução criticável (RUIZ PERIS, pág. 68) que, como veremos, o regulamento veio alterar.

Prevendo uma solução mais restritiva, na linha da adoptada pelo regulamento 1983/83, GOEBEL, «The uneasy fate of franchising», *cit.*, pp. 102-103, posteriormente substituída por uma reacção de surpresa, em «Case Law», *cit.*, pág. 691. Se a Comissão não alterou a sua política quanto aos acordos de distribuição exclusiva, o certo é que, analisando os regulamentos de isenção categorial posteriores, constata-se que a protecção do saber-fazer é normalmente extensível aos períodos pós-contratuais (regulamento nº 240/96, artigo 2º, nº 1, 1 e 3), enquanto no sector da distribuição automóvel (regula-

considere inexistir este, do contrato) sem o consentimento do franqueador[931]. Igualmente a defesa da identidade e reputação da *rede* eram objec-

---

mento 1475/95), pelo contrário, tais cláusulas apenas podem respeitar à fabricação de produtos (artigo 2°, n° 2), à distribuição de peças sobresselentes (artigo 2°, n° 5), encontrando limites mesmo durante a duração do contrato (artigo 3°, n° 3, e considerandos 7-8) e nunca se estendendo ao período posterior à cessação do acordo de distribuição (sendo que o actual regulamento é ainda mais *intolerante* do que o anterior (123/85), que permitia uma obrigação contratual de não-concorrência, em certas hipóteses, até um ano após a cessação do acordo – art. 3°, 12).

Na prática jurisdicional norte-americana, também as cláusulas de não-concorrência por parte do franqueado são vistas com favor. O U.S. Court of Appeals (*Water Services, Inc. v. Tesco Chemicals Inc.*, 1969, 7th Circ.), citando BORK, afirma que o «mais valioso bem de um negócio pode ser a boa imagem (*good will* – prestígio) do público em relação ao seu dono... o dono pode não conseguir um preço que reflicta... o verdadeiro....valor do seu negócio a não ser que possa prometer ao adquirente que não volta para concorrer com o negócio vendido» (FRAZER, pág. 121), sendo que tais concepções são típicas das soluções da doutrina da *restraint of trade*, constituindo mesmo o grosso das situações que, em 1898, o juiz TAFT referia como correspondendo a *ancillary restraints* (BORK, «The rule of reason and the per se concept», *cit.*, pág. 798). Noutros ordenamentos, tributários da mesma génese na *common law*, como o australiano, a admissibilidade destas cláusulas depende de um juízo de razoabilidade, que variará consoante o grau da restrição, a sua extensão temporal e espacial, etc. (ZEIDMAN, *Survey of foreign laws, cit.*, pág. 19).

[931] Trata-se de uma cláusula que o próprio Tribunal, bem pouco tempo antes, havia reputado restritiva da concorrência – acórdão de 21.2.84, *Hasselblad c. Comissão*, Rec., 1984, pp. 883 – e em que FRIGNANI vê mais um signo da distinção da franquia em relação à distribuição selectiva («La Corte di Giustizia riconosce le peculiarità del *franchising*», *cit.*, pág. 41, nota 8).

Aqui está uma das cláusulas que permitem discernir sobre o franqueado é ou não titular de um estabelecimento. É que, se se limitar a ser titular de um contrato, uma obrigação deste tipo seria, pelo menos face ao ordenamento jurídico português, despicienda, pois esta intransmissibilidade já resultaria do regime legal da cessão da posição contratual, previsto nos artigos 424° e segs. do Código Civil português (*v.g.* OLIVEIRA ASCENSÃO, pág. 314). Já se o franqueado for titular de um estabelecimento, a questão deve tratar-se de modo absolutamente diverso, colocando-se a questão da sua natureza (ou efeito) restritiva(o). De acordo com a doutrina dos órgãos comunitários, parece que uma tal cláusula não deverá considerar-se como restritiva da concorrência, por dever ser incluída, como diz a Comissão na sua decisão *Reuter c. BASF*, de 26.7.76, naquelas «operações que a ordem jurídica normalmente considera como legítimas», ou seja, na própria transmissão de estabelecimentos comerciais. Em sentido crítico da solução, por achar que o franqueador só deveria poder recusar por razões *objectivas* (GOEBEL, «Case Law», *cit.*, pág. 691), solução que o regulamento veio, ainda que ambiguamente, a consagrar (artigo 8°, e)). ROBERTI (p. 404, nota 8) fala em *permissividade* e de redução «mais perigosa» da «concorrência *interbrand*» (ao lado da cláusula anterior).

tivos legítimos e não restritivos, indispensáveis[932] (acentuamos esta ideia) para este sistema de distribuição comercial poder funcionar plenamente, permitindo a imposição ao franqueado das obrigações de aplicar os métodos comerciais e o saber-fazer transmitido[933], vender as mercadorias em local que obedeça, quanto ao seu arranjo e decoração, às instruções do franqueador[934], utilizar apenas as instalações previstas no contrato (e de não mudar sem autorização do franqueador)[935] e, por último, subordinar a sua publicidade a um acordo prévio por parte do franqueador[936].

---

[932] Considerando 17. Estas medidas ou restrições, que descrevemos seguidamente, foram consideradas, pelo TJCE, como não infringindo o disposto no n.º 1 do artigo 85.º, e não apenas como merecedoras do benefício do n.º 3 do mesmo artigo, o que, aliás, como vimos, estaria para além da competência do Tribunal – cfr. KORAH, *Franchising and EEC*, cit., pág. 21. Em sentido diverso segue o Regulamento da franquia, que considera estas medidas como meramente eventuais, não sendo abstractamente necessárias para a existência e eficácia do contrato – cfr. artigo 3.º, n.º 1 do regulamento. Já antes do acórdão *Pronuptia*, GOEBEL propugnava soluções similares às que o Tribunal veio a reconhecer, nomeadamente com o objectivo de garantir critérios de qualidade mínimos para a rede susceptíveis de transportar para os olhos do consumidor uma imagem uniforme da rede, ainda quando tais exigências limitem a «a independência da gestão do seu negócio pelo franqueado» («The uneasy fate of franchising», *cit.*, pp. 106-108).

A defesa da imagem de marca e da imagem comercial é considerada, entre nós, pelo CONSELHO DA CONCORRÊNCIA, como uma «legítima preocupação do produtor», podendo ser fundamento de recusa de um determinado revendedor quando existir uma «inadequação radical das condições operacionais do candidato», isto no domínio da distribuição selectiva – processo *Sampedro* (*Relatório de actividade de 1989*, pág. 10547, proc. 6/88, pp. 10561 e segs.).

[933] Considerando 18.

[934] O Regulamento da franquia considerará este um elemento essencial do contrato, incluindo-o na noção que dá de «acordo de franquia» – art. 1.º, n.º 3, alínea b).

[935] É a chamada cláusula de localização – considerando 19. Sobre este conceito, artigo 1.º, n.º 3, alínea e) do regulamento. De qualquer forma, esta cláusula não deve conduzir a uma repartição de mercados, impedindo o franqueado de prestar serviços e fornecer ou distribuir bens fora da sua zona, caso em que seria já restritiva (cons. 24), em se tratando de uma marca já conhecida. No entanto, como se pode ler, tal só acontecerá se à cláusula de localização acrescer uma exclusividade territorial. Defendendo que a sua análise isolada poderia constituir, só por si, uma restrição da concorrência, quando redundasse numa limitação quantitativa à abertura de um segundo estabelecimento, GOEBEL, «Case Law», *cit.*, pág. 692. O Tribunal, contudo, parece ter achado que tais cláusulas, isoladamente tomadas, poderiam ser necessárias para protecção dos investimentos do franqueado ou para assegurar a disponibilidade e a concentração de esforços no estabelecimento individual.

Na decisão *Yves Rocher*, no entanto, a Comissão subordinou a possibilidade de

Para atingir estes objectivos, considerou ainda lícita a fiscalização do franqueador sobre os produtos vendidos pelo franqueado, a qual pode levar à imposição ao franqueado de um dever de se abastecer no franqueador ou, no mínimo, nos outros franqueados (designadamente, quando for «impraticável formular especificações de qualidade objectiva» – *cross supply bans*[937]). Trata-se de uma obrigação que se revela bastas vezes imprescindível para assegurar a reputação da rede e garantir especificações de qualidades objectivas mínimas[938]. Indiscutivelmente, está-se aqui

---

recusa de um tal consentimento à protecção da reputação da rede (à existência de fundados motivos com esta relacionados – cons. 42).

Nos EUA, se o franqueador recusar injustificadamente o pedido de relocalização por parte do franqueado, este poderá obter protecção jurisdicional – *Dunfee v. Baskin-Robbins, Inc*, 720 P.2d 1148, 1154 (Mont. 1986), citado por J. W. BURNS, pág. 626, nota 128. Em Portugal, na decisão proferida em 16.12.85 no proc. 1/85 (*UNICER*), o CONSELHO DA CONCORRÊNCIA aceitou, ao abrigo do então artigo 15º do DL 422/83, uma protecção territorial que proibia o estabelecimento pelos distribuidores de qualquer instalação fixa fora da área geográfica visada pelo contrato (in *Relatório de actividades de 1984 e 1985*, pág. 13).

[936] Desde que essa necessidade de autorização se limite à natureza da publicidade, para não eliminar a autonomia da acção do franqueado, por exemplo quanto aos preços – *v.g.* decisão da Comissão de 13.12.74, JOCE, nº L 29, de 3.2.75, cons. 20.

[937] Considerando 21 do acórdão – o direito do franqueado se abastecer nos outros franqueados (ou mesmo junto de outros distribuidores) constitui uma garantia mínima imposta por este aresto como condição da admissibilidade da cláusula de abastecimento exclusivo (cfr. artigos 3º, nº 1, a) e b), e 4º, a) do regulamento 4087/88), tendo a Comissão, em 1991, interpretado a referência a «outras redes de distribuidores» como referida a uma rede de distribuição selectiva do franqueador (*21º relatório da política da concorrência*, pág. 104). Nos acordos de distribuição exclusiva, ao contrário, é possível o estabelecimento de cláusulas de aprovisionamento exclusivo (artigo 2º, 2 b) e 3 a) do Regulamento nº 1983/83), apenas sendo proscrito o aprovisionamento exclusivo e compulsivo dos utilizadores. De notar, ainda, é o facto do Tribunal não haver feito qualquer distinção, a este respeito, entre os produtos que constituem o objecto principal da franquia e os outros (como propunha GOEBEL, «The uneasy fate of franchising», *cit.*, pág. 103 – sobre o tema em texto, *v.g.* pp. 108-109; e RINALDI, pág. 79), irrelevando assim o eventual perigo (cuja proibição é descrita no próprio artigo 85º, 1, d)), de aquisições de produtos ligados, pouco importantes para a identidade e reputação da rede.

[938] As restrições similares, também aceites em sede de distribuição selectiva, visavam produtos de elevada qualidade, enquanto na franquia tal nem sempre acontece, sendo mais importante – do que a manutenção de um elevado nível de qualidade – a garantia de um nível-padrão de qualidade. Não é aceitável, nestes aspectos, a argumentação de GOEBEL («Case Law», *cit.*, pp. 693-694), para quem o Tribunal devia ter limitado a obrigação de aprovisionamento exclusivo aos produtos de elevada qualidade ou para um certo período de tempo. Quanto ao primeiro argumento, porque, como vimos,

perante cláusulas que restringem a concorrência efectiva no interior da própria rede[939] e em relação ao exterior, pois inibirão a obtenção de outros fornecimentos provindos de fontes exteriores ao franqueador (ou por este não controladas)[940].

Foram estas, em suma, as cláusulas que o Tribunal considerou como não restritivas da concorrência, nos termos do art. 85º, nº 1. Acentue-se, com especial vigor, que a franquia assim descrita permite ao franqueador organizar um nível elevadíssimo de restrições ao comportamento do franqueado, igualmente impedindo, de modo nunca antes aqui visto, que um terceiro não pertencente à rede pudesse de algum modo desempenhar a função *heróica* de passageiro clandestino e garante da concorrência[941].

O que não significa, contudo, que se deva reputar o acórdão como totalmente inesperado, no contexto comunitário[942], ou mesmo se aferido à luz de certas interpretações da *rule of reason*[943]. Para além de ser uma

---

nem sempre a franquia supõe um elevado grau de qualidade dos produtos/serviços distribuídos. Como bem se sabe. Por outro, porque a limitação temporal de uma tal obrigação (que aliás não é absoluta) apenas significaria que a obrigação não era imprescindível para a conformação da franquia e para a necessária manutenção da sua identidade, e então não encontraria justificação plausível.

[939] No entanto, como refere LAURENT, ainda aqui subsiste uma «concorrência potencial interna», i. e. no interior da rede ou do próprio sistema franqueado, na medida em que a restrição territorial não impede o franqueado de fornecer clientes que se situem para lá da sua zona, nem o podem impedir de se abastecer junto de outros franqueados – e normalmente são muitos – o que não elimina totalmente a concorrência interna – pág. 27.

[940] Esta cláusula deixa, apesar disso, alguma margem, enquanto se funda em critérios qualitativos, salvo se se considerar como absoluta a hipótese da maior onerosidade da fiscalização pelo respeito dos critérios objectivos de qualidade, nos dois domínios referidos: produtos de luxo e produtos de grande difusão (*v.g.* ROBERTI, p. 405).

[941] Embora o Tribunal a isso não se tenha referido, a Comissão acabou por subordinar a licitude dos acordos de franquia à manutenção de uma concorrência efectiva no espaço comunitário com outras empresas, ou seja, recorrendo ao fundamental critério da manutenção de uma concorrência *interbrand*. Para BIAMONTI/ROVERATI, contudo, já era este o sentido da decisão do Tribunal de Justiça (pág. 331).

[942] Para BOUTARD-LABARDE («Note», pág. 307), não foi a primeira vez que o Tribunal assinalou a não contrariedade de um dado sistema contratual com o nº 1 do artigo 85º CE. O mesmo havia acontecido em matéria de distribuição selectiva, embora – dizemos nós também – em condições bem mais restritivas.

[943] Como a consagrada pelo juiz BRANDEIS (e já citada) no acórdão *Board Trade of Chicago*. Esta é a convicção que retiramos da interpretação dada por BORK («The rule of reason and the per se concept», *cit.*, pág. 815 e 828), para quem «esta atitude pode definir-se como a disponibilidade por parte dos tribunais em dar algum peso específico à preservação e bem-estar das pequenas empresas, mesmo quando envolva um certo

manifestação clara de que o Tribunal tenciona legitimar contratos e restrições neles inseridas que sejam inerentes à realização dos fins por esses contratos e combinações prosseguidos[944], pode igualmente ver-se nele um reflexo privilegiado da política geral da CE de reforço e estímulo – mais presente do que nunca[945] – à criação e sustentação de pequenas e médias empresas, e à cooperação entre estas (ADAMS/PRICHARD JONES)[946].

---

sacrifício dos interesses dos consumidores». Sobre a impropriedade de se falar de uma *rule of reason*, no caso *Pronuptia*, pois não há avaliação dos efeitos no mercado, nem relevância autónoma da concorrência entre produtos de cada rede de distribuição, nem avaliação sobre a existência de um poder sobre o mercado (HAWK, *United States, common market, cit.*, pp. 84.2 e 426.2 e 426.3).

[944] *Vide* o que se escreveu a propósito, nomeadamente, dos acórdãos *Metro I*, *Nungesser* e *Remia*. Outras visões alternativas, como a de WILS (pág. 70), buscam no acórdão um critério de licitude baseado na aptidão da coligação para a «abertura dos mercados», que igualmente buscaria a sua raiz no acórdão *Nungesser* (WAELBROECK propõe mesmo um critério geral neste sentido – «Antitrust analysis, *cit.*, pág. 723). Por nós, pensamos que tal explicação é possível e plausível, quando se analisem os resultados do acórdão *Pronuptia* à luz exclusivamente das determinações do Tribunal de Justiça, realizadas aquando da análise das cláusulas de repartição e protecção territorial, mas que não explica as soluções dadas no conjunto do acórdão, no que respeita às cláusulas que imediatamente emergiram como não restritivas.

[945] Atendendo à expressa previsão, hoje, de uma política industrial com este declarado propósito, também como forma de reacção contra os grandes desafios que se colocam a nível sócio-económico, expressos no recente «livro branco» sobre *Crescimento, competitividade e emprego* e, finalmente, formalizado no próprio plano normativo, como resulta do artigo 11º, nº 3, b), do Acordo-quadro inter-regional de cooperação entre a CE e os seus Estados-membros, por um lado, e o Mercado Comum do Sul e os seus Estados-Partes, por outro (JOCE, nº L 69, de 19.3.96, pág. 10). No fundo, trata-se apenas de, feliz ou infelizmente, reafirmar a ideia que há quase vinte anos PARDOLESI claramente exprimia: «In materia di *antitrust*, il pragmatismo è una regola d'oro: l'esito, cioè, conta, piú delle vie battute per perseguirlo» («Regole antimonopolistiche del trattato CEE», *cit.*, p. 90).

[946] Como já dez anos antes era sustentado, na doutrina alemã, por GROSS/SKAUPY, *Franchising in der Praxis*, Econ Verlag, Dusseldorf-Wien, 1976, pp. 18 ss, *apud* BALDI, *Il contratto di agenzia, cit.*, pág. 136; *vide* ainda Dominique PHILIPP, pp. 416-419 e, no plano comunitário, entre outros, a decisão da Comissão, *Transocean Marine Paint*; a *Comunicação sobre acordos de cooperação*, de 29.7.68; ou o *Memorandum sobre a concentração no mercado comum*, de 1965 (ADAMS/PRICHARD JONES, pp. 3). Na doutrina, é mesmo possível encontrar referido o contrato de franquia como «forma de concentração comercial» (GUYÉNOT, pág. 290; JUGLART/IPPOLITO, pp. 435-436).

Mas também outra visão, radicalmente oposta à da promoção da pequena empresa, pode ser defendida. Puramente eficientista. Recordem-se as concepções de Bork e Posner, as ideias que tinham quanto à complementaridade do valor da protecção da pequena empresa em relação a uma política orientada por considerações de eficiência. A visão de POSNER (pp. 19-20), segundo a qual o interesse da pequena empresa não residia numa

Tanto o Tribunal como a Comissão, nas decisões que posteriormente proferiu, mostram uma atitude abertamente favorável a comportamentos que, noutras sedes, poderiam ser restritivos. Refira-se a noção ampla de saber-fazer, de tal modo ampla que parece abranger todas as técnicas e práticas de *marketing* adoptadas pela rede (*rectius*, pelo franqueador), independentemente de serem secretas ou mesmo originais[947]; ou a aceitação de restrições complementares, como o pagamento da retribuição (que parece encontrar-se no âmago da franquia)[948], a contribuição para despe-

---

política de concorrência, mas numa não-política, ou seja, *provocando*, o que se faz quando se afirma o não preenchimento da norma proibitiva e a total liberdade de contratação nesse domínio específico. Recorde-se igualmente a citação que foi feita das palavras de POSNER, na Parte I, quanto às virtudes dos mercados abertos e livres, *rectius*, não regulamentados, e, acrescente-se, a preferência por outros meios para realizar outro tipo de objectivos, como a redistribuição da riqueza.

Que a Comissão, fosse qual fosse a concepção de franquia que tivesse em vista, assumia com bons olhos, a seguir ao acórdão *Pronuptia*, o favor ao contrato, pode comprovar-se pelas palavras que, em 1987, pronunciou o Comissário SUTHERLAND, responsável pela concorrência, na convenção da IFA, em Acapulco: «The Commission takes a positive attitude to franchising agreements as they can stimulate economic activity throughout the Community particularly by smaller and medium sized companies. Franchising accounts for 10% of retail trade in Europe and interbrand competition could increase competition from new franchise chains» (*apud* BELL, pág. 8). Talvez menos de cooperação entre pequenas e médias empresas, e mais de criação e desenvolvimento destas, porquanto é sabido que, de um modo geral, sendo as relações de franquia, aos olhos comunitários, sobretudo relações bilaterais, uma das partes – o franqueador – raramente é uma PME. Antes pelo contrário. GOEBEL salienta ainda outras virtudes do contrato: ser um factor de integração de mercados e aumentar as escolhas dos consumidores («The uneasy fate of franchising», *cit.*, pág. 92).

[947] Neste sentido, FORRESTER/NORAL, «Competition law», pág. 384. Manifestando-se logo crítica em relação às especificações qualitativas condicionantes do *know-how* a proteger, logo no projecto de regulamento, KORAH, «Franchising and the draft group exemption», pp. 129-130.

[948] Ao contrário do que parece ser o entendimento de GOEBEL («The uneasy fate of franchising», *cit.*, pág. 115), julgamos que a retribuição pode ter consequências ao nível da concorrência no mercado interno. Desde logo, ela liga-se à vertente imaterial do contrato de franquia, sendo a remuneração pela licença de utilização dos sinais distintivos e do saber-fazer do franqueador. E o seu montante pode ter uma influência, por exemplo, no nível dos preços dos bens por esta forma distribuídos, para além de revelar que a franquia não é apenas uma forma de incrementar a distribuição em novos mercados, mas é também uma fonte de auto-financiamento e de incentivo ao desenvolvimento dos conhecimentos técnicos e comerciais. Por último, pode justificar um certo grau de protecção territorial do franqueado (BOUTARD-LABARDE, «Note», pág. 319).

sas com publicidade ou obrigações de aprovisionamento ou de manutenção de um certo nível de existências, tudo restrições contratuais cuja exigibilidade, em sede de distribuição selectiva, porque não estritamente qualitativas, constituiriam possíveis restrições da concorrência, levantando a questão sobre a razão do tratamento diferenciado entre ambos os sistemas de distribuição[949]. Tudo se reconduz, parece, ao peso do saber--fazer no quadro da franquia, com importância para justificar uma diversidade de tratamentos, mas torna-se mais incompreensível quando se aceite uma noção ampla e evanescente de saber-fazer[950].

[949] *V.g.* o considerando 33, distinguindo a franquia das formas de distribuição regulamentadas no regulamento 67/67. Em relação à distribuição selectiva (mas não só), destaque para a irrelevância, em toda a disciplina da franquia, do problema dos critérios de selecção dos franqueados (cons. 20 do acórdão *Pronuptia*), ao contrário do que acontece na distribuição selectiva, onde a não violação do n° 1 do artigo 85° depende dos critérios adoptados para a escolha dos distribuidores retalhistas (acórdão do TJCE, *Salonia c. Poidomani*, proc. 126/80, 1981, pág. 1563). A justificação pode residir na circunstância de o candidato a franqueado, normalmente uma pessoa com pouca ou nenhuma experiência comercial, não poder ter o domínio dos elementos do acordo, que assenta num saber-fazer e numa assistência comercial e técnica que apenas durante o contrato lhe serão transmitidos – sobre a prestabilidade do regime da distribuição selectiva para a franquia, GOEBEL, «The uneasy fate of franchising», *cit.*, pág. 105 e segs. Igualmente referindo a presença, na franquia, de critérios quantitativos, por todos, KAPTEYN/VAN THEMAAT (pág. 532), HAWK (*United States, common market*, *cit.*, pp. 426.3) e PARDOLESI («Gli aspetti giuridici di una politica di concorrenza», pág. 574). BESSIS (pp. 68-69) fala num carácter *intuitus personae* do contrato, dado o facto dos franqueados se assumirem como verdadeiros «embaixadores» da marca, produtos e métodos (igualmente, MATRAY, pp. 21-22). Em sentido contrário, BOUTARD-LABARDE («Note», pág. 314), que sustenta ser qualitativa a selecção permitida ao franqueador. Por seu lado, ROBERTI (p. 405 e 407) chega a sugerir que uma tal afirmação (de licitude de selecção quantitativa), se actuada coerentemente, poderia mesmo ter grande influência sobre a distribuição selectiva (o que, diga-se, não parece ter acontecido), assestando as suas *baterias* na direcção dessa (no seu entendimento) incompreensível diversidade de regimes, por serem mais os elementos comuns que os distintos e porque, ainda que se aceitasse uma especificidade da figura da franquia, ainda assim tal não justificaria automaticamente uma divergência no respectiva disciplina jurídica, com a curiosidade de, a não se aceitar as suas conclusões, se assistir a uma preferência do direito comunitário por um instrumento em que a afectação (aqui, em sentido pejorativo) da concorrência entre os membros da rede é bem mais elevada do que, *v.g.* na distribuição selectiva (pág. 408 e 410-411). *Vide infra* pág. 382.

[950] Assim ROBERTI (p. 408-409), LAURENCE (pág. 9), DEMARET e BURST/KOVAR. Ao contrário, FORRESTER/NORALL, «Competition law», pág. 384, justificam a diferença de regimes com base na natureza exclusiva da franquia concedida, abrangendo um exclusivo territorial, que seria *inerente* ao sistema – o que significaria, dada a afirmação pelo tribunal de que o sistema em si mesmo não afecta a concorrência, a licitude da protecção territorial,

Para que haja um contrato de franquia, é necessário que o franqueador transmita o seu saber-fazer[951] e preste ao franqueado toda a assistência técnica e comercial necessária à plena realização do objectivo contratual, o qual passa, numa visão *empírica* das coisas, por o franqueado surgir aos olhos de público com a *imagem empresarial* do franqueador.

A protecção do franqueador – e a não restrição derivada da realização dos seus propósitos de implantação contratual – pode até encontrar base na protecção contra «passageiros clandestinos» no interior da própria rede[952]. Se o Tribunal de Justiça houvesse considerado que o contrato, com o seu conteúdo essencial, poderia constituir-se como restrição da

---

compaginando-se mal com a própria jurisprudência *Pronuptia*, que neste aspecto não é, contudo, totalmente esclarecedora.

[951] Este saber-fazer (*Know-how*) tem de ser experimentado. Sobre o ponto, para além da noção de saber-fazer dada pelo próprio regulamento, PETERS/SCHNEIDER, pp. 207 e segs. Como vimos já, a jurisprudência e doutrina francesas dão relevo particular à originalidade como elemento distintivo do saber-fazer, que, faltando, levará à desqualificação do contrato, como ocorreu com o *Cour d'Appel* de Paris em 1978. Distingue a doutrina francesa entre «originalidade absoluta» e «originalidade relativa», entendendo que basta a verificação desta última, a qual, aliás, não pode deixar de tomar-se como incluída nas notas identificativas colocadas pelo regulamento: secreto e substancial.

[952] O que poderia representar ainda um outro vector de subordinação do contrato à proibição do nº 1 do artigo 85º, sobretudo quando se aceite a inaplicabilidade da *Comunicação relativa aos acordos de pequena importância* quando exista uma rede de contrato paralelos, o que é a situação natural na franquia – vide, neste preciso sentido, VAN GERVEN, conclusões no processo *Stergios Delimitis*, pág. 970 –, embora o Tribunal não tenha seguido neste ponto o advogado-geral, porquanto considerou indispensável a avaliação do relevo dos acordos individuais para a realização do efeito cumulativo, análise que depende da posição das partes no mercado e da duração dos vínculos (pág. 987, cons. 24-27). Sobre a eventual recondução da jurisprudência em matéria de distribuição selectiva – concretamente, do acórdão *Metro I*, de 25.10.77 – ao âmbito dos acordos de importância menor, v.g. VAN HOUTTE («A standard of reason in EEC antitrust law», *cit.*, pp. 497 e segs., *apud* FASQUELLE, pág. 163, nota 12).

No entanto, as restrições admissíveis à concorrência no interior da rede, se exorcizam os perigos e críticas tradicionalmente dirigidas aos *free riders*, não eliminam totalmente a concorrência entre os membros da rede, como o comprova a possibilidade de os franqueados se abastecerem junto de qualquer outro franqueado, e não necessariamente junto do franqueador (cons. 21), admitindo que os franqueados possam competir entre si, pelo aproveitamento, por exemplo, de economias de escala ou das vantagens específicas do mercado em que actuam, o que, por outro lado, nos parece indicar que o Tribunal não receou ou não levou em consideração – porque os níveis de qualidade e de padronização são assegurados por outros meios – as especificidades dos mercados nacionais e o risco de um relativo 'passeio clandestino' que os franqueados que, por exemplo, realizem menores investimentos em publicidade podem usufruir.

concorrência comunitária, tal causaria um rude golpe na difusão económica desta figura. Porque não seria permitida ao franqueador a utilização dos mecanismos de garantia da intransmissibilidade do saber-fazer e de sustentação da identidade da rede. Como o(s) produto(s) ou serviço(s) objecto de uma franquia se vendem quase por si próprios, na medida em que a *unidade* de *publicidade*[953] e de *conceitos* de actuação geram no consumidor a percepção de que o produto e o serviço são os mesmos, com a qualidade que a rede padronizou, o franqueado poderia ser tentado a *viver desses rendimentos certos*, do valor de posição no mercado que lhe advém da simples utilização da fórmula fornecida pelo franqueador, correspondente à imagem deste último, diminuindo a qualidade dos produtos (e serviços) vendidos (prestados)[954].

Daí que, se mais não fosse preciso, aquela afirmação por parte do Tribunal não significou apenas o prosseguimento do caminho. Claramente, o que deveria estar em causa, a partir daí, era a adequação da doutrina da Comissão segundo a qual todo e qualquer comportamento coligado viola a proibição do nº 1 do artigo 85º CE[955]. Daí que não mais seja

---

[953] Salientando que a existência de uma publicidade comum pode constituir um comportamento restritivo da concorrência, sobretudo quando abranja a política de preços, LAURENT, pág. 29.

[954] J. W. BURNS, pp. 641, nota 197, e Autores aí citados.

[955] FORRESTER/NORALL, «Competition law», pág. 380. É possível ainda ver um outro significado mais radical – e mesmo revolucionário – na apreciação da franquia feita no acórdão *Pronuptia*. Do que ficou dito acerca do método contextual, resultava que a licitude ou não-contrariedade à norma comunitária derivava das cláusulas do contrato e, dado não terem um objecto exclusivamente anti-concorrencial, da apreciação dos seus efeitos. Ora, no acórdão *Pronuptia*, o Tribunal, embora tenha começado por referir uma apreciação do contrato à luz da doutrina tradicional do «contexto económico e jurídico», deduz a licitude do simples facto de o contrato permitir o acesso e sucesso de novos comerciantes e envolver uma grande homogeneidade entre as partes, ou seja, desconsiderando quase totalmente elementos como os critérios de selecção do franqueado, a posição das partes no mercado (*vide*, do próprio franqueador) e a duração dos contratos, factores que vimos serem decisivos, na moderna concepção sobre o método de verificação da existência de uma restrição quando em jogo estejam contratos (individuais) que se insiram numa rede de acordos paralelos, susceptíveis de provocar um efeito cumulativo sobre a concorrência. Parece-nos ser esta uma razão para o juízo crítico que já lemos ser o de PESCATORE: «Penso que se trata de um acórdão deplorável na jurisprudência do Tribunal de Justiça: uma tese geral que não é sustentada por nenhum desenvolvimento analítico e que chega a um resultado profundamente injusto» (*in* WILS, pág. 20, nota 7). Também entre nós, o CONSELHO DA CONCORRÊNCIA, no proc. 10/92, *Stendhal/Chanel* (*Relatório de actividade de 1994, cit.*, pág. 13), afirmava a licitude da selecção unilateral, quando exista concorrência efectiva.

possível analisar o alcance da doutrina jurisprudencial afirmada trinta anos antes como uma mera aplicação das posições da Comissão.

E é exactamente a colocação das vantagens do contrato ao nível da restrição da concorrência e não da eventual isenção que, na nossa opinião, é surpreendente e original, obrigando a que se questione o sentido que uma tal pronúncia poderá ter sobre o desenvolvimento do direito comunitário. Se o Tribunal aceita que o contrato ou mesmo a franquia, em si mesma, não viola o artigo 85º, então não estará preenchida a hipótese da norma comunitária e, em rigor, o contrato não desencadeará a aplicação do ordenamento jurídico comunitário, com importantes consequências, designadamente ao nível da *nacionalização* da disciplina jurídica dos contratos de franquia. Por outro lado, se não restringe a concorrência comunitária, questiona-se igualmente o sentido do prestabilidade do próprio regulamento de isenção categorial para conferir segurança jurídica aos operadores económicos internos. Se a norma do tratado (artigo 85º, nº 1 CE) não se aplica, não parece deverem os contratos conformes com a doutrina do Tribunal serem abrangidos por um qualquer regulamento de isenção categorial[956].

Contra o que dizemos não vale qualquer objecção tirada do regulamento da franquia[957]. Pois uma tal compreensão é ainda a mais conforme com a apreciação que o Tribunal fez no acórdão *Itália c. Conselho*, de 1966, em que nos baseámos para afirmar que a existência do regulamento não significa a necessária violação da concorrência comunitária, a não ser que hoje já seja aceitável afirmar que a Comissão pode declarar, por decreto, que uma determinada conduta viola o direito comunitário, sobrepondo-se mesmo à apreciação fiscalizadora do Tribunal de Justiça, que deixará assim de ser o órgão que «garante o respeito na interpretação e aplicação do direito comunitário». Saber se esta solução põe ou não em causa o *primado da isenção*, não é problema que nos aflija. Mas que também trataremos mais adiante, ao analisarmos, de forma circunspecta, o regulamento da franquia, enquanto regulamento de isenção categorial[958].

---

[956] Assim BOUTARD-LABARDE, «Note», pág. 310.

[957] Por exemplo GALLEGO SANCHEZ (pp. 138-139), que justifica o regulamento e a inserção aí das cláusulas que o Tribunal havia reputado como não restritivas com base em argumentos sistemáticos retirados do próprio diploma, acabando por reconduzir as isenções categoriais a «regulamentações da concorrência». Já outro tipo de obstáculo nos parece relevante e mesmo decisivo. A natureza e força jurídica das pronúncias do Tribunal de Justiça, que trataremos já a seguir.

[958] Sobre o problema, por exemplo salientado por Nuno RUIZ, «Relações entre o direito nacional e o direito comunitário da concorrência», pp. 328-329.

Aliás, julgamos que não o faz. Se o concreto contrato preencher o n° 1 do artigo 85°, então terá sempre se ser isentado, uma vez que preencha os requisitos colocados para o funcionamento da isenção categorial[959].

É o que acontece quando ele inclua cláusulas restritivas da concorrência, embora ainda aqui seja curial distinguir entre as que podem beneficiar de uma isenção e as que não podem. Nesta sede, no entanto, um tal juízo não será feito. A definição das restrições que podem ser isentadas – e que eventualmente o serão – é tarefa que não incumbe ao Tribunal[960], mas apenas à Comissão, responsável máxima pela articulação entre a lógica da concorrência, expressa no n° 1, e quaisquer outros objectivos comunitários, dependentes de uma actuação decisória ou regulamentar[961]. O Tribunal limitou-se, pois, a considerar restritivas da concorrência, na acepção daquele dispositivo convencional, as cláusulas que conduzam à repartição de mercados[962] (entre franqueador e franqueado, ou entre franqueados) ou à fixação de preços.

No seguimento de uma já longa tradição, a Comissão e o Tribunal têm considerado que as cláusulas de exclusividade territorial infringem o disposto no n° 1 do artigo 85°[963], necessitando os acordos de ser notifica-

---

[959] Como aliás resulta da aplicabilidade directa de que gozam os regulamentos e da prevalência que se reconhece às normas e actos comunitários sobre as normas internas. Sobre os regulamentos, e particularmente os da franquia, *infra* pp. 405 e segs.

[960] Embora o Tribunal, indo um pouco mais além do que seria curial, tenha expressado um juízo acerca da isentabilidade das cláusulas que conduzem a um repartição de mercados, à luz do n° 3 do artigo 85°, em termos não muito distantes – ou até menos significativos – dos que a Comissão admite hoje poderem ser utilizados pelos próprios tribunais nacionais – vide a *Comunicação 93/C 39/05*, IV, 2, 24 e segs.

[961] É aquilo que comummente se designa por balanço económico, expressão que, vista apenas a partir do artigo 85°, n° 3, é incorrecta, dado serem cumulativos os pressupostos da isenção e, o que é mais importante, serem até «indispensáveis», noção que exclui qualquer balanço (assim UTTON, pág. 161). Este existirá, isso sim, se resultar do jogo combinado dos n°s 1 e 3. De todo o modo, no sentido que também propugnamos e que vimos expondo caminhava, logo em 1986, BOUTARD-LABARDE, «Note», pp. 310-312.

[962] Artigo 85°, n° 1, alíneas a) e c) do Tratado CE. Assim as cláusulas que impõem ao franqueado a obrigação de apenas vender os produtos objecto da franquia no local, conjugadas com as cláusulas de exclusividade – considerando 24 do acórdão *Pronuptia*. Com base nessa exigência de combinação de cláusulas, KORAH sugeriu ser a exclusividade territorial lícita, na falta de uma cláusula de localização – cfr. J. GOYDER, pág. 134.

[963] O Tribunal tem, no entanto, aceite em muitas ocasiões a necessidade de cláusulas de protecção territorial. Assim nos acórdãos *Coditel*, de 6.10.1982, e *Erauw-*

dos à Comissão, em ordem a obter uma decisão de isenção, necessária pelo menos desde o momento em que a rede (a marca) seja já «muito conhecida» (*répandu, widespread*)[964]. Tal havia sido já afirmado muitos

Jacquery, de 19.4.1988 (cons. 10). Interessante é também o acórdão *Nungesser*, de 8.6.82 (pág. 2015), apesar de o tribunal aqui, como em outras espécies, ter defendido, por aplicação de uma argumentação similar à da «rule of reason» (*bilan concurrentiel*) norte-americana, que a protecção territorial absoluta constituía «motif suffisant pour justifier le refus d'octroyer une exemption au titre de l'article 85, paragraphe 3» (pág. 2070, cons. 61 – recordando o acórdão *Consten-Grundig* – e pp. 2073-2074, cons. 77-78).

Para uma visão de cláusulas de protecção territorial absoluta por parte de certa jurisprudência francesa, PIGASSOU, pág. 541-543. Uma visão particular é a de FERRIER («La franchise internationale», pág. 635), que liga a exclusividade ao saber-fazer, classificando-a como elemento que visa permitir o sucesso comercial do franqueado.

O direito comunitário é bastante avesso a cláusulas de protecção territorial absoluta, as quais são excluídas da generalidade dos regulamentos de isenção categorial. A Comissão combate-as como forma de impedir preços excessivos (*1º Relatório sobre a política de concorrência*, 1972, pág. 55). Cfr. o Tribunal de Justiça, no acórdão *Völk/Vervaecke*, admitiu, dada a fraca posição no mercado.... igual à França (Cass. Com, de 13.11.75, *apud* PIGASSOU, pág. 543).

[964] Considerando 24 do acórdão *Pronuptia*, acórdão *Consten-Grundig*, e, na prática decisional da Comissão, a decisão *Boussois/Interpane*, de 15.12.86 (JOCE, nº L 50, p. 30). Sobre isto, KORAH (*Franchising and EEC competition*, *cit.*, pág. 35) e KOVAR («Le droit communautaire de la concurrence et la "règle de raison"», pp. 248 segs.). Era também esta, em França, em 1976 e 1979, a orientação da Comissão técnica das ententes (Parecer, *Détenteurs Bancs Bee-Line*, 17.12.74, JO, Doc. Adm., 5.5.77, *apud* PIGASSOU, pág. 531; vg ainda SNIJDERS, pág. 62) e da Comissão de Concorrência francesa, respectivamente, quando afirmavam que «as cláusulas de exclusividade podem perder a sua justificação e ser, em consequência, ilícitas, quando o produto, o serviço ou o processo por elas abrangido tenha perdido o seu carácter de novidade no mercado ou tenha conseguido aí penetrar» (tradução livre). Aquele tratamento favorável aos produtos novos é também conhecido nos EUA (HAWK/VELTROP, pp. 309), mesmo para coligações horizontais relativas aos preços (cfr. PARDOLESI, «Gli aspetti giuridici di una politica di concorrenza», pág. 581), correspondendo, noutro plano, às políticas de protecção de «indústrias nascentes» (MANUEL PORTO, *Lições de teoria da integração*, *cit.*, pp. 33, 173 e 177 e segs.), numa tradição que a economia industrial parece nem sempre conseguir explicar de forma concludente (assim DAVIES, pp. 195 e 234-235). No plano comunitário, recorde-se o acórdão *Consten-Grundig*, de 13.7.1966, onde a protecção territorial absoluta censurada (e o isolamento do mercado francês aí implicado), concedida a cada distribuidor dentro do sistema de distribuição, referia-se, como o Tribunal salienta, «aos produtos de uma marca muito divulgada» (*très repandue*) – na doutrina, consulte-se ainda KORAH, «The rise and fall», *cit.*, pp. 341-342.

Para PIGASSOU, contudo, este tipo de fundamento não deve ser utilizado quanto aos contratos de distribuição integrada, por aí a exclusividade se justificar pela própria integração e não pela associação a produtos novos ou a direitos de propriedade

anos antes do acórdão *Pronuptia*, quer no próprio acórdão *Consten-Grundig*, quer no processo *De Norre c. Brouwerij Concordia*[965], embora não signifique, como também acontecia neste último caso, que a exclusividade (por exemplo, a compra exclusiva) incluída num contrato singular fosse desde logo contrária ao artigo 85º (nº 1). Mas apenas que tal poderia acontecer por força da inserção do contrato numa rede, e pela consideração do efeito que tal conjunto de acordos provocaria no jogo da concorrência[966].

Esta condenação, no caso *Pronuptia*, de mecanismos de protecção territorial, é vista pela doutrina com uma certa perplexidade, pois contraria um pouco o favor ao contrato que do resto da decisão se retirava, o que levou a que fosse acentuado, como explicação possível, o facto do Tribunal «não estar preparado» para modificar a jurisprudência fixada no acórdão *Consten-Grundig* (DEMARET)[967].

De todo o modo, o acórdão parece subordinar a restrição à verificação da notoriedade da marca, pelo que é possível deduzir daí que, quando o contrato respeitar a uma franquia pouco conhecida e em fase de implantação no mercado comum, a protecção territorial, mesmo quando absoluta, poderá talvez não ser restritiva[968]. O que se perceberia bem num quadro de aplicação da regra *de minimis*, porque o impedimento ao estabelecimento noutro Estado-membro existe independentemente da notorieda-

---

industrial. Daí que na distribuição exclusiva a licitude da exclusividade não dependa da duração do contrato (*cit.*, pág. 532).

[965] Acórdão de 1.2.1977, *De Norre c. Concordia*, pp. 65 e segs., em especial pág. 73: «Selon toute probabilité, un grand réseau d' accords d' exclusivité constitué par une brasserie importante tomberait déjà en lui-même sous le coup de l' article 85, paragraphe 1. En revanche, il apparaîtrait raisonnable d' envisager avec plus de bienveillance les pétits reseaux crées par des producteurs plutôt modestes», por entravarem a concorrência de forma pouco sensível.

[966] Acórdão *De Norre c. Concordia*, cons. 7, pág. 91, reproduzindo o acórdão *Haecht I*. É também o que resulta do acórdão *Pronuptia*, pois o Tribunal afirma que é «a sucessão de cláusulas deste tipo [que] conduz a uma certa repartição de mercados». Para outros, no entanto, o critério de verificação da existência de uma marca muito conhecida deverá preencher-se por referência à noção de posição dominante, para efeitos do artigo 86º CE (assim CARDELÚS, pp. 204-205).

[967] DEMARET, «Selective distribution and EEC law», *cit.*, pág. 181.

[968] BURST, «Franchise et droit communautaire de la concurrence», pp. 68-69. Em sentido contrário, dizendo que o Tribunal terá ido longe de mais, ao não sujeitar a admissibilidade do contrato, mesmo nestes aspectos, a uma expressa valoração dos seus efeitos no mercado global, GOEBEL («Case Law», *cit.*, pp. 689-690), sendo esse igualmente o sentido que extraímos de GINER PARREÑO (pág. 369).

de ou grau de implantação da *marca*. Só que o Tribunal não fez uma tal ligação, tal como não a faz também o acórdão por ele citado (*Consten--Grundig*), pelo que haverá que procurar outra explicação[969]. O mesmo podendo concluir-se quando a exclusividade territorial não for acompanhada de uma cláusula de localização, permitindo-se assim a expansão do franqueado dentro do território que lhe foi assinado[970]. O que, em último termo, nos permite defender que o Tribunal não remeteu necessariamente para o nº 3 do artigo 85º as cláusulas de protecção territorial absoluta, antes as subordinando às duas referidas condições (franquia notória e estabelecida; cláusula de localização impedindo abertura de segundo estabelecimento)[971].

---

[969] KOVAR, «Le droit communautaire de la concurrence et la "règle de raison"», pp. 248-249, admite também poder tratar-se de uma «discreta abertura do tribunal em direcção ao reconhecimento do carácter razoável das restrições necessárias ao desenvolvimento das redes de franquia que estejam num estado inicial de crescimento».

[970] Considerando 24. Também VENIT («Pronuptia: ancillary restraints», *cit.*, pág. 220) defende que a violação do nº 1 resulta, nestas hipóteses, não do impedimento à circulação de mercadorias que as cláusulas de repartição territorial possam determinar, mas do *apport* que é dado ao alcance desta divisão pela cláusula de localização, impedindo o franqueado de se estabelecer noutro Estado-membro. Só que uma tal circunstância redunda, como já procurámos defender, em reconhecer que o critério de «afectação» é critério material, reconduzido à ideia estrita de mercado comum e, como tal, apto a confundir-se, pelo menos, com a própria ideia de *restrição*. De qualquer forma, a articulação entre aqueles dois elementos (exclusividade territorial e faculdade de abertura de novos estabelecimentos nesse território) é em si mesma paradoxal, pois para as tornear bastaria ao franqueador atribuir zonas muito limitadas, onde não fosse economicamente viável abrir um segundo ponto de venda (DELBARRE, pág. 12). Será esta uma hipótese que o juiz deverá tratar como se houvesse uma cláusula impedindo a abertura de nova *loja*? Se esse juízo de viabilidade económica não for acessível ao juiz, deverá ele considerar que ainda assim a cláusula é restritiva? Nesta formulação, juiz deverá, no nosso entender, desencadear o mecanismo das questões prejudiciais ou submeter a situação à apreciação da Comissão, nos termos da *Comunicação de 1993*. Ou então, se tiver os elementos, deverá declarar preenchido o nº 1 e isentado o acordo (por aplicação do regulamento 4087/ /88). Ou decidir pelo não preenchimento da norma comunitária, e julgar o caso de acordo com o direito nacional. Outra hipótese interpretativa é a de a proibição de abertura respeitar não ao próprio território reservado pelo franqueador, mas aos territórios ocupados por outros franqueados (ou em geral, qualquer outro território), pois é aqui que a repartição de mercados é notória, enquanto na outra hipótese, a restrição exposta pode reputar-se *inerente* ao próprio sistema, para defesa da identidade da rede.

[971] Em sentido não coincidente, criticando por isso o Tribunal de incoerência metodológica, DEMARET, «L' arrêt *Pronuptia* et les contrats de franchise en droit européen de la concurrence: innovation et tradition», *JCP*, Entreprise, *Études et commentaires*, nº 48, II, (14816) pág. 736, citado por KOVAR, «Le droit communautaire de la concurrence

Parte III — Franquia e Imun. em Rel. à Proib. do n.º1 do Art. 85.º CE 373

Já a formulação de preços indicativos não constitui uma restrição à concorrência[972], na dita acepção do nº 1 do art. 85º, pelo menos enquanto não haja, entre franqueador e franqueado, qualquer prática concertada

---

et la "règle de raison"», pp. 249-250. Já BIAMONTI/ROVERATI (pp. 331-332) consideram a solução dada neste acórdão como mais restritiva do que a que decorria do acórdão *Nungesser*, embora conforme à regressão decorrente do acórdão *Windsurfing*.

Julgamos que há de facto alguma incoerência no sentido da solução desenhada pelo Tribunal, na medida em que se põe assim em causa uma fundamentação do Tribunal numa ideia de favorecimento da concorrência entre produtos provenientes de fornecedores e distribuídos por redes diferentes, em suma, uma ideia de asseguramento da concorrência *interbrand*. Pensamos que não é – se calhar infelizmente – o sentido principal que se pode dar à jurisprudência *Pronuptia*, pelo que o apelo que BIAMONTI/ROVERATI lançam (pág. 335) não deixa de ser por nós apoiado.

[972] Esta circunstância deve ser interpretada restritivamente pois, como ensina FIKENTSCHER, «se existirem modos indirectos de sancionar não pode falar-se de recomendação» (*Die vertikale Preisempfehlung*, München, 1960, 55, *apud* FRIGNANI, «Sul rapporto tra produttori di autoveicoli e produttore di lubrificanti», *cit.*, pág. 553). Aliás, na Alemanha, o artigo 38a da GWB apenas permite preços aconselhados, sob a forma de «unverbindliche Preisempfehlung», limitando ainda essa possibilidade a produtos de marca, e excluindo tanto os serviços como as prestações. Além disso, os preços devem corresponder a preços de mercado (GURLAND, pág. 103).

Entre nós, tanto a fixação como a recomendação de preços eram proibidas pelo artigo 13º, nº 1, al. a) do anterior DL 422/83. No entanto, o novo diploma já parece mais próximo desta concepção do Tribunal de Justiça, ao só interditar os acordos de fixação de preços ou as coligações que interferirem «na sua determinação pelo livre jogo do mercado, induzindo, artificialmente, quer a sua alta quer a sua baixa» (artigo 2º, nº 1, a) do DL 371/93, de 29.10). Isso não significa que a realidade da fixação de preços seja absolutamente estranha ao direito português. Assim, no seguimento de outras legislações (como, desde há muito, a francesa), ainda recentemente o governo decretou o preço fixo do livro, assim excluindo este produto do jogo da concorrência e do mercado (DL 176/96, de 21.9.96), embora piamente afirmando visar a protecção das pequenas e médias empresas de distribuição de livros. Mas se é por razões de política cultural, porquê isentar do regime de fixação de preços os manuais escolares?. Em geral, sobre as políticas normativas de preços, em Portugal, NEVES/CASTRO (a licitude de uma tal intervenção normativa estadual não foi posta em causa pelo Tribunal de Justiça, em 10.1.85, no acórdão *Leclerc*). Sobre o alcance da norma equivalente ao artigo 2º, nº 1 do DL 370/93, de 29.10, relativo à publicidade dos preços (anterior artigo 8º do DL 422/ /83), *vide* o CONSELHO DA CONCORRÊNCIA, *Relatório de actividade de 1990*, pp. 46-47 (demonstrando ainda, a outro propósito – proc. 4/90, pp. 54 e segs. –, uma posição marcadamente desfavorável aos «acordos de preços»), órgão que se pronunciou ainda de forma desfavorável à licitude geral da recomendação de preços (*Relatórios de actividade 1993 e 1994*, respectivamente pp. 868 e 37) Para uma referência à atitude tradicional do Tribunal de Justiça, tomando como referência a franquia, GOEBEL, «Case Law», *cit.*, pp. 694-695.

visando a aplicação efectiva de tais preços[973-974], o que, não deixando de representar um avanço em relação a soluções ainda mais restritivas antes formuladas, não foi tão longe como alguns queriam[975].

---

[973] Considerando 25 do acórdão. O regulamento 4087/88 parece mais permissivo nesta matéria do que o era o seu Projecto, publicado no JOCE, nº C 229/3, de 27.8.87. Para este efeito, cotejem-se a alínea d) do artigo 5º do Projecto, e a alínea e) do correspondente artigo do regulamento. Entre outras *nuances*, prevê-se neste último, de forma expressa, a «possibilidade de o franqueador recomendar preços de venda». É a atitude pragmática, concordante com os que pensam que «é ilusório exigir dos distribuidores integrados uma liberdade absoluta na fixação dos seus preços e afirmar a total liberdade do distribuidor sem negar a existência da própria integração» (PIGASSOU, pág. 536). No entanto, como a Comissão europeia afirmou no *1º relatório sobre a política de concorrência* (1972, pág. 56, nº 47), o distribuidor exclusivo não pode beneficiar da isenção se a utilizar para praticar preços excessivos («A isenção requer que as vantagens não sejam apenas reservadas às empresas contratantes mas beneficiem também (...) os consumidores»). Como bem nota BURST («Franchise et droit communautaire de la concurrence», pág. 70), no acórdão *Pronuptia*, o Tribunal de Justiça demonstrou uma «particular benevolência» em relação aos preços indicativos na franquia, quando já em jurisprudência anterior os havia vigorosamente equiparado a preços impostos (*Vereeniging van Cementhandelaren*, de 17.10.72, pág. 991). Exactamente no mesmo sentido parece ter ido, em França, o Conselho da Concorrência, na decisão 93-D-43, de 19.10.93 (BOCC, 4.12.93, p. 331 e Cour d'Appel de Paris, de 8.7.94, BOCC, 5.4.94, p. 327, citados por ROUX/VOILLEMOT, pág. 120. Assimilando os preços aconselhados a preços impostos, e considerando hipocrisia distinguir normativamente entre ambos, ACHACH (pág. 77). BOUTARD-LABARDE fala em «suavização da jurisprudência comunitária» («Note», pág. 313).

[974] As atitudes deveriam ser diversas consoante se tratasse de regimes de preços impostos ou meramente recomendados (aconselhados), de preços mínimos ou máximos. Os primeiros seriam tendencialmente ilícitos; e os segundos válidos, desde que não conduzissem a imposição, dado o elevado grau de dependência (PIGASSOU, pág. 535), ou a um acordo nesse sentido. Em geral, considera-se imprescindível que o distribuidor mantenha a liberdade de determinar os preços. Mas também a manutenção de preços mínimos de revenda pode induzir melhorias no mercado, levando os distribuidores a promoverem entre si formas de concorrência pela qualidade ou pelos serviços (acórdão *Albrecht v. Herald Publishing Co.*, 390 U. S. 145, 151 n. 7, 1968, onde expressamente se condenaram preços máximos).
Ainda nos EUA, foi introduzido em 1991 o *Price Fixing Prevention Act*, que estabelece uma regra de proibição *per se* da fixação vertical de preços mínimos, embora limitada pelo alcance da emenda *Campbell*, que proporciona ao demandado uma defesa quando «the defendant was so small in the relevant market as to lack market power» (House of Representatives, Rep. Nº 145, 102d Congress, 1st Sess. 7757, de 1991) – in J. W. BURNS, pág. 631, nota 147. Sobre o tratamento dado nos EUA às restrições ligadas aos preços, *vide supra*, na Parte I, as notas 167, 187 e 192.

[975] Salientando a radical oposição da Comissão aos acordos de fixação de preços, desde 1962, por todos, KORAH, «Franchising and the draft group exemption», pág. 137, nota 21, e FERRIER, que expressamente defende a fixação de preços («Franchise et pra-

E, a nosso ver, nem por isso o Tribunal andou mal. Com efeito, é exactamente «a identidade da imagem e a quase-total identificação do franqueado com a empresa-mãe», para utilizar as palavras proferidas por FRIGNANI com intenção oposta[976], que justifica um tendencial desfavor às restrições ligadas ao preço, em relação à franquia. Curiosamente, na franquia, dada a homogeneidade do sistema e a total identidade da rede, expressa na unicidade da *imagem empresarial* transportada por todos os seus membros, toda a fixação de preços parece desconforme com uma saudável atitude concorrencial, porque os franqueados de uma mesma rede só poderão competir entre si – dada a normal fixação de zonas ou de exclusivos territoriais, a identidade dos serviços e produtos vendidos (até na aparência e/ou sabor...) e do saber-fazer utilizado, a fiscalização permanente do franqueador sobre a actuação do franqueado – justamente através do preço (assim, por exemplo, numa grande cidade, em que existam X lojas do mesmo produto, em franquia, todas servidas por metropolitano próximo, tendo o bilhete deste um preço único – *vide*, numa escala algo reduzida, em Lisboa, a *McDonalds* –, o consumidor tenderá a ir àquela que servir a preços mais baixos, dado que a qualidade é por definição idêntica em todos os pontos de venda)[977].

---

tiques», *cit.*, pág. 8). Já o Tribunal de Justiça, no acórdão *AEG c. Comissão*, de 25.10.83, havia aceitado a possível diminuição da concorrência pelo preço, em favor de outras formas de concorrência, se inerentes e aumentando o nível global de concorrencialidade.

[976] Este autor defende um tratamento mais favorável do regime de preços máximos, FRIGNANI, «La Corte di Giustizia riconosce le peculiarità del *franchising*», *cit.*, pp. 45-53, a partir do regime que se pode extrair da política da Comissão, com especial realce para as decisões em matéria de franquia, conclusões que no entanto o regulamento virá rebater (artigo 5º e) do regulamento 4087/88). É que parece que o que acaba sustentando são preços máximos impostos (*vide* pág. 53: «a uniformidade de preço assume um papel fundamental para a reputação da rede»), e tal transcende já a própria justificação que o próprio BORK, nos EUA, dava para a licitude, sob a *rule of reason*, de um *tecto* de preços máximos, por exemplo, na crítica ao acórdão *Albrecht*. A nosso ver, a solução do próprio Tribunal já permite o resultado pretendido, de licitude face ao nº 1 de cláusulas relativas a preços máximos. Senão repare-se na definição das cláusulas ilícitas: as que imponham (não as que indiquem ou recomendem) e as que recomendem, se derem origem a prática concertada. Se na rede existirem preços recomendados (máximos) mas inexistirem indícios de prática concertada de aplicação desses preços recomendados como impostos (ou seja: se houver concorrência pelo preço), então parece não haver violação da norma comunitária e desnecessidade de isenção. Defendendo expressamente a uniformização dos preços, BIAMONTI/ROVERATI, pág. 337.

[977] Salientando o efeito positivo sobre os preços que a franquia normalmente tem, GOEBEL, «The uneasy fate of franchising», *cit.*, pág. 92 («definite tendency for franchising

Tudo o que impõe se conclua sobre o alcance correspondente a esta apreciação, feita pelo Tribunal de Justiça aos acordos de franquia com um conteúdo similar ao do contrato *Pronuptia*[978]. Saber se, em definitivo, representa uma consagração na CE de uma *rule of reason*, desenhada ou não à imagem da correspondente regra do direito norte-americano[979], ou algo de novo e original, tipicamente comunitário. É esta já uma antiga questão no próprio direito comunitário, que pontualmente se ressuscita de cada vez que o Tribunal ou mesmo a Comissão demonstram alguma intenção de flexibilizar a aplicação dos requisitos do artigo 85º, 1[980].

---

to exercise a price depressing effect, without necessarily any sacrifice in quality standards»). Também em BOUTARD-LABARDE pode vislumbrar-se este entendimento, de que o Tribunal viu com especial favor, na franquia como na distribuição selectiva, a concorrência 'entre marcas' e pelo preço («Note», pág. 308). Em sentido contrário, sobretudo por duvidar da «incidência concreta» de uma tal concorrência pelo preço, dada a coincidência de interesses entre as partes, ROBERTI, p. 407. Por nós, diremos apenas que, nestas hipóteses, sempre se poderá eventualmente divisar uma prática concertada, conduzindo à violação do art. 85º, nº 1 e, consequentemente, à inevitável nulidade da coligação (*v.g.* art. 5º e) do regulamento 4087/88).

De tudo o que dissemos resulta que recusamos acompanhar PARDOLESI, sobretudo se tal se tentar aplicar à franquia, quando este autor via, no contexto comunitário, uma atitude não desfavorável às restrições relativas ao preço, por tal não constituir critério ou condição de notificação (artigo 4º, nº 2 do Regulamento 17) ou por a Comissão se desinteressar de certas restrições, por pouco importantes («Regole antimonopolistiche del trattato CEE», *cit.*, pág. 85). Também FOCSANEAU falava, em 1967, de um «préjuge favorable» às coligações verticais que tivessem por objecto *exclusivo* a fixação de preços mínimos («Les prix imposés dans la Communauté Économique Européenne. Droit nationaux et droit communautaire», *RTDE*, 1967, pág. 221).

Na prática decisional da Comissão, também este efeito positivo da concorrência pelo preço no interior da rede foi salientado pela Comissão (por exemplo, decisão *Yves Rocher*, cons. 64, § 2).

[978] BURST, «Franchise et droit communautaire», *cit.*, pp. 63-64.

[979] GOEBEL, «Case Law», *cit.*, pp. 687 e segs. O entusiasmo deste Autor é tal que chega a equiparar o relevo da decisão comunitária ao do acórdão *Sylvania*, do Supremo Tribunal dos EUA. Logo em 1987 se pronunciava também sobre o tema geral, KOVAR, «Le droit communautaire de la concurrence et la "règle de raison"», pp. 241 e segs. Igualmente apoiando a recepção da *rule of reason*, neste acórdão, GALÁN CORONA e CARDELÚS (pp. 194-195).

[980] Recorde-se o exemplo de THIEFFRY («L' appréhension des systèmes de distribution», *cit.*, pág. 717), que, ainda antes do acórdão *Pronuptia*, assinalava já que «uma certa convergência pode ser assinalada entre a legislação comunitária e o direito *antitrust* norte-americano: a – relativa – similitude de *raisonnements* e de resultados, que a proximidade no tempo entre os acórdãos *Continental T.V* e *GTE Sylvania* do Supremo Tribu-

Não voltaremos à questão, para a qual julgamos já ter carrilado mais do que suficientes elementos, todos eles implicando uma resposta comunitária num claro sentido de flexibilização – melhor, de interpretação teleológica e mesmo valorativa – do fundamental requisito que é a restrição da concorrência. Por nós, não se afigura importante concluir positiva ou negativamente à pergunta sobre se a CE recebe ou não a *rule of reason* americana. Mas é impossível negar que, referindo-nos às apreciações extraídas dos acórdãos *Metro I, Nungesser, Remia* e *Pronuptia*, é possível divisar uma linha *progressiva* de abandono de uma atitude de rigidez formal nas intervenções do Tribunal[981], e de *adaptação* de algumas das vertentes que vimos serem consideradas na jurisprudência norte-americana.

O acórdão *Pronuptia*, neste quadro, representa um alargamento de praticamente todas as intervenções liberalizadoras anteriores[982]. Assim, se a distribuição selectiva há muito se aceitava como não restringindo a concorrência, desde que a selecção dos distribuidores repousasse em critérios objectivos e meramente qualitativos[983], agora é a própria escolha dos franqueados que não se sujeita a qualquer controlo (cons. 20), dependendo apenas dos critérios formulados pelo franqueador[984] para a sua

---

nal dos Estados Unidos e *Metro c. Saba*, do Tribunal de Justiça das Comunidades Europeias, confirma».

[981] Como notam FORRESTER/NORALL, «Competition law», pág. 397, a propósito do acórdão *Pronuptia*, embora este diga só visar os acordos de franquia de distribuição, o certo é que o julgamento terá obviamente consequências mais amplas. Em sentido dubitativo se manifestava, *antes* da decisão do Tribunal de Justiça, GOEBEL, «The uneasy fate of franchising», *cit.*, pág. 94.

[982] A generalidade da doutrina reconhece no acórdão *Pronuptia* a recepção, *pelo menos*, do método das *ancillary restraints*. Para além dos já citados, *v.g.* VENIT (que chega a falar ainda em *topoii* típicos do balanço concorrencial e mesmo de uma licitude *per se*, à moda da 'Escola de Chicago', embora conclua – com notório desencanto – que nem a doutrina das restrições acessórias o Tribunal levou até ao fim: «Pronuptia: ancillary restraints – or unholy alliances», pp. 221, 220 e 222), KORAH (em 1987, no artigo «Franchising and the draft group exemption», pág. 124, ou no seu manual *An introductory guide to EC competition law*, pág. 150), KOVAR («Le droit communautaire de la concurrence et la "règle de raison"», pág. 244), FERRIER («La franchise internationale», pp. 660--661), FASQUELLE (embora só em parte, e tomado numa acepção ampla: pp. 189-191) ou GINER PARREÑO (pp. 365 e 370). Em sentido contrário, embora reconhecendo uma aproximação, RUIZ PERIS, pp. 59 ss.

[983] Sobre tudo isto, *infra*.

[984] Com efeito, o Tribunal não faz qualquer exigência a este respeito. Anotando esta patente diversidade entre o regime da franquia e as formas de distribuição selectiva,

própria expansão comercial, em termos que de algum modo podem já filiar-se na antiga jurisprudência americana, como no acórdão *Colgate*[985].

Por outro lado, se a licitude de cláusulas de não-concorrência havia de todo o modo sido funcionalizada à necessária realização de uma operação jurídica essencial nas economias de mercado – a transmissão de um estabelecimento comercial (*Remia*) –, aqui do que se trata é de uma relativamente recente figura, sendo para mais duvidosa a indispensabilidade de uma tal cláusula[986], sobretudo se pensarmos que grande parte da força atractiva do contrato de franquia, para o público, resulta dos sinais distintivos do comércio do franqueador, e estes o franqueado não pode utilizar após a cessação da sua relação contratual[987].

Mas se estas e outras cláusulas e restrições sugerem avanços inequívocos no sentido de uma modelação jurisprudencial da noção de *restrição da concorrência*, potencialmente equivalentes às correspondentes afirmações feitas na jurisprudência norte-americana, temos para nós que o principal contributo do acórdão não é dizer que esta ou aquela das cláusulas é ou não aceitável, mas sobretudo a inequívoca deslocação que opera na apreciação dos contratos, em termos que tendem a afastar – e a jurisprudência posterior não o desmente – a concepção formalista e rígida da Comissão[988], levando a que sejam hoje audíveis, na própria Comissão, as vozes de uma mutação essencial da política comunitária da concorrência.

---

com a importante nota de achar perfeitamente possível que as empresas que utilizam esta última simplesmente se transformem em franqueadoras, COCKBORNE, pág. 221.

[985] «In the absence of any purpose to create or maintain a monopoly, the (Sherman) Act does not restrict the long recognised right of trader or manufacturer engaged in entirely private business, freely to exercise (its) own independent discretion as to parties with whom (it) will deal. And, of course, (it) may announce in advance the circumstances under which will refuse to sell» (*US v. Colgate & Co.*, 250 US 300, 1919).

[986] Atente-se que, ao longo deste trabalho, não deixámos de sustentar que o franqueado era titular de um estabelecimento, e não apenas de um contrato, não era um mero auxiliar, agente, representante ou empregado do franqueador, pelo que a cláusula de não--concorrência pode entender-se como garantia e manifestação da obrigação de *dare* que sobre um transmitente de um estabelecimento pode incidir (sobre este aspecto, na negociação do estabelecimento, ORLANDO DE CARVALHO, *Critério e estrutura do estabelecimento comercial, cit.*, pp. 512-513 e 565, todas em nota).

[987] Ficando apenas como fundamento a protecção do saber-fazer.

[988] Assim HAWK, *United States, common market, cit.*, pág. 426.3 : «The most that can be said is that the Court in *Pronuptia* was unwilling to find an Article 85(1) restriction simply on the basis that [existed] restrictions in the freedom of the parties or third parties».

Mutação a que se liga um certo reconhecimento da distância das soluções comunitárias em relação à corrente linear dominante no ordenamento jurídico norte-americano. Não é por acaso que a doutrina vislumbra, na jurisprudência *Pronuptia*, uma afirmação da doutrina das *ancillary restraints*, num esforço de adaptação de ideias e teorias que MAJONE diria ser suscitado, «not only to discover new solutions, but also [neste caso: sobretudo, diremos nós] to make sense of what has already happened»[989].

Como vimos na secção II da Parte I, este método não representa verdadeiramente um juízo de balanço concorrencial, antes o supõe já realizado. E por isso se presta à assimilação com o acórdão *Pronuptia*. Por outro lado, não é também peculiar entrever, na resposta do Tribunal, uma acentuação da importância da dimensão objectiva e teleológica de tutela comunitária de uma concorrência *interbrand*. Mas sem que se possa sustentar ter sido o Tribunal movido por essa ideia. É certo que a certificação da existência de uma estrutura concorrencial em cada mercado relevante é essencial. Mas sobretudo o que impressiona, no discurso do Tribunal, é o ancorar soluções em afirmações apodícticas sobre a geral licitude do mecanismo contratual, em termos que reputamos, quando comparado com todas as prévias afirmações jurisprudenciais relativas a «acordos de distribuição», como profundamente originais, só encontrando paralelo nas atitudes relacionadas com o «objecto específico» de certos direitos absolutos, como os direitos de propriedade, sejam eles intelectuais, industriais ou (i)*materiais*[990].

---

[989] Pág. 9.

[990] Ou, no plano norte-americano, com as teses que sustentam a legalidade *per se* das restrições verticais. A este propósito, repita-se que os Autores norte-americanos, como o citado HAWK, falam mesmo aqui de uma «per se legality» (HAWK, *United States, common market, cit.*, pp. 426.2). Ressalta ainda, por outro lado, a proximidade com o regime incidente sobre o estabelecimento comercial, como objecto de negócios, que vimos exigir a imposição de certas limitações contratuais explícitas ou mesmo implícitas, como forma de assegurar a sua transmissibilidade.

Em geral, sobre o tema dos direitos de propriedade industrial face ao direito comunitário, o estudo localizado de VENIT («In the Wake of *Windsurfing*», *cit.*, pp. 519 ss.) e na doutrina nacional, referindo-se criticamente a uma teoria das *restrições inerentes* utilizada pelas instâncias comunitárias, SOUSA E SILVA, *Direito comunitário e propriedade industrial, cit.*, pp. 134 e 137. E mesmo aqui, os pontos que o Autor apontará para uma eventual restritividade, por exemplo, de acordos relativos a marcas, não residindo na essência dos próprios acordos em si mesmos, não explicam a profunda valorização que o Tribunal faz, à luz do artigo 85º, de toda uma série de condições contratuais, enquanto remete a preservação do *objecto específico* para o nº 3 do artigo (pp. 178-179), solução contrária

Só que, da solução dada e das consequências que dela se procuram retirar, em termos, designadamente, de uma desejada aproximação a parâmetros valorativos próprios de outros sistemas jurídicos, liga-se, necessariamente, outra corrente de preocupações, desejos e temores. Referimo-nos à questão, que vimos tem ocupado a doutrina pós-*Pronuptia*, da prestabilidade das soluções desenhadas na franquia para o conspecto geral dos acordos de distribuição. Implicando várias opções. Para uns, porque recusam a suposta especificidade da franquia como um todo, e das suas cláusulas, em relação às outras figuras contratuais já analisadas na CE, numa invocação recorrente dos *velhos* argumentos do acórdão *Metro I* – a concorrência eficaz e a licitude de distintos circuitos de distribuição[991] – ou através da redução dos elementos essenciais para a existência de um contrato de franquia[992]. Já para outros, pelo contrário, ainda que aceitando como boa a mutação do sentido da jurisprudência comunitária, o Tribunal teria pretendido distinguir a franquia das restantes e variadas formas de distribuição – mesmo da distribuição selectiva[993] –, apenas a ela reservando este *favor* normativo[994].

à que oferece quanto às patentes, embora tratando unitariamente cláusulas não anti-concorrenciais e cláusulas isentas (pp. 199-201).

[991] Para PARDOLESI, entre as diversas formas de distribuição só haverá, quando muito, uma diferença de intensidade, pelo que a solução tenderá a generalizar-se – «Gli aspetti giuridici di una politica di concorrenza», pp. 574-575. Também UTTON (pág. 244) apresenta a franquia como uma variação da distribuição selectiva.

[992] DEMARET («Selective distribution and EEC law», *cit.*, pp. 182-183), que exclui da configuração necessária da franquia o investimento em capitais apenas por parte do franqueado e o pagamento de *royalties*, embora numa concepção estrita e insuficiente (*cfr.* Parte II).

[993] O que o Tribunal patentemente não fez, até por extravazar do âmbito das questões que lhe foram colocadas, relativas à prestabilidade do regulamento 67/67 que, como é doutrina tendencialmente pacífica, não se aplica àquilo que por tradição se designa «distribuição selectiva».

[994] FRIGNANI, «La Corte di Giustizia riconosce le peculiarità del *franchising*», *cit.*, pp. 39-40, que, é curioso, parece-nos destruir o valor absoluto da afirmação de que um contrato como aquele não atenta por si só contra a concorrência, afirmando que tal é a virtualidade «de qualquer contrato (a menos que se trate de um puro pacto restritivo da concorrência) e particularmente dos de distribuição)» (p. 40). O que poderia ter-se como uma afirmação *precoce* da ideia de que só os acordos que têm por função exclusiva restringir são proibidos «pelo seu objecto», implicando todos os outros uma consideração dos efeitos, à luz, é claro, do «contexto económico e jurídico».

Podem ainda descobrir-se outras cambiantes e outras posições. Nomeadamente a rejeição da solução do Tribunal, no conteúdo ou na forma (ou em ambas), muitas vezes

Qualquer que seja a opção, julgamos pouco limitá-la a uma pura comparação entre as soluções da franquia e aquelas dadas às outras formas de distribuição. O que está aqui em causa é coisa diversa, pois ninguém contesta a diversidade das soluções (por exemplo, relativamente à jurisprudência em matéria de distribuição selectiva), mas apenas a manutenção ou justificação de uma tal divergência[995].

E, quanto a isto, se temos de reconhecer que os últimos nem sempre se mostram, é certo, convincentes, sobretudo na parte em que sustentam uma distinção de regimes assente na diversidade dos elementos interferentes num e noutro tipo de acordos – assim, a distribuição selectiva não dependeria de signos como a utilização da mesma insígnia ou métodos comerciais –, o certo é que a não inversão de marcha dos agentes comunitários – Comissão e Tribunal – no caminho que há muito havia sido escolhido quanto à regulação dos acordos de distribuição exclusiva, de compra exclusiva, por um lado, e as soluções que caracterizam o regulamento da franquia, por outro, são um claro indício de que há uma diversidade fundamental, sugestão tanto mais forte quanto se liga aos dois elementos que já temos vindo a referir, ao ponderar as razões justificativas de cada solução: a imaterialização deste contrato, que o transforma numa forma de distribuição *sui generis*, acentuando entre os seus elementos a imprescindibilidade do saber-fazer e da utilização uniforme dos sinais distintivos do franqueador, como factores geradores de uma única exteriorização no universo comunicativo e comercial, com o grande pú-

---

divisada em todos os que propugnam a consolidação dos critérios anteriormente existentes ou a pura centralização na Comissão de todo o esforço interpretativo da norma. Mas sobre estes já falámos. Porém, não resistimos a uma constatação, extravazando mesmo os domínios da pura *técnica* jurídica. A de constatar que estes são, bastas vezes, exactamente os mesmos que defendem que, noutras circunstâncias, o tribunal deve ter uma intervenção conformadora, integracionista, potenciadora da realização dos objectivos comunitários, sobretudo contra as instâncias, diga-se com franqueza, estaduais. Aqui, como um tal pendor já bulia com a vertente estritamente comunitária – diria, mais correctamente: burocrática e centralizantemente comunitária (a adverbiação não é excessiva) –, o caminho não poderia ser este. Signos estes contraditórios com a pretensa flexibilização defendida pela própria instância assim – acham alguns – *atacada*.

Quanto à diversidade de posições, e nomeadamente a posição da Comissão acerca do alcance do acórdão *Pronuptia*, vide supra.

[995] Por isso não é aqui relevante uma mera descoberta das originalidades do acórdão *Pronuptia*, aspecto de que de algum modo já antes nos ocupámos. No sentido de que não se justificam regimes diversos, por a função económica e social dos acordos de franquia e de distribuição exclusiva ser a mesma, GINER PARREÑO, pág. 370.

blico; mas também a ausência, enquanto seu pressuposto necessário – inerente – de cláusulas de exclusividade territorial, pela opção por um tipo de exclusividade assente em plataforma não espacial, constituída pelos referidos signos da *imaterialização* do contrato.

Estas conclusões não esgotam contudo a nossa tarefa, nem preenchem totalmente os *espaços* que a franquia poderá ser chamada a ocupar na vida comercial comunitária. Mesmo que o Tribunal tenha demonstrado uma vontade de, também neste sector, se assumir como actor principal no processo de construção comunitária, importa, seguidamente, perceber se esta sua intervenção conhece e/ou impõe limites, e em que medida a Comissão – através das decisões e do regulamento de isenção categorial que entretanto elaborou – não pode ter *virado o jogo*, superando a visão do Tribunal, através da elaboração do regulamento de isenção categorial. Consideremos, brevemente e à vez, cada uma destas circunstâncias.

CAPÍTULO II

MECANISMO DAS QUESTÕES PREJUDICIAIS: VINCULATIVIDADE
E LIMITES DA JURISPRUDÊNCIA *PRONUPTIA*

Não podemos passar à análise do modo como a Comissão encarou a questão da existência ou não de uma restrição da concorrência nos contratos de franquia, sem atender a um último, mas, apesar da sua importância, breve ponto: o de determinar a medida em que as posições do Tribunal são susceptíveis de influenciar ou condicionar as apreciações feitas pela Comissão ou mesmo pelo órgãos jurisdicionais nacionais, quando confrontados com situações de facto idênticas, ou solicitando juízos sobre a interpretação ou aplicação das mesmas normas: no caso, do nº 1 do artigo 85º CE.

Na sua origem, as Comunidades Europeias foram dotadas de órgãos de direcção – mais tarde unificados: Conselho e Comissão – e de órgãos de controlo[996], como é o caso do Parlamento Europeu[997] e do Tribunal de Justiça[998]. A esta instância foi essencialmente cometida a importante tarefa de, como dispõe o inalterado artigo 164º, garantir «o respeito do

---

[996] Artigo 4º do tratado de Roma e Convenção relativa a algumas instituições comuns às Comunidades Europeias, da mesma data do tratado (25.3.1957).

[997] O Parlamento Europeu (PE) tinha essencialmente – no início – duas grandes competências. Por um lado, um poder de controlo político, que exercia sobretudo sobre a Comissão. Por outro lado, um poder consultivo no processo conducente à adopção dos actos comunitários. Hoje em dia, a amplitude dos poderes do PE altera já aquela qualificação inicial, começando a fazer sentido que se questione o enquadramento do PE como órgão simplesmente consultivo e de controlo, mormente pela sua elevação a co-legislador, com a revisão, em Maastricht, do tratado CEE (artigo 189º-B).

[998] Só muito mais tarde, na sequência do Acto Único Europeu (que introduziu no tratado o artigo 168º-A), foi criado, através da decisão do Conselho de 24.10.88 (88/591/CEE, CECA, CEEA – JOCE, nº L 319, de 25.11.88, pp. 1), o Tribunal de Primeira Instância.

direito na interpretação e aplicação do presente Tratado»[999], relevo que acresce no plano formal, se o considerarmos ligado ao disposto no artigo 219º, segundo o qual «os Estados membros comprometem-se a não submeter qualquer diferendo relativo à interpretação ou aplicação do presente Tratado a um modo de resolução diverso dos que nele estão previstos»[1000].

Em matéria de concorrência, o papel do Tribunal de Justiça, de extraordinária importância[1001], desenvolve-se sobretudo através de duas

---

[999] Disposições semelhantes podem ser encontrados nos tratados CECA (artigo 31º) e CEEA (artigo 136º).

[1000] Vide artigos 87º CECA e 193º CEEA. Não é possível enunciar ou referir os Autores que, de uma forma ou doutra, exprimem esse reconhecimento pelo papel do Tribunal de Justiça, pelo que indicaremos apenas alguns, sem preocupação de exaustão, apenas por serem especialmente significativos ou preocupados com o nosso domínio temático. Deste modo, logo em 1963, GOLDMAN, (pp. 66 e 62 – «jurisdição soberana»), e depois PESCATORE (*The law of integration*, pp. 74 e 88 e segs.), MÉGRET/WAELBROECK/ LOUIS/VIGNES/DEWOST/VANDERSANDEN (pp. 18-24), DUVERGER (*A Europa dos cidadãos*, pp. 89), J. V. LOUIS (*A ordem jurídica comunitária*, pág. 58), GOULENE (pág. 311, 316 e segs. e 344: «o TJCE, às vezes, (...) faz o trabalho do Poder Legislativo, enriquece o tema dos princípios gerais de direito e realiza enfim verdadeiro 'federalismo pelo direito'»), VALLÉE (pp. 90-91: «função quase normativa do TJCE»), SOUSA E SILVA (*Direito comunitário e propriedade industrial, cit.*, pp. 134-135: «o Tribunal assumiu desde cedo um papel normativo») ou Ulrich EVERLING («Richterrecht in der Europäischen Gemeinschaft», *Vorträge, Reden und Berichte aus dem Europa-Institut*, Saarbrücken, 1988, nº 151), que fala num verdadeiro direito dos juízes (*richterrecht*) – em sentido crítico desta qualificação, mas apenas por a acção do Tribunal ter na sua base postulados diversos, ou seja, a necessidade de integrar as lacunas do legislador comunitário e desenvolver a ordem jurídica comunitária, BERGERÈS, *Contentieux communautaire*, pp. 16-18 – e, finalmente, neste percurso fragmentado, novamente PESCATORE («Jusqu'où le juge peut-il aller trop loin?», pp. 301-306 e 324-327), que circunscreve os limites da acção do juiz comunitário, que são somente, na sua opinião, os que são heteronomamente ditados pelo princípio da separação de poderes, expresso numa fórmula que muito se aproxima da de equilíbrio institucional (*v.g.* JACQUÉ, *cit.*), ou seja, «independência mútua das instituições numa relação de igualdade» (pág. 325). Sobre isto, *vide* também o que escrevemos em *A revisão do Tratado da União Europeia*, pp. 132-133. Para outras indicações bibliográficas, ainda BORBA CASELLA, *A Comunidade Européia e seu ordenamento jurídico*, pág. 307, nota 72.

[1001] Para muitos, é mesmo esta a parte mais importante da jurisprudência comunitária – assim, por todos, GOULENE, pág. 315, nota 39. Não queremos, neste momento, deixar de salientar um factor apenas aparentemente contraditório. A generalidade da doutrina é, como vimos, encomiástica na valorização da importância dos tribunais comunitários, como factor de integração. Contudo, no que toca à concorrência, e especificamente ao artigo 85º, já a *mesma* doutrina se insurge, por vezes até violentamente, contra uma intervenção modeladora por parte do Tribunal, através, por exemplo, da elaboração

vias[1002]. Em primeiro lugar, como instância de controlo da *legalidade* da actuação pela Comissão da política comunitária de concorrência[1003], supervisão esta que o próprio regulamento 17/62 prevê, a par da atribuição à Comissão da competência exclusiva em matéria de isenções – quer dizer, no que toca à inaplicação da proibição do nº 1 do artigo 85º a casos que preencham o tipo da norma (artigo 9º, 1) – e que, quando se trate de decisões que imponham multas ou adstrições, confere mesmo plena jurisdição ao Tribunal (artigo 17º do regulamento 17/62 e 172º CE).

de critérios e regras interpretativos implicando juízos sobre um sentido concorrencial da norma, mormente em termos similares aos realizados na jurisprudência norte-americana, enquanto ponham em causa a posição da Comissão, por exemplo, por não existir na Europa uma tradição jurídica semelhante à da *common law*, no que toca à intervenção dos tribunais (assim WILS, pág. 32, nota 67 e, sobretudo, pp. 37-43). O que mostra que, nas concepções eurocêntricas, o que é importante não é que o Tribunal se assuma como instância constitutiva de juridicidade, mas o facto de o fazer em detrimento e limitando a intervenção de instâncias não-comunitárias. E por outro lado, que só em certos casos, consoante o destinatário ou a *vítima* da intervenção do Tribunal, é que se levantam problemas de legitimação política «nos consensos Estaduais e entre os Estados-membros» e de legitimidade democrática (repare-se que o mesmo Autor, por último aqui citado, a dado passo – pág. 41 – reconhece que há profundas similaridades entre as soluções de fundo – as concepções – dadas por todos os sistemas jurídicos dos Estados-membros!). A nós apetece apenas constatar a diversidade de tratamentos reservada quanto ao papel dos tribunais comunitários [havia (há?) consensos e tradições jurídicas comuns quanto ao próprio modelo comunitário e à força da sua ordem jurídica? E isso inibiu o Tribunal? E a doutrina mais europeísta fica chocada?], e deixar as conclusões para outro tempo e outro espaço...

De todo o modo, não nos parece que a solução proposta – para lá dos seus limites óbvios – prejudique irremissivelmente o papel central da Comissão na definição da política comunitária da concorrência, nem que se possa confundir uma *árvore* (mesmo sendo talvez a mais importante: o artigo 85º, nº 1) com a inteira floresta (a política comunitária da concorrência; e os próprios meios que a Comissão ainda assim utiliza e continuará a utilizar, dentro do próprio artigo 85º, ou à sua volta...). E neste particular, o mesmo WILS não deixa de reconhecer uma certa distinção, embora também ele navegue nas mesmas correntes metodológicas que distinguem entre interpretação e aplicação (pp. 45 e 52).

[1002] Como nos informa BLANCO (pág. 68), 95% dos casos discutidos perante os tribunais comunitários, até 1991, eram o resultado da utilização de um destes meios.

[1003] Competência que, em primeira via, pertence hoje ao TPI, por força do disposto na decisão 88/591 do Conselho, que o instituiu (JOCE, 25.11.88, nº L 319, rectificada no JOCE, 21.8.89, nº C 215), tal como modificada pelas decisões do Conselho 93/350 (de 8.6.93, JOCE, nº L 144, de 16.6.93, pp. 21) e 94/148 (de 7.3.94, JOCE, nº L 66, de 10.3.94, pp. 29) – *v.g.* artigo 3º, § 1, alínea c).

A outra via é a do mecanismo das questões prejudiciais ou do reenvio prejudicial[1004], instrumento privilegiado de cooperação com os tribunais nacionais[1005] na realização do princípio da uniformidade na aplicação[1006] do direito comunitário, que o Tribunal de Justiça – e só este, pois que o domínio do reenvio está expressamente vedado ao TPI[1007] – essencialmente utilizou para, politicamente, assumir as *rédeas* do processo de construção europeia[1008].

Ambos os meios conferem amplos poderes aos tribunais comunitários, mas também conhecem limites estritos. Em primeiro lugar, o recurso de anulação de decisões dos órgãos comunitários, e neste domínio, es-

---

[1004] Sobre a correcção terminológica da palavra «reenvio», FAUSTO DE QUADROS, *O princípio da exaustão dos meios internos, cit.*, pp. 121, nota 3. De notar, no entanto, ser possível ver nas intervenções do Tribunal de Justiça aspectos de questões prévias, de parecer e de questões prejudiciais, seguindo nós aqui o exposto por VANDERSANDEN/BARAV (pág. 271; e BERR, aí citado), o que, se torna igualmente insuficiente a referência a «questões prejudiciais» em sentido estrito, de algum modo legitima a utilização, com um sentido genérico e comunitário, da expressão *reenvio prejudicial*,

[1005] A noção de órgão jurisdicional nacional que o artigo 177º CE supõe não depende da qualificação dada pelo legislador interno ao órgão, antes sendo definida em termos materiais pelo próprio Tribunal de Justiça, pela presença ou ausência de certas notas típicas, facto que no essencial impede as generalizações quanto à qualificação de determinado tipo de instância como sendo jurisdicional ou não, pois pouco importa a designação – cfr. no entanto, tanto VANDERSANDEN/BARAV (pág. 277), para quem dois elementos são decisivos, em vista à qualificação de um órgão como jurisdicional, para efeitos do artigo: a solução de litígios e a aplicação do direito; como MÉGRET/WAELBROECK/LOUIS/VIGNES/DEWOST/VANDERSANDEN (pág. 200), para quem o que é decisivo é saber se o órgão nacional exerce ou não uma *função* jurisdicional – sobre o assunto, leia-se o que ficou dito na nota 265.

Sobre a repartição de funções entre os tribunais nacionais e o tribunal de justiça, reservando para os primeiros o exclusivo da definição da necessidade de recurso ao mecanismo do artigo 177º e de pertinência das questões de direito comunitário colocadas, vide acórdão de 16.7.92, *Asociación Española de Banca Privada*, pág. 4829, cons. 25.

[1006] DONNER (pág. 12) e, por exemplo, o acórdão *Rheinmühlen-Dusseldorf* (de 16.1.74, pág. 19, cons. 2). Descrevendo esta especial necessidade da norma do artigo 177º, como instrumento de uniformização, sem deixar de proceder a uma comparação com as funções do *Supreme Court* dos EUA, BERNINI, *Profili di diritto delle Comunità Europee*, pp. 118 e segs.

[1007] Artigo 168º-A CE.

[1008] PESCATORE (*The law of integration*, pág. 91), VANDERSANDEN/BARAV (pág. 270) ou, numa expressão recente, SALESSE (pág. 46), segundo o qual «o Tribunal de Justiça tem uma concepção *muito* política do seu papel» (*sic* – e ainda pp. 58-59).

sencialmente da Comissão, se permite aos tribunais moldar a doutrina da Comissão, não deixa de ter uma eficácia contigente, limitada à concreta decisão que está em jogo, sem formular uma regra geral a que a Comissão fique vinculada para o futuro.

O mesmo se passa com as questões prejudiciais. Aqui, o Tribunal de Justiça deve interpretar a norma comunitária, qualquer que seja a sua dignidade – norma de direito comunitário originário, derivado, complementar –, e mesmo apreciar a validade dos «actos adoptados pelas instituições»[1009], mas não pode interferir directamente na solução do caso concreto[1010], que ao órgão jurisdicional nacional cumprirá revelar[1011]. Quem define a *norma do caso* é o juiz nacional, que, estando vinculado à interpretação feita pelo TJCE, só o ficará na realidade se concluir pela pertinência da norma comunitária ao caso[1012].

O que, não significando que se deva negar ao juiz comunitário uma intervenção constitutiva de juridicidade, aliás amplamente reconhecida no espaço comunitário[1013], não chega a implicar uma concordância com aqueles que, como PERFETTI, afirmam que a interpretação do TJCE «fornece uma

---

[1009] Trataremos apenas do chamado «reenvio de interpretação», por o nosso tema não suscitar imediatamente questões de validade do direito comunitário, pelo que as soluções que damos não devem prejudicar potenciais diferenças face ao regime e eficácia das decisões proferidas pelo Tribunal em reenvios de validade.

[1010] Embora se tenha de concordar com os que sustentam que a análise dos acórdãos demonstra que, em muitos casos, a apreciação do Tribunal é muito marcada pelos factos do caso transmitidos pelo tribunal nacional (KAPTEYN/VAN THEMAAT, pág. 316), fazendo o Tribunal frequentemente essa *correcção* (por exemplo, no acórdão *VAG France*, cons. 7). Repare-se que, no próprio acórdão *Pronuptia*, o Tribunal declarou que a sua apreciação se limitava aos contratos de conteúdo similar (cons. 14).

[1011] Acórdãos de 1965, *Albatros* e *Firma C. Schwarze*, depois reafirmado no acórdão de 1966, *LTM/MBU*, nos termos dos quais o artigo 177º se baseia «numa clara separação de funções entre as jurisdições nacionais e o Tribunal».

[1012] Como se exprimia o Tribunal de Justiça, ainda no caso *LTM/MBU*, «no quadro do processo prejudicial, o Tribunal não pode aplicar o Tratado a um caso determinado, nem pronunciar-se sobre a validade de medidas de direito interno face ao Tratado». E se a jurisprudência em matéria de reenvio evoluiu bastante, o certo é que estes são desde cedo limites irredutíveis à actuação neste campo do Tribunal de Justiça. *V.g.* ainda os acórdãos *Hauptzollamt Saarbrücken* (de 24.6.69, pág. 180), e *Benedetti*, de 3.2.77, pp. 182-183.

[1013] São particularmente enfáticos, nesta via, GOULENE (pp. 332-333) e, quanto à sua fundamentação, BOULOUIS (pp. 220-221).

disciplina mínima para o contrato»[1014], atribuindo-lhe ainda uma qualificação enquanto forma de «interpretação *preceptiva* ou *directiva*»[1015] – a meio caminho entre as interpretações *autêntica*[1016] e *doutrinal*[1017] –, assente na especial natureza e autoridade da decisão prejudicial, emitida nos termos do artigo 177º CE[1018].

Com efeito, se esta, apesar de não ter uma eficácia *erga omnes*[1019], formula um sentido abstracto para a norma interpretada, o qual só pode

---

[1014] Pág. 41. Por seu turno, GOEBEL («The uneasy fate of franchising», *cit.*, pp. 93-94), na expectativa do acórdão *Pronuptia*, declarava não só estar o Tribunal prestes a fazer «a partial determination of the legal status of franchising» como ainda que, na sua opinião, «the Court's replies will have the force of law in guiding national courts and will bind the Commission in its own future indications of policy through decisions on notified franchise agreements».

[1015] Forma de interpretação em que a intervenção do intérprete é dirigida a enunciar preceptivamente a interpretação da norma – TEDESCHI, «Su alcune forme di interpretazione autoritativa della lege», *Riv. Trim. Dir. Proc. Civ.*, 1957, I, pp. 143 ss., citado *apud* PERFETTI, pág. 45. Também ZUCCALÀ (citado criticamente, em 1967, por SOCINI, pp. 128-131) via nas apreciações prejudiciais do Tribunal de Justiça uma forma de interpretação directiva, muito próxima da interpretação autêntica.

[1016] Aquela, grosso modo, feita pelo próprio legislador. Para este Autor, em jeito de conclusão, «a sentença interpretativa constitui (...) uma objectivação normativa idónea a exprimir um regra directamente aplicável» (pág. 47).

[1017] BONASSIES, «Une nouvelle source doctrinale du droit français», *cit.*, pp. 44, 48 e 63.

[1018] A respeito da jurisprudência comunitária, são muitas as fórmulas que pretendem apreender o seu sentido e indiscutível relevo conformador, havendo mesmo quem sustente que realiza um «direito comum europeu», representando um verdadeiro renascimento do *jus commune* ou até de uma «espécie de *lex mercatoria* europeia» (Cfr. OPPETIT, «Droit Commun et droit européen», in *Internationalisation du Droit*, Mélanges en L'Honneur de Yvon Loussoarn, Dalloz, Paris, 1994, pp. 311-319, *apud* GOULENE, pp. 320-321; KOOPMANS e VAN GERVEN, citados por EDWARD, pág. 40). Já outros afirmam que as apreciações do Tribunal, se não constituem «caso julgado», constituirão «caso interpretado» (VALLÉE, pág. 71; BERGERÈS, pág. 249), terão a «autoridade da interpretação» (BOULOUIS, pág. 314) ou o carácter de «acórdãos regulamentares» (SUETENS, «Prejudiciële vragen in het EG- en EGA-recht», *RW*, 1962-63, col. 1963, p. 1923, *apud* MÉGRET/WAELBROECK/LOUIS/VIGNES/DEWOST/VANDERSANDEN, pág. 246).

[1019] Contra esta eficácia *erga omnes* das apreciações em sede de reenvio prejudicial pronunciam-se, e cremos que com razão, entre os Autores de língua portuguesa, MOITINHO DE ALMEIDA, *O reenvio prejudicial perante o Tribunal de Justiça das Comunidades Europeias*, pp. 48 ss., e, de modo mais implícito que explícito, BARBOSA DE MELO, sobretudo pp. 130 ss. Em França, o citado BOULOUIS, pp. 220-221 e 313-315. Em Itália, também FERRARI BRAVO/MILANESI, pág. 143.

No entanto, a doutrina em sentido oposto é também significativa, pelo menos afirmando a autoridade geral das decisões do TJCE – para uma visão panorâmica, pp.

Parte III – Franquia e Imun. em Rel. à Proib. do n.º1 do Art. 85.º CE 389

ser, em último termo, posto em causa pelo próprio TJCE, o certo é que tal não obriga os demais juízes que com a mesma questão de direito comunitário se defrontem, os quais poderão aplicar criativamente as normas, sem prejuízo do eventual ou necessário desencadear do mecanismo das questões prejudiciais[1020], com subsequente vinculação para o juiz *a quo*, e sem que se deixe de reconhecer, simultaneamente, uma certa força de *precedente de facto* (de «autoridade moral» falava LAGRANGE, no processo *Da Costa*) ligada a estas decisões, desde logo por força deste constrangimento e do exclusivo de modificação do sentido interpretativo atribuído à jurisprudência comunitária[1021], em termos que nos conduzem

---

VILLAGÓMEZ CEBRIÁN, pp. 138 ss. Entre nós, citem-se GONÇALVES PEREIRA/FAUSTO DE QUADROS, pág. 140, nota 2. *Vide* ainda, na doutrina menos recente, TRABUCCHI (pp. 69-73 e 77-82), de todo o modo não confundindo este conceito com o de «caso julgado».

[1020] Daí que, neste particular, não concordemos com VANDERSANDEN/BARAV (pp. 313-314) ou com MÉGRET/WAELBROECK/LOUIS/VIGNES/DEWOST/VANDERSANDEN (pp. 247-248, e nota 300), enquanto pensamos que o juiz de instância pode interpretar livremente a norma, sem se vincular necessariamente ao sentido dado à norma, no passado e em relação a outro litígio, pelo Tribunal de Justiça, na medida em que, em último termo, o tribunal comunitário sempre terá a possibilidade de, em reenvio formulado pelo tribunal nacional que decidir da questão em última instância, confirmar ou corrigir uma tal interpretação. O mesmo não se diga do juiz que, no caso concreto que suscitou o pedido de apreciação ao Tribunal de Justiça, vem a apreciar a questão numa instância superior (sendo ou não a última), mas aqui por se tratar do litígio concreto que originou o pedido de apreciação prejudicial (assim, MÉGRET/WAELBROECK/LOUIS/VIGNES/DEWOST/VANDERSANDEN, pág. 244).

Só não será assim quando o próprio Estado-membro dispuser legislativamente sobre o assunto, como acontece na Grã-Bretanha (*European Communities Act*, de 1972, section 3 (1)), numa solução de duvidosa constitucionalidade, se avaliada à luz da Constituição portuguesa.

[1021] PESCATORE, em 1974 (*The law of integration*, pág. 100), falava num «efeito de radiação». Na casuística do Tribunal de Justiça assumiu um especial relevo, logo em 1963, o acórdão *Da Costa*, de 27.3.63 (pág. 76), onde esta instância, perante um pedido de apreciação a título prejudicial idêntico ao formulado no famoso acórdão *Van Gend en Loos* (de 5.2.63), aceitou a questão, mas recusou nova interpretação da norma, remetendo para a sua jurisprudência no caso *Van Gend en Loos*. Sobre o exacto sentido desta legítima escusa de reapreciação, seu sentido e limites, *vide*, René JOLIET, «L' article 177 du traité CEE et le renvoi prejudiciel», pp. 604 ss. A propósito daquele caso *De Costa*, o advogado-geral LAGRANGE propôs mesmo o recurso à teoria do acto claro, enquanto reafirmação comunitária da desnecessidade de interpretar de novo a questão, numa visão diversa daquela que o Tribunal de Justiça veio a reconhecer no acórdão *CILFIT*, antes visando exactamente o reconhecimento da força de precedente vinculativo das pronúncias do Tribunal de Justiça, o que o Tribunal não seguiu, nem o poderia fazer, pelo menos enquanto pretendesse reproduzir o sentido dos precedentes na jurisprudência dos países

a recorrer, aqui, ao próprio discurso do Professor Castanheira Neves, que, enfrentando o problema de determinar a exacta índole normativa do «direito pretoriano», descreve, como soluções possíveis[1022], a «que se traduz em admitir, ainda nos sistemas de legislação, uma normatividade jurídica prejudicial – *i. é*, imputando à casuística jurisdicional um *regime de precedentes* (ou de «pré-juízos»), afim ao que caracteriza a *common law*, e que lhe conferiria a qualidade de uma 'independente fonte do direito' (Germann)», por vias que podem passar por referir «aos 'prejuízos' judiciais, sobretudo dos supremos tribunais, não propriamente uma vinculação formal, mas em todo o caso 'uma validade-vigência de facto', tão importante que seria suficiente para os considerar uma fonte de direito paralela à do direito legal – posição que acaba afinal por não ultrapassar no essencial a tradicional atribuição aos precedentes de uma *'persuasive authorithy'*, a qualidade apenas de uma 'autoridade' normativamente muito eficaz», ou por lhes imputar (e será a segunda solução) «um *princípio da 'presunção dos prejuízos'* e, que, sendo embora só uma 'regra não escrita', se justificaria em exigências específicas implicadas no sentido geral do direito: a 'orientação por máximas gerais', (...) que transcendam o caso concreto, e enquanto condição de igualdade de tratamento, de ausência de contradição; a 'institucionalização' de soluções doutrinal-dogmaticamente reconhecidas, que só através da jurisprudência que as assimile e em princípio vinculante se poderiam tornar 'direito positivo'; a 'redução da complexidade' que desse modo se obteria, pois se desoneraria a jurisdição do contínuo retomar dos problemas (...). E princípio cuja vinculação

---

de *common law* – sobre este acórdão e sua interpretação, Bernini, *Profili di diritto delle Comunità Europee*, pp. 125-127; sobre o *acto claro*, Vandersanden/Barav (pp. 282 e segs.), numa apreciação interessante, até porque depois de algum modo contraditada com o acórdão *CILFIT* (para uma apreciação positiva e correcta sobre o sentido real deste acórdão, Mégret/Waelbroeck/Louis/Vignes/Dewost/Vandersanden, pp. 214-218, e Kovar, «L'évolution de l'article 177 du traité CE», pág. 50). Partindo da negação da força de precedente às decisões do Tribunal de Justiça sobre questões prejudiciais, para o reconhecimento de uma tal força, com o acórdão *Da Costa*, Joutsamo, pp. 38-39. Na nossa área, rejeitando uma tal força, Goyder, pág. 8: «there is no formal doctrine of precedent».

[1022] Páginas 49 *versus* 106-108 e 110. Sendo que também este Professor rejeitará a primeira hipótese, porque «não chega verdadeiramente a justificar uma normativa vinculação a imputar aos precedentes judiciais capaz de os incluir no número de 'fontes do direito'», oferecendo no entanto o segundo modelo como «proposta de utilização e relevo metológico-argumentativo dos precedentes judiciais».

normativa ou cujo sentido positivo se traduziria na inversão do *ónus da fundamentação* – em termos, pois, desta (ou melhor, a contrafundamentação), caber unicamente a quem se quisesse desviar ou decidir em contrário da solução jurídica sustentada por um precedente».

E se assim se podia reconhecer à jurisprudência um papel relevante nas tarefas da constituição do direito, potenciada pela especificidade do direito erigido e desenvolvido pelas instâncias jurisdicionais comunitárias, o certo é que à sua especial vocação não corresponde um esforço correspondente, por parte da Comissão, resultando assim restringida a sua operatividade, condicionada por uma *obsessão* da Comissão em seguir um só caminho, numa tentação de «eterno retorno» a critérios que lhe permitam manter o controlo sobre actividades contratuais que segundo o Tribunal escapam à proibição do nº 1 do artigo 85º, mas também um monopólio conformador e excludente, porque residindo no único instrumento normativo (o nº 3 do artigo 85º) que não pode partilhar.

Secção II
A Imunidade Segundo a Comissão

Capítulo I
A Franquia e a Prática Decisória da Comissão

> «Franchising accounts for 10% of retail trade in Europe and interbrand competition could increase competition from new franchise chains»
>
> (Comissário Europeu Sutherland, no Congresso de 1987 da *International Franchise Association*, em Acapulco)

Ao longo do nosso trabalho, esteve sempre presente algum conflitualidade entre concepções da Comissão e do Tribunal de Justiça, encarregues pelos tratados da missão de, respectivamente, conduzirem e controlarem a execução da política comunitária da concorrência.

Se o Tribunal não se pode volver em instância política, o mesmo não se passa com a Comissão, a quem é legítimo e mesmo pedido que actue como órgão de formulação e aplicação de uma política de concorrência[1023].

Para tanto, os Estados-membros e os órgãos comunitários (*i.é.* o Conselho) dotaram a Comissão com uma estrutura e com meios de realização dessa política, não só através dos regulamentos de execução dos artigos 85º e 86º, como aceitando ainda a doutrina, que o Tribunal foi

---

[1023] Acórdão *Stergios Delimitis*, pág. 991, cons. 44: «a Comissão é responsável pela prossecução e orientação da política comunitária da concorrência. Cabe-lhe, sob fiscalização do Tribunal de Primeira Instância e do Tribunal de Justiça, tomar decisões individuais nos termos dos regulamentos processuais em vigor e adoptar os regulamentos de isenção».

elaborando, de uma prevalência do direito comunitário na ordem jurídica interna dos Estados-membros, para evitar o prejuízo que de outra solução sempre se retiraria para a eficácia e uniformidade da aplicação do direito comunitário, em especial num sector sensível e central como o da concorrência.

Tal não significa, no entanto, que a Comissão seja a única entidade com competência em matéria de concorrência comunitária. Pressuposta e assente está a competência dos órgãos nacionais, no que toca ao n° 1 do artigo 85° CE, disposição à qual se reconheceu o efeito directo desde há mais de trinta anos.

O certo é que, neste domínio relativo ao estabelecimento de uma política de concorrência marcada pelo desiderato de realização dos amplos objectivos do tratado, a competência da Comissão é exclusiva. Sobretudo no domínio (que é este) da articulação entre os vários objectivos, económicos e sociais, que a CE deverá realizar, e de que as regras de concorrência constituem instrumento fundamental. E é neste quadro que se inserem as decisões individuais de isenção, adoptadas ao abrigo do n° 3 do artigo 85° e do 6° do regulamento n° 17/62.

As decisões de isenção individual de certas coligações, adoptadas pela Comissão, constituem actos unilaterais emanados dos órgãos comunitárias e previstos no artigo 189° CE, com duas características essenciais: a individualização dos seus destinatários e a obrigatoriedade do seu conteúdo prescritivo.

É certo que – e nisto apenas partilhamos a concepção expressa por GOMES CANOTILHO/VITAL MOREIRA[1024] – não têm aplicabilidade directa, na medida em que tal característica é reservada, no plano constitucional português, para os actos normativos. Mas, dadas as características da ordem jurídica comunitária – a sua autonomia e incorporação nos sistemas jurídicos nacionais –, reconhece-se que têm efeito directo e que, em nome do efeito útil das normas comunitárias e da política definida e executada ao nível comunitário, prevalecem sobre qualquer acto ou norma nacional que com elas se revele incompatível[1025].

[1024] Por exclusão – pág. 89.

[1025] Desde que de nível infra-constitucional. Um limite claro, neste ponto, é o dos direitos fundamentais. Se uma decisão de isenção ou de recusa de isenção é tomada pela Comissão, mas no processo foram desrespeitados os direitos fundamentais de defesa de que as empresas gozam, sempre se poderá dizer que uma tal decisão não deverá prevalecer sobre as normas internas, eventualmente de sentido contrário. Sobre os direitos fundamentais como limite ao próprio princípio da prevalência na aplicação, na doutrina

Emitidas pela Comissão ao abrigo do art. 9°, n° 1 do regulamento 17/62, a que já nos referimos[1026], estas decisões geram pois imediatamente direitos e obrigações para os seus destinatários e, eventualmente, para terceiros, que os tribunais nacionais podem ser chamados a reconhecer e a impor[1027].

E, além do que fica dito, uma outra ordem de razões milita a favor da sua relevância. O facto de se constituírem como instrumento preparatório da elaboração de isenções categoriais para certas categorias de coligações, de que será testemunho o considerando 4 do regulamento n° 19/65.

Deste modo, não é possível insinuar ou postular uma qualquer subvalorização ou desconsideração da importância e força conformadora destas decisões. Mesmo no que respeita à franquia[1028], onde, como já vimos, o Tribunal de Justiça não parece ter deixado uma grande liberdade de conformação à Comissão[1029]. A nota basicamente unificante de todas elas[1030]

---

portuguesa, a visão panorâmica de MOURA RAMOS, «Relações entre a ordem interna e o direito internacional e comunitário», pp. 274 e segs. Sobre a qualificação dos direitos de defesa no direito comunitário da concorrência como «princípio geral de direito» e mesmo como direitos fundamentais, PLIAKOS, *Os direitos de defesa no direito comunitário da concorrência*, pp. 66 ss., 84.

[1026] Estas decisões de isenção individual são referidas e analisadas na generalidade das obras que se ocupam do direito comunitário da concorrência. Daí que seja fácil encontrar literatura sobre estas. No entanto, consultem-se NOGUEIRA SERENS, *Direito da concorrência e acordos de compra exclusiva*, cit., pág. 30, nota 12, e pp.31-33, e KORAH, *Franchising and EEC competition*, cit., pág. 6.

[1027] Cfr. MOTA DE CAMPOS, *Direito Comunitário*, vol. II, pp. 139 e segs.

[1028] De todo o modo, há uma limitação que para nós resulta do tema que escolhemos para a dissertação, enquanto excluímos intencionalmente do nosso objectivo uma análise dos conteúdos e *ratio decidendi* escolhidos para legitimar conteúdos restritivos. Por nós, circunscrevemo-nos a determinar o que é ou não é reputado como restritivo da concorrência no espaço comunitário, procurando perceber criticamente as razões de uma tal consideração. Manifestamente, não nos interessa indagar, num momento seguinte, se essas restrições devem ainda assim ser isentadas, e porque o são. Tal só será feito a título incidental, quando se nos afigure importante para o nosso propósito.

[1029] GOEBEL, «Case Law», cit., pág. 689.

[1030] Exceptuando, claro está, a decisão *Campari*, de 23.12.77, relativa àquilo que se designa por franquia industrial ou de produção, ainda que envolvendo a comercialização das bebidas. O interesse subjacente a esta decisão reside, antes de mais, no seu carácter pioneiro e, sobretudo, "atípico", por se tratar de uma modalidade de *franchising* que, ainda hoje, não logrou regulamentação a nível comunitário. Mas não só. Nesta decisão de 1977, onde a Comissão proferiu uma decisão de isenção (sobre o processo de renovação desta isenção, cfr. *18° relatório sobre política de concorrência*, 1988, pág. 68), quatro das cláusulas do contrato celebrado entre a *Campari-Milano* e

reside no facto de apreciarem a conformidade com o Tratado CEE de contratos de franquia, de distribuição[1031] ou de serviços[1032].

Uma vez definidos, pelo Tribunal de Justiça, os termos da licitude dos contratos de *franchising* face à norma do artigo 85º, e visto que uma tal apreciação não tem valor exacto de precedente nem de interpretação autêntica, mas que, de todo o modo, sempre atribuirá ao Tribunal, em cada caso, a possibilidade de controlar as decisões da Comissão ou de se pronunciar a pedido dos órgãos jurisdicionais nacionais, gerando um inequívoco condicionamento operante sobre a Comissão e mesmo sobre os órgãos nacionais, tal não nos diz até que ponto um tal condicionamento é interiorizado por esses órgãos e, em especial, pela Comissão.

Na sequência do acórdão *Pronuptia*, logo a Comissão manifestou a vontade de elaborar um regulamento de isenção categorial para estes acordos. Segundo uns, fê-lo impressionada com a restritividade possível dos mecanismos de protecção territorial, tal como resultante daquela decisão, na sequência aliás do *favor* a estes acordos que em múltiplas

---

diversos franqueados da Europa comunitária caíam no âmbito da proibição do art. 85ª, nº 1 do Tratado CE.

A primeira cláusula nestas condições era a que consagrava a exclusividade bilateral entre franqueador e franqueado, que impedia a *Campari-Milano* de transmitir a terceiros o direito de utilizar a sua licença de marca nos territórios concedidos, e de fabricar directamente os seus produtos nesses territórios. A segunda era a que estabelecia a interdição de concorrência por parte dos franqueados, por esta via impedidos de se interessarem por outras bebidas similares. Também franqueador e franqueados assumiam não poder adoptar políticas activas de venda para além dos seus territórios específicos. E, finalmente, a cláusula que afirmava que a determinados clientes só podia vender-se o produto original italiano. Entende a Comissão que tais cláusulas devem ser consideradas como sendo susceptíveis de afectar o comércio entre os Estados-membros, porquanto levam a que o comércio entre os Estados se processe em termos diversos daqueles em que ocorreria sem tais restrições, revestindo ainda uma sensível influência sobre as condições do mercado. Já outras cláusulas não parecem caber minimamente no âmbito material do nº 1 do artigo 85º.

O que fica dito não impediu que a Comissão isentasse estes acordos da aplicação do nº 1 do art. 85º, por considerar estar reunido o circunstancialismo exigido pelo nº 3 deste mesmo artigo, ou seja, por ter concluído que tais cláusulas devem ser tidas como indispensáveis para atingir os objectivos favoráveis exigidos por esta disposição, podendo a eliminação de qualquer uma destas restrições comprometer a realização do objectivo de promover as vendas de *Bitter Campari*. Como afirma a Comissão no ponto III C, nenhum dos franqueados (ou mesmo qualquer empresa) consentiria em dispender avultados investimentos para desenvolver as vendas do produto, se não tivesse a garantia de estar protegido contra a concorrência dos outros franqueados.

[1031] Decisões *Pronuptia*, *Yves Rocher* e *Charles Jourdan*.
[1032] Decisão *Service Master*.

declarações públicas foi sendo manifestado. Mas há outra forma – oposta – de ver a mesma realidade: uma visão persecutória (ou talvez não), que vislumbra, nesta atitude, uma vontade da Comissão em, ainda que por mera motivação psicológica, manter o domínio sobre a definição do sentido da restrição da concorrência, como categoria geral e no âmbito da franquia comunitária[1033], do mesmo modo conferindo a segurança jurídica que de um regulamento de isenção sempre se retirará.

É certo que, analisando as várias decisões proferidas, a Comissão acabou não contrariando em medida relevante as *directrizes* do Tribunal. Colocando igualmente no domínio da licitude, quer as estipulações contratuais necessárias para evitar que o saber-fazer e a assistência comercial e técnica beneficiem concorrentes, quer aquelas outras supostas para a manutenção da imagem e reputação da rede[1034]. E revelando, em trechos com algum interesse, o papel da manutenção da concorrência *interbrand* («no exterior da marca») e da não-rigidez das estruturas dos mercados[1035].

Entre as primeiras, refira-se, de modo particular, as cláusulas de não-concorrência durante e após o contrato, onde a Comissão concretizou o sentido das afirmações do Tribunal[1036]. Se este havia dito que estas estipulações poderiam valer para um período pós-contratual, desde que razoável, a Comissão retirou outras ilações de regime. Tal período seria de um ano[1037], implicaria restrições à aquisição de participações financeiras

---

[1033] Assim parecem entender KORAH («Franchising and the draft group exemption», pp. 141-142) ou DUBOIS («La mise en place», *cit.*, pág. 5).

[1034] O mesmo juízo não se poderá fazer no que ao regulamento de isenção respeita. E, no que toca às decisões, não se deve esquecer que, na apreciação dos contratos à luz do nº 3 do artigo 85º, a Comissão não se coibiu de avaliar e apreciar muitas das cláusulas que o Tribunal havia considerado como não restritivas, às quais apenas se poderá atribuir o valor de *obiter dicta*.

[1035] Decisão *Yves Rocher*, cons. 53. Uma coisa há ainda a anotar. O facto da Comissão não haver igualmente procurado indagar acerca do eventual efeito restritivo resultante da existência de várias redes de objecto análogo (efeito cumulativo), o que poderá talvez dever-se a um desejo de não afrontar o Tribunal de Justiça. Por outro lado, a mesma quota de mercado, que serviu para considerar como não-restritivo o acordo, nas cláusulas diferentes das de repartição territorial, fundou a afectação do comércio – sensível até – e a consequente submissão dos acordos à proibição do nº 1,

[1036] Para HAWK (*United States, common market, cit.*, pp. 426.5), a posição da Comissão quanto a estas cláusulas não respeita o sentido do acórdão.

[1037] Nos casos *Yves Rocher*, considerandos 27 e 48; *Pronuptia*, considerandos 11, 18º travessão (salvo certos casos excepcionais, em que há a presunção de uma lealdade entre as partes no contrato, permitindo o reestabelecimento imediato, pág. 41) e 25, I); *Computerland*, cons. 12, § 2 e 22, iii); e *Service Master*, cons. 11.

em empresas concorrentes[1038] e até ao exercício pelo ex-contraente de actividades assalariadas. Mas, para permitir a sobrevivência deste, limitou-a à área reservada, o que coloca sérios problemas, não impedindo em rigor a utilização dos conhecimentos em concorrência e com prejuízo para o franqueador[1039].

Também não restritivas da concorrência, por serem consideradas necessárias para defender a identidade e reputação da rede, foram reputadas as obrigações impostas aos franqueados de utilizarem o saber-fazer e os métodos comerciais transmitidos pelo franqueador[1040], a necessidade de consentimento do franqueador relativamente à escolha das instalações[1041], as cláusulas de aprovisionamento[1042], as obrigações em matéria

---

[1038] Mas nem sempre estas restrições existem. Não as encontramos na decisão *Charles Jourdan*, a qual é *sui generis* no que respeita a obrigações contratuais de não-concorrência, porque não só não impõe restrições à aquisição de participações em empresas concorrentes, como também é original ao não consagrar nenhuma obrigação de não-concorrência para o período após à cessação do contrato (considerandos 15, 21 e 27). Os restantes contratos consagram cláusulas destes dois tipos, embora, quanto às primeiras, nem sempre o façam de maneira coincidente (cfr. *Yves Rocher*, cons. 47, *Computerland*, cons. 22 ii) e *Service Master*, cons. 10). Quanto às segundas, para além do caso especial da decisão *Charles Jourdan*, em todos os outros contratos foram previstas cláusulas que consagram a não concorrência pós-contratual, embora nem sempre de forma idêntica (cfr. *Pronuptia*, cons. 25 i), *Yves Rocher*, cons. 48 e *Service Master*, cons. 11), ou aceitável (decisão *Computerland*, cons. 22 iii)).

[1039] Decisão *Yves Rocher*, cons. 48.

[1040] Assim nas decisões *Pronuptia* (cons. 25 ii)), *Yves Rocher* (cons. 43), *Computerland* (cons. 23 iii), *Service Master* (cons. 13) e *Charles Jourdan* (cons. 28).

[1041] Podemos encontrar cláusulas de localização nas decisões *Pronuptia* (cons. 28), *Yves Rocher* (cons. 42), *Computerland* (cons. 23 v)), e *Service Master* (cons. 15).

[1042] Embora com especificidades que optamos por não concretizar, consultem-se as decisões *Pronuptia* (cons. 25 ii) e 27), *Yves Rocher* (cons. 28, 45 e 63), *Computerland* (cons. 23 vi) e 33), *Service Master* (cons. 17), e *Charles Jourdan* (cons. 16). Nos EUA, durante muito tempo, a jurisprudência (sobretudo dos tribunais inferiores) distinguia as hipóteses em que o distribuidor adquiria os bens do fornecedor, voluntariamente, das outras, que violariam o § 1 do *Sherman Act*, em que o distribuidor era coagido (*rectius*, obrigado) a adquiri-las, caso em que haveria violação da norma, por existir acordo entre as partes, construção artificial e aliás nunca seguida no espaço comunitário – J. W. BURNS, pág. 606, notas 44 e 45.

Na prática da Comissão, a licitude ou violação do artigo 85º, 1 pelas empresas que concordavam em estabelecer entre si cláusulas de aprovisionamento exclusivo exigia uma «apreciação da medida em que ficava livre o acesso à procura por parte das empresas distribuidoras» (*vide* acórdão *De Norre c. Concordia*, de 1.2.1977, pág. 74). Nesse sentido, estamos perante uma fundamental evolução provocada pelo acórdão *Pronuptia*,

de publicidade[1043] e, finalmente, as cláusulas que estatuem um poder de inspecção por parte do franqueador[1044].

Em último lugar, a Comissão, ainda na sequência do que o Tribunal havia declarado, considerou que as cláusulas fornecendo preços indicativos aos franqueados também não são restritivas da concorrência, na acepção do nº 1 do artigo 85º do Tratado CE, desde que o franqueado conserve intacta a liberdade de fixação dos preços[1045].

Se, em relação a estas importantes cláusulas, a autoridade comunitária concluiu pela sua natureza não restritiva, o mesmo já se não passou com aquelas estipulações consagradoras de uma certa repartição de mercados (alínea c) do nº 1 do art. 85º CE).

Em todos os contratos analisados foram encontradas cláusulas de protecção territorial restritivas da concorrência, no sentido do nº 1 do art. 85º. Sobre esta cláusula, cumpre-nos aqui notar a sua constância[1046], o

---

onde a licitude não depende já de tais factores, como logo realça BOUTARD-LABARDE, «Note», pág. 313.

[1043] Cfr. as decisões *Pronuptia* (cons. 25 ii)), *Yves Rocher* (cons. 44), *Computerland* (cons. 23 vii)), *Service Master* (cons. 18) e *Charles Jourdan* (cons. 28).

[1044] Encontrámos consagrações expressas do poder inspectivo do franqueador e da obrigação para o franqueado de apresentação de relatórios, nas decisões *Yves Rocher* (cons. 25 e 50), *Computerland* (cons. 23 viii)), *Service Master* (cons. 19), e *Charles Jourdan* (cons. 28).

[1045] É esta uma clara orientação política da Comissão, expressa numa animosidade marcada em relação a intromissões na liberdade de determinação dos preços por qualquer das partes numa coligação – para uma referência clara aos termos da atitude da Comissão, GOEBEL, «The uneasy fate of franchising», *cit.*, pág. 100.

Os termos das cláusulas relativas à questão dos preços nem sempre se revelaram similares. No contrato *Pronuptia*, o franqueador recomendava preços máximos que não deviam ser ultrapassados em campanhas promocionais (cons. 26). Tanto nesta como na decisão *Yves Rocher* (cons. 51), a Comissão considerou as cláusulas como não restritivas porque «não verificou a existência de uma prática concertada (...) com o objectivo de aplicar efectivamente estes preços». No entanto, a Yves Rocher já tinha sido obrigada a alterar uma cláusula que previa preços impostos (cons. 63). Sobre esta cláusula nos contratos *Service Master* e *Charles Jourdan*, cfr. respectivamente os considerandos 20 e 29. Consulte-se ainda o acórdão *Pronuptia* (cons. 25), a que já nos referimos. No âmbito do Regulamento da franquia, a verificação da existência de uma tal prática concertada é fundamento de retirada do benefício de aplicação do regulamento (art. 8º, alínea d)). Tal é o reflexo possível da aversão da Comissão a toda a influência artificial sobre o nível dos preços – *v.g.* GOEBEL, *cit.*, pág. 99.

[1046] Com efeito, estas cláusulas encontram-se em todas estas decisões – cfr. *Pronuptia* (cons. 28 e 29), *Yves Rocher* (cons. 54), *Computerland* (cons. 25), *Service Master* (cons. 22) e *Charles Jourdan* (cons. 32).

facto de tal carácter restritivo resultar de uma sua consideração combinada[1047] e a existência de limites a esta protecção territorial[1048], tudo factores já intervenientes na pronúncia do tribunal.

De todo o modo, se nestas intervenções a Comissão seguisse a solução oferecida pelo Tribunal de Justiça, poderia ter concedido *certificados positivos*, dado o fundamental não preenchimento da hipótese do n° 1 do artigo 85°[1049].

[1047] Na decisão *Pronuptia*, a restrição proibida da concorrência era causada pelo efeito conjunto das cláusulas que concediam ao franqueado uma zona geográfica exclusiva e que lhe impunham o dever de só exercer a franquia «no local determinado para este efeito» (cons. 28). No caso *Yves Rocher* (cons. cit.), tal repartição decorria das cláusulas que concediam ao franqueado um direito exclusivo num determinado território, das que impediam o franqueador de abrir pontos de venda no território do franqueado e a este de os abrir fora do seu território e, finalmente, da cláusula que impedia o franqueado de utilizar outras instalações. No caso *Service Master*, o franqueado está impedido de instalar pontos de venda e ainda de assumir uma política activa de vendas fora do território.

[1048] No contrato *Pronuptia*, o direito do franqueado não era exclusivo em relação ao franqueador, podendo este vender por correspondência na zona do franqueado (cons. 28-2° §), o mesmo se passando no contrato *Yves Rocher* (cons. 19). Na decisão *Service Master* (cons. 22), esta protecção conhece dois limites, pois «o franqueado detém apenas um direito não exclusivo dentro do seu território respectivo relativamente à Service Master em si», podendo ainda «prestar serviços fora do seu território a clientes espontâneos». Finalmente, limites surgem-nos ainda no caso *Charles Jourdan*, onde, «apesar de só poder existir um franqueado numa determinada zona» podem «existir vários depositários autorizados, e retalhistas tradicionais nessa mesma zona»(cons. 32).

[1049] Sobre esta distinção, que parece basear na circunstância da decisão conter um juízo positivo e não apenas um mero juízo negativo, de não contrariedade com as normas de concorrência, *v.g.* NUNO RUIZ, «Relações entre o direito nacional», *cit.*, pp. 338, e *infra*, MESTMÄCKER.

Capítulo II
Imunidade Regulamentar – Vinculatividade e Limites

>«A Comissão escolheu uma concepção exigente de franquia, a única que, face ao laxismo e à falta de profissionalismo, é de natureza a proteger franqueados e consumidores»
>
>(J.-M. Leloup, «Le règlement communautaire relatif à certaines catégories d' accords de franchise», p. 12)

I. O Regulamento CE nº 4087/88 – Limites de Validade e Vigência

Vimos acima que o Tribunal, ao proferir o acórdão *Pronuptia*, retirou uma série de cláusulas neles inseridas do *mar* de dúvidas em que *navegavam*, quanto à sua eventual (i)licitude. E que, ao fazê-lo, o Tribunal deixou aparentemente muito pouco espaço de conformação para a Comissão, limitada a analisar as possibilidades de isenção ou de restrição intolerável que possam derivar do jogo combinado de certas cláusulas[1050]. E se isto não será bem assim, não se deverá decerto às razões que Venit aponta[1051], mas decorrerá dos limites da própria interpretação do Tribunal, que, pese embora a sua força persuasiva (ousamos dizer: de *precedente de facto*), não se constitui como uma interpretação autêntica, não vinculando a Comissão nem os tribunais nacionais, embora possa exercer sobre eles – e deseja-se que assim aconteça – uma influência importante, potenciadora dos próprios desígnios propostos para as questões prejudiciais e para a integração dos mercados e ordens jurídicas almejada pela Comunidade Europeia.

[1050] Considerando 24.

[1051] Este autor critica o Tribunal por não ter feito uma análise cuidadosa da «exclusividade e dos riscos de saturação» das restrições *intrabrand*, que «obviaria à necessidade de uma isenção categorial» – «Pronuptia: ancillary restraints», *cit.*, pág. 221.

De todo o modo, visto isto, não prescindiremos de saber qual o impacto que a elaboração de um regulamento de isenção terá sobre a restritividade de um acordo de franquia[1052] e sobre a sua modelação nos espaços jurídicos nacionais.

Isto supõe compreender o modo como os regulamentos comunitários se integram na ordem jurídica dos Estados-membros, exigindo que se considerem várias dimensões, relativas às exigências colocadas, quer pelas normas jurídicas emanadas das instituições comunitárias e estaduais, quer dos próprios princípios da ordem jurídica comunitária, tal como construídos pelo TJCE.

O que torna imperioso que, em primeiro lugar, se estabeleça a posição normativa da norma regulamentar no quadro das ordens jurídicas comunitária e nacional. E, correlativamente, se determine o alcance e sentido da noção de franquia que aquela norma fornece. Será uma noção imediatamente operatória no plano jurídico interno, fundando direitos e obrigações para os particulares, que estes podem fazer valer perante jurisdições nacionais, entre si ou contra terceiros, autoridades públicas incluídas? E neste caso, tipificará o contrato, mesmo no direito interno[1053]?

[1052] O Regulamento (CEE) n° 4087/88 foi precedido de um projecto de regulamento publicado no J.O.C.E., n° C 229/3, de 27.8.87. Este projecto foi analisado *no 17° relatório sobre a Política de concorrência* (1987). O assunto foi retomado no *18° relatório* (pág. 39), onde se faz a comparação entre o texto do Regulamento 4087/88 e o texto do projecto de regulamento. Nomeadamente, entre as diferenças contam-se a admissibilidade, em certos termos – desde que não conduzam a práticas concertadas ou resultem destas práticas –, de preços recomendados e a possibilidade de se estabelecer uma obrigação de não concorrência para depois do termo do contrato, contanto que dentro de um prazo razoável, não superior a um ano. No entanto, leia-se o que já fomos referindo ao longo do trabalho e, em relação com a análise deste projecto, os artigos (também já amplamente citados) de KORAH («Franchising and the draft group exemption») e BIAMONTI//ROVERATI.

[1053] Certa doutrina parte mesmo da noção do regulamento para definir o contrato – assim, entre outros, Ubaldo PERFETTI (pp. 29-59), Ana Paula RIBEIRO (pp. 65-66). Mais timidamente, ISABEL ALEXANDRE (pág. 330, n. 1) e PARDOLESI, «Tipologie prevalenti», *cit.*, pág. 105.

1. A Questão à luz da Ordem Jurídico-Constitucional Portuguesa[1054]

Na Constituição da República Portuguesa, fixam-se, no artigo 8º, os termos das relações entre o direito internacional e o direito português.

O nº 3 deste artigo regula a questão relativa às normas emitidas por organizações internacionais de que Portugal seja parte, com especial relevo para as organizações internacionais supranacionais ou de integração[1055], como é o caso das Comunidades Europeias. Aí se diz que as normas emitidas por organizações internacionais de que Portugal faça parte «vigoram directamente» na ordem jurídica interna, independentemente de qualquer acto de mediação, traduzindo-se este dispositivo na consagração de uma cláusula de incorporação automática semelhante à que é válida para o direito internacional geral ou comum no nº 1 deste artigo 8º[1056].

Para que esta vigência ocorra é porém necessário que pelo menos duas condições se encontrem realizadas, segundo o disposto no nº 3 do art. 8º. A primeira é a de que «tal se encontre estabelecido nos respectivos tratados constitutivos». A segunda é a de que tais normas sejam «emanadas dos orgãos competentes».

Como dizem impressivamente GOMES CANOTILHO e VITAL MOREIRA[1057], «no caso da C.E.E., só terão cobertura constitucional (além do Tratado de Roma e dos tratados que os alteraram, claro está) os *regulamentos* comunitários»[1058].

[1054] Para uma perspectiva geral do assunto, MOURA RAMOS, «Relações entre a ordem interna e o direito internacional e comunitário», pp. 274-279.

[1055] Embora, na lição de J.J.GOMES CANOTILHO/VITAL MOREIRA (anotação X ao artigo 8º, pág. 89), também se possa aplicar no caso de «organizações internacionais de cooperação, na medida em que disponham de poderes normativos face aos Estados membros», num juízo acompanhado por JORGE MIRANDA, pág. 47.

[1056] AA. e op. cit., pág. 89, anotação XI ao art. 8º: «É a aplicação à legislação internacional, com as necessárias adaptações, do mesmo princípio de recepção automática (...), que (...) vale para o direito internacional comum».

[1057] Op. e loc. cits.

[1058] No mesmo sentido, por todos, Rui MOURA RAMOS, «Reenvio prejudicial e relacionamento entre ordens jurídicas», cit., pág. 100; BOTELHO MONIZ/MOURA PINHEIRO, pp. 135-136; e, descontando questões terminológicas, JOLIET, *Droit institutionnel des Communautés Européennes*, pág. 158. Em sentido diverso, JORGE MIRANDA, pág. 47. A adesão à posição citada no texto não abrange a referência aí contida aos tratados comunitários, os quais não gozam de aplicabilidade directa.

O regulamento comunitário vigora na ordem jurídica interna dos Estados membros nos termos em que o Tratado de Roma o previu, no 2º parágrafo do artigo 189º, no qual expressamente se estatui que o "regulamento tem carácter geral. É obrigatório em todos os seus elementos e directamente aplicável em todos os Estados membros". Esta fonte de direito comunitário assume-se pois, e perdoe-se-nos a liberdade de expressão, como a verdadeira *lei* comunitária[1059].

Já o preceito do nº 3 não resolve todo o tipo de problemas relativos ao carácter jurídico, eficácia e hierarquia normativa do direito comunitário e, designadamente, dos regulamentos CE[1060] na ordem (constitucional) interna.

Trata-se de questões que têm dividido profundamente a doutrina nacional, havendo posições para todos os gostos, desde os que afirmam que as normas comunitárias têm uma força igual à da lei, no plano interno[1061], aos que afirmam a sua natureza supraconstitucional[1062], passando

---

[1059] Sobre a força e originalidade dos regulamentos, pode referir-se PESCATORE, *The law of integration*, pág. 68.

[1060] Sobre este ponto, GOMES CANOTILHO/VITAL MOREIRA (anotações I e XII ao artigo 8º, pp. 83 e 90). GONÇALVES PEREIRA/FAUSTO DE QUADROS (pp. 130 e 134), vendo no artigo 8º, nº 3, da Constituição uma manifestação do primado, reconhecem no entanto que tal só fica aí consagrado para os regulamentos.

[1061] Embora não se reportando às normas que no artigo 8º se referem às normas comunitárias, por ainda não existir o nº 3 do artigo, SILVA CUNHA desenvolvia, em 1981, uma argumentação que só poderia conduzir a esta conclusão – *Direito Internacional Público*, 3ª ed., pág. 43 –, sendo que, por referência à 5ª edição da mesma obra (pp. 98-100), os seus argumentos devem considerar-se como *menos fortes*, atentos os termos resultantes de uma leitura sistemática da nossa Constituição, à luz da revisão constitucional de 1992 (Lei Constitucional 1/92).

[1062] GONÇALVES PEREIRA/FAUSTO DE QUADROS (pp. 124-126 e 130 e segs.) defendem o primado da ordem jurídica comunitária sobre qualquer norma de direito interno, mesmo que constitucional, por este princípio ser atributo próprio e «exigência existencial» (PESCATORE; a que se podia acrescentar, entre muitos, GARRON, «Réfléxions sur la primauté du droit communautaire», *RTDE*, 1969, pp. 28-48, e o próprio TJCE), «princípio da garantia da capacidade para o cumprimento da função das Comunidades» (IPSEN), instrumento da subsistência e uniformidade do direito comunitário, manifestação do «princípio de lealdade» do artigo 5º CE e «pressuposto lógico» da aplicabilidade directa prevista no artigo 189º CE. Para além destes argumentos, ressalta ainda na sua fundamentação o texto do Protocolo nº 17 ao TUE, o artigo F, nº 2 do TUE e a Declaração nº 19.

Mesmo desconsiderando os obstáculos que resultam de um primado supraconstitucional, ou sequer de um primado em geral (ainda quando referido aos regulamentos) em relação à Constituição, cumpre-nos recordar os limites do argumento retirado do artigo 189º CE – a aplicabilidade directa só se refere aos regulamentos (sobre a sua aplicação

por aqueles que, como nós, sem deixar de olvidar a necessária força normativa da regulamentação comunitária (por isso lhe conferindo uma posição *supra-legal* dentro da hierarquia das fontes de direito interno)[1063], não deixam de ver a Constituição como último referente e parâmetro normativo, em conformidade com o qual todas as restantes normas vinculativas no direito interno devem ser apreciadas. No entanto, de entre as posições defendidas, tem havido uma base comummente aceite: a de que «as normas emanadas pelos orgãos competentes das organizações internacionais de que Portugal seja parte» têm, pelo menos, um valor igual ao da lei, o que para nós basta.

2. A Questão à luz da Ordem Jurídica (*Constitucional*) Comunitária[1064]

Já os princípios decorrentes da ordem jurídica comunitária parecem conduzir a uma solução diversa, a que não é estranho a progressiva *constitucionalização* dos tratados, operada pelo decurso da integração europeia, nomeadamente pela afirmação de princípios directores das relações entre as várias ordens jurídicas co-implicadas na construção europeia.

às decisões, *vide* o obstáculo constitucional) –, o valor jurídico reduzido dos Protocolos e Declarações – cujo valor é discutível: *vide* PETIT, pp. 920-924 –, a 'fraqueza' constituinte do artigo F – norma de duvidoso alcance, desde logo porque não sujeita a controlo jurisdicional pelo Tribunal de Justiça (artigo L), MOURA RAMOS, «Maastricht e os direitos do cidadão europeu», pág. 101 – ou a justificação para as revisões constitucionais antecedentes da recepção das normas aprovadas em Maastricht, esquecendo que, pelo menos no que ao acórdão de 12.10.93 do *Bundesverfassungsgericht* respeitava, tratava-se verdadeiramente de uma fiscalização da conformidade do TUE com a *Grundsgesetz*.

Para uma panorâmica sobre a doutrina portuguesa (e não só) reconhecendo o primado, *vide* ainda GONÇALVES PEREIRA/FAUSTO DE QUADROS, pág. 143, nota 2.

[1063] A mesma ideia nos parece já expressa por MOITINHO DE ALMEIDA, «A ordem jurídica comunitária», pp. 25-26, quando referia, após a revisão constitucional de 1982, que, se o artigo 8º, nº 3 visou permitir a adesão de Portugal às Comunidades Europeias, «daqui resulta que o legislador constitucional entendeu ser o artigo 8º bastante para o cumprimento, por Portugal, das obrigações resultantes da adesão» – *cfr.* PITTA E CUNHA/ /RUIZ, pp. 345 e 349-350.

[1064] Sobre a natureza dos regulamentos, J. V. LOUIS, *A ordem jurídica comunitária*, pp. 106-108, com a frase de SAVARY, sobre o regulamento ser o «verdadeiro poder 'europeu'».

Destaque natural vai para o princípio da *prevalência na aplicação do direito comunitário*[1065], o qual parece pedir, na formulação que lhe foi sendo dada pela jurisprudência do TJCE, a consagração da força normativa superior das normas comunitárias. Afirmado logo em 1960[1066], este princípio foi devidamente fundamentado com o acordão *Costa/Enel*, de 1964[1067], o qual baseia o «primado» do direito comunitário em argumentos e exigências da própria ordem jurídica comunitária[1068].

Prevalência do direito comunitário que, sobre as disposições constitucionais dos Estados membros, foi enfrentada e afirmada pelo tribunal comunitário no seu também famoso acórdão *Internationale Handelsgesellschaft*, de 1970[1069], e posteriormente reafirmada em vários arestos.

A prevalência fornece ao juiz ou à autoridade nacional um critério de determinação da lei aplicável, quando confrontado com a teórica aplicabilidade *in casu* de normas de ambas as ordens jurídicas[1070]. É o caso, quando a norma regulamentar comunitária de isenção categorial e a lei interna da concorrência abranjam ambas a restrição operada pelo acordo no seu âmbito material de aplicação. Qual deverá ser aplicada?

[1065] Na síntese de GOMES CANOTILHO/VITAL MOREIRA (pág. 90), «a doutrina tem aqui apontado para a ideia de *preferência na aplicação*, do direito comunitário, que não significa invalidação do direito interno, mas tão somente uma prioridade de aplicação».

[1066] Acórdãos *Comptoirs de vente du Charbon de la Rhur* (pág. 857) e *Humblet*, pág. 1127.

[1067] Acórdão de 15.7.1964, pág. 1141 e segs..

[1068] Descritivamente sobre toda esta interessante problemática da evolução da ideia do primado do direito comunitário sobre o direito interno dos Estados membros, ainda que de natureza constitucional, MOTA DE CAMPOS (*Direito Comunitário*, vol. II, pp. 321--393) e, entre muitos outros, KOVAR («As relações entre o direito comunitário e os direitos nacionais», pp. 115 e segs), Jean-Victor LOUIS (*A ordem jurídica comunitária*, pp. 174 e ss.), Jean BOULOUIS (pp. 261 e segs) ou P.S.R.F. MATHIJSEN, *A guide to european community law*, pp. 310 e segs.

[1069] Acórdão de 17.12.1970, proc° 11/70, Rec., 1970, pág. 1125 e segs.

[1070] A conformidade dos actos nacionais com as normas comunitárias não se exige apenas em relação aos actos internos normativos, mas a qualquer tipo de actos, ainda que não normativos, nos termos aliás colocados pela própria jurisprudência comunitária – *vide* acórdão *Leonesio*, de 17.5.72, cons. 19, 22 a 24, onde se podia ler: «os regulamentos citados conferem (...) o direito (...), sem que o Estado-membro em questão possa invocar a sua legislação ou a sua prática administrativa para se opor a tal pagamento» (sobre este acórdão, J. V. LOUIS, *A ordem jurídica comunitária*, pp. 151-152).

A resposta, nesta hipótese, surge clara. O órgão ou entidade nacional deverá aplicar a norma comunitária. Primeiro, porque o próprio ordenamento português reconhece a prevalência das normas comunitárias sobre as normas internas de natureza infra-constitucional[1071].

Mas também porque para tal também concorrem os princípios da *aplicabilidade directa* e do *efeito directo*, que são duas outras características dos regulamentos[1072]. Segundo aquele primeiro princípio, os regulamentos comunitários incorporam-se na ordem jurídica dos Estados membros

---

[1071] Sobre o ponto, por último, MOURA RAMOS, «Relações entre a ordem interna», *cit.*, pp. 275-276. Sobre a questão de saber se o primado do direito comunitário existe também em relação às normas da Constituição, é problema que na nossa sede não se coloca, dada a geral conformidade entre as normas da nossa lei fundamental e a do artigo 85º CE, só podendo suscitar-se, por exemplo, em relação aos direitos de defesa resultantes dos regulamentos de execução do artigo 85º (regulamento 17/62 e 99/63, por exemplo), mas que também por isto transcende o nosso objecto, não sendo por isso por nós desenvolvido. Contudo, pode dizer-se que, em termos gerais, tendemos a concordar com MOURA RAMOS (por último, na obra aqui citada) ou com GOMES CANOTILHO/VITAL MOREIRA, pp. 90-91.

[1072] Mas elementos distintos, factor cuja incompreensão gera ambiguidades e dúvidas onde elas não devem existir. É o que acontece com todos os autores, e são muitos, que procuram assimilar ambos os conceitos, sobretudo – cremos – motivados pela própria incoerência da jurisprudência comunitária e das suas traduções – assim, entre muitos, só em língua portuguesa, BORBA CASELLA (*Comunidade Européia, cit.,* pp. 124-125) ou MOTA DE CAMPOS (*Direito Comunitário,* vol. II, pp. 245-249: sendo que da sua exposição, não só resulta que todo o direito comunitário teria *vigência automática* na ordem jurídica interna, mas supõe ainda uma cisão alternativa entre as normas que caiam em cada uma das categorias, o que o nosso discurso de todo não supõe), embora aceite uma distinção conceptual. Já outros distinguem, embora sejam afectados pela mesma imprecisão terminológica – assim, EKMEDJIAN, pp. 68-69. Se a aplicabilidade directa é *atributo* exclusivo dos regulamentos, já o efeito directo é elemento presente, em medida diversa, noutros actos comunitários, como os tratados, as directivas ou mesmo as decisões dirigidas aos Estados-membros – *vide* J. V. LOUIS, *A ordem jurídica comunitária,* pp. 144 e 152-164. Curiosa é a situação de SOUSA E SILVA (*Direito comunitário e propriedade industrial, cit.,* pp. 110-111, nota 189), que, distinguindo os conceitos e citando doutrina sobre o tema – também por isso não citada aqui –, acaba por ver nos dois conceitos «como que duas faces da mesma moeda», limitando o efeito directo às normas directamente aplicáveis, factor que o eliminaria, desde logo, quanto às normas dos Tratados e directivas: os particulares não as poderiam invocar. Refira-se ainda que na doutrina e na própria jurisprudência do Tribunal, os conceitos de aplicabilidade directa e efeito directo são frequentemente assimilados, chegando mesmo a confundir-se 'aplicabilidade directa' com 'efeito imediato' (JOLIET, *Le droit institutionnel des Communautés Européennes, cit.,* pág. 142).

sem qualquer acto de transformação ou de recepção[1073]. E, como afirma o segundo princípio, «das suas disposições [podem resultar] resultam efeitos directos verticais e horizontais, direitos dos súbditos (...) contras as autoridades públicas, ou direitos e obrigações susceptíveis de serem invocadas pelos particulares nas suas relações entre si»[1074], não fazendo sentido que fossem afastáveis por um mero acto legislativo de direito interno[1075].

Mas não sem que previamente se preencham condições. Como sabemos, no seguimento do acórdão *Itália c. Conselho*, de 13.7.1966, o Tribunal de Justiça declarou que «tomado em aplicação do artigo 85, § 3, e não do artigo 85, § 1, tal como resulta do seu título e dos seus considerandos, este regulamento [regulamento 19/65] não cria nenhuma presunção jurídica relativamente à interpretação a dar ao artigo 85, § 1», «não podendo ter por consequência precipitar, ainda que implicitamente, no âmbito da interdição do artigo 85, § 1, as categorias que se propõe favorecer nem presumir reunidas de pleno direito as condições do dito

---

[1073] Artigo 189º, nº 2 CE.

[1074] MOITINHO DE ALMEIDA, «A ordem jurídica comunitária», pág. 16, em termos não muito diversos dos que resultavam do acórdão *Politi*, de 14.12.71 (pág. 1043, cons. 9), ou em KAPTEYN/VAN THEMAAT, pp. 37 e 42. Sobre o efeito directo do artigo 85º, ele foi afirmado expressamente pelo TJCE logo em 1962, no acórdão *Bosch*, de 6.4.62, por ser uma norma que tem como destinatários imediatos os particulares, as empresas. Em geral sobre o efeito directo das normas comunitárias, numa exposição breve e com alguma eloquência, VALLÉE (pág. 95), sobretudo na parte em que acentua que, pela afirmação do efeito directo pelo TJCE, este órgão inverteu a presunção que em 3.3.1928 havia afirmado o TPJI, no *parecer sobre a competência dos tribunais de Dantzig*. Leia-se ainda JOLIET (*Le droit institutionnel des Communautés Européennes, cit.*, pp. 293-296), sobre a origem da formulação da doutrina do efeito directo, na primitiva jurisprudência do *Supreme Court* dos EUA, a propósito dos tratados *self-executing*.

[1075] Por nós, parece-nos que o fundamento do *primado* dos regulamentos poderia ainda ser explicado em termos semelhantes àqueles que justificam a posição supra-legal das normas de direito internacional convencional sobre as leis internas, numa concepção dualista. É o próprio direito interno constitucional que não só aceita que as normas internacionais vigorem no direito interno enquanto tais (e o regulamento, como uma convenção, não passa a ser um acto de direito interno, embora seja fonte de direito no espaço jurídico nacional – continua a ser uma norma comunitária, e a valer enquanto tal), como também aceita a supremacia na aplicação destas normas, na medida em que a sua inaplicação, para além de inutilizar a norma internacional, geraria a responsabilidade internacional do Estado, representando uma violação ao princípio *pacta sunt servanda*. Daí que o primado surja como o garante do próprio efeito directo das normas jurídicas comunitárias.

artigo»[1076]. O que supõe a atribuição aos tribunais nacionais da competência de apreciação da coligação à luz do artigo 85º, nº 1 CE ou mesmo do direito nacional[1077]. Inclusivamente, o juiz nacional poderá, sem incorrer por isso em qualquer incumprimento ou desrespeito pelo princípio do *primado*, avaliar se, no caso concreto, a coligação preenche as condições previstas para a aplicação da proibição do nº 1 do artigo 85º, condição *sine qua non* da sequente submissão do acordo ao regime resultante da isenção categorial ou para a sua submissão total ao regime nacional de defesa da concorrência[1078]. É, em parte, a mesma solução que víamos ocorrer na hipótese de a Comissão emitir a favor da coligação um certificado negativo[1079].

[1076] BOUTARD-LABARDE («Note», pág. 310) chega mesmo a afirmar que, apesar da Comissão já – na altura – haver anunciado a intenção de elaborar um regulamento de isenção para a franquia, se «era já juridicamente contestável quando se tratasse de contratos parcialmente incompatíveis com o nº 1 do artigo 85º, o método do regulamento torna-se inutilizável quando se trate de um contrato que, na opinião do Tribunal, " não atenta, em si mesmo, contra a concorrência"».
Porque pensamos ser esta a perspectiva correcta, não podemos concordar com aqueles que, como GINER PARREÑO (pág. 59), defendem que a «técnica jurídica do regulamento pressupõe a ilegalidade daquilo que se isenta». Também o advogado-geral COLOMER, nas conclusões que apresentou a 14.12.95 no processo *Nissan France* (pág. 682), refere, a nosso ver mal: «o regulamento define uma categoria de acordos para os quais podem considerar-se cumpridas as condições do Regulamento nº 19/65 (...) e, portanto, excluída a sua, de outro modo, *inelutável* proibição» (cons. 17 – o itálico é nosso). No mesmo sentido parecem aparentemente inclinar-se BIAMONTI/ROVERATI (pág. 334).
[1077] Esta solução é adoptada pela própria jurisprudência comunitária – assim os acórdãos *VAG France* (de 18.12.86, pp. 4071 e segs., com as conclusões do advogado-geral MISCHO, pp. 4080-4081) e *Dansk Pelsdyravlerforening*, *cit.*, pág. 1970, cons. 98. Ouçamos o advogado-geral Jean MISCHO: «Uma vez que as decisões tomadas com base no artigo 85º, nº 3 têm por objectivo declarar inaplicáveis as disposições do nº 1, poder-se-ia ser tentado a supor que os acordos que dele beneficiam são sempre abrangidos pela interdição do referido nº 1/ Se tal acontece efectivamente no caso dos acordos que beneficiam de uma isenção individual, não é necessariamente assim quando se trate de um acordo inserido numa *categoria* isenta. No acórdão 32/65 [Itália c. Conselho, referido em texto] (...)/ Nesta hipótese, cabe ao juiz nacional, sem prejuízo da aplicação do artigo 177º do Tratado, verificar se as condições da proibição do artigo 85º, nº 1, estão efectivamente cumpridas./*Um regulamento de isenção por categorias não produz, pois, o efeito automático de tornar nulo um acordo que não preenche as condições da isenção*» (itálicos do autor).
[1078] Acórdão de 28.2.91, *Stergios Delimitis* (pág. 992-993), cujas soluções foram em substância reproduzidas no acórdão *Gottrup Lim c. DLG*, de 15.12.94, *cit.*, pág. 5693,

II. Regime Jurídico-Comunitário da Franquia (Referência)

Da exposição que temos vindo a fazer, uma e decisiva conclusão ressaltou com clareza. Quando estejamos perante um contrato de franquia de distribuição susceptível de interessar ao direito comunitário, o primeiro normativo a que devemos recorrer é, não imediatamente o já plúrimas vezes mencionado Regulamento 4087/88, de 30 de Novembro de 1988[1080], mas o próprio artigo 85º, nº 1, para, só após a verificação do preenchimento da sua previsão normativa, afirmar a competência comunitária e, consequentemente, a aplicação da isenção categorial respectiva (assim se respeitando as respectivas esferas de competência).

Mas, ainda que se conclua pela existência de uma restrição de concorrência susceptível de afectar o comércio intra-comunitário, ainda assim o regulamento não nos oferece uma solução unívoca e uniforme.

Ou seja, tal não significa que o contrato apenas encontre o seu regime comunitário neste regulamento, mesmo quando – note-se bem – todas as suas cláusulas encontrem protecção no seu âmbito. E isto porque,

---

cons. 58. Em Portugal, também BANGY (pág. 35) se inclina para a mesma solução, ao citar o acórdão *Fonderies Roubaix,* na parte em que dispõe que os «regulamentos de isenção categoriais não são aplicáveis a acordos (...) com carácter puramente nacional, não susceptível de afectar sensivelmente o comércio (só seriam se, sendo domésticos, afectassem)».

[1079] *Vide* Parte I e, em sentido crítico, por considerar paradoxal que uma coligação isenta da proibição do direito comunitário, porque este não se considere aplicável, possa ter um regime de menor favor do que o resultante da aplicação da norma comunitária, devido à submissão absoluta ao regime nacional da concorrência, PARDOLESI («Regole antimonopolistiche del trattato CEE», *cit.*, p. 88). A questão é ainda mais complexa. Mesmo na hipótese de certificado negativo emitido pela Comissão, o princípio da prevalência e da uniformidade na aplicação do direito comunitário poderia impedir que um Estado-membro, através das suas autoridades de concorrência, declarasse preenchidos os pressupostos de aplicação do direito comunitário, sob pena de se frustrarem os objectivos comunitários (THIEFFRY, «L' appréhension des systèmes de distribution», *cit.*, pág. 693), atendendo ao facto de a decisão que atribui um certificado negativo não poder dei-xar de se assumir como um acto de política comunitária da Comissão, que ficaria prejudicado pela emissão de um juízo em sentido diverso emitido por uma autoridade nacional. Ainda que seja assim, não nos parece que tal possa impedir a adopção de uma qualquer decisão nacional, desde que tomada exclusivamente com base no direito nacional. Violará assim o Estado a obrigação que lhe é imposta pelo artigo 5º CE?

[1080] *Maxime* quando se tratar de um contrato celebrado entre duas empresas comunitárias, mas também quando o contrato for celebrado entre uma empresa comunitária e uma empresa não comunitária.

dado o seu objecto, ressalta o facto da Comissão não o encarar (ao regulamento 4087/88) como o regime geral[1081] da justificação económica do contrato. Como há muito já escrevemos, o regulamento apenas visa uma modalidade, a franquia de distribuição[1082]. Mas não só por isto. Igualmente se excepciona do seu âmbito de aplicação as franquias de distribuição ou de prestação de serviços relativas a certa categorias de produtos e serviços: os referidos e abrangidos pelo regulamento nº 1475/95, de 28.6.95[1083].

[1081] É o também que diz LELOUP («Le règlement communautaire relatif», cit., p. 4). GINER PARREÑO acentua a força «expansiva ou universal» (pág. 314) deste regulamento, apesar da regulamentação «classista» a que a Comissão procede (pág. 336).

[1082] Visa igualmente a chamada franquia de serviços, mas tal deve-se ao facto de, no entender da Comissão, ela suscitar o mesmo tipo de preocupações e merecer o mesmo tipo de soluções, do ponto de vista da tutela da concorrência comunitária – supra Parte II.

[1083] Artigo 12º e considerando 34 do regulamento. Esta solução levanta alguns problemas. O primeiro diz respeito à própria natureza e essência dos acordos. Recorde-se que, como vimos, a exclusão da submissão da franquia ao regulamento 67/67 e (implicitamente) aos seus regulamentos de substituição (1983/83 e 1984/83) foi baseada, na opinião do Tribunal e da doutrina, na diversa natureza dos acordos, o que leva muitos autores a considerar ter a Comissão fundado-se, na elaboração do regulamento 4087/88, na alínea b) do nº 1 do artigo 1º do regulamento 19/65. Ora, o regulamento 1475/95 baseia-se, como se pode extrair dos seus considerandos (1 e 4), na alínea a) do mesmo artigo e número. O que levanta a questão da verdadeira diversidade de natureza entre ambos (v.g. os Autores citados em ROBERTI, p. 408, n. 16), ou da correcta exegese do artigo 12º do regulamento 1475/95, que estabelece que «o regulamento (CEE) nº 4087//88 não é aplicável aos acordos relativos a produtos e serviços referidos no presente regulamento». Se os acordos tiverem uma natureza diferente, a norma é inútil, resultando a inaplicação da própria incompatibilidade entre os acordos e do próprio sentido da pronúncia do Tribunal de Justiça no acórdão Pronuptia. Mas mesmo prescindindo dessas indagações, o problema é o de saber se esses produtos e serviços, ainda se prestados num esquema de franquia, beneficiarão do regulamento 1475/95. Parece que não, ressaltando tal solução de dois factores, ambos já referidos (ainda que implicitamente). Primeiro, a diversa natureza dos acordos e a impossibilidade de uma aplicação combinada dos vários regulamentos de isenção categorial. Em segundo, porque tal é a solução que se pode extrair do considerando 34, onde se pode ler que a inaplicação do regime geral da franquia é feita «sem prejuízo do direito das empresas de solicitarem uma isenção individual ao abrigo do regulamento nº 17».

O que se questiona é a justificação da diversidade de tratamento. É que não basta dizer que o sector é sectorial (todo o sector o é, até etimologicamente) e específico. Importa justificar – o que não se faz – porque é que uma empresa, se distribuir automóveis ou prestar certos serviços com estes relacionados, mas adoptando um esquema contratual de franquia, não pode beneficiar do regime geral, que sempre lhe estaria aberto, noutras circunstâncias. As consequências são sérias e graves. Em primeiro lugar, pela

Portanto, a aplicação dos regulamentos supõe que, de qualquer forma, se considerem preenchidos os requisitos gerais de operatividade do próprio direito comunitário. Se estiverem preenchidos os pressupostos da isenção, então o acordo não mais poderá ser atacado. Com o que fica bem evidente uma intencionalidade possível para a Comissão elaborar estes regulamentos. Com eles, embora fique em princípio[1084] inibida de intervir, o certo é que reverte o jogo para a sua mão, assumindo como sua decisão o favor concedido a certo tipo de acordos[1085]. Se isto ficou claro, o certo é não nos termos ainda referido, ainda que circunstanciadamente, ao seu conteúdo normativo, isto é, às diversas normas que o compõem, e que ao prático do direito mais interessam. Não queremos pois terminar sem uma sumária descrição e enunciação dessas normas, *rectius* da própria estrutura do Regulamento, sobretudo para acentuarmos uma outra nota, que não se nos afigure irrelevante[1086].

Vejamos então. Do próprio diploma resulta (art. 1°) a circunscrição do seu objecto[1087] e âmbito material de aplicação. Assim, este regulamento abarca os acordos de franquia (e de franquia principal) celebrados entre

---

insegurança que tal causará nos franqueados distribuidores destes produtos, que ficarão duplamente desprotegidos, visto que não apenas lhes é excluído beneficiarem do regime mais favorável do regulamento da distribuição automóvel, como também se sujeitam ao ónus da notificação dos acordos, às concepções centralizantes da Comissão e à incerteza derivada dos processos de isenção individual. Não se percebe, francamente, porque não – se tais acordos de distribuição, quando em franquia, patentemente não gozam do favor da Comissão e dos grupos que a influenciaram – se lhes atribui todas ou algumas das garantias do regulamento 1475/95 ou não se sujeitam ao processo de oposição, reduzindo-se assim a incerteza quanto à sua *sorte* jurídica.

Referindo expressamente a influência dos profissionais dos diversos sectores sobre a Comissão, BOUTARD-LABARDE, «Note», pág. 309.

[1084] Mas atente-se no artigo 8°, relativo à retirada da isenção.

[1085] Ainda que pensando que mais vale ter uma má política – e não sabemos se pensará isso – do que não ter política nenhuma, deixando apenas o regime dos contratos ao arbítrio dos tribunais nacionais e comunitários. De todo o modo, como imediatamente elucidaremos, pensamos que a Comissão foi bem mais precavida e contestatária, reduzindo a quase nada o sentido do acórdão *Pronuptia*.

[1086] O objecto que nos preocupa é apenas o de saber se as cláusulas dos contratos de franquia violam ou não o n° 1, e o porquê desses juízos. O balanço económico das estipulações restritivas já não nos interessa, embora seja a muitos títulos relevante.

[1087] No n° 3 deste artigo 1°, o regulamento dá-nos as noções de «franquia», «acordo de franquia», «acordo de franquia principal», «produtos do franqueador», «instalações previstas no contrato», «saber-fazer», assim como o que deve entender-se pelo carácter «secreto», «substancial» e «identificável» deste *know-how*.

apenas duas empresas e que incluam uma ou mais das restrições previstas no artigo 2º do regulamento[1088] (artigo 1º, 1), relativamente aos quais o artigo 85º,1 do Tratado de Roma (CE) será inaplicável.

Diferentemente do que vimos acontecer no acórdão *Pronuptia*, o diploma comunitário consagra, no artigo 3º[1089], a designada «white list»

[1088] O artigo 2º do regulamento contém certas «restrições da concorrência» que são lícitas, apesar de poderem de *per si* ser consideradas como violando a proibição do art. 85º,1. Já vimos o que tal significa. Trata-se de estipulações importantes, como sejam a protecção territorial exclusiva, sobre a qual já nos pronunciámos (alíneas a) e b)), a cláusula que obriga o franqueado a utilizar apenas as instalações previstas no contrato (alínea c)) e a obrigação imposta ao franqueado de restringir a sua política activa de vendas a uma certa área (alínea d)). Sobre isto, KORAH, *Franchising and EEC competition*, *cit.*, pp. 52 ss.

Outras cláusulas assumem uma importância relevante, devendo ser articuladas com outras disposições do regulamento. Neste caso encontramos a alínea e) do artigo 2º, onde se estabelece poder o franqueado ser contratualmente impedido de fabricar, vender ou utilizar na prestação de serviços, produtos concorrentes dos produtos do franqueador objecto da franquia. Esta disposição deve articular-se com o disposto nas alíneas a) e b) do nº 1 do artigo 3º, que permitem que o franqueador imponha ao franqueado a venda e a utilização de bens por ele (franqueador) produzidos – ou por terceiros por si designados –, quando não for possível aplicar especificações de qualidade objectiva. Esta possibilidade, já de si condicionada, não pode ser arbitrariamente utilizada pelo franqueador, sob pena de inaplicabilidade do regulamento. É isso que afirma o artigo 5º, nas suas alíneas b) e c), onde se diz, nomeadamente, que se o franqueado for impedido de obter fornecimentos de qualidade equivalente aos oferecidos pelo franqueador ou se, estando obrigado a vender ou utilizar produtos fornecidos pelo franqueador ou por terceiro por ele designado, o franqueador se recusar, sem fundamento válido, a designar «como fabricantes aprovados terceiros propostos pelo franqueado», a isenção prevista no artigo 1º é inaplicável, podendo o acordo nestas condições necessitar de uma decisão individual de isenção, ou mesmo de modificação. Deve também ter-se em atenção, nesta sede, o disposto na alínea a) do artigo 4º do regulamento. Trata-se, no fundo, da possibilidade de estabelecimento de cláusulas de exclusividade, embora não territorial, mas de aprovisionamento. Quanto à norma que a Comissão aditou, na 2ª parte da alínea e) do artigo 2º, v.g. KORAH (*Franchising and EEC competition*, *cit.*, pp. 58-60). Sobre isto, tem interesse o ponto 23º (vi) da decisão *Computerland*, onde, a dado passo, a Comissão afirma que «a aprovação prévia pelo franqueador dos produtos e serviços oferecidos nos estabelecimentos (...) garante aos compradores que poderão obter bens da mesma qualidade de todos os franqueados (...). No caso presente, dada a grande variedade de produtos (...) e a muito rápida evolução tecnológica no mercado (...), seria impraticável garantir o necessário controlo de qualidade (...). Além disso, no caso de um fabricante lançar novos produtos de um padrão mais elevado do que o do tipo existente que tenha sido aprovado, os franqueados não necessitam de autorização prévia para poderem vender esses novos produtos».

[1089] Sobre este ponto, consulte-se o considerando 11 do regulamento, onde o legislador comunitário revela o carácter não exaustivo desta enumeração.

(KORAH), onde se incluem e isentam certas cláusulas, quando reunidas certas circunstâncias. Tais *restrições* impostas ao franqueado gozarão da isenção estabelecida no artigo 1º apenas na medida em que «sejam necessárias para proteger os direitos de propriedade industrial ou intelectual do franqueador ou para manter a identidade comum e a reputação da rede». Ora, a funcionalização a estes condicionalismos induz-nos a pensar que a Comissão se afasta irremissivelmente do juízo que o Tribunal fez no acórdão *Pronuptia*[1090]. Recorde-se que este havia considerado não violarem tais cláusulas o nº 1 do artigo 85º (o que chamámos um juízo de *inerência*), enquanto a Comissão *parece* optar por dizer que gozam do nº 3 do artigo 85º, embora violem o nº 1 (que assim é *desaplicado*). Trata-se de uma solução prenhe de inconvenientes. Primeiro, porque reduz a uniformidade e harmonização de critérios entre o Tribunal e a Comissão, num *braço de ferro* que a integração europeia não agradece. Mas que também potencia – de forma absolutamente original no quadro dos diversos regulamentos de isenção até hoje elaborados – a incerteza, ao condicionar a isenção a um juízo de indispensabilidade que não é certo, tornando a isenção (de)*pendente* de uma qualquer apreciação futura, com inerentes riscos de exclusão dos acordos (esses e outros) do âmbito de protecção e, de todo o modo, traduzindo um *convite implícito* à notificação dos acordos que as incluam, à cautela, dada a insegurança que lhes estará sempre conexa[1091].

[1090] Neste sentido, PÉREZ-BUSTAMANTE/AZCÁRATE, pp. 79-81 e 97, retomado por RUIZ PERIS, pág. 125, nota 298.

[1091] Perigos a que a Comissão poderia obviar e que, de todo o modo, causam uma redução significativa do âmbito material dos acordos globalmente isentados. A conformação com o sentido do acórdão *Pronuptia* ficaria realizada com o alargamento do nº 3 do artigo 3º às cláusulas isentadas *ex vi* do nº 1 do mesmo artigo, querendo com isso significar que ainda que não se afigurassem inerentes a um concreto contrato, beneficiariam da isenção (que é o que, grosso modo, retiramos do nº 3 do artigo 3º, em relação às cláusulas referidas no nº 2), corresponde a uma mais correcta técnica legislativa, pois, em rigor, a Comissão só tem competência para afirmar que, uma vez preenchida a hipótese do nº 1 (do artigo 85º), certos acordos ou cláusulas gozam de um balanço económico favorável.

Por outro lado, há uma intenção de política normativa clara de *incitamento* paralelo ao desencadear (sempre que estas cláusulas estejam em causa) do processo de oposição, hoje referido ao regulamento 3385/94, antes que ao regulamento nº 27, como diz o artigo 6º. E desta atitude é sintomática a pura e simples omissão dada no nº 1 do artigo 6º ao nº 1 do artigo 3º. Faça-se a exegese do artigo. A isenção *condicional* (chamemos-lhe assim) dá-se quando o acordo, respeitando os limites positivos e negativos dos artigos 4º e 5º, inclua obrigações e cláusulas não abrangidas pelo artigo 2º nem pelo *nº 3 do artigo 3º* (que só se refere ao nº 2 do mesmo artigo...). É o caso do nº 1 do artigo 3º.

Entre estas contam-se, entre outras *restrições*[1092], obrigações de não concorrência, válidas mesmo após o termo do contrato (n° 1, alínea c))[1093], obrigações de empenho na exploração da franquia, que se podem traduzir na imposição de um volume de negócios mínimo[1094] e obrigações relativas a publicidade (alínea g) do n° 1)[1095].

[1092] Por ex., a da alínea e) do n° 1, onde se limita o âmbito pessoal da actividade do franqueado, ou seja, a quem pode ele vender ou prestar os serviços objecto da franquia. Uma restrição deste tipo foi isentada pela Comissão, nas suas decisões *Yves Rocher* (cons. 46) e *Computerland* (pontos 10, 26 e 34).

[1093] Esta obrigação de não concorrência, se pode abarcar um período posterior à cessação do contrato, conhece limites temporais – só podendo ser imposta «durante um período razoável que não pode exceder um ano» – e espaciais – só abrangendo o território em que o franqueado explorou a franquia. Mais uma vez se denota, aqui, uma reforma da pronúncia do Tribunal, que aceitava como não restritiva uma obrigação extensiva a toda a área geográfica da rede («numa zona onde poderia entrar em concorrência com um dos membros da rede»: cons. 16), enquanto o regulamento a considera, não só restritiva, como até economicamente injustificável, excepto se limitada «ao território em que [o franqueado] explorou a franquia», assim talvez se atingindo o outro objectivo de facilitar a competência comunitária, induzindo as partes (leia-se: o franqueador) à atribuição de zonas territoriais não muito reduzidas.
Foi discutida na generalidade das decisões comunitárias sobre contratos de franquia, como vimos já. Na decisão *Computerland*, por ex., a Comissão considerou exagerado o prazo de 3 anos após o termo do contrato, durante o qual os franqueados ficavam impedidos de concorrer com o franqueador (embora a área de irradiação espacial desta obrigação fosse diversa, em cada um destes anos), razão que levou a empresa a alterar, durante o processo de notificação, o prazo para 1 ano, e também o seu âmbito espacial de intervenção (considerandos 12 e 22).

[1094] Como se diz na alínea f) do n° 1, ao franqueado pode ser imposta a obrigação de «usar da melhor diligência na venda dos produtos ou na prestação dos serviços objecto da franquia; oferecer para venda uma gama mínima de produtos, realizar um volume de negócios mínimo, planificar antecipadamente as encomendas, manter um nível mínimo de existências (stocks) e prestar serviços de garantia e de assistência aos clientes». Trata-se, como se pode constatar da sua simples enunciação, de importantes conteúdos contratuais, em ordem à plena realização do programa contratual das partes, que beneficiarão da isenção, embora possam até considerar-se como não infringindo o n° 1 do art. 85° do Tratado CE – vide decisão *Pronuptia*, 27. Na decisão *Service Master*, a Comissão considerou que uma obrigação de empenho não infringia a norma do n° 1 do art. 85° do Tratado, não necessitando de ser isenta. Sobre esta alínea do art. 3°, cfr. KORAH, *Franchising and EEC competition, cit.*, pp. 69-70.

[1095] Alínea g) do n° 1: «pagar ao franqueador, para publicidade, uma determinada percentagem das suas receitas e efectuar, ele próprio (franqueado), publicidade, em condições aprovadas pelo franqueador». Também sobre esta questão vale o que fomos dizendo acerca da diversidade de critérios entre Comissão e Tribunal.

Uma tal funcionalização não se verifica no tocante a outro tipo de obrigações, reguladas no n° 2 deste mesmo normativo[1096], embora também estas não devessem, em rigor, contar com a colaboração do n° 3. Como vimos, os próprios limites da competência da Comissão afirmam que todas as cláusulas que estão previstas como possíveis ou proibidas num regulamento de isenção categorial, só lá estão se, quando e enquanto restringirem a concorrência comunitária[1097].

Entre estas avultam, novamente, as obrigações de confidencialidade que o franqueado deve assumir relativamente ao saber-fazer que o franqueador necessariamente lhe transmite[1098]. Assim o franqueado poderá ser impedido, não apenas de utilizar o saber-fazer para fins alheios à exploração da franquia (al. d)), como também de revelar a terceiros esse saber-fazer (al. a))[1099].

Prevêem-se ainda outras obrigações, ligadas à protecção e actuação dos direitos de propriedade industrial e intelectual do franqueador (als. c) e f)), bem como obrigações de formação do pessoal (al. e)), assistência

---

[1096] As obrigações previstas no n° 2 têm uma protecção acrescida, por força da isenção reforçada de que gozam, *ex vi* do n° 3 do art. 3°.

[1097] Daí que o n° 3 só ganhe sentido útil quando lido na sua totalidade, ou seja, enquanto funcionando como um «sub-regulamento» de isenção, beneficiando acordos que apenas tenham por objecto aquelas cláusulas previstas no n° 2.

[1098] Mas novamente se nos depara alguma contradição com o acórdão *Pronuptia*, onde o Tribunal de Justiça havia dito que as cláusulas não só não violavam o n° 1, como correspondiam a um tal juízo de licitude pela sua inerência com a protecção do saber-fazer e a defesa da identidade da rede (funcionalização que a Comissão decompôs em duas categorias, a primeira das quais é colocada – como vimos – numa situação de claro desfavor).

[1099] Dada a importância que estas obrigações revestem, o legislador comunitário consagrou a possibilidade de estas obrigações poderem subsistir para além da cessação da relação jurídica principal de franquia. Existem ainda outras obrigações conectadas com o saber-fazer. Dado o facto da exploração de uma franquia se fazer, a partir de determinado ponto, não tanto pelo franqueador, mas sobretudo através da própria rede de franqueados, em virtude da vocação expansiva e mesmo internacionalizante deste mecanismo distributivo, bem se compreende que aos franqueados passe a caber papel importante no aperfeiçoamento do saber-fazer da rede franquiada. Assim se compreende a norma da alínea b) do n° 2 do artigo ora descrito. Aí se diz que o franqueado pode ser obrigado a «comunicar qualquer experiência obtida na exploração da franquia» devendo também conceder, aos restantes membros da rede, «uma licença não exclusiva relativa ao saber-fazer decorrente daquela experiência». Quanto à confidencialidade, devemos recordar, com KORAH (*Franchising and competition*, cit., pág. 71), que a Comissão reconhece-a como inerente às licenças de *Know-how* desde 1962. Esta obrigação deve ainda ser entendida em consonância com a noção (ampla) de «secreto», dada pelo regulamento para qualificar o saber-fazer cedido pelo franqueador ao franqueado.

comercial (al. f)), assistência técnica (als. g) e h))[1100] e de consentimento para a transferência de instalações por parte do franqueado[1101] ou para a cessão da posição contratual pelo franqueado[1102], ligadas mais à defesa e garantia da identidade da rede.

Se a isenção categorial poderá abranger, a bem do desenvolvimento deste sistema de distribuição comercial, cláusulas heterogéneas e funcionalmente complementares, o certo é não poderem estas ser ilimitadamente impostas. Assim, o artigo 4° consagrou certas garantias mínimas para os franqueados e até para os consumidores, como a indicação pelo franqueado do seu estatuto de empresa independente (al. c))[1103], ou a licitude do aprovisionamento do franqueado junto dos outros franqueados (al. a))[1104], não lhe podendo ser exigida prestação de garantia apenas em relação a bens do franqueador (al. b)).

A isenção concedida à generalidade dos contratos de franquia, recorde-se, só pode isentar aqueles acordos que se presume irem produzir os efeitos positivos previstos no n° 3 do artigo 85° do Tratado CE. Ora, existem certas restrições que, segundo a Comissão, não podem ser incluídas nos acordos de franquia que desejem beneficiar da isenção por categoria. Como afirma o considerando 13 do regulamento, relativamente a elas «não existe uma presunção geral de que produzirão os efeitos positi-

---

[1100] Embora a designação seja imprópria, referimo-nos ao cumprimento das normas relativas a equipamento, instalações e/ou meios de transporte, e sua verificação pelo franqueador, o qual poderá também verificar o inventário e contabilidade do franqueado. Sobre o poder inspectivo do franqueador, a Comissão, na decisão *Service Master* (ponto 19), considerou-o não restritivo da concorrência, desde que não seja «abusivamente utilizado».

[1101] Alínea i) do n° 2. Trata-se de uma obrigação que muitos apontam como co-implicada na protecção territorial concedida pelas cláusulas de exclusividade territorial. Esta restrição foi também objecto de apreciação no acórdão *Pronuptia* (cons. 19) e nas decisões *Pronuptia* (cons. 25 ii)) ou *Service Master* (cons. 15). O franqueador não possui um poder *arbitrário* e absoluto no que respeita à determinação do local das instalações do franqueado. Se ele recusar um pedido deste sem fundamento, a Comissão poderá retirar ao acordo o benefício da isenção concedida pelo regulamento da franquia (al. e) do art. 8°).

[1102] A norma da al. j) carece de originalidade, pelo menos face ao direito português, onde, como ficou dito, decorre dos arts. 424° e seguintes do Código Civil de 1966. – *vide* o que já escrevemos sobre o sentido desta estipulação.

[1103] Sobre o ponto, *supra* notas 776 e 784.

[1104] A possibilidade de importações paralelas foi realçada no considerando 12 do regulamento. Segundo V. KORAH (*Franchising and EEC competition*, cit., pág. 77), esta norma permitirá uma maior homogeneidade a nível dos preços, não permitindo discrepâncias sensíveis. Em sentido diverso, FERRIER, «La franchise internationale», pág. 634. Trata-se ainda de um limite à eficácia de eventuais cláusulas de exclusividade de aprovisionamento.

vos exigidos pelo n° 3 do artigo 85°», pelo que o regulamento as proíbe, no artigo 5° do diploma, na medida em que possam conduzir, por exemplo, à repartição de mercados ou à formação de preços obrigatórios. A competência da Comissão para fixar a sua inadmissibilidade é clara, resultando da redacção da al. a) do n° 2 do artigo 1° do Regulamento 19/65[1105].

Entre as estipulações não admitidas encontram-se os acordos horizontais entre concorrentes[1106](al. a)), bem como certas restrições quanto a fornecedores[1107] (alíneas b) e c)) ou quanto ao uso do saber-fazer após o termo do contrato (al. d))[1108]. Isto para já não falar na proibição de quaisquer limitações à liberdade de determinação dos preços por parte do franqueado (al. e))[1109].

Revelador da importância dos artigos 4° e 5° do regulamento é a asserção do artigo 6°, que estende a isenção categorial a acordos de franquia que contenham restrições de concorrência não previstas no artigo 2°

[1105] Aí se estipula deverem os regulamentos de isenção categorial precisar «as restrições ou as cláusulas que não podem figurar no acordo». Sobre o exacto alcance e decorrências desta norma, KORAH (*An introductory guide, cit.*, pp. 81-82) discute, argumentando com decisões comunitárias, a inderrogabilidade desta listagem, que considera não dever ser interpretada como se de um *jus strictum* se tratasse, porquanto «there now seems to be no presumption that such clauses are *per se* bad and, in individual decisions, the Comission may be prepared to exempt agreements that include a blacklisted clause» (o itálico não é nosso).

[1106] A proibição cominada nesta alínea tem uma extensão ainda maior relativamente às similares alíneas a) e b) do art. 3° do regulamento 1983/83, relativo a acordos de distribuição exclusiva. Em sentido crítico, pelo menos quanto à extensão da noção de 'concorrentes', KORAH, *Franchising and EEC competition, cit.*, pág. 82-83.

[1107] Sobre a aplicabilidade e bondade destas disposições, cfr. KORAH, *Franchising and EEC competition, cit.*, pp. 83-84.

[1108] Trata-se, no nosso entender, de uma norma interessante, que deverá interpretar-se no quadro do micro-sistema que o regulamento constitui. Com efeito, se a perduração da proibição do uso do saber-fazer, visando não beneficiar a concorrência, é prevista no artigo 3°, alíneas a) e d), certo é já não estarmos, no caso presente, perante um verdadeiro e autêntico saber-fazer. Uma das notas típicas do saber-fazer, tal como o regulamento o definiu, já não se verifica. Ele já não é «secreto» (art. 1°, n° 3, al. g)). O saber-fazer, cuja utilização não pode ser proibida ao anterior franqueado, tornou-se «de conhecimento geral ou de fácil acesso, por razões não relacionadas com um eventual incumprimento por parte do franqueado». Sendo esta a realidade, embora parecesse desnecessário afirmá-lo expressamente, parece-nos ter andado bem a Comissão, ao clarificar, em nome de valores de segurança jurídica e de facilitação da vida comercial dos franqueados, esta situação.

[1109] Como já tinha ficado escrito aquando da sentença *Pronuptia*. Se se comprovar a existência de práticas concertadas relativamente aos preços de venda dos produtos ou de prestação dos serviços, será retirado o benefício de aplicação do Regulamento 4087//88 (art. 8, alínea d)).

e no nº 3 do artigo 3º (as cláusulas «cinzentas» – MATRAY), contanto que tais acordos contenham aquele *quid* mínimo definido no art. 4º, e não incluam qualquer das cláusulas previstas no art. 5º[1110].

No entanto, para que tal suceda, é imprescindível que, cumulativamente, se verifiquem duas condições: a notificação de tais acordos à Comissão[1111] e a não oposição desta no prazo de seis meses. Este prazo começa a correr desde a data em que a Comissão recebe a notificação ou, em se tratando de uma notificação feita por carta registada, desde a data do carimbo postal do local de envio[1112].

A aplicação desta isenção aos acordos de franquia que reúnam estes condicionalismos apenas poderá ser impedida pela oposição da Comissão, no indicado (art. 6º, 1 *in fine*) prazo de 6 meses (nº 5 do art. 6º)[1113]. Uma vez deduzida oposição ao acordo, a Comissão poderá assumir uma de duas posições. Pode retirar, em qualquer momento, a sua oposição (nº 6 do art. 6º)[1114]. Tudo dependerá então das razões determinantes da oposição e do comportamento das empresas celebrantes dos acordos discutidos[1115]. Ou não, caso em que a notificação para a oposição valerá como notificação, nos termos gerais previstos no regulamento nº 17.

[1110] Cfr. considerando 14 do Regulamento. Este processo de oposição previsto no art. 6º vem facilitar a isenção, ao evitar a necessidade de decisões formais de isenção individual por parte da Comissão, bastando que esta se não oponha.

[1111] A notificação deverá, segundo o nº 1 do art. 6º, ser feita em conformidade com o disposto no Regulamento nº 3385/94 da Comissão, actual regulamento de execução do Regulamento 17/62, que estabelece a forma, conteúdo e outras regras relativas aos pedidos e notificações. Além disso, só poderão beneficiar deste dispositivo os pedidos e notificações que lhe façam expressa menção e que contenham informações completas e verdadeiras.

[1112] Artigo 4º do Regulamento 3385/94, e nº 2 do artigo 6º do regulamento da franquia. Para notícia sobre a aplicação deste processo, vide os *20º e 22º relatórios sobre a política da concorrência*, pp. 50 e 163, respectivamente.

[1113] Sobre os processos de oposição previstos nos regulamentos de isenção categorial, FASQUELLE (pp. 233 e segs.) e GASTINEL (pp. 477-494).

[1114] A retirada da isenção supõe sempre um juízo de adequação do contrato notificado aos requisitos do nº 3 do artigo 85º e, embora não se traduza numa decisão formal de isenção, pode ser o resultado de um processo de diálogo e de transacção entre a empresa e a Comissão.

[1115] Se a retirada for devida à constatação inicial ou superveniente da conformidade de tais acordos com o disposto no nº 3 do art. 85º, a isenção produzirá efeitos desde o momento em que o condicionalismo da notificação ou da adaptação às exigências do nº 3 do 85º se verifique (art. 6º, nºs 7 e 8). Se tiver sido motivada por um Estado-membro, só poderá ser levantada «após consulta do Comité Consultivo em matéria de acordos, decisões e práticas concertadas e de posições dominantes (nº 6 do art.").

Secção III
A Regulação da Franquia nos Espaços Jurídicos Nacionais e na Comunidade Europeia

Capítulo Único
Apontamento Final

O ponto final que se segue é o de considerar se, tudo visto, será hoje possível afirmar de forma inequívoca e correcta que o direito comunitário, ao intervir como o fez no contrato de franquia, o transformou num *tipo jurídico*, transcendendo a sua mera qualificação como *tipo social*, de alcance diverso (a que já dedicámos alguma da nossa atenção). E, por outro lado, concluir sobre o sentido da manutenção da actualidade do tratamento jurídico-comunitário deste tipo de contratos, num momento em que vimos que, estejamos na posição da Comissão ou na do Tribunal de Justiça, sempre somos levados a concluir por uma inaplicação da fundamental proibição prevista no nº 1 do artigo 85º CE.

Nos capítulos anteriores foi observado que, por um lado, o Tribunal tomou o contrato de forma a não ver nele qualquer infracção ao artigo 85º, nº 1, retirando-o assim, em grande medida, do círculo de preocupações do direito comunitário, embora não do âmbito da competência das instâncias comunitárias, quer dizer, da Comissão, até porque o não preenchimento da norma se devia não à afirmação de uma insusceptibilidade de afectação potencial, mas sim a um juízo de não restritividade. E, por outro lado, foi também demonstrado como a Comissão, pegando em contratos similares (relembre-se que a primeira decisão de isenção individual concedida respeitava mesmo à rede *Pronuptia*), construiu uma prática decisional em que se fundou para consagrar uma isenção categorial para este tipo de contratos. Ou seja, que, de uma ou outra forma, ambos desaplicaram o nº 1 do artigo 85º, embora por meios substancialmente diversos.

Colocando diversos problemas. Desde logo, na própria relação interinstitucional entre os órgãos comunitários, visível no facto de a Comissão não haver respeitado totalmente o juízo feito pelo Tribunal. E se a Comissão é a instância a quem incumbe desenvolver uma política da concorrência, o certo é que só o deverá poder fazer no respeito dos limites que lhe são assinalados pelas normas comunitárias, as quais, diga-se, estabelecem ser o Tribunal o garante último (ao nível comunitário) do respeito na aplicação do direito comunitário[1116].

Por outro lado, tais divergências tornam ainda especialmente insegura a posição dos tribunais nacionais, quanto ao método a utilizar no julgamento de certas espécies contratuais, pois qualquer dos mecanismos garante a validade dos contratos (embora com extensão e implicações variáveis). É que, para lá da questão da aplicação cumulativa dos direitos nacionais, ficam agora, perante um «dilema metódico». Por um lado, cooperando de forma particular com a Comissão[1117], poderão ser tentados a seguir o seu critério, afirmando (se for caso disso) a restrição da concorrência e aplicando o regulamento (solução da validade). Mas com a certeza de que, ao fazê-lo, estão a contrariar a reconhecida força dos acórdãos de apreciação prejudicial, de *precedente de facto* (na nossa visão minimalista), de «chose interpretée» ou mesmo de «caso julgado» (numa visão maximalista), não seguindo também o princípio que está na base do próprio mecanismo do artigo 177º CE: a uniformidade na aplicação do direito comunitário.

É que, se o seguissem, seriam levados a concluir pelo não preenchimento cumulativo dos três requisitos da proibição (dado o carácter não restritivo do acordo) e, consequentemente, pela não aplicação da isenção (também já o dissémos: o preenchimento dos requisitos do nº 1 do artigo 85º não se presume, nem sequer para aplicar uma isenção categorial, o que não elimina as virtualidades que estas visam realizar).

O que supõe que se responda à questão final, de saber se, nestes casos, será possível a exclusiva ou concorrente aplicação de ambos os ordenamentos jurídicos (nacional e comunitário), aplicando o juiz ou a

---

[1116] Daí que se esperasse – numa lógica global e não analisando apenas as coisas a partir da concorrência (dados os antecedentes conhecidos sobre as concepções da Comissão) – que a Comissão respeitasse o sentido fundamental da construção do Tribunal, que na aparência terá sido postergado por uma visão centralizadora e absolutizante do seu papel, ao afirmar uma restrição em contratos com *conteúdo substancialmente idêntico* àquele que o Tribunal havia analisado.

[1117] *V.g.* a *Comunicação 93/C 39/05*.

autoridade administrativa o seu próprio direito nacional, sem qualquer *subordinação* (é a palavra que ocorre) em relação à delimitação operada comunitariamente. Será possível aplicar-lhes uma qualquer norma de direito nacional da concorrência? E se a resposta a esta questão for positiva, será que poderão invocar o regulamento comunitário de modo a eximir-se totalmente ao regime que doutro modo lhes poderia ser aplicável?

Já conhecemos os limites intrínsecos de ambas as aplicações comunitárias. Olhámos para os limites que o próprio mecanismo das questões prejudiciais implica, decorrentes da não vinculação horizontal das instâncias jurisdicionais nacionais e da sua mutabilidade inerente. Vimos também que, embora os regulamentos comunitários gozem de modo pleno de um *efeito directo* que os tempos têm elevado a sinal distintivo da construção jurídica comunitária, tal não prescinde, segundo a mais avalizada jurisprudência comunitária, de uma verificação do preenchimento das condições da sua operatividade, implicando que a norma não se possa aplicar de modo automático, supondo pelo menos a verificação da – de outro modo – sujeição do acordo à proibição do nº 1 do referido artigo 85º CE[1118], para lá de só valer neste circunscrito âmbito, tendo uma valência jurídica estritamente funcionalizada ao âmbito da norma em que se insere.

Dos limites assinalados ao direito comunitário e aos mecanismos da sua aplicação resulta a nossa convicção de que o espaço de intervenção das instâncias nacionais se conserva bastante alargado. Desde logo, elas sempre poderão – sejam ou não especializadas[1119] em concorrência – regular e aplicar a norma comunitária ou as normas nacionais de defesa da concorrência a um qualquer contrato de franquia que perante elas surja[1120]. Como vimos já muito acima, a «afectação do comércio» determina a competência comunitária, mas esta, assim afirmada, não impede a aplicação das próprias normas interditivas comunitárias por parte dos órgãos jurisdicionais nacionais e autoridades de concorrência[1121], nem a

---

[1118] Num juízo idêntico ao que conduzia à avaliação da restrição da concorrência por referência ao nível concorrencial que existiria se não tivesse havido coligação.

[1119] No respeito dos limites já assinalados.

[1120] Embora igualmente tendo em atenção que o direito comunitário deve realizar de modo pleno os seus objectivos e o seu efeito útil, ou seja, respeitando os critérios indicados logo no acórdão *Walt Wilhelm*. Sobre a própria limitação das isenções, factor que nós aqui não desenvolvemos, NUNO RUIZ, «Relações entre o direito nacional e o direito comunitário da concorrência», pp. 349-350.

[1121] Quanto a estas, a questão não se põe do mesmo modo, pois que se a Comissão iniciar um processo formal tendente à análise de uma coligação ou de uma posição

subsistência das legislações nacionais de defesa da concorrência, marcadas até por objectivos diversos.

Pelo contrário, o que de modo crescente se questiona é a subsistência do critério da «afectação do comércio», quer por força da progressiva e cada vez mais acabada realização do mercado interno – com a supressão de todas as barreiras colocadas pelos Estados à concorrência[1122] –, quer por força do princípio da subsidiariedade[1123], que justificaria hoje uma compreensão mais restritiva do critério, aliás conforme com a também acrescida tendência para a descentralização da aplicação do direito comunitário da concorrência.

E esta não pode deixar de abarcar, imediatamente, os sentidos que há muito lhe foram atribuídos e confirmados pela jurisprudência comunitária, mas também pela natureza de «comunidade de direito» a que a ordem jurídica comunitária almeja. Assim, tanto a visão do Tribunal de Justiça como a da Comissão supõem que se reafirme o direito das instâncias jurídicas (administrativas e jurisdicionais) nacionais (des)aplicarem a norma do artigo 85°, n° 1 ou a isenção regulamentar, dado o efeito directo que a ambas as normas se tem de reconhecer.

Por outro lado, dos limites inerentes e próprios da ordem jurídica comunitária e da própria Comunidade Europeia, por sua vez também *ratificados* pela poderosa *sanctio* do Tribunal do Luxemburgo, resulta que, fora dos domínios em que se caía na hipótese comunitária, os Estados-membros podem manter e desenvolver complexos normativos nacionais de defesa da concorrência. Importa é desenhar os limites a essa

---

dominante, estas não poderão prosseguir no processo, por a competência da Comissão se tornar exclusiva.

[1122] Interrogando-se sobre a perda de sentido do critério da afectação, à luz do progressivo completar do mercado interno e do princípio da subsidiariedade – PAPPALARDO, «La réglementation communautaire», *cit.*, pp. 347-348. No entanto, não nos parece que aquele primeiro factor desvalorize o critério da afectação, porquanto mais do que nunca haverá que determinar os respectivos domínios de intervenção (das legislações comunitária e nacionais).

[1123] Afirmando que o *Bundeskartellamt* utiliza a arma da subsidiariedade para defender as suas prerrogativas e competências (STURM, pág. 214), sobretudo também para contrariar ideias que vêem na política relativa às concentrações na CE uma manifestação da política industrial comunitária, de apoio à competitividade comunitária (*vide* Parte I) – assim IMMENGA, *Die Europäische Fusionskontrolle im wettbewerbspolitischen Kräftefeld*, Tübingen, Mohr, 1993, *apud* STURM, pp. 212-213.

intervenção, de modo a garantir o respeito pelo efeito útil da norma comunitária, bem como a realização dos objectivos comunitários[1124].

Finalmente, há que concluir algo sobre o sentido que a construção jurídico-comunitária da franquia, como contrato, cobrará nos espaços jurídicos nacionais, como que levantando (de novo) um juízo de tipicidade, agora não social e instrumental, mas jurídica no sentido mais positivista do termo.

Encaremos assim os problemas. Notemos então que desde cedo se desenharam várias doutrinas, que buscavam o sentido e os limites das relações intercedentes entre os domínios comunitário e nacional, bem como os seus fundamentos jurídicos.

A questão *atormentou* a doutrina, na fase inicial do direito comunitário, em especial perante a noção de «afectação do comércio» prevista tanto nos artigos 85º e 86º CE. Duas grandes correntes se degladiavam então.

Para os primeiros (defensores da teoria da *barreira dupla*), uma dada conduta colusiva ou prática restritiva só deveria ser permitida se cumprisse os critérios jurídicos formulados por ambos os ordenamentos jurídicos[1125].

Mas para os outros, no extremo oposto (defensores da teoria da *barreira única* ou *simples* ou da *exclusão recíproca*)[1126], a aplicação cumulativa dos dois ordenamentos não seria possível, na medida em que,

---

[1124] Uma coisa deve ficar clara. Não é nosso propósito tratar das relações entre as leis nacionais e a as normas comunitárias da concorrência, mesmo em se tratando do artigo 85º CE. O que apenas nos interessa, isso sim, são os termos e condições de aplicação nacional das normas comunitárias, ver até que ponto tal é possível, e de acordo com que princípios, como aliás resulta do enquadramento sistemático que aqui fazemos.

[1125] Para uma visão inicial desta doutrina (*Zweischrankentheorie*), desenvolvida por Norbert KOCH («Das Verhältnis der Kartellvorschriften des EWG-Vertrages zum Gesetz gegen Wettbewerbsbeschrankungen», *Der Betriebsberater*, 241, de 1959) e sustentada em relação ao direito comunitário, DERINGER (pág. 31) e STOCKMANN (pág. 279). Sobre um corolário duma visão extrema desta doutrina, Nuno RUIZ, «Relações entre o direito nacional e o direito comunitário da concorrência», pp. 328-329. Na doutrina italiana recente, DENOZZA (pp. 642) sustenta que o conceito de dupla barreira depende sobretudo do alcance que se assinale ao princípio do primado do direito comunitário.

[1126] Sobre a expressão «exclusão recíproca», em Itália, cuja lei é tradicionalmente dada como um um exemplo de aceitação da teoria da barreira única (*v.g.* FERRARI BRAVO/ MILANESI, pág. 329), como resulta do próprio nº 1 do artigo 1º da lei 287/90, com indicação sobre várias posições acerca da correspondência ou não entre um tal conceito e

sempre que um dado comportamento provocasse a aplicação do direito comunitário, o direito nacional ver-se-ia impossibilitado de actuar[1127], numa solução que visava impedir a aplicação simultânea de ambos os sistemas jurídicos.

O TJCE, no seu famoso acordão *Walt Wilhelm*[1128], estabeleceu uma doutrina que representa um certo *compromisso* entre as duas teses opostas[1129], segundo a qual a aplicação cumulativa (paralela) de ambos os ordenamentos é possível[1130], embora limitada pelo princípio da prevalên-

---

a «barreira única», o mesmo DENOZZA, pág. 641, n. 1. Para as origens desta doutrina, *v.g.* STOCKMANN, pág. 278, nota 44.

Em sentido crítico das soluções da lei italiana, falando em «contracção de eficácia repousando sobre a mera discricionariedade dos órgãos comunitários», em «escassa coragem», e repetindo outras censuras, ALESSI, pág. 7.

Outras soluções há que tentam garantir «a toda a força» a impossibilidade de conflitos entre ambos os ordenamentos jurídicos. Concretamente, a solução espanhola, em que o legislador, através do Real Decreto 157/1992, incorporou no direito espanhol os regulamentos comunitários de isenção categorial dos acordos de distribuição, factor que contribui também para unificar a compreensão das regras de concorrência e, diga-se, parece contribuir para uma mais pacífica tipificação legal do contrato de *franquicia* (franquia). Na Grã-Bretanha, o «livro branco» de 1989 propunha a isenção face à lei britânica de todo o acordo que, não afectando o comércio entre os Estados-membros, tivesse um conteúdo que, se abrangido pela competência comunitária, beneficiaria de uma isenção categorial (FRAZER, pág. 155).

[1127] Cfr. GOLDMAN/LYON-CAEN/VOGEL, pág. 746. Na doutrina italiana, era desta opinião CATALANO (pp. 321 e segs.), mas a questão ganhou aí um novo fôlego, por força essencialmente da lei 287/90, com os testemunhos de, entre outros, SIRAGUSA/SCASSELLATI-SFORZOLINI, DONATIVI, GRIFFI, MUNARI e DENOZZA.

[1128] Acórdão de 13.1.69, pp. 1 e segs., citado na nota 27.

[1129] Para BERCOVITZ, o acórdão *Walt Wilhelm* consagrou a doutrina da barreira dupla – «Normas sobre la competencia del tratado CEE», pág. 347. A Comissão, contudo, no seu *4º Relatório sobre a política da concorrência* (§ 45), havia concluído em sentido contrário. Para KERSE (pp. 329-331), no entanto, nem uma nem outra destas soluções é correcta, falando de um dever dos Estados-membros de não prejudicarem a realização dos objectivos dos tratados, mas também reduzindo o âmbito do *primado da isenção*, permitindo que, em certos casos, os tribunais proíbam coligações que beneficiaram de uma isenção: «Even if national competition law must respect Community exemptions, it is by no means clear that *all* such exemptions must be respected/(..)/In conclusion, it would appear that the position as regards the status and effects of Community exemptions in uncertain».

[1130] E resulta da própria natureza das normas dos artigos 85º e 86º CE, que se preocupam sobretudo ou exclusivamente com as coligações que sejam susceptíveis de afectar «o comércio intra-comunitário», ou seja, que possam pôr em causa os objectivos visados pela CE – acordão *Hugin*, de 31.5.79, pp. 1869 e segs..

A situação exactamente contrária também é facilmente imaginável. Pode acontecer que uma coligação autorizada pelo direito nacional venha a ser proibida comunitaria-

cia na aplicação do direito comunitário, nos termos do qual não poderá ser considerada lícita no plano nacional uma coligação que o direito comunitário proíba[1131].

E poderá o direito nacional proibir o que o direito comunitário permite? Tudo depende, a nosso ver, do tipo de juízo permissivo feito pela ordem jurídica comunitária. Assim, também nós julgamos que o direito nacional não poderá interditar uma conduta que a Comunidade valore positivamente, por via de uma isenção individual ou categorial. O ponto – prévio – é que se verifique se a dita coligação preenche o tipo normativo comunitário e está assim englobada no domínio da isenção[1132], dado que a CE só tem as competências que lhe foram atribuídas e as ordens jurídicas nacionais mantêm-se autónomas. É esta a solução mais conforme com o próprio princípio da prevalência na aplicação do direito comunitário. Mas, se o juízo da relevância comunitária puder ser respondido afirmativamente, então julgamos indeclinável a subordinação ao chamado *primado da isenção*[1133].

O que não deixa de implicar uma redução correlativa do âmbito de aplicação do direito interno dos Estados-membros, que, nestas hipóteses, será apenas potencialmente aplicável nas situações puramente internas, com efeitos meramente locais, nos casos em que os órgãos comunitários simplesmente se abstiverem de pronunciar-se, ou, finalmente, como norma de aplicação cumulativa. Solução que, por outro lado, não pode deixar de corresponder a um afastamento da interpretação que lhe assinala MESTMÄCKER[1134], para quem a inaplicação do direito nacional em sentido

---

mente – assim aconteceu no caso *Verband der Sachversicherer*, de 27.1.87 (cons. 20, 22 e 23, pág. 453).

[1131] Sobre as dificuldades que a concretização deste princípio suscita, GOLDMAN/ LYON-CAEN/VOGEL (pp. 748 e segs), e Nuno RUIZ, «Relações entre o direito nacional e o direito comunitário da concorrência», pp. 332 e segs.

[1132] Para a descrição de uma situação em que a própria Comissão concluiu que um acordo de franquia notificado não preenchia estes requisitos e, por isso, não podia aplicar-se-lhe a isenção (no caso o processo de oposição), vide o *23º relatório sobre a política da concorrência*, 1993, pp. 199. Neste sentido, também, por exemplo, GOYDER, pág. 36.

[1133] NOGUEIRA SERENS, *Direito da concorrência e acordos de compra exclusiva, cit.*, pág. 33.

[1134] NOGUEIRA SERENS, *Direito da concorrência e acordos de compra exclusiva, cit.*, pág. 32, n. 13. O *Bundeskartellamt*, por exemplo, já sustentou a aplicação das orientações formuladas ao abrigo do artigo 26º, nº 2, da GWB, independentemente da coligação beneficiar ou não de uma isenção comunitária, embora tendo em atenção as decisões da Comissão – HAWK (*United States, common market, cit.*, pp. 37-38) –, o que GURLAND confirma (pág. 103: se a isenção for utilizada de forma discriminatória), para lá de

contrário a uma isenção comunitária, a ser correcta, deveria depender do juízo que a isenção faça da coligação em causa. Se fosse expressão de uma valoração positiva por parte da Comissão (aquilo que entre nós se diria como sendo *integração positiva*), o direito nacional não se poderia aplicar. Pelo contrário, se fosse apenas uma constatação da não contrariedade da coligação aos interesses tutelados pelas regras da concorrência, então o direito nacional poderia aplicar-se. Também nós pensamos que um tal juízo não é permitido pela própria norma. Repare-se nos requisitos do número 3 do artigo 85º, onde as condições deste último tipo não são exclusivas nem suficientes, antes se exigindo que a restrição seja indispensável, promova o progresso técnico e económico e reserve vantagens para os utilizadores, tudo factores que implicam um juízo positivo[1135].

De todo o modo, o reconhecimento da coexistência e compatibilidade entre sistemas, para lá de corresponder ao próprio sentido específico da construção da ordem jurídica comunitária, vê-se ainda reforçado ao longo do processo comunitário. Por um lado, com a *Comunicação de 1993*. Por outro, com o princípio da subsidiariedade, inscrito formalmente no tratado concluído em Maastricht, e já declarado como princípio geral de direito comunitário.

Mas se esta doutrina não impede, em definitivo, que as figuras jurídicas tenham tratamento diverso nos direitos nacional e comunitário da concorrência, o facto é que, por outro lado, ela constitui mais uma afirmação de que tal tratamento nacional autónomo não pode prejudicar a *primazia* e o *efeito útil* do direito comunitário. E isso poderá *de facto* conduzir a uma homogeneização da prática jurídico-*construtiva* das figuras contratuais, no espaço nacional. Com efeito, parece não fazer muito sentido ter dois entendimentos sobre o que seja uma franquia, vigentes na mesma ordem jurídica, na mesma sede: defesa da concorrência.

Embora a jurisprudência comunitária não seja, neste ponto, especialmente inequívoca. Recorde-se que, embora cingindo-se a hipóteses que

---

demonstrar as dúvidas que, neste país, se colocam a um primado absoluto da isenção (pp. 104-105). Para uma defesa desta tese, STOCKMANN (pp. 289 e segs.).

[1135] Seguimos pois, neste ponto, NUNO RUIZ, quando sustenta que «a *isenção* exprime um juízo ou balanço económico positivo da coligação», sendo «a autorização de um comportamento ilícito» («Relações entre o direito nacional e o direito comunitário da concorrência», pp. 342 e 344), embora este Autor depois desenvolva o seu discurso num tentativa de limitação do *primado da isenção* às cláusulas que tenham efectivamente sido consideradas como isentas, isto é, como violando a proibição do nº 1 do artigo, como no mesmo ano sustentava também DUBOIS («La mise en place», *cit.*, pág. 8).

– excepcionalmente – se encontravam no domínio comunitário, e por isto mesmo, não exactamente coincidentes com a nossa, o Tribunal de Justiça *moldou* contra a própria letra da norma o regulamento 67/67, para impedir o resultado «absurdo» de se assistir ao tratamento mais desfavorável de uma coligação puramente nacional em relação a uma coligação entre empresas de vários Estados-membros, potencialmente mais ofensiva para a realização do mercado comum[1136]. A questão é a de saber se uma tal solução foi justificada por um qualquer princípio de proibição de discriminação *a rebours*[1137] ou se o Tribunal, mais modestamente, se limitou a fazer uma interpretação correctiva do dito regulamento, para nele englobar uma situação que, no seu entender, claramente deveria ser abrangida na sua letra.

A solução do problema depende da consideração do sentido e limites da actuação das atribuições comunitárias. Por um lado, exigências de segurança e homogeneização de critérios entre as normas comunitárias e nacionais, expressas na crescente descentralização da aplicação das normas comunitárias, e princípios como os da aplicabilidade directa[1138], da aplicação uniforme e da prevalência na aplicação (alguns preferem mesmo falar em *primado*, prefigurando uma relação hierárquica), parecem de algum modo *aconselhar* uma certa uniformização, sustentando-se a abolição do critério da afectação como critério delimitador da competência comunitária e questionando-se a própria subsistência de normas nacionais de concorrência, atenta a substituição dos espaços económicos nacionais

---

[1136] Acórdão *De Norre c. Concordia*, de 1.2.77, cons. 19, pp. 93-94. Consulte-se ainda o *4º Relatório da Comissão sobre a política da concorrência*, de 1975, pp. 43-47, para quem o direito nacional não pode proibir uma coligação isentada ao abrigo do nº 3 do artigo 85º CE. O que é no mínimo discutido – vide os autores citados em Denozza, pág. 646, nota 9.

[1137] Em termos gerais, Sousa e Silva, «Anotação – as "fronteiras" do direito comunitário», *cit.*, pp. 55 e segs., especialmente, pp. 75-76, embora admita que as regras comunitárias não têm por objecto impedir que um nacional tenha um tratamento mais desfavorável que um estrangeiro, podendo surgir uma situação de *reverse discrimination* quando o direito comunitário «estabelecer um grau de protecção superior». Neste sentido vai o ainda recente acórdão de 16.6.94, *Volker Steen*, pág. 2724.

[1138] Que – repita-se uma vez mais – entre nós, no âmbito da CE, só poderá valer para os regulamentos comunitários, e nunca para as decisões da Comissão, actos individuais, por isso que não normativos, não abrangidos pela letra do artigo 8º, nº 3 da Constituição da República.

por um mercado interno, no qual nenhuma colusão poderia operar de modo incompatível com as regras comunitárias[1139].

Mas não é isto o que na prática e nas declarações vemos suceder, aparecendo a própria Comissão a incentivar o desenvolvimento da regulação nacional[1140]. A autonomia dos ordenamentos jurídicos, a manutenção ao nível estadual de algum controlo sobre as políticas económicas, o princípio da subsidiariedade e a limitação das atribuições comunitárias pelos fins que foram assinalados pelos Estados, tornam perfeitamente lícito aos Estados formular e aplicar regras de concorrência para o seu espaço interno, com total independência em relação às normas comunitárias[1141], e conduzindo a soluções porventura diametralmente opostas, nada impedindo um Estado-membro de legislar[1142] que, no seu ordenamento jurídico, sejam contrários às regras nacionais de concorrência todos os acordos de franquia de distribuição. Conduzindo à nulidade dos contratos potencialmente sujeitos à lei nacional – virtualmente todos – ou ainda à subordinação a juízos individuais ou gerais de *balanço* (económico, concorrencial,...).

Só que, se uma tal solução surge quase como indiscutível, o certo é que apresenta uma consequência paradoxal, traduzida na sua inoperatividade sempre que uma dada coligação, pelas suas implicações económicas no mercado comunitário em causa, fosse abrangida pelo «capote» de uma isenção categorial, como a concedida pelo regulamento 4087/88[1143]. O direito nacional só poderá neste caso proibir o menos, tendo de admitir o mais.

[1139] Em Itália, PARDOLESI dá notícia de, antes da elaboração da lei da concorrência (287/90), se argumentar com a desnecessidade de um tal complexo normativo, dada a existência e vigência interna dos artigos 85º e 86º CE, o que, se se reconhece ter alguma pertinência, sobretudo atentos os factores de realização do mercado interno e de concorrência mundial, não implica que a abdicação estadual venha a *exorcizar* todos os males, dados os inconvenientes próprios das normas comunitárias («Gli aspetti giuridici di una politica di concorrenza», pp. 561-562).

De todo o modo, aquela possibilidade não é já há muito colocada, embora tenha sido também rejeitada, em 1969, por KIRSCHSTEIN, pág. 227.

[1140] EHLERMANN, «Community competition law procedures», pp. 13.

[1141] Salvo no respeito pelo princípio do primado. Afirmando a possibilidade do direito nacional tratar pior as coligações sujeitas à lei nacional do que o direito comunitário trata as coligações com relevância comunitária, NUNO RUIZ, «Relações entre o direito nacional e o direito comunitário da concorrência», pág. 353.

[1142] Ou, está claro, que as suas autoridades de concorrência declarem ou considerem.

[1143] Seria até mais favorável para os agentes económicos o estabelecimento contratual de restrições à concorrência, mormente consagrando uma protecção territorial relativa e proibindo o franqueado de adoptar uma política activa de vendas fora do território que lhe foi atribuído.

Esta posição sofre ainda um sério teste – não já quanto ao seu mérito intrínseco – quando colocada perante certas hipóteses, como a de a coligação beneficiar de uma comunicação administrativa, declarando que não preenche o número 1 do artigo 85º ou que não justifica uma intervenção a este título, ou mesmo de decisões formais (certificados negativos ou decisões individuais de isenção). Naqueles primeiros casos, parece que, tal como já foi salientado[1144], as instâncias nacionais não devem ver prejudicada a sua plena autonomia normativa e decisória.

Diferente poderia ser a questão face a um certificado negativo ou mesmo a uma isenção individual. Será que a licitude ao abrigo do direito comunitário, por estes modos afirmada, as tornaria imunes ao *vírus* normativo ou administrativo nacional?

Qaunto ao certificado negativo, poderíamos ser tentados a introduzir aqui as concepções acima formuladas por MESTMÄCKER, aferindo sobre a pertinência do tratamento do certificado negativo como decisão de conformidade positiva por parte da Comissão[1145], excluindo a aplicação pelos tribunais nacionais das normas comunitárias, ou, no máximo, induzindo a instância jurisdicional a questionar sobre o ponto a própria Comissão, ou até o Tribunal de Justiça, através do mecanismo das questões prejudiciais. Contudo, em tese geral, julgamos que um tal raciocínio só poderá valer para a aplicação, pelos tribunais nacionais, do direito comunitário e, mesmo aí, sempre se tratará de uma conformação *voluntária* dos tribunais nacionais. Limitando-se a aplicar o direito nacional, parece não ser possível falar-se em contradição ou em aplicação não-uniforme, por o direito comunitário se ter simplesmente desinteressado.

Outra forma de resolver os conflitos e contradições, harmonizando soluções e atitudes passa, na experiência comparada, pela *nacionalização* das normas comunitárias. Por exemplo, transpondo para o direito interno as isenções categoriais estabelecidas na CE, em relação com o artigo 85º. É a solução adoptada pelo legislador espanhol, com o Real decreto 157/1992[1146],

---

[1144] Vide *supra*, Parte I.

[1145] Sobre isto já escrevemos (*supra* Parte I) ser plausível que se sustente que um certificado negativo, enquanto manifestação política por parte da Comissão, possa conferir segurança jurídica à empresa que a obteve, mesmo contra a aplicação do direito nacional, enquanto solução diversa podia gerar uma contradição entre ambos os sistemas, pondo em causa a prevalência e a aplicação uniforme do direito comunitário.

[1146] Real Decreto 157/1992, de 21 de Fevereiro, que desenvolve a lei 16/1989, de 17.7, em matéria de isenções por categorias, autorização individual e registo de defesa da concorrência (BOE, nº 52, de 29.2) – quanto aos acordos de franquia, *vide* o artigo 1º, nº 1, alínea e) deste decreto.

embora imperfeitamente[1147]. Entre nós, esta solução não é facilmente realizável[1148]. Enquanto na CE a Comissão adquiriu competência, através do regulamento 19/65, para estabelecer isenções para certas categorias de coligações, o legislador português não confere aos dois órgãos nacionais encarregados da condução e aplicação da política de concorrência – Direcção Geral do Comércio e da Concorrência e Conselho da Concorrência – competências similares[1149]. Razão pela qual tais normas teriam de assumir

---

[1147] Em sentido crítico do diploma espanhol, HILL/URIA/MÉNENDEZ salientam a politização das decisões, dado o carácter administrativo dos órgãos previstos. Já a propósito do Real decreto 157/1992, GINER PARREÑO critica a solução, por proceder a uma assimilação entre duas realidades diversas, dado o condicionalismo procedimental específico que originou o mecanismo na CE, os objectivos diferenciados de ambos os complexos normativos ou mesmo o «populismo» com que crisma as posições da Comissão (pp. 519-523). Por sua vez, MARTÍNEZ LAGE (pág. 194) realça o facto da transposição dos regulamentos de isenção categorial para o domínio da legislação interna não ter sido objecto da necessária adaptação (por exemplo quanto a cifras relativas a volume de negócios). Além das ideias por este Autor desenvolvidas, acrescentemos apenas mais uma. A imobilidade da legislação espanhola. Com efeito, nada se estabelece quanto aos acordos cujas condições de isenção comunitária tenham eventualmente mudado. Por exemplo, com a revogação e substituição dos regulamentos, a nível comunitário. Pense-se no regulamento 240/96, já referido, que revogou os regulamentos 2349/84 e 556/89 (alíneas c) e f) do nº 1 do artigo 1º da norma espanhola). E, de modo ainda mais marcante, com o novo regulamento da distribuição automóvel (regulamento 1475/95, de 28.6.95, JOCE, L de 29.6.95). É que não apenas introduz mutações relevantes no regime comunitário, como sobretudo porque, no aspecto que mais nos interessa – o da franquia – claramente retira os acordos de distribuição automóvel que contratualmente se construam como contratos de franquia do âmbito de aplicação do regulamento 4087/88.

[1148] Como aliás sucedia em Espanha. Mas, neste país, era a própria lei de concorrência – lei 16/1989, de 17 de Julho, de defesa da concorrência (BOE, nº 170, de 18.7) – que previa, no seu artigo 5º, a possibilidade de estabelecimento de tais isenções, em diálogo com o *Tribunal de Defensa de la Competencia*. Igual possibilidade existe na Bélgica, por exemplo.

[1149] No actual regime da concorrência. Diversa era a situação ao abrigo do Decreto-lei nº 422/83, de 3.12, que dispunha no nº 4 do artigo 15º: «Por portaria conjunta dos Ministros da Agricultura, Florestas e Alimentação, da Indústria e Energia e do Comércio e Turismo, sob parecer ou proposta do Conselho da Concorrência, poderão ser exceptuados do disposto no artigo 13º ramos de actividade». Em 1987, foi mesmo objecto de parecer (negativo) do Conselho da Concorrência – de que foi relator NUNO RUIZ – a «proposta de portaria para 'isenção por categoria' dos contratos relativos à distribuição e serviço de venda e após venda de veículos automóveis» (Parecer 1/87, in *Relatório de actividade de 1987*, pp. 9047-9048), visando «obter, relativamente à aplicação do direito nacional de defesa da concorrência, um resultado idêntico ao Regulamento (CEE) nº 123/85», e para tanto acolhendo «praticamente na íntegra, os pressupostos» daquela isenção,

forma legislativa e, eventualmente, alterar o próprio regime nacional imposto essencialmente pelo Decreto-Lei 371/93 e pela portaria 1097/93, ambos de 29 de Outubro.

Outra solução é, como fez a lei italiana[1150] ou faz o EEE, no domínio transnacional, a de estabelecer uma uniformidade interpretativa tendencialmente *a outrance*[1151].

Se o regulamento da franquia se incorporou na ordem jurídica nacional, sendo susceptível de fundar pretensões juridicamente relevantes dos particulares perante as jurisdições nacionais, forçoso é que se questione sobre se o direito comunitário tipificou juridicamente esta figura contratual[1152].

---

hoje revogada e substituída pelo regulamento 1475/95, de 28.6.95, *citado*. As razões da recusa foram a não-problematicidade de tais contratos, na prática do Conselho, até então, a geral afectação do comércio entre os Estados que tais acordos envolvem, com a consequente sujeição ao *primado* do regulamento comunitário, a pouca importância das hipóteses de exclusiva relevância nacional e a harmonização dos critérios de aplicação de ambos os ordenamentos jurídicos propugnada pelo Conselho da Concorrência (sobre esta hipótese se pronunciou o mesmo N. Ruiz, em «Relações entre o direito nacional», *cit.*, pp. 354-355).

[1150] Parecendo defender que o nº 4 do artigo 1º da lei italiana claramente afasta perigos semelhantes àqueles em que incorre a lei espanhola, Denozza (pág. 653, nota 18), eventualmente erigindo a lei italiana, nos domínios ainda não desbravados na CE, em laboratório da própria evolução do direito comunitário da concorrência (*v.g.*, pág. 654), facto que outros autores vêem com preocupação (Alessi, pág. 14). No que à recepção interna dos regulamentos comunitários respeita, estes últimos autores sustentam que a lei italiana, pese embora o nº 4 do seu artigo 1º, não incorpora em Itália os regulamentos de isenção categorial, quer porque o artigo 4º da lei não é idêntico ao artigo 85º, 3 CE, quer porque a lei italiana atribui competência exclusiva à *Autorità garante della concorrenza e del mercato* (pág. 19), o que claramente traduz uma solução diversa daquela adoptada em Espanha. No entanto, parece-nos que, como aliás reconhecem, o resultado final não se afasta muito, dado o cânone interpretativo do nº 4 do artigo 1º.

[1151] Cfr, no entanto, Jacot-Guillarmod, pp. 63-68. No entanto, repare-se que, contrariamente ao que sucede no próprio espaço comunitário, a jurisprudência é formalmente introduzida, por remissão, é certo, no próprio domínio normativo-formal do acordo, fazendo perder a autonomia decisional das entidades de aplicação, neste âmbito, das regras de concorrência, havendo mesmo quem visse a jurisprudência como a «legislação 'espelho' dos artigos 85º e 86º CEE» (Russotto, pág. 305).

[1152] É a posição entre nós assumida por aqueles que referem, como Durães Rocha (pág. 123) ou A. P. Ribeiro (pág. 50), que, porque o regulamento é directamente aplicável em Portugal, qualquer acordo de franquia aqui celebrado «deve prever apenas, de entre as cláusulas restritivas da concorrência, aquelas que estão isentas da aplicação do nº 1 do artigo 85º do Tr. CEE, nos termos dos arts. 1º e 2º do Regulamento». Como resulta de tudo o que foi exposto, não podemos deixar de rejeitar esta posição. É que, por um lado,

Por tudo o que ficou dito, julgamos que a resposta adequada é ainda tendencialmente negativa[1153], apesar de se ter de reconhecer a força ligada às intervenções do Tribunal de Justiça e da Comissão, conquanto funcionalizadas a um juízo de conformidade com a norma do artigo 85º, nº 1, a que acresceu, da parte da Comissão, a intervenção ao abrigo do número 3 do artigo 85º. No entanto, os precedentes normativos e jurisprudenciais; a consolidação da figura na vida económica internacional; a conformação que as instâncias nacionais tendem a assumir face às categorias construídas comunitariamente[1154]; a força especial dos regulamentos (dotados de efeito directo e prevalecendo sobre as normas contrárias); o conteúdo bastante pormenorizado do regulamento, na definição da noção do contrato, dos seus elementos constituintes e das obrigações que habitualmente dele derivarão para as partes; e, finalmente, uma concepção não restritiva das fontes do direito[1155]; tudo isto são factores que nos conduzem a

---

o regulamento não nos diz quais são as cláusulas restritivas da concorrência ao abrigo do nº 1 do artigo 85º CE, como já vimos. E, por outro, nem todos os contratos convocam a aplicação da norma comunitária, pelo que o direito nacional conserva a possibilidade de sobre eles intervir.

[1153] Segundo LELOUP («Le règlement communautaire», cit., p. 2), o alcance dos regulamentos não faz deles modelos contratuais nem recolha de prescrições obrigatórias para as partes, no seguimento aliás do acórdão *VAG France*, de 18.12.86 (considerandos 14 e 15 – confirmado, já em 1996, pelo acórdão de 15.2.96, *Nissan France*, cons. 15 e segs.). Esta é também a conclusão implícita, para o direito francês, por JUGLART/IPPOLITO (pág. 213), enquanto, já após a elaboração do regulamento 4087/88, expressamente declara que «o contrato de franquia não é objecto de nenhuma regulamentação» (!). Neste sentido, em Espanha, GALLEGO SANCHEZ, pág. 40 («não pode afirmar-se que, em virtude dos textos mencionados, vá dotar-se a franquia sequer de um regime jurídico mínimo»). Quanto aos Países Baixos, vide WAL, pág. 121: «se bem que as normas de concorrência comunitárias tenham consequências no plano civil (...) não podemos afirmar que o regulamento (...) desencadeará consequências no plano do direito civil neerlandês aplicável ao contrato».

[1154] Para além dos casos já referidos, v.g., também na jurisprudência francesa, o acórdão da *Cour d'Appel* de Paris, de 22.9.92 (5ème chambre, *Mme Poisson vs. SA Pronuptia* (in Ed. Téchniques, Europe, Fevereiro/93, pág. 15), em que o tribunal «referiu-se aos precedentes comunitários para concluir pela licitude do contrato de franquia cuja validade era contestada na espécie».

[1155] Sem querer voltar a um tema já tratado, recorde-se aqui que a doutrina, em geral, faz depender a tipicidade jurídica da existência de um «un vero e proprio "schema" legale di regole inerenti al contenuto del contratto stesso». É o caso de MAIORCA, que, em desenvolvida nota, descreve e discute a qualificação como típicas ou atípicas de certas figuras contratuais. Nomeadamente quanto ao *leasing*, figura tratada em várias disposições dispersas da legislação italiana, mas apenas quanto a aspectos particulares, apare-

reconhecer um *processo* de tipicização jurídica[1156] do contrato, servindo as intervenções comunitárias de modelo de regulamentação[1157-1158]. Por nós, inclinamo-nos, pois, para a natureza juridicamente atípica do contrato de

---

cendo no entanto definida numa lei de 2 de Maio de 1976 (Lei 183). No entanto, apesar desta sua previsão normativa, o contrato manter-se-ia *atípico* (ou, pelo menos, híbrido), por essa definição do contrato visar apenas um seu aspecto particular (uma sua aplicação), embora reconheça que, partindo da norma legal que definia os elementos essenciais do contrato, certa doutrina afirmou a natureza *típica* deste contrato. Depois de tratar de outras figuras negociais, como o *factoring* e a *concessão*, ocupa-se do *franchising* (tratando--o como uma 'concessão agregativa', e dando dele a noção de ZANELLI). Segundo a posição daquele Autor, a qualificação como atípicas parece quadrar bem a todas aquelas novas e complexas figuras contratuais geradas pela vida dos negócios, que o legislador recebe sem lhes fornecer directamente uma base normativa que constitua uma nova e verdadeira 'disciplina particular' («cioè:legali» –MESSINEO: pág. 95) do novo acordo de interesses. Destes contratos poderá dizer-se serem, com mais oportunidade, «contratos *nominados*, numa acepção estrita deste termo». A sua recepção parece ser apenas mais um passo, uma fase sucessiva e directamente subsequente à consolidação no plano social e jurisprudencial do correspondente esquema «atípico» (MAIORCA, pp. 53-56). Não é diferente a posição, em Espanha, de CHULIÁ VICENT/BELTRÁN ALANDETE (pág. 12), os quais, depois de percorrerem as noções dadas pela doutrina espanhola, definem como atípicos os contratos «que, não estando definidos pela legislação positiva, estão reconhecidos pela realidade social, e em *certos casos por leis especiais*, baseando-se na liberdade contratual e na autonomia da vontade, regendo-se por...» (o sublinhado é nosso). Aliás, só assim se compreende que dediquem um capítulo da obra ao contrato de franquia.

Por nós, pensamos que todo este percurso transcrito neste último parágrafo se reduz a uma visão redutora da juridicidade, que não podemos compartilhar – sobre o papel que reservamos à tarefa de constituição da juridicidade, *v.g.* as ainda hoje actuais palavras de MOTA PINTO, *Cessão da posição contratual*, pp. 40-45, em especial a nota 1 (e única) desta última página.

[1156] BALDI, *Il contratto di agenzia, cit.*, pág. 122.

[1157] Sobretudo pelos critérios de integração das lacunas de regulamentação, com apelo às regras juridicamente mais próximas, que sem dúvida serão as do regulamento comunitário.

[1158] Para OLIVIER GAST, como já vimos, o direito comunitário, em especial o regulamento, ao apreender a noção global do contrato, foi além da sua mera regulação jusconcorrencial (pág. 63). Outros Autores preferem individualizar aspectos da regulamentação em que, no seu entender, a Comissão transcendeu a mera regulação jusconcorrencial dos contratos de franquia, em termos aliás que não compartilhamos totalmente – assim, por exemplo, ECHEBARRÍA SÁENZ (pág. 48) afirma mesmo, citando FRIGNANI e RUIZ PERIS, a propósito da referência do regulamento da franquia ao estatuto de comerciantes independentes das partes no contrato, que «o regulamento realizou, nesta instância, uma incursão na regulação civil do contrato, alheia aos seus objectivos e competência». De todo o modo, mesmo que seja limitada a relevância tipificante da regulação concorrencial da franquia dada pelo Regulamento 4087/88, sempre será de assinalar a significativa

franquia, apesar de não defendermos uma visão restritiva de "tipicidade", de resto não exigida pela lei ou por parte significativa da doutrina, o que MESSINEO confirmava, quando afirmava que «si direbbe che il contratto è nomminato, ossia è preso *singolarmente* in considerazione dall'ordinamento giuridico», sendo inominado «quello, per il quale l'ordenamento giuridico non hà prediposto una particolare disciplina giuridica, (...) non è assoggettato a disciplina propria»[1159]. Mas, ainda assim, aquela conclusão parece impor-se-nos, materialmente, dado que o regulamento apenas estabelece uma disciplina[1160] *de alcance estritamente funcionalizado* desta figura. Com efeito, embora nos ofereça uma noção geral do negócio (art. 1º, nº 3, alínea b)), identificando os elementos pertencentes ao seu tipo (designadamente, o seu objecto) e referindo-se ao papel e obrigações dos sujeitos negociais (*v.g.*, para além das contidas na noção, arts. 2º, 3º, 4º, c)), o certo é que o faz apenas tendo em vista um resultado específico: a insubmissão de um contrato assim construído face à norma do artigo 85º, nº 1 CE. E isto não se pode desconhecer.

Contudo, é certo que, no nosso domínio específico, o regulamento tem, no mínimo, *força de lei* no direito interno dos Estados-membros. Tal é expressamente referido em obras que tratam do problema do *franchising*, como é o caso do *Lamy droit économique*, no qual concretamente se afirma[1161] que «la definition la plus complète et la plus récente de la franchise – et qui a force de la loi en France, puisqu'elle est contenue

---

influência que terá nos ordenamentos europeus, na medida em que estes, não regulando substantivamente o contrato (ou assumindo a noção comunitária, para o respectivo domínio material – assim a Espanha, através do Real Decreto 157/1992), têm de ver no regulamento um «ponto de referência obrigatório», *maxime* atendendo aos princípios da prevalência e efeito directo das normas comunitárias – assim, por todos, ECHEBARRÍA SÁENZ, pág. 69, salvo em casos patológicos, como o que representam BARRENECHEA//DEPRIT/FERRER/IRIARTE (pp. 188 e segs.), que simplesmente não consideram como normas de base relativas ao contrato, nem o regulamento comunitário, nem sequer o Real Decreto de 1992!

[1159] *Op. cit.*, pp. 96 e 98.

[1160] É certo, também incompleta, embora seja possível sustentar a aplicação, por analogia, do regime estabelecido nos artigo 5º, 2 e 3 do Regulamento 1475/95, de 28.6.95. A previsão destas matérias neste regulamento parece até uma afirmação da natureza lacunosa do regulamento da franquia, porquanto não são razões de estraneidade à competência comunitária que justificam a ausência de regulamentação destes aspectos (senão não deveriam também ser regulamentados por esta última norma).

[1161] Pág. 1190.

dans un règlement communautaire», afirmação idêntica à que encontramos noutros países, como na Bélgica, onde inclusivamente se diz não ser de esperar uma regulamentação puramente nacional (e, sobretudo, diversa) do contrato[1162].

De todo o modo, qualquer que seja a força e a relação que se estabeleça entre as ordens jurídicas nacionais e comunitária, por nós, julgamos que tudo não deixará de implicar uma mutação fundamental no sentido e na vocação do artigo 85º CE. O Tribunal, num caminho que já vem longo (e que tem a ver com o acabamento progressivo do processo de construção europeia), parece agora dizer, claramente, que, no nº 1 do artigo 85º apenas podem intervir considerações concorrenciais[1163], sendo que, como vimos resultar expressamente do acórdão *Pronuptia*, no caso, o próprio mecanismo contratual era positivamente valorado como sendo pro-concorrencial, correspondendo a interesses legítimos de todos os agentes económicos nele envolvidos.

De qualquer forma, julgamos que seria positiva uma harmonização entre os critérios utilizados pelo Tribunal e pela Comissão, sobretudo no que toca às restrições que podem ser inseridas em contratos como os de franquia ou, em geral, como os de distribuição, para esclarecer de uma vez por todas se as mutações que, desde 1977, se vêm verificando na doutrina do Tribunal, correspondem (ou não) a resultados similares aos que, no espaço norte-americano, foram produzidos sob a influência da 'Escola de Chicago' – ainda que temperados pela simultânea supe-

---

[1162] A propósito do enquadramento deste contrato no direito belga, Marc WILLEMART (pág. 88), referindo-se ao regulamento 4087/88, afirma que «les dispositions de ce règlement constituent la seule structure légale cohérente du contrat de franchise, en Belgique; on peut la considérer comme suffisante ...». Também BIAMONTI/ROVERATI (pág. 337) diziam constituir o (projecto de) regulamento (e di-lo-ão hoje por maioria de razão), «a primeira tentativa séria e meditada realizada, na Europa, de disciplinar legislativamente o instituto do franchising». Já para RINALDI (pág. 75), «a matéria recebeu finalmente dignidade legislativa».

[1163] Acórdão *Consten-Grundig*, de 13.7.66, onde após se pronunciar pela existência de uma restrição à concorrência entre distribuidores dos produtos da mesma marca, conclui: «agiu bem a Comissão em considerar que o acordo constitui uma infracção ao artigo 85º, § 1, e todas as considerações posteriores, tanto de dados económicos (...) como acerca da exactidão dos critérios em que se inspirou a Comissão, bem como eventuais efeitos favoráveis do acordo em relação a outros aspectos, não podem, de toda a maneira, desencadear, na presença das restrições referidas, uma solução diferente *no quadro do artigo 85, parágrafo 1*» (tradução livre: o itálico é nosso).

ração dos juízos críticos que a esta se podem dirigir – e do acórdão *Sylvania*.

Procurámos demonstrar que algo aponta nesse sentido, e hoje com bem mais fortes argumentos do que aqueles que levavam autores a formular juízos conformes, mesmo antes do acórdão *Pronuptia*, embora tenhamos expressado também a nossa convicção de que a explicação mais apropriada deste acórdão não reside numa afirmação forçosa dos ensinamentos resultantes da centenária jurisprudência federal americana, sendo mesmo possível entrever, nas posições do Tribunal, mais do que incisivas afirmações de uma *rule of reason* na sua versão ali dominante, uma expressão aproximada da doutrina das *ancillary restraints*, mas apenas se tomada no sentido de restrições *inerentes*, na medida em que o Tribunal de Justiça não faz um balanço concorrencial, antes afirma, de modo algo apodíctico, a licitude da figura (como que supondo um tal juízo como já feito, pela sua inerência?), para depois preencher o elenco das restrições que supõe imprescindíveis (novamente, inerentes) à sua plena e cabal realização.

Finalmente, queremos deixar uma última nota, que é mais uma precisão. A crítica que foi aqui feita às concepções tradicionais da Comissão (ainda hoje subsistentes), não envolve um juízo redutor e antagónico do papel central que cremos estar reservado à Comissão no domínio da política comunitária da concorrência, em especial neste campo do artigo 85° CE. Apenas fica claramente afirmado que julgamos não ser correcto, sobretudo por não corresponder ao próprio sentido dos textos comunitários, não respeitar a verdadeira e actuante natureza da ordem jurídica comunitária e do papel dos tribunais comunitários na sua realização (que, sobretudo noutros domínios, talvez até mais sensíveis), reduzindo o Tribunal comunitário (TPI e TJCE) a mera instância de aferição formal da adequação da fundamentação da Comissão nas diversas aplicações do n° 3 do artigo 85° CE, e aumentando a incerteza dos agentes económicos que actuam no mercado. A concorrência é um «pilar da construção europeia», e os tribunais podem e devem assegurar o respeito e o seu desenvolvimento. Apenas lhes deverá ficar vedado, julgamos, tomar decisões que comportem escolhas políticas entre os diversos objectivos comunitários: limitações de política de concorrência por opções industriais, económicas, comerciais, por exemplo, para as quais, sempre que uma dada conduta esteja em contradição com os valores de concorrência tal como afirmados pelo tribunal, deverá ser a Comissão a articular tais medidas, tendo em vista a realização da plena integração dos mercados num verdadeiro mercado interno[1164]. E não é coisa diversa a que resulta do Tratado, onde se supõe a primazia, em vários momentos afirmada, da concorrência como regulador essencial da economia comunitária.

> «It was very strange, wasn't it?»
> «Awfully strange. And how did it end?»
> «Well, it didn't end. It never does, you know.»
>
> (ÁLVARO DE CAMPOS, «Psiquetipia (ou Psicotipia)», 1933)

[1164] Por isso não custa, passe o *aparente* (e creio que ao longo deste trabalho, não sendo o seu objecto, foi-o sendo demonstrado) paradoxo, concordar com as afirmações de um Autor cioso na defesa das prerrogativas e métodos da Comissão – como muitos outros – como WILS (pág. 39), apesar de termos de discordar da retirada de poderes ao juiz comunitário aí englobada, enquanto motivada pelo objectivo da integração. É mesmo esse objectivo que, e é a nossa convicção, justifica a intervenção do Tribunal (para só declarar a ilicitude das coligações que afectem a estrutura concorrencial do mercado interno) e, por outro lado, da Comissão (que poderá intervir apenas nesse pressuposto, e com total autonomia e no desempenho desse seu papel central, para compatibilizar e, eventualmente, justificar afectações da estrutura concorrencial com outros objectivos visados pela ordem jurídica comunitária). Assim o entendem também FERRARI BRAVO/MILANESI (pág. 336), para quem o nº 3 do artigo 85º se «configura como uma disposição de intervenção com valência horizontal...».

ÍNDICE BIBLIOGRÁFICO*

ABREU, Jorge Manuel COUTINHO DE
―――― «L' européanisation du concept d' entreprise», *RIDE*, 1, 1995, pp. 9 ss.
―――― *Da empresarialidade (as empresas no direito)*, Col. Teses, Almedina, 1996

ACHACH, Danièle
―――― «Franchise et droit français de la concurrence», in CENTRE PAUL ROUBIER, *Aspects juridiques de la franchise (journée d'étude - faculté de droit Lyon - 21 mai 1986)*, Litec, 1986, pp. 73-86

ADAMS, John/JONES, K. V. PRICHARD
―――― *Franchising – practice and precedents in business format franchising*, 2ª ed., Butterworths, London, 1987

ADMIRAAL, P. H.
―――― «Introduction», in *Merger & Competition Policy in the European Community*, Alexis JACQUEMIN et al., Admiraal, P. H. (Ed.), De Vries Lectures in Economics, Basil Blackwell, 1990, pp. viii-xii

AIME, Michel
―――― «Franchises douanières», *ED, Droit communautaire*, 1992, pp. 1-6

ALARCÃO, Rui de
―――― «Sobre a transferência da posição de arrendatário em caso de trespasse», *BFD*, vol. XLVII, 1971

―――――――――――

* O critério adoptado para a elaboração deste índice bibliográfico foi simples. Constam desta lista – ainda que não de forma exaustiva – obras e autores que foram consultados directamente e, quando considerado útil, citados. Todas as obras a que apenas acedemos indirectamente, por serem citadas ou parcialmente reproduzidas em obras directamente consultadas, não constarão desta lista. Tal não prejudica a sua citação completa (na medida do possível) no momento da sua referência.
O método de citação ao longo do trabalho também se norteou por um critério de economia de meios. A citação reduzir-se-á ao mínimo necessário para assegurar o carácter distintivo do autor e obra citados. Para tanto utilizarei apenas o nome do Autor e a indicação da página, quando se trate de um Autor citado apenas através de uma única obra. Quando tenha consultado várias obras do mesmo Autor, utilizarei apenas o título do artigo ou obra que constituiu a fonte das suas palavras, normalmente completo, seguida obviamente pela indicação da página.

ALESSI, R.
— «Commento alla Legge 10 ottobre 1990, n. 287: norme per la tutela della concorrenza e del mercato», in ALESSI, R./OLIVIERI, G., *La disciplina della concorrenza e del mercato (commento alla L. 10 ottobre 1990, n. 287 ed al regolamento CEE n. 4064/89 del 21 dicembre 1989)*, G. Giappichelli Editore, Torino, 1991, pp. 3-179

ALEXANDER, Willy
— «L' application de l' article 85, paragraphe 3, CEE par voie de décisions individuelles et de règlements: Une appréciation des mécanismes de exemption», *RTDE*, 1965, pp. 323-335
— «"Per Se" Rules Under Article 85?», *European Competition Policy (Essays of the Leiden Working Group on Cartel Problems)*, The Europa Institute of the University of Leiden, A. W. Sijthoff, Leiden, 1973, pp. 84-91

ALEXANDRE, ISABEL Maria de Oliveira
— «O contrato de franquia (franchising)», *O Direito*, ano 123º, 1991, II- III (Abril-Setembro), pp. 319-383

ALMEIDA, Carlos FERREIRA DE
— *Texto e Enunciado na Teoria do Negócio Jurídico*, 2 vols., Almedina, Coimbra, 1992

ALMEIDA, José Carlos MOITINHO DE
— «A ordem jurídica comunitária», in *Temas de direito comunitário*, OAP – Conselho Geral, Lisboa, 1983, pp. 15-49
— *O reenvio prejudicial perante o Tribunal de Justiça das Comunidades Europeias*, Coimbra Editora, Coimbra, 1992

ALPA, Guido
— «Società di ingegneria e contratto di engineering. In margine ad una pronuncia di merito (anotação a Ac. Tribunale Milano, 19-3-79)», *Giur. It.*, 1979, I, 2, pp. 439-448

ALVES, Jorge de Jesus FERREIRA
— *Direito da Concorrência nas Comunidades Europeias*, 2ª edição, actualizada e ampliada, Coimbra Editora, Coimbra, 1992

ALVES, José Manuel CASEIRO
— *Lições de direito comunitário da concorrência*, Série das Lições do Curso dos Estudos Europeus da Fac. de Direito de Coimbra, 1989
— «Sobre os limites postos pela ordem jurídica comunitária às prerrogativas dos Estados membros em matéria de livre circulação de pessoas – o caso da "reserva de ordem pública"», *RDE*, nº 8, 1982, pp. 347-369.

AMARAL, Diogo FREITAS DO
— *Um Voto a Favor de Maastricht*, Editorial Inquérito, 1992
— *Curso de Direito Administrativo*, vol. I, Almedina, Coimbra, 1989

ANDERSON, F.J.
─────── «Trade, firm size, and product variety under monopolistic competition», *CJE*, XXIV, n° 1, 1991, pp. 12 ss.

ANDRADE, Manuel A. D. De
─────── *Ensaio sobre a teoria da interpretação das leis*, 4ª ed., Arménio Amado, 1987
─────── *Teoria Geral da Relação Jurídica*, vol. II, 7ª reimpressão, Coimbra, 1992

ANTUNES, J. M. O./MANSO, J. A. C.
─────── *Relações Internacionais e transferência de tecnologia – o contrato de licença*, Almedina, 1993

ANTUNES, Luís Miguel Pais
─────── «Agreements and concerted practices under EEC competition law: is the distinction relevant?», *YEL*, 11, 1991, Claredon Press, Oxford, 1992, pp. 57-77
─────── *Lições de direito comunitário da concorrência*, Univ. Lusíada, versão provisória, 1994/95
─────── *Direito da concorrência – os poderes de investigação da Comissão europeia e a protecção dos direitos fundamentais*, Almedina, Coimbra, 1995

ART, Jean-Yves
─────── «Rules against collusion between firms», in *The Competition Policy of the European Community*, ed. Phedon NICOLAIDES/Arianne van der KLUGT, IEAP, Maastricht, 1994, pp. 19-29

ASCENSÃO, José de OLIVEIRA
─────── *Direito comercial – direito industrial*, vol. II, Lisboa, 1988

AULETE, Caldas
─────── *Diccionario contemporaneo da lingua portugueza*, Lisboa, 1881

AUTERI, Paolo
─────── «Lo sfruttamento del valore suggestivo dei marchi d' impresa mediante merchandising», *CI*, 2, 1989, pp. 510-544

AUVRET-FINCK, J.
─────── «Les avis 1-91 et 1-92 relatifs ao Project de l' Espace Économique Européen», *CDE*, 1993, 1-2, pp. 38 e segs

AYNÈS, Laurent
─────── «Indétermination du prix: pour un changement du droit positif», *RDS*, 1992, 27°, sommaires commentés, pág. 266
─────── «Indétermination du prix: nullité du contrat et responsabilité du franchiseur», *RDS*, 1992, 27°, pág. 267
─────── «Indétermination du prix dans les contrats de distribution: comment sortir de l'impasse?», *RDS*, 1993, 4°, chronique, pp. 25-27

AZEVEDO, João Lúcio de
—— *Elementos Para a História Económica de Portugal (Séculos XII a XV)*, Gabinete de Investigações Económicas, Lisboa, 1967

BAEL, Ivo Van/ BELLIS, Jean-François
—— *Droit de la Concurrence de la Communauté Économique Européenne*, Bruylant, Bruxelles, 1991
—— *Il Diritto della Concorrenza nella Comunità Europea*, G. Giappichelli Editore, Torino, 1995

BALDI, Roberto
—— *Le droit de la distribution commerciale dans l'Europe communautaire*, Bruylant, Bruxelas, 1988
—— *Il contratto di agenzia - la concessione di vendita- il franchising*, 5ª ed., Giuffrè, Milano, 1992

BANGY, Azeem R.
—— «Acordos de distribuição exclusiva e de compra exclusiva», in *A distribuição exclusiva e a compra exclusiva na regulamentação comunitária da concorrência*, DGCP, nº 11, 1991, pp. 11-39

BARATA, Carlos Lacerda
—— *Sobre o contrato de agência*, Almedina, Coimbra, 1991

BARRE, Raymond
—— *Economia política*, vol. II, Difel, São Paulo, 1978

BARRENECHEA, J./DEPRIT, S./FERRER, M A./ IRIARTE, A.
—— *Los contratos más utilizados en la empresa – 75 modelos con comentarios*, Deusto, 2ª ed., 1994

BARRETO, João Carlos de MELLO
—— *Relatório do delegado português à Conferência Parlamentar Internacional de Comércio – 2ª sessão plenária*, Lisboa, 1916

BARROCAS, Manuel PEREIRA
—— «O contrato de "franchising"», *ROA*, ano 49, 1989, Lisboa, pp. 127-168

BAUMOL, William J./BLINDER, Alan S./GUNTHER, Alan W./HICKS, John R. L.
—— *Economics (Principles and Policy)*, 2nd Australian Edition, Harcourt Brace, 1994

BAUMOL, William J./BLINDER, Alan S.
—— *Economics (Principles and Policy)*, 6ª edição, International Edition, Dryden, 1994

BAY, Matteo Francesco
—— «Possono gli stati membri violare le regole comunitarie di concorrenza indirizatte alle imprese?», *RIDPC*, 1994, 3-4, pp. 637-650

BEAUCHESNE, Bénédicte
——— *La protection juridique des entreprises en droit communautaire de la concurrence*, Nouvelles Editions Fiduciaires, 1993

BECHTOLD, Rainer
——— «Antitrust law in the EC and Germany - an uncoordinated co-existence?», *FCLI*, 1992, pp. 343-357

BEDUSCHI, Carlo
——— «A proposito di tipicità e atipicità dei contratti», *RDC*, 32, 1986, p.prima, pp. 358

BELL, Michael J.
——— «Introduction to business format franchising», *The Law Society of Scotland, Post Qualifying Legal Education (PQLE) Franchising Seminar*, (policopiado), 1987, pp. 3 e segs.

BELLAMY, Christopher/CHILD, Graham D.
——— *Common market law of competition*, 3ª ed., London, Sweet & Maxwell, 1987

BELLAMY, Christopher/PICAÑOL, Enric
——— *Derecho de la Competencia en le Mercado Comum*, Civitas, Madrid, 1992

BERCOVITZ, Alberto
——— «Normas sobre la competencia del tratado de la CEE» (colaboração: Tomás de las HERAS/José Luis BARBERO) in *Tratado de Derecho Comunitario Europeo (estudio sistematico desde el derecho español)*, Tomo II, Civitas, Madrid, 1986, pp. 327 segs.

BERGERÈS, Maurice-Christian
——— *Contentieux Communautaire*, Col. Droit Fondamental, PUF, Paris, 1988

BERNINI, Giorgio
——— *Profili di diritto delle Comunità Europee*, Morano Editore, Napoli, 1970
——— «As regras da concorrência», in *Trinta anos de Direito Comunitário*, Comissão das Comunidades Europeias, 1981, pp. 345-398

BESSIS, Philippe
——— *Le contrat de franchisage*, LGDJ, 1990

BIAMONTI, Luigi/ROVERATI, Fabio
——— «Il nuovo progetto di regolamento CEE del franchising», *RDC*, 86, 1988, I, pp. 329-338

BLANCO, Luis Ortiz
——— *El procedimiento en derecho de la competencia comunitario*, vol. 1, Cuadernos de Estudios Europeos, Fundacion Univ. Empresa, Civitas, 1994

BLIN, Maurice
—— «La politique européenne de la concurrence: un système a revoir», in *RAE*, 1993, 2, pp. 39-41

BLUTEAU, Rafael
—— *Diccionario da lingua portugueza*, 1789

BOGGIANO, Antonio
—— «Comunicação: *Hacia el Desarrollo Comunitario del MERCOSUR desde la Experiencia de la Union Europea*», *O Mercosul e a União Europeia*, Faculdade de Direito, Curso de Estudos Europeus, Coimbra, 1994, pp. 49-102

BONASI-BENUCCI, Eduardo
—— «Esclusiva (clausola di)», *Encicl. dir.*, XV, Giuffrè, pp. 377-383

BONASSIES, Pierre
—— «Une Nouvelle Source Doctrinale du Droit Français: La Jurisprudence de la Cour de Justice des Communautés», *Études offerts à Pierre Kaiser*, Tome I, Presses Universitaires d' Aix-Marseille, 1979, pp. 43-63
—— «Les fondaments du droit communautaire de de la concurrence: la théorie de la concurrence-moyen», *Études Dédiées à Alex Weill*, Dalloz, Litec, Paris, 1983, pp. 51-67

BOORSTIN, Daniel J.
—— *Os Descobridores – de como o homem procurou conhecer-se a si mesmo e ao mundo*, ed. Portuguesa, Gradiva, 1994

BORK, Robert H.
—— «The rule of reason and the per se concept: price fixing and market division», *The Yale Law Journal*, vol. 74, Abril 1965, n° 5, pp. 775-847; e vol. 75, Janeiro 1966, n° 3, pp. 373-475
—— «Legislative Intent and the Policy of the Sherman Act», *The Journal of Law and Economics*, 9, 7,1966 (in *The Journal of Reprints for Antitrust Law and Economics*, vol. II, 1970/71, Federal Legal Publications, pp. 1-44), pp. 7-48

BORRAS, Brigitte CASTELL
—— *La defensa de la competencia en la CEE: artículo 85 del Tratado de Roma*, Praxis, Barcelona, 1986

BOULOUIS, Jean
—— *Droit Institutionnel de l'Union Européenne*, 5ème edition, Montchrestien, 1995

BOURGEOIS, Jacques H. J.
—— «EC Competition Law and Member State Courts», in *Antitrust in a Global Economy, FCLI*, 1994, pp. 475-496
—— «Regras multilaterais da concorrência: ainda uma busca do Santo Graal?», in *Contratos Internacionais e Direito Econômico no MERCOSUL (após o término do período de transição)*, Casella, Borba (coord.), LTR, São Paulo, 1996, pp. 75-94

BOURGEOIS, Jacques H. J./DEMARET, Paul
——— «The working of EC policies on competition, industry and trade: a legal analysis», in *European Policies on Competition, Trade and Industry – conflicts and complementarities*, ed. BUIGUES/JACQUEMIN/SAPIR, Edward Elgar, Aldershot, UK, 1995, pp. 65-114

BOUTARD-LABARDE, M.-C.
——— «Note», *RTDE*, n° 2, ano 22, 1986, pp. 306-320
——— «Comparaison avec les autres règlements "distribution"», *SJ-CDE*, 1989, supl. 2, pp. 25 segs.

BOUTARD-LABARDE, Marie-Chantal/ CANIVET, Guy
——— *Droit français de la concurrence*, LGDJ, 1994

BRAULT, Dominique
——— *Droit de la concurrence comparé - vers un ordre concurrentiel mondial?*, Economica, Paris, 1995

BRAVO, Luigi FERRARI/MILANESI, Enzo Moavero
——— *Lezioni di Diritto Comunitario*, Editoriale Scientifica, 1995

BRITO, Maria HELENA
——— *O contrato de concessão comercial*, Almedina, Coimbra, 1990

BUIGUES, Pierre/JACQUEMIN, Alexis/SAPIR, André
——— «Introduction: complementarities and conflicts in EC microeconomic policies», in *European Policies on Competition, Trade and Industry – conflicts and complementarities*, ed. BUIGUES/JACQUEMIN/SAPIR, Edward Elgar, Aldershot, UK, 1995, pp.

BURNS, Jean Wegman
——— «Vertical restraints, efficiency, and the real world», *FLR*, vol. LXII, December 1993, n° 3, pp. 597-651

BURNSIDE, Alec/STUART, Eugene
——— «Irish competition law - moving towards the european model», *ECLR*, 1992, 1, pp. 38-47

BURST, Jean-Jacques
——— «Anotação ao acórdão do *Cour d'Appel de Colmar*, de 9.6.82», *RDS*, 1982, pp. 554-556
——— «Franchise et droit communautaire de la concurrence», in CENTRE PAUL ROUBIER, *Aspects juridiques de la franchise (journée d'étude - faculté de droit Lyon - 21 mai 1986)*, Collection du CEIPI, Litec, pp. 63-72

BURST, Jean-Jacques/KOVAR, Robert
——— «La mariée est en blanc (dans l'arrêt Pronuptia la Cour de Justice des Communautés européennes «blanchit» le contrat de franchise de distribution», *GP*, 28.6.86, 1986 (1er sem.), Doctrine, pp. 392-398

BUSSANI, Mauro/CENDON, Paolo
—— *I contratti nuovi (casi e materiali di dottrina e giurisprudenza) Leasing, Factoring, Franchising*, Giuffrè ed., 1989

CALERO, Fernando SANCHEZ
—— *Instituciones de derecho mercantil*, II, 18ª ed., Ed. Revista de Derecho Privado, 1995

CALHEIROS, José Maria de ALBUQUERQUE
—— «Sobre o conceito de mercado interno na perspectiva do Acto Único Europeu», *BDDC*, nº 37/38, 1989, pp. 371-412

CAMPOS, João MOTA DE
—— *Direito comunitário*, vol. I (*O direito institucional*), 7ª edição, FCG, Lisboa, 1995
—— *Direito comunitário*, vol. II (*O ordenamento jurídico comunitário*), 4ª edição, FCG, Lisboa, 1994
—— *Direito Comunitário*, vol. III (*O ordenamento económico*), 1ª ed., FCG, Lisboa, 1991

CANNIZZARO
—— «Principi fondamentali della costituzione e unione europea», *RIDPC*, 1994, pp. 1171 e segs.

CANOTILHO, J. J. GOMES/MOREIRA, VITAL
—— *Constituição da República Portuguesa Anotada*, 3ª edição revista, Coimbra Editora, Coimbra, 1993

CARDELÚS, Lluís (Cardelús I Gassiot)
—— *El contrato de franchising*, PPU, Barcelona, 1988

CARRIGAN, Michael W.
—— «Agency and franchising – Ireland», in *Agenzia e franchising*, a cura di Gian Andrea CHIAVEGATTI, CEDAM, Padova, 1991, pp. 141-149

CARTOU, Louis
—— *L' Union européenne – Traités de Paris - Rome - Maastricht*, 2ª ed., Précis, Dalloz, 1996

CARVALHO, Leonardo FERRAZ DE
—— «Franchisados de 1ª classe», in *O Independente*, 12.10.1990, II, pág. 7

CARVALHO, ORLANDO Alves Pereira DE
—— «Negócio Jurídico Indirecto (Teoria Geral)», *BFD*, Supl. X, 1952, pp. 1-149
—— *Critério e estrutura do estabelecimento comercial*, vol. I (*O problema da empresa como objecto de negócios*), Coimbra, 1967
—— *Direito das coisas (do direito das coisas em geral)*, Coimbra, 1977
—— *Teoria Geral do Direito Civil (sumários desenvolvidos para os alunos do 2º ano (1ª turma) do curso jurídico de 1980/81)*, Centelha, Coimbra, 1981

―――― «Palavras de Abertura», *A União Europeia*, Faculdade de Direito, Coimbra, 1994, pp. 9-11

CASA, F. / CASABÓ, M.
―――― *La franquicia (franchising)*, edicions Gestió 2.000, 1ª ed., Barcelona, 1989

CASAS, Maria G. RUBIO DE
―――― «The spanish law for the defence of competition», *ECLR*, 1990, 4, pp. 179-189

CASELLA, Paulo BORBA
―――― *Comunidade Européia – e seu ordenamento jurídico*, LTR, São Paulo, 1994
―――― «Utilização no Brasil dos Princípios Unidroit relativos aos contratos de comércio internacional», in *Contratos Internacionais e Direito Econômico no* MERCOSUL *(após o término do período de transição)*, Casella, Borba (coord.), LTR, São Paulo, 1996, pp. 95-105

CASTRO, Paulo Jorge CANELAS DE
―――― *Mutações e constâncias da neutralidade*, Coimbra, 1990

CATALANO, Nicola
―――― *Manuel de droit des communautés européennes*, Dalloz Sirey, Paris, 1962

CATINAT, Michel/JACQUEMIN, Alexis
―――― «Europe et marché unique», in *Encyclopedie Economique*, GREFFE, Xavier/MAIRESSE, Jacques/REIFFERS, Jean-Louis (editores), Economica, Paris, 1990, pp. 2109-2149

CEBRIÁN, Marco VILLAGÓMEZ
―――― *La cuestión prejudicial en el derecho comunitario europeo*, Tecnos, 1994

CENTRE PAUL ROUBIER
―――― *Aspects juridiques de la franchise (journée d'étude - faculté de droit Lyon - 21 mai 1986)*, Collection du CEIPI, Litec, 1986

CHANDLER JR, Alfred D.
―――― *The visible hand – the managerial revolution in american business*, Belknap Press of Harvard University Press, 1977

CHORÃO, Luís BIGOTTE
―――― «Notas sobre o âmbito da concorrência desleal», *ROA*, ano 55, III, Lisboa, 1995, pp. 713-752

CHURCH, Clive/PHINNEMORE, David
―――― *European Union and Community – a Handbook of Commentary on the 1992 Maastricht Treaties*, Prentice Hall, Harvester Wheatsheaf, 1994

CLARK, J. M.
―――― «Toward a concept of workable competition», 1940, *American Economic Review*, 1940, Vol. XXX, June, n° 2, pp. 241 ss.

CLEMENT, Jean-Paul/BOUTARD-LABARDE, Marie Chantal
—— «La Franchise et le Droit Européen de la Concurrence», GP, 8.4.1986, 1ᵉʳ sem., pp. 228-233

CLOOS, Jean/REINESCH, Gaston/VIGNES, Daniel/WEYLAND, Joseph
—— Le Traité de Maastricht – genèse, analyse, commentaires, Bruylant, Bruxelles, 1993

COASE, R. H.
—— Essays on Economics and Economists, The University of Chicago Press, Chicago e Londres, 1991

COCKBORNE, Jean-Eric de
—— «Les accords de franchise au regard du droit communautaire de la concurrence», RTDE, 1989, 2, pp. 181-223

COELHO, Francisco Manuel de Brito PEREIRA
—— «Contrato» - evolução do conceito no direito português, Coimbra, 1990, Sep. vol. LXIV do BFD
—— A renúncia abdicativa no direito civil (algumas notas tendentes à definição do regime), BFD, Stvdia Iuridica, 8, Coimbra Editora, 1995

COELHO, José Gabriel PINTO
—— «O conceito de concorrência desleal», RFDL, ano XVII, 1964, pp. 79-94

COMANOR, W.S. e outros
—— Competition policy in Europe and North America: economic issues and institutions, Harwood Academic Publishers, 1992

COMISSÃO DAS COMUNIDADES EUROPEIAS
—— «Memorandum da Comissão da CEE sobre a concentração no Mercado Comum», RTDE, 1966, pp. 651-677
—— A política industrial comunitária para os anos 90, supl. 3/91,Boletim das comunidades Europeias, Luxemburgo, SPOCE, 1991
—— PME et concurrence, Luxemburgo, SPOCE, 1991
—— Crescimento, Competitividade, Emprego: os desafios e as pistas para entrar no século XXI – «Livro Branco», Luxemburgo, SPOCE, 1994

COMITÉ BELGA DA LA DISTRIBUTION
—— Franchising (la franquicia): una revolucion comercial, Ed. Hispano Europea, Barcelona, 1973

COMITÉ ECONÓMICO E SOCIAL
—— Parecer sobre o XXIV Relatório da Comissão sobre a Política da Concorrência (1994), JOCE, n° C 39, de 12.2.96, pp. 79

CONSELHO DA CONCORRÊNCIA
——— *Relatório de actividade dos anos de 1984 e 1985*, DR, II série, n° 226, 3° supl., de 1.10.86, pp. 7-23
——— *Relatório de actividade de 1986*, DR, II série, n° 168, de 24.7.87, 9168, pp. 10-34
——— *Relatório de actividade de 1987*, DR, II série, n° 226, de 29.9.88, pp. 9024 e ss.
——— *Relatório de actividade de 1989*, DR, II Série, n° 217, de 19.9.90, pp. 10544-10565
——— *Relatório de actividade de 1990*, DR, II Série, n° 202, de 3.9.91, 8938, pp. 44-61
——— *Relatório de actividade de 1992*, DR, II Série, n° 192 (supl.), de 17.8.93, pp. 54 ss.
——— *Relatório de actividade de 1993*, DR, II Série, n° 18, de 21.1.95, pp. 865 e ss.
——— *Relatório de actividade de 1994*, DR, II Série, n° 298, 2° supl., de 21.12.95

CONSTANTINESCO, Vlad
——— «Article 2 CE – commentaire», in CONSTANTINESCO/KOVAR/SIMON (Dir.), *Traité instituant l'Union Européenne (signé à Maastricht le 7 fevrier 1992) – Commentaire article par article*, Economica, Paris, 1995), pp. 93-95
——— «Article 3-B – commentaire», in CONSTANTINESCO/KOVAR/SIMON (Dir.), *Traité instituant l'Union Européenne (signé à Maastricht le 7 fevrier 1992) – Commentaire article par article*, Economica, Paris, 1995), pp. 107-109

CONSTANTINESCO, V./KOVAR, R./JACQUÉ, J-P/SIMON, D. (Dir)
——— *Traité instituant la CEE - commentaire article par article*, Economica, Paris, 1992

CONSTANTINESCO, Vlad/KOVAR, Robert/SIMON, Denys (Dir.)
——— *Traité instituant l'Union Européenne (signé à Maastricht le 7 fevrier 1992) – Commentaire article par article*, Economica, Paris, 1995

CORDEIRO, António José da Silva ROBALO
——— «As coligações de empresas e os direitos português e comunitário da concorrência», *RDES*, 1987, ano 29°, n° 1, Almedina, Coimbra, pp. 81-137

CORDEIRO, António MENEZES
——— «Do Contrato de Franquia («Franchising»): Autonomia Privada versus Tipicidade Negocial», *ROA*, ano 48, 1988, Lisboa, pp. 63-84

CORONA, Eduardo GALAN
——— «Los Contratos de "Franchising" Ante el Derecho Comunitario Protector de la Libre Competencia», *RIE*, 40-3, 1986, pp. 687-702

CORREIA, António de Arruda FERRER
——— *Erro e interpretação na teoria do negócio jurídico*, Almedina, 3ª tiragem, 1985
——— *Lições de direito comercial*, vol. I, Coimbra, 1973
——— *Direito internacional privado – alguns problemas*, Sep. vols. LI, LII, LIII e LIV BFD, Coimbra, 1989

CORREIA, Miguel J. A. PUPO
— *Direito Comercial*, Lições ao 3º ano do departamento de direito da universidade Lusíada, 2ª ed. revista, Lisboa, 1991

COSTA, Giovanni
— «La risorsa umana e i rapporti verticali tra imprese: incentivazione e controllo», in *I contratti di franchising – organizzazione e controllo di rete*, a cura di PILOTTI/ POZZANA, EGEA, 1990, pp. 181-195

COSTA, Mário Júlio DE ALMEIDA
— *Direito das Obrigações*, Coimbra Editora, Coimbra, 1984

CRAHAY, Paul
— *Les contrats internationaux d'agence et de concession de vente*, LGDJ, Paris, 1991

CRAÍG, P./BÚRCA, G. de
— *EC law – text, cases & materials*, Clarendon Press, Oxford, 1995

CROSSICK, Stanley A.
— «The Pronuptia Case and its Effect on EEC Franchising Law», *International Business Lawyer*, 1985, pp. 294-296

CUNHA, J. da SILVA
— *Direito Internacional Público*, 3ª ed., Lisboa, 1981
— *Direito Internacional Público (Introdução e fontes)*, 5ª ed., Almedina, Coimbra, 1991

CUNHA, Paulo de PITTA E
— «A União monetária e suas implicações», in *A União Europeia*, Curso de Estudos Europeus da Faculdade de Direito, Coimbra, 1994, pp. 45-59
— «Constitution of the European Union – Comments», in *Constitutional Dimension of European Economic Integration*, Francis Snyder (Editor), Kluwer Law International, 1996, pp. 63-66

CUNHA, Paulo de PITTA E/ RUIZ, Nuno
— «O ordenamento comunitário e o direito interno português», *ROA*, 55, 1995, Julho, Lisboa, pp. 341-352

DANET, Didier
— «Le Conseil de la concurrence: jurisdiction incomplète ou jurisdiction innommée?», *RIDE*, 1991, 1, pp. 3-17

DAVIES, Stephen
— «Technical change, productivity and market structure», in *Economics of Industrial Organisation (surveys in economics)*, DAVIES/LYONS, com DIXON/GEROSKI, Longman, New York, 1992, pp. 192-246

DELACOLLETTE, Jean
―――― *Les contrats de commerce internationaux*, 2ª ed., De Boeck-Wesmael, Bruxelles, 1991

DELBARRE, F.
―――― «Analyse du Règlement 'Franchise' – Commentaire de l' Article 2», *SJ-CDE*, suppl. 2 (Étude du Réglement 'Franchise'), 1989, pp. 11-12

DEMARET, Paul
―――― «Selective Distribution and EEC Law After the *Ford, Pronuptia and Metro II* Judgments», in *United States and Common Market Antitrust Policies, FCLI*, 1987, pp. 149-184
―――― «A Short Walk in the Realm of Subsidiarity», in *European Economic and Business Law*, W. de Gruyter, Berlin, New York, 1996, pp. 13-31

DE NOVA, Giorgio
―――― *Il tipo contrattuale*, Padova, CEDAM, 1974
―――― «Sul rapporto tra disciplina generale dei contratti e disciplina dei singoli contratti», *CI*, 1988, nº 2, pp. 327-334

DENOZZA, Francesco
―――― «Un nuovo modello per I rapporti tra diritto comunitario e diritto antitrust nazionale: la barriera unica omogenea», *Quad.*, 1992, 3, pp. 641-655

DERINGER, Arved
―――― «The distribution of powers in the enforcement of the rules of competition under the Rome Treaty», *CMLR*, 1963, pp. 30-40

DIAS, A. Jorge
―――― «Comunitarismo», in *Dicionário de História de Portugal*, (Joel SERRÃO), 1ª ed., Iniciativas Editoriais, 1971, pp. 649-651

DIAS, Jorge de FIGUEIREDO
―――― «O movimento de descriminalização e o ilícito de mera ordenação social», in *Jornadas de Direito Criminal*, CEJ, Lisboa, 1983 (?), pp. 315-336

DIAS, Mª GABRIELA de Oliveira FIGUEIREDO
―――― *A assistência técnica nos contratos de know-how*, BFD, Coimbra Editora, Coimbra, 1995 (Studia Iuridica, 10)

DOERN, Bruce
―――― «Comparative competition policy: Boundaries and Levels of Political Analysis», in *Comparative Competition Policy: National Institutions in a Global Market*, DOERN/ WILKS (ed.), Clarendon Press, Oxford, 1996, pp. 7-39

DOERN, G. Bruce/WILKS, Stephen (editado por)
―――― *Comparative Competition Policy: National Institutions in a Global Market*, Clarendon Press, Oxford, 1996

DONNER, A. M.
―――― «National Law and the Case Law of the Court of Justice of the European Communities», *CMLR*, 1963, Vol. I, pp. 8-16

DRUCKER, P.
―――― *Managing for the future*, Butterworths, Heinemann, Oxford, 1992

DRUMAUX, Anne
―――― «Analyse Économique de la Subsidiarité», in *Critique de la raison communautaire (Utilité publique et concurrence dans l'Union Européenne)*, CARTELIER, Lysiane/FOURNIER, Jacques/MONNIER, Lionel, CIRIEC France, Economica, Paris, 1996, pp. 93-107

DUARTE, Maria Luísa
―――― «A Liberdade de Circulação de Pessoas e o Estatuto de Cidadania Previsto no Tratado de União Europeia», *A União Europeia na Encruzilhada*, Almedina, Coimbra, 1996, pp. 167-194

DUBOIS, Jean
―――― «Franchising Under EEC Competition Law: Implications of the Pronuptia Judgment and the Proposed Block Exemption», in *United States and Common Market Antitrust Policies*, *FCLI*, 1987, pp. 115-145
―――― «La Mise en Place du Règlement 'Franchise'», *SJ-CDE*, suppl. 2 (Étude du Réglement 'Franchise'), 1989, pp. 5-8

DUVERGER, Maurice
―――― *A Europa dos cidadãos*, Asa, 1994
―――― «Le pouvoir constituant dans l' Union Européenne», in *A Constitution for the European Union?*, EUI Working Paper RSC n° 95/9, pp. 33-39

DUWEL, Irène TORLEY
―――― «Signification du mot "enterprise" dans le sens de l'article 85 du traité C.E.E:, à propos d' accords entre sociétés mères et filiales et filiales entre elles», *RTDE*, 1969, pp. 400-408*bis*

EDWARD, David
―――― «The Nature of the Community Judicial Process: How the Court of Justice works as a judicial body», *Festskrift til Ole Due – Liber Amicorum*, Gad, København, 1994, pp. 31-54

EGE, Ragip
―――― «Émergence du marché concurrentiel et évolutinnisme chez Hayek», *RE*, vol. 43, n° 6, Nov. 1992, pp. 1007-1036.

EHLERMANN, Claus-Dieter
——— «Community competition law procedures», in *Procedural Aspects of EC Competition Law*, ed. Lord Slynn of HADLEY/Spyros PAPPAS, co-ed.: Leo FLYNN, IEAP, Maastricht, 1994, pp. 9-22
——— «Reflections on a European Cartel Office», *CMLR*, 32, 1995, pp. 471-486

EKMEDJIAN, Miguel Ángel
——— *Introducción al derecho comunitario lationamericano (con especial referencia al Mercosur)*, Depalma, Buenos Aires, 1994

ELLES (The Rt. Hon. The Baroness)
——— «Introduction to the Report on Enforcement of Community Competition Rules», in *Procedural Aspects of EC Competition Law*, ed. Lord Slynn of HADLEY/Spyros PAPPAS, co-ed., Leo FLYNN, IEAP, Maastricht, 1995, pp. 1-8

EMILIOU, Nicholas
——— «The death of exclusive competence?», *ELR*, vol. 21, 4, 1996, pp. 294-311

ENTERRÍA, E. GARCÍA DE
——— «The system of powers of the European Union and the member States in the draft constitution», in *A Constitution for the European Union?*, EUI, Badia Fiesolana, 1995, pp. 79-83

ESCH, Bastiaan van der
——— «EC Rules on Undistorted Competition and US Antitrust Laws: The Limits of Comparability», in *European/American Antitrust and Trade Law*, *FCLI*, Matthew Bender, 1989, Cap. 18, pp. 1-29

FARJAT, Gérard
——— «La notion de droit économique», *APD*, Tome 37, Sirey, 1992, pp. 27-62

FASQUELLE, Daniel
——— *Droit américain et droit communautaire des ententes: étude de la règle de raison*, GLN Joly, Paris, 1993

FAULL, Jonathon
——— «The Enforcement of Competition Policy in the European Community: a Mature System», in *EC and US Competition Law and Policy*, Barry Hawk Editor, Corporate Law Institute, Fordham University School of Law, 1991, pp. 139-167

FERRARA JR., Francesco
——— *La Teoria Giuridica dell' Azienda*, Firenze, 1945

FERRI, G. B.
——— «Tipicità negoziale e interessi meritevoli di tutela nel contratto di utilizzazione di cassette di sicureza», *RDC*, 86, 1988, parte prima, pp. 339-354

———— «Contratto e negozio: da un regolamento per categorie general verso una disciplina per tipi?», *RDC*, 86, 1988, Parte prima, pp. 421-430.

FERRIER, Didier
———— «Franchise et Pratiques Restrictives de Concurrence», *SJ-CDE*, 1, 1987, pp. 8-10
———— «La franchise internationale», *JDI*, 115° ano, 1988, n° 3, pp. 625-662
———— «La franchise industrielle», *SJ-CDE*, 1990, pp. 47-49
———— *Droit de la distribution*, Litec, Paris, 1995

FIGUEIREDO, Cândido de
———— *Pequeno dicionário de língua portuguesa*, 20ª edição, Bertrand, 1989

FORRESTER, Ian S./NORALL, Christopher
———— «The Laicization of Community Law: Self-Help and The Rule of Reason: How Competition Law Is And Could Be Applied», *CMLR*, 21, 1984, pp. 11-51
———— «Competition law», *YEL*, 6, 1986, Clarendon Press, 1987, pp. 379-405

FRANCESCHELLI, Remo
———— «Il marchio dei creatori del gusto e della moda», *CI*, 1988, 3, pp. 780 ss.

FRANCESCHELLI, R./PLAISANT, R./LASSIER, J.
———— *Droit Européen de la Concurrence*, 2ème ed., Delmas, Paris, 1978

FRANCO, António Luciano SOUSA
———— «Perspectivas Económicas – Abertura», in *O Mercosul e a União Europeia*, Faculdade de Direito, Curso de Estudos Europeus, Coimbra, 1994, pp. 117-121

FRAZÃO, Jorge
———— «Acordos de distribuição e serviço após-venda de veículos automóveis», in *A distribuição e a compra exclusiva na regulamentação comunitária da concorrência*, DGCP, n° 11, 1991, pp. 95-110

FRAZER, Tim
———— *Monopoly, competition and the law*, 2ª ed., Harvester Wheatsheaf, 1992

FRIGNANI, Aldo
———— «Contributo ad una ricerca sui profili dogmatici del "franchising"», *Studi in onore di Enrico Tullio Liebman*, vol. IV, Milano, 1979, pp. 3049-3067
———— «Quando il giudice «ordina» la prosecuzione di un rapporto di 'franchising'», *Giur. It.*, 1985, I, sez. II, pp. 711-714, republicado em *Factoring, leasing, franchising, venture capital, leveraged buy-out, hardship clause, countertrade, cash and carry, merchandising*, 4ª ed., actualizada, G. Giappichelli, Torino, 1991, pp. 325-329
———— «La Corte di Giustizia riconosce le peculiarità del *franchising* (prime annotazioni)», *Giur. Comm.*, anno XIV, 1987, p. 2ª, Giuffrè ed., pp. 36-56
———— «Franchising: la comissione C.E.E. detta le nuove regole», in *Dir. Comm. Int.*, 1989, pp. 623 e segs;

―――― «Sul rapporto tra produttori di autoveicoli e produttore di lubrificanti alla luce delle regole sulla concorrenza», *CI*, 1989, 2, pp. 545-556
―――― *Il Franchising*, UTET, 1990
―――― «Un «nome» al contratto tra Benetton e rivenditori», *Giur. It.*, 143°, 10ª disp., 1991, pp. 731-73
―――― «Il codice deontologico europeo del franchising e sue implicazioni: osservazioni a caldo», in *Factoring, Leasing, Franchising, Venture capital, leveraged buy-out, hardship clause, countertrade, cash and carry, merchandising*, 4ª ed., actualizada, G. Giappichelli, Torino, 1991, pp. 299-312
―――― «Il 'franchising' di fronte all' ordinamento italiano: spunti per un' indagine comparatistica», in *Factoring, leasing, franchising, venture capital, leveraged buy-out, hardship clause, countertrade, cash and carry, merchandising*, 4ª ed., actualizada, G. Giappichelli, Torino, 1991, pp. 203-228
―――― «Franchising», in *Factoring, leasing, franchising, venture capital, leveraged buy-out, hardship clause, countertrade, cash and carry, merchandising*, 4ª ed., actualizada, G. Giappichelli, Torino, 1991, pp. 313-324

GALGANO, Francesco
―――― «Negozio giuridico (premesse e dottrine generali)», *Enc. Dir.*, XXVII, Giuffrè, 1977, pp. 932-949.
―――― «Il marchio nei sistemi produttivi integrati: sub-forniture, gruppi di società, licenze, «merchandising»», *CI*, 1, 3° ano, 1987, pp. 173-193
―――― «Crepuscolo del negozio giuridico», *CI*, 1987, pp. 733-751
―――― «La giurisprudenza nella società post-industriale», *CI*, 1989, 2, p. 357 ss.

GARCIA, MANUEL Antonio Dominguez
―――― «Aproximacion al regimen juridico de los contratos de distribucion. Especial Referencia a la Tutela del Distribuidor», *RDM*, n° 177, Julio-Septiembre, Madrid, 1985, pp. 419-483

GARRIGUES, Joaquin
―――― «La defensa de la competencia mercantil», in *Temas de derecho vivo*, Tecnos, Madrid, 1978

GAST, Olivier
―――― *Les procédures européennes du droit de la concurrence et de la franchise*, Jupiter,1989

GASTINEL, Eric
―――― «Le procédure d'opposition et la franchise commerciale en droit communautaire des ententes», *RTDE*, n° 3, 1992, 28° ano, pp. 465-513

GAUDEMET-TALLON, Hélène
―――― «Preface», in FASQUELLE, Daniel – *Droit américain et droit communautaire des ententes: étude de la règle de raison*, Paris, GLN Joly, 1993, pp. V-X

GAVALDA, Christian/LUCAS DE LESSAY, Claude
——— «Droit français et communautaire de la concurrence», in *RDS*, 1994, 21°, somm comm, pp. 164 ss.

GAVALDA, Christian/PARLEANI, Gilbert
——— *Traité de droit communautaire des affaires*, 2ª ed., Litec, Paris
——— *Droit des affaires de l' Union européenne*, Litec, Paris, 1995

GENESTE, Bernard
——— *Droit Communautaire de la concurrence*, Vuibert, 1993

GEROSKI, Paul
——— «Competition Policy and the Structure-Perfomance Paradigm», in *Economics of Industrial Organisation (surveys in economics)*, DAVIES/LYONS, com DIXON/GEROSKI, Longman, New York, 1992, pp. 166-191

GERVEN, Walter VAN
——— *Principes du droit des ententes de la Communauté Economique Européenne*, Bruylant, Bruxelles, 1966

GLADSTONE, Robert C.
——— «The EEA Umbrella: Incorporating Aspects of the EC Legal Order», *LIEI*, 1, 1994, pp. 39-63

GOEBEL, Roger J.
——— «The uneasy fate of franchising under EEC antitrust law», *ELR*, 1985, vol. 10, n° 2, pp. 87-118
——— «Case Law, Pronuptia de Paris Gmbh v. Pronuptia de Paris Irmgard Schillgallis», *CMLR*, 23, n° 3, 1986, pp. 683-698

GOLDMAN, Berthold
——— *Cours de droit du commerce et de la concurrence dans les Communautés Européennes*, Les Cours de Droit, Paris, 1963-1964

GOLDMAN, Berthold/LYON-CAEN, A./VOGEL, Louis
——— *Droit commercial européen*, 5ª ed., 1994

GOLINELLI, Gaetano
——— «Rapporti tra «industria» del franchising e sistema dell'intermediazione finanziaria», in *I contratti di franchising – organizzazione e controllo di rete*, a cura di PILOTTI/ POZZANA, EGEA, 1990, pp. 81-96

GORJÃO-HENRIQUES, Miguel
——— «Breves reflexões sobre a evolução do sistema institucional comunitário», in *A Revisão do Tratado da União Europeia*, Almedina, Coimbra, 1996, pp. 123-136

GOULENE, Alain
—— «Supranacionalidade da Justiça: Efectividade da Integração Econômica Regional e Proteção dos Direitos Subjetivos», in *Contratos Internacionais e Direito Econômico no MERCOSUL (após o término do período de transição)*, Casella, Borba (coord.), LTR, São Paulo, 1996, pp. 308-347

GOYDER, Joanna
—— *EC distribution law*, Chancery, London, 1992

GREEN, Nicholas
—— *Commercial agreements and competition law: practice and procedure in the UK and EEC*, Graham & Trotman, 1986

GROEBEN, Hans von der
—— «La Politique de Concurrence, Partie Intégrante da la Politique Économique dans le Marché Commun», *RTDE*, 1965, pp. 399-413

GUAL
—— «The three common policies: an economic analysis», in *European Policies on Competition, Trade and Industry – conflicts and complementarities*, ed. BUIGUES/JACQUEMIN/SAPIR, Edward Elgar, Aldershot, UK, 1995, pp. 22 e segs.

GURLAND, Harro
—— «Intégration de la législation communautaire er RFA, particularités et conflits de lois», in *Agenzia e franchising*, a cura di Gian Andrea CHIAVEGATTI, CEDAM, Padova, 1991, pp. 100-105

GUYÉNOT, Jean
—— «Les groupements de concessionnaires et le franchising», *RDC*, anno LXX, 1972, parte prima, pp. 278-290

GYSELEN, Luc
—— «Vertical Restraints in the Distribution Process: Strength and Weakness of the Free Rider Rationale under EEC Competition Law», *CMLR*, 1984, 21, pp. 647-668

HAMEL/LAGARDE
—— *Traité de Droit Commercial*, Dalloz, Paris, vol. II, 1966

HARRIS, Bryan/MENDELSOHN, Martin
—— «Antitrust laws of the EEC», in ZEIDMAN (Editor), *Survey of foreign laws and regulations affecting international franchising*, prepared by *Franchising Committee Section of Antitrust Law – American Bar Association*, ABA, 2nd edition, 1989, pp. 1-20

HARTLEY, T. C.
—— *The foundations of european community law*, 3ª ed., Clarendon Press, Oxford, 1994

HAWK, Barry
―――― *United States, Common Market and international antitrust: a comparative guide*, vol. II, 2ª ed., Prentice Hall Law & Business, 1987 supplement
―――― «La Révolution Antitrust Américaine: Une Leçon Pour la Communauté Économique Européenne», *RTDE*, 25, 1, 1989, pp. 5-44
―――― «Joint Ventures under EC Law», in *EC and US Competition Law and Policy*, Barry Hawk Editor, Corporate Law Institute, Fordham University School of Law, 1991, pp. 557-576
―――― «System failure: vertical restraints and EC competition law», *CMLR*, 32, 1995, pp. 973-989

HAWK, Barry E./VELTROP, James D.
―――― «Les développements du droit antitrust aux États-Unis: analyse raffinée; application agressive et internationale», *RIDE*, 1994, pp. 299 segs.

HECKE, Georges Van
―――― «O Efeito Sobre o Mercado Como Elemento de Conexão do Direito da Concorrência», in *Contratos Internacionais e Direito Econômico no MERCOSUL (após o término do período de transição)*, Casella, Borba (coord.), LTR, São Paulo, 1996, pp. 363-371

HERCULANO, Alexandre
―――― *Opúsculos*, VII

HERMAN, Fernand
―――― «Signposts to point of departure», in *Does Europe need a Constitution?*, Philip Morris Institute, June 1996, pp. 19-27

HILF, Meinhard
―――― «Preamble and general principles», in *A Constitution for the European Union?*, EUI Badia Fiesolana, pp. 23-27

HILL, Joseph/URIA/MÉNENDEZ
―――― «The spanish defence of competition law», *ECLR*, vol. 11, 4, 1990, Supl. 1, pp. 1-2

HORNSBY, Stephen B.
―――― «Competition policy in the 80's: more policy less competition?», *ELR*, vol. 12, nº 2, 1987, pp. 79-101

HOUTTE, VAN
―――― «A standard of reason in CEE antitrust law: some comments on the application of parts 1 and 3 of article 85», *Northwestern Journal of International Law and Business*, 4, 1982, pp. 497 e segs.

HOWE, Geoffrey
―――― «Building Europe from the bottom up: the case against a European Constitution», in *Does Europe need a Constitution?*, Philip Morris Institute, June 1996, pp. 29-38

IMMENGA, U.
——— «A propos de l' évolution du droit allemand des ententes», *RIDE*, 1994, pp. 421 segs.

JACOT-GUILLARMOD, Olivier
——— «Préambule, objectifs et principes (art. 1er – 7° EEE)», in *Acord EEE (commentaires et réflexions)*, JACOT-GUILLARMOD (ed.), Col. Droit Européen, vol. 9, Schulthess Polygraphischer Verlag Zürich, Verlag Stämpfli & Cie AG Bern, 1992, pp. 49-75

JACQUÉ, Jean-Paul
——— «Cours Générale de Droit Communautaire», in *Collected Courses of The Academy of European Law*, 1990, vol. I, pp. 250 segs.

JACQUEMIN, Alexis
——— «Mergers and European Policy», in *Merger & Competition Policy in the European Community*, Alexis JACQUEMIN et al., Admiraal, P. H. (Ed.), De Vries Lectures in Economics, Basil Blackwell, 1990, pp. 3-38

JALLES, Isabel
——— «Os contratos de licença de patentes face ao direito comunitário da concorrência (apreciação de algumas cláusulas-tipo)», in *Temas de direito comunitário*, OAP – Conselho Geral, Lisboa, 1983, pp. 81-107

JOLIET, René
——— *The rule of reason in antitrust law – american, german and common market laws in comparative perspective*, 26, Martinus Nijhoff, La Haye, 1967
——— «La Licence de Marque et le Droit Européen de la Concurrence», *RTDE*, n° 1, 1984, pp. 1-59
——— *Le droit institutionnel des Communautés Européennes - Les institutions - Les sources - Les rapports entre ordres juridiques*, Faculté de Droit, d'Economie et de Sciences sociales de Liège, 1983, 2ª impressão, 1986
——— «L' article 177 du traité CEE et le renvoi prejudiciel», *RdirE*, 1991, n° 3, pp. 604 ss.

JOUTSAMO, Kari
——— *The Role of Preliminary Rulings in the European Communities*, Annales Academiae Scientarum Fennicae, Helsinki, Suomalainen Tiedekatemia, 1979

JUGLART, Michel de/IPPOLITO, Benjamin
——— *Cours de droit commercial*, 1° vol., 10ª ed., Montchrestien, Paris, 1992

JÚNIOR, Renato G. FLÔRES
——— «A avaliação do impacto das integrações regionais», in *Temas de Integração*, 1° vol., 1° Semestre de 1996, pp. 51-61

JÚNIOR, Umberto CELLI
——— «Direito da Concorrência no Mercosul», in *Contratos Internacionais e Direito Econômico no MERCOSUL (após o término do período de transição)*, Casella, Borba (coord.), LTR, São Paulo, 1996, pp. 106-123

KAPLAN, A.D.M.
——— *A grande emprêsa no sistema competitivo*, Fundo de Cultura, Brasil, 1966

KAPTEYN, P. J. G./VAN THEMAAT, VerLoren
——— *Introduction to the law of the European Communities (after the coming into force of the Single European Act*, 2ª ed., L. GORMLEY (ed.), Kluwer Law and Taxation Publishers, Netherlands, 1990

KASSIS, Antoine
——— *Théorie Générale des Usages du Commerce (droit comparé - contrats et arbitrage internationaux - lex mercatoria)*, LGDJ, Paris, 1984

KATZENBACH, Erhard
——— «Competition policy in the West Germany: a comparison with antitrust policy of the United States», in COMANOR e outros, *Competition policy in Europe and North America: economic issues and institutions*, cit., pp. 189 ss.

KERSE, C. S.
——— *EEC Antitrust Procedure*, 2ª ed., European Law Center Ltd., London, 1987

KIRSCHSTEIN, Friedrich
——— «La Fusion du Droit de la Concurrence des Communautés Européennes», *RTDE*, 1969, pp. 219 e segs.

KOCH, Roger
——— *Competition policy and the law*, Spicers European Union Policy Briefings, Longman

KORAH, Valentine
——— «The Rise and Fall of Provisional Validity – The Need for a Rule of Reason in EEC Antitrust», *NJILB*, vol. 3, n° 2, 1981, pp. 320-357
——— *Patent licensing and EEC competition rules regulation 2349/84*, ESC Publishing Limited, Oxford, 1985
——— *R & D and the EEC competition rules regulation 418/85*, ESC Publishing Limited, Oxford, 1986
——— «EEC Competition Policy – Legal Form or Economic Efficiency», *Current Legal Problems*, 1986, pp. 86-109
——— «Franchising and the draft group exemption», *ECLR*, 1987, pp. 124-142
——— *Franchising and the EEC competition rules regulation 4087/88*, ESC Publishing Limited, 1989
——— «Des licences mixtes de marque et de savoir faire a la franchise industrielle: la position du droit communautaire de la concurrence», *SJ-CDE*, supl. 6, 1991, pág. 13

—— *An introductory guide to EEC competition law and practice*, 5ª ed., ESC Publishing Limited, Oxford, 1994
—— «National experiences in the field of competition», in *The Competition Policy of the European Community*, ed. Phedon NICOLAIDES/Arianne van der KLUGT, IEAP, Maastricht, 1994, pp. 85-92
—— *Cases and materials of EC competition law*, Sweet & Maxwell, London, 1996

KORAH, Valentine/ROTHNIE, Warwick A.
—— *Exclusive distribution agreements and the EEC competition rules – regulations 1983/83 & 1984/83*, 2ª edição, Sweet & Maxwell, London, 1992

KOVAR, Robert
—— «As relações entre o direito comunitário e os direitos nacionais», em *Trinta anos de Direito Comunitário*, Comissão das Comunidades Europeias, pp. 115 e segs
—— «Le droit communautaire de la concurrence et la "règle de raison"», *RTDE*, 23, 2, 1987, pp. 237-254
—— «Article 85º – Commentaire», in CONSTANTINESCO/KOVAR/JACQUÉ/SIMON (Dir*)*, *Traité instituant la CEE – commentaire article par article*, ed. Economica, 1992, pp. 422-447
—— «L'évolution de l'article 177 du traité CE», in *La Reforme du Système Juridictionnel Communautaire*, G. VANDERSANDEN (dir.), Éditions de l'Université de Bruxelles, 1994, pp. 35-57

LAFAY, Gérard
—— *Comprendre la mondialisation*, Economica, Paris, 1996

LAGE, Santiago MARTÍNEZ
—— «Significant developments in spanish anti-trust law», *ECLR*, 1996, 3, pp. 194-200

LAGNEAUX, Pascale
—— *Franchising, vantagens para o comerciante retalhista*, APF

LAMASSOURE, Alain
—— «Preface – Maastricht, un an après», in CLOOS/REINESCH/VIGNES/WEYLAND, *Le Traité de Maastricht – genèse, analyse, commentaires*, Bruylant, Bruxelles, 1993, pp. V

LAMY DROIT ÉCONOMIQUE (CAS, GÉRARD/BOUT, ROGER)
—— *Lamy droit économique (concurrence - distribution - consommation)*, Lamy, Paris, 1991

LANG, John TEMPLE
—— «European Community Constitutional Law and the Enforcement of Community Antitrust Law», in *Antitrust in a Global Economy*, *FCLI*, 1994, pp. 525-604

LARENZ, Karl
—— *Metodologia da ciência do direito*, 1989, 2ª edição, FCG, trad. port. da 5ª ed., 1983

LAURENCIE, J-P. de la
―――― «Les Prolongements Nationaux du Règlement 'Franchise'», *SJ-CDE*, suppl. 2 (Étude du Réglement 'Franchise'), 1989, pp. 8-11

LAURENT, Philippe
―――― *La politique communautaire de concurrence*, Dalloz, Sirey, 1993

LAUSSEL, Didier/MONTET, Christian
―――― «(The three common policies) Discussion», in *European Policies on Competition, Trade and Industry – conflicts and complementarities*, ed. BUIGUES/JACQUEMIN/SAPIR, Edward Elgar, Aldershot, UK, 1995, pp. 49-64

LELOUP, Jean Marie
―――― «Le règlement communautaire relatif à certaines catégories d' accords de franchise», *JCP*, éd. G, n° 23, 1989, I, doctrine, 3395
―――― *La franchise – droit et pratique*, 2ª ed, Delmas, Paris, 1991

LEPETIT, Pierre
―――― «Franchise et Ententes», *SJ-CDE*, 1, 1987, pp. 2-3

LEWINSOHN, Richard
―――― *Trusts and cartels dans l'économie mondiale*, Librairie de Médicis, editions Génin, Paris, 1950

LIMA, Pires de/VARELA, Antunes
―――― *Código civil anotado*, vol. I, 4ª edição, Coimbra Editora, Coimbra, 1987

LIPSIUS, Justus
―――― «The 1996 Intergovernmental Conference», *ELR*, vol. 20, n° 3, 1995, pp. 235-267

LOUIS, Jean-Victor
―――― *A ordem jurídica comunitária*, Comissão Europeia, 5ª edição revista e actualizada, 1993
―――― «Les institutions dans le projet de constitution de l'Union Européen», in *A Constitution for the European Union?*, EUI, Badia Fiesolana, San Domenico, 1995, pp. 41-66
―――― «Ensuring compliance and implementation by member states. A. Report: Jean-Victor Louis», in *European Ecconomic and Business Law*, W. de Gruyter, Berlin, New York, 1996, pp. 33-50

LUGARD, H. H. Paul
―――― «Vertical Restraints under EC Competition Law: A Horizontal Aproach?», *ECLR*, 1996, 3, pp. 166-177

LYON-CAEN, Gerard/LYON-CAEN, Antoine
―――― *Droit social international et européen*, 8ª ed., Précis Dalloz, Paris, 1993

Lyons, Bruce
———— «Barriers to Entry», in *Economics of Industrial Organisation (surveys in economics)*, Davies/Lyons, com Dixon/Geroski, Longman, New York, 1992, pp. 26-72

Mach, Olivier
———— «Droit des ententes (art. 85 CEE/art. 53 EEE)», in *Acord EEE (commentaires et réflexions)*, Jacot-Guillarmod (ed.), Col. Droit Européen, vol. 9, Schulthess Polygraphischer Verlag Zürich, Verlag Stämpfli & Cie AG Bern, 1992, pp. 327-354

Machado, João Baptista
———— *Lições de direito internacional privado*, 3ª edição actualizada (reimpressão), Almedina, Coimbra, 1988

Magalhães, Barbosa de
———— *Do Estabelecimento Comercial – estudo de direito privado*, 2 ª ed., 1954

Maggiore, Giuseppe Ragusa
———— «Il contratto di franchising e le procedure concorsuali», in *Il contratto*, Silloge in onore di Giorgio Oppo, vol. II, CEDAM, Padova, 1992, pp. 121 ss.

Maiorca, Sergio
———— *Il contratto (profili della disciplina generale)*, Appendice e aggiornamento, G. Giappichelli, Torino, 1984

Maitland-Walker, Julian
———— *Competition Laws of Europe*, Maitland-Walker (ed.), Butterworths, 1995

Majone, Giandomenico
———— *Ideas, Interests and Policy Change*, EUI, Badia Fiesolana, San Domenico, 1992

Mancini, Alessandra
———— «The Italian law in defence of competition and the market», *ECLR*, 1991, 1, pp. 45-47

Manin, P.
———— «Commentaire – article 210º», in Constantinesco/Kovar/Jacqué/Simon (Dir), *Traité instituant la CEE - commentaire article par article*, Economica, Paris, 1992, pp. 1299-1301

Maria, Alberto Santa
———— *Diritto Commerciale Comunitario*, 2ª ed., Giuffrè, 1995

Marques, Mª Manuel L.
———— *A subcontratação na Comunidade Económica Europeia*, Oficina do Centro de Estudos Sociais, n.º 18, 1990

Martinez, José António
—— «Intermediários comerciais – contrato de agência», *Indústria Portuguesa*, 44°, n° 523, 1971, pp. 1033-1036

Martinez, Pedro Romano
—— *Contratos em especial*, UCP, Lisboa, 1995

Martins, Ana Maria Guerra
—— *O artigo 235° do Tratado da Comunidade Europeia – cláusula de alargamento das competências dos órgãos comunitários*, Lex, Lisboa, 1995

Martins, M. B./Bicho, M. J./Bangy, A. R.
—— *O direito da concorrência em Portugal*, Lisboa, 1986

Mathieu, Paul-André
—— *La nature juridique du contrat de franchise*, Ed. Yvons Blais, Quebec, 1989

Mathijsen, P.S.R.F.
—— *A guide to european community law*, 5ª edição, Sweet & Maxwell, London, 1990

Mathis, James
—— «International aspects od competition», in *The Competition Policy of the European Community*, ed. Phedon Nicolaides/Arianne van der Klugt, IEAP, Maastricht, 1994, pp.

Matray, Christine
—— *Le contrat de franchise*, Les dossiers du Journal des Tribunaux, n° 1, Maison Larcier s. a., Bruxelles, 1992

Mattera, A.
—— «Vias de recurso das empresas comunitárias: o processo por incumprimento previsto no artigo 169 e a sua aplicação pela Comissão», *BDDC*, 1987, n° 31/32, pp. 265-287

McChesney, Fred S.
—— «In Search of the Public-Interest Model of Antitrust», in *The causes and consequences of antitrust – the public choice perspective*, The University of Chicago Press, 1995, pp. 25-32

McChesney, Fred S. / Shughart II, W. F. (Ed.)
—— *The causes and consequences of antitrust – the public choice perspective*, The University of Chicago Press, 1995
—— «Introduction and overview», in *The causes and consequences of antitrust*, cit., pp. 1-5

Mégret/Waelbroeck/Louis/Vignes/Dewost/Vandersanden
—— *Le droit de la Communauté Économique Européenne*, vol. 10 (*La Cour de Justice – les Actes des Institutions*), Tome 1, Université Libre de Bruxelles (éditions), 1983

MELO, António BARBOSA DE
——— *Notas de contencioso comunitário*, policopiado, Coimbra, 1986

MENDELSOHN, Martin
——— «The Pronuptia Judgment – Its Legal and Commercial Consequences – The Business Overview», 1986 (Conferência de 25.3.86, Bruxelas), pp. 1-14

MENDELSOHN, Martin/HARRIS, Bryan
——— *Franchising and the Block Exemption Regulation*, Longman, 1991

MENDES, Mário MARQUES
——— *Antitrust in a world of interrelated economies - The interplaw between Antitrust and Trade policies in the US and the EEC*, editions de l'Université de Bruxelles, Belgique, 1991

MENGOZZI, Paolo
——— «Il diritto della Comunità Europea», in *Trattato di diritto commerciale e di diritto pubblico dell' economia*, Volume quindicesimo, CEDAM, Padova, 1990
——— «Corte di Giustizia, giudici nazionali e tutela dei diritti attribuiti ai cittadini dal diritto comunitario», *Quad.*, 1993, 3, pp. 1179 segs.

MESQUITA, José ANDRADE
——— «Notas acerca do contrato de *franchising*», *BCNP*, n° 14, 4° quadrimestre, 1988, pp. 201-232

MESSINEO, Francesco
——— «Contratto innominato (atipico)», *ED*, X, Giuffrè, pp. 95-110

MEURS-GERKEN, Paul-Rolf
——— «Franchising in Denmark», in *Agenzia e franchising*, a cura di Gian Andrea CHIAVEGATTI, CEDAM, Padova, 1991, pp. 91-94

MIRANDA, JORGE
——— «O Tratado de Maastricht e a Constituição Portuguesa», *A União Europeia na Encruzilhada*, Almedina, Coimbra, 1996, pp. 45-62

MONIZ, Carlos BOTELHO/ PINHEIRO, Paulo MOURA
——— «As relações da ordem jurídica portuguesa com a ordem jurídica comunitária – algumas reflexões», *Legislação (Cadernos de)*, n° 4/5, Abril-Dezembro 1992,

MONNIER, Lionel
——— «Politique économique et raison communautaire», in *Critique de la raison communautaire (Utilité publique et concurrence dans l'Union Européenne)*, CARTELIER, Lysiane/FOURNIER, Jacques/MONNIER, Lionel, CIRIEC France, Economica, Paris, 1996, pp. 10-33

MONTAGNON, Peter
—— «Conclusions», in *European Competition Policy*, Peter Motagnon (Editor), The Royal Institute of International Affairs, Pinter Publishers, London, pp. 99-104

MONTEAGUDO, Montiano
—— *La proteccion de la marca renombrada*, Civitas, Madrid, 1995

MONTEIRO, António PINTO
—— «Contratos de agência, de concessão e de franquia («franchising»)», *BFD*, n° especial, Estudos em Homenagem ao Prof. Doutor Eduardo Correia, III, Coimbra, 1984, pp. 303-327

MORIN, EDGAR
—— *Pensar a Europa*, Publicações Europa-América, 1988

MOURÃO, Fernando Augusto Albuquerque
—— «A União Européia e o Mercosul: Um Relacionamento em Construção», in *Contratos Internacionais e Direito Econômico no MERCOSUL (após o término do período de transição)*, Casella, Borba (coord.), LTR, São Paulo, 1996, pp. 518-544

MOURIK, Aad van
—— «The Role of Competition Policy in a Market Economy», in *The Competition Policy of the European Community*, ed. Phedon NICOLAIDES/Arianne van der KLUGT, IEAP, Maastricht, 1994, pp. 1-8

MOUSSERON, Jean Marc
—— «Distribution», *ED*, 1987, pp. 1-5

NASCIMENTO, Fernando
—— «*Franchising*: uma perspectiva empresarial», *BCNP*, n° 15, 1989, pp. 207-231

NEVES, António CASTANHEIRA
—— *Fontes do direito – contributo para a revisão do seu problema*, Sep. do n° especial do *BFD*, «Estudos em Homenagem aos Profs. Manuel Paulo Merêa e Guilherme Braga da Cruz», 1983, Coimbra, 1985

NEVES, Primo/CASTRO, Ana
—— *Regimes de preços em Portugal*, DGCP, n° 14, Dezembro 1991

NGUYEN, Godefroy Dang
—— *Économie Industrielle Appliquée*, Vuibert, Paris, 1995

NICOLAIDES, Phedon
—— «The Role of Competition Policy in Economic Integration», in *The Competition Policy of the European Community*, ed. Phedon NICOLAIDES/Arianne van der KLUGT, IEAP, Maastricht, 1994, pp. 9-17

NISHIMURA, Toshiro
——— «Japan», in ZEIDMAN (Editor), *Survey of foreign laws and regulations affecting international franchising*, prepared by *Franchising Committee Section of Antitrust Law – American Bar Association*, ABA, 2nd edition, 1989, pp. 1-40

NÖLKENSMEIER, Horst
——— «National experiences in the field of competition: Germany», in *The Competition Policy of the European Community*, ed. Phedon NICOLAIDES/Arianne van der KLUGT, IEAP, Maastricht, 1994, pp. 79-84

NORBERG, S./HÖKBORG, K./JOHANSSON, M./ELIASSON, D./DEDICHEN, L.
——— *The European Economic Area – EEA Law – A commentary on the EEA agreement*, Fritzes, 1993

NUNES, Fernando Conceição
——— *Direito Bancário*, vol. I, AAFDL, 1994

OCDE (OECD)
——— *Trade and competition policies: comparing objectives and methods*, Trade Policy Issues, 4, Paris, 1994 (NICOLAÏDES, Phendon)
——— *Glossaire d' économie industrielle et de droit de la concurrence*, 1995

O'KEEFFE, David
——— «Union Citizenship», in *Legal Isssues of the Maastricht Teatry*, O'Keeffe/Twomey (editors), Wiley Chancery Law, 1994, pp. 87-107
——— «General course in european community law – the individual and european law», in *Collected Courses of the Academy of European Law*, vol. V, Book 1, Martinus Nijhoff Publishers, 1994, pp. 55-150

OLAVO, Carlos
——— «O contrato de "franchising"», *Novas Perspectivas do Direito Comercial*, CEJ, 161-174
——— «Propriedade Industrial – noções fundamentais», CJ, 1987, I, pp. 15-17, II, pp. 21-28, III, pp. 7-9, IV, pp. 13-20

OLIVEIRA, Mário ESTEVES DE
——— *Direito Administrativo*, vol. I, Almedina, Lisboa, 1980

OLIVIERI, G.
——— «Commento al regolamento CEE n° 4064/89 del Consiglio del 21 dicembre 1989: controllo delle operazioni di concentrazione tra imprese», in ALESSI, R./OLIVIERI, G., *La disciplina della concorrenza e del mercato (commento alla L. 10 ottobre 1990, n. 287 ed al regolamento CEE n. 4064/89 del 21 dicembre 1989)*, G. Giappichelli Editore - Torino, 1991, pp. 183-301

OPPETIT, Bruno
──── «Droit et économie», *APD*, Tome 37, Sirey, 1992, pp. 17-26

ORDÓÑEZ, Miguel A. Fernández
──── «Enforcement by National Authorities of European Community and Member States' Antitrust Law», in *Antitrust in a Global Economy*, *FCLI*, 1994, pp. 629-637

ORSELLO, Gian Piero
──── *Ordinamento comunitario e Unione Europea*, Giuffrè Editore, Milano, 1994

OSTI, Cristoforo
──── *Antitrust e Oligopolio – concorrencia, cooperazione e concentrazione: problemi giuridici-economici e proposte di soluzione*, il Mulino, Bolonha, 1995

PALLARES, Lluis Cases
──── *Derecho administrativo de la defensa de la competencia*, Marcial Pons, Madrid, 1995

PAPPALARDO, Aurelio
──── «La réglementation communautaire de la concurrence – les dispositions du Traité CE et de droit derivé relatives aux ententes entre entreprises, à l' abus de position dominante et au contrôle des concentrations (première partie)», *RIDE*, 1994, pp. 337 ss.
──── «Les relations entre le droit communautaire et les droits nationaux de la concurrence», *RIDE*, t. IX, 1, 1995, pp. 123-160

PARDOLESI, Roberto
──── «Regole antimonopolistiche del trattato CEE e orientamenti di distribuzione: tutela della concorrenza o dei concorrenti?», *Foro It.*, 1978, IV, pp. 82-92
──── «Nota ao acórdão do TJCE de 1.2.78 (caso 19/77, *Miller/Comissão*)», *Foro It.*, vol. 101, 1978, IV, pp. 549-550
──── *I contratti di distribuzione*, Jovene, Napoli, 1979
──── «Potere contrattuale, autonomia e subordinazione: note in margine ai (difficili) rapporti tra società petrolifere e gestori di stazioni di servizio», *FI*, 1981, I, pp. 803-809
──── «Il «controllo» nel franchising», *Quad.*, n° 1, 1987, pp. 157-171
──── «Gli aspetti giuridici di una politica di concorrenza», *Quad.*, n° 3, 1988, pp. 558-589
──── «Tipologie prevalenti dei contratti di franchising: aspetti giuridici ed economici», in *I contratti di franchising – organizzazione e controllo di rete*, a cura di PILOTTI/ POZZANA, EGEA, 1990, pp. 99-115

PARRA, José Barrientos
──── «O contrato internacional como instrumento de acção do comércio internacional», *Revista do Curso de Direito da Universidade Federal Uberlândia*, 21, n° 1/2, 1992, pp. 143-155

PARREÑO, Cesar A. GINER
──── *Distribución y libre competencia (el aprovisionamiento del distribuidor)*, Montecorvo, Madrid, 1994

PATHAK, Anand
——— «Vertical Restraints in EEC Competition Law», *LIEI*, 2, 1988, pp. 15-59

PATRÍCIO, J. SIMÕES
——— *Direito da concorrência (aspectos gerais)*, Gradiva, 1982

PATRUCCO, Federico
——— *Distribuição Comercial (marketing – merchandising – publicidade)*, Editorial Pórtico, Lisboa, 1972

PÉDAMON, Michel
——— *Droit Commercial – commerçants et fonds de commerce, concurrence et contrats de commerce*, Dalloz, 1994

PEREIRA, André GONÇALVES /QUADROS, Fausto de
——— *Manual de Direito Internacional Público*, 3ª edição, Almedina, Coimbra, 1993

PÉREZ-BUSTAMANTE, Jaime (Köster)/AZCÁRATE, María de Mingo y de
——— «Un estatuto europeo para la franquicia», *Rev. Der. Mer.*, nº 191, Madrid, 1989, pp. 67-98

PERFETTI, Ubaldo
——— «La tipicità del contratto di franchising», *Quad.*, nº 1, 1991, pp. 29-59

PERIS, Juan Ignacio RUIZ
——— *El contrato de franquicia y las nuevas normas de defensa de la competencia*, 1ª ed., Civitas, Madrid, 1991

PERLINGIERI, Giancarlo Capolino
——— «La comunicazione della Commissione CEE relativa alla cooperazione fra giudici nazionali e Commissione nell' aplicazione degli articoli 85 e 86 del trattato CEE», *RDirE*, nº 3, 1994, pp. 521-528.

PERUGINI, Maria Roberta
——— «Accordi di delimitazione del diritto di marchio in ambito nazionale e comunitario: problemi attuali e prospettive», *RDI*, 1988, parte II, pp. 233-246

PESCATORE, Pierre
——— *The Law of Integration (Emergence of a new phenomenon in international relations, based on the expierence of the European Communities)*, A. W. Sijthoff, Leiden, 1974
——— «Le recours dans la jurisprudence de la Cour de Justice des Communautés Européennes à des normes déduites de la comparaison des droits des Etats membres», *Revue Internationale de Droit Comparé*, 1980, pp. 352
——— «Jusqu'où le Juge peut-il aller trop loin'», in *Festskrift Til Ole Due – Liber Amicorum*, pp. 299-326

PETERMANN, Rolf
―― «Reflexões Sobre Direito Econômico e Mercosul», in *Contratos Internacionais e Direito Econômico no MERCOSUL (após o término do período de transição)*, Casella, Borba (coord.), LTR, São Paulo, 1996, pp. 575-596

PETERS, Lena/ SCHNEIDER, Marina
―― «The franchising contract», *RDU*, 1985, I, 154-273

PETERSMANN
―― «Proposals for a new constitution for the european union», *CMLR*, 32, 1995, pp. 1123 e segs.

PETIT, Yves
―― «Article R – Commentaire», in CONSTANTINESCO/KOVAR/SIMON, *Le Traité sur L'Union Européenne (signé à Maastricht le 7 février 1992): Commentaire Article par Article*, Economica, Paris, 1995, pp. 913-927

PHILIPP, Dominique
―― «Article 130 CE – Commentaire», in CONSTANTINESCO/KOVAR/SIMON, *Le Traité sur L'Union Européenne (signé à Maastricht le 7 février 1992): Commentaire Article par Article*, Economica, Paris, 1995, pp. 407-422

PHLIPS, Louis
―― *On the Detection of Collusion and Predation*, EUI, Badia Fiesolana, 1995

PIGASSOU, Paul
―― «La distribution integrée», *RTDE*, t. XXIII, 1980, 473-544

PILOTTI, Luciano/POZZANA, Roberto
―― «Il franchising e la natura ambivalente del controllo: organizzazione o imprenditorialità?», in *I contratti di franchising - organizzazione e controllo di rete*, a cura di PILOTTI/POZZANA, EGEA, 1990, pp. 1-14
―― «Sistemi di incentivi nei contratti di franchising», *idem*, pp. 197-248

PINTO, Carlos Alberto da MOTA
―― *Cessão da Posição Contratual*, Almedina, Coimbra, 1982
―― *Teoria Geral do Direito Civil*, 3ª ed. actualizada (1ª reimpressão), Coimbra Editora, Coimbra, 1986

PIRES, Francisco LUCAS
―― «Introdução», in *Tratados que instituem a comunidade e a união europeias*, Col. Leges, Aequitas, ed. Notícias, 1992
―― «A União europeia: um poder próprio ou delegado?», in *A União Europeia*, Faculdade de Direito, Curso de Estudos Europeus, Coimbra, 1994, pp. 149 e segs.

PIRIOU, Marie-Pierre
——— «La distribution sélective et les règles communautaires de concurrence», *RTDE*, 14° ano, n° 1, 1978, pp. 602-646

PIZARRO, Sebastião M./CALIXTO, Margarida M.
——— *Contratos Financeiros*, Almedina, Coimbra, 1991

PLACA, Rafaele La
——— «Contributo alla ricerca dei confini giuridici del contratto di franchising», *Giur. It.*, 143°, 3°, 1991, pp. 197-213

PLIAKOS, Asteris
——— «La nature juridique de l'Union européenne», in *RTDE*, n° 2, 1993, pp. 187 e segs.
——— *Os direitos de defesa e o direito comunitário da concorrência*, Dom Quixote, Lisboa, 1994

POLENTA, Simonetta
——— «Rassegna di giurisprudenza sul franchising», *Quad.*, n° 3, 1992, Giuffrè, pp. 741-754

PORTO, MANUEL Carlos Lopes
——— *Do Acto Único à «nova fronteira» para a Europa*, Coimbra, 1988
——— *Lições de Teoria da Integração e Políticas Comunitárias*, 1° vol. (*O comércio e as restrições ao comércio*), Almedina, Coimbra, 1991

POSNER, Richard A.
——— *Antitrust Law (an economic perspective)*, The University of Chicago Press, Chicago e Londres, 1976

QUADROS, FAUSTO DE
——— *O Princípio da Exaustão dos Meios Internos na Convenção Europeia dos Direitos do Homem e a Ordem Jurídica Portuguesa*, Sep. ROA, Ano 50, I, Abril, Lisboa, 1990
——— *Direito das Comunidades Europeias e Direito Internacional Público*, Almedina, Lisboa, 1991
——— *O Princípio da Subsidiariedade no Direito Comunitário após o Tratado da União Europeia*, Almedina, Coimbra, 1995

RAFFAELLI, Enrico Adriano
——— «I giudici nazionali e il diritto comunitario della concorrenza», *RDCiv.*, Parte Seconda, ano XL, Janeiro-Fevereiro 1994, pp. 1-14.

RAMOS, Maria ELISABETE Gomes
——— «Breves Notas Sobre a Cidadania da União», in *Temas de Integração*, 1° Vol., 1° semestre 1996, pp. 63-112

RAMOS, Rui Manuel Gens de MOURA
——— «As Comunidades Europeias», *Diário da Assembleia da República*, 1985

―――― *Aspectos recentes do direito internacional privado português*, Sep. N° Especial do BFD – «Estudos em Homenagem ao Prof. Doutor Afonso Rodrigues Queiró», Coimbra, 1987
―――― *Da Lei aplicável ao Contrato de Trabalho Internacional*, BFD, Suplemento, Vol. XXXVI, Coimbra, 1991
―――― «As Comunidades Europeias – enquadramento normativo-institucional», em *Das Comunidades à União Europeia - estudos de direito comunitário*, 1994, Coimbra Editora, pp. 7-102 (vg Sep. BMJ, n° 25-26, 1987, pp. 7-108)
―――― «Reenvio prejudicial e relacionamento entre ordens jurídicas na construção comunitária», *Legislação*, 4/5, 1992, pp. 100 e segs.
―――― «Maastricht e os direitos do cidadão europeu», in *A União Europeia*, Curso de Estudos Europeus da Faculdade de Direito, Coimbra, 1994, pp. 93-129
―――― «Relações entre a Ordem Interna e o Direito Internacional e Comunitário» (1995), in *Da Comunidade Internacional e do seu Direito – Estudos de Direito Internacional Público e Relações Internacionais*, Coimbra Editora, Coimbra, 1996, pp. 265-281

RASMUSSEN, Hjalte
―――― «Between Self-Restraint and Activism: A Judicial Policy for the European Court», in *European Comunity Law*, Vol. I, Francis Snyder (editor), Datmouth, pp. 335-345

REYNOLDS, Lloyd G.
―――― «Cutthroat competition», *AER*, 1940, vol. XXX, pp. 736-747

RIBEIRO, Ana Paula
―――― *O contrato de franquia (franchising) – no direito interno e internacional*, Tempus editores, 1994

RIBEIRO, Joaquim TEIXEIRA
―――― «Reflexões sobre o liberalismo económico», *BCE*, XXXV, 1992, pp. 123-135

RICOU, Teresa/ RODRIGUES, Eduardo
―――― *Política comunitária de concorrência*, editorial Inquérito, Lisboa, 1989

RINALDI, Raimondo
―――― «Il franchising verso l'Europa: il recente regolamento della Commissione. Regolamento del 30 Novembre 1988», *RDI*, vol. 38, 1989, I, pp. 75-84

ROBERTI, Gian Michele
―――― «Contratti di «franchising» ed accordi di distribuzione commerciale nel diritto comunitario della concorrenza», *Foro It.*, 1987, Parte quarta, pp. 400-411

ROCHA, Manuel DURÃES
―――― «Le franchise au Portugal», in *Agenzia e franchising*, a cura di Gian Andrea CHIAVEGATTI, CEDAM, Padova, 1991, pp. 123-126

RODRIGUES, Eduardo LOPES
―――― *O Acto Único Europeu e a Política de Concorrência*, vol. 30, Banco do Fomento Exterior, Lisboa, 1990

RODRIGUES, MARIA JOÃO
―――― *Competitividade e Recursos Humanos*, Dom Quixote, Lisboa, 1991

ROPPO, Enzo
―――― *O contrato*, Almedina, Coimbra, 1988

ROUDARD, Isabelle
―――― «The new french legislation on competition», *ECLR*, 1989, pp. 205-232

ROUX, Xavier de/VOILLEMOT, Dominique /Gide/Loyrette/Nouel
―――― *Dictionnaire Joly Concurrence*, Tome 2, 1995

RUIZ, Nuno
―――― «Decisão Vaessen/Morris: o mercado relevante na aplicação da regra "de minimis"», *Ass. Eur.*, 1982, pp. 113-119
―――― *O «franchising»: introdução à franquia internacional*, 1ª ed., ICEP, 1988
―――― «Relações entre o direito nacional e o direito comunitário da concorrência», *BDDC*, 1989, nº 37/38, pp. 317-369
―――― «O Princípio da Subsidiariedade e a Harmonização de Legislações na Comunidade Europeia», *A União Europeia na Encruzilhada*, Almedina, Coimbra, 1996, pp. 129-138

RULLANI, Enzo
―――― «Reti e informazione: la rivoluzione commerciale prossima», in *I contratti di franchising - organizzazione e controllo di rete*, a cura di PILOTTI/POZZANA, EGEA, 1990, pp. 29-59

RUSSOTTO, Jean
―――― «Le règime des règles de concurrence (art. 53-66 EEE)», in *Acord EEE (commentaires et réflexions)*, JACOT-GUILLARMOD (ed.), Col. Droit Européen, vol. 9, Schulthess Polygraphischer Verlag Zürich, Verlag Stämpfli & Cie AG Bern, 1992, pp. 301-313

RUYT, Jean DE
―――― *L'Acte Unique Européen – commentaire*, Études Européennes, ed. Université de Bruxelles, 1989

SÁENZ, Joseba A. ECHEBARRÍA
―――― *El contrato de franquicia: definición y conflitos en las relaciones internas*, Monografia, Mc Graw Hill, Madrid, 1995

SAINT-ALARY, Roger
―――― «Franchising (contrat de franchise)», *ED*, 1973, Com., pp. 1-3.

SAINT-MARTIN, Olivier
——— «L' anti-politique industrielle de l'Union Européenne», in *Critique de la raison communautaire (Utilité publique et concurrence dans l'Union Européenne)*, CARTELIER, Lysiane/FOURNIER, Jacques/MONNIER, Lionel, CIRIEC France, Economica, Paris, 1996, pp. 181-202

SALESSE, Yves
——— «Institutions européennes déficit démocratique et intérêt générale», in *Critique de la raison communautaire (Utilité publique et concurrence dans l'Union Européenne)*, CARTELIER, Lysiane/FOURNIER, Jacques/MONNIER, Lionel, CIRIEC France, Economica, Paris, 1996, pp. 35-68

SAMUELSON, Paul/NORDHAUS, William
——— *Economia*, 14ª edição, McGraw Hill, 1993

SANCHEZ, Esperanza GALLEGO
——— *La franquicia*, Trivium, Madrid, 1991

SÁNCHEZ, Guillermo J. Jiménez (Coord.)
——— *Lecciones de derecho mercantil*, 3ª ed., revista e actualizada, Tecnos, 1995

SANTANA, C. A. CABOZ
——— *O Abuso de Posição Dominante no Direito da Concorrência*, Edições Cosmos, liv. Arco-Íris, Lisboa, 1993

SANTOS, António Carlos/GONÇALVES, Mª Eduarda/MARQUES, Mª Manuel Leitão
——— *Direito Económico*, Almedina, Coimbra, 1995

SANTOS, António MARQUES DOS
——— *As Normas de Aplicação Imediata no Direito Internacional Privado (Esboço de uma Teoria Geral)*, II Volumes, Almedina, Coimbra, 1991

SANZ, Fernandez Martínez
——— «Contratos de distribución comercial: concesión y franchising», *SI*, T. XLIV, 1995, nº 256/258, pp. 345-367

SCHAPIRA, Jean
——— *Direito comunitário das actividades económicas*, Resjuridica, Porto, 1992

SCHAPIRA, J./TALLEC, G. LE/BLAISE, J.-B.
——— *Droit européen des affaires*, 4ª ed., Puf, 1994

SCHERER, F. M.
——— *Competition Policies for an Integrated World Economy*, The Brookings Institution, Washington, 1994

SEGRÈ, Tullio
──────── «Il diritto comunitario della concorrenza como legge di applicazione necessaria», *Rivista di Diritto Internacionale Privato e Processuale*, XV, 1979, pp. 75-78

SEKKAT, Khalid
──────── *Les relations verticales inter-entreprises – objectifs et instruments*, éd. Univ. Bruxelles, Bruxelas, 1992

SERENS, Manuel Couceiro NOGUEIRA
──────── *A Tutela das Marcas e a (Liberdade de) Concorrência*, Coimbra, 1990
──────── *Direito da concorrência e acordos de compra exclusiva (práticas nacionais e comunitárias)*, col. Argumentum, n° 5, Coimbra Editora, Coimbra, 1993
──────── «A proibição da publicidade enganosa: defesa dos consumidores ou protecção (de alguns) concorrentes?», *BCE*, Coimbra, vol. XXXVII, 1994, pp. 63-96
──────── *A «Vulgarização» da Marca na Directiva 89/104/CEE, de 21 de Dezembro de 1988 (Id Est, No Nosso Direito Futuro)*, Sep. Número Especial do BFD, «Estudos em Homenagem ao Prof. Doutor António de Arruda Ferrer Correia» – 1984, Coimbra, 1995

SERRA, Adriano Paes da Silva VAZ
──────── «Fontes das obrigações» – o contrato e o negócio jurídico unilateral como fontes das obrigações, *BMJ*, n° 77, pág. 146

SERRA, Yves
──────── *Le droit français de la concurrence*, Dalloz, Paris, 1993

SHCWANK, Friedrich
──────── «New Cartel Act in Austria», *ECLR*, 1989, vol. 10, n° 1, pp. 35-36

SHIONOYA, Yuichi
──────── «The ethics of competition», *EJLE*, vol. 2, n° 1, January 1995, pp. 5-19

SHUGHART II, William F.
──────── «Public-choice theory and antitrust policy», in *The causes and consequences of antitrust: the public-choice perspective*, edited by McChesney, Fred S./ Shughart II, William F., University of Chicago Press, 1995, pp. 7-24

SILBERMAN, Alan H.
──────── «The EEC Franchising Regulation: A Potential Laboratory for Examining EEC Competition Policy», in *European/American Antitrust and Trade Law, FCLI*, Matthew Bender, 1989, Cap. 14, pp. 1-16

SILVA, Pedro SOUSA E
──────── «Anotação – as "fronteiras" do direito comunitário: as situações puramente internas e a discriminação "a rebours"», *BDDC*, 1989, n° 39/40, pp. 55-76
──────── *Direito comunitário e propriedade industrial: o princípio do esgotamento dos direitos*, Coimbra Editora, 1996 (Studia Juridica, 17)

SINAN, I.M.
——— «The extra-territorial application of EEC antitrust laws – learning from the US», *Ass. Eur.*, vol. 2, n° 1, 1983, pp. 29-52

SINISI, Vincenzo
——— «New franchising regulation in Italy», *International Sales Quarterly*, IBA, n° 18, Setembro 1995, pp. 9-10.

SIRAGUSA, Mario
——— «Notifications of Agreements in the EEC – To Notify or Not To Notify», in *United States and Common Market Antitrust Policies*, FCLI, 1987, pp. 243-285

SIRAGUSA, Mario/SFORZOLINI, Giuseppe Scassellati
——— «Il Diritto della Concorrenza Italiano e Comunitario: Un Nuovo Rapporto», *FI*, 1992, IV, pp. 249-272

SLINGSBY, C. Anthony/GREENFIELD, A. V. W.
——— «The franchising block exemption - what is its effect in the United Kingdom?», in *Agenzia e franchising*, a cura di Gian Andrea CHIAVEGATTI, CEDAM, Padova, 1991, pp. 110-113

SNYDER, Francis
——— «Ideologies of Competition in European Community Law», *Modern Law Review*, vol. 52, March 1989, n° 2, pp. 149-178

SNIJDERS, W. L.
——— «Exclusive Agency, Resale Price Maintenance and Selective Selling», *European Competition Policy* (*Essays of the Leiden Working Group on Cartel Problems*), The Europa Institute of the University of Leiden, A. W. Sijthoff, Leiden, 1973, pp. 52-91

SOARES, Albino AZEVEDO
——— *Lições de Direito Internacional Público*, 3ª ed., Coimbra Editora, Coimbra, 1986

SOARES, Mª ÂNGELA Bento/RAMOS, Rui Manuel MOURA
——— *Contratos internacionais*, Almedina, Coimbra, 1986

SOBRAL, Maria do Rosário REBORDÃO/FERREIRA, João Eduardo Pinto
——— *Da livre concorrência à defesa da concorrência (história e conceitos base da legislação de defesa da concorrência)*, Porto Editora, 1985

SOCINI, Roberto
——— *La competenza pregiudiziale della Corte di Giustizia delle Comunità Europee*, Univ. Cagliari, Publ. Fac. Giurisprudenza, Serie I, vol. 5, Giuffrè, Milano, 1967

SOHLBERG, Stig H.
——— «Sweden», in ZEIDMAN (Editor), *Survey of foreign laws and regulations affecting international franchising*, prepared by *Franchising Committee Section of Antitrust Law – American Bar Association*, ABA, 2nd edition, 1989, pp. 1-30

STANLAKE, George Frederik
——— *Introdução à economia*, 5ª ed., FCG, 1993

STEINDORFF, Ernst
——— «Article 85 and the Rule of Reason», *CMLR*, 1984, 639-646

STOCKMANN, Kurt
——— «EEC Competition Law and Member State Competition Laws», in *North American and Common Market Antitrust and Trade Laws*, FCLI, 1988, Matthew Bender, pp. 265-300

STREIT, Manfred E./MUSSLER, Werner
——— «The economic constitution of the European Community: "from Rome to Maastricht"», in *Constitutional Dimension of European Economic Integration*, Francis Snyder (Editor), Kluwer Law International, 1996, pp. 109-147

STURM, Roland
——— «The German Cartel Office in a Hostile Environment», in *Comparative Competition Policy: National Institutions in a Global Market*, DOERN/WILKS (ed.), pp. 185-224

TAVARES, Rogério
——— «Franchising – Legislação adequada», *Dossiers publimédia - franchising*, in jornal *Expresso*, 2.5.1992

TEAM DE ECONOMISTAS DVE
——— *La franquicia*, Ed. De Vecchi, Barcelona, 1989

TEDESCHI
——— «Le disposizioni generali sull' azienda», in *Trattato di diritto privato*, dir. por P. RESCIGNO, tomo 4º, pp.17 e segs.

TELLES, Inocêncio GALVÃO
——— *Direito das Obrigações*, 5ª ed., Coimbra Editora, Coimbra, 1986

TENREIRO, Mário Paulo
——— «Direito comunitário da concorrência – significado e autonomia do critério da afectação do comércio entre os Estados-membros face à realização do mercado único», *RDE*, 15, 1989, pp. 225-255

TESAURO, Giuseppe
——— «The Effectiveness of Judicial Protection and Cooperation Between the Court of Justice and the National Courts», in *Festskrift Til Ole Due – Liber Amicorum*, pp. 355-377

THIEFFRY, Patrick
—— «L' appréhension des systèmes de distribution en droit américain et en droit européen de la concurrence», *RTDE*, 4, 1985, pp. 663-718
—— «La Franchise, la Confiance et la Raison», *GP*, 1986 (2 ème sem.), 20.9.85, pp. 562-565

THORELLI, Hans B.
—— *The Federal Antitrust Policy (Origination of an American Tradition)*, The John Hopkins Press, Baltimore, 1955

TOLLEMACHE, Melanie
—— «Exclusive dealing and the law: of fridges and franchising», *ECLR*, 1990, 6, pp. 264-267

TORRES, Modesto Bescós
—— *La franquicia internacional – La opción empresarial de los años noventa*, Banco Exterior de España, Servicio Est. Económicos, s.d.
—— *Factoring y franchising – nuevas técnicas de dominio de los mercados exteriores*, Pirámide, Madrid, 1990

TOURNEAU, Philippe le
—— *Le franchisage*, Economica, Paris, 1994

TRABUCCHI, Alberto
—— «L'effet *erga omnes* des décisions préjudicielles rendues par la Cour de Justice des Communautés Européennes», *RTDE*, 1974, pp. 56-87

TRIMARCHI, Pietro
—— «L' analise economica del diritto: tendenze e prospettive», *Quad.*, 1987, n° 3, pp, 563-582

UNIDROIT (Institut international pour l' unification du droit privé)
—— *Principes relatifs aux contrats de commerce international*, Unidroit, Roma, 1994

ÚRIA, Rodrigo
—— *Derecho mercantil*, 22ª ed., Marcial Pons, 1995

UTTON, M. A.
—— *Market dominance and antitrust policy*, Aldershot, Elgar, 1995

VALADA, Rui
—— *Que é o franchising – um dos mais modernos sistemas de comercialização*, Edições CETOP, 1995

VALLÉE, Charles
—— *O direito das comunidades europeias*, Editorial Notícias, Biblioteca de Conhecimentos Básicos, 1983

VANDERELST, Alain/WIJCKMANS, Frank
——— «The belgian law of 5 august 1991 on the protection of economic competition», *ECLR*, 1992, 3, pp. 120-128

VANDERSANDEN, G./BARAV, A.
——— *Contentieux Communautaire*, Bruylant, Bruxelles, 1977

VARELA, João de Matos ANTUNES
——— *Direito das obrigações*, vol. I, 5ª edição, Almedina, Coimbra, 1986

VASCONCELOS, Pedro PAIS DE
——— *Contratos Atípicos*, Almedina, Coimbra, 1995

VENIT, James S.
——— «Pronuptia: ancillary restraints – or unholy alliances», *ELR*, June 1986, Sweet & Maxwell, pp. 213-222
——— «In the Wake of *Windsurfing*: Patent Licensing in the Common Market», in *United States and Common Market Antitrust Policies, FCLI*, 1987, pp. 517-575

VICENT, Eduardo CHULIÁ/ALANDETE, Teresa BELTRÁN
——— *Aspectos juridicos de los contratos atipicos. I*, J.M. Bosch editor, Barcelona, 1992

VIDEIRA, Francisco S.
——— *Direito processual da concorrência*, Coimbra Editora, Coimbra, 1992

VIEIRA, José Alberto Coelho
——— *O contrato de concessão comercial*, AAFDL, Lisboa, 1991

VILAÇA, J. L. CRUZ
——— «Europe's Constitution: An unfinished task», in *Does Europe need a Constitution?*, Philip Morris Institute, June 1996, pp. 11-17

VILAÇA, J. L. Cruz/PIÇARRA, Nuno
——— «Y A-t-il des limites materielles a la revision des Traités instituant les Communautés européennes?», *CDE*, 1993, 1-2, pp. 3-37

VIRASSAMY, Georges J.
——— *Les contrats de dépendence: essai sur les activités professionnelles exercées dans une dépendence économique*, T. 190, LGDJ, Paris, 1986

VITUCCI, Paolo
——— «Parte generale e parte speciale nella disciplina dei contratti», *CI*, 3, 1988, pp. 804-810

VOGELAAR, Floris O. W.
────── «The Overall Policy of the Commission Concerning Distribution in the Light of Recent Developments: Some *Capita Selecta*», in *United States and Common Market Antitrust Policies, FCLI*, 1987, pp. 185-209

WAELBROECK, Michel
────── «Vertical agreements: is the Commission right not to follow the current U.S. policy?», *Swiss Review of International Competition Law*, n° 25, October 1985, pp. 45-52
────── «The *Pronuptia* Judgment – A Critical Appraisal», in *United States and Common Market Antitrust Policies, FCLI*, 1987, pp. 211-225
────── «Antitrust Analysis Under Article 85(1) and (3)», in *North American and Common Market Antitrust and Trade Laws, FCLI*, 1988, Matthew Bender, pp. 693-724
────── «Règles de concurrence et concentrations», *Collected Courses of the Academy of European Law*, 1991, Vol. II, Book 1

WAL, Gérard van der
────── «Pays Bas – La directive agence (86/653/CEE) – le règlement en matière de franchisage (4087/88)», in *Agenzia e franchising*, a cura di Gian Andrea CHIAVEGATTI, CEDAM, Padova, 1991, pp. 118-122

WAVERMAN, Leonard
────── «Canadian competition law: 100 years of experimentation», in W.S. COMANOR e outros, *Competition Policy in Europe and North America: Economic Issues and Institutions*, Fundamentals of pure and applied economics (editors: J. Lesourne and H. Sonnenschein), pp. 73-103

WEILER, J.
────── «The transformation of Europe», *Yale Law Journal*, 1991, 100, pp. 2403 ss.

WHISH, Richard
────── *Competition law*, 2ª ed., Butterworths, Edimburgo, 1989

WHISH, Richard/SUFRIN, Brenda
────── «Article 85 and The Rule of Reason», *YEL*, 7, 1987, pp. 1-38

WILLEMART, Marc
────── «L'Agence et la franchise», in *Agenzia e Franchising*, a cura di Gian Andrea CHIAVEGATTI, CEDAM, Padova, 1991,

WILMARS, J. MERTENS DE
────── «Statement of Reasons and Methods of the Interpretation in the Case Law of the EC Court of Justice Relating to Articles 85 and 86», in *North American and Common Market Antitrust and Trade Laws, FCLI*, 1988, Matthew Bender, pp. 607-628
────── «Article 3 – Commentaire», in CONSTANTINESCO/KOVAR/JACQUÉ/SIMON (Dir), *Traité instituant la CEE - commentaire article par article*, ed. Economica, 1992, pp. 37-49

WILS, Geert
—— «'Rule of Reason': une règle raisonnable en droit communautaire?», *CDE*, 1990, 1-2, pp. 19-74

XAVIER, Alberto P.
—— «Subsídios para uma lei de defesa da concorrência», *CTF*, n° 136, 4/70, pp. 87-182, e n° 139, 7/70, pp. 89-164

XAVIER, Vasco da Gama LOBO
—— *Direito Comercial – sumários das lições ao 3° ano jurídico*, Coimbra, 1977-78
—— «Comerciante», *Enciclopédia Polis*, 1° Vol., pp. 985 ss.

ZACCARIA, Anna
—— «La clausola di esclusiva nel contratto di *franchising*», *Giur Comm*, 1991, 2ª, pp. 1038-1043

ZANELLI, Enrico
—— «Franchising», *Novissimo Digesto Italiano*, appendice, Vol. III, Appendice, pp. 884-891

ZEIDMAN, Philip F. (Editor)
—— *Survey of foreign laws and regulations affecting international franchising*, preparado by *Franchising Committee Section of Antitrust Law – American Bar Association*, ABA, 2nd edition, 1989

ÍNDICE DAS PRINCIPAIS ABREVIATURAS

AECL	– Associação Europeia do Comércio Livre (igual a "EFTA")
AER	– American Economic Review
AJPIL	– Austrian Journal of Public and International Law
APD	– Archives de Philosophie du Droit
APF	– Associação Portuguesa de Franchise
Ass. Eur.	– Assuntos Europeus
AUE	– Acto Único Europeu
AUSST	– Annales de l' Université des Sciences Sociales de Toulouse (antigos Annales de la Faculté de Droit de Toulouse)
BCNP	– Boletim do Conselho Nacional do Plano
BCE	– Boletim de Ciências Económicas da Faculdade de Direito de Coimbra
BCMVM	– Boletim da Comissão do Mercado de Valores Mobiliários
BDDC	– Boletim de Documentação e Direito Comparado (Ministério da Justiça)
BFD	– Boletim da Faculdade de Direito da Universidade de Coimbra
BJPS	– British Journal of Political Science
BOE	– Boletim Oficial de Espanha
Cass	– Cassazione Civile (Itália)
CE	– Comunidade Europeia
CECA	– Comunidade Europeia do Carvão e do Aço
CEDEAO	– Comunidade Económica dos Estados da África Ocidental
CEE	– Comunidade Económica Europeia
CEEA	– Comunidade Europeia da Energia Atómica (Euratom)
CEEAC	– Comunidade Económica dos Estados da África Central
CFIL	– California Franchise Investment Law
CI	– Contratto e Impresa
CJ	– Colectânea de Jurisprudência
CJE	– Canadian Journal of Economics
CMLR	– Common Market Law Review
Col.	– Colectânea de Jurisprudência do Tribunal de Justiça das Comunidades Europeias
COMESA	– Mercado Comum dos Países do Leste e Sul de África (Tratado Kampala, 5.11.93)
CTF	– Cadernos de Ciência Técnica e Fiscal
DGCP	– Direcção Geral de Concorrência e Preços
DL	– Decreto-Lei
DR	– Diário da República

ECLM	– European Competition Law Monographs
ECLR	– European Competition Law Review
ED	– Encyclopédie Dalloz
EEE	– Espaço Económico Europeu
EFTA	– European Free Trade Association
EJLE	– European Journal of Law and Economics
ELR	– European Law Review
Enc. Dir.	– Enciclopedia del Diritto
EUI	– European University Institute, Florence
FCG	– Fundação Calouste Gulbenkian
FCLI	– Fordham Corporate Law Institute (Annual Proceedings of the)
FLR	– Fordham Law Review
Foro It.	– Il Foro Italiano
FTC	– Federal Trade Commission
G. Com.	– Giurisprudenza Commercial - Diritto del commercio internazionale
Giur. Comm.	– Giurisprudenza Commerciale
Giur. It.	– Giurisprudenza Italiana
GP	– Gazette du Palais
GWB	– Gesetz Gegen Wettbewerbsbeschränkungen
IBA	– international Bar Association
ICEP	– Instituto do Comércio Externo de Portugal
JCP	– La semaine juridique (Juris-classeur Periodique)
JDI	– Journal du Droit International
JNICT	– Junta Nacional de Investigação Científica e Tecnológica
JOCE	– Jornal Oficial das Comunidades Europeias
JPE	– Journal of Political Economy
MLR	– Michigan Law Review
NAFTA	– Northern American Free Trade Association
Nov. Dig. Ital.	– Novissimo Digesto Italiano
NU	– Nações Unidas (ONU)
NJILB	– Northwestern Journal of International Law & Business
OAP	– Ordem dos Advogados Portugueses
ONU	– Organização das Nações Unidas
PE	– Parlamento Europeu
Quad.	– Quadrimestre, rivista italiana di diritto privato
RAE	– Revue des Affaires Européennes
RDCiv.	– Rivista di Diritto Civile
RDC	– Rivista di Diritto Commerciale e del diritto generalle delle obligazioni
RDE	– Revista de Direito e Economia
RdirE	– Rivista di Diritto Europeo
RDES	– Revista de Direito e de Estudos Sociais
RDI	– Rivista di Diritto Industriale
RDM	– Revista de Derecho Mercantil
RDS	– Recueil Dalloz Sirey (de doctrine, de jurisprudence et de legislation)
RDU	– Revue de Droit Uniforme (Uniform Law Review)
Rec.	– Recueil de la Jurisprudence da la Cour

RevCrCS	–	Revista Crítica de Ciências Sociais
Rev. Der. Mer.	–	Revista de Derecho Mercantil
RE	–	Revue Économique
RIDC	–	Revue Inernationale de Droit Comparé
RIDE	–	Revue Internationale de Droit Economique
RIE	–	Revista de Instituciones Europeas
RIDPC	–	Rivista Italiana di Diritto Pubblico Comunitario
RFDL	–	Revista da Faculdade de Direito de Lisboa
RMC	–	Revue du Marché Commun
RMCUE	–	Revue du Marché Commun et de l'Union Européenne
ROA	–	Revista da Ordem dos Advogados
RTDE	–	Revue trimestrielle de droit européen
RTPA	–	Restrictive Trade Practices Act, de 1976 (Grã-Bretanha)
SA	–	Sherman Act
SADC	–	Southern African Development Community (1992)
SC	–	Sociedades Comerciais
SI	–	Scientia Iuridica
SJ-CDE	–	La Semaine Juridique (Cahiers de Droit de l' Enterprise)
SPOCE	–	Serviço de Publicações Oficiais das Comunidades Europeias
TIJ	–	Tribunal Internacional de Justiça
TJCE	–	Tribunal de Justiça das Comunidades Europeias
TPA	–	Trade Practices Act, de 1974 – Austrália
TPI	–	Tribunal de Primeira Instância das Comunidades europeias
TPJI	–	Tribunal Permanente de Justiça Internacional
TUE	–	Tratado da União Europeia
WuW	–	Wirtschaft und Wettbewerb
YEL	–	Yearbook of European Law

ÍNDICE DA PRINCIPAL JURISPRUDÊNCIA COMUNITÁRIA CITADA

1959
———— Entreprise Friedrich **Stork** et Cie. c. Haute Autorité de la Communauté Européenne du Charbon et de l'Acier, de 4.2.1959, proc. 1/58, Rec., 1958-59, V, pp. 47-87

1962
———— Soc. Kledingverkoopbedrijf **De Geus** en Uitdenbogerd v. Robert **Bosch** GmbH e SA der Firma Willem Van Rijn, de 6.4.1962, proc. 13/61, Rec., 1962, pp. 89-142
———— **Comptoirs de vente du charbon de la Ruhr** «Geitling», «Mausegatt» e «Prasident» c. Haute Autorité de la Communauté Européenne du Charbon et de l'Acier, de 18.5.62, proc. 13/60, Rec., 1962, pp. 165-222
———— **Klöckner Werke** AG e Hoesch AG c. Alta Autoridade, de 13.7.62, procs. 17 e 20/61, Rec., 1962, pp. 615-674
———— **Mannesmann** AG c. Alta Autoridade, de 13.7.1962, proc. 19/61, Rec., 1962, pp. 675-715

1963
———— N. V. Algemene Transport- en expedite Onderneming **Van Gend & (en) Loos** c. AdministraçãoFiscalNeerlandesa, de 5.2.1963, proc. 26/62, Rec., 1963, pp. 1-58
———— **Da Costa** en Schaake NV, Jacob Meijer NV, Hoeschst-Holland NV c. Administração Fiscal Neerlandesa, de 27.3.1963, procs. 28 a 30/62, Rec., 1963, 1, pp. 59-91

1964
———— Flaminio **Costa** c. **E.N.E.L.**, de 15.7.1964, proc. 6/64, Rec., X, 1964, pp. 1141

1965
———— SARL **Albatros** c. Société des pétroles et des combustible liquides (Sopéco), de 4.2.1965, proc. 20/64, Rec., 1965, 1, pp. (XI-3) 1-26
———— Firma C. **Schwarze** c. Einfuhr- und Vorratsstelle für Getreide und Futtermittel, de 1.12.1965, proC. 16/65, Rec., 1965, 2, pp. 1081-1110

1966
———— Société Téchnique Minière c. Maschinenbau Ulm GmbH **(LTM/MBU)**, de 30.6.1966, proc. 56/65, Rec., 1966, pp. 337-364
———— **Vaassen-Goebbels** c. Direcção do Beambtenfonds voor het Mijnbedrijf, de 30.6.1966, proc. 61/65, Rec., 1966, pp. 377-400
———— Établissements **Consten** SARL e **Grundig** Verkaufs GmbH c. Comissão, de 13.7.1966, procs. 56 e 58/64, Rec., 1966, pp. 429-506
———— **Itália** c. Conselho, de 13.7.1966, proc. 32/65, Rec., 1966, pp. 563 e seguintes

1967
——— SA Cimenteries CBR Cementsbedrjven N. V. E outros c. Comissão, de 15.3.1967, procs. 8 a 11/66, Rec., 1967, pp. 93-141
——— Brasserie de Haecht c. Wilkin Janssen (Haecht I), de 12.12.1967, proc. 23/67, Rec., 1967, pp. 526-549

1969
——— Walt Wilhelm e Outros c. Bundeskartellamt, de 13.2.1969, proc. 14/68, Rec., 1969, pp. 1 -30
——— Milch- Fett- und Eierkontor GmbH c. Hauptzollamt Saarbrücken, de 24.6.69, proc. 29/68, Rec., 1969, pp. 165-191
——— Franz Völk c. S. P. R L. Éts. J. Vervaecke, de 9.7.1969, proc. 5/69, Rec., 1969, pp. 295-307
——— SA Portelange c. SA Smith Corona Marchant International e Outros, de 9.7.1969, proc. 10/69, Rec., 1969, pp. 309-327

1970
——— Brauerei A. Bilger Söhne GmbH c. Heinrich Jehle e Marta Jehle, de 18.3.1970, proc. 43/69, Rec., 1970, pp. 127-144
——— ACF Chemiefarma NV v. Comissão, de 15.7.1970, proc. 41/69, Rec., 1970, pp. 661-730
——— Internationale Handelsgesellschaft GmbH c. Einfuhr-und Vorratsstelle für Getreide und Futtermittel, de 17.12.1970, proc. 11/70, Col., 1970, pp. 1125-1158

1971
——— Sirena c. Eda SRL e O., de 18.2.1971, proc. 40/70, Col., 1971, pp.13-31
——— Comissão c. Conselho (AETR), de 31.3.1971, proc. 22/70, Col.,1971, pp.69-102
——— Deutsche Grammophon Gesellschaft GmbH c. Metro-SB-Großmärkte GmbH & Co. KG, de 8.6.71, proc. 78/70, Col., 1971, pp.183-205
——— Béguelin Import Co. c. SA G.L. Import Export, de 25.11.1971, proc. 22/71, Col., 1971, pp. 355-374
——— Politi s. a. s. c. Ministério das finanças da República italiana, de 14.12.1971, proc. 43/71, Col., 1971, pp. 419-423 (Fr.: Rec., 1971, II, pp. 1039-1057)

1972
——— Orsolina Leonesio c. Ministério da Agricultura e das Florestas da República Italiana, de 17.5.1972, proc. 93/71, Col., 1972, pp. 93-109
——— Vereeiniging van Cementhandelaren c. Comissão, de 17.10.1972, proc. 8/72, Rec., 1972, pp. 977-1003

1973
——— Brasserie de Haecht SA c. Consorts Wilkin-Janssen (Haecht II), de 6.2.73, proc. 48/72, Col., 1973, pp. 19-38
——— Europemballage Corporation e Continental Can Company Inc c. Comissão, de 21.2.73, proc. 6/72, Col., 1973, pp. 215-268

1974

———Rheinmühlen-Dusseldorf c. Einfuhr- und Vorratsstelle für Getreide und Futtermittel, de 16.1.74, proc. 166/73, Col., 1974, pp. 17-32

———BRT e Soc. Belga de Autores c. SV **Sabam** e NV Fonior, de 30.1.1974, proc. 127/73, Col., 1974, pp. 33-57

———Istituto Chemioterapico Italiano SpA e **Commercial Solvents** Corporation c. Comissão **(Zoja)**, de 6.3.1974, procs. 6 e 7/73, Col., 1974, pp. 119-159

———Giuseppe **Sacchi,** de 30.4.1974, proc. 155/73, Rec., 1974, l.ª P., pp. 409-447 (Port.: Col., 1974, pp. 223-249)

———J. **Nold** Kohlen- und Baustoffgroβhandlung c. Comissão, de 14.5.1974, proc. 4/73, Col., 1974, pp. 285-300

———**Van Zuylen** Frères c. Hag AG, de 3.7.1974, proc. 192/73, Col., 1974, pp. 377-395 (Fr.: Rec., 1974, pp. 731-756)

———**Centrafarm** BV e Adriaan de Peijper c. **Sterling Drug Inc.,** de 31.10.1974, proc. 15/74, Col., 1974, pp. 475-498

———**Centrafarm** BVe Adriaan de Peijper c. **Winthrop** BV, de 31.10.1974, proc. 16/74, Col., 1974, pp. 499-508

1975

———Groupement des fabricants de **papiers peints** de Belgique e outros c. Comissão, de 26.11.1975, proc. 73/74, Rec., 1975, pp. 1491-1528

———Coöperative Vereniging **«Suiker Unie»** UA e outros c. Comissão, de 16.12.75, procs. 40 a 48, 50, 54 a 56, 111, 113 e 114/73, Rec., 1975, pp. 1663-2124

1976

———SA **Fonderies Roubaix**-Wattrelos c. Société nouvelle des Fonderies A. Roux et Société des Founderies JOT, de 3.2.1976, proc. 63/75, Rec., 1976, I, pp. 111-127

———**EMI Records** Limited c. CBS United Kingdom Limited, de 15.6.1976, proc. 51/75, Col., 1976, pp. 357-386 (Fr.: Rec., 1976, pp. 811-869)

———Cornelis **Kramer** e Outro, de 14.7.1976, Col., 1976, pp. 515-543

1977

———Époux Alexis **de Norre** et Martine de Clercq c. NV Brouwerij **Concordia,** de 1.2.1977, proc. 47/76, Rec., 1977, I, pp. 65-112

———Luigi **Benedetti** c. Munari F. lli S.as., de 3.2.1977, proc. 52/76, Rec., 1977, 1, pp. 163-194

———Srl Ufficio Henry **van Ameyde** c. Srl UCI, de 9.6.1977, proc. 90/76, Col., 1977, pp. 395-399

———Metro SB-Groβmärkte GmbH & Co. KG c. Comissão **(Metro I)**, de 25.10.77, proc. 26/76, Col., 1977, pp. 659-701 (Fr.: Rec., 1977, 3, pp. 1875-1936)

———SA **G.B.-INNO-BM** c. **ATAB,** de 16.11.1977, proc. 13/77, Col., 1977, pp. 753-790 (Fr.: Rec., 1977, 3, pp. 2115-2174)

1978

———**Miller** International Schallplatten GmbH **c. Comissão,** de 1.2.1978, proc. 19/77, Rec., 1978, pp. 131-166

―――― *United Brands* Company e United Brands Continentaal BV c. Comissão *(Chiquita)*, de 14.2.1978, proc. 27/76, Rec., 1978, 1, pp. 207-315

1979
―――― *Hoffman-La Roche* & Co. AG c. Comissão, de 13.2.1979, proc. 85/76, Rec., 1979, I, pp. 461-601
―――― *Hugin* Kassaregister AB e Hugin Cash Registers Ltd c. Comissão, de 31.5.1979, proc. 22/78, Rec., 1979, pp. 1869-1922

1980
―――― Procurador da Républica e outros c. Bruno *Giry e Guerlain* SA e Outros, de 10.7.80, procs. 253/78 e 1 a 3/79, Rec., 1980, 6, pp. 2327-2401
―――― Anne *Marty* SA c. Estée Lauder SA, de 10.7.1980, Rec., 1980, 6, pp. 2481-2509
―――― *Lancôme* e Cosparfrance Nederland BV c. *Etos* BV e Albert Heyn Supermart BV, de 10.7.1980, proc. 99/79, Rec., 1980, 6, pp. 2511-2543
―――― Heintz *van Landewyck* sàrl e Outros c. Comissão *(FEDETAB)*, de 29.10.80, procs. 209 a 215 e 218/78, Rec., 1980, 7, pp. 3125-3331
―――― *NV L'Oréal* e SA L'Oréal c. PVBA «De Nieuwe AMCK», de 11.12.1980, proc. 31/80, Rec., 1980, 8, pp. 3775-3805

1981
―――― *Coöperatieve Stremsel- en Kleurselfabriek* c. Comissão, de 25.3.1981, proc. 61/80, Rec., 1981, 3, pp. 851-871
―――― Gerhard *Züchner* c. Bayerische Vereinsbank AG, de 14.7.1981, proc.172/80, Rec., 1981, pp. 2021-2040

1982
―――― *L.C. Nungesser* KG e Kurt Eisele c. Comissão, de 8.6.1982, proc. 258/78, Rec., 1982, 6, pp. 2015-2131
―――― *Coditel* SA, Compagnie générale pour la diffusion de la télévision e outros c. Ciné-Vog Films SA e outros, de 6.10.1982, proc. 262/81, Rec., 1982, pp. 3381-3403
―――― Srl *CILFIT* e Lanificio di Gavardo SpA c. Ministério da Saúde, de 6.10.82, proc. 283/81, Rec., 1982, 9, pp. 3415-3442
―――― Gaston *Schul* Douane Expediteur BV c. Inspecteur de Roosendaal, de 5.5.1982, proc. 15/81, Rec., 1982, 5, pp. 1409-1447

1983
―――― *AEG* Telefunken AG c. Comissão, de 25.10.1983, proc. 107/82, Rec., 1983, 9, pp. 3151-3272
―――― NV Nederlandsche Banden-Industrie-*Michelin* c. Comissão, de 9.11.83, proc. 322/81, Rec., 1983, 10, pp. 3461-3547

1984
―――― Vereeniging ter Bevordering van het Vlaamse Boekwezen, *VBVB,* e Vereeniging ter Bevordering van de Belangen des Boekhandels, *VBBB c. Comissão*, de 17.1.1984, procs. 43 e 63/82, Rec., 1984, 1, pp. 19-106

―――― Graziana **Luisi** e Giuseppe **Carbone** c. Ministero del Tesoro, de 31.1.1984, procs. 286/82 e 26/83, Rec., 1984, pp. 377-421
―――― **Hasselblad** (GB) Limited c. Comissão, de 21.2.1984, Rec., 1984, 2, pp. 883932
―――― Compagnie royale asturienne des mines SA et Rheinzink GmbH c. Comissão **(CRAM e Rheizink)**, de 28.3.1984, procs. 29 e 30/83, Rec., 1984, 3, pp. 1679-1719
―――― **Hydrotherm** Gerätebau GmbH c. Firma Compact del Dotto Mario Andreoli & Co. sas, de 12.7.1984, proc. 170/83, Rec., 1984, 7, pp. 2999-3031

1985
―――― Association des Centres distributeurs Edouard **Leclerc** e Outros c. SARL 'Au Blé Vert' e Outros, de 10.1.1985, proc. 229/83, Rec., 1985, 1, pp. 1-37
―――― **Remia** BV e outros c. Comissão, de 11.7.1985, proc. 42i84, Rec., 1985, pp. 2545-2580
―――― **Ford-Werke** AG e Ford of Europe Inc c. Comissão, de 17.9.1995, procs. 25 e 26/84, Rec., 1985, 7, pp. 2725-2750

1986
―――― **Pronuptia** de Paris GmbH c. Pronuptia de Paris Irmgard Schillgalis, de 28.1.1986, proc. 161/84, Col., 1986, pp. 353-389
―――― **Windsurfing** International Inc. c. Comissão, de25.2.1986, proc. 193/83, Col., 1986, 2, pp. 611-669
―――― Ministério Público c. Lucas **Asjes** e Outros, de 30.4.1986, proc.209 a 213/84, Col., 1986, 4, pp. 1425-1473
―――― Metro SB-Großmärkte GmbH & Co. KG c. Comissão **(Metro II)**, de 22.10.1986, proc.75/84, Col., 1986, 9, pág. 3021-3096
―――― **VAG France** c. Établissements Magne SA, de 18.12.1986, proc. 10/86, Col., 1986, 11, pp. 4071-4090

1987
―――― **Verband der Sachversicherer** e V. C. Comissão, de 27.1.1987, proc. 45/85, Rec., 1987, 1, pp.405-463
―――― Unectef c. Georges **Heylens** e outros, de 15.10.87, proc. 222/86, Col., 1987, 9, pp. 4097-4119

1988
―――― SPRL Louis **Erauw-Jacquery** c. Société coopérative La Hesbignonne, de 19.4.1988, proc. 27/87, Col., 1988, 4, pp. 1919-1942
―――― Corinne **Bodson** c. SA Pompes funèbres des régions libérées, de 4.5.1988, proc. 30/87, Col., 1988, 5, pp. 2479-2519
―――― A **Åhlström** Osakeyhtiö e outros c. Comissão, de 27.9.1988, procs. 89, 104, 114,116,117 e 125 a 129/85, Col., 1988, 8, pp. 5193-5247
―――― **Bayer** AG e Sociedade de Construção de Equipamentos Mecânicos Hennecke GmbH c. Heinz **Süllhöfer**, de 27.9.88, proc.65/86, Col., 1988, 8, pp. 5249-5288

1989
―――― SC **Belasco** e outros c. Comissão, de 11.7.1989, proc. 246/86, Col., 1989, 7, pp. 2117-2198

1990

——— *J. J. Zwartveld e Outros*, de 13.7.1990 (despacho), proc. C-2/88 Imm., Col., 1990, 7, I, pp. 3365-3375

1991

——— *Stergios Delimitis* c. *Henninger Bräu AG*, de 28.2.1991, proc. C-234/89, Col., 1991, I, 2, pp. 935-996
——— *Klaus Höfner e Fritz Elser* c. *Macrotron GmbH*, de 23.4.91, proc. C-41/90, Col., l991, I, 4, pp. 1979-2022
——— *Polysar Investments Netherlands BV c, Inspecteur der Invoerrechten en Accijnzen te Arnhem*, de 20.6.91, procs. C-60/90, Col., 1991, I, pp. 3111-3139
——— *Mercia convenzionali* **porto di Genova** *SpA c. Siderurgica Gabrielli SpA*, de 10.12.1991, proc. C-179/90, Col., 1991, 10, I, pp. 5889-5932
——— **Hercules** *Chemicals NV-SA c. Comissão*, de 17.12.1991, proc. T-7/89, Col., 1991, 10, II, pp. 1711-1832

1992

——— *Sociedade de higiene dermatológica de* **Vichy c. Comissão,** de 27.2.1992, proc. T-19/91, Col., 1992, II, 2, pp. 415-467
——— *Parecer I/92*, de 10.4.1992, Col., 1992, 4, I, pp. 2821-2846 (JOCE, n° C 136, de 26.5.92, pp. 1 e segs.)
——— *Dansk Pelsdyravlerforening c. Comissão*, de 2.7.1992, proc. T-61/89, Col., 1992, 7, II, pp. 1931-1994
——— *Dirección Generale de Defensa de la Competencia c.* **Associación Española de Banca Privada** *(AEB) e o.*, de 16.7.1992, proc. C-67/91, Col., 1992, 7, I, pp. 4785-4838
——— *Automec Srl c. Comissão* **(Automec II),** de 18.9.92, proc. T-24/90, Col., 1992, II, 8, pp. 2223-2284
——— **Rendo** *NV e o. C. Comissão*, de 18.11.1992, proc. T-16/91, Col., 1992, II, 9, pp. 2417-2458

1993

——— *Christian* **Poucet** *c. AGF e Camulrac e Daniel* **Pistre** *c. Cancava*, de 17.2.1993, procs. C-159 e 160/91, Col.,1993, I, 2, pp. 637-671

1994

——— **Volker Steen** *c. Deutsche Bundespost*, de 16.6.94, proc. C-132/93, Col.,1994, 6, I, pp. 2715-2725
——— *Dunlop Slazenger International Ltd c. Comissão*, de 7.7.1994, proc. T-43/92, Rec., 1994, II, 6/7, pp. 441-518
——— *Parker Pen Ltd c. Comissão*, de 14.7.1994, proc. T-77/92, Rec., 1994, II, 6/7, pp. 549-583
——— *Matra Hachette SA c. Comissão*, de 15.7.1994, proc. T-17/93, Col., 1994, II, 6/7, pp. 595-656
——— *Gottrup-Lim e o. Grovvareforeninger c. Dansk Landbrugs Grovvareselskab Amba* **(DLG)**, de 15.12.1994, proc. C-250/92, Col., 1994, I, 11/12, pp. 5641-5695

1995

—— *Viho Europe BV c. Comissão*, de 12.1.95, proc. T-102/92, Col., 1995, II, 1/2, pp. 17-44

—— *Bureau européen des médias de l'industrie musicale (BEMIM) c. Comissão*, de 24.1.1995, proc. T-114/92, Col., 1995, 1/2, II, pp. 147-184

—— *Vereniging van Samenwerkende Prijsregelende Organisaties in de Bouwnijverheid e o. C. Comissão (SPO e Outro c Comissão)*, de 21.2.95, proc. T29/92, Col., 1995, II, 1/2, pp. 289-420

—— *Radio Telefis Eireann (RTE) e Independent Television Publications (ITP) c. Comissão*, de 6.4.1995, procs. C-241 e 242/91 P, Col., 1995, 3/4, I, pp. 743-838

—— *Solvay SA c. Comissão*, de 29.6.1995, proc. T-30/91, Col., 1995, II, 5/6, pp. 1775-1820

—— *Ladbroke Racing Ltd c. Comissão*, proc. T-548/93, Col., 1995, II, 9/10, pp. 2565-2588

—— *Bayerische Motorenwerke AG c. ALD Auto-Leasing DGmbH (BMW c. ALD Leasing)*, de 24.10.1995, proc. C-70/93, Col., 1995, I, 9/10, pp. 3439-3523

—— *Bundeskartellamt c. Volkswagen AG e VAG Leasing GmbH*, de 24.10.95, proc. C-266/93, Col., 1995-9/10, I, pág. 3477-3523

—— *Fédération Française des sociétés d'assurance c. Ministério da Agricultura e da Pesca*, de 16.11.1995, proc. C-244/94, Col., 1995, I, 11, pp. 4013-4031

—— *Union royale des sociétés de football association ASBL c. Jean-Marc Bosman e o.*, de 15.12.1995, proc. C-415/93, Col., 1995, I, 12, pp. 4921-5082

1996

—— *Casper Koelman c. Comissão*, de 9.1.1996, proc. T-575/93, Rec., 1996, II, 1/2/3, pp.1-40

—— *Nissan France SA e outra c. J.-L. Duspaquier da Garage Sport e outro*, de 15.2.1996, proc. C-309/94, Col., 1996, 1/2, I, pp. 677-701

—— *Parecer 2/94*, de 28.3.1996, Col., 1996, 3, pp. 1759-1790

—— *Wellcome trust Ltd c. Commissioners of Customs & Excise*, de 20.6.1996, proc. C-155/94, Col., 1996, I, 6, pp. 3013-3045

—— *Viho Europe BV c. Comissão*, de 24.10.1996, proc. C-73/95 P, Col., 1995, I, 10, pp. 5457-5499

ÍNDICE GERAL

Introdução 9

PARTE I – DA *COMUNITARIZAÇÃO* DA CONCORRÊNCIA E SUA RESTRIÇÃO

SECÇÃO I – EVOLUÇÃO HISTÓRICA DA CONCORRÊNCIA

CAP. ÚNICO – CONCORRÊNCIA E LIBERDADE 25

I. Perspectiva Histórica 25

II. A Noção (Económica) de Concorrência 46
   1. Referência ao Modelo de Concorrência Perfeita e à sua Crítica 46
   2. O Modelo da Concorrência Praticável (*workable competition*) 53

SECÇÃO II – O *SHERMAN ACT* DE 1890

CAP. ÚNICO – O MODELO NORTE-AMERICANO E A RESTRIÇÃO (DE CONCORRÊNCIA) NO § 1 DO *SHERMAN ACT* 63

I. Considerações Gerais 63

II. O Artigo 1º do *Sherman Act* 69
   1. Da Rigidez Inicial à *Rule of Reason* (Regra do Razoável) 69
   2. A Doutrina da *Per Se Prohibition* 78

III. A *Escola de Chicago* e a Consideração das Restrições Verticais 84

IV. Conclusão 92

SECÇÃO III – FRAGMENTARIEDADE E CONCORRÊNCIA
(NO NÚMERO 1 DO ARTIGO 85º CE)

CAP. I – CONCORRÊNCIA E CE: OBJECTIVOS E MODELO ORGANIZACIONAL 95

I. Integração e Atribuição na CE 95

II. Fundamentos 102

III. Quadro Normativo-Institucional de Regulação da Concorrência 116

Cap. II – Pressupostos da Proibição do Número 1 do Artigo 85º CE 145

I. Afectação do Comércio: Critério (Autónomo) de Repartição de Competências   145

II. Coligação entre Empresas e Verticalidade ou Horizontalidade das Restrições da Concorrência1 160

III. Restrição da Concorrência e Reserva da Comissão 178

    1. Liberdade (Económica) de Acção e Restrição Interna da Concorrência   179
    2. Limitações Práticas Impostas pela Concepção da Comissão 189
    3. Conclusão Crítica(Ou do Apelo a Uma Reforma de Atitudes) 201

Parte II – Da Comunitarização da Franquia

Secção I – Franquia e Autonomia Privada (Referência)

Cap. I – Autonomia Privada e Distribuição Comercial 215

Cap. II – A Descrição do Tipo Contratual 225

I. Origem e Perspectiva Histórica do *Franchising* (Franquia) 225

II. Franquia: Tipicidade Social e Regimes Jurídicos 229

    1. O Ambiente Económico e Jurídico 247
    2. A Modelação Concreta do Tipo Social da Franquia 250

        a) Os operadores económicos 254
        b) A regulação jurídica da franquia nos espaços jurídicos nacionais ... 261

Secção II – A Construção Comunitária da Franquia

Cap. I – As Modalidades (Comunitárias) de Contrato de Franquia 271

I. Referência a Classificações Doutrinais Não-Comunitárias 271

II. Classificações Comunitárias 277

    1. A Franquia Principal 278
    2. A Franquia de Produção 279

        a) Descrição geral 279
        b) Determinação do regime concreto 281

    3. A Franquia de Serviços 290
    4. A Franquia de Distribuição (remissão) 292

Índice Geral 499

CAP. II – A DESCRIÇÃO DA FRANQUIA DE DISTRIBUIÇÃO PELOS ÓRGÃOS COMUNITÁRIOS 295

    I. Os Elementos Típicos do Contrato 295

    II. Contrato Vertical de Distribuição Comercial? 321

    III. Conclusões Intercalares 331

PARTE III – FRANQUIA E IMUNIDADE EM RELAÇÃO À PROIBIÇÃO
DO N° 1 DO ARTIGO 85° CE

SECÇÃO I – IMUNIDADE JURISPRUDENCIAL – NÃO VIOLAÇÃO DO ARTIGO 85°

CAP. I – FRANQUIA E ACÓRDÃO *PRONUPTIA* – DA CONFORMIDADE COM A CONCORRÊNCIA PRATICÁVEL OU DAS RESTRIÇÕES INERENTES 333

CAP. II – MECANISMO DAS QUESTÕES PREJUDICIAIS: VINCULATIVIDADE E LIMITES DA JURISPRUDÊNCIA *PRONUPTIA* 383

SECÇÃO II – A IMUNIDADE SEGUNDO A COMISSÃO

CAP. I – A FRANQUIA E A PRÁTICA DECISÓRIA DA COMISSÃO 393

CAP. II – IMUNIDADE REGULAMENTAR – VINCULATIVIDADE E LIMITES 401

    I. O Regulamento CE n° 4087/88 – Limites de Validade e Vigência 401

        1. A questão à luz da Ordem Jurídico-Constitucional Portuguesa 403
        2. A questão à luz da Ordem Jurídica (Constitucional) Comunitária 403

    II. Regime Jurídico-Comunitário da Franquia (Referência 410

SECÇÃO III – A REGULAÇÃO DA FRANQUIA NOS ESPAÇOS JURÍDICOS NACIONAIS
E NA COMUNIDADE EUROPEIA

CAPÍTULO ÚNICO – APONTAMENTO FINAL 421

ÍNDICE BIBLIOGRÁFICO 441

ÍNDICE DAS PRINCIPAIS ABREVIATURAS 485

ÍNDICE DA PRINCIPAL JURISPRUDÊNCIA COMUNITÁRIA CITADA 489

ÍNDICE GERAL 497